Henning Lühr (Hrsg.)

Handbuch Finanzen und Haushalt

in der Freien Hansestadt Bremen

Kellner Verlag

Dieses Buch ist bei der Deutschen Nationalbibliothek registriert.
Die bibliografischen Daten können online angesehen werden:
http://dnb.d-nb.de

Impressum

Inhaber: Manuel Dotzauer e.K.

St.-Pauli-Deich 3 • 28199 Bremen
Tel. 0421 77866 • Fax 0421 704058
sachbuch@kellnerverlag.de
www.kellnerverlag.de

Lektorat: KellnerVerlag
Satz und Layout: Manuel Dotzauer
Umschlag: Jennifer Chowanietz unter Verwendung
eines Fotos von pixabay.com
Druck: Humburg Media Group, Bremen

ISBN 978-3-95651-261-2

Vorwort

Sehr geehrte Leserin, sehr geehrter Leser,

die öffentliche Finanzwirtschaft der Freien Hansestadt Bremen besteht aus einer Vielzahl von zum Teil miteinander verwobenen Arbeitsbereichen. Einen Überblick hierüber zu gewinnen, ist nicht einfach, das vorliegende Handbuch will als Grundlagenwerk hierzu einen Beitrag leisten. Ob in der Ausbildung oder später in der alltäglichen Verwaltungsarbeit, als interessierte BürgerIn oder als in der Politik Tätige, immer wieder werden Ihnen Fragen oder Themen begegnen, die Ihnen noch nicht geläufig sind und zu denen Sie in diesem Handbuch Informationen finden.

Zahlreiche Fachbeiträge aus dem Haus des Senators für Finanzen sind hier zusammengestellt, die eine fundierte Auskunft über die verschiedenen Tätigkeitsbereiche liefern.

Eine große Zahl der Beiträge beschäftigt sich mit dem zentralen Thema »Haushalt« – Grundlagen, Einnahmen aus Steuern und Gebühren, Aufstellungsverfahren, Haushaltsausgestaltung, -steuerung und -vollzug, Schulden und Kreditaufnahme, Controlling, Sanierung – wie auch mit Bremens überregionalen Finanzbeziehungen und Fragen rund um die Schuldenbremse.

Weitere wichtige Themen sind das Personalmanagement mit der Ausbildungs- und Personalplanung für unseren Zwei-Städte-Staat, die Verwaltungsmodernisierung, das Beteiligungsmanagement sowie der Aufbau und das Management verschiedener Sondervermögen. Über die Entwicklungen des E-Haushalts und der E-Rechnung können Sie sich hier ebenso informieren wie über das facettenreiche Miteinander der beiden Gemeinden Bremen und Bremerhaven im Land Bremen.

Auch die verschiedenen Kontrollinstrumente und -institutionen innerhalb Bremens, auf Bundes- und auf Europaebene fehlen in diesem Handbuch nicht.

Ich danke allen, die sich an der Erstellung des Handbuchs beteiligt haben, und freue mich, dass dieses umfangreiche Nachschlagewerk nun erscheint. Allen interessierten NutzerInnen wünsche ich eine bereichernde Lektüre.

Dietmar Strehl • Senator für Finanzen

Inhaltsverzeichnis

Einführung

Sehr geehrte Damen und Herren!
Liebe Leserinnen und Leser!

Wenn man sich mit guter Laune und einer Portion Satire den öffentlichen Finanzen nähert, stößt man auf folgende zwei Zitate, die zunächst eine erhebliche Distanz zum realen Geschehen und eine fehlende Priorität für öffentliche Finanzen vermuten lassen.

Öffentliche Finanzen und Haushalt hatten nicht immer oberste Priorität im politischen Alltag. Jedenfalls gibt es entsprechende historische Überlieferungen. Nach Vortrag seines Staatssekretärs Meissner: »Excellence, der Dollar ist gesunken!«, antwortete Reichspräsident Hindenburg: »Hoffentlich konnte wenigstens die brave Mannschaft gerettet werden?«

Das ist erheblich besser geworden. George W. Bush, ehemaliger amerikanischer Präsident, ist in die Geschichte der Finanzpolitik als profunder Kenner des öffentlichen Haushaltes eingegangen. Als man ihm den US-Haushalt vorlegte, blätterte er in dem dicken Buch mit dem grünen Schweinslederrücken und strahlte: »It's clearly a budget. It's got lots of numbers in it«. Nun wissen wir, was ein Haushalt ist. In ihm sind die öffentlichen Einnahmen und Ausgaben ordentlich sortiert aufgeführt. Er wird von der Regierung mit Unterstützung der Verwaltung aufgestellt und vom Parlament verabschiedet.

Von einem »Zahlenhandbuch« zu sprechen wäre allerdings zu kurz gesprungen. Auch wenn RegierungschefInnen und FachpolitikerInnen immer gern von einer »nachrangigen und eher dienenden Funktion« der Finanzpolitik ausgehen wollen, Finanzpolitik hat eine eigene Funktion und ist ein elementarer Bestandteil des politischen Systems und der politischen Willensbildung.

Der frühere Reichsfinanzminister Dr. Rudolf Hilferding hat schon in der Weimarer Republik die besondere Verknüpfung von Fach- und Finanzpolitik herausgestellt und damit die Beteiligung an der Gestaltung durch die Finanzpolitik eingefordert: »Finanzpolitik ist angewandte Sozial- und Bildungspolitik[1].«

Dieses Vermächtnis der Notwendigkeit einer politischen Gestaltung gilt zweifellos bis heute fort. Es hat in vielen poltisch-programmatischen Auseinandersetzungen eine Rolle gespielt: Finanzpolitik als Instrument

1 Ausführlich dazu: Smaldone, William: Rudolf Hilferding, Bonn 2000, S. 147 ff.

der antizyklischen Wirtschaftspolitik, Kompensation von »Fehlentwicklungen« in der versicherungsorientierten Sozialpolitik, Ausgliederungen und Privatisierung und Idealisierung des »schlanken Staates«, Konsolidierung als Chance zur Veränderung.

Ein wichtiges Forschungsfeld ist auch die Auseinandersetzung mit der Rolle der Haushaltssteuerung und der Finanzverwaltung bei der finanziellen Ausplünderung der Juden in der Zeit der nationalsozialistischen Herrschaft in Bremen[2].

Die Erforschung der politischen Geschichte der öffentlichen Finanzpolitik hat als Forschungsfeld bisher zwar wesentliche Ergebnisse der historischen Entwicklung aufbereitet, es fehlt aber der Gesamtwurf. Gerade auch die Geschichte der Finanzpolitik der Freien Hansestadt Bremen sucht noch nach einem Forschungsteam, das sich auf den Weg macht, die sehr interessanten Forschungsergebnisse zu einzelnen Entwicklungszeiträumen ergänzt, zusammenfasst und in einem Gesamtrahmen einordnet.

Der vorliegende Band kann und will dies nicht leisten.

Das »Handbuch der öffentlichen Finanz- und Personalwirtschaft der Freien Hansestadt Bremen« ist eine praxisorientierte Aufbereitung der Grundlagen der Finanz- und Personalwirtschaft.

Das gemeinsame Ziel der AutorInnen, die im Finanzressort in verschiedenen Aufgabengebieten beschäftigt sind, ist, Handlungsgrundlagen für die tägliche Arbeit zu vermitteln. Finanz- und Personalwirtschaft werden dabei als einheitlicher Vorgang betrachtet.

Neben den Grundlagen der Bund-Länder-Beziehungen in der Finanzverfassung, dem Finanzausgleich im Land Bremen, der Haushaltsaufstellung und der Bewirtschaftung der Haushalte, dem Personalmanagement und der Steuerung der Beteiligungen werden auch die Reformansätze der Bremer Finanzpolitik umfassend dargestellt. Ein umfangreiches Kapitel beschäftigt sich mit dem Rechnungshof. Dafür konnten wir den ehemaligen Präsidenten des Rechnungshofes in der Freien Hansestadt Bremen, Lothar Spielhoff, gewinnen. Herzlichen Dank!

Allen Kolleginnen und Kollegen im Finanzressort einen herzlichen Dank für die tatkräftige Mitarbeit. Frau Jolina Uhrner ganz besonderen Dank für die Betreuung des Manuskripts.

Viel Spaß beim Lesen und beim Stöbern in der geheimnisvollen Welt der öffentlichen Haushalts- und Personalwirtschaft der Freien Hansestadt Bremen.

Bremen, im Juli 2020 • Henning Lühr

2 Balcor, Jaromir (Hrsg.), Raub von Amts wegen, Bremen 2014.

1

Ein »Zwei-Städte-Staat« mit drei Haushalten – Die öffentliche Finanzwirtschaft im parlamentarischen und politischen System der Freien Hansestadt Bremen

1.1 Das Budgetrecht ist das Königsrecht des Parlaments – Ein politisches Plädoyer

16 Jahre Abgeordnete in der Bremischen Bürgerschaft, davon acht Jahre Mitglied im Haushalts- und Finanzausschuss, davon vier Jahre als Vorsitzende. Vier Jahre Mitglied einer die Regierung tragenden Fraktion und zwölf Jahre in der Opposition ergeben ein breites Spektrum an Einblicken und Erfahrungen, nur eines war immer gleich – es war zu wenig Geld da. Zu wenig für alle Wünsche und Bedürfnisse, Notwendigkeiten, Rechtsansprüche, Versprechungen und Bedarfe. Und wie hoch der Kraftaufwand war, wenn man etwas ändern wollte! Ein Schlüsselerlebnis war 1993, als mühsam erbeutete und im Haushalt verankerte 800.000,-DM für den Ankauf von Belegrechten für Wohnungslose von der Bauverwaltung zur Einsparung aufgegeben wurden.

Zwölf Jahre Erfahrung als Senatorin für Finanzen mit einer staatstreuen und motivierten Verwaltung, manche KollegInnen hatten 20 Haushaltsaufstellungsverfahren auf dem Buckel, verändern den Blick. Trotz Haushaltsnotlage, hoher Zuwanderung und Investitionsbedarf hat Bremen die Sanierung geschafft. Neben niedrigen Zinsen und sich gut entwickelnden Steuereinnahmen war das hohe Maß an Pragmatismus im Umgang mit dem Haushalt ein wichtiger Grund für den Erfolg. Vor dem Hintergrund der Erfahrung im Umgang mit dem Haushalt von Legislative und Exekutive komme ich doch zu dem Ergebnis, dass sich beide Gewalten in Zukunft wieder einen etwas grundsätzlicheren Umgang damit leisten sollten.

Das Budgetrecht des Parlaments ist ein über Jahrhunderte erstrittenes Recht, um über die Einnahmen und Ausgaben des Staates als wesentliche Grundlage von Staatshandeln zu bestimmen. In den frühen Phasen hatten die Stände es erreicht, über Steuern zu bestimmen und damit ausgabewütige Monarchen in ihre Schranken zu verweisen. Das erste rechtlich verbindliche Zeugnis – dass der Monarch neue Abgaben nur mit Zustimmung des »Allgemeinen Rates« erheben durfte – steht in der englischen Magna Charta von 1215, der Mutter aller Verfassungsurkunden.

In Deutschland stellte nach der Revolution 1848 die preußische Verfassung einen wichtigen Schritt für das Budgetrecht des Parlaments dar. Das Budget wurde danach per Gesetz festgestellt und enthielt – wie heute in Art. 110 Grundgesetz geregelt – alle Einnahmen und Ausgaben. Damit hatte das Parlament ein wichtiges Machtinstrument gegen den vom Kaiser vorgeschlagenen Haushalt in der Hand. Als der Kaiser allerdings viel höhere Militärausgaben vorschlug und das Parlament die Beschlussfassung über diese Ausgaben verweigerte, kam es zum Preußischen Verfassungskonflikt (1859–1866). Otto von Bismarck »löste« das Problem auf seine Art, nachdem kein Kompromiss in dem Verfassungskonflikt zwischen Kaiser und Parlament zu erzielen war. Bismarck sah eine Lücke in der Verfassung, weil für den Fall der Nichteinigung über den Haushalt keine Regelung getroffen wurde. Nach der sog. »Lückentheorie« vertrat er die Auffassung, dass derjenige sich durchsetzen konnte, der die reale Macht, also die Befehlsgewalt über das Militär, hat, der Kaiser.

Nach dem Ende der Monarchie fügte die Weimarer Reichsverfassung von 1919 die Einrichtung des Haushaltsausschusses hinzu, der die Rechte des Parlaments auf Kontrolle und Entscheidungen zum Vollzug des Haushaltes erweiterte.

Das Budgetrecht in seiner grundlegenden Bedeutung und in seinen Möglichkeiten ist ein fundamentaler Bestandteil des demokratischen Staates und es wird meiner Meinung nach zu wenig gezielt genutzt, geachtet und beachtet. Das vom Volk gewählte Parlament beauftragt die Regierung, über den Haushalt bestimmte politische Schwerpunkte umzusetzen. Erst durch die gesetzlich festgelegte Finanzierung erfolgt die Bindung der Exekutive. Gerade deshalb sind auch zu hohe Schulden, weit über die Legislaturperiode hinausgehende Finanzierungen und die Flucht in Schattenhaushalte so problematisch: damit wird letztlich die Entscheidungsmacht des Volkes über die politischen Schwerpunkte der Arbeit der nächsten Regierungen verkleinert.

In diesem Beitrag werbe ich für ein modernes und demokratisches Verständnis des Budgetrechtes und lege die Auswirkungen dessen sowohl für die Exekutive wie auch die Legislative dar. Diese sind Transparenz und Akzeptanz des Primats des Gesetzgebers auf der einen und die Bereitschaft zu priorisieren und Unpopuläres zu vertreten auf der anderen Seite.

1.1.1 Der Haushalt – ein Gesetz

Der Haushalt soll nach dem Haushaltsgrundsätzegesetz, abgeleitet aus der Verfassung, jährlich, übersichtlich und durchsichtig – also klar –, vollständig und tatsächlich – also wahr – sein. In ihm sollen alle mit Geld verbundenen Handlungen des Staates abgebildet sein, und zwar spezifisch und erkennbar. Es werden demokratisch legitimierte und gesetzlich bindende Entscheidungen getroffen, wie viel Geld bspw. der Universität, dem Theater, den Verkehrsbetrieben jährlich zur Verfügung gestellt wird. Das

Parlament beschließt außerdem über die Personalausstattung für die Schulen, die Polizei und die Finanzämter. Jede größere Investition muss sich im Haushalt finden lassen, teilweise mit Verpflichtungsermächtigungen für folgende Haushaltsjahre. Der grundlegende Gedanke ist, dass im Haushalt die Schwerpunkte der Regierungsarbeit verankert sind. Der in erster und zweiter Lesung von der Bremischen Bürgerschaft beschlossene Haushalt ist ein Gesetz, das die Exekutive bindet. Deshalb sagt man, dass der Haushalt »in Zahlen gegossene Politik« ist.

Der Haushaltsgesetzgeber selbst unterliegt den Einschränkungen, dass seine Vorgaben an Recht und Gesetz gebunden sind. So würde z. B. ein Streichen des Haushaltsanschlags für Beamtenpensionen aus dem Haushaltsentwurf des Senats nichts an dem Rechtsanspruch der BeamtInnen auf deren Pensionen ändern.

Auch die Schuldenbremse aus Art. 131a BremLV bindet den Haushaltsgesetzgeber, der bei einem Verstoß dagegen riskiert, dass der Staatsgerichtshof auf eine Klage hin den Haushalt für nicht verfassungskonform und damit unwirksam erklärt.

Nachdem der Haushalt beschlossen wurde, überträgt das Parlament dem Haushaltsausschuss das Recht der Kontrolle über den Haushalt. Außerdem werden sog. Nachbewilligungen vorgenommen, wenn Geld von einer Haushaltsstelle auf eine andere übertragen wird oder zunächst pauschal veranschlagt wurde und später spezifisch zugeordnet wird.

Der/die Vorsitzende ist in Bremen regelmäßig VertreterIn der stärksten nicht in der Regierung befindlichen Fraktion.

1.1.2 Die Exekutive

Der Gedanke der Wirtschaftlichkeit und Sparsamkeit soll sowohl das Haushaltsaufstellungsverfahren als auch den Vollzug prägen. Und nach Art. 67 Landesverfassung liegt die vollziehende Gewalt in den Händen des Senats, der bei veränderter Ausgangslage, neuen Erkenntnissen und Entwicklungen selbstverständlich innerhalb bestimmter Grenzen im beschlossenen Haushalt reagieren können muss.

Über die Frage des Grades der Verbindlichkeit der Bindung der Exekutive an den Willen des Haushaltsgesetzgebers bezogen auf einzelne Haushaltsstellen gibt es sowohl rechtstheoretisch als auch in der Praxis unterschiedliche Auffassungen. Und vor allem gibt es unterschiedliche Interessen. Meistens wird vertreten, dass die Vorschriften im Haushaltsgesetz eine Ermächtigung an die Verwaltung sind, das Geld auszugeben, aber keine Verpflichtung. Demgegenüber vertritt Reinhard Hoffmann[3], dass es sehr wohl auch rechtlich gesehen Verpflichtungen gibt, insbesondere bezogen auf das Investitionsprogramm. Auch die in Bremen eingeführte »Maßnahmenbezogene Investitionsplanung« trägt diesem Gedanken Rechnung. Immer dann, wenn Haushaltsanschläge auf direkten politische Setzungen beruhen, z. B. besondere Förderung von Selbsthilfevereinen, Zuweisung an das Theater oder eine bestimmte Personalausstattung, ist davon auszugehen, dass hiermit die Verwaltung in besonderer und zulässiger Weise gebunden werden sollte. Demgegenüber stehen pauschale Haushaltsanschläge z. B. für Straßenreparatur und Gebäudesanierung, mit denen das Parlament bewusst Handlungsspielräume ermöglicht, damit die Verwaltung flexibel auf unvorhergesehenen Bedarf und Veränderungen in den Planungen reagieren kann.

Es gibt ein nachvollziehbares Interesse der den Haushalt vorschlagenden Exekutive, Spielräume und Sicherheiten in den Haushalt einzubauen. So werden regelmäßig Puffer bei Zuwendungshaushaltsstellen gebildet, um einer möglichen Bewirtschaftung und Umlage im laufenden Haushalt begegnen zu können. Auch bei der Veranschlagung von Investitionen kann man davon ausgehen, dass nicht alle Mittel im geplanten Maße abfließen. Aber auch umgekehrte Fälle sind häufig: Die Veranschlagung für die anstehenden Tariferhöhungen bleiben aus taktischen Gründen in der Regel unter den zu erwartenden Steigerungen. Die Differenz muss dann, wie es so schön heißt, »im Vollzug gelöst werden«, d. h. das Geld stammt aus ungeplanten Minderausgaben bzw. Mehreinnahmen.

Das Hauptübel ist die objektive Unterfinanzierung des Bremer Haushalts. Für 100 % Einnahmen »bestellt« der Gesetzgeber Handeln des Staates im Wert von 120 %. So entsteht für die Exekutive das Dilemma der Treue gegenüber der Legislative, die einerseits dazu verpflichtet ist, die Gesetze auszuführen und andererseits aber dafür nicht die notwendigen Ressourcen zur Verfügung hat.

1.1.3 Die Legislative

Aus Sicht der Legislative, vor allem für neue Abgeordnete, ist der Haushalt oft ein »Buch mit sieben Siegeln« und die drohenden Haushaltsberatungen ein Graus. Warum gibt es erbitterte Kämpfe um geringe Summen für kleine Zuwendungsempfänger, wenn doch im Sondervermögen Hafen jährlich unzählige Millionen Euro an Hafengebühren außerhalb des Kern-

3 Reinhard Hoffmann, Haushaltsvollzug und Parlament, J.C.B. Mohr, 1972.

haushaltes verwendet werden? Warum werden bei Investitionen weniger strenge Maßstäbe angelegt als bei Zuwendungen?

Alle Abgeordnete eint eine große Erfahrung: 50.000 Euro mehr für das Rat-und-Tat-Zentrum stoßen auf eisernen Widerstand der Sozialverwaltung, während im Sondervermögen Hafen 180 Mio. Euro für den Off-Shore-Terminal angespart werden sollen. Wenn das Geld dann nicht wie erwartet benötigt wird, landet es in Hafenprojekten, die eine gut ausgestattete Hafenverwaltung auf Vorrat planen konnte.

Historisch gewachsen, wie es immer so schön heißt, ist die Hierarchie der Staatsausgaben: Personalkosten sind so gut wie fixiert, Investitionen für mehrere Jahre festgelegt, große Zuwendungsbereiche (Universität, Kindergärten, Theater) durch langfristige Verträge gebunden. So stehen gerade die Bereiche, die politisch besonders interessant sind, besonders viel mit den direkten Bedürfnissen der Bürgerinnen und Bürger zu tun haben oder neu und innovativ sind, in der Rangordnung eher hinten an: Selbsthilfeförderung, Schwimmbäder und Sportanlagen, Bürgerhäuser und Bibliotheken, Altentagesstätten und Jugendfreizeitheime, aber auch besondere Anstrengungen für Klimaschutz und Grünpflege.

Über einen großen Teil des Haushaltes ist jede Debatte müßig: Personalkosten, gesetzliche Aufgaben v. a. Sozialleistungen, Zinsen, Mieten und Pachten, langjährige Bindungen großer Investitionsprojekte, pauschale Zuweisungen an die Universität und Verkehrsbetriebe und Bremerhaven. Es bleiben vergleichsweise minimale »Spiel«-Räume für politische Schwerpunktsetzungen und die Möglichkeit, auf gesellschaftliche Veränderungen zu reagieren. Genau dafür wurden die Abgeordneten nun mal gewählt.

Abgeordnete wollen ihren jeweiligen Politikschwerpunkt adäquat wiederfinden, neue wichtige Vorhaben implementieren, müssen dann aber den erzielten Kompromiss gegen die eigene Überzeugung und gegen eine Fachöffentlichkeit verteidigen, die sich eine bessere Ausstattung gewünscht hätte. Ihnen gegenüber sitzt eine geübte und rechtssichere Exekutive, die nach bestem Wissen und Gewissen unter den gegebenen Bedingungen einen Entwurf aufgestellt hat, der nun – vom Senat beschlossen – tapfer verteidigt wird. Es kommt oft vor, dass Abgeordnete von dem Gefühl der Ohnmacht beschlichen werden.

1.1.4 Strategien in der Not und die Schatulle

Bremen hat in seiner Haushaltsnotlage fast nichts ausgelassen, um Geld »zu besorgen«: Sondervermögen mit Kreditermächtigung sollten bestimmte Investitionen dem Verteilungskampf entziehen. Hafengebühren wandern außerhalb des Kernhaushalts und dem Jährlichkeitsprinzip entzogen in einen eigenen Kreislauf. Grundstücksverkäufe sollten das Personal von Wirtschaftsförderung und Immobilienverwaltung finanzieren. Der Bremer Kapitaldienstfonds (steht jetzt vor der Auflösung) finanzierte nicht nur Großprojekte wie den CTIV teilweise über Jahrzehnte zunächst außerhalb des Haushaltes. So wurde u. a. die tatsächliche Höhe der Kreditaufnahme verschleiert.

Es gibt natürlich Gründe für großzügige Veranschlagung im Haushalt. So konnte Bremen über Jahre hinweg unterjährige Haushaltsprobleme aus der großzügig veranschlagten Zinshaushaltsstelle lösen und darüber hinaus mit Zinssicherungsgeschäften Bremen für die Zukunft gegen steigende Zinsen absichern. Die reine Lehre wäre ja auch hier eine realistische Veranschlagung und eine Reserve für »Unvorhergesehenes« – allerdings würde ein solcher Vorschlag keine Haushaltsberatung überleben.

Auch die Praxis großer Deckungskreise, die Orientierung auf den Produktgruppenhaushalt und SenatorenInnenbudget vermindern die gefühlte und tatsächliche Verbindlichkeit einzelner Haushaltsanschläge.

Es mag schon sein, dass all diese Strategien ein funktionierender Mechanismus gegenüber unerfüllbaren Mehrforderungen sind und insofern exekutive Notwehr. Hierin steckt trotzdem eine der Ursachen, warum viele Abgeordnete den Haushalt nicht als ihr Instrument der Steuerung und Kontrolle des Staates erfahren. Der scheinbare Ausweg macht sich an einem Satz fest, der so im Parlament, bei InteressenvertreterInnen und in den Medien hinsichtlich aller finanziellen Kalamitäten eines laufenden Haushaltsjahres häufig genutzt wird: »Da muss die Finanzsenatorin mal in ihre Schatulle greifen«. Da ist es dahin, das Königsrecht. Eigentlich dürfte in der »Schatulle« ja gar kein Geld sein, es sei denn, es wurde beim Haushalt eine beschlossen. Natürlich hat »die Finanzsenatorin« den besten Einblick in die Entwicklung der Einnahmen und Ausgaben im laufenden Haushaltsjahr und hilft dann, so manches Problem zu lösen. Im Ergebnis trägt aber auch das dazu bei, dass Verwaltung, Öffentlichkeit und Parlament den beschlossenen Haushalt nicht immer ernst nehmen (müssen) – es hat sich ja immer eine Lösung gefunden.

Von diesem Vorgehen profitieren kurzfristig Legislative und Exekutive – so vorgesehen ist es trotzdem nicht. Für viele Abgeordnete ist es leichter, in Verteilungsauseinandersetzungen zu bestehen, wenn man selbst sich als machtlos und von der Exekutive beherrscht wahrnimmt und darstellt. Und es ist leichter, in Meinungsäußerungen und Bürgerschaftsanträgen zu beschließen, was alles unbedingt mehr und besser werden soll, ohne die Aufgabe zu quantifizieren und bei den nächsten Haushaltsberatungen für eine Finanzierung zu sorgen und das Geld womöglich auch noch irgendwo wegzunehmen.

Die für die Exekutive notwendige Flexibilität beginnt dann, gegen das gemeinsame Interesse der sparsamen Haushaltsführung zu wirken, wenn der Eindruck der Ohnmacht entsteht. Die auch geschürte Einschätzung, 95 % des Haushaltes würde »die Verwaltung« festlegen und nur 5 % das Parlament erodiert die gemeinsame Verpflichtung zur Verantwortung und Sparsamkeit.

Der Weg in Richtung Stärkung des Parlaments als Haushaltsgesetzgeber, der sein »Königsrecht« selbstbewusst und klug nutzen kann und sich des Primats politischer Setzungen bewusst ist, war haushaltspolitische Leitlinie der letzten Jahre: Ausbau von Berichtswesen zur Verbesserung der Transparenz, maßnahmescharfe Veranschlagung insbesondere von Investitionen, Einschränkung von Deckungsfähigkeiten, Zuwendungsdatenbank, Ausbau des unterjährigen Controllings und Stoppen der Kreditaufnahme über Sondervermögen. Die Zusammenarbeit mit dem Haushaltsausschuss ist traditionell konstruktiv und von gemeinsamer Verantwortung geprägt.

1.1.5 Strategien für die Zukunft

Die Sanierung der bremischen Finanzen von 2011 bis 2019 war ein Gemeinschaftswerk von Legislative und Exekutive aus Ausgabedisziplin, der Bereitschaft, sich unbeliebt zu machen, der Einsicht in das Unvermeidbare und einem hohen Maß an Kreativität und Staatstreue. Es spricht Einiges dafür, dass Sparsamkeit und Wirtschaftlichkeit nicht unbedingt leichter fallen, wenn etwas mehr Geld da ist. Und sicher ist auch, es wird knapp bleiben.

Haushaltspolitik als Geheimwissenschaft einiger weniger hat keine Zukunft. Für die Verwaltung bleibt weiter die Herausforderung bestehen, einen Haushalt vorzuschlagen, der dem Regierungsprogramm Rechnung trägt und alle gesetzlichen Aufgaben ausreichend finanziert. Instrumente zur Bindung der Verwaltung durch den Haushaltsgesetzgeber sind vorhanden. Die Verwaltung ist damit Dienstleister gegenüber dem Parlament. Letzteres trägt Verantwortung für den Haushalt und die sich darin befindlichen bewussten und unbewussten politischen Setzungen. Dafür wurde das Parlament gewählt.

1.2 Die öffentlichen Haushalte im »Zwei-Städte-Staat« Bremen

Bremen ist ein »Zwei-Städte-Staat«. Die Freie Hansestadt Bremen ist eines der 16 Bundesländer der Bundesrepublik Deutschland. Territorial erstreckt sich das Land Bremen auf das Gebiet der beiden Stadtgemeinden Bremen und Bremerhaven. Verfassungsrechtlich und verwaltungsorganisatorisch ist zwischen dem Land Bremen (der »Freien Hansestadt Bremen«) und den Stadtgemeinden Bremen und Bremerhaven (Art. 143 BremLV) zu unterscheiden.

Die Staatsstaaten Berlin und Hamburg haben keine verfassungsrechtliche Binnendifferenzierung, sind gleichzeitig Land und Einheitsgemeinde.

Für die Haushaltsstruktur im Land Bremen bedeutet dies: Es gibt einen Landeshaushalt und zwei kommunale Haushalte für die Stadtgemeinden Bremen und Bremerhaven.

Art. 67 Abs. 2 Brem LV bestimmt, dass die »vollziehende Gewalt [...] in den Händen des Senats und der nachgeordneten Vollzugsbehörden« liegt. Gem. Art. 148 BremLV sind Stadtbürgerschaft und Senat auch die gesetzlichen Organe der Stadtgemeinde Bremen, solange diese nicht von der durch Art. 145 BremLV eingeräumten Befugnis, eine eigene Verfassung zu verabschieden, Gebrauch macht. Auf die Stadtgemeinde sind die verfassungsrechtlichen Bestimmungen über Bürgerschaft und Senat demgemäß entsprechend anzuwenden. Aufgrund dieser Doppelsituation Bremens als Land und als Kommune Bremen wird die Verwaltung in Bremen einerseits durch das Land und die ihm untergeordneten senatorischen Behörden und andererseits durch die Stadtgemeinde Bremen als Gebietskörperschaft des öffentlichen Rechts (Art. 144 BremLV) und die ihr untergeordneten Behörden gebildet. Der Senat und die einzelnen senatorischen Behörden sind daher zugleich staatliche und städtische Behörden. Sie müssen bei ihren Handlungen nicht offenlegen, ob sie in staatlicher oder kommunaler Eigenschaft handeln.

Eine ähnliche Doppelfunktion besitzen die SenatorInnen. Sie sind zum einen die landesrechtliche und zum anderen die kommunale Verwaltungsspitze.

Die in den letzten Jahren exakt vorgenommene Trennung der Haushalte für das Land und die Stadtgemeinde Bremen wird im Rahmen des Projektes »Land-Stadt-Trennung« (vgl. 16.5) weiter konkretisiert und differenziert.

2

Die bremische Finanzpolitik

2.1 Bremens Haushaltslage – Ursachen und Lösungsansätze[4]

Bremens finanzielle Situation ist – nachdem das Bundesland bis zur Finanzreform 1969 Geberland war – seit den 1980er-Jahren von einem nur schwer aufzuhaltenden Weg in eine Schuldenspirale gekennzeichnet. Die letzten fünfzig Jahre waren geprägt durch Entwicklungen, die den öffentlichen Haushalt zum Teil auch heute noch negativ beeinflussen. Verschiedene Faktoren, die in dem kleinen Stadtstaat Bremen zusammentreffen, sind die Ursache für die anhaltende Haushaltsnotlage. Es sind hierbei vor allem die wirtschaftsstrukturellen Probleme einer Großstadt mit hoher Arbeitslosigkeit, in deren Folge geringere Steuereinnahmen und hohe Sozialausgaben die öffentlichen Haushalte belasten. Die Abwanderung aus Bremen nach Niedersachsen nahm stetig zu. Die EinwohnerInnenzahl Bremens, die so wichtig für die gesamte Finanzausstattung des Landes und seiner Gemeinden Bremen und Bremerhaven ist, konnte erst nach der Jahrtausendwende auf ein immer noch zu niedriges Niveau stabilisiert werden.

Spätestens Ende der 1980er-Jahre wurde deutlich, dass sich Bremen aus eigener Kraft nicht aus einer Lage würde befreien können, in der der Schuldenberg trotz großer Sparsamkeit schon allein wegen der gesetzlichen Ausgaben Jahr für Jahr stieg und wegen der wachsenden Zinslast neue Kredite erforderlich waren.

2.1.1 Wirtschafts- und Steuerentwicklung

Bremens Wirtschaftsstruktur war traditionell stark auf den Schiffbau (Bremer Vulkan, AG Weser) und die Industrie ausgerichtet. Die Automatisierung des Hafenumschlags ließ den Bedarf an Arbeitskräften drastisch sinken. Während der 1980er-Jahre entwickelte sich das Bruttoinlandsprodukt in Bremen begründet u. a. durch die Werften- und Stahlkrise nur unterdurchschnittlich. Dies führte zu tiefen strukturellen Verwerfungen in Bremen. Eine historisch gewachsene regionale Wirtschaftsstruktur wurde einem globalen Strukturwandel ausgesetzt und die zunehmende Konkur-

4 Für diesen Beitrag wurden Tabellen und Statistiken der Behörde der Senatorin für Finanzen verwendet und Textteile aus den Sanierungsberichten, der Stellungnahme für die Zukunftskommission und den Haushaltsabschlüssen als Grundlage genommen. Der Dank dafür geht besonders an die MitarbeiterInnen der Referate 01, 20 und 21.

renz durch asiatische Werften führte zu einem Preiswettbewerb, dem man in Bremen nicht gewinnen konnte. Es fand eine nachhaltige Abkoppelung der Wirtschaftsentwicklung in Bremen von der in Deutschland statt.

Nach der Werftenkrise verlief die weitere Wirtschaftsentwicklung nur parallel zum Bundesgebiet, d. h. ein nennenswerter Aufholprozess konnte trotz aller Bemühungen von Seiten des Bremer Senats nicht erreicht werden.

Ab 2009, in der Wirtschafts- und Finanzkrise, kam es erneut zu einer Abkoppelung, da Bremens Wirtschaft eine starke Exportorientierung (Fahrzeugbau etc.) aufweist.

In Deutschland weisen Wirtschaftswachstum und Steuereinnahmen grundsätzlich einen ähnlich gerichteten Verlauf auf. In Bremen haben sich die Steuereinnahmen in den 1990er-Jahren jedoch von der Wirtschaftsentwicklung abgekoppelt. Über viele Jahre stagnierten die Steuereinnahmen, während die Wirtschaft Bremens mit dem Bundesdurchschnitt wuchs. Bremen hat nach Hamburg Platz 2 beim Bruttoinlandsprodukt pro EinwohnerIn und im Großstädtevergleich Platz 8.

Der Hauptgrund für die Abkoppelung der Steuereinnahmen Bremens vom Wirtschaftswachstum lag in der rückläufigen EinwohnerInnenentwicklung.

2.1.2 EinwohnerInnenentwicklung

Bremens massive EinwohnerInnenverluste begannen in den 1970er-Jahren. Von 1970 sank die Einwohnerzahl des Landes von 730.000 auf 660.000 im Jahr 2000. Ein Großteil dieser ehemaligen BremerInnen hatte jedoch nicht die Region verlassen, sondern sich lediglich im Umland Bremens angesiedelt.

Im Bereich der Binnenfernwanderung, also der typischen Wanderung aufgrund von Arbeitsplätzen und Ausbildungsplätzen, wies Bremen einen Wanderungsgewinn gegenüber den anderen Ländern auf. Haben sich die Menschen in Bremen aber erst einmal in ihrem beruflichen Umfeld etabliert, kann mit steigendem Haushaltseinkommen eine zunehmende Tendenz zur Abwanderung in das niedersächsische Umland gerechnet werden und Bremen entgehen so Einnahmen.

Die Pendlerverflechtung Bremens mit dem Umland befindet sich auf einem sehr hohen Niveau; relativ gesehen auf dem höchsten Niveau aller Bundesländer. 42 % der sozialversicherungspflichtig Beschäftigten, die in Bremen arbeiten, wohnen nicht innerhalb der Landesgrenzen. Ein Großteil davon pendelt aus dem niedersächsischen Umland nach Bremen. Die heute wieder zunehmende EinwohnerInnenzahl wird durch den positiven und weiter ansteigenden Saldo bei der Auslandswanderung erklärt.

Für die Finanzen der Freien Hansestadt Bremen bedeutet dies, dass die Steuern vor dem Länderfinanzausgleich durch die hohe Zahl von EinpendlerInnen den realen Bedarf nicht abbilden, weil Bremen im Verhältnis zu seiner Größe erhebliche Steuereinnahmen durch die Lohnsteuerzerlegung verliert. Die Stadtstaatenwertung im Länderfinanzausgleich kompensiert diese Steuereinnahmeverluste zwar nicht vollständig, für die letztendlich durch die EinwohnerInnenverluste verursachte Haushaltsnotlage ist die Lohnsteuerzerlegung aber nicht ursächlich.

Der bundesstaatliche Finanzausgleich hat die Anzahl EinwohnerInnen als Parameter und abstraktes Bedarfskriterium. Mit jedem/jeder verlorenen EinwohnerIn sinken daher sofort die Einnahmen aus dem Länderfinanzausgleich (LFA). Auf der Ausgabenseite kann sich der Staat mit seiner Ausstattung nicht, auf keinen Fall aber so schnell an die geringere EinwohnerInnenzahl anpassen wie die Einnahmen zurückgehen. Die Folge ist eine zunehmende Diskrepanz zwischen Einnahmen und Ausgaben bei sinkenden EinwohnerInnenzahlen.

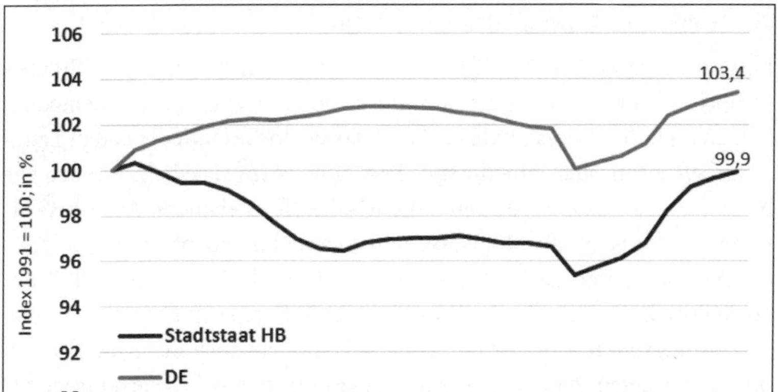

Bevölkerungsentwicklung des Stadtstaates Bremen seit 1991.

Für den bremischen Haushalt wird es auch in Zukunft sehr darauf ankommen, die Zahl der EinwohnerInnen zu stabilisieren, besser noch zu erhöhen und die Politik gezielt danach auszurichten, Infrastruktur, Wohnen, Sozial- und Kulturangebote für die Bevölkerung attraktiv zu gestalten.

2.1.3 Hohe Sozialkosten

Aus einer ungünstigen Wirtschaftsentwicklung entstehen wie in vergleichbaren Großstädten Probleme auf dem Arbeitsmarkt und in der Folge steigende Sozialkosten. Bremen verzeichnet eine sehr hohe Arbeitslosenquote. Sie betrug 2016 in der Stadt Bremen 9,7 % und in Bremerhaven 14,6 %. Der Bundesdurchschnitt lag bei 6,1 %.

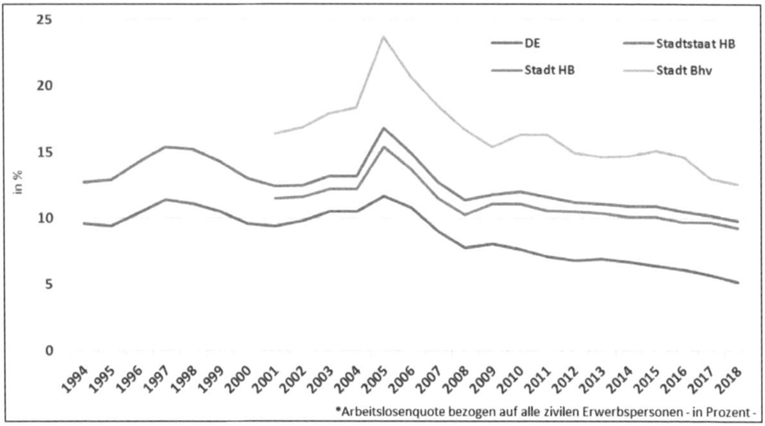

Die Entwicklung der Arbeitslosenquote* seit 1994.

Besorgniserregend ist der Anteil der Langzeitarbeitslosen, der in Bremen so hoch wie in keinem anderen Bundesland ist. Für Bremen bedeutet ein anhaltend hohes Niveau bei den Arbeitslosen, insbesondere bei den Langzeitarbeitslosen, auch zunehmende Sozialkosten im Haushalt. Ähnlich wie bei den Zinsausgaben reduzieren diese hohen feststehenden Ausgabepositionen im Haushalt die Möglichkeiten einer gestaltenden Ausgabepolitik.

Die Langzeitarbeitslosenquote beschreibt jedoch nur einen Teil der Sozialkosten. Darüber hinaus wird die soziale Lage auch über die Armutsgefährdungsquote beschrieben. Diese gibt an, wie hoch der Anteil der armutsgefährdeten Personen an einer Gesamtgruppe ist. Als armutsgefährdet gelten Personen, deren Einkommen weniger als 60 % des mittleren Einkommens beträgt. Bremen weist mit fast 25 % die höchste Armutsgefährdungsquote aller Bundesländer auf.

2.1.4 Zinsbelastung

Trotz der derzeitigen Niedrigzinsphase betragen die Zinsausgaben des Stadtstaates 2016 rund 601 Mio. Euro und damit 19,3 % der Steuereinnahmen. Da die Leistungen von Ländern und Gemeinden sehr weitgehend durch gesetzliche Vorgaben bestimmt sind, bedeutet der Unterschied der Zins-Steuerquote zu anderen Ländern (Bayern 1,7 %, Baden-Württemberg 3,2 %, Berlin 8,9 %, Hamburg 5,1 %, Saarland 12,0 %) trotz der Sanierungshilfen weiterhin gravierende Nachteile bei der Aufgabe, die Zukunft aktiv zu gestalten und auf Herausforderungen adäquat zu reagieren. Seit 2014 sinkt in Bremen die Zins-Steuerquote.

Auch wenn sich zurzeit die Zinsausgaben bei gut 600 Mio. Euro p. a. einpendeln und in den nächsten Jahren durch Tilgung und wahrscheinlich weiter anhaltende Niedrigzinsphase eher sinken werden, kann man sehen, welch enorme Belastung für den bremischen Haushalt die Zinsausgaben darstellen.

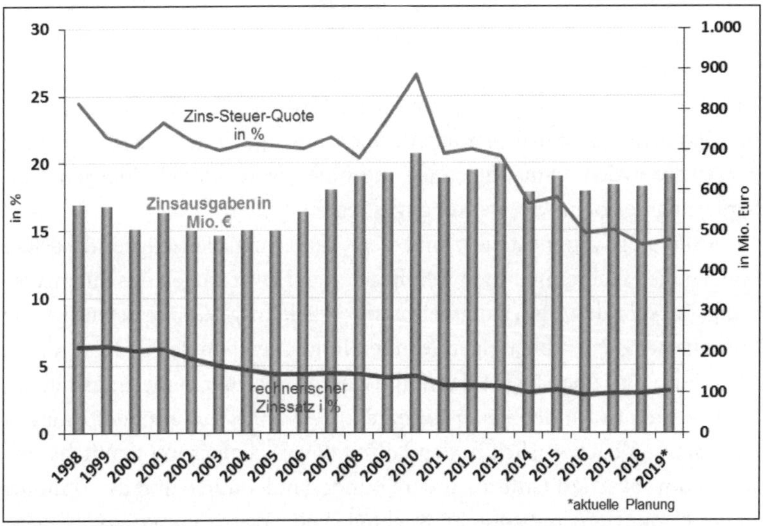

Zinsausgaben, Zins-Steuerquote und rechnerischer Zinssatz des Stadtstaates Bremen seit 1998.

2.1.5 Bremens bisherige Sanierungsanstrengungen

Bremen hat seit den 1990er-Jahren in zwei Phasen mit Hilfe des Bundes und der Länder versucht, sein Haushaltsdefizit in den Griff zu bekommen und die daran geknüpften Auflagen eingehalten.

2.1.5.1 Sanierungsphase 1993–2004

1991 entschieden Bürgermeister Wedemeier und der damalige Senat, das Bundesverfassungsgericht anzurufen, um eine verbesserte Finanzausstattung zu erreichen. Das Bundesverfassungsgericht hat in seinem Urteil von 1992 festgestellt, dass die Ursache in »einer Kombination von wirtschaftlicher Strukturschwäche und hierdurch mitverursachter übermäßiger Verschuldung« zu sehen ist. Das Gericht hat in seinem Urteil zur extremen Haushaltsnotlage Bremens damit festgestellt, dass die extreme Haushaltsnotlage durch Bremen nicht selbst verursacht wurde. Bremen hatte einen Anspruch auf Hilfen erreicht, die seine finanzielle Lage verbessern sollte. Zusammen mit dem Saarland, dessen Haushaltsdaten nicht wesentlich besser waren als die bremischen, wurden in zwei Sanierungsphasen Haushaltsnotlagehilfen von 1993–1999 in Höhe von 9 Mrd. DM und von 1999–2004 weitere 7,7 Mrd. DM (insgesamt über 8,5 Mrd. Euro) an Bremen überwiesen. Bremen verpflichtete sich dazu, das Ausgabenwachstum auf ein vorgegebenes Maß zu beschränken. Trotz der jährlichen Sanierungshilfen von anfangs rd. 920 Mio. Euro p. a. stiegen die im Haushalt ausgewiesenen Schulden in der Zeit um über 2 Mrd. Euro. So konnte im Ergebnis kein Schuldenabbau betrieben, sondern lediglich der Schuldenanstieg gebremst werden. Ohne die Sanierungshilfen wäre der Schuldenstand im Sanierungszeitraum viel stärker angestiegen.

Anders als prognostiziert und dem Sanierungsplan zugrunde gelegt blieben die Steuereinnahmen weit hinter den Erwartungen des Finanzplanungsrates für den Sanierungszeitraum zurück. Insgesamt beliefen sich die kumulierten steuerabhängigen Mindereinnahmen bereits 2002 auf rd. 8,8 Mrd. Euro und überstiegen damit die Gesamthöhe der Sanierungshilfen.

Die Architektur der Sanierungsphase 1993–2004 fußte auf der Analyse, dass Bremen nachweislich in den Jahren davor weniger in öffentliche Infrastruktur investiert hatte als andere Bundesländer und damit der Standort in der Konkurrenz mit anderen Nachteile beim Werben um EinwohnerInnen und Unternehmen erfahren hatte. In der Sanierungsphase sollten nun durch überdurchschnittliche kreditfinanzierte Investitionstätigkeit des Staates einerseits die Defizite aufgeholt werden, die die Sparmaßnahmen der Jahre zuvor verursacht hatten und dann durch neue Maßnahmen (in Verkehrs- und Wissenschaftsinfrastruktur, Universität und Hochschulen, Tourismusförderung, Modernisierung der Häfen und neue Gewerbeflächen) Unternehmen und EinwohnerInnen gewonnen werden. Die Maßnahmen hatten teilweise durchaus positive Ergebnisse, der erhoffte Effekt jedoch, dass sich daraus erhöhte Steuereinnahmen ergeben, die die fiskalische Situation Bremens verbessern, trat nicht ein.

Die Bevölkerung sank weiter und Bremens Steuereinnahmen blieben zwischen 1992 und 2004 nahezu konstant und stiegen nicht an wie im Rest des Bundesgebietes. Die hohe Investitionsquote war die politische Vorgabe und stand nicht im Widerspruch zum Wortlaut der Sanierungsvereinbarung. In der Nachbetrachtung des Sanierungszeitraumes wurde aber auch von Seiten des Bundes kritisiert, dass Bremen die durch die Finanzhilfen entstandenen Finanzierungsspielräume in Form von Zinsersparnissen für ein Investitionssonderprogramm zu einseitig zur Stärkung der Wirtschafts- und Finanzkraft genutzt habe. Größere Anstrengungen zur Gewinnung neuer EinwohnerInnen und eine moderate Schuldentilgung hätten die Haushaltslage Bremens verbessert und die Ausgangslage für weitere Verhandlungen mit Bund und Ländern verbessert.

Der weitere Anstieg der Verschuldung Bremens ab dem Jahr 2000 ist auch durch eine zurückgehende Einnahmeentwicklung aufgrund der Senkung der Einkommensteuer begründet gewesen. Angesichts der hohen Verschuldung Bremens erschwerte ein deutlich höherer Zinssatz als heute die Lage zusätzlich. Am Ende der ersten Sanierungsphase stand Bremen weiterhin ohne Chance da, die finanzielle Lage des Bundeslandes aus eigener Kraft in den Griff zu bekommen.

Auch wenn Architektur, Inhalt und Durchführung der erhöhten Investitionstätigkeit der ersten Sanierungsphase politisch zum Teil umstritten waren und bleiben werden, ist deutlich geworden, dass Standortentwicklungen nicht innerhalb weniger Jahre verändert werden können.

2.1.5.2 Sanierungsphase 2011–2019

2006 entschied der Senat, erneut vor dem Bundesverfassungsgericht zu klagen: Bremens Haushaltssituation war durch weiterhin steigende Kreditaufnahme gekennzeichnet, die aus eigener Kraft nicht überwunden werden konnte. Alle Versuche, günstigere Regeln im Länderfinanzausgleich zu erreichen, scheiterten am Widerstand der Geberländer, insbesondere an Bayern. Er wollte eine Finanzausstattung erreichen, die die Schaffung gleichwertiger Lebensverhältnisse für die BremerInnen ermöglichen sollte.

Parallel zur Klage begann in Deutschland eine Diskussion zur besseren Eingrenzung der öffentlichen Verschuldung im Rahmen der Föderalismuskommission II. Die geltende Regel zur Schuldenbegrenzung des Staates besagte, dass der Staat Kredite nur in Höhe der Investitionen aufnehmen durfte (sog. Goldene Regel). Eine solche rein quantitative Sichtweise hatte sich als viel zu schwach erwiesen, Schulden zu begrenzen. Sie verschleierte eher den tatsächlichen Finanzbedarf des Staates. So hatte ein Großteil der öffentlichen Haushalte in Deutschland hohe Defizite aufgebaut.

Im Rahmen der Föderalismuskommission II (2006–2009) verständigte man sich auf eine neue Schuldenbegrenzungsregel. Gem. Art. 109 Abs. 3 GG sind die Haushalte der Länder ab 2020 grundsätzlich ohne Einnahmen aus Krediten auszugleichen.

Neben anderen Ländern war auch Bremen nicht in der Lage, aus eigener Kraft einen ausgeglichenen Haushalt 2019 zu erreichen und machte unter Bürgermeister Jens Böhrnsen seine Zustimmung zur Schuldenbremse im Grundgesetz davon abhängig, dass Bremen Hilfen erhält, die es ermöglichen, ab 2020 das Schuldenverbot einzuhalten. Hierauf aufsetzend führt Art. 143d Abs. 2 GG aus:

»Als Hilfe zur Einhaltung der Vorgaben des Art. 109 Abs. 3 ab dem 1. Januar 2020 können den Ländern Berlin, Bremen, Saarland, Sachsen-Anhalt und Schleswig-Holstein für den Zeitraum 2011 bis 2019 Konsolidierungshilfen aus dem Haushalt des Bundes in Höhe von insgesamt 800 Millionen Euro jährlich gewährt werden.« Davon entfallen auf Bremen jährlich 300 Millionen Euro.

Damit musste das strukturelle Defizit von 1253,5 Mio. Euro (2010) bis 2020 in neun Schritten auf null reduziert werden. Bremen musste neun Jahre lang seine Ausgaben geringer steigern als der Zuwachs des Steueraufkommens es ermöglicht hätte.

Seit dem Jahr 2012 hat Bremen die Verpflichtungen zur Absenkung der strukturellen Neuverschuldung bis einschließlich 2018 erfolgreich eingehalten. Nicht vergessen darf man dabei, dass in den beiden Haushaltsjahren 2016 und 2017 insgesamt 650 Mio. Euro Netto-Ausgaben für Flüchtlinge vorgesehen wurden, was zu einem Verstoß gegen die Konsolidierungsvereinbarung geführt hätte. Bremen hatte dazu bei Prof. Korioth ein Gutachten in Auftrag gegeben, mit dem es seinen Anspruch nach Art. 109 Abs. 3 GG auf Anerkennung der Flüchtlingsausgaben als »außergewöhnliche Notsituation, die sich der Kontrolle des Staates entzieht« begründet hat. Zur Erleichterung aller wurde das Geld nicht in der geplanten Größenordnung gebraucht, so dass trotz der Zuwanderung die Konsolidierungsvereinbarung durch Bremen eingehalten wurde.

Mit dem Abschluss des Haushaltes 2019 endet die zweite Sanierungsphase des Bremischen Haushalts. Begünstigt durch sinkende Zinssätze und steigende Steuereinnahmen haben Ausgabedisziplin und hohe Eigenanstrengungen insbes. im Rahmen der Digitalisierung und Reform der Verwaltung es ermöglicht, dass Bremen ab 2020 die Vorgaben der Schuldenbremse wird einhalten können.

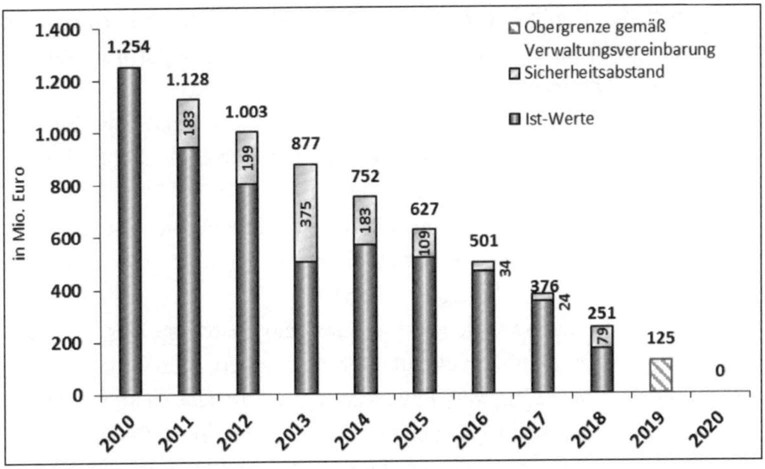

Abbaupfad des strukturellen Finanzierungsdefizits seit 2010.

Die vom Bund und den Ländern seit 2012 finanzierten Konsolidierungshilfen in Höhe von 300 Mio. Euro, deren Erhalt an die Einhaltung eines strikten Rückführungspfades des strukturellen Finanzierungsdefizits gekoppelt ist, enden im Jahr 2019. Ab dem Jahr 2020 greift dann gem. den Vorgaben des Grundgesetzes die in Art. 131a Bremische Landesverfassung verankerte Schuldenbremse, die unter Berücksichtigung von finanziellen Transaktionen und Konjunkturbereinigung einen Ausgleich von Ausgaben durch Einnahmen aus Krediten untersagt.

2.1.6 Länderfinanzausgleich und Konsolidierungshilfen

Da auch vom Bund im Rahmen der im Juni 2017 abgeschlossene Verhandlung der Neuordnung der Bund-Länder-Finanzbeziehungen anerkannt wurde, dass eine nachhaltige Einhaltung der Schuldenbremse ab dem Jahr 2020 durch den Stadtstaat Bremen noch nicht möglich ist, wird Bremen mindestens bis zum Jahr 2035 jährlich 400 Mio. Euro Sanierungshilfen vom Bund zusätzlich zu den Zahlungen aus dem Länderfinanzausgleich erhalten.

Dass dieses für Bremen sehr positive Ergebnis erzielt werden konnte, ist einem Zusammentreffen verschiedener positiver Faktoren zu verdanken: Bremen hat allen Unkenrufen zum Trotz die Sanierungsphase 2012 bis 2019 vertragsgemäß bewältigt. Sicherlich begünstigten sich positiv entwickelnde Steuereinnahmen und niedrige Zinsen, aber auch ein Konsens in der Regierung, die Chance zu nutzen, endlich aus der ausweglosen Finanzlage herauszukommen, den Erfolg. Wichtig war auch, dass Bremen durch Vertragstreue und Eigenleistungen insbesondere bei der Verwaltungsmodernisierung bewies, dass es keineswegs nur Hilfe von anderen erwartete.

Bürgermeister Böhrnsen hat früh durch eine kluge Bündnispolitik v. a. mit dem damaligen Hamburger Bürgermeister Olaf Scholz den Boden für die für Bremen sehr gute Einigung bereitet.

An den Erhalt der Sanierungshilfen in Höhe von 400 Mio. Euro ist die Auflage der Einhaltung der Schuldenbremse gebunden sowie die Verpflichtung zur Schuldentilgung.

Die 400 Mio. Euro werden Bremen zu dem Zweck gewährt, ab dem Jahr 2020 die Schuldenbremse einhalten zu können. Die Sanierungshilfen dienen in erster Linie der Finanzierung des laufenden strukturellen Finanzbedarfs in den bremischen Haushalten. Weiterhin müssen von den 400 Mio. Euro Sanierungshilfen im Durchschnitt 80 Mio. Euro, (mindestens 50 Mio. Euro p. a.) jährlich zur Tilgung verwendet werden. Ferner sollen die verbleibenden Mittel zur Stärkung der Wirtschafts- und Finanzkraft eingesetzt werden.

Am 23. Mai 2019 hat Bremen die Vereinbarung zum Sanierungshilfengesetz unterzeichnet. Sanierungsfortschritte müssen weiterhin gegenüber dem Stabilitätsrat regelmäßig dargelegt werden.

Da bei den Stadtstaaten eine gemeinsame Betrachtung der Landes- und Kommunalfinanzen für die Feststellung der Einhaltung der Schuldenbremse erfolgt, müssen in Bremen (wie in Hamburg und Berlin) auch kommunale Aufgaben in Zukunft ohne Kreditaufnahme bewältigt werden. Ein Ausweichen in Kreditaufnahmen außerhalb des Haushaltes wie z. B. über von der öffentlichen Hand beherrschte Gesellschaften und Sondervermögen verstößt gegen die Bremische Landesverfassung, die aus historischen Gründen gerade zum Ziel hat, keine Umgehungen der Schuldenbremse zuzulassen. Außerdem muss man damit rechnen, dass der Stabilitätsrat und das Bundesfinanzministerium sehr genau hinsehen werden, dass die Länder sich verfassungskonform verhalten und nicht davor zurückschrecken werden, Bremen und das Saarland auch durch Kürzen oder Streichen der 400 Mio. Euro Konsolidierungshilfe zu sanktionieren.

Es ist unbestreitbar, dass die Reduzierung der jährlichen Kreditaufnahme als fiskalisch richtiges Ziel in der zweiten Sanierungsphase 2012–2019 zu Defiziten sowohl bei der Ausstattung von Leistungen für die BürgerInnen als auch zu einem Rückstand bei notwendigen Investitionen in die öffentliche Infrastruktur geführt hat. Bremen hat die Zuweisungen an freie Träger im Sozial-, Kultur-, Sport- und Jugendbereich nahezu konstant gehalten, diese haben aber eine wichtige Funktion für die Gestaltung der Zivilgesellschaft.

Der größte heute schon bekannte zusätzliche Finanzbedarf in naher Zukunft wird sich aus der Notwendigkeit ergeben, weiteres zusätzliches Geld im Bereich des Ausbaus von Kindergärten als auch der schulischen Infrastruktur auszugeben und zwar sowohl im investiven Bereich als auch beim Personal. Auch die Anstrengungen zur Sanierung öffentlicher Gebäude und zum Klimaschutz wird Bremen deutlich verstärken müssen.

Ferner wird das Land Bremen seine beiden Kommunen weitergehend als heute bedarfsorientiert unterstützen müssen. Dem trägt das im März 2019 von der Bürgerschaft beschlossene Finanzausgleichsgesetz Rechnung, das am 1. Januar 2020 in Kraft trat. Es regelt auch eine bundesweit vorbildliche Entschuldung beider Gemeinden durch die Übernahme der Schulden durch das Land.

Der Senat legte mit den Haushalten 2018/2019 der Bremischen Bürgerschaft eine Finanzplanung bis 2021 vor. In der Finanzplanung sind die finanziellen Folgen der Investitionsbeschlüsse jährlich hinterlegt. Auch im weiteren Verlauf der Jahre 2018/2019 wird der Senat sicher weitere investive Beschlüsse fällen, die ihre finanzielle Wirkung erst in den Folgejahren haben werden. Außerdem wurde schon in den Haushalten 2018/2019 ein moderater Zuwachs der Personalausgaben berücksichtigt, der es ermöglichen wird, nach 30 Jahren Personalabbau die Zielzahl der bremischen Beschäftigten insgesamt vor allem im Bereich Schule und Kindertagesstätten zu erhöhen.

Bremen wird bis 2035 deutlich mehr Geld zur Verfügung haben als in den letzten Jahren. Es steht vor der Herausforderung, in den nächsten Jahren das Geld klug auszugeben und die richtige Mischung aus Nachsteuern und Vorausdenken zu finden.

Der Eindruck, dass es nun ein Ende hat mit der anstrengenden Sparerei ist jedenfalls unzutreffend. Es bleibt knapp. Sicherlich ist es ein wesentlicher Standortfaktor, dass sich in Bremen Unternehmen ansiedeln und Arbeitsplätze schaffen. Für Bremens Finanzausstattung ist die Frage der Stabilisierung oder sogar Erhöhung der EinwohnerInnenzahl allerdings zentral.

Auf Bundesebene wird es weiterhin darum gehen, die besondere Belastung der Großstädte durch gezielte Mitfinanzierung des Bundes insbes. bei den Kosten der Unterkunft zu erreichen. Bremens Rolle, für das Gebot des Grundgesetzes, dass es in Deutschland gleichwertige Lebensverhältnisse geben muss, zu kämpfen, wird weiter gebraucht.

2.2 Die Leitlinien der politisch-administrativen Steuerung der Haushalte

Öffentliche Haushalte sind ein politisches Gesamtkunstwerk.
Ausgangspunkt der Steuerung sind die politischen Grundorientierungen, die im Rahmen der politischen Entscheidungsfindung auf den Ebenen der parlamentarischen und kommunalen selbstverwaltenden Willensbildung gewonnen werden. »Staatskunst« im Sinne des Philosophen Aristoteles bedeutet dabei, die Transformation von der politischen Entscheidungsebene in die politisch-administrative Steuerung umzusetzen.

Daran knüpft die politisch-administrative Steuerung der Verwaltung an. Dazu gibt es eine Reihe von Navigationsinstrumenten, insbesondere die Strategie, der Zweck, die Aufgaben, die Prozesse und der Haushalt. Dabei lassen sich drei wesentliche Steuerungsprozesse unterscheiden:

- Entwicklung und Umsetzung einer politischen Gesamtstrategie,
- Planung und Steuerung des Ressourceneinsatzes zur Umsetzung der Gesamtstrategie (Haushalt planen und umsetzen),
- Fortlaufende Aufgaben, Kritik und Prozessoptimierung zur kontinuierlichen Verbesserung der Umsetzung von Gesamtstrategie und Haushalt.

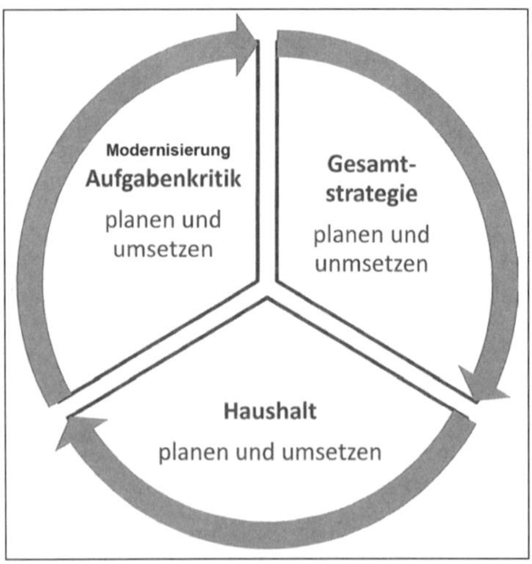

Diese drei wesentlichen Steuerungsprozesse sollen dafür sorgen, dass eine Gesamtstrategie das Dach der strategischen und operativen Steuerung bildet und die fachlichen Maßnahmen auf die Gesamtstrategie abgestimmt sind.

Der Entwicklungsprozess des politischen Gemeinwesens wird im Wesentlichen in Ableitung der politischen Schwerpunkte (Klimaschutz, Bildung etc.) mit der jeweiligen Finanzplanung beschrieben. Im »Gesetz zur Förderung der Stabilität und des Wachstums der Wirtschaft« wurde – seinerseits aus Gründen der Wirtschaftspolitik – die Verpflichtung verankert, der Haushaltswirtschaft eine fünfjährige Finanzplanung zugrunde zu legen, in der Umfang und Zusammensetzung der voraussichtlichen Ausgaben und die Deckungsmöglichkeiten in ihren Wechselbeziehungen zu der mutmaßlichen Entwicklung des gesamtwirtschaftlichen Leistungsvermögens darzustellen sind.

In der Finanzplanung der Freien Hansestadt Bremen sind zudem Ziele und Kennzahlen einer politischen Gesamtstrategie dargestellt. In der aktuellen Legislaturperiode 2019 bis 2023 sind dies:

Bildung für alle verbessern, zur Bewältigung des Klimawandels beitragen und Verkehrswende sozial gestalten, den sozialen Zusammenhalt in den Stadtteilen stärken und Ungleichheit zwischen Quartieren verringern, das Wohnen für alle bezahlbar machen, die Wissenschaft und Forschung weiterentwickeln, die Rahmenbedingungen für eine gute wirtschaftliche Entwicklung schaffen, die Attraktivität und Sicherheit im Land steigern sowie die Diskriminierung und Ausgrenzung vermeiden. Ein weiteres Element ist die Sicherstellung der Funktionsfähigkeit der bremischen Verwaltung, die sich natürlich in der zukünftigen Personalbedarfs- und Ausbildungsplanung realisiert.

Die Erreichung der politischen Ziele muss so ausgerichtet sein, dass die Wirksamkeit durch Indikatoren nachweisbar ist und damit immer auch politisch bewertet und angepasst werden können.

Die ziel- und wirkungsorientierte Haushaltssteuerung wird dabei zur führenden Systematik der Eckwertbemessung und unterjährigen Haushaltssteuerung weiterentwickelt. Dies bedeutet im Verwaltungsalltag, dass die Ressorts aufgrund der dezentralen Verantwortung für die in ihrem Bereich festgelegten Ziele, deren Erreichung und den dafür aufzuwendenden Mitteleinsatz verantwortlich sind. Wo möglich und sinnvoll, sind Ziele gleichstellungsorientiert zu formulieren, so dass die Zielerreichung im Rahmen des Gender Budgeting transparent ist. Dafür ist erforderlich, dass im Sinne einer transparenten und zielorientierten Mittelverausgabung messbare Indikatoren für die Erreichung der Ziele durch die Ressorts im Rahmen der Haushaltaufstellung gebildet und im Rahmen des Produktgruppenhaushaltes mit Finanzmitteln verknüpft werden. Praktisch heißt das, dass die Indikatorenwerte mit einem vertretbaren Aufwand zu ermitteln sind. Die steuerungsrelevanten Ziele, zugeordnete Kennzahlen und Finanzmittel werden in dem IT-Verfahren eHaushalt (vgl. 16.1) auf der Ebene der Produktpläne abgebildet.

Das zentrale Element der Umsetzung ist dabei der Produkthaushalt. Er bietet die Möglichkeiten, einen Prozess der »Hauptzielvereinbarung« als politischen Entscheidungsprozess zwischen der Bremischen Bürgerschaft – Landtag – und der Verwaltung zu entwickeln. Die Planung und der Vollzug des Haushalts sind in Bremen in den »Grundsätzen für die Aufstellung und Steuerung der Haushalte 2020/2021 vom 01.10.2019«, die jeweils zu Beginn einer Haushaltsaufstellung neu gefasst werden, geregelt. Der Aufstellung geht ein Eckwertebeschluss des Senats voraus, der diese Ziele aufgreift und in den Aufstellungsprozess einbezieht.

Grundlage der Verwaltungsmodernisierung in Bremen ist der vom Senat beschlossene Masterplan »Zukunftsorientierte Verwaltung«, ein strategisches Gesamtkonzept für die Verwaltungsentwicklung. Die konkreten Umsetzungsvorhaben sind strategischen Entwicklungsfeldern zugeordnet, die die zentralen Modernisierungsschwerpunkte definieren. Dazu gehört auch das Entwicklungsfeld »Integrierte Gesamtsteuerung«. Die integrierte Gesamtsteuerung soll die Kernverwaltung und ausgegliederte Organisationen, insbesondere öffentliche Unternehmen, einbeziehen.

2.2.1 Aufgaben und Zweckorientierung

Voraussetzung erfolgreicher Steuerung ist die Navigation. Politische Navigation bedeutet, den Standort festzustellen, das Ziel festzulegen und den Weg dorthin zu steuern. Die Strategie jeder Organisationseinheit im öffentlichen Gemeinwesens (»Konzern«) muss sich aus ihrer – sich durchaus verändernden – Aufgabenstellung ableiten. Die Zweckbestimmung ist dann die Leistung, die eine Organisation für ihre Umwelt erbringt und aus deren Erfüllung sich ihre Existenzberechtigung ableitet. Zweck eines Landes/einer Kommune ist es, dass die regionale bzw. örtliche Gemeinschaft ihre Angelegenheiten in eigener Verantwortung mit dem Ziel verwaltet, einen Rahmen für das Zusammenleben zu ermöglichen, öffentliche Dienste bereitzustellen und damit das Wohl ihrer EinwohnerInnen zu fördern.

2.2.2 Ziel- und wirkungsorientierte Steuerung

Ziele und Kennzahlen sollen zur Gestaltung von Planung, Steuerung und Erfolgskontrolle genutzt und im Haushaltsplan ausgewiesen werden. In Zeiten der Haushaltskonsolidierung waren die Ausstattungsvergleiche zunächst restriktiver Rahmen für die Festlegung eines Aufgabenrahmens.

Das »Neue Haushaltswesen« sieht vor, den Ressourceneinsatz mithilfe von strategischen und operativen Zielen zu planen und zu steuern. Die Finanzziele sollen in einen direkten Zusammenhang mit formulierten Produkt- und Wirkungszielen gestellt werden. Im Haushaltsplan der Freien Hansestadt Bremen werden deshalb in den Produktplänen, Produktbereichen und Produktgruppen folgende Zweckbeschreibungen, Zielformulierungen und Kennzahlendarstellungen vorgenommen:

- Basisinformationen: Auftragsgrundlage, Beschreibung, Strategische Ziele,
- Ressourceneinsatz: Finanzdaten, Personaldaten, Kapazitätsdaten,
- Leistungsangaben: Wirkungen, Leistungen, Qualität.

Die Ziele und Strategien der Produktbereiche bzw. der Produktgruppen haben sich an den jeweiligen Strategien des Produktplans zu orientieren. Zur Orientierung bei der Zielformulierung dienen die von der KGSt formulierten vier Zielfelder. Mit diesem Regelkreis besteht ein Instrument zur Formulierung schlüssiger Zielsysteme für die einzelnen Teilhaushalte:

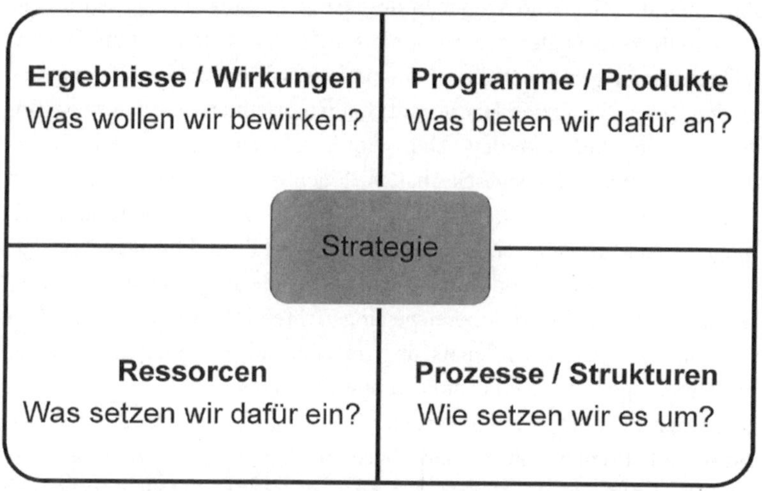

Wesentlich ist dabei, diese Fragestellung in einen Entwicklungs- und Veränderungsprozess einzubetten. In der Praxis sollte dies bevorzugt mit gezielten, modernisierungsbezogenen Finanzierungsanreizen verknüpft werden.

In den Haushalten von Land und Stadtgemeinde Bremen wurden dazu die sog. Handlungsfelder kreiert. In Handlungsfeldern werden – angesiedelt im Produktplan Allgemeine Finanzen – jeweils zu politischen Entscheidungsfeldern (»Sichere und saubere Stadt«, »Digitalisierung«,

»Bürgernahe Verwaltung« und »Klimaschutz«) Budgets bereitgestellt, die im Haushaltsvollzug nach fachpolitischen Zielen und Schwerpunktbildungen, Kriterien der Wirtschaftlichkeit und Wirksamkeit vergeben werden.

2.2.3 Integrierte Gesamtsteuerung

Im demokratischen Staat muss gewährleistet sein, dass sich die dezentralisierten Organisationseinheiten nicht abkoppeln und in eine Richtung bewegen, die nicht mehr den von den öffentlichen Organen vorgegebenen Zielen entsprechen. Um bei dezentraler Fach- und Ressourcenverantwortung die Steuerbarkeit der Gebietskörperschaft als politische Einheit zu gewährleisten, ist ein komplementärer Zentralisierungsvorgang in der Form eines schlagkräftigen zentralen Steuerungs- und Controllingbereichs erforderlich.

In Bremen wurde mit dem Doppelhaushalt 2016/2017 eine integrierte Gesamtsteuerung eingerichtet und seitdem kontinuierlich weiterentwickelt, mit der sowohl die Kernverwaltung als auch die ausgegliederten Einheiten die Ziele und Vorgaben des Haushalts für die verantwortlichen Organisationen ableiten. Damit werden zugleich der Haushalt und das Beteiligungsmanagement enger miteinander verzahnt, um eine effektive und an den Zielen der Freien Hansestadt Bremen orientierte Gesamtsteuerung zu erreichen. Hierzu werden neben dem Kernhaushalt auch die ausgegliederten Einheiten (Eigengesellschaften, Eigenbetriebe, Anstalten, Stiftungen und Körperschaften des öffentlichen Rechts sowie sonstige Sondervermögen – zusammenfassend »Beteiligungen«) im Produktgruppenhaushalt dargestellt. In jedem Produktplan wurden für die ausgegliederten Einheiten entsprechende Produktbereiche eingerichtet. Darin sind die durch die Geschäftsverteilung des Senats übertragenen ausgegliederten Einheiten jeweils als eigenständige Produktgruppe abgebildet.

In den Produktgruppen werden die strategischen Ziele, die die Freie Hansestadt Bremen mit der jeweiligen Einrichtung verfolgt, aufgeführt, um die Erfüllung öffentlicher Aufgaben durch die Beteiligungen noch transparenter darzustellen. Im Zuge der Erfassung der Ziele für den Produktplan wurden diese nochmals geschärft und im Sinne des § 65 Abs. 1 LHO überprüft. Dies bildet u. a. die Grundlage für die laufende Portfolioanalyse der Beteiligungen.

Durch die Darstellung der Zu- und Abführungen an die ausgegliederten Einheiten einschließlich der Geschäftsbesorgungsentgelte wird Transparenz für die Zahlungsströme im Konzern Bremen erhöht bzw. geschaffen. Zudem werden die steuerungsrelevanten Kennzahlen abgebildet, wobei bei ihrer Aufnahme in den Produktplan besonderes Augenmerk auf ihre Aussagekraft gelegt wurde. Der Prozess der Optimierung der Kennzahlen wurde bis zur Haushaltslaufstellung 2020/2021 weiter ausgebaut, um die zielorientierte Beteiligungssteuerung durch inhaltlich aussagekräftige und relevante Kennzahlen zu unterstützen. Ziel ist es, auch weitere betriebswirtschaftliche Kennzahlen wie Umsatz, Aufwand etc. direkt im Produktplan abzubilden. Damit werden auch die finanziellen Verflechtungen zwischen Haushalt als politischem Gesamtkonstrukt und den Beteiligungen im Sinne einer effektiven Gesamthaushaltssteuerung transparenter.

Die bereits institutionalisierte integrierte Steuerung des Haushalts über Fach-, Personal- und Finanzziele einschließlich zugehöriger Kennzahlen wird schrittweise im Produktgruppenhaushalt des Landes und der Stadtgemeinde Bremen etabliert und mit der Steuerung der öffentlichen Unternehmen verknüpft.

3

Überregionale Finanzbeziehungen

3.1 Bundesstaatlicher Finanzausgleich

»Der bundesstaatliche Finanzausgleich hat die Aufgabe, die unterschiedliche Finanzkraft der Länder angemessenen auszugleichen (Art. 107 GG). Durch ein System verschiedener Ausgleichsstufen wird eine Annäherung der Finanzkraftverhältnisse der einzelnen Länder angestrebt. Damit sollen nach der Rechtsprechung des Bundesverfassungsgerichts alle Länder und der Bund gleichermaßen in die Lage versetzt werden, die ihnen nach ihrer Stellung im Grundgesetz obliegenden Aufgaben auch materiell erfüllen zu können.«[5] Die geltende Fassung des bundesstaatlichen Finanzausgleichs ist bis zum Ende des Jahres 2019 gültig. Am 2. Juni 2017 beschloss der Bundesrat (nach dem Bundestag) mit der Reform der Bund-Länder-Finanzbeziehungen erhebliche Veränderungen im System des bundesstaatlichen Finanzausgleichs, die ab dem Jahr 2020 gelten.

3.1.1 Bundesstaatlicher Finanzausgleich (bis Ende des Jahres 2019)[6]

Der bundesstaatliche Finanzausgleich kann durch ein mehrstufiges System der Einnahmenverteilung beschrieben werden. Die Effekte der einzelnen, aufeinander folgenden Stufen hängen voneinander ab, sie stehen in einem direkten systematischen Zusammenhang (vgl. Gesetz über verfassungskonkretisierende allgemeine Maßstäbe für die Verteilung des Umsatzsteueraufkommens, für den Finanzausgleich unter den Ländern sowie für die Gewährung von Bundesergänzungszuweisungen [Maßstäbegesetz – MaßstG]; Gesetz über den Finanzausgleich zwischen Bund und Ländern [Finanzausgleichsgesetz – FAG]).

3.1.1.1 Stufe 1: Vertikale Steuerverteilung

In dieser Stufe (Art. 106 GG) erfolgt die Verteilung der Steuern auf die föderativen Ebenen (einschl. der variablen Umsatzsteuerverteilung zwischen

5 Stefan Klusewitz, Auswirkungen des bundesstaatlichen Finanzausgleichs, Finanzbericht Bremen, hrsg. vom Senator für Finanzen Bremen, Nr. 2/1997.

6 Vgl. zu der Darstellung des bundesstaatlichen Finanzausgleichs bis zum Jahr 2019 auch Bundesministerium für Finanzen, Der bundesstaatliche Finanzausgleich, https://www.bundesfinanzministerium.de/Content/DE/Standardartikel/Themen/Oeffentliche_Finanzen/Foederale_Finanzbeziehungen/Laenderfinanzausgleich/Der-Bundestaatliche-FAG.pdf?__blob=publicationFile&v=5, abgerufen am 26.06.2019.

Bund und Ländern). Die Einkommen-, Körperschaft- und Umsatzsteuer werden als Gemeinschaftsteuern bezeichnet, d. h. ihr Aufkommen wird zwischen Bund, Ländern und Gemeinden aufgeteilt. Die Höhe der Anteile der Einkommen- und Körperschaftsteuer sowie der Kapitalertragsteuer ergibt sich aus Art. 106 GG und dem Gemeindefinanzreformgesetz. Die jeweilige Höhe der Anteile an der Umsatzsteuer wird im Finanzausgleichsgesetz geregelt.

Das Aufkommen aus den Bundessteuern (z. B. Energiesteuer, Tabaksteuer) erhält der Bund. Den Ländern steht das Aufkommen aus den Landessteuern (z. B. Erbschaftsteuer, Biersteuer) und den Gemeinden das Aufkommen aus den Gemeindesteuern (z. B. Grundsteuern, Gewerbesteuer) zu, wobei bei der Gewerbesteuer Bund und Länder durch eine Umlage beteiligt werden.

3.1.1.2 Stufe 2: Horizontale Steuerverteilung

In der zweiten Stufe werden die Steuern auf die einzelnen Bundesländer verteilt. Art. 107 Abs.1 GG regelt, nach welchen Kriterien die den Ländern zustehenden Steuern unter den Ländern verteilt werden. Danach gilt für die Landessteuern und die Länderanteile an der Lohn- und Einkommensteuer sowie für die Körperschaftsteuer grundsätzlich das Prinzip des örtlichen Aufkommens, d. h. die Steuern verbleiben in dem Land, in dem sie von den Finanzämtern vereinnahmt werden. Dieses Prinzip wird bei der Lohnsteuer, der Körperschaftsteuer und der Abgeltungsteuer durch die sog. Zerlegung durchbrochen (vgl. Zerlegungsgesetz [ZerlG]).

Die Zerlegung der Körperschaftsteuer wird nach dem Betriebsstättenprinzip vorgenommen. Die Körperschaftsteuer, die auf den (theoretischen) Gewinn der Betriebsstätte erhoben wird, soll dem Land der Betriebsstätte zustehen. Als Kriterium für die Bestimmung der Anteile, die einem Bundesland bei der Zerlegung zugerechnet werden, wird die Lohnsumme der einzelnen Betriebe des betreffenden Unternehmens herangezogen (nach den § 28–31 und § 33 Gewerbesteuergesetz).

Die Zerlegung der Lohnsteuer erfolgt nach dem Wohnsitzprinzip, d. h. die Lohnsteuer steht dem Land zu, in dem der/die ArbeitnehmerIn seinen/ihren Wohnsitz hat. Das Grundgesetz bestimmt, dass eine Zerlegung der Lohnsteuer zu erfolgen hat. Nach welchen Kriterien diese zu erfolgen hat, ob also das Wohnsitzprinzip allein oder auch das Arbeitsstättenprinzip zu berücksichtigen ist, liegt in der Entscheidung des Gesetzgebers.

Der Stadtstaat Bremen wird als Einpendlerland durch die alleinige Ausrichtung der Lohnsteuerzerlegung am Wohnsitzprinzip bei der horizontalen Steuerverteilung benachteiligt. Würde die Lohnsteuerzerlegung nur hälftig erfolgen, könnte Bremen zwar seine Lohnsteuereinnahmen um rd. 172 Mio. Euro erhöhen (Berechnungen auf dem Stand der vorläufigen Abrechnung des Jahres 2018)[7]. Weil aber die Zuweisungen an Bremen aus der Umsatzsteuerverteilung und dem Finanzausgleich (einschl. Bundesergänzungszuweisungen) geringer würden, verblieben am Ende davon nur rd. 17 Mio. Euro im Stadtstaat.

Die Zerlegung der Abgeltungsteuer erfolgt nach Maßgabe der angerechneten Abgeltungsteuer bei der Einkommensteuer und bei der Körperschaftsteuer. Sie richtet sich folglich nach dem Wohnsitz oder Sitz des Steuerschuldners.

Der Länderanteil an der Umsatzsteuer wird nicht nach diesen Prinzipien verteilt. Die Verteilung erfolgt nach EinwohnerInnen und nach dem Prinzip des Ausgleichs zwischen steuerkraftstarken und steuerkraftschwachen Ländern. Dabei müssen mindestens 75 % nach EinwohnerInnen verteilt werden. 25 % können als sog. Umsatzsteuerergänzungsanteile steuerkraftschwachen Ländern zugewiesen werden. Die Umsatzsteuerverteilung ist im Finanzausgleichsgesetz (§ 2 Finanzausgleichsgesetz – FAG) geregelt.

3.1.1.3 Stufe 3: Länderfinanzausgleich – LFA (horizontaler Finanzausgleich)

An die Verteilung der Umsatzsteuer setzt ein Ausgleichssystem unter den Ländern an, das auch die Finanzkraft der Gemeinden berücksichtigt. Die Aufgabe des Länderfinanzausgleichs besteht darin, die Unterschiede in der Finanzkraft der einzelnen Länder angemessen auszugleichen (Art. 107 Abs. 2 GG). Dieser Ausgleich stellt eine Korrektur der Steuerverteilung dar und verpflichtet die Länder, die durch die Steuerverteilung begünstigt sind – sei es durch die technische Ausgestaltung der Zerlegung oder durch eine stärkere Wirtschaftskraft –, finanzschwachen Ländern Zuweisungen zu leisten. Zur Bestimmung der Ansprüche eines Landes an andere Länder müssen die Finanzkraftverhältnisse vergleichbar gemacht werden. Dazu werden die EinwohnerInnenzahlen eines Bundeslandes herangezogen. Für die Stadtstaaten (und in einem geringen Maße für die dünnbesiedelten neuen Länder) werden die EinwohnerInnen höher gewichtet. Im Falle der Stadtstaaten soll die EinwohnerInnenwertung die strukturelle Andersartigkeit gegenüber den Flächenländern zum Ausdruck bringen. Die

7 Die vorläufigen und endgültigen Abrechnungen des Länderfinanzausgleichs sind unter https://www.bundesfinanzministerium.de/Web/DE/Themen/Oeffentliche_Finanzen/Foederale_Finanzbeziehungen/Laenderfinanzausgleich/laenderfinanzausgleich.html abrufbar.

EinwohnerInnenwertung der Stadtstaaten beträgt 135 %, sie reduziert die im Vergleich unter den Bundesländern zu berücksichtigende Finanzkraft und führt damit im Falle Bremens zu höheren Zuweisungen im Finanzausgleich. Die Höhe der EinwohnerInnenwertung ist nicht durch das Grundgesetz festgelegt. Der Gesetzgeber besitzt bei der Festlegung der Höhe einen gewissen Ermessensspielraum, der durch wissenschaftlich begründete Bandbreiten der EinwohnerInnenwertung begrenzt wird.

3.1.1.4 Stufe 4: Bundesergänzungszuweisungen (vertikaler Finanzausgleich mit horizontalen Wirkungen)

Der Bund leistet nach Art. 107 Abs. 2 Satz 3 GG leistungsschwachen Ländern ergänzende Zuweisungen zur Deckung ihres allgemeinen Finanzbedarfs aus seinen Mitteln. Neben den allgemeinen Bundesergänzungszuweisungen (BEZ), die an die Finanzkraft nach dem Länderfinanzausgleich anschließen und den leistungsschwachen Ländern vorbehalten sind, stellt der Bund leistungsschwachen Ländern auch Sonderbedarfs-BEZ zur Verfügung. Die Freie Hansestadt Bremen erhält BEZ wegen überdurchschnittlich hoher Kosten politischer Führung in Höhe von 60,3 Mio. Euro. Diese beziehen sich in der Berechnung nicht – wie man vermuten könnte – auf die konkreten Kosten der politischen Führung des Landes Bremens, sondern werden so berechnet, dass sie die Kosten der Kleinheit eines Bundeslandes abbilden. »Die Kosten der politischen Führung sind für die Existenz jedes Landes unabdingbare Kosten. Im ökonomischen Sinne sind sie insoweit unteilbar, als sie mit abnehmender Bevölkerungszahl nicht beliebig zurückgeführt werden können. Kleine Länder haben daher überdurchschnittlich hohe Ausgaben je Einwohner für politische Führung zu tragen. Insofern entstehen ihnen ›Kosten der Kleinheit‹.«[8]

3.1.2 Reformmodell bundesstaatlicher Finanzausgleich (ab dem Jahr 2020)[9]

Nach jahrelangen Verhandlungen beschlossen Bundestag und Bundesrat im Jahr 2017 eine umfassende Reform der Bund-Länder-Finanzbeziehungen. Zentraler Bestandteil dieses Gesetzespaketes war die notwendige

8 Wolfgang Kitterer, Finanzausgleich im vereinten Deutschland, Heidelberg 1994, S. 53.

9 Die folgende Darstellung des Reformmodells wurde der Homepage der Senatorin für Finanzen der Freien Hansestadt Bremen entnommen. (Beitrag Bund-Länder-Finanzbeziehungen) https://www.finanzen.bremen.de/haushalt/ueberregionale_finanzangelegenheiten/bund_laender_finanzbeziehungen-67658, abgerufen am 8. Mai 2019.

Reform des bundesstaatlichen Finanzausgleichs, die mit Beginn des Jahres 2020 in Kraft getreten ist. Das seit dem Jahr 2020 geltende System des bundesstaatlichen Finanzausgleichs weist gegenüber dem zuvor geltenden System erhebliche Veränderungen auf. Es wird erwartet, dass das neue System des bundesstaatlichen Finanzausgleichs mindestens bis zum Jahr 2030 unangetastet bleibt. Eine zeitliche Befristung wurde nicht festgelegt. Vielmehr wurde im Grundgesetz eine Art Kündigungsklausel installiert, die unterhalb der Schwelle einer Normenkontrollklage Verhandlungen ab dem Jahr 2030 auch gegen eine Ländermehrheit erzwingen kann.

Der Länderanteil an der Umsatzsteuer wird um über vier Mrd. Euro erhöht, ein Teil wird davon dynamisiert ausgestaltet. Die Umsatzsteuerergänzungsanteile entfallen zukünftig, und der bisherige Länderfinanzausgleich wird in seiner jetzigen Form abgeschafft. Der Länderanteil an der Umsatzsteuer wird nun grundsätzlich nach Maßgabe der EinwohnerInnenzahl verteilt, jedoch modifiziert durch Zu- und Abschläge entsprechend der Finanzkraft. Der Tarif zur Berechnung der Zu- und Abschlagsbeträge bei der Umsatzsteuerverteilung wird linear gestaltet und beträgt 63 %.

Zur Berechnung der Finanzkraft eines Landes wird die kommunale Finanzkraft zu 75 % einbezogen, und die Förderabgabe wird zukünftig bei der Berechnung der Finanzkraft nur zu 33 % angesetzt. Die EinwohnerInnenwertungen für die Stadtstaaten Hamburg, Berlin und Bremen bleiben unverändert, ebenfalls die von Mecklenburg-Vorpommern, Brandenburg und Sachsen-Anhalt.[10]

Der Angleichungsgrad und der Tarif der allgemeinen Bundesergänzungszuweisungen werden auf 99,75 % des Durchschnitts zu 80 % erhöht. Die Sonder-BEZ für Kosten der politischen Führung und die Sonder-BEZ für strukturelle Arbeitslosigkeit bleiben erhalten.

Zukünftig werden Zuweisungen des Bundes zum Ausgleich der Finanzkraftunterschiede auf Gemeindeebene und zum Ausgleich der unterschiedlichen Zuflüsse in die Länder durch die Forschungsförderung des Bundes gewährt.

Außerhalb des Systems des bundesstaatlichen Finanzausgleichs werden die Finanzierungshilfen für die Seehäfen fortgeführt. Das Bundespro-

10 In der Gesetzesbegründung zur Änderung des Art. 107 GG wird die Einwohnerwertung ausdrücklich bestätigt: »Auch bei der Ermittlung und dem Ausgleich der Finanzkraft kann den abstrakten Mehrbedarfen der Stadtstaaten und Flächenländern mit besonders geringer Siedlungsdichte durch eine Modifikation der Einwohnerzahlen, wie es das Bundesverfassungsgericht mehrfach bestätigt hat (BVerfGE 72, 330; 86,148), wie vor der Neuregelung Rechnung getragen werden.« Deutscher Bundestag Drucksache 18/11131, S. 18.

gramm Gemeindeverkehrsfinanzierungsgesetz (GVFG) wird dauerhaft fortgeführt. Es werden dem Saarland und der Freien Hansestadt Bremen angesichts ihrer besonders schwierigen Haushaltssituation Sanierungshilfen ab dem Jahr 2020 in Höhe von jeweils 400 Mio. Euro gewährt (vgl. gesonderten Text zu den Sanierungshilfen). Die Sanierungshilfen sollen es den genannten Ländern ermöglichen, die Vorgaben des Art. 109 Abs. 3 GG (»Schuldenbremse«) künftig eigenständig einzuhalten. Zum Zeitpunkt der Einigung zwischen Bund und Ländern im Herbst 2016 wurden für die Freie Hansestadt Bremen insgesamt Mehreinnahmen gegenüber dem alten System des bundesstaatlichen Finanzausgleichs in Höhe von 487 Mio. Euro geschätzt.

3.2 Sanierungshilfen

3.2.1 Sanierungshilfengesetz

Bremen weist als Bundesland mit Abstand die höchste Pro-Kopf-Verschuldung aus. Um diesen hohen Schuldenstand perspektivisch abzubauen, erhält das Bundesland seit dem Jahr 2020 zusätzliche finanzielle Hilfen des Bundes. Ziel ist es, durch diese Hilfeleistung Bremen kontinuierlich bei der notwendigen Entschuldung zu unterstützen.

Art. 143d Abs. 4 GG sieht vor, dass den Ländern Bremen und Saarland als Hilfe zur künftig eigenständigen Einhaltung der Vorgaben des Art. 109 Abs. 3 GG ab dem 1. Januar 2020 Sanierungshilfen in Höhe von jährlich insgesamt 800 Millionen Euro aus dem Haushalt des Bundes gewährt werden können. Die Länder haben als Gegenleistung hierzu Maßnahmen zum Abbau der übermäßigen Verschuldung sowie zur Stärkung der Wirtschafts- und Finanzkraft zu ergreifen. Das Nähere regelt ein Bundesgesetz, das der Zustimmung des Bundesrates bedarf. Die gleichzeitige Gewährung der Sanierungshilfen auf dieser Grundlage und von Sanierungshilfen auf Grund einer extremen Haushaltsnotlage ist ausgeschlossen.

Das Sanierungshilfengesetz wurde als Art. 5 des Gesetzes zur Neuregelung des bundesstaatlichen Finanzausgleichssystems ab dem Jahr 2020 und zur Änderung haushaltsrechtlicher Vorschriften vom 14. August 2017 (BGBl. I S. 3122) vom Bundestag beschlossen. Der Bundesrat hat zugestimmt. Das Sanierungshilfengesetz (SanG) ist am 18. August 2017 in Kraft getreten. Es regelt im Einzelnen folgende Punkte:

§ 1: Sanierungshilfen
§ 2: Sanierungsverpflichtungen
§ 3: Finanzierung
§ 4: Verwaltungsvereinbarung

Die beiden Länder Bremen und Saarland erhalten gem. § 1 SanG angesichts ihrer besonders schwierigen Haushaltssituation auf der Grundlage von Art. 143d Abs. 4 GG seit dem 1. Januar 2020 Sanierungshilfen des Bundes in Höhe von insgesamt 800 Mio. Euro jährlich, einfachgesetzlich aufgeteilt auf jeweils 400 Mio. Euro pro Land. Die Sanierungshilfen sollen es den genannten Ländern ermöglichen, die Vorgaben des Art. 109 Abs. 3 GG (»Schuldenbremse«) künftig eigenständig einzuhalten. Um eine Sanierung ihrer Haushaltssituation zu erreichen, müssen die Ursachen für die fehlende Fähigkeit zur eigenständigen Einhaltung dieser Vorgaben überwunden werden. Dafür sind ein Abbau der übermäßigen Verschuldung sowie Maßnahmen zur Stärkung der Wirtschafts- und Finanzkraft erforderlich. Die Länder streben zudem an, im Zeitraum der Gewährung der Hilfen steigende positive Finanzierungsüberschüsse zu erzielen.

Die Länder verpflichten sich nach § 2 SanG zum Abbau ihrer Verschuldung. Hierzu sind in einem Zeitraum von jeweils fünf Jahren insgesamt haushaltsmäßige Tilgungen zu leisten, die einem Fünftel der gewährten Sanierungshilfen entsprechen (d. h. insgesamt 400 Mio. Euro in fünf Jahren). Jährlich sind haushaltsmäßige Tilgungen von mindestens einem Achtel der gewährten Sanierungshilfen zu leisten (d. h. mindestens 50 Mio. Euro jährlich). Dabei wird eine begrenzte Flexibilität zur Leistung der jährlichen Tilgungsbeträge eingeräumt, um die jeweils gegebenen finanziellen Rahmenbedingungen berücksichtigen zu können: Zum einen findet die Überprüfung der jährlichen Tilgungsverpflichtung durch das Bundesministerium der Finanzen nicht jedes Jahr, sondern alle zwei Jahre statt, so dass die gesetzliche Möglichkeit eingeräumt wird, eine pflichtwidrig zu niedrige Tilgung in einem Jahr durch eine höhere Tilgung im zweiten Jahr zu kompensieren; zum anderen hat das Land fünf Jahre Zeit, die vorgeschriebene Gesamttilgung eines Fünftels der gewährten Sanierungshilfen zu erfüllen.

Werden die Sanierungsverpflichtungen verfehlt, prüft das Bundesministerium der Finanzen auf Antrag des jeweiligen Landes, ob eine Unterschreitung der notwendigen Tilgungsbeträge auf einer besonderen Ausnahmesituation oder konjunkturellen Effekten beruht und daher ausnahmsweise unbeachtlich ist. Die COVID-19-Pandemie ist ein Beispiel für einen solchen Fall, in dem Anlass für einen Antrag auf Berücksichtigung eines begründeten Ausnahmefalls besteht.

Entscheidet das Bundesministerium der Finanzen indes, dass die Unterschreitung der notwendigen Tilgungsbeträge *nicht* ausnahmsweise unbeachtlich ist, weil sie *nicht* (oder nicht in dieser Höhe) mit einer im Gesetz oder in der Verwaltungsvereinbarung vorgesehenen Rechtfertigung begründbar ist, werden die Sanierungshilfen als Sanktion in Höhe der unterbliebenen Tilgung auf einem Verwahrkonto zurückbehalten, bis die unterbliebene Tilgung nachgeholt wird. Wird die Tilgung nicht nachgeholt, verbleibt der Betrag auf dem Verwahrkonto, und nach Ablauf von fünf Jahren tritt die Sanktion hinzu, dass die Jahrestilgungsverpflichtung um ein Fünftel des Differenzbetrags zwischen der in den vergangen fünf Jahren erforderlichen Tilgung und der tatsächlich geleisteten Tilgung ansteigt. Wegen der Sanktion bei der Fünfjahresprüfung besteht also eine Motivation, durch zusätzliche Tilgungsanstrengungen die zurückbehaltenen Sanierungshilfen zu befreien. Gelingt es nicht, vor Ablauf des Fünfjahreszeitraums die zurückbehaltenen Sanierungshilfen zu befreien, überlagern sich die Zweijahressanktion (Zurückbehaltung) und die Fünfjahressanktion (Erhöhung der jährlichen Tilgungsverpflichtung). Diesen Zustand gilt es zu verhindern.

§ 4 SanG bestimmt, dass die Auszahlung der Sanierungshilfen auf der Grundlage einer Verwaltungsvereinbarung erfolgt, die das Nähere nach Maßgabe des Gesetzes regelt. In der Verwaltungsvereinbarung zwischen dem Bund und dem jeweiligen Empfängerland werden die Einzelheiten zu den Sanierungshilfen, der Überwachung durch das Bundesministerium der Finanzen und weitere Details geregelt.

In Aufbau und Struktur ähnelt das Sanierungshilfengesetz seinem Vorläufer, dem Konsolidierungshilfengesetz vom 10. August 2009 (BGBl. I S. 2702, 2705). Das Konsolidierungshilfengesetz hat nur noch bis zum Ablauf des Jahres 2020 eingeschränkte Rechtswirkung und läuft nach dem Jahr 2021 endgültig leer. Beide Gesetze binden die Gewährung von Hilfen an die Erfüllung bestimmter Verpflichtungen und schreiben vor, dass über die Einzelheiten der Auszahlung der Hilfen eine Verwaltungsvereinbarung geschlossen werden muss. Die wichtigsten Unterschiede, die sich vor allem aus der Zäsur durch das Wirksamwerden der Schuldenbremse für die Länder zum 1. Januar 2020 ergeben, sind folgende:

- Die Finanzierungslast für die Konsolidierungshilfen wurde hälftig von Bund und Ländern getragen; die sich aus der Gewährung der Sanierungshilfen ergebende Finanzierungslast wird hingegen allein vom Bund getragen (siehe § 3 SanG).
- Der Jahresbetrag von 800 Mio. Euro teilte sich bei den Konsolidierungshilfen auf die Länder Berlin (80 Mio. Euro), Bremen (300 Mio. Euro), Saarland (260 Mio. Euro), Sachsen-Anhalt (80 Mio. Euro) und Schleswig-Holstein (80 Mio. Euro) auf; bei den Sanierungshilfen teilt sich der Jahresbetrag von unverändert 800 Mio. Euro hingegen nur noch auf Bremen (400 Mio. Euro) und das Saarland (400 Mio. Euro) auf.
- Die Gewährung der Konsolidierungshilfen war abhängig von einer vereinbarten Rückführung des strukturellen Finanzierungsdefizits im Jahresturnus, wobei der Saldo der finanziellen Transaktionen hinzuzurechnen und eine Bereinigung um unmittelbar konjunkturell bedingte Änderungen zulässig war, dabei blieben gewährte Konsolidierungshilfen bei der Ermittlung des Finanzierungssaldos unberücksichtigt. Die

Gewährung der Sanierungshilfen ist hingegen von der Erfüllung einer vorgeschriebenen haushaltsmäßigen Tilgung im Jahres- und Fünfjahresturnus abhängig, wobei strukturelle Bereinigungen vom Gesetz nicht ausdrücklich vorgesehen sind und es nicht mehr die Einschränkung gibt, dass die gewährten Sanierungshilfen bei der Berechnung der haushaltsmäßigen Tilgung unberücksichtigt bleiben müssen.
- Nicht ausgezahlte Konsolidierungshilfen verfielen. Nicht ausgezahlte Sanierungshilfen werden hingegen auf einem Verwahrkonto zurückbehalten, bis die ausgebliebene haushaltsmäßige Tilgung nachgeholt wird.
- Das Konsolidierungshilfengesetz sah die Gewährung von Hilfen befristet für den Zeitraum von 2011 bis 2019 vor, wobei das Ziel eines vollständigen Abbaus des strukturellen Finanzierungsdefizits bis zum Jahr 2020 zu erreichen war. Das Sanierungshilfengesetz ist für sich genommen unbefristet, allerdings ist die nach dem 31. Dezember 2030 eröffnete Möglichkeit zur »Notifikation des Verhandlungsverlangens« zu den Vereinbarungen zu den Bund-Länder-Finanzbeziehungen in Art. 143f GG zu beachten. Aus einer solchen Kündigung könnte folgen, dass Art. 143d GG und damit die verfassungsrechtliche Grundlage für das Sanierungshilfengesetz geändert wird oder mit Ablauf des 31. Dezember 2035 außer Kraft tritt.

3.2.2 Verwaltungsvereinbarung zum Sanierungshilfengesetz

Die Bundesrepublik Deutschland, vertreten durch den Bundesminister der Finanzen, hat am 23. Mai 2019 mit der Freien Hansestadt Bremen, vertreten durch die Senatorin für Finanzen, die in § 4 SanG vorgesehene Verwaltungsvereinbarung zum Sanierungshilfengesetz geschlossen.[11] Die Auszahlung der Sanierungshilfen erfolgt auf der Grundlage dieser Verwaltungsvereinbarung, die das Nähere nach Maßgabe dieses Sanierungshilfengesetzes regelt. Die Verwaltungsvereinbarung ist zum 1. Januar 2020 in Kraft getreten.

Die abgeschlossene Verwaltungsvereinbarung hat seit ihrem Inkrafttreten – und hatte auch zuvor schon in der Haushaltsplanung – erhebliche Auswirkungen auf die Haushalte des Landes und der beiden Stadtgemeinden, sowohl, was die Sanierungsverpflichtungen angeht, als auch mit Blick auf die erheblichen einnahmeseitigen Vorteile der zu erwartenden Sanierungshilfen.

Die Verwaltungsvereinbarung regelt im Einzelnen folgende Punkte:

11 Mitteilung des Senats vom 24. Mai 2019, Bremische Bürgerschaft (Landtag) Drs. 19/2197.

§ 1: Definition und Höhe der haushaltsmäßigen Tilgung nach § 2 Abs. 2 Satz 2 und 3 SanG
§ 2: Berichtspflichten des Landes
§ 3: Prüfung durch das Bundesministerium der Finanzen
§ 4: Begründete Ausnahmefälle
§ 5: Vorläufiger Einbehalt von Hilfen
§ 6: Auszahlungsmodalitäten

Über den Wortlaut des Sanierungshilfengesetzes hinaus, vor allem mit Blick auf die Vorgaben des Art. 109 Abs. 3 GG, haben sich das Bundesministerium der Finanzen und die Freie Hansestadt Bremen geeinigt, in der Verwaltungsvereinbarung folgende Besonderheiten zu vereinbaren:

- Die haushaltsmäßige Tilgung wird stets um finanzielle Transaktionen bereinigt. Vorteil: Ausgaben für finanzielle Transaktionen werden bei der Berechnung der haushaltsmäßigen Tilgung nicht berücksichtigt, verschlechtern also die haushaltsmäßige Tilgung nicht. Nachteil: Einnahmen aus finanziellen Transaktionen werden ebenfalls nicht berücksichtigt, verbessern also die haushaltsmäßige Tilgung nicht.
- Ein wichtiger Baustein der landesrechtlichen Vorgaben zur Konjunkturbereinigung wird bei der Berechnung der haushaltsmäßigen Tilgung berücksichtigt, nämlich die Steuerabweichungskomponente. Dadurch kann mit den nach der Steuerschätzung geplanten Einnahmen gerechnet werden (PLAN) und nur die Höhe der Ausgaben muss während des Haushaltsjahres im IST gesteuert werden. Ohne diese Regelung wären im laufenden Haushaltsjahr sowohl Einnahmen als auch Ausgaben variabel und somit schwer zu steuern.
- Die zweite Konjunkturkomponente, die das bremische Landesrecht vorsieht, nämlich die Ex-ante-Konjunkturkomponente, wird in standardisierter Form in der Regelung für Ausnahmetatbestände berücksichtigt. Das Land Bremen muss, um die Konjunkturkomponente berücksichtigen zu lassen, einen Antrag beim Bundesministerium der Finanzen stellen und darlegen, weshalb es sich um einen begründeten Ausnahmefall handelt. Das Bundesministerium der Finanzen trifft dann eine Ermessensentscheidung, ob die haushaltsmäßige Tilgung ausnahmsweise um die Ex-ante-Konjunkturkomponente zu bereinigen ist. Bei der Berechnung der konjunkturellen Effekte wird nicht das bremische Landesrecht zugrunde gelegt, sondern das im Stabilitätsrat vereinbarte Konsolidierungshilfenverfahren.

- Das Land verpflichtet sich, dem Bundesministerium der Finanzen bis zum 30. April eines Jahres, erstmals zum 30. April 2021, einen jährlichen Bericht zu übermitteln, aus dem für das Berichtsjahr die Ermittlung der haushaltsmäßigen Tilgung nach Maßgabe des Sanierungshilfengesetzes in Verbindung mit § 1 Abs. 4 und 5 der Verwaltungsvereinbarung hervorgeht und in dem zu den nach § 2 Abs. 1 SanG ergriffenen Maßnahmen zum Abbau der übermäßigen Verschuldung sowie zur Stärkung der Wirtschafts- und Finanzkraft Stellung genommen wird. Dem Bundesministerium der Finanzen sind mit dem Bericht alle zur Prüfung erforderlichen Daten vollständig und in verwertbarer Qualität zur Verfügung zu stellen.

3.2.3 Landesrechtliche Bekräftigung und Umsetzung

§ 18d der Landeshaushaltsordnung verpflichtet das Land und die beiden Stadtgemeinden gemeinsam, die Sanierungsverpflichtungen gem. Art. 143d Abs. 4 Satz 2 und 3 des Grundgesetzes in Verbindung mit § 2 des Sanierungshilfengesetzes und der zwischen der Bundesrepublik Deutschland und der Freien Hansestadt Bremen abgeschlossenen Verwaltungsvereinbarung einzuhalten. Entsprechend des jeweils vereinbarten Beitrags zur Erfüllung dieser Verpflichtungen sind die Stadtgemeinden durch die Freie Hansestadt Bremen an der Entlastungswirkung der Sanierungshilfen zu beteiligen. Das Nähere regelt eine Verwaltungsvereinbarung zwischen der Freien Hansestadt Bremen und den Stadtgemeinden.

3.3 Mischfinanzierungstatbestände

3.3.1 Das Konnexitätsprinzip

Das Konnexitätsprinzip besagt, dass Bund und Länder die Ausgaben, die sich aus der Wahrnehmung ihrer Aufgaben ergeben, gesondert tragen.[12] Diesem Grundsatz folgend bestimmen sich die Finanzverantwortung sowie die Finanzausstattung einer Gebietskörperschaft aus ihrem Aufgabenbestand.[13] Grundsätzlich sollen Bund und Länder also keine Aufgaben anderer hoheitlicher Gebietskörperschaften finanzieren und auch nicht indirekt auf die Aufgabenwahrnehmung anderer Gebietskörperschaften Einfluss nehmen können. Ausnahmen von diesem Grundsatz der Lastenverteilung finden sich u. a. in Form von sog. Mischfinanzierungstatbeständen.

3.3.2 Ausnahmen vom Konnexitätsprinzip

Im Folgenden werden die für Bremen wichtigsten Mischfinanzierungstatbestände, über die Bremen zum Teil erhebliche finanzielle Leistungen des Bundes erhält, als Ausnahmen vom Konnexitätsprinzip dargestellt.

3.3.2.1 Auftragsverwaltung (Art. 104a Abs. 2 GG)

Nach Art. 104a Abs. 2 GG trägt der Bund die Zweckausgaben, die den Ländern draus entstehen, dass sie im Auftrag des Bundes handeln (z. B. für die Ausführung von Bundesgesetzen in Bundesauftragsverwaltung gem. Art. 85 GG).[14]

3.3.2.2 Gesetze über Geldleistungen (Art. 104a Abs. 3 GG Satz 1)

Art. 104a Abs. 3 Satz 1 GG eröffnet dem Bund die Möglichkeit, Zweckausgaben für von den Ländern als eigene Angelegenheiten auszuführende Geldleistungsgesetze des Bundes ganz oder teilweise zu übernehmen.[15] Die Lastenübernahme durch den Bund mittels Geldleistungsgesetz dient dabei nicht der allgemeinen Verbesserung der Länderfinanzen, sondern ist als Ausgleich für spezifische ausgabenträchtige Aufgaben gedacht.[16] Diese Regelung ist trotz ihrer Ähnlichkeit zum sekundären Finanzausgleich nicht

12 Tappe/Wernsmann, Öffentliches Finanzrecht, 2.Auflage, Rn. 101.
13 H.-G. Henneke, Öffentliches Finanzwesen, Rn. 189.
14 Tappe/Wernsmann, Öffentliches Finanzrecht, 2.Auflage, Rn. 128.
15 G. Trapp, Veranlassungsprinzip, S. 157.
16 F. Kirchhof, Finanztransfers aus Separathaushalten im Bundesstaat, in: H. Maurer, Festschrift für G. Dürig, S. 447 (448 f.).

dem auf allgemeine Verbesserung der Länderfinanzen abzielenden Finanzausgleich zuzuordnen, sondern als eine von Art. 104a Abs. 1 GG abweichende Lastenverteilungsregelung zu charakterisieren.[17] Art. 104a Abs. 3 GG knüpft in Abweichung zu Abs. 1 und 2 für die Festlegung der Ausgabenverantwortung an die gesetzgeberische Verursachung oder Veranlassung von Zweckaufgaben an.[18] Begründet werden kann diese Verschiebung des Anknüpfungspunktes mit der Eigenart von Geldleistungsgesetzen, die der Verwaltung durch präzise Regelung des Empfängerkreises, der Anspruchsvoraussetzungen sowie der Art und Höhe der Geldleistungen typischerweise keinen großen Ermessensspielraum zugestehen.[19]

Beispiele für Geldleistungsgesetze sind:

- das Bundesausbildungsförderungsgesetz (BAföG) mit einem Beteiligungsverhältnis von 100 % durch den Bund,
- das Wohngeldgesetz (WoGG) mit einem Beteiligungsverhältnis von 50:50 zwischen dem Bund und den Ländern,
- Kosten der Unterkunft und Heizung (KdU) gem. SGB II (einschließlich Bildungs- und Teilhabepaket und Flüchtlings-KdU),
- das Gesetz zum Elterngeld und zur Elternzeit (Bundeselterngeld- und Elternzeitgesetz – BEEG) mit einem Beteiligungsverhältnis von 100 % durch den Bund,
- das Gesetz zur Sicherung des Unterhalts von Kindern alleinstehender Mütter und Väter durch Unterhaltsvorschüsse oder -ausfallleistungen (Unterhaltsvorschussgesetz – UhVorschG) mit einem Finanzierungsverhältnis von 60:40 zwischen dem Bund und den Ländern.

3.3.2.3 Finanzhilfen (Art. 104b Abs. 1 GG, Art. 104c GG, Art. 104d GG)

Der Bund kann den Ländern für besonders bedeutsame Investitionen Finanzhilfen zur Verfügung stellen, jedoch nur in Form eines Mitfinanzierungsanteils. Nach den Vorgaben des Art. 104b GG sind die Bundesmittel befristet und degressiv auszugestalten. Gem. Art. 125c GG unterliegen die Finanzhilfen im Zusammenhang mit dem Gemeindeverkehrsfinanzierungsgesetz (Bundesprogramm nach § 6 Abs. 1 GVFG) und Investitionen im Bereich der Seehäfen diesen Befristungs- und Degressionsgeboten nicht. Es ist, obwohl die Bundesfinanzhilfen den Ländern grundsätzlich helfen, kritisch

17 BVerfGE 101, 158 (225 f.).
18 H.-G. Sokolish, DVBl. 1977, S. 848 (850).
19 BT-Drs. 5/2861, Rn. 124 f.; Kommission für die Finanzreform, Gutachten über die Finanzreform in der Bundesrepublik Deutschland, Rn. 124 ff.; W. Henle, Finanzpolitik und Finanzverfassung, S. 261; kritisch C. Starck, StuW 1974, S. 271 (273).

darauf hinzuweisen, dass aufgrund der Befristung und Degression der Finanzhilfen die Folgekosten – auch aufgrund neu etablierter Standards und Erwartungen – in diesen Bereichen mittel- und langfristig regelmäßig den Ländern zufallen. Einheitliche Maßstäbe und Kontrollrechte des Bundes können in einem Zielkonflikt mit der autonomen Rolle der Länder und dem Prinzip der föderalen Gestaltungsunterschiede stehen.

3.3.2.3.1 Finanzhilfen für bedeutende Investitionen (Art. 104b GG)

Art. 104b Abs. 1 Satz 1 GG ermöglicht es dem Bund, soweit ihm das Grundgesetz hierzu Gesetzgebungsbefugnisse verleiht, sich über Finanzhilfen an den Aufgaben der Länder und der Gemeinden und Gemeindeverbände zu beteiligen.[20] Von seinem Regelungscharakter gehört Art. 104b GG systematisch nicht zum System des Finanzausgleichs. Da er nicht die Verteilung der Finanzmittel zur Deckung des allgemeinen Finanzbedarfs, sondern zweckgebundene Zuwendungen im Hinblick auf bestimmte Aufgaben vorsieht, ist er als eine dem Finanzausgleich vorgeschaltete Lastenverteilungsregelung zu interpretieren.[21] Voraussetzung für die Gewährung von Finanzhilfen des Bundes an die Länder und Gemeinden einschließlich Gemeindeverbände ist, dass es sich bei den Finanzhilfen um gesamtstaatlich besonders bedeutsame Investitionen im Aufgabenbereich der Länder handeln muss.[22]

Der Anwendungsbereich der Finanzhilfen erstreckt sich dabei auf folgende Bereiche:

- die Abwehr einer Störung des gesamtwirtschaftlichen Gleichgewichts,
- den Ausgleich unterschiedlicher Wirtschaftskraft im Bundesgebiet,
- die Förderung des wirtschaftlichen Wachstums.

Eine Ausnahme von den eben aufgeführten Bedingungen bildet der Art. 104b Abs. 1 Satz 2 GG. Dieser ermächtigt den Bund, im Falle von Naturkatastrophen oder außergewöhnlichen Notsituationen, die sich der Kontrolle des Staates entziehen und die staatliche Finanzlage erheblich beeinträchtigen, auch ohne Gesetzgebungsbefugnisse Finanzhilfen zu gewähren.

Das Nähere, insbesondere die Arten der zu fördernden Investitionen, wird gem. Art. 104b Abs. 2 GG durch Bundesgesetz, das der Zustimmung des Bundesrates bedarf, oder auf Grund des Bundeshaushaltsgesetzes durch

---

20 K.-A. Schwarz/ E. Reimer, JuS 2007, S. 219 (220).
21 BVerfGE 39, 96 (112); K. H. Friauf, JA 1984, S. 618 (622).
22 https://www.bundesfinanzministerium.de/Content/DE/Downloads/Broschueren_Bestellservice/2019-03-07-bund-laender-finanzbeziehungen-2018.pdf;jsessionid=E1D28F430E9EAD3FBA44FE9D5A061D9D?__blob=publicationFile&v=4

Verwaltungsvereinbarung geregelt. Diese Regelungen können Bestimmungen über die Ausgestaltung der jeweiligen Länderprogramme zur Verwendung der Finanzhilfen vorsehen. Die Festlegung der Kriterien für die Ausgestaltung der Länderprogramme erfolgt im Einvernehmen mit den betroffenen Ländern. Zur Gewährleistung der zweckentsprechenden Mittelverwendung kann die Bundesregierung Bericht und Vorlage der Akten verlangen und Erhebungen bei allen Behörden durchführen. Die Mittel des Bundes werden zusätzlich zu eigenen Mitteln der Länder bereitgestellt. Sie sind befristet zu gewähren und hinsichtlich ihrer Verwendung in regelmäßigen Zeitabständen zu überprüfen. Die Finanzhilfen sind im Zeitablauf mit fallenden Jahresbeträgen zu gestalten. Bundestag, Bundesregierung und Bundesrat sind gem. Art. 104b Abs. 3 GG auf Verlangen über die Durchführung der Maßnahmen und die erzielten Verbesserungen zu unterrichten.

Beispiele Leistungen des Bundes nach Art. 104b GG sind:

- Finanzmittel zur Städtebauförderung,
- Finanzmittel zur Gemeindeverkehrsfinanzierung.

3.3.2.3.2 Finanzhilfen in der kommunalen Bildungsinfrastruktur (Art. 104c GG)

Der im Rahmen der Neuordnung der Bund-Länder-Finanzbeziehungen im Jahr 2017 neu geschaffene Art. 104c GG versetzt den Bund in die Lage, den Ländern Finanzhilfen für gesamtstaatlich bedeutsame Investitionen sowie für besondere, befristete Ausgaben der Länder und Gemeinden einschließlich Gemeindeverbände zur Steigerung der Leistungsfähigkeit der kommunalen Bildungsinfrastruktur zu gewähren. Auch diese Sonderregelung weicht von der grundsätzlichen Vorgabe des Art. 104b GG Abs. 1 ab, nach der der Bund Finanzhilfen lediglich für die Bereiche gewähren kann, in denen er eine Gesetzgebungsbefugnis hat.[23]

Der Bund darf bei Finanzhilfen nach Art. 104b GG und Art. 104c GG gem. Art. 104b Abs. 2 GG die betreffende Investitionsmaßnahme nicht vollständig finanzieren, sondern lediglich einen Mitfinanzierungsanteil erbringen. Finanzhilfen dürfen zudem nur befristet und mit im Zeitablauf fallenden Jahresbeträgen gewährt werden und sind hinsichtlich ihrer Verwendung in regelmäßigen Zeitabständen zu überprüfen.

Art. 104b Abs. 2 Satz 1 bis 3, 5, 6 und Abs. 3 GG gilt entsprechend. Zur Gewährleistung der zweckentsprechenden Mittelverwendung kann die Bundesregierung Berichte und anlassbezogen die Vorlage von Akten verlangen.

23 https://www.bundesfinanzministerium.de/Content/DE/Downloads/Broschueren_Bestellservice/2019-03-07-bund-laender-finanzbeziehungen-2018.pdf;jsessionid=E1D28F430E9EAD3FBA44FE9D5A061D9D?__blob=publicationFile&v=4

3.3.2.3.3 Finanzhilfen im Bereich des sozialen Wohnungsbaus (Art. 104d GG)

Der Bund kann den Ländern nach Art. 104d GG ferner Finanzhilfen für gesamtstaatlich bedeutsame Investitionen der Länder und Gemeinden (Gemeindeverbände) im Bereich des sozialen Wohnungsbaus gewähren. Art. 104b Abs. 2 Satz 1 bis 5 sowie Abs. 3 gilt auch hier entsprechend. Mit dieser Regelung soll erreicht werden, dass deutlich mehr Sozialwohnungen und somit auch in Städten mehr bezahlbarer Wohnraum als bisher gebaut werden.

3.3.2.4 Gemeinschaftsaufgaben

Die Art. 91a Abs. 1 GG, Art. 91b GG und Art. 91e GG normieren sog. Gemeinschaftsaufgaben.

3.3.2.4.1 Verbesserung der regionalen Wirtschaftsförderung, der Agrarstruktur und des Küstenschutzes (Art. 91a GG)

Gem. Art. 91a Abs. 1 GG kann der Bund bei der Erfüllung von Aufgaben der Länder mitwirken, wenn diese Aufgaben für die Gesamtheit bedeutsam sind und die Mitwirkung des Bundes zur Verbesserung der Lebensverhältnisse erforderlich ist. Diese beiden Anforderungen müssen kumulativ vorliegen. Eine Aufgabe ist für die Gesamtheit bedeutsam, wenn mehrere Länder betroffen sind und die Erfüllung der Aufgabe vordringlich ist.[24] Ein Mitwirkungsbedürfnis des Bundes zur Verbesserung der Lebensverhältnisse ist erforderlich, wenn ohne die Zusammenarbeit von Bund und Ländern eine Verbesserung der Lebensverhältnisse nicht erreicht werden kann.

Die in Frage kommenden Aufgabengebiete sind im Grundgesetz abschließend aufgeführt, es handelt sich hierbei um:

- die Verbesserung der regionalen Wirtschaftsstruktur und
- die Verbesserung der Agrarstruktur und des Küstenschutzes.

In Fällen der Verbesserung der regionalen Wirtschaftsstruktur beträgt das Finanzierungsverhältnis zwischen Bund und Ländern 50:50. In Fällen der Verbesserung der Agrarstruktur und des Küstenschutzes trägt der Bund mindestens die Hälfte der Ausgaben in jedem Land, wobei die Beteiligung aller Länder einheitlich festzusetzen ist.[25]

Die Einzelheiten der Koordinierung zwischen Bund und Ländern werden dabei gem. Art. 91a Abs. 2 GG durch ein Bundesgesetz, welches der Zustimmung des Bundesrates bedarf, näher bestimmt. Im Rahmen der

---

24 BT-Drs. V/ 2861, Rn. 262.

25 https://www.bundesfinanzministerium.de/Content/DE/Downloads/Broschueren_Bestellservice/2019-03-07-bund-laender-finanzbeziehungen-2018.pdf;jsessionid=E1D28F430E9EAD3FBA44FE9D5A061D9D?__blob=publicationFile&v=4

Koordinierung kann der Bund dabei durchaus Einfluss auf die Art und Weise der Aufgabenerfüllung in den Ländern nehmen.[26]

3.3.2.4.2 Forschungsförderung (Art. 91b GG)

Art. 91b Abs. 1 GG eröffnet Bund und Ländern die Möglichkeit, auf Grund von Vereinbarungen in Fällen überregionaler Bedeutung bei der Förderung von Wissenschaft, Forschung und Lehre zusammenzuwirken. Bei Vereinbarungen, die im Schwerpunkt die Hochschulen betreffen, ist auf Grund der Länderhoheit bei Bildungssachen die Zustimmung aller Länder erforderlich. Abgewichen werden kann von diesem Einstimmigkeitserfordernis bei Vereinbarungen über Forschungsbauten einschließlich Großgeräten.

Art. 91b Abs. 2 GG ermöglicht es Bund und Ländern, zur Feststellung der Leistungsfähigkeit des Bildungswesens im internationalen Vergleich und bei diesbezüglichen Berichten und Empfehlungen zusammenzuwirken. Grundlage dieser Zusammenarbeit sind auch hier zu treffende Vereinbarungen zwischen Bund und Ländern. Sowohl in Fällen des Art. 91b Abs. 1 als auch des Art. 91b Abs. 2 GG wird das Verhältnis der Lastentragung zwischen Bund und Ländern in der jeweiligen Vereinbarung geregelt.

Beispiele Leistungen des Bundes nach Art. 91b GG sind:

- Finanzmittel zur Bildungsplanung,
- Finanzmittel für die wissenschaftliche Forschung von überregionaler Bedeutung.

Bund und Länder wirken gem. Art. 91b GG über Vereinbarungen in Fällen überregionaler Bedeutung bei der Förderung auf folgenden Gebieten zusammen:

- Einrichtungen und Vorhaben der wissenschaftlichen Forschung außerhalb von Hochschulen (z. B. Pakt für Forschung und Innovation),
- Wissenschafts- und Forschungsvorhaben an Hochschulen mit Zustimmung aller Länder (z. B. Weiterführung der Exzellenzinitiative und des Hochschulpaktes, ab 2020 als Zuwendung an die Länder),
- Forschungsbauten an Hochschulen einschließlich Großgeräte.

3.3.2.4.3 Grundsicherung für Arbeitssuchende (Art. 91e GG)

Art. 91e GG normiert, dass Bund und Länder oder die nach Landesrecht zuständigen Gemeinden und Gemeindeverbände bei der Ausführung von

26 https://www.bundesfinanzministerium.de/Content/DE/Downloads/Broschueren_Bestellservice/2019-03-07-bund-laender-finanzbeziehungen-2018.pdf;jsessionid=E1D28F430E9EAD3FBA44FE9D5A061D9D?__blob=publicationFile&v=4

Bundesgesetzen auf dem Gebiet der Grundsicherung für Arbeitsuchende zusammenwirken. Art. 91e GG sichert somit die Aufgabenwahrnehmung bei der Grundsicherung für Arbeitssuchende durch die Arbeitsagenturen und Kommunen verfassungsrechtlich ab.[27]

3.3.2.5 Ausgleichsbetrag für den öffentlichen Personennahverkehr (Art. 106a GG)

Der Bund gewährt den Ländern zum Ausgleich von Finanzierungsdefiziten auf der Grundlage von Art. 106a GG einen finanziellen Ausgleich für den öffentlichen Personennahverkehr.

3.3.2.6 Sonderbelastungsausgleich (Art. 106 Abs. 8 GG)

Art. 106 Abs. 8 GG gewährt einzelnen Ländern und Gemeinden einen Anspruch gegen den Bund, bestimmte Sonderbelastungen auszugleichen. Dies ist insbesondere der Fall, wenn sie durch besondere Einrichtungen wie z. B. militärische Standorte zusätzlichen finanziellen Belastungen ausgesetzt sind.

3.3.3 Finanzielle Dimensionen von Mischfinanzierungstatbeständen

Die finanziellen Dimensionen im Zahlungsverkehr zwischen Bund und Ländern für die oben aufgeführten Mischfinanzierungstatbestände lassen sich der folgenden Tabelle entnehmen. Die Zahlen beziehen sich dabei auf das Jahr 2017 und entstammen Zahlen der Zentralen Datenstelle der Länderfinanzminister.

Zahlungen des Bundes an die Länder 2017, in Mio. Euro.

Zahlungen des Bundes an die Länder nach Art. 91a GG	1.857,7
Zahlungen des Bundes an die Länder nach Art. 91b GG	969,9
Zahlungen des Bundes an die Länder nach Art. 104a Abs. 3 GG	15.279,9
Zahlungen des Bundes an die Länder nach Art. 104b GG	3.670

27 https://www.bundesfinanzministerium.de/Content/DE/Downloads/Broschueren_Bestellservice/2019-03-07-bund-laender-finanzbeziehungen-2018.pdf;jsessionid=E1D28F430E9EAD3FBA44FE9D5A061D9D?__blob=publicationFile&v=4

4

Schuldenbremse

4.1 Vorgaben des Grundgesetzes

Die Schuldenbremse hat am 1. Januar 2020 die bisher geltende, an Investitionsausgaben anknüpfende Regelung zur Begrenzung der Staatsverschuldung abgelöst. Die bisherige Regelung konnte zumindest für Bremen nicht verhindern, dass der Schuldenstand kontinuierlich angestiegen ist.

Art. 109 Abs. 3 GG begrenzt daher mittels eines Regel-Ausnahme-Systems die Kreditaufnahme des Bundes und der Länder (»Schuldenbremse«). Diese Norm ist mit Wirkung vom 1. August 2009 durch Gesetz vom 29. Juli 2009 (BGBl. I S. 2248) in das Grundgesetz eingefügt worden. Art. 115 GG trifft zusätzliche Regelungen für den Bund, findet auf die Länder jedoch keine Anwendung. Von einer Darstellung des Art. 115 GG wird hier abgesehen.

Art. 143d GG hatte Bund und Ländern bestimmte Fristen zum Übergang auf eine Anwendung der Art. 109 und 115 GG eingeräumt. Der Bund musste die Vorgaben der Schuldenbremse erstmals auf das Haushaltsjahr 2011 anwenden. Für die Länder endete die Übergangszeit mit Ablauf des Haushaltsjahres 2019.

Im Einzelnen sieht das Regel-Ausnahme-System des Art. 109 Abs. 3 GG folgende drei Elemente vor:

- Die Grundregel (Art. 109 Abs. 3 Satz 1 GG): »Die Haushalte von Bund und Ländern sind grundsätzlich ohne Einnahmen aus Krediten auszugleichen.«
- Die Möglichkeit zur regelsymmetrischen[28] Berücksichtigung konjunktureller Effekte auf den Haushalt (Art. 109 Abs. 3 Satz 2 GG): »Bund und Länder können Regelungen zur im Auf- und Abschwung symmetrischen Berücksichtigung der Auswirkungen einer von der Normallage abweichenden konjunkturellen Entwicklung […] vorsehen.«
- Eine Ausnahmeregelung für zwei unterschiedliche Notfälle, jeweils verbunden mit Tilgungspflichten (Art. 109 Abs. 3 Sätze 2 und 3 GG): »Bund und Länder können […] eine Ausnahmeregelung für Naturkatastrophen oder außergewöhnliche Notsituationen, die sich der Kontrolle des Staates entziehen und die staatliche Finanzlage erheb-

28 Regelsymmetrisch – anders als spiegelsymmetrisch – bedeutet, dass die einerseits zulässige Neuverschuldung in Phasen des konjunkturellen Abschwungs und die andererseits als Kompensation erforderliche Tilgung in Phasen des Aufschwungs anhand einer einheitlichen Formel, die ohne Ansehen des Vorzeichens für beide Phasen ex ante den Zusammenhang zwischen Wirtschaftswachstum (oder anderen geeigneten Indikatoren) und Veränderung des Schuldenstandes festlegt, berechnet wird (BeckOK Grundgesetz/Reimer GG Art. 109 Rn. 72, 73).

lich beeinträchtigen, vorsehen. Für die Ausnahmeregelung ist eine entsprechende Tilgungsregelung vorzusehen.«

Das Grundgesetz macht keine Vorgaben dazu, ob sich der Haushaltsausgleich am Maßstab des Finanzierungssaldos oder der Nettokreditaufnahme bemisst. Bund und Länder haben sich mittlerweile durchgängig auf die Nettokreditaufnahme verständigt.[29] Die Festlegung auf die Nettokreditaufnahme war nicht selbstverständlich. Art. 143d Abs. 2 Satz 4 GG und das Konsolidierungshilfengesetz vom 10. August 2009 (BGBl. I S. 2702, 2705) legten als Maßstab für die Einhaltung der Konsolidierungsverpflichtungen das (strukturelle) Finanzierungsdefizit zugrunde.

Das Grundgesetz schreibt eine Anwendung der Regelungen zur Schuldenbremse auf Bund und Länder vor. Eine Ausdehnung der Geltung der Schuldenbremse auf die Gemeinden ist vom Grundgesetz nicht vorgesehen, es steht einer Einbeziehung auf landesrechtlicher Ebene allerdings auch nicht entgegen. In den Flächenländern müssen sich nur die Landeshaushalte an den Vorgaben der Schuldenbremse des Grundgesetzes messen lassen. In den beiden Stadtstaaten Berlin sowie Freie und Hansestadt Hamburg ist eine Trennung des Landeshaushalts und des städtischen Haushalts allerdings gar nicht möglich, so dass die kommunale Ebene auch die Vorgaben der Schuldenbremse einhalten muss. Im Zwei-Städte-Staat Freie Hansestadt Bremen wird zwar eine Trennung der Haushalte praktiziert, die kommunalen Haushalte sind jedoch ausdrücklich durch Landesrecht (Art. 146 Abs. 1 BremLV) in die Schuldenbremse einbezogen. Insofern steht Bremen den anderen beiden Stadtstaaten gleich.

In der Literatur wird überwiegend vertreten, dass mit »Haushalten von Bund und Ländern« im Sinne des Art. 109 Abs. 3 Satz 1 GG auch unselbstständige Eigenbetriebe und sonstige Sondervermögen gemeint sind,[30] wenn auch teils mit Einschränkungen für Umgehungstatbestän-

---

29 Beschluss des Stabilitätsrates im Zusammenhang mit der Überwachung der Einhaltung der Schuldenbremse für die Zeit ab dem Jahr 2020 vom 6. Dezember 2018 sowie Kompendium des Stabilitätsrates zur Überwachung der Einhaltung der Schuldenbremse nach Art. 109a Abs. 2 GG, beides abrufbar unter http://www.stabilitaetsrat.de/DE/Dokumentation/Ueberwachung_Einhaltung_Schuldenbremse/Ueberwachung-Einhaltung-Schuldenbremse_node.html.

30 Sachs-Siekmann, Grundgesetz, 7. Aufl. 2014, Art. 109 Rn. 52; Dreier-Heun, Grundgesetz, 2. Aufl. 2010, Art. 109 Rn. 36; von Münch/Kunig-Heintzen, Grundgesetz, 6. Aufl. 2012, Art. 109 Rn. 26; Engels/Eibelshäuser, Kommentar zur Haushaltsrecht, Stand Juli 2017, Art. 109 GG Rn. 29; Tappe/Wernsmann, Öffentliches Finanzrecht, 2015, § 6 Rn. 491; Tappe, in: Kastrop/Meister-Scheufelen/Sudhof-Tapp, Die neuen Schuldenregeln im Grundgesetz, 2010, S. 450; Kloepfer, Finanzverfassungsrecht, 2014, Rn. 142; einschränkend.

de[31]. Nur wenige Stimmen in der Literatur sind der Auffassung, dass rechtlich selbstständige juristische Personen des öffentlichen oder privaten Rechts, auf die der Staat beherrschenden Einfluss hat, generell von Art. 109 Abs. 3 GG erfasst seien.[32]

Obwohl nicht ausdrücklich in Art. 109 Abs. 3 GG vorgesehen, gehen Bund und Länder davon aus, dass eine Bereinigung der im Haushalt veranschlagten Einnahmen um Einnahmen aus finanziellen Transaktionen sowie eine Bereinigung der im Haushalt veranschlagten Ausgaben um Ausgaben für finanzielle Transaktionen zulässig ist. Für den Bund enthält das Grundgesetz in Art. 115 GG sogar eine ausdrückliche Bestätigung dafür, dass die Bereinigung um finanzielle Transaktionen zulässig ist. Die Bereinigung um finanzielle Transaktionen hat vor allem für die drei Stadtstaaten Berlin, Freie Hansestadt Bremen und Freie und Hansestadt Hamburg große Auswirkungen. Dies liegt daran, dass nur in den drei Stadtstaaten die kommunale Ebene in die Schuldenbremse einbezogen wird. Hervorzuheben ist die Tatsache, dass die meisten Ausgaben für den Erwerb von Beteiligungen (einschließlich Kapitalerhöhungen) und Einnahmen aus der Veräußerung von Beteiligungen auf kommunaler Ebene stattfinden, nicht auf Landesebene. Zu denken ist hier bspw. an kommunale Kliniken, Nahverkehrsunternehmen, Versorger und Wirtschaftsförderungsgesellschaften.

Art. 109 Abs. 3 Satz 5 GG bestimmt, dass die Länder die nähere Ausgestaltung der Schuldenbremse für ihre Haushalte im Rahmen ihrer verfassungsrechtlichen Kompetenzen regeln mit der Maßgabe, dass der Grundregel des Art. 109 Abs. 3 Satz 1 GG, wonach die Haushalte grundsätzlich ohne Einnahmen aus Krediten auszugleichen sind, nur dann entsprochen ist, wenn keine Einnahmen aus Krediten zugelassen werden (anders als beim Bund: Hier ist eine Verschuldung von höchstens 0,35 % des Bruttoinlandsprodukts möglich).

Art. 109a Abs. 2 GG sieht vor, dass dem Stabilitätsrat ab dem Jahr 2020 die Überwachung der Einhaltung der Vorgaben des Art. 109 Abs. 3 GG durch Bund und Länder obliegt. Es ist vorgeschrieben, dass die Überwachung sich an den Vorgaben und Verfahren aus Rechtsakten auf Grund des Vertrages über die Arbeitsweise der Europäischen Union zur Einhaltung der Haushaltsdisziplin orientiert (s. im Einzelnen: 20.3.3.5).

---

31 Für eine Zurechnung einer Kreditaufnahme durch Dritte bei rechtmissbräuchlicher Gestaltung seitens des Bundes oder Landes: Maunz/Dürig-*Kube*, Grundgesetz, 79. EL Dezember 2016 Rn. 119, 121 sowie Jarass/Pieroth, Grundgesetz, 14. Aufl. 2016, Art. 109 Rn. 12.

32 BeckOK Grundgesetz-Reimer, 33. Ed. 1.9.2015, GG Art. 109 Rn. 49a f.; von Mangoldt/Klein/Starck, Grundgesetz, Art. 109 Rn. 84.

4.2 Vorgaben der Landesverfassung der Freien Hansestadt Bremen

Die Bremische Bürgerschaft (Landtag) ist dem Regelungsauftrag des Art. 109 Abs. 3 Satz 5 GG innerhalb der gem. Art. 143d Abs. 1 Satz 3 GG bis zum 31. Dezember 2019 geltenden Übergangszeit durch eine Änderung der Landesverfassung nachgekommen: Die Bremische Bürgerschaft (Landtag) hat durch das Gesetz zur Änderung der Landesverfassung vom 27. Januar 2015 (Brem.GBl. S. 23), in Kraft getreten am 30. Januar 2015, die großen Linien der näheren Ausgestaltung der Schuldenbremse in Art. 131a der Landesverfassung der Freien Hansestadt Bremen (BremLV) festgelegt. Das Gesetz änderte Art. 131a BremLV, fügte Art. 131b und 131c BremLV ein und änderte Art. 146 BremLV. Art. 146 Abs. 1 Satz 1 BremLV bezieht die beiden Stadtgemeinden Bremen und Bremerhaven in die Schuldenbremse ein.

Die Schuldenbremse ist in Bremen seit dem 30. Januar 2015 geltendes Recht. Anfangs galt eine Übergangsregelung: Art. 131b BremLV erlaubte bis zum Ablauf des Haushaltsjahres 2019 Abweichungen von Art. 131a Abs. 1 BremLV im Rahmen der gem. Art. 143d Abs. 2 GG übernommenen Konsolidierungsverpflichtung.

Seit dem 1. Januar 2020 gilt die Schuldenbremse in Bremen uneingeschränkt mit folgenden Regelungen:

- Art. 131a Abs. 1 BremLV wiederholt fast wortgleich die Regel des Art. 109 Abs. 3 Satz 1 GG, indem festgelegt wird, dass Einnahmen und Ausgaben grundsätzlich ohne Einnahmen aus Krediten auszugleichen sind.
- Art. 131a Abs. 2 BremLV macht von der durch Art. 109 Abs. 3 Satz 2 GG eingeräumten Möglichkeit zur Konjunkturbereinigung Gebrauch. So schreibt Art. 131a Abs. 2 BremLV zwingend vor, dass bei einer von der Normallage abweichenden konjunkturellen Entwicklung die Auswirkungen auf den Haushalt im Auf- und Abschwung symmetrisch zu berücksichtigen sind. Die (verpflichtende) Tilgung im Aufschwung berechtigt zur (optionalen) Nettokreditaufnahme im Abschwung.
- Art. 131a Abs. 3 BremLV macht von der durch Art. 109 Abs. 3 Satz 2 und 3 GG eingeräumten Möglichkeit, eine Ausnahmeregelung vorzusehen, Gebrauch. So lässt Art. 131a Abs. 3 BremLV im Falle von Naturkatastrophen oder außergewöhnlichen Notsituationen, die sich

der Kontrolle des Staates entziehen und die staatliche Finanzlage erheblich beeinträchtigen, Abweichungen von der Schuldenbremse zu. Eine so begründete Mehrverschuldung muss auf der Grundlage einer von der Bremischen Bürgerschaft beschlossenen Tilgungsregelung in den folgenden Jahren ausgeglichen werden. Ein Beispiel für einen solchen Ausnahmefall ist die COVID-19-Pandemie.

- Art. 131a Abs. 5 BremLV stellt unter bestimmten, engen Bedingungen Kredite, die von einer juristischen Person aufgenommen werden, auf die das Land oder eine der beiden Stadtgemeinden Bremen oder Bremerhaven einen beherrschenden Einfluss ausüben kann, einer Nettokreditaufnahme im Kernhaushalt gleich. So soll verhindert werden, dass das Land oder eine der beiden Stadtgemeinden eines der Beteiligungsunternehmen beauftragt, fremdfinanziert staatliche oder kommunale Ausgaben durchzuführen, die aus dem Kernhaushalt nicht vollständig finanzierbar sind. Dieses Verbot der Umgehung der Schuldenbremse gilt nur, wenn Zins und Tilgung des vom Beteiligungsunternehmen aufgenommenen Kredits aus dem Kernhaushalt zu erbringen sind, das Land oder eine der beiden Stadtgemeinden sich die Pflicht zur Bedienung des Kredits also unmittelbar oder mittelbar zu eigen macht.
- Art. 131a Abs. 6 BremLV sieht vor, dass Art. 131a BremLV durch ein einfaches Landesgesetz näher auszuführen ist. Im Kontext der bereits geltenden verfassungsrechtlichen Regeln wird klar, dass das Ausführungsgesetz (lediglich) bestimmte Einzelheiten der verfassungsrechtlich bereits geltenden Schuldenbremse näher ausführt, damit der Vollzug der Schuldenbremse durch die Verwaltung möglich wird.

4.3 Vorgaben des Ausführungsgesetzes und der Rechtsverordnung

Der Gesetzgeber in Bremen ist dem Regelungsauftrag in Art. 131a Abs. 6 BremLV nachgekommen, Vorschriften zur näheren Ausführung der Regelungen der Schuldenbremse zu erlassen. Als Regelungsort für die Ausführungsvorschriften auf der Grundlage des Art. 131a Abs. 6 BremLV wurde die Landeshaushaltsordnung gewählt, weil die Aufstellung des Haushaltsplans, dessen Feststellung durch das Haushaltsgesetz und die Ausführung des Haushaltsplans dort geregelt sind. Die Schuldenbremse hat unmittelbar Auswirkungen auf die Haushalte. Die Bremische Bürgerschaft hat den vom Senat vorgelegten Entwurf eines Gesetzes zur Änderung der Landeshaushaltsordnung – Ausführung des Art. 131a der Landesverfassung (Drucksache 19/2033) nach Maßgabe des Berichts und Änderungsantrags des staatlichen Haushalts- und Finanzausschusses vom 6. Mai 2019 (Drucksache 19/2171) beschlossen. Das Gesetz vom 14. Mai 2019 (Brem.GBl. S. 355) ist am 24. Mai 2019 in Kraft getreten.

Vor allem §§ 18, 18a bis 18c LHO enthalten die Ausführungsvorschriften zur Schuldenbremse des Art. 131a BremLV. Dort wird insbesondere geregelt:

- dass die Einhaltung der Vorgaben der Schuldenbremse sich im Grundsatz anhand der strukturellen Nettokreditaufnahme von höchstens null bemisst (niedriger als null ist in Ordnung, denn dies ist Tilgung),
- auf welche genaue Weise die Einnahmen und Ausgaben um finanzielle Transaktionen zu bereinigen sind (z. B. Ausgaben für Kapitalerhöhungen bei Beteiligungsgesellschaften oder einen sonstigen Erwerb von Beteiligungen bzw. Einnahmen aus der Veräußerung von Beteiligungen),
- dass als Konjunkturbereinigungsverfahren zur Berechnung der symmetrischen Berücksichtigung einer von der Normallage abweichenden konjunkturellen Entwicklung auf den Haushalt im Auf- und Abschwung das Produktionslückenverfahren mit einer Steuerabweichungskomponente anzuwenden ist, wobei die Einzelheiten durch eine Rechtsverordnung des Senats geregelt sind, und
- dass Abweichungen von den Vorgaben der Schuldenbremse mittels eines Kontrollkontos kontrolliert und geregelt ausgeglichen werden.

Außerdem ist im Ausführungsgesetz eine Stabilitätsrücklage vorgesehen. Sie soll gefüllt werden als Absicherung, um in angespannter Haushaltslage dennoch die Vorgaben der Schuldenbremse einzuhalten und die Sanierungshilfen von 400 Mio. Euro jährlich zu erhalten.

Bei der Entwicklung des Ausführungsgesetzes ist darauf geachtet worden, möglichst Gleichlauf mit den Voraussetzungen des Sanierungshilfengesetzes und der hierzu mit dem Bund zu schließenden Verwaltungsvereinbarung einzuhalten. Die Voraussetzungen für die Einhaltung der landesrechtlichen Schuldenbremse sollten in etwa dieselben sein wie die Voraussetzungen für die Gewährung der Sanierungshilfen von 400 Mio. Euro im Jahr. Ein vollständiger Gleichlauf zwischen beiden Regelungskreisen kann aus dem Grund nicht erreicht werden, weil die nach den Regeln der Schuldenbremse zulässige Konjunkturbereinigung und die Bereinigung um finanzielle Transaktionen im Wortlaut des Sanierungshilfengesetzes nicht vorgesehen ist. Unbestritten könnte aus einer starken konjunkturellen Abwärtsbewegung ein Rückgang der Einnahmen oder ein Anstieg von Ausgaben, also eine Unterschreitung der erforderlichen Tilgung, folgen. Standardmäßig berücksichtigt das Sanierungshilfengesetz konjunkturelle Effekte jedoch nicht. Allenfalls in begründeten Ausnahmefällen trifft das Bundesministerium der Finanzen eine Ermessensentscheidung darüber, ob eine Unterschreitung der erforderlichen Tilgung unbeachtlich ist. In der Verwaltungsvereinbarung zum Sanierungshilfengesetz wurde ausdrücklich festgelegt, dass ein Antrag auf Feststellung eines begründeten Ausnahmefalls auch auf konjunkturelle Effekte gestützt werden darf. Um den Gleichlauf noch weiter zu verbessern, wurde in der Verwaltungsvereinbarung eine standardmäßige Berücksichtigung der Steuerabweichungskomponente und eine Bereinigung um finanzielle Transaktionen geregelt.

Bei der Entwicklung des Ausführungsgesetzes ist zudem darauf geachtet worden, dass es weitgehend kompatibel zu der Überwachung der Schuldenbremse durch den Stabilitätsrat gem. Art. 109a Abs. 2 GG ist.

Im Kern lässt sich die Funktionsweise der neu gefassten Vorschriften der Landeshaushaltsordnung wie folgt beschreiben:

§ 18, 18a LHO konkretisieren die schon für sich genommen im Grundsatz relativ aussagekräftigen Vorgaben des Art. 131a BremLV. Die einfachgesetzlichen Ausführungsvorschriften §§ 18, 18a LHO sind so aufgebaut, dass die allgemeinen Regeln vorangestellt sind und die besonderen Vorgaben kaskadenartig in den weiteren Vorschriften folgen. Die zentrale Regel, die in den Folgevorschriften weiter konkretisiert wird, findet sich in § 18 Abs. 1 LHO. Dort heißt es wörtlich:

> »Die strukturelle Nettokreditaufnahme gem. § 18a Abs. 1 Satz 1 zuzüglich der Hinzurechnungen gem. § 18a Abs. 1 Satz 2 darf höchstens Null sein, es sei denn, es liegt ein Fall des Art. 131a Abs. 3 Satz 1 der Landesverfassung vor.«

Dies ist die einfachgesetzliche Festlegung, wie die in Art. 131a Abs. 1 BremLV aufgestellte Grundregel der Schuldenbremse, wonach der Haushalt ohne Einnahmen aus Krediten auszugleichen ist, in der konkreten Umsetzung zu verstehen ist. Hier legt sich der Gesetzgeber fest, dass er als Maßstab dafür, wann der Haushalt ohne Einnahmen aus Krediten ausgeglichen ist, die »strukturelle Nettokreditaufnahme« heranzieht. Die strukturelle Nettokreditaufnahme wird in den sich anschließenden Vorschriften näher definiert. § 18 Abs. 1 LHO verweist für die Einzelheiten der Definition auf § 18a Abs. 1 Satz 1 LHO und auf bestimmte Hinzurechnungen gem. § 18a Abs. 1 Satz 2 LHO. § 18a Abs. 1 Satz 1 LHO legt, ähnlich einem Berechnungstableau, die Bestandteile der strukturellen Nettokreditaufnahme fest:

> »Die strukturelle Nettokreditaufnahme ist die Nettokreditaufnahme
> 1. bereinigt um finanzielle Transaktionen,
> 2. bereinigt um Auswirkungen einer Abweichung von der wirtschaftlichen Normallage (Konjunkturkomponente),
> 3. unter Einbeziehung des Sondervermögens nach dem Gesetz über die Errichtung eines Bremer Kapitaldienstfonds und
> 4. unter Einbeziehung der Eigenbetriebe und sonstigen Sondervermögen, falls für diese durch Gesetz eine Kreditermächtigung vorgesehen ist.«

Diese einzelnen Berechnungsschritte werden in der Landeshaushaltsordnung in den folgenden Absätzen des § 18a LHO noch weiter konkretisiert, sofern erforderlich.

So wird die Bereinigung um finanzielle Transaktionen in § 18a Abs. 2 LHO näher ausgeführt, und die Vorschriften zur Konjunkturkomponente finden sich in § 18a Abs. 3–7 LHO. Die von § 18a Abs. 4 LHO vorgenommene Aufspaltung der Konjunkturkomponente in eine Steuerabweichungskomponente und eine Ex-ante-Konjunkturkomponente wird in § 18a Abs. 5 und 6 LHO näher konkretisiert. Bspw. findet sich in § 18a Abs. 5 LHO die Festlegung auf das Produktionslückenverfahren als Grundlage für die Berechnung der Ex-Ante-Konjunkturkomponente. Mit der Rechtsverordnungsermächtigung des § 18a Abs. 7 LHO delegiert der Gesetzgeber die Regelung weiterer Einzelheiten an den Senat. Auf dieser Grundlage hat der Senat die Verordnung über das Verfahren zur Bestimmung der Konjunkturkomponente sowie ihrer Bestandteile nach § 18a Abs. 7 der Landeshaushaltsordnung (Konjunkturbereinigungsverfahrensverordnung – KBVV) vom 21. April 2020 (Brem.GBl. 2020, 265)[33] erlassen. Die Verordnung ist am 9. Mai 2020 in Kraft getreten. In ihr legt der Senat für die Freie Hansestadt Bremen und die Stadtgemeinden die Einzelheiten zur Bestimmung der Ex-ante-Konjunkturkomponente fest, es wird der Begriff der Basissteuern definiert und festgeschrieben, und es werden nähere Bestimmungen zur Steuerabweichungskomponente getroffen. Die Rechtsverordnung regelt zudem das Verfahren zur Berechnung für die bremischen Einzelhaushalte, bspw. für die Ex-ante-Konjunkturkomponente und für die Steuerabweichungskomponente zum Abschluss des Haushaltes. Abschließend bestimmt die Verordnung, wie die Symmetriewahrung des Konjunkturbereinigungsverfahrens zu überwachen ist.

Die Voraussetzungen für eine Einbeziehung der Eigenbetriebe und sonstigen Sondervermögen ist in § 18a Abs. 1 Nr. 3 und 4 LHO abschließend geregelt.

Eine Abweichung von der prinzipiellen Vorgabe des § 18 Abs. 1 Satz 1 Halbsatz 1 LHO, dass die strukturelle Nettokreditaufnahme höchstens null betragen darf, ist in § 18 Abs. 1 Satz 1 Halbsatz 2 LHO vorgesehen. Dieser Ausnahmefall ist dafür vorgesehen, dass die Voraussetzungen des Art. 131a Abs. 3 Satz 1 BremLV eintreten. Art. 131a Abs. 3 Satz 1 BremLV erlaubt unter bestimmten Voraussetzungen eine Abweichung von den Vorgaben der Schuldenbremse im Falle von Naturkatastrophen oder außergewöhnlichen Notsituationen, die sich der Kontrolle des Staates entziehen und die staatliche Finanzlage erheblich beeinträchtigen. Insbesondere sind dann ein parlamentarischer Beschluss mit qualifizierter Mehrheit sowie eine Tilgungsregelung zwingend erforderlich. Hierzu trifft § 18c LHO weitere Regelungen. Die Tilgungsregelung stellt sicher, dass auch eine gravierende Abweichung von den Vorgaben der Schuldenbremse aufgrund einer Notsituation nicht auf lange Sicht dazu beiträgt, dass der Schuldenstand anwächst. Da die Abweichungsmöglichkeit in Notsituationen bundesweit von Art. 109 Abs. 3 Satz 2 GG vorgesehen ist, bewegt sich das bremische Landesrecht bis hierhin weiter auf standardisiertem Terrain. Ein Beispiel für diesen Ausnahmefall ist, wie gesagt, die COVID-19-Pandemie.

Bis hierhin ähnelt die Berechnung der strukturellen Nettokreditaufnahme mit den drei Stichworten »finanzielle Transaktionen«, »Konjunkturbereinigung« und »Extrahaushalte« im Großen und Ganzen der Be-

33 Abrufbar unter https://www.gesetzblatt.bremen.de/ und https://www.transparenz.bremen.de/vorschriften/.

rechnung, die auch der Stabilitätsrat bei der ihm gem. Art. 109a Abs. 2 GG obliegenden Überwachung der Einhaltung der Vorgaben des Art. 109 Abs. 3 GG durch Bund und Länder zugrunde legt. Auch die Möglichkeit zur Ausnahme bei Katastrophen oder in besonderen Notsituationen ist üblich. Bis hierhin folgt das bremische Landesrecht den aus dem Bund und den meisten anderen Ländern bekannten Standards.

Durchaus üblich ist auch ein Kontrollkonto. Das Kontrollkonto gem. § 18d LHO erfüllt eine wichtige Funktion. Es stellt sicher, dass ein Haushalt, der zwar im Plan die verfassungsrechtlichen und einfachgesetzlichen Vorgaben für die Nettokreditaufnahme eingehalten hat, der aber im Vollzug die Vorgaben verletzt, nicht zu einem dauerhaften Anstieg des Schuldenstandes beiträgt. Auf dem Kontrollkonto werden keine Geldbeträge gebucht, sondern es wird – wie auf einem Notizzettel – verbucht, um welchen Betrag der Haushaltsabschluss von der strukturellen Nettokreditaufnahme von null abweicht, sei es im Plus oder im Minus. Dieser Betrag wird, der einfacheren Verständlichkeit halber, mit umgekehrtem Vorzeichen im Kontrollkonto verbucht. Soweit der zu verbuchende Betrag zu einem negativen Saldo des Kontrollkontos beiträgt, ist ein dementsprechender Betrag im nächsten Finanzplanungszeitraum auszugleichen. Das ist das Entscheidende: Rutscht das Kontrollkonto ins Minus, zieht dies die Rechtspflicht zum Ausgleich innerhalb einer vorgegebenen Frist nach sich. So kann eine Verletzung der Vorgaben der Schuldenbremse im Haushaltsabschluss nicht auf lange Sicht zu einem Anwachsen des Schuldenstandes beitragen.

Zu beachten ist, dass die bremische Landesverfassung darüber hinaus eine landesspezifische Verschärfung der Schuldenbremse parat hält, die nahezu einmalig ist.[34] Wie bereits oben ausgeführt, sieht das bremische Landesrecht mit Art. 131a Abs. 5 BremLV eine Regelung zur Erschwerung der Umgehung der Schuldenbremse vor, wonach die auftragsgemäße kreditfinanzierte Wahrnehmung öffentlicher Aufgaben durch öffentlich beherrschte Beteiligungsgesellschaften rechtlich einer Nettokreditaufnahme des Landes bzw. der betreffenden Stadtgemeinde gleichgestellt wird, wenn der Schuldendienst aus dem öffentlichen Haushalt erbracht wird. Für den Fall, dass eine Finanzierungskonstruktion die Tatbestandsvoraussetzungen des Art. 131a Abs. 5 BremLV erfüllt, ordnet § 18a Abs. 1 Satz 2 LHO Folgendes an:

> »Der strukturellen Nettokreditaufnahme werden die Kredite gem. Art. 131a Abs. 5 der Landesverfassung hinzugerechnet.«

34 Nur das Landesrecht von Rheinland-Pfalz enthält eine ähnliche Vorschrift, die allerdings nur für den Landeshaushalt, nicht für die kommunalen Haushalte, gilt.

4.4 Zusammenwirken der Schuldenbremse und des Sanierungshilfengesetzes

Der Senat hat bei den Verhandlungen zur Verwaltungsvereinbarung zum Sanierungshilfengesetz und bei den parallel laufenden Arbeiten am Entwurf des Gesetzes zur Änderung der Landeshaushaltsordnung – Ausführung des Art. 131a der Landesverfassung – großen Wert darauf gelegt, dass die Steuerungsgrößen möglichst identisch sind.

Die wichtigste Übereinstimmung zwischen beiden Regelsystemen ist, dass ihnen im Grundsatz die Nettokreditaufnahme als Ausgangsgröße zugrunde liegt. Gem. § 2 Abs. 3 bzw. Abs. 4 SanG und der am 23. Mai 2019 zwischen der Bundesrepublik Deutschland und der Freien Hansestadt Bremen geschlossenen Verwaltungsvereinbarung überprüft das Bundesministerium der Finanzen nach Ablauf von zwei Jahren (bzw. fünf Jahren), ob – im Grundsatz bezogen auf die Nettokreditaufnahme – eine ausreichende »haushaltsmäßige Tilgung« pro Jahr (bzw. pro fünf Jahre) erbracht worden ist, die Nettokreditaufnahme also einen ausreichend großen negativen Wert erreicht. Eine Nettokreditaufnahme von –50 Mio. Euro (bzw. –80 Mio. Euro) ist dasselbe wie eine Nettokredittilgung von 50 Mio. Euro (bzw. 80 Mio. Euro).

Bei der Schuldenbremse nach Art. 109 Abs. 3 GG, Art. 131a BremLV und §§ 18, 18a LHO kommt es im Grundsatz darauf an, dass die Nettokreditaufnahme »höchstens Null« beträgt. Nettokredittilgungen (d. h. negative Nettokreditaufnahmen) sind also zulässig, eine positive Nettokreditaufnahme (also Nettoneuverschuldung) hingegen nicht. Hieraus ist zu erkennen, dass die Anforderungen an die Einhaltung der Schuldenbremse nach Landesrecht im Grundsatz nicht so streng sind wie die Sanierungsverpflichtungen nach dem Sanierungshilfengesetz und der hierzu geschlossenen Verwaltungsvereinbarung. Es wäre verfassungsrechtlich zulässig, eine Nettokreditaufnahme von 0 Euro zu planen, während das Sanierungshilfengesetz eine Nettokreditaufnahme von jährlich mindestens –50 Mio. Euro verlangt, wegen der Fünfjahrestilgungsverpflichtung sogar gemittelt –80 Mio. Euro im Jahr.

Eine Nichteinhaltung der Sanierungsverpflichtungen gem. Art. 143d Abs. 4 Satz 2 und 3 GG in Verbindung mit § 2 des Sanierungshilfengesetzes und der hierzu geschlossenen Verwaltungsvereinbarung führt, für sich genommen, nicht zu einem Verstoß gegen Art. 131a BremLV, so dass ein solcher Haushalt – zumindest aus diesem Grund – nicht verfassungswidrig wäre. Allerdings fordert § 18d LHO einfachgesetzlich verpflichtend die Einhaltung der Sanierungsverpflichtungen ein.

Umgekehrt ist eine Verletzung der Vorgaben der Schuldenbremse gem. Landesrecht (also eine unzulässige Nettokreditaufnahme) notwendigerweise im Grundsatz eine Verletzung der Sanierungsverpflichtungen, da Letztere – wie gesagt – normalerweise strenger sind (weil sie eine Nettokredittilgung bzw. eine negative Nettokreditaufnahme verlangen).

Die dargestellten grundsätzlichen Zusammenhänge sind nur eine grobe Orientierung, da es im Detail zu Abweichungen zwischen den beiden Regelsystemen kommen wird. Dies liegt daran, dass das von Art. 109 Abs. 3 GG, Art. 131a BremLV und §§ 18, 18a LHO vorgegebene Regelsystem der Schuldenbremse und das von Art. 143d Abs. 4 Satz 2 und 3 GG, dem Sanierungshilfengesetz und der hierzu geschlossenen Verwaltungsvereinbarung vorgegebene Regelsystem rechtlich nicht komplett kongruent sind. So sieht das Sanierungshilfengesetz nicht ausdrücklich eine Bereinigung der Nettokreditaufnahme um konjunkturelle Effekte sowie um finanzielle Transaktionen vor (s. hierzu oben 4.3).

Der Senat hat sich mit dem Bundesministerium der Finanzen darauf verständigt, dass so weit wie möglich Gleichlauf zwischen den beiden Regelsystemen herzustellen ist. Die Verwaltungsvereinbarung zum Sanierungshilfengesetz vom 23. Mai 2019 wird diesem Anspruch gerecht. So sind beide Regelsysteme zum einen deckungsgleich darin, dass Einnahmen und Ausgaben um finanzielle Transaktionen bereinigt werden dürfen. Bei der Bereinigung um konjunkturelle Effekte konnte wegen der Unterschiede in den rechtlichen Vorgaben nur teilweise Gleichlauf erreicht werden (s. hierzu oben 4.3). Von der im Landesrecht vorgesehenen Konjunkturkomponente konnte die Steuerabweichungskomponente in die Verwaltungsvereinbarung als Regelbereinigung übernommen werden. Die Ex-ante-Konjunkturkomponente wurde in die Verwaltungsvereinbarung hingegen nur in die Ausnahmeregelung übernommen, so dass eine Berücksichtigung einen Antrag der Freien Hansestadt Bremen aufgrund eines begründeten Ausnahmefalls sowie eine positive Ermessensentscheidung des Bundesministeriums der Finanzen voraussetzt. Bei der Ex-ante-Konjunkturkomponente besteht demnach kein regulärer Gleichlauf.

5. Haushaltssanierung

5.1 Absolvierung des Konsolidierungspfades bis 2019

Die bremische Finanzpolitik des auslaufenden Jahrzehnts steht unter der Prämisse der Bewältigung des Konsolidierungspfades. Dieser sieht einen schrittweise zu erfolgenden, vollständigen Abbau der Netto-Neuverschuldung bis zum Jahr 2020 vor. Hintergrund ist, dass Bund und Länder sich zum Ende des vergangenen Jahrzehnts einigten, zukünftig grundsätzlich auf Netto-Neuverschuldung zu verzichten. Seitdem sind gem. Art. 109 Abs. 3 des Grundgesetzes (GG) die Haushalte von Bund und Ländern grundsätzlich ohne Einnahmen aus Krediten auszugleichen. Gem. Art. 143d Abs. 1 GG dürfen die Länder bis zum Ende 2019 davon abweichen, haben aber ihre Haushalte bereits jetzt in Vorbereitung auf das nahende Neuverschuldungsverbot aufzustellen.

Gleichzeitig wurde für jene Länder, die zum Verzicht auf Netto-Neuverschuldung nicht aus eigener Kraft in der Lage sind, ein »Konsolidierungspfad« vereinbart. Sie werden demnach mit befristeten Konsolidierungshilfen unterstützt, im Gegenzug ist das Ausgangsdefizit des Jahres 2010 in zehn gleich großen jährlichen Schritten bis 2020 vollständig abbauen. Die Konsolidierungshilfen, für Bremen 300 Mio. Euro p. a., entlasten die Haushalte der Konsolidierungsländer um den ansonsten entsprechend zu zahlenden Zinsbetrag.

Diese Vereinbarungen für eine allgemeine »Schuldenbremse« wurden im Lichte der Haushaltslagen zur Mitte des letzten Jahrzehnts getroffen. In dieser Zeit verzeichneten die Länder eine mehrjährige positive Haushaltsentwicklung. Die Länder- und Gemeindegesamtheit erzielte zu diesem Zeitpunkt zwei Jahre in Folge Überschüsse in Milliardenhöhe. Für Bremen endete das Jahr 2008 mit einem verhältnismäßig sehr geringen Finanzierungsdefizit von ca. 430 Mio. Euro.

Zum Start des Konsolidierungspfades zwei Jahre später verzeichnete Bremen aber aufgrund der Wirtschafts- und Finanzkrise mit 1.254 Mio. Euro wieder annähernd das Rekord-Neuverschuldungsniveau der Jahre 2003/04. Somit resultierte, dass zur Einhaltung der finanzwirtschaftlichen Ziele eine jährliche Reduzierung des vereinbarten (strukturellen) Haushaltsdefizits von 125 Mio. Euro nötig sein würde, um 2020 – erstmals seit den 1960er-Jahren – kein Haushaltsdefizit mehr aufzuweisen.

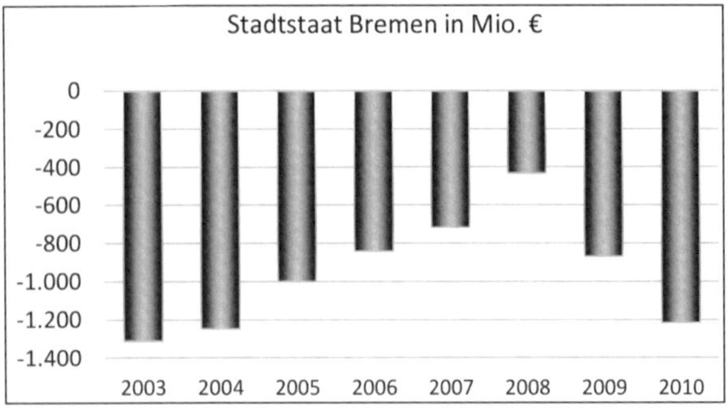

Entwicklung des Finanzierungssaldos.

Parallel wurde mit den Regelungen des Konsolidierungshilfegesetzes und der Verwaltungsvereinbarung mit dem Bund ab dem Haushalt 2011 die ausschließliche Betrachtung des kameralen Kernhaushaltes bei der Haushaltsaufstellung und der Finanzplanung um die im Konsolidierungskurs maßgeblichen strukturellen Bereinigungen (Konjunkturbereinigung; Bereinigung um finanzielle Transaktionen) erweitert.

Die zahlenmäßigen Anforderungen des Konsolidierungspfads stellt Abbildung 2 dar. Zum vollständigen Abbau der strukturellen Defizite bis zum Jahr 2020 muss Bremen demnach seine Netto-Neuverschuldung vom Ausgangswert von 1.254 Millionen Euro im Jahr 2010 bis auf nur noch 125 Mio. Euro im Jahr 2019 abbauen, bevor ab 2020 kein strukturelles Haushaltsdefizit mehr vorgesehen ist. Seitdem konnte die Freie Hansestadt Bremen in allen abgeschlossenen Haushaltsjahren die vereinbarten Abbauschritte einhalten, das strukturelle Defizit somit um über 80 % verringert werden.

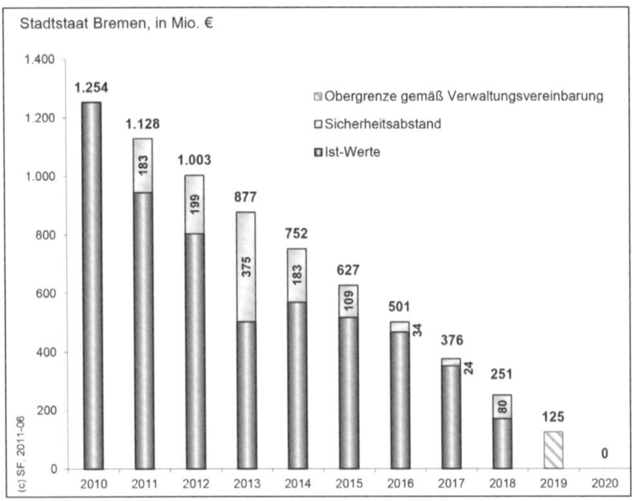

Strukturelles Finanzierungsdefizit.

Ersichtlich ist aber auch, dass die erheblichen Sicherheitsabstände – die von 2011 und 2015 summiert über 1 Milliarde Euro betragen – eine eindeutig rückläufige Tendenz aufweisen. Im Jahr 2017 betrug der Sicherheitsabstand nur noch 24 Mio. Euro. Der Rückgang der Sicherheitsabstände war einerseits zu erwarten, da anfängliche Potenziale zur Einnahmesteigerung und Ausgabenbegrenzung zusehends aufgebraucht wurden. Andererseits wurden ab 2015 nicht vorherzusehende, beträchtliche flüchtlingsbezogene Netto-Mehrausgaben geleistet.

Bei Beschluss der Haushalte 2016/17 war sogar noch davon ausgegangen worden, dass diese finanziellen Belastungen erfordern, einen Ausnahmetatbestand für außergewöhnliche Notsituationen im Rahmen des Konsolidierungspfades geltend zu machen. Nach Abschluss der Haushalte konnte auf die Beantragung einer entsprechenden Ausnahmesituation aber verzichtet werden.

Ursächlich hierfür war insbesondere, dass die flüchtlingsbezogenen Netto-Mehrausgaben aufgrund deutlich geringerer Zugänge sowie erhöhter einnahmeseitiger Entlastungen die Haushalte nicht in dem ursprünglich angenommenen Ausmaß belasteten (Tabelle 1). Gleichwohl verblieben Aufwendungen in jährlich dreistelliger Millionenhöhe, die im laufenden Haushalt und bei gleichzeitigem Rückgang des erlaubten Kreditrahmens um 125 Mio. Euro p. a. zu erbringen waren.

	2016		**2017**		**2018**	
	Ist	Abw.	Ist	Abw.	Ist	Abw.
Einnahmen	113.053	+56.772	144.438	+80.943	87.399	+28.387
Ausgaben	387.087	-78.780	346.964	-90.921	249.902	-37.006
Netto-Ausgaben	274.033	-135.551	202.526	-171.864	162.502	-65.393

Flüchtlingsbezogene Einnahmen und Ausgaben Stadtstaat Bremen; in T Euro.

Dass die Einhaltung des Konsolidierungspfades trotz abnehmender Konsolidierungspotenziale und unerwarteter flüchtlingsbedingter Mehrausgaben möglich war, ist auf zwei Umstände zurückzuführen. Einerseits ist dies die anhaltend gute konjunkturelle Lage bei gleichzeitiger Niedrigzinsphase. Beides sorgte für ein kräftiges Wachstum der Steuereinnahmen bei stagnierenden bis leicht rückläufigen Zinsausgaben (Abbildung 3). Dies begünstigte die Einhaltung des Konsolidierungspfads erheblich.

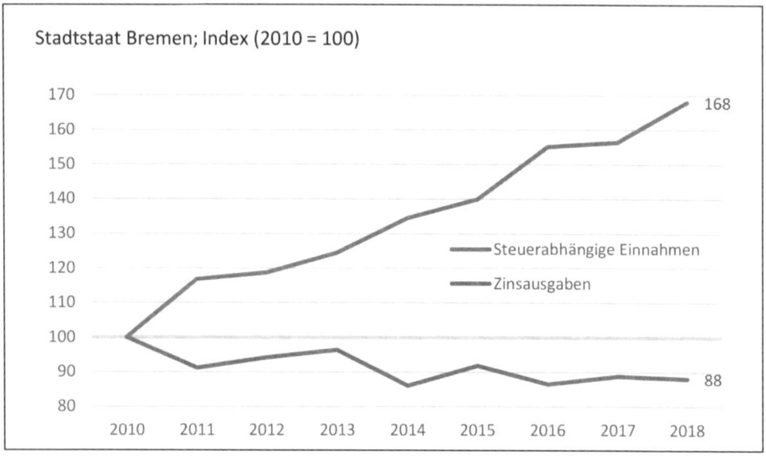

Steuer- und Zinsentwicklung seit 2010.

Andererseits trugen Eigenanstrengungen der Freien Hansestadt Bremen, also selbst verantwortete Ausgabenbegrenzungen und Einnahmesteigerungen, dazu bei, den Abbaupfad der Netto-Neuverschuldung erfolgreich bewältigen zu können. Seit 2012 dokumentiert der Senat den maßnahmenscharfen Teil dieser Eigenanstrengungen im Rahmen seiner Berichterstattung an den Stabilitätsrat (Sanierungsprogramm 2012–2016, inzwischen verlängertes Sanierungsprogramm 2017–2020). Diese Sanierungsmaßnahmen umfassten allein im Jahr 2018 ein Volumen von 443 Mio. Euro. Um diesen Betrag wären die Haushalte bei Unterlassung der Maßnahmen somit weiter belastet worden.

Dieser Wert umfasst dabei nicht die vollständigen Eigenanstrengungen des Stadtstaates, sondern nur die explizit als Sanierungsmaßnahmen erfassten. Zusätzlich wurde im Zuge jeder Haushaltsaufstellung die Höhe der Ressort-Eckwerte unter der Maßgabe der Einhaltung des Konsolidierungspfades festgelegt, so dass die Senatsressorts zu deren Einhaltung Maßnahmen und Investitionen, auch in zukunftsorientierte Aufgabenfelder, in der jeweils erforderlichen Höhe aufgeben mussten. Insgesamt konnte so seit 2010 die Wachstumsrate der Ausgaben derart begrenzt werden, dass der Anstieg der Einnahmen den Ausgabenzuwachs um über 1 Milliarde Euro überstieg (Abbildung 4).

Schließlich mussten, um die strukturellen Kreditobergrenzen in den letzten Jahren des Konsolidierungspfads einhalten zu können, auch liquiditätssteuernde Einmalmaßnahmen herangezogen werden. Im Kontext des nur noch minimal zulässigen Kreditrahmens einerseits und den bis

Beiträge zum Defizitabbau 2010–2018 in Mio. Euro.

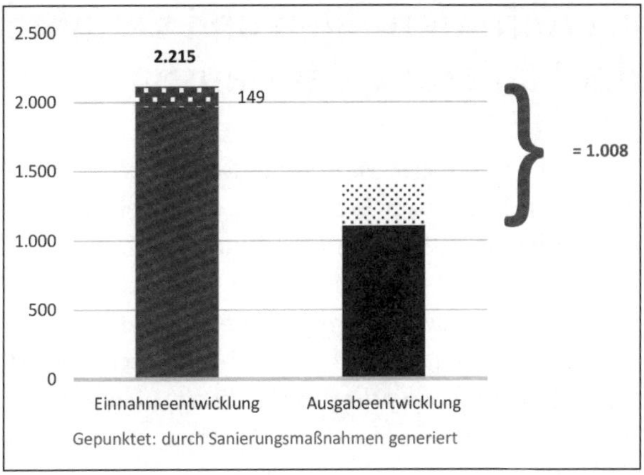

2020 noch nicht gewährten Sanierungshilfen zur Einhaltung der »Schuldenbremse« andererseits ist dies als zusätzliche Unterstützung der strukturellen Anstrengungen erforderlich.

Im Jahr 2019, dem letzten Jahr des Konsolidierungspfades, ist die strukturelle Netto-Neuverschuldung des Stadtstaates auf nur noch 125 Mio. Euro begrenzt. Mit diesem nur noch minimalen Kreditrahmen einerseits und ohne die Unterstützung durch Sanierungshilfen andererseits stellt die Einhaltung der Obergrenze für Bremen einen Kraftakt dar. Gleichwohl ist der Senat entschlossen, auch im Schlussjahr 2019 den Konsolidierungspfad erfolgreich zu absolvieren und ab dem Jahr 2020 die mit der Gewährung von Sanierungshilfen (vgl. Abschnitt 3.2) verbundenen Herausforderungen: Einhaltung der Schuldenbremse, Einstieg in die Altschuldentilgung sowie Stärkung der Wirtschafts- und Finanzkraft, anzunehmen.

5.2 Anforderungen und Verfahren der Sanierung der Haushalte

Trotz der beachtlichen Verbesserung der letzten Jahre bleibt die Finanzlage der Freien Hansestadt Bremen von der bereits zuvor, spätestens seit der entsprechenden Feststellung des Bundesverfassungsgerichts 1992, bestehenden extremen Haushaltsnotlage gekennzeichnet. Die üblichen Werte zur Beurteilung der Finanzlage Bremens und auch des Saarlands bleiben nach wie vor weit hinter dem Länderdurchschnitt zurück. Um geeignete Maßnahmen zur Sanierung der Haushalte identifizieren zu können, ist ein Verständnis über Ausmaß und Ursachen der Haushaltsnotlage Bremens erforderlich.

Zieht man zur Beurteilung der Haushaltslage – in Anlehnung an die vom Bundesverfassungsgericht 1992 etablierte und vom Stabilitätsrat 2010 für seine Zwecke weiterentwickelte Systematik – Indikatoren zur aktuellen Haushaltslage einerseits und zum Grad an Vorbelastungen andererseits heran, wird deutlich, wie sehr auch nach den Fortschritten der vergangenen Jahre die bremische Haushaltslage durch das Vorliegen einer extremen Haushaltsnotlage geprägt ist. Abbildung 5 ordnet entsprechende Kennzahlen der einzelnen Länder zum Durchschnitt, wobei die Finanzlage eines Landes umso angespannter ist, je weiter oben links in der Grafik sich das Land befindet.

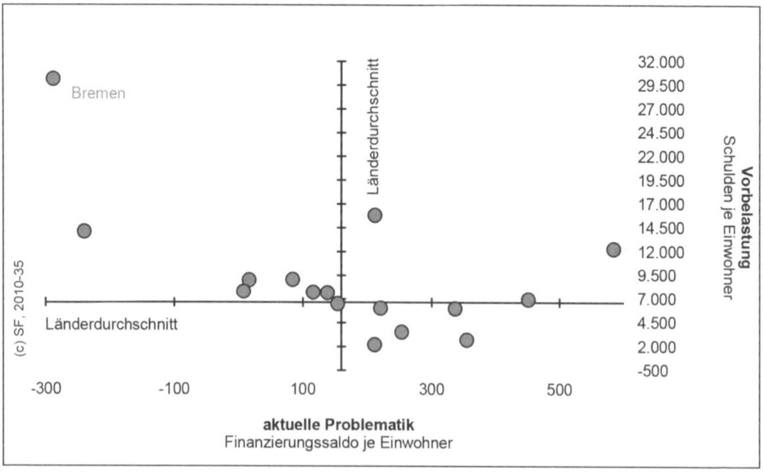

Aktuelle Haushaltslage und Vorbelastungen der Länder 2017.

Demnach ist sowohl die aktuelle Haushaltslage als auch – und vor allem – der Grad der Vorbelastungen Bremens im Ländervergleich als überaus prekär einzustufen. Die Ursachen dieses Zustands liegen erstens in der Systematik der bundesstaatlichen Finanzverteilung und zweitens im Grad der Vorbelastungen selbst. Zwar erhält Bremen jährlich erhebliche Zahlungen aus dem Länderfinanzausgleich (LFA) und Bundesergänzungszuweisungen (BEZ), allerdings fließen auf diesem Wege vor allem Einnahmen an Bremen zurück, die zuvor im Stadtstaat erwirtschaftet, aber in der Finanzverteilung vor LFA/BEZ anderen Ländern zugeordnet wurden. Der Grad an Vorbelastungen hingegen wird erst ab 2020 in Form der Sanierungshilfen für Bremen und das Saarland (vgl. Abschnitt 3.2) berücksichtigt werden. In Bremen hat die Vorbelastung durch Altschulden aber bereits seit langem eine Dimension erreicht, aus der sich der Stadtstaat nicht ohne Hilfen befreien kann.

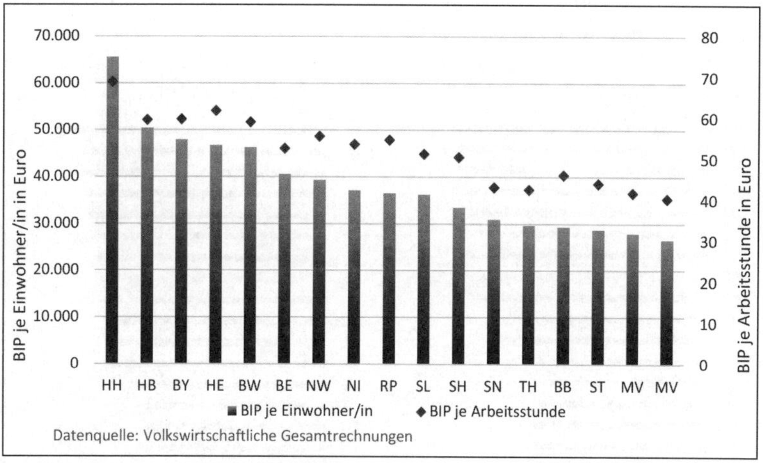

Wirtschaftskraft im Ländervergleich 2018.

Die Positionierung Bremens in der Spitzengruppe der wirtschaftsstarken Länder (Abbildung 6) spiegelt sich nur unzureichend in der bundesstaatlichen Finanzverteilung wider, obwohl Quelle von Steuereinnahmen in der Regel wirtschaftliche Tätigkeit ist. Die Verteilung von Finanzmitteln erfolgt vorrangig nach Einwohnern, womit dem Gebot gleichwertiger Lebensverhältnisse im Bundesgebiet Rechnung getragen werden soll. Die Sondersituation der Stadtstaaten wird dabei aber nur in ungenügender Weise berücksichtigt.

Denn das ausschließliche Umfassen von Stadtgebiet bringt zwar einerseits eine erhöhte Wirtschaftskraft pro Kopf mit sich, andererseits aber großstadttypisch erhöhte Pro-Kopf-Ausgaben, bspw. für Sozialleistungen oder oberzentrale Infrastrukturen wie Hochschulen und Krankenhäuser. Auch die Bereitstellung dichter Wirtschaftsinfrastruktur, resultierend in einer entsprechenden Dichte des Arbeitsplatzangebots, ist Teil dieser sog. »abstrakten Mehrbedarfe«. Allein der Einpendleranteil Bremens von 42 % (ø Flächenländer: 11 %, BE: 22 %, HH: 36 %) belegt, in welchem Umfang andere Länder allein von der wirtschaftlichen Struktur Bremens und Bremerhavens als »Hauptstädte ohne Umland« profitieren.

Gleichzeitig wirkt sich der erhöhte Einpendleranteil auch ausgabeseitig zugunsten der Wohnsitzländer aus. Vergleicht man die Einkommen in den Ländern nach Arbeits- und Wohnort, zeigt sich, in welchem Maße in Bremen erwirtschaftetes Einkommen zur sozialen Stabilität anderer Länder beiträgt (Abbildung 7). Für die Finanzsituation der Länder und Städte hat dies insbesondere zur Folge, dass das Umland gegenüber der Stadt von Sozialleistungen entlastet wird.

Mittlere Bruttoarbeitsentgelte svpfl. Vollzeitbeschäftigter.

Die Sondersituation der Stadtstaaten soll im Länderfinanzausgleich durch eine Einwohnerwertung von 1,35 für die Stadtstaaten kompensiert werden. Abbildung 8 zeigt, in welchem Umfang diese Kompensation erforderlich ist, soll sie der Wirtschaftskraft Bremens und damit dem Maß in Bremen erwirtschafteter Steuereinnahmen gerecht werden. In der Finanzverteilung vor LFA/BEZ erhielt Bremen im Jahr 2018 nur 9,8 % seiner Wirtschaftskraft als Steuereinnahmen zugeordnet, der Länderdurchschnitt 11,8 %. Diese Differenz entspricht einem Volumen von fast 700 Mio. Euro.

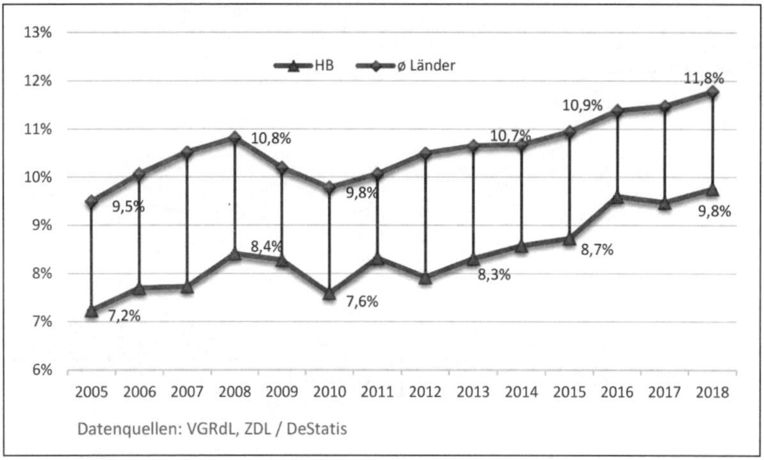

Steuerquoten vor LFA/BEZ an der Wirtschaftskraft.

Über den LFA flossen anschließend von anderen Ländern 720 Mio. Euro zurück nach Bremen. Die Finanzverteilung nach Einwohnern[35] weist auf diese Weise Bremen die Rolle eines »Nehmerlandes« zu, obwohl der Stadtstaat weitgehend nur auf seinem Gebiet erwirtschaftete Steuereinnahmen zurückerhält.

Unter Berücksichtigung der zusätzlichen BEZ wird die für Bremen entstandene Lücke spürbar übertroffen. Dies versetzt den Stadtstaat gleichwohl nicht in die Lage, angesichts seiner immensen Vorbelastungen durch Altschulden aus eigener Kraft eine weitere Verschlechterung seiner Situation aufhalten und schrittweise eine Sanierung seiner Finanzlage erreichen zu können.

Die Vorbelastungen Bremens in Form einer im Ländervergleich außerordentlichen hohen Pro-Kopf-Verschuldung sind Resultat wirtschaftlichen und sozialräumlichen Strukturwandels, der über Jahrzehnte zu einer ungünstigen Bevölkerungs- und Wirtschaftsentwicklung geführt hat. Abbildung 9 zeigt die Entwicklung des Bevölkerungsanteils Bremens an der Ländergesamtheit. Dieser Anteil ist für die Verteilung der steuerabhängigen Einnahmen im Zuge der bundesstaatlichen Finanzverteilung maßgeblich. Der dramatische Rückgang des bremischen Bevölkerungsanteils in den 1970er- und frühen 1980er-Jahren sowie, mit geringerer Dynamik, in den 1990er-Jahren konnte erst um die Jahrtausendwende in einen langsamen Aufwärtstrend umgewandelt werden.

35 Hinzu kommt, dass gegenwärtig noch im Zuge der Umsatzsteuerverteilung ein Vorab-Ausgleich von Steuerkraft vor allem zugunsten der neuen Länder erfolgt.

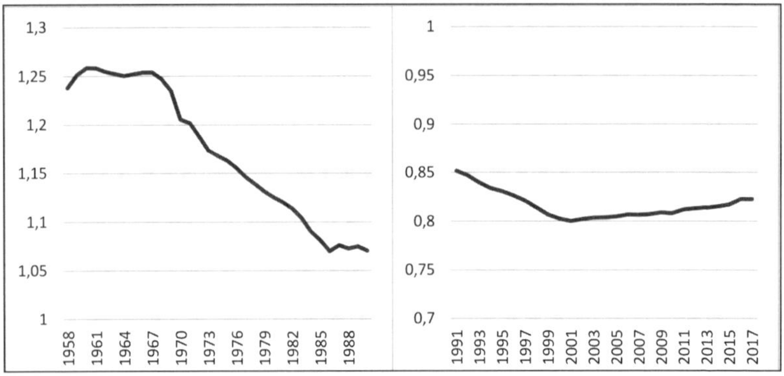

Einwohneranteil Bremens an der Ländergesamtheit in %.

Dieser Prozess brachte eine drastisch gehemmte Einnahmeentwicklung bei gleichzeitig im Wesentlichen gleichbleibenden Ausgaben für oberzentrale, auch dem Umland dienende Strukturen sowie – induziert durch wirtschaftlichen Strukturwandel – beschleunigt anwachsenden Sozialleistungsausgaben mit sich. Die Notwendigkeit, die daraus resultierenden Deckungslücken im Haushalt über Kredite finanzieren zu müssen, hat über Jahrzehnte eine Altschuldenlast anwachsen lassen, deren Haushaltsbelastung in Form der zu zahlenden Zinsen auf heutige Haushalte fortwirkt. Die von Bremen für Zinsen aufzuwendenden Haushaltsmittel übersteigen bei weitem den Vergleichswert jedes der anderen Länder (Abbildung 10).

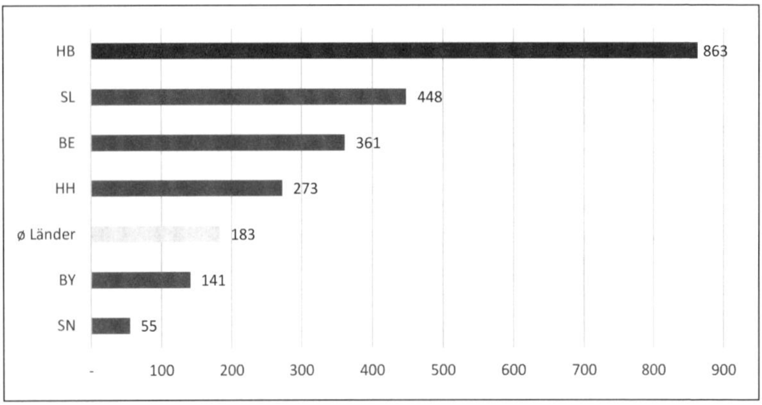

Zinsbelastung Länder einschl. Gemeinden 2017, Euro je Kopf.

Die absolute Zinslast Bremens im Jahr 2017 summierte sich auf 588 Mio. Euro und war damit um 270 Mio. Euro höher als das noch verbliebene Finanzierungsdefizit des Stadtstaates (ohne Konsolidierungshilfen). Auf diese Weise ist die Haushaltsnotlage früherer Jahre inzwischen Hauptursache für ihr Fortbestehen in der Gegenwart geworden.

Die Verminderung der Zinslasten, die Bindung von Einwohnern gem. der (bisherigen wie zukünftigen) Funktionslogik der bundesstaatlichen Finanzverteilung sowie die weitere Stärkung der wirtschaftlichen Basis Bremens und Bremerhavens sind somit entscheidende Bedingungen für erste erfolgreiche Schritte zur Sanierung der bremischen Haushalte in den kommenden Finanzplanzeiträumen.

6

Finanzplanung

6.1 Rechtsgrundlagen

Die Verpflichtung zur Vorlage einer Finanzplanung ist im Gesetz zur Förderung der Stabilität und des Wachstums der Wirtschaft vom 8. Juni 1967 (StabG) normiert. Die Länder sind gem. § 9 Abs. 1 i. V. m. § 14 StabG verpflichtet, ihrer Haushaltswirtschaft eine fünfjährige Finanzplanung zugrunde zu legen, in der »Umfang und Zusammensetzung der voraussichtlichen Ausgaben und die Deckungsmöglichkeiten in ihren Wechselbeziehungen zu der mutmaßlichen Entwicklung des gesamtwirtschaftlichen Leistungsvermögens darzustellen« sind.

Neben der Verpflichtung aus dem StabG regelt das Haushaltsgrundsätzegesetz (HGrG) für den Bund und die Länder das Verfahren der Finanzplanung in § 50; dabei gilt, dass

- der Planungszeitraum fünf Jahre umfasst,
- das erste Planungsjahr das laufende Haushaltsjahr ist,
- der Finanzplan spätestens im Zusammenhang mit dem Entwurf des Haushaltsgesetzes für das nächste Haushaltsjahr vorzulegen ist,
- die vorgesehenen Investitionsschwerpunkte zu erläutern und zu begründen sind und
- auf der Grundlage der Finanzplanung überarbeitete mehrjährige Investitionsprogramme vorzulegen sind.

Durch den gesetzlich festgelegten Zeitpunkt der Vorlage der Finanzplanung – spätestens im Zusammenhang mit der Vorlage des Entwurfs der Haushaltsgesetze für die nächsten Haushaltsjahre – soll sichergestellt werden, dass die Finanzplanung dem Entwurf der Haushaltspläne zugrunde gelegt werden kann.

Die Finanzplanung umfasst in der Regel dementsprechend als erstes Jahr das aktuell noch laufende, wobei bei diesem der Soll-Ansatz des beschlossenen Haushaltes verwendet wird und bei den Angaben für die nächsten beiden Jahre der Entwurf des Senats zum Haushaltsplan eingegangen ist. Der eigentliche, weitere Prognosezeitraum umfasst daher die beiden Jahre nach dem aufzustellenden Doppelhaushalt.

Bei der Haushaltsberatung sind die Bremische Bürgerschaft und die Stadtbürgerschaft nicht an die Zahlen, Berechnungen und sonstigen Aussagen des Finanzplans gebunden, sie können gem. § 50 Abs. 3 Satz 2 HGrG Alternativrechnungen verlangen, wenn sie einzelne Ausgabe- oder Einnahmepositionen abweichend beurteilen.

Anders als für den Haushaltsplan bestehen für den Finanzplan keine gesetzlich vorgeschriebenen Regularien für den Inhalt und die Gliederung. Verpflichtend vorgeschrieben sind lediglich Erläuterungen zu den vorgesehenen Investitionsschwerpunkten, um sicherzustellen, dass die Finanzplanung im Investitionsbereich hinreichend aussagefähig und -kräftig ist.

Gem. § 31 Abs. 1 der Landeshaushaltsordnung (LHO) wird die Finanzplanung durch den/die SenatorIn für Finanzen erstellt und er/sie zeitgleich ermächtigt, bei den zuständigen Stellen die notwendigen Unterlagen anzufordern.

6.2 Inhalte und Verfahren

In Bremen werden die Haushalte – insbesondere aufgrund der komplexen Struktur des Zwei-Städte-Staates mit den drei Einzelhaushalten und dem konsolidierten Gesamthaushalt des Stadtstaates – in der Regel als Doppelhaushalte aufgestellt. Dies beeinflusst auch die Finanzplanung, die im Vorfeld der Haushaltsaufstellung somit nur alle zwei Jahre vollumfänglich erstellt wird. Sie umfasst dabei grundsätzlich das letzte Jahr vor der neuen Haushaltsaufstellung, die beiden Haushaltsaufstellungsjahre sowie zwei weitere Planjahre. Zur besseren Dokumentation und Einordnung der Finanzplanungswerte werden zudem grundsätzlich die letzten drei abgeschlossenen IST-Jahre mit aufgeführt.

Die Finanzplanung dient dabei dem Zweck, die Mängel der kurzfristigen Haushaltsplanung auszugleichen und ein schlüssiges Aufzeigen der längerfristigen Budgetplanung zu gewährleisten. Dabei bleibt die Grundkonzeption der Finanzplanung, dass aus ihr die Haushaltspläne zu entwickeln sind und die in ihr niedergelegten programmatischen und globalen Zielsetzungen in den Haushaltsplänen konkretisiert und verfeinert werden. Ihre Aufgabe ist die Darstellung des Umfangs und der Zusammensetzung der voraussichtlichen Staatsausgaben und -einnahmen in Wechselbeziehung zur mutmaßlichen Entwicklung der gesamtwirtschaftlichen Lage.

Die Wechselbeziehung zwischen der öffentlichen Finanzwirtschaft und der gesamtwirtschaftlichen Entwicklung inklusive der Einwohnerentwicklung besteht vor allem darin, dass zum einen die maßgebliche Steueraufkommensentwicklung – und damit die Finanzierungsmöglichkeit für öffentliche Ausgaben – von der gesamtwirtschaftlichen Entwicklung abhängt und zum anderen letztere durch den Umfang und den Einsatz der öffentlichen Mittel beeinflusst wird. Unter Berücksichtigung dieser Interdependenzen soll die Finanzplanung die mittelfristige Sicht schlüssig aufzeigen.

Im Zwei-Städte-Staat Bremen umfasst die Finanzplanung neben der Landesebene auch die kommunale Ebene der beiden Gemeinden Bremen und Bremerhaven (Bremerhaven als Zulieferung der Kämmerei Bremerhavens unter Gewährleistung gleicher Annahmen hinsichtlich der gegenseitigen Zahlungsströme und grundsätzlicher Zuwachsraten der Einnahme- und Ausgabeaggregate bzw. im Vorfeld einer Zulieferung als rechnerische Fortschreibung des letzten abgeschlossenen Jahres bzw. des letzten beschlossenen Haushaltes mit gleichen Annahmen wie beim Land und der Stadt Bremen) sowie die konsolidierte Zusammenfassung der drei

Kernhaushalte zum Stadtstaat Bremen, wobei ausgegliederte Einheiten (Sondervermögen, Stiftungen, Beteiligungen etc.) in ihren Bezügen zu den Kernhaushalten abgebildet, nicht jedoch in einer konsolidierten »Konzernbetrachtung« ausgewiesen werden.

Die bremische Finanzplanung ist deswegen bundesweit einzigartig in ihrer Struktur. Die Flächenländer weisen in ihren Finanzplanungen nur die Landesebene aus, die beiden anderen Stadtstaaten trennen die kommunale Ebene nicht von der Landesebene und benötigen somit auch keine Konsolidierung zum Gesamthaushalt.

Die Finanzplanung gibt dabei die entscheidenden Vorgaben für die verfassungskonforme Aufstellung aller bremischen Haushalte. Sie dient zugleich als »Frühwarnsystem« für die nach § 50 Abs. 7 HGrG bestehende Verpflichtung, rechtzeitig geeignete Maßnahmen zu treffen, die nach der Finanzplanung erforderlich sind, um eine geordnete Haushaltsentwicklung unter Berücksichtigung des voraussichtlichen gesamtwirtschaftlichen Leistungsvermögens in den einzelnen Planungsjahren zu sichern. So werden – basierend auf den Berechnungen der jeweiligen Ziele – erste realistische Tilgungspotentiale, aber auch Einsparungsnotwendigkeiten im Mittelfristzeitraum dokumentiert. Seit 2010 ist dabei das herausragende finanzpolitische Ziel für den Stadtstaat Bremen die Einhaltung des Konsolidierungspfades durch den vollständigen Abbau des strukturellen Defizits bis zum Jahr 2020.

Ab 2020 wird für alle bremischen Gebietskörperschaften die Einhaltung des grundgesetzlichen Neuverschuldungsverbotes als zentrale Zielgröße die Einhaltung des Konsolidierungspfades ablösen. Für den konsolidierten Gesamthaushalt des Stadtstaates sowie den Haushalt des Landes wird zudem die Einhaltung der Regelungen aus dem Sanierungshilfengesetz und somit die Dokumentation und Sicherstellung der Gewährung der Sanierungshilfen von 400 Mio. Euro p. a. als weitere zentrale Zielgröße eingeführt.

Wie schon im Konsolidierungspfad leitet sich die Gesamthöhe des erlaubten kameralen Finanzierungsdefizits bzw. der maximal möglichen kameralen Nettokreditaufnahme dabei aus den jeweiligen Zielsetzungen und deren strukturellen Besonderheiten ab.

Einerseits steht somit ein maximal mögliches Defizit als nicht zu überschreitend fest. Andererseits entwickelt sich die mittelfristige Finanzplanung – im Gegensatz zu längerfristigen zielorientierten Projektionen – nicht aus einem vorgegebenen Zielwert heraus, der dann, nach Ermittlung von Einnahmeprognosen, die sich aus sozioökonomischen Annahmen wie der prognostizierten Entwicklung der EinwohnerInnen, der Inflationsrate und des Wirtschaftswachstums ergeben, unter Berücksichtigung der abgeleiteten Zinsausgaben und evtl. weiterer Faktoren wie der Entwicklung der Anzahl der Pensionsempfänger zu einer rechnerischen Zuwachsrate der übrigen Primärausgaben führt.

Vielmehr dient als Ausgangslage einer neuen Finanzplanung grundsätzlich die letzte beschlossene Finanzplanung einschließlich eventueller Änderungen im Haushaltsaufstellungsverfahren inklusive möglicher Nachtragshaushalte.

Das weitere Verfahren zur Berechnung erster Werte für die Finanzrahmen sieht dabei grundsätzlich zunächst – und somit vor Berücksichtigung von Senatsbeschlüssen wie Vorabdotierungen – folgende Schritte zur Fortschreibung der Ausgangslage vor:

- Berücksichtigung von externen und internen Rahmensetzungen wie Steuerschätzungen, Aktualisierungen der Zinslasten, neuer Tarifeffekte oder Steuerrechtsänderungen.
- Festsetzen von allgemeinen Zuwachsraten, nach denen die einzelnen Einnahme- und Ausgabeaggregate in den beiden letzten Planjahren, für die noch keine Orientierungswerte aus der letzten Finanzplanung vorliegen, ohne Sonder- oder Einzeleffekte fortgeschrieben werden.

Schon bei der Festlegung der allgemeinen Zuwachsraten sind dabei die nicht zu überschreitenden Zielgrößen zu beachten. Erst nach diesen Fortschreibungen können Vorabdotierungen, weitere Senatsbeschlüsse mit finanziellen Auswirkungen sowie weitere politische Schwerpunktsetzungen berücksichtigt werden, wobei festzulegen ist, ob diese den Rahmen tatsächlich erhöhen oder vielmehr ressortintern insoweit abzubilden sind, dass dafür Mittel aus Umschichtungen innerhalb des bisherigen Eckwertes zu verwenden sind.

Überleitungsrechnungen dokumentieren dabei die Veränderungen der Finanzplanwerte in den Haushaltsaufstellungsjahren gegenüber der letzten beschlossenen Finanzplanung. In diesen beiden Jahren sind die Zielwerte und somit auch die Verfassungskonformität der Haushalte zwingend einzuhalten, während in den beiden folgenden Planungsjahren auch noch aufzulösende Einsparnotwendigkeiten gegenüber den Zielgrößen dokumentiert werden können.

7

Der Haushalt – Grundlagen

7.1 Die haushaltsrechtlichen Grundlagen in Bremen

Der Rahmen für Planung, Aufstellung, Vollzug, **Controlling** und **Haushaltsrechnung** ist im Wesentlichen unter dem Begriff »Haushaltsrecht« als Sammlung diverser Vorschriften zusammengefasst.

Mit der großen Finanzreform im Jahre 1969 wurde das für den Bund und die Länder maßgebliche Haushaltsrecht neu geordnet. In das Grundgesetz wurden in Abschnitt X in den Art. 104 ff. entsprechende Regelungen zum Finanzwesen von Bund und Ländern aufgenommen. Mit dem im Jahre 1969 beschlossenen Gesetz über die Grundsätze des Haushaltsrechts des Bundes und der Länder – kurz **Haushaltsgrundsätzegesetz** (HGrG) genannt – wurden die Grundsätze für die Gesetzgebung des Bundes und der Länder neu definiert.

Bund und Länder haben auf dieser Grundlage ihre jeweiligen Haushaltsordnungen ausgerichtet.

Bezogen auf Bremen sind insbesondere die Vorschriften im 4. Abschnitt der Verfassung der Freien Hansestadt Bremen (LV) in den Art. 131 ff., die **Landeshaushaltsordnung** (LHO) mit den dazu erlassenen Verwaltungsvorschriften sowie im Deputationengesetz von Bedeutung. Darüber hinaus enthalten die jährlichen Haushaltsgesetze konkrete Regelungen für den Vollzug der Haushalte.

Die Bestimmungen der Landesverfassung werden durch die LHO konkretisiert. Teil I der LHO enthält in den §§ 1 bis 10a Allgemeine Vorschriften zum Haushaltsplan. Teil II beinhaltet in den §§ 11 bis 33 konkrete Vorgaben für die Aufstellung der Haushalte und enthält insbesondere die Haushaltsgrundsätze (wie Vollständigkeit, Einheit, Fälligkeit und vieles andere mehr). Teil III befasst sich in den §§ 34 bis 87 mit der Durchführung der Haushalte. Gem. Art. 133 LV hat der Senat über die Einnahmen und Ausgaben des Rechnungsjahres der Bürgerschaft in dem folgenden Rechnungsjahr Rechnung zu legen. In Teil IV der Landeshaushaltsordnung sind hierzu konkretisierende Regelungen enthalten.

Nach Art. 131 LV, § 1 LHO wird der **Haushaltsplan** für ein oder zwei Rechnungsjahre, nach Jahren getrennt, vor Beginn des ersten Rechnungsjahres durch das Haushaltsgesetz festgestellt. Es enthält die Festsetzung

- der veranschlagten Einnahmen und Ausgaben im Haushaltsplan,
- der Steuersätze, soweit sie für jedes Rechnungsjahr festzusetzen sind,
- des Höchstbetrages der Kassenkredite.

Um diese zeitliche Vorgabe einhalten zu können, ist der Senat nach § 30 LHO grundsätzlich verpflichtet, der Bremischen Bürgerschaft den Entwurf des Haushaltsgesetzes mit dem Entwurf des Haushaltsplans zu der auf den 1. September folgenden Parlamentssitzung des dem Haushaltsjahr vorhergehenden Kalenderjahres vorzulegen.

Einnahmen und Ausgaben sind nach Art. 131a LV grundsätzlich ohne Einnahmen aus Krediten auszugleichen (s. hierzu im Einzelnen Ziffer 3).

Das **Haushaltsgesetz** bildet nach Art. 132 LV, § 3 LHO die Grundlage für die Verwaltung aller Einnahmen und Ausgaben. Der Senat hat die Verwaltung nach dem Haushaltsgesetz zu führen. Bestandteil der Haushaltsgesetze sind die kameralen **Haushaltspläne**, die **Stellenpläne** und der **Produktgruppenhaushalt**. Der Senat darf Haushaltsmittel nur insoweit und nicht eher in Anspruch nehmen, als es bei einer wirtschaftlichen und sparsamen Verwaltung erforderlich ist.

Art. 132a LV beinhaltet Regelungen für den Fall, dass der Haushaltsplan für das Folgejahr nicht rechtzeitig vor Beginn des neuen Haushaltsjahres festgestellt worden ist. Dies ist z. B. dann der Fall, wenn die Bremische Bürgerschaft gewählt wird, da dann in der Regel die Haushaltsaufstellung für das Folgejahr nicht in dem Wahljahr abgeschlossen werden kann.

Nach § 1 Abs. 3 des Gesetzes über die Deputationen wirken die Deputationen beratend an der Aufstellung der Haushaltsvoranschläge für den Einzelplan ihres Verwaltungszweiges mit.

In diesem Buch wird an vielen Stellen der Bezug auf die jeweils zu berücksichtigende haushaltsrechtliche Grundlage hergestellt. Um hier keine Doppelung vorzunehmen, wird insofern auf die tiefergehenden Informationen in den jeweiligen Themenbereichen verwiesen.

7.2 Die Haushaltsgrundsätze

Bei der Aufstellung und Ausführung des Haushalts sind die im HGrG und der LHO enthaltenen Grundsätze (sog. Haushaltsgrundsätze) für eine geordnete Haushaltswirtschaft zu beachten.

7.2.1 Grundsatz der Einheit und Vollständigkeit des Haushaltsplans

Nach dem Gebot der Vollständigkeit und Einheit (§ 8 HGrG, § 11 LHO) sind in den Haushaltsplan alle Einnahmen, Ausgaben und Verpflichtungsermächtigungen einer Gebietskörperschaft lückenlos einzustellen. Ohne entsprechende Haushaltsermächtigung ist die Exekutive nicht befugt, Ausgaben zu leisten und Verpflichtungen einzugehen. Eine Ausnahme ist nur bei Landesbetrieben und Sondervermögen zulässig (§§ 26, 113 LHO).

7.2.2 Grundsatz der Jährlichkeit

Nach dem Prinzip der Jährlichkeit (§ 4 HGrG, § 4 LHO) ist für jedes Kalenderjahr ein Haushaltsplan aufzustellen; es besteht Identität zwischen Rechnungsjahr (Haushaltsjahr) und Kalenderjahr. Auch bei mehrjährigen Haushalten (z. B. sog. Doppelhaushalte) wird jeweils ein Jahreshaushalt aufgestellt, damit eine jährliche Rechnungslegung und -kontrolle gewährleistet ist. Für den Haushaltsvollzug folgt aus dem Jährlichkeitsprinzip, dass die Ermächtigungen des Haushalts, Ausgaben zu leisten und ausgabewirksame Verpflichtungen einzugehen, grundsätzlich nur für dasjenige Jahr, für das der Haushaltsplan festgestellt worden ist, gelten (§ 45 LHO); das Prinzip der zeitlichen Bindung. Soweit sich die Verwaltung zur Leistung in künftigen Haushaltsjahren verpflichten möchte, bedarf es einer Verpflichtungsermächtigung (§§ 16, 38 LHO).

7.2.3 Grundsatz der Vorherigkeit

Der Haushaltsplan ist grundsätzlich vor Beginn des Haushaltsjahres vom Parlament festzustellen (Art. 131 Abs. 2 LV, § 1 LHO). Hierzu ist der Entwurf von der Exekutive so zeitgerecht einzubringen – in der Regel zu der auf den 1. September folgenden Plenarsitzung des dem Haushaltsjahr vorhergehenden Kalenderjahres (§ 30 LHO), dass unter Berücksichtigung der parlamentarischen Beratung mit einer rechtzeitigen Verabschiedung zu rechnen ist. Eine Ausnahme von dem Grundsatz wird insbesondere in Wahljahren gemacht. Verschiebt sich aufgrund von Wahlen die Verkündung des Haushaltsgesetzes über den Jahreswechsel hinaus, so greift das Nothaushaltsrecht nach Art. 132 LV (im Einzelnen hierzu Ziffer 8.5).

7.2.4 Grundsatz der Wirtschaftlichkeit und Sparsamkeit

Bei der Haushaltsaufstellung und -ausführung sind die Grundsätze der Wirtschaftlichkeit und Sparsamkeit (§ 6 HGrG, § 7 LHO) zu beachten. Der Grundsatz der Wirtschaftlichkeit verlangt, dass das günstigste Verhältnis zwischen dem verfolgten Zweck und den dafür eingeplanten Mitteln angestrebt wird. Die günstige Zweck-Mittel-Relation besteht darin, dass entweder

- ein bestimmtes Ergebnis mit möglichst geringem Einsatz von Mitteln (Sparsamkeitsprinzip) oder
- mit einem bestimmten Einsatz von Mitteln das bestmögliche Ergebnis (Ergiebigkeitsprinzip) erzielt wird.

Unter Berücksichtigung von § 6 LHO (»Notwendigkeit der Ausgaben«) steht der Grundsatz der Wirtschaftlichkeit in seiner Ausprägung als Sparsamkeitsprinzip im Vordergrund. Nach § 7 Abs. 2 LHO sind für alle finanzwirksamen Maßnahmen angemessene Wirtschaftlichkeitsuntersuchungen durchzuführen. Sie dienen der Vorbereitung von Entscheidung. Hinsichtlich der weiteren Einzelheiten wird auf die VV-LHO zu § 7 LHO verwiesen.

7.2.5 Grundsatz der Gesamtdeckung

Nach dem Grundsatz der Gesamtdeckung dienen alle Einnahmen zur Deckung aller Ausgaben (§ 7 HGrG, § 8 LHO). Hierdurch wird ausgeschlossen, dass Ausgaben nur deshalb geleistet werden, um Einnahmen ihrer beschränkten Zweckbindung zuzuführen, oder umgekehrt, dass Ausgaben ggf. noch nicht geleistet werden können, weil die für diesen Zweck bestimmten Einnahmen noch nicht eingegangen sind. Die Bedeutung des Gesamtdeckungsprinzips liegt darin, die Flexibilität der Haushaltswirtschaft zu sichern und die Gestaltungsfreiheit des Haushaltsgesetzgebers/der Haushaltsgesetzgeberin zur Verwendung der Haushaltseinnahmen sowie Priorisierung der Ausgaben zu wahren.

Der Grundsatz der Gesamtdeckung kann durch Gesetz oder Vermerk im Haushaltsplan einschränkt werden.

7.2.6 Grundsatz der Fälligkeit

Im Haushaltsplan dürfen nur die Einnahmen und Ausgaben veranschlagt werden, die im Haushaltjahr voraussichtlich fällig und damit kassenwirksam werden (§ 8 HGrG, § 11 LHO). Hierdurch soll sichergestellt werden, dass Deckungsmittel nur in Höhe des voraussichtlich tatsächlichen Mittelbedarfs in den Haushaltsplan eingestellt und übermäßige Reste vermieden werden. Ist zu erwarten, dass eine Ausgabe erst in einem späteren Haushaltsjahr kassenwirksam fällig wird, ist im Haushaltsplan keine Ausgabe-, sondern eine Verpflichtungsermächtigung (§§ 16, 38 LHO) zu veranschlagen (siehe hierzu auch Grundsatz der Jährlichkeit, Buchst. b).

7.2.7 Grundsatz des Bruttoprinzips

Einnahmen und Ausgaben sind grundsätzlich in voller Höhe und getrennt voneinander zu veranschlagen (§ 12 HGrG, § 15 LHO). Es dürfen daher

- weder Einnahmen von Ausgaben vorweg abgezogen werden
- noch Einnahmen auf Ausgaben vorweg angerechnet werden.

Alle finanziellen Vorgänge sollen vollständig im Haushaltsplan abgebildet werden.

Eine Ausnahme vom Bruttoprinzip gilt gem. § 15 Abs. 1 Satz 2 LHO für die Veranschlagung der Einnahmen aus Krediten am Kreditmarkt und der hiermit zusammenhängenden Tilgungsausgaben sowie für Nebenkosten und Nebenerlöse bei Erwerbs- und Veräußerungsgeschäften. Im letzteren Fall sind gem. § 15 Abs. 1 Satz 3 LHO die Berechnung des veranschlagten Betrages dem Haushalt als Anlage beizufügen oder in die Erläuterungen aufzunehmen.

7.2.8 Haushaltsausgleich

Nach dem Grundsatz des Haushaltsausgleichs (Art. 110 Abs. 1 Satz 2 GG) muss die Summe der im Haushaltsplan veranschlagten Einnahmen dem Gesamtbetrag der Ausgaben entsprechen. Mit anderen Worten, es dürfen nicht mehr Ausgaben in der Haushaltsplanung vorgesehen werden, als Einnahmen zu ihrer Deckung zur Verfügung stehen. Hierdurch soll die

Vollzugsfähigkeit des Haushaltsplans sichergestellt werden, die andernfalls nicht gewährleistet wäre. Zu den Einnahmen, die für den Haushaltsausgleich herangezogen werden können, gehören neben den Steuer- und Verwaltungseinnahmen auch die Einnahmen, die durch die zulässige Aufnahme von Krediten (Art. § 131a LV, §§ 18 ff LHO) erzielt werden.

7.2.9 Grundsatz der Einzelveranschlagung

Die Einnahmen sind nach dem Entstehungsgrund, die Ausgaben und die Verpflichtungsermächtigungen nach Zwecken getrennt zu veranschlagen und, soweit erforderlich, zu erläutern, Grundsatz der Einzelveranschlagung (§ 12 Abs. 4 HGrG, § 17 Abs. 1 LHO). Eine Ausnahme stellen die globalen Minderausgaben und globalen Mehrausgaben dar, die nicht zweckgebunden, sondern mit einem Pauschalbetrag ausgewiesen werden.

7.2.10 Grundsatz der Haushaltsklarheit und der Haushaltswahrheit

Der Grundsatz der Haushaltsklarheit und -wahrheit fordert, dass die im Haushaltsjahr voraussichtlich eingehenden Einnahmen und voraussichtlich zu leistenden Ausgaben mit größtmöglicher Genauigkeit zu errechnen und zu schätzen sind. Es besteht ein Zusammenhang mit dem Grundsatz der Vollständigkeit. Der Grundsatz der Haushaltsklarheit verlangt, den Haushaltsplan transparent und übersichtlich zu gestalten. Dies erfordert eine klare Gliederung des Haushaltsplans, die Einnahmen und Ausgaben systematisch aufbereitet und die anfallenden Beträge nach Entstehungsgrund, Zweckbindung und Höhe klar erkennen lässt (§§ 10, 11 HGrG; §§ 13, 14 LHO). Diesem Zweck dient die einfachgesetzlich und durch Verwaltungsvorschriften konkretisierte Haushaltssystematik (s. hierzu 5.3).

7.2.11 Grundsatz der Öffentlichkeit

Der Grundsatz der Öffentlichkeit ist ein Haushaltsgrundsatz, der zunehmend an Bedeutung gewinnt. Er verschafft den Grundsätzen der Haushaltswahrheit und Haushaltsklarheit politische Bedeutung.

Inhaltlich fordert der Grundsatz der Öffentlichkeit, dass die Einsichtnahme und damit die Kontrolle des Haushaltes seitens der BürgerInnen möglich sein sollen. BürgerInnen sollen in die Lage versetzt werden, sich selbst ein Bild von der Finanzsituation der betreffenden Gebietskörperschaft zu machen. So sind der Haushalt sowie auch der Rechnungsabschluss zu veröffentlichen. In Zeiten des Internets geschieht die Veröffentlichung optimalerweise auf der Webpräsenz der jeweiligen Gebietskörperschaft.

In Bremen besteht der Zugang über das Transparenzportal.

Der Grundsatz der Öffentlichkeit fordert des Weiteren, dass die Entscheidungen im Rahmen der Haushaltsplanung gegenüber den BürgerInnen transparent gemacht werden. Haushaltsberatungen im Parlament und im Haushalts- und Finanzausschuss werden grundsätzlich in öffentlicher Sitzung abgehalten.

Der Grundsatz der Öffentlichkeit gilt indes nicht ohne Einschränkungen. Einschränkungen ergeben sich z. B. aus Gründen der Geheimhaltung.

In den letzten Jahren gibt es eine umfassende Diskussion über das sog. »Open Budget«. Sowohl die Haushaltsaufstellung als auch Beschlussfassung über den Haushalt hatten dabei zunächst Priorität. Inzwischen sind der Haushaltsvollzug und die Bewirtschaftung des Haushaltes in den Mittelpunkt des Interesses gerückt. Das Projekt E-Haushalt (vgl. 16.1) hat dabei eine zentrale Bedeutung.

Zur Vertiefung wird die sehr informative Darstellung von Jörn van Lucke, »Open-Budget – Gedanken zur Öffnung des Haushaltswesens im Zeitalter sozialer Medien und vernetzter Communities«, empfohlen. Ein guter Überblick über die internationale Entwicklung.

7.3 Die »klassische« Haushaltssystematik

Für die Haushaltswirtschaft, d. h. die Haushaltspläne und die ergänzenden Informationen hierzu, geben §§ 10, 11 HGrG, §§ 13, 14 LHO und die entsprechenden Verwaltungsvorschriften (Standards) eine einheitliche Struktur vor, um dem Haushaltsgesetzgeber/der Haushaltsgesetzgeberin die Beratung und Beschlussfassung über den Haushalt zu erleichtern sowie für finanzstatistische Anforderungen eine Vergleichbarkeit der Haushalte der Gebietskörperschaften untereinander sicherzustellen.[36] Nur so ist beispielweise eine bundeseinheitliche Überprüfung der Vorgaben zur Einhaltung der Schuldenbremse möglich.

Ein Spielraum besteht darin, das Rechnungswesen kameral oder doppisch nach den Grundsätzen der staatlichen Buchführung zu gestalten sowie den Haushalt nach Titel oder Produktstrukturen zu gliedern.

36 Hugo in Heuer/Seller, Kommentar zum Haushaltsrecht, 2018, § 13, Rn 2.

Die insoweit zu beachtenden Standards werden vom Standardisierungsgremium (Bund, Länder) nach § 49a HGrG beschlossen und durch den Erlass entsprechender Verwaltungsvorschriften im Bund und den Ländern verbindlich. Im Einzelnen handelt es sich um folgende Standards:

- Gruppierungsplan mit Allgemeinen Vorschriften und Zuordnungshinweisen,
- Funktionenplan mit Allgemeinen Vorschriften und Zuordnungshinweisen,
- Integrierter Produktrahmen,
- Verwaltungskontenrahmen,
- Standard staatlicher Doppik.

Die für die Freie Hansestadt Bremen geltenden Vorschriften zur Haushaltssystematik sind auf der Seite des Senators/der Senatorin für Finanzen unter Haushaltsrecht, Band 2 zu finden.

Der Haushaltsplan gliedert sich wie folgt:

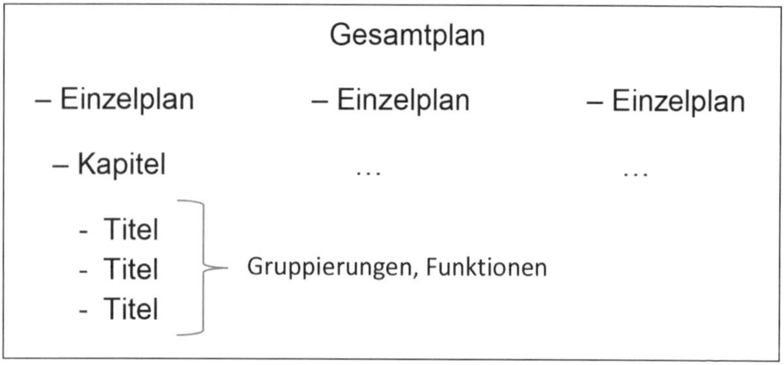

7.3.1 Gesamtplan

Der Gesamtplan besteht gem. § 13 Abs. 4 LHO aus

- einer Haushaltsübersicht,
- einer Finanzierungsübersicht,
- einem Kreditfinanzierungsplan.

In der Haushaltsübersicht sind die Einnahmen, Ausgaben und Verpflichtungsermächtigungen aller Einzelpläne zusammengefasst (§ 13 Abs. 4 Nr. 1 LHO).

Darüber hinaus wird in einer Finanzierungsübersicht die Berechnung des Finanzierungssaldos (Gegenüberstellung der bereinigten Einnahmen und Ausgaben) und die Berechnung der Nettokreditaufnahme (Einbeziehung der Rücklagenbewegung sowie der Abwicklung der Vorjahre) dargelegt (§ 13 Abs. 4 Nr. 2 LHO).

Im Kreditfinanzierungsplan werden die Einnahmen aus Krediten und die Tilgungsausgaben gegenübergestellt.

7.3.2 Einzelpläne

Die Einzelpläne sind entweder nach der Verwaltungsorganisation (sog. Ressort-/Organisationsprinzip) oder nach Aufgabengebieten (sog. Realprinzip) zu gliedern, § 13 Abs. 2 Satz 1 LHO.

In den Einzelplänen der Freien Hansestadt Bremen sind die Einnahmen, Ausgaben und Verpflichtungsermächtigungen überwiegend nach dem Ressortprinzip veranschlagt.

Die Einzelpläne werden durch eine zweistellige Zahl gekennzeichnet. In der 19. Wahlperiode besteht der Haushaltsplan des Landes aus folgenden 10 Einzelplänen:

00 Bürgerschaft, Senat, Rechnungshof, Staatsgerichtshof, Bundesangelegenheiten, Datenschutz, Inneres, Frauen
01 Justiz und Verfassung, Sport
02 Kinder und Bildung, Kultur, Wissenschaft
03 Arbeit
04 Jugend, Soziales, Integration
05 Gesundheit
06 Umwelt, Bau und Verkehr
07 Wirtschaft
08 Häfen
09 Finanzen

7.3.3 Kapitel

Die Einzelpläne sind wiederum in Kapitel und Titel einzuteilen (§ 13 Abs. 2 Satz 2 LHO). In einem Kapitel werden die Einnahmen, Ausgaben und Verpflichtungsermächtigungen einer Behörde, eines Amtes oder eines Aufgabenbereiches (Organisations- bzw. Realprinzip, siehe Buchst. b)) dargestellt. Jedes Kapitel erhält eine zweistellige Kennziffer, die an die Zahl des Einzelplans angefügt wird.

Der Einzelplan 09 des Senators/der Senatorin für Finanzen (Land) umfasst u. a. folgende Kapitel:

0900 Behörde des Senators/der Senatorin für Finanzen
0901 Allgemeine Bewilligungen für Finanzen und Personal
0910 Landeshauptkasse Bremen
0922 Zentrale Aus-, Fort- und Weiterbildung
0923 Verwaltungsschule
0926 Aus- und Fortbildungszentrum
0927 Hochschule für Öffentliche Verwaltung
0950 IT-Budget etc.

7.3.4 Titel

Die Kapitel sind wiederum in Titel untergliedert. Der Titel befindet sich auf der untersten Gliederungsebene. Die Einteilung der Titel richtet sich nach den Verwaltungsvorschriften über die Gruppierung der Einnahmen und Ausgaben des Haushaltsplans (sog. Gruppierungsplan), vgl. § 13 Abs. 2 Satz 3 LHO.

Die Titel bestehen aus einer dreistelligen Gruppierungsnummer, einer zweistelligen Zählnummer, der Prüfziffer und einer dreistelligen Funktionskennzahl.

Z. B.:

412 Gruppe gem. Gruppierungsplan (hier Verwaltungsgebühren)
01 Zählnummer
4 Prüfziffer
011 Funktionskennzahl
412 01-4 011 Titel

Zum Titel gehört darüber hinaus:

- Anschlag für das Haushaltsjahr bzw. Haushaltsjahre beim Doppelhaushalt (Betrag);
- Anschlag des Vorjahres;
- Rechnungsergebnis des Vorjahres bzw. der Vorjahre;
- Zweckbestimmung, Erläuterungen, Haushaltsvermerke (u. a. Übertragungsvermerke [§ 19 LHO], Deckungsvermerke [§ 20 LHO], Sperrvermerke [§ 22 LHO]),
- Ggf. Verpflichtungsermächtigung (§ 38 LHO).

7.3.5 Gruppierungsplan

Die Zuordnung zu einer Gruppe richtet sich nach dem Gruppierungsplan. Gem. dem Gruppierungsplan (§ 13 Abs. 2 Satz 3 LHO) sind die Einnahmen und Ausgaben nach wirtschaftlichen Kriterien geordnet. Die Haushaltssystematik unterscheidet zwischen laufenden, konsumtiven Ausgaben und der Vermögenssphäre zuzurechnenden, investiven Ausgaben.[37]

Der Gruppierungsplan ist auf der Einnahme- und Ausgabeseite in folgende **Hauptgruppen** unterteilt:

Einnahmeseite:

1 Einnahmen aus Steuern und steuerähnlichen Ausgaben sowie EU-Eigenmittel
2 Verwaltungseinnahmen, Einnahmen aus Schuldendienst und dgl.
3 Einnahmen aus Zuweisungen und Zuschüssen mit Ausnahme von Investitionen
4 Einnahmen aus Schuldenaufnahmen, aus Zuweisungen und Zuschüssen mit Ausnahme von Investitionen, besondere Finanzierungseinnahmen

Ausgabenseite:

5 Personalausgaben
6 Sächliche Verwaltungsausgaben, militärische Beschaffungen usw., Ausgaben für den Schuldendienst
7 Ausgaben für Zuweisungen und Zuschüsse mit Ausnahme von Investitionen
8 Baumaßnahmen
9 Sonstige Ausgaben für Investitionen und Investitionsförderungsmaßnahmen
10 Besondere Finanzierungsausgaben

Innerhalb der Obergruppen wird eine weitere Gliederung nach zweistelligen Obergruppen und einer dritten Kennzahl – der Gruppe – vorgenommen.

Innerhalb der Personalausgaben (Hauptgruppe 4) gibt es bspw. folgende **Obergruppe**:

41 Aufwendungen für Abgeordnete und ehrenamtlich Tätige
42 Bezüge und Nebenleistungen
43 Versorgungsbezüge und dgl.
44 Beihilfen, Unterstützungen und dgl.
45 Sonstige personalbezogene Ausgaben
46 Globale Mehr- und Minderausgaben für Personalausgaben

37 Hugo in Heuer/Seller, Kommentar zum Haushaltsrecht, 2018, § 13, Rn. 9.

Innerhalb der Obergruppe 41 gibt es folgende **Gruppen:**

411 Aufwendungen für Abgeordnete
412 Aufwendungen für ehrenamtlich Tätige

7.3.6 Funktionenplan

Der Funktionenplan enthält die Gliederungsmerkmale für eine systematische Darstellung der Einnahmen und Ausgaben nach einzelnen Aufgabenbereichen. Jeder Titel besitzt eine dreistellige Funktionskennzahl (FKZ), die sich je nach der zuzuordnenden Aufgabe aus dem Funktionenplan (§ 14 Abs. 2 LHO) ergibt. Die Funktionskennzahl setzt sich aus der Hauptfunktion, der Oberfunktion und der Funktion zusammen.

Z. B.

Hauptfunktion	0	Allgemeine Dienste
Oberfunktion	01	Politische Führung und zentrale Verwaltung
Funktion	011	Politische Führung

Kapitel 0901
Allgemeine Bewilligungen für Finanzen und Personal

Titel *PGr.*	FKZ BKZ FBZ	ZWECKBESTIMMUNG Haushaltsvermerke / *Erläuterungen*	Anschlag 2018 2019	Anschlag 2017	IST 2016 2015
				EUR	
		AUSGABEN			
412 01-4 *91.03.01*	011 900	Aufwendungen für ehrenamtlich Tätige	7.930 8.010	7.850	2.987 2.762
422 01-0 *92.03.01*	011 900 925	Bezüge planmäßiger Beamten und Richter	70.700 70.740	92.570	74.611 81.176
422 02-8 *92.03.01*	011 900 925	Bezüge der Beamten und Richter auf Probe	2.044.430 2.062.890	2.259.590	1.636.091 2.083.105
422 03-6 *92.03.02*	011 900 925	Bezüge planmäßiger Beamten und Richter (Berufseinsteigerpool) Gegenseitig deckungsfähig mit 428 03-4	0 0	766.180	111.122 704.067
422 04-4 *92.03.01*	011 900 925	Bezüge der Beamten und Richter (TPM Aufnahme und Integration von Flüchtlingen - Kontr. und 2. Sofortprogramm) Gegenseitig deckungsfähig mit 428 04-2	345.970 345.970	345.970	42.600 125.520
422 05-2 *92.03.01*	011 900 925	Bezüge der planmäßigen Beamten (Lehrkräfte)	0 0	0	0 0
422 06-0 *92.03.02*	011 900 925	Bezüge planmäßiger Beamten und Richter (Projektleiter-Pool) -temporäre Personalmittel- Gegenseitig deckungsfähig mit 428 05-0	150.000 150.000	150.000	45.178 0

Muster aus dem Landeshaushalt.

7.4 Der Produktgruppenhaushalt

In den 1990er-Jahren wurden die Schwächen des öffentlichen Haushaltssystems bundesweit ausgiebig diskutiert und beschrieben. Schwerpunkt dieser Diskussionen waren

- das eher haushaltsstellenscharf orientierte, starre Haushaltsrecht und eine damit einhergehende geringe Flexibilität im Haushaltsvollzug,
- fehlende Informationen insbesondere im Hinblick auf die mit den Haushaltsmitteln verbundenen Ziele (Output- bzw. Wirkungsorientierung) und
- damit fehlende Informationen für eine strategische Steuerung.

Bremen hat die Notwendigkeit der Umstrukturierung seines Haushaltswesens frühzeitig erkannt und mit den Haushaltsgesetzen für das Jahr 1994 Maßnahmen zur Flexibilisierung und Ökonomisierung (z. B. Einräumung weitgehender Deckungsfähigkeiten, Möglichkeiten zur Rücklagenbildung auch aus zusätzlich erzielten Einnahmen, von dem/der HaushaltsgesetzgeberIn übertragene Befugnisse, z. B. zur Mittelumschichtung, sowie generelle Übertragbarkeit für bestimmte Ausgaben und die Budgetierung und Dezentralisierung der Personalausgaben) realisiert.

Das hohe Maß der Flexibilisierung führte dazu, dass die Bremische Bürgerschaft als Äquivalent für die aus ihrer Sicht eingeschränkten Budgetrechte alter Art Budgetrechte neuer Qualität, nämlich die Verbindung von Budgets und Leistungen, einforderte. So hatte die Bremische Bürgerschaft in den vom Senat vorgelegten Haushaltsgesetzentwürfen 1998 bereits von sich aus die Verpflichtung zur periodischen Vorlage eines Berichtswesens, das neben dem bereits seit Längerem praktizierten Finanz- und Personalcontrolling auch ein unterjähriges Leistungscontrolling enthält, aufgenommen.

Mit der Implementierung des bremischen Produktgruppenhaushalts zur Aufstellung der Haushalte 2000/2001 wurden erstmals Budgets mit Zielen und outputorientierten Kennzahlen/Indikatoren verknüpft.

Nach nunmehr rd. 20 Jahren bremischer Produktgruppenhaushalte hält der Entwicklungsprozess weiterhin an. Anfänglich lag der Fokus darauf, eine aufgabenbezogene, aber dennoch budgetierungsfähige Struktur einzurichten und möglichst viele statistische Daten zu sammeln. Im Laufe der Zeit und damit gesammelter Erfahrungen wurde die z. T. sehr feingliedrig konzipierte Struktur zugunsten größerer Einheiten verändert, um so zu einer höheren Haushaltsflexibilität zu gelangen. Der Schwerpunkt lag und liegt jedoch in der Entwicklung steuerungsrelevanter Ziele und Kennzahlen/Indikatoren. Dieser Prozess war von Anbeginn an schwierig. Es wurden mehrere Anläufe im Rahmen der Haushaltsaufstellungsverfahren unternommen, um den Bereich der Ziele und der zur Messung dieser Ziele ausgewiesenen Kennzahlen/Indikatoren zu verbessern.

Im Folgenden soll über die Zielsetzung, die rechtlichen Rahmenbedingungen, die aktuelle Struktur des Produktgruppenhaushalts, den Inhalt eines Produktgruppenblatts sowie über die bisher gesammelten Erfahrungen insbesondere zur Ziel- und Kennzahlenbildung sowie über die künftige Ausgestaltung des Produktgruppenhaushalts praxisorientiert berichtet werden. Es besteht dabei nicht der Anspruch, flächendeckend auf alle in diesem Zusammenhang möglichen Einzelthemen und Fragestellungen einzugehen.

7.4.1 Zielsetzung des bremischen Produktgruppenhaushalts

Ziel des Produktgruppenhaushalts ist es, im Sinne einer erhöhten Transparenz ein Informations- und Entscheidungssystem aufzubauen, das dem/der HaushaltsgesetzgeberIn eine wirksame strategische Planung, Steuerung und Kontrolle der bremischen Haushalte ermöglicht. Dem/der HaushaltsgesetzgeberIn soll die Möglichkeit gegeben werden, anhand eines weitgehend vereinheitlichten Schemas politische Vorgaben für die quantitative und qualitative Leistungserbringung der Verwaltung festzulegen und die dafür erforderlichen Ressourcen bereitzustellen.

Durch den Produktgruppenhaushalt soll eine adressatengerechte Informationsaufbereitung durch Bündelung aller steuerungsrelevanten Informationen auf die jeweils zu budgetierenden Einheiten und somit eine flächendeckende Verbindung zwischen kameraler Ressourcenbereitstellung (Input), den damit verbundenen Zielen und den »produzierten« Leistungen (Output) erfolgen. Der Schwerpunkt liegt dabei auf der Entwicklung von (strategischen) Zielen und der Definition von Kennzahlen bzw. Indikatoren als Maßstab zur Messung der Zielerreichung.

Mit dem Produktgruppenhaushalt soll ferner die in der Vergangenheit in der Regel von verschiedenen Personen getrennt voneinander wahrgenommene Fach-, Personal- und Ressourcenverantwortung zusammengefasst werden.

Der Produktgruppenhaushalt ist Grundlage für das unterjährige Controlling sowohl für die Finanz-, Personal- als auch für die strategischen bzw. operativen Ziele.

7.4.2 Rechtliche Rahmenbedingungen

Bremen ist gem. § 7a Landeshaushaltsordnung (LHO) ermächtigt, im Rahmen eines Systems der dezentralen Verantwortung die Finanzverantwortung auf der Grundlage der Haushaltsermächtigung auf diejenigen Organisationseinheiten zu übertragen, die die Fach- und Sachverantwortung haben. Voraussetzung hierfür sind jedoch »[...] geeignete Informations- und Steuerungsinstrumente, mit denen insbesondere sichergestellt wird, dass das jeweils verfügbare Ausgabevolumen nicht überschritten wird. Art und Umfang der zu erbringenden Leistungen sind durch Gesetz oder den Haushaltsplan festzulegen.« Damit wurde die rechtliche Grundlage für die Aufstellung des Produktgruppenhaushalts geschaffen.

Die (jährlichen) Haushaltsgesetze des Landes und der Stadtgemeinde Bremen enthalten deshalb in § 2 die Bestimmung, wonach entsprechend der Regelungen des § 7a der LHO zusätzlich zu den aufzustellenden kameralen Haushalten ein für das Land und die Stadtgemeinde Bremen gemeinsam geltender leistungsbezogener Produktgruppenhaushalt als führender Haushalt vorzulegen und für verbindlich zu erklären ist.

Nach § 9 LHO war es bisher erforderlich, bei jeder Dienststelle, die Einnahmen und Ausgaben bewirtschaftet, eine/einen BeauftragteN für den Haushalt zu bestellen. In Konsequenz der mit der Einführung des Produktgruppenhaushalts neu geregelten Verantwortlichkeiten enthält § 3 der Haushaltsgesetze die Bestimmung, dass die Fach-, Personal- und Ressourcenverantwortung einschließlich der Verantwortung im Sinne von § 9 LHO für die Erledigung der Aufgaben der bremischen Verwaltung zusammenzuführen sind. Diese Regelung hatte zu erheblichen Diskussionen in den Ressorts geführt: Es gab einerseits Befürchtungen bezüglich des Zuständigkeits-/Verantwortungsbereichs der bisherigen Haushaltsbeauftragten und andererseits Vorbehalte und Bedenken bei den in der Vergangenheit häufig ausschließlich mit der Fachverantwortung betrauten MitarbeiterInnen. Auch der Rechnungshof hat in seinem Jahresbericht 2007 Interessenkonflikte zwischen der zentralen Steuerungsfunktion eines/einer Beauftragten für den Haushalt und der Produktverantwortung festgestellt.[38] Im Rahmen einer beabsichtigten Novellierung der Landeshaushaltsordnung zum Jahr 2020 ist vorgesehen, diese seinerzeit in den jährlichen Haushaltsgesetzen modellhaft entwickelten Regelungen einer-

38 Rechnungshof Bremen, Jahresbericht 2007 über die Prüfung der Haushalts- und Wirtschaftsführung und der Haushaltsrechnung 2005, Freie Hansestadt Bremen (Land), Tz. 127–146.

seits zu schärfen und andererseits zu verstetigen und sie somit dauerhaft in die Landeshaushaltsordnung zu überführen.

In Konsequenz des Produktgruppenhaushalts sehen die (jährlichen) Haushaltsgesetze darüber hinaus vielfältige Regelungen zur Haushaltsflexibilität vor. In § 4 der Haushaltsgesetze werden umfangreiche Deckungsfähigkeiten für einzelne Ausgabearten auf der Ebene der Produktgruppe eingeräumt. § 5 überträgt den Verantwortlichen im Produktgruppenhaushalt wesentliche Befugnisse des Haushaltsgesetzgebers/der Haushaltsgesetzgeberin, z. B. zur Bewilligung außer- und überplanmäßiger Ausgaben bis zur Höhe von 100.000 Euro oder zur Erteilung veranschlagter Verpflichtungsermächtigungen. Diese Regelungen ermöglichen es den Verantwortlichen im Produktgruppenhaushalt, die veranschlagten Mittel im Vollzug der Haushalte flexibel einsetzen zu können.

7.4.3 Struktur des Produktgruppenhaushalts

Mit dem Produktgruppenhaushalt wurde ein handlungs- und praxistaugliches Budgetierungsinstrument geschaffen. Dementsprechend orientieren sich die Strukturen im Produktgruppenhaushalt in hohem Maße an den bestehenden Organisationsstrukturen, wobei darauf geachtet wurde, dass das zuzuordnende Budget abgegrenzt und Personal konkret zugeordnet wird.

Als höchste Aggregationsebene wurde die Ebene der Produktpläne gebildet, denen sämtliche Produktbereiche und Produktgruppen zugeordnet werden. Sie entsprechen im Wesentlichen den fachlichen Zuständigkeitsbereichen der einzelnen senatorischen Bereiche und bilden damit den Schwerpunkt der strategischen Ausrichtung eines ganzen Verwaltungszweigs.

Unterhalb der eher starren Produktplanebene befinden sich die Produktbereiche, die die strategischen Ziele der Produktplanebene weiter ausdifferenzieren. Produktbereiche entsprechen organisatorisch oftmals einer Fachabteilung einer senatorischen Dienststelle.

Die Produktgruppen, die die unterste Ebene im Produktgruppenhaushalt darstellen, setzen die politischen/strategischen Ziele in der täglichen Verwaltungsarbeit konkret um. Organisch entsprechen sie vielfach den zugeordneten Dienststellen einer senatorischen Dienststelle. Allerdings bestehen auch ausschließlich aufgabenbezogene Strukturen (z. B. Rettungsdienst oder Hilfe zur Pflege).

Die nebenstehende Grafik spiegelt die aktuelle Struktur des hierarchisch gegliederten Produktgruppenhaushalts wider. Abschließend ist noch auf zwei Besonderheiten hinzuweisen:

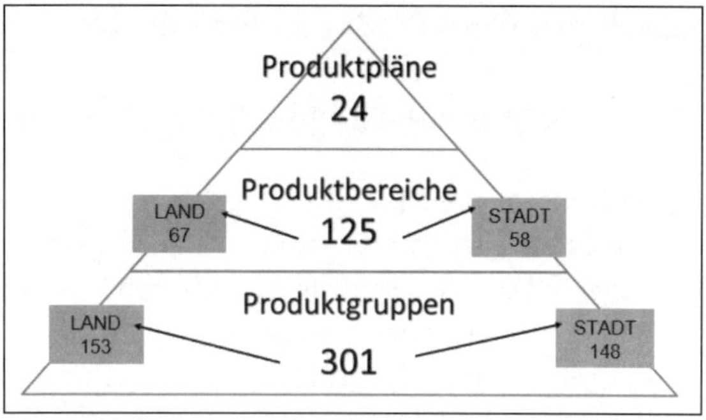

Im Zuge der Entwicklung der Produkthaushaltsstruktur wurde zunächst – im Gegensatz zu den getrennten kameralen Haushalten des Landes und der Stadtgemeinde Bremen – ein gemeinsamer Produktgruppenhaushalt erstellt. Dies lag an der zuvor bereits erfolgten rechnerisch gemeinsam betrachteten Budgetierung, an vielfältigen Verknüpfungen der Aufgaben und insbesondere an der in Personalunion vorgenommenen Aufgabenwahrnehmung sowohl für staatliche als auch städtische Aufgaben. Im Zuge der Umsetzung der Verwaltungsvereinbarung zum Konsolidierungshilfegesetz wurde es notwendig, die Haushalte des Landes und der Stadtgemeinden Bremen und Bremerhaven getrennt zu betrachten. In diesem Zusammenhang hat sich zunehmend auch der Wunsch nach einer Trennung des Produktgruppenhaushalts gebildet. Mit der Aufstellung der Haushalte 2018/2019 ist eine größere Neuordnung der Produktbereichs- und Produktgruppenstrukturen erfolgt, die zu den in der Grafik benannten Strukturen geführt hat. Die Budgets der Produktbereiche und der Produktgruppen ergeben sich eindeutig aus dem Landes- oder dem städtischen Haushalt. Mit der nächsten Haushaltsaufstellung wird der letzte Schritt, nämlich die eindeutige Zuordnung der Produktpläne, vollzogen werden.

Mit der Aufstellung der Haushalte 2018/2019 wurden auch die ausgegliederten Einheiten (Eigengesellschafen, Sondervermögen, Stiftungen und Anstalten öffentlichen Rechts) im Produktgruppenhaushalt ausgewiesen. Die durch die Geschäftsverteilung des Senats zugeordneten, ausgegliederten Einheiten werden jeweils als eigenständige Produktgruppe abgebildet. Beherrschte Unterbeteiligungen werden ausgewiesen, wenn sie in der Geschäftsverteilung des Senats genannt sind. Im Ressourceneinsatz werden die Zuführungen (Zuwendungen und Zuweisungen sowie Geschäftsbesorgungsentgelte etc.) bzw. Ablieferungen des zugeordneten Unternehmens bzw. der zugeordneten Einrichtung abgebildet.

7.4.4 Inhalt eines Produktgruppenblatts

Im Produktgruppenhaushalt werden folgende Daten ausgewiesen:

- Basisinformationen
  Das Leistungsspektrum wird kurz inhaltlich erläutert. In einem weiteren Datenfeld sind die strategischen bzw. operativen Ziele unter Berücksichtigung der strategischen Finanz- und Wirkungsziele im Eckwertbeschluss des Senats zu benennen. Es ist darzulegen, welchen Beitrag der Produktplan, der Produktbereich bzw. die Produktgruppe zur Realisierung dieser Ziele leisten können. Die Beiträge zur strategischen Zielerreichung sind – unter Beachtung der zur Verfügung stehenden bzw. ggf. prioritär durch interne Verlagerungen bereitzustellenden Budgets – als eigene Ziele zu definieren. Abschließend wird die Auftragsgrundlage angegeben.
- Ressourceneinsatz
  Um die Disponibilität kommunaler Budgets einordnen zu können, ist auf der Ebene der Produktgruppe anzugeben, ob es sich um freiwillige oder pflichtige Selbstverwaltungsaufgaben oder um staatliche Auftragsangelegenheiten handelt. Die kameralen Finanzdaten werden aggregiert (z. B. konsumtive oder Personalausgaben) ausgewiesen. Vervollständigt werden diese (Summen-)Werte durch Nennung der veranschlagten Verpflichtungsermächtigungen.
  In einer weiteren Rubrik werden Personaldaten (Beschäftigungszielzahl, Personalbestand sowie weitere Personalkennzahlen) benannt. Darüber hinaus können sog. Kapazitätsdaten (quantitativ relevante Daten für den Aufgabenbereich) angegeben werden.
- Leistungsangaben
  In diesem Bereich werden Kennzahlen/Indikatoren zur Messung der Erreichung strategischer Ziele dargestellt. Die Kennzahlen sind gegliedert nach Wirkungen, Leistungen und Qualität.
  Abschließend können weitere Informationen aus der Kosten-Leistungs-Rechnung bzw. statistische Daten ausgewiesen werden.

7.4.5 Ziele und Kennzahlen/Indikatoren – ein schwieriger Prozess

Einen wesentlichen Schwerpunkt des als Informations- und Entscheidungssystem konzipierten Produktgruppenhaushalts stellen die steuerungsrelevanten Ziele und damit eng verbunden die qualitativen und quantitativen Kennzahlen zur Messung der Zielerreichung dar.

Zur Orientierung bei der Zielformulierung dienen die von der Kommunalen Gemeinschaftsstelle für Verwaltungsmanagement (KGSt) für den Zielfindungsprozess formulierten vier Leitfragen:

Ergebnisse/Wirkungen Was soll erreicht werden?	Programme/Produkte Was ist dafür zu tun?
Ressourcen Welcher Einsatz ist erforderlich?	Prozesse/Strukturen Wie soll das Ziel erreicht werden?

Im Rahmen der wirkungsorientierten Steuerung ist die Frage im Zielfeld Ergebnisse/Wirkungen insbesondere um die Frage »Welche Wirkung soll bei dem Einzelnen bzw. der Zielgruppe erreicht werden?« zu erweitern. Bei der Zielformulierung ist auf die nachfolgenden Punkte zu achten:

S	spezifisch (präzise)	Das Ziel muss den gewünschten Zustand hinreichend spezifisch und verständlich beschreiben. Es sollte positiv formuliert werden.
M	messbar	Ein Ziel muss mit Kennzahlen oder hilfsweise mit Indikatoren messbar sein. Wenn dies nicht der Fall ist, bleibt die Frage, ob das Ziel erreicht wurde, unbeantwortet.
A	akzeptiert (erreichbar)	Ein Ziel, welches nicht durch Handeln des Parlaments und/oder der Verwaltung beeinflussbar ist, ist ungeeignet. Die Beteiligten müssen dieses Ziel akzeptieren bzw. als lohnend ansehen. Der Produktgruppenhaushalt verbindet den vom Parlament beschlossenen Ressourceneinsatz mit den angestrebten Wirkungen, so dass die darin enthaltenen Ziele als vereinbart gelten.
R	realistisch	Das Ziel soll ehrgeizig, aber nicht unrealistisch sein. Zu hoch gesteckte Ziele gefährden die Motivation der Beteiligten.
T	(terminiert) zeitlich planbar	Es muss klar definiert werden, wann ein Ziel erreicht werden soll. Durch die im Produktgruppenhaushalt jährlich festzulegenden Kennzahlenwerte erfolgt üblicherweise eine konkrete Terminierung der Ziele/Meilensteine.

Die Definition von kurz- und mittelfristigen Zielen, aber auch die Entwicklung von Kennzahlen als Leistungsmaßstab gestalten sich in der Praxis als schwierig. Es werden immer wieder kritische Fragen gestellt, wie z. B.:

»Welche Inhalte sind für Politik/Parlament steuerungsrelevant?«
»Bestehen übergeordnete strategische Ziele für die Gesamtinstitution?«
»Wie soll mit übergeordneten strategischen Zielen umgegangen werden?«
»Gibt es eine Zielhierarchie?«
»Wie sieht das Zusammenspiel zwischen den verschiedenen Instrumenten (z. B. Produktgruppenhaushalt/KLR) aus?«

Trotz vereinzelt vorgenommener Anpassungen und – wie bereits beschrieben – mehrfacher Überarbeitungen ist es weiterhin notwendig, das Ziel- und Kennzahlensystem kontinuierlich hinsichtlich seiner strategischen Ausrichtung und der Steuerungsrelevanz der Kennzahlen/Indikatoren anzupassen. Dabei sind auch immer wieder neue Anforderungen an den Produktgruppenhaushalt gestellt worden: In den letzten Jahren sollte der Produktgruppenhaushalt Hinweise bzw. Antworten auf die Frage der Geschlechtergerechtigkeit liefern. Aktuell stellt sich die Frage, ob bzw. wie sich die Erreichung der UN-Nachhaltigkeitsziele durch entsprechende Kennzahlen/Indikatoren des Produktgruppenhaushalts messen lässt.

Beginnend mit der Aufstellung der Haushalte 2020/2021 sollen die bestehenden Instrumente zur ziel- und wirkungsorientierten Steuerung zur führenden Systematik der Eckwertebemessung und unterjährigen Haushaltssteuerung, z. B. Entwicklung von Anreiz-, Bonus-/Malus-Systemen zur Zielerreichung, werden. Es wird eine deutliche Fokussierung auf steuerungsrelevante Ziele und Kennzahlen angestrebt. Die derzeitige Anzahl an nachgelagerten Zielsetzungen und erfassten Kennzahlen im Produktgruppenhaushalt wird sich dadurch reduzieren bzw. auf das Wesentliche beschränken. Außerdem wird das Ziel verfolgt, die zentralen Ziele nebst den zugeordneten Budgets abzubilden.

Mit dem Einsatz einer neuen Software[39] soll künftig einerseits der Zusammenhang zwischen definiertem Ziel und ausgewiesenen Kennzahlen und andererseits die Steuerungsrelevanz der Kennzahlen/Indikatoren einzelfallbezogen ausgewiesen und damit eine höhere Transparenz und Steuerungsrelevanz der Kennzahlen/Indikatoren erreicht werden.

39 Vgl. Kapitel 16.1 E-Haushalt.

7.4.6 20 Jahre Produktgruppenhaushalt – Was hat sich bewährt?

Der Produktgruppenhaushalt wird von Politik und Verwaltung positiv angenommen und bietet vielfältige Informationen zu den Aufgaben, Zielen und Budgets der jeweiligen Verwaltungseinheiten. Dennoch ist das Ziel, dem/der HaushaltsgesetzgeberIn ein wirksames Instrument für eine strategische Planung, Steuerung und Kontrolle zur Verfügung zu stellen, noch nicht vollständig erreicht. Eine verstärkte Steuerung der Verwaltung mithilfe von strategischen Zielen wäre wünschenswert. Insbesondere die Fokussierung auf die zentralen (Konzern-)Ziele und die daraus abzuleitenden strategischen Ziele der Produktpläne etc. sowie die Beschränkung auf die wesentlichen steuerungsrelevanten Inhalte könnten künftig zu einer höheren Akzeptanz des Produktgruppenhaushalts führen.

Dies wird sich verstärken, wenn alle Bereiche der öffentlichen Aufgabenwahrnehmung der Freien Hansestadt Bremen sich in den Steuerungsstrukturen des Produktgruppenhaushalts wiederfinden lassen (z. B. Eigenbetriebe und sonstige Sondervermögen).

Es ist und bleibt somit Aufgabe aller Beteiligten, konstruktiv an der Erarbeitung und Optimierung eines aussagekräftigen und für die strategische Steuerung geeigneten Ziel- und Kennzahlensystems mitzuwirken. Die bisher geschaffenen Instrumente erhöhen zwar die Transparenz, erleichtern bzw. ermöglichen aber nicht immer strategische Entscheidungen.

7.5 Einnahmen

Das Grundgesetz sieht vor, dass Bund und Länder bezüglich ihrer Haushaltswirtschaft jeweils selbstständig und unabhängig sind (Art. 109 Abs. 1 GG). Dies bedeutet u. a., dass das Bundesland Bremen eigene Haushaltspläne aufstellen muss, in denen grundsätzlich für seine verschiedensten Ausgaben eine Finanzierung durch entsprechende Einnahmen für das gesamte Kalenderjahr sichergestellt sein muss. Dabei sind die steuerabhängigen Einnahmen (= Steuern sowie Ausgleichszahlungen aus dem Bundesstaatlichen Finanzausgleich inklusive Bundesergänzungszuweisungen) von zentraler Bedeutung, da sie derzeit ca. 80 % der Gesamteinnahmen für den Stadtstaat darstellen.[40]

7.5.1 Steuern – Überblick

7.5.1.1 Steuern als wichtigste Einnahmequelle für die öffentlichen Haushalte insgesamt

Die originären (eigenen) Steuereinnahmen stellen für den Stadtstaat Bremen mit ca. 60 % die wichtigste Einnahmequelle dar.[41] Aber auch für den Bund, die anderen Bundesländer und deren Gemeinden bilden die Steuern insgesamt – entsprechend der Grundkonzeption der Staatsfinanzierung im X. Abschnitt des Grundgesetzes vor allem mittels Steuereinnahmen[42] – die mit Abstand bedeutendste Einnahmequelle zur Deckung ihrer Ausgaben.

Steuern sind Geldleistungen, die keine Gegenleistung für eine besondere Leistung darstellen, sondern von einem öffentlich-rechtlichen Gemeinwesen zur Erzielung von Einnahmen allen auferlegt werden, bei denen der Tatbestand zutrifft, an den das Gesetz die Leistungspflicht knüpft (vgl. § 3 Abs. 1 AO).[43]

---

40 Im Internet einsehbar: https://www.finanzen.bremen.de/sixcms/media.php/13/%23%2068193%20-%20Zentrales%20Finanzcontrolling%20Jahresbericht%202018.pdf (zuletzt aufgerufen am 7. Mai 2019).

41 Im Internet einsehbar: https://www.finanzen.bremen.de/sixcms/media.php/13/%23%2068193%20-%20Zentrales%20Finanzcontrolling%20Jahresbericht%202018.pdf (zuletzt aufgerufen am 7. Mai 2019).

42 Der Bundeshaushalt wies im Jahr 2018 eine Steuerfinanzierungsquote von 95,7 % auf. Im Internet einsehbar: https://www.bundesfinanzministerium.de/Monatsberichte/2019/01/Inhalte/Kapitel-3-Analysen/3-4-vorlaeufiger-abschluss-bundeshaushalt-2018.html (zuletzt aufgerufen am 7. Mai 2019).

43 Zum (weitestgehend deckungsgleichen) verfassungsrechtlichen Steuerbegriff erläuternd Henneke, in: Schmidt-Bleibtreu/Hofmann/Henneke, GG, Art. 105, Rn. 10 ff.

Steuern werden in den unterschiedlichsten Lebensbereichen erhoben. Relativ grob vereinfachend lässt sich sagen, dass in einem marktwirtschaftlichen Wirtschaftssystem mit Berufs- und Eigentumsfreiheit der/die demokratische SteuergesetzgeberIn

1. das Einkommen teilweise abschöpfen kann, das durch den Zugang zum vom Staat zur Verfügung gestellten Markt erzielt wurde,
2. auf (Privat-)Vermögenssubstanzen – teilweise – zugreifen kann, die sich durch die Marktbeteiligung angesammelt haben, und
3. jedwede Formen von Vermögensumschichtungen mit Verkehrs- und Verbrauchsteuern belegen kann.

7.5.1.2 Gesetzgebungskompetenz bei Steuern

Art. 70 Abs. 1 GG sieht vor, dass die Länder die Gesetzgebungskompetenz haben, soweit das Grundgesetz diese nicht dem Bund zuweist. Die Steuergesetzgebungskompetenz ist in Art. 105 des Grundgesetzes geregelt.

Danach hat der Bund die ausschließliche Gesetzgebungskompetenz über die Zölle und Finanzmonopole (Art. 105 Abs. 1 GG).

Des Weiteren weist das Grundgesetz dem Bund die konkurrierende Gesetzgebungskompetenz über die übrigen Steuern zu, wenn dem Bund das Aufkommen dieser Steuern oder ein Teil davon zusteht oder eine Regelung durch den Bund zur Herstellung gleichwertiger Lebensverhältnisse erforderlich ist (Art. 105 Abs. 2 GG). Daraus folgt, dass die Bundesländer nur selbstständig gesetzgeberisch tätig werden können, solange und soweit keine bundesgesetzliche Regelung existiert.

Art und Umfang des – extrem umfangreichen – bundesgesetzgeberischen Tätigwerdens auf der Basis dieses Kompetenztitels hat im Ergebnis zu einer klaren Dominanz des Bundesgesetzgebers/der Bundesgesetzgeberin gegenüber den Bundesländern im Steuerrecht geführt.[44]

Lediglich über die örtlichen Verbrauch- und Aufwandsteuern (wie z. B. die Vergnügungs-, Hunde- oder Zweitwohnungsteuer) haben die Länder grundsätzlich die ausschließliche Gesetzgebungskompetenz (Art. 105 Abs. 2a Satz 1 GG).

Bezüglich der Grunderwerbsteuer ist eine Besonderheit zu beachten: Zwar hat der Bund grundsätzlich die konkurrierende Gesetzgebung nach Art. 105

44 Henneke, in: Schmidt-Bleibtreu/Hofmann/Henneke, GG, Art. 105, Rn. 4 (dort sogar ausdrücklich hervorgehoben im Text). Zum Einfluss des Rechts der europäischen Union auf das deutsche Steuerrecht vgl. Frotscher, Internationales Steuerrecht, Rn. 55 ff.

Abs. 2 GG, trotzdem dürfen die Länder den Steuersatz selbst bestimmen (Art. 105 Abs. 2a Satz 2 GG). Zurzeit liegt der Steuersatz in Bremen bei 5 %.[45]

7.5.1.3 Aufteilung der Steuereinnahmen zwischen den Gebietskörperschaften

Die Ertragshoheit der Steuereinnahmen aus den verschiedenen Steuerarten verteilt sich auf den Bund, die Länder und die Gemeinden. Die maßgeblichen Regelungen dazu finden sich vor allem in Art. 106 GG. Darüber hinaus enthalten oftmals aber auch einfache Bundesgesetze – wie z. B. das Gemeindefinanzreformgesetz oder das Finanzausgleichsgesetz – weitergehende Regelungen, die insofern zu beachten sind.

Bundessteuern

Als Bundessteuern werden Steuern bezeichnet, deren Aufkommen nur dem Bund zusteht. Darunter fallen neben den Zöllen diejenigen Steuern, die in Art. 106 Abs. 1 GG aufgelistet sind, z. B. die Kraftfahrzeugsteuer und die Verbrauchsteuern, die nicht nach anderen Regelungen in Art. 106 GG den Ländern oder Gemeinden zustehen. So sind u. a. die Tabaksteuer und die Energiesteuer Bundessteuern im Sinne von Art. 106 Abs. 1 Nr. 2 GG.[46]

Landessteuern

Als Landessteuern werden die Steuern bezeichnet, deren Aufkommen den Bundesländern zusteht. Dazu gehören die in Art. 106 Abs. 2 GG genannten Steuern, wie z. B. die Erbschaftsteuer und die Grunderwerbsteuer.

Die für das Land Bremen bedeutendste Landessteuer ist die Grunderwerbsteuer. Im Jahr 2018 betrug sie etwa 105.924 T Euro, wohingegen bspw. die Erbschaftsteuer nur 45.332 T Euro einbrachte.[47]

Gemeinschaftssteuern

Als Gemeinschaftssteuern bezeichnet man diejenigen Steuern, deren Aufkommen dem Bund und den Ländern gemeinsam (anteilig) zusteht. Die

---

45 § 1 GrEStFestG BR in der Fassung vom 19.11.2013 (Brem.GBl. 2013, 559).

46 Energiesteuer 40.881.612 T Euro und Tabaksteuer 14.339.006 T Euro im Jahr 2018, einsehbar im Internet: https://www.bundesfinanzministerium.de/Content/DE/Standardartikel/Themen/Steuern/Steuerschaetzungen_und_Steuereinnahmen/2019-01-31-steuereinnahmen-kalenderjahr-2018.pdf?__blob=publicationFile&v=2 (zuletzt aufgerufen am 7. Mai 2019).

47 Einsehbar im Internet: https://www.bundesfinanzministerium.de/Content/DE/Standardartikel/Themen/Steuern/Steuerschaetzungen_und_Steuereinnahmen/2019-01-31-steuereinnahmen-kalenderjahr-2018.pdf?__blob=publicationFile&v=2 (zuletzt aufgerufen am 7. Mai 2019).

entsprechende Regelung befindet sich in Art. 106 Abs. 3 GG. Zu den Gemeinschaftssteuern gehören die Einkommensteuer, die Körperschaftsteuer und die Umsatzsteuer. Da sich ca. 80 % des Steueraufkommens (ohne Gemeindesteuern) von Bund und Ländern derzeit aus den Gemeinschaftssteuern ergeben, kommt diesen eine ganz besondere Bedeutung für die Staatsfinanzierung zu.[48]

Die **Körperschaftsteuer** wird jeweils zu 50 % auf die Länder und den Bund aufgeteilt (Art. 106 Abs. 2 Satz 2 GG). Bei der Einkommensteuer und der Umsatzsteuer sind Besonderheiten zu berücksichtigen. Bevor die **Einkommensteuer** zu jeweils 50 % dem Bund und den Ländern zugeordnet wird, erhalten die Gemeinden einen Anteil an der Einkommensteuer (Art. 106 Abs. 3 Satz 2 i. V. m. Abs. 5 Satz 1 GG). Nähere Regelungen dazu enthält das Gemeindefinanzreformgesetz. Nach dem Gemeindefinanzreformgesetz erhalten die Gemeinden 15 % des Aufkommens der Einkommensteuer (vgl. § 1 Satz 1 GemFinRefG). Der Gemeindeanteil wird anschließend entsprechend der von den Finanzbehörden im Gebiet des Landes vereinnahmten Steuerbeträge nach einem Schlüssel auf die einzelnen Gemeinden aufgeteilt (vgl. §§ 1 ff. GemFinRefG). Da die Gemeinden insgesamt 15 % des Aufkommens der Einkommensteuer erhalten und das restliche Aufkommen je zur Hälfte auf Bund und Länder verteilt wird, verbleiben jeweils 42,5 % für Bund und Länder.

Für die Aufteilung der **Umsatzsteuer** sind Art. 106 Abs. 3 Satz 3 und 4, Abs. 5a GG und das Finanzausgleichsgesetz zu berücksichtigen. Genauso wie bei der Verteilung der Einkommensteuer wird zunächst ein Anteil an die Gemeinden abgegeben. Dies bestimmt Art. 106 Abs. 5a GG. Genaueres hierzu findet sich im Finanzausgleichsgesetz (FAG). Nach Abzug des Anteils für die Gemeinden sieht das Grundgesetz keine feste Aufteilung zu 50 % für Länder und Bund vor, sondern bestimmt, dass weitere Einzelheiten durch ein Bundesgesetz (ebenfalls das FAG) zu regeln sind. So kann die Aufteilung besser an sich ändernde Bedarfe von Bund und Ländern angepasst werden. Im Jahr 2018 hat sich aufgrund der Regelungen im FAG ungefähr folgende Aufteilung des Aufkommens ergeben: Bund 49,6 %, Länder 47,2 % und Gemeinden 3,2 %.[49]

48 Einsehbar im Internet: https://www.bundesfinanzministerium.de/Monatsberichte/2019/01/Inhalte/Kapitel-3-Analysen/3-5-steuereinnahmen-haushaltsjahr-2018.html (zuletzt aufgerufen am 7. Mai 2019).

49 Einsehbar im Internet: https://www.bundesfinanzministerium.de/Content/DE/Standardartikel/Themen/Steuern/Steuerschaetzungen_und_Steuereinnahmen/2019-01-31-steuereinnahmen-kalenderjahr-2018.pdf?__blob=publicationFile&v=2 (zuletzt aufgerufen am 7. Mai 2019).

Die Gemeinschaftssteuern machen den größten Anteil der Steuereinnahmen des Stadtstaates Bremen aus. Der Anteil der Gemeinschaftssteuern an den Gesamtsteuereinnahmen für Bremen im Jahr 2018 betrug ca. 70 % (2.428.428 T Euro von 3.347.200 T Euro). Die Umsatzsteuer ist hierbei mit 1.080.353 T Euro (vor der Lohnsteuer mit 782.994 T Euro) die bedeutendste Steuerart für den Haushalt.[50]

Gemeindesteuern

Neben den Anteilen an der Einkommensteuer und der Umsatzsteuer nach Art. 106 Abs. 5 und 5a GG steht den Gemeinden die Gewerbesteuer, die Grundsteuer und das Aufkommen der örtlichen Verbrauch- und Aufwandsteuern (z. B. die in den Stadtgemeinden der Freien Hansestadt Bremen anfallende Vergnügungssteuer) zu. Dies bestimmt Art. 106 Abs. 6 Satz 1 GG.

Bund und Länder werden jedoch am Gewerbesteueraufkommen beteiligt (Art. 106 Abs. 6 Satz 4 GG). Der Anteil an der Gewerbesteuer, den der Bund und die Länder für sich beanspruchen können, wird als Umlage bezeichnet. Nähere Ausführungen dazu enthält das Gemeindefinanzreformgesetz in seinem § 6. In 2018 waren in Bremen von dem Gewerbesteueraufkommen i. H. v. 589,6 Mio. Euro Umlagen i. H. v. 85,9 Mio. Euro an den Bund und an das Land Bremen abzuführen. Auf das Land Bremen entfiel hierbei eine Umlage von 67,6 Mio. Euro.[51]

Im Rahmen der Gemeindesteuern ist eine wichtige Besonderheit, dass den Gemeinden nach Art. 106 Abs. 6 Satz 2 GG das Recht zusteht, Hebesätze für die Gewerbesteuer und die Grundsteuer festzulegen. Dadurch haben sie direkten Einfluss auf die Höhe der Steuereinnahmen.

Nach den Gemeinschaftssteuern bilden die Gemeindesteuern die zweithöchste Einnahmequelle bei den Steuereinnahmen.

Der Hebesatz der finanzwirtschaftlich bedeutsamsten Gemeindesteuer, der Gewerbesteuer, beträgt in der Stadtgemeinde Bremen seit Januar 2018 470 %, der der Stadtgemeinde Bremerhaven 460 %.[52] Nach Abzug der Gewerbesteuerumlagen konnte auf dieser Basis im Jahr 2018 in der Stadtgemeinde Bremen ein Aufkommen von 464.866 T Euro und in der Stadtgemeinde Bremerhaven von 38.871 T Euro vereinnahmt werden.[53]

---

50 Interne Berechnungen, Senatorin für Finanzen.

51 Interne Berechnungen, Senatorin für Finanzen.

52 § 1 GewStHFestG BR in der Fassung vom 12.12.2017 (Brem.GBl. 2017, 729) und § 1 GewStHFestBRHOG BR in der Fassung vom 3. Dezember 2015 (Brem.GBl. 2015, 626).

53 Interne Berechnungen, Senatorin für Finanzen.

Insgesamt fielen im Jahr 2018 in den Stadtgemeinden Bremen und Bremerhaven 732.747 T Euro an Gemeindesteuern an.[54]

Örtliche Zuordnung der Einnahmen und Bundesstaatlicher Finanzausgleich
Die Verteilung des Steueraufkommens, das den Ländern zusteht (Landessteuern und Anteil der Gemeinschaftssteuern), ist in Art. 107 Abs. 1 GG geregelt. Den Ländern steht das Aufkommen danach grundsätzlich insoweit zu, als die Steuern durch Finanzbehörden im eigenen Bundesland vereinnahmt werden.[55]

Da die Finanzkraft der einzelnen Bundesländer (je Einwohner gesehen) relativ unterschiedlich ist, fordert Art. 107 Abs. 2 GG, dass ein entsprechender Ausgleich zwischen den Ländern sichergestellt wird, so dass dennoch annähernd gleiche Lebensverhältnisse in Deutschland gegeben sind.[56] Vor allem aus diesem Grund gibt es den bundesstaatlichen Finanzausgleich.[57]

7.5.1.4 Aufgabe der Bremer Steuerverwaltung

Während Zölle, Finanzmonopole, die bundesgesetzlich geregelten Verbrauchsteuern einschließlich der Einfuhrumsatzsteuer, die Kraftfahrzeugsteuer und sonstige auf motorisierte Verkehrsmittel bezogene Verkehrssteuern ab dem 1. Juli 2009 sowie die Abgaben im Rahmen der Europäischen Gemeinschaft durch Bundesfinanzbehörden verwaltet werden (Art. 108 Abs. 1 Satz 1 GG), werden die übrigen Steuern durch Landesfinanzbehörden – bei den Gemeinschaftssteuern im Auftrage des Bundes – verwaltet (Art. 108 Abs. 2 Satz 1, Abs. 3 Satz 1 GG).

Dementsprechend ist die Tätigkeit der Bremer Steuerverwaltung nicht nur für den Haushalt des Stadtstaates inklusive beider Stadtgemeinden von zentraler Bedeutung, sondern trägt – wie alle Landesfinanzverwaltungen – durch praktische Finanztransfers ganz erheblich zur Finanzierung des Bundeshaushalts bei. Nimmt man noch hinzu, dass in der Landeshauptkasse auch die sonstigen Einnahmen des Stadtstaates erhoben und die ent-

54 Interne Berechnungen, Senatorin für Finanzen.

55 Sog. »Prinzip des örtlichen Aufkommens«. Erläuternd dazu Henneke, in: Schmidt-Bleibtreu/Hofmann/Henneke, GG, Art. 107, Rn. 33. Ergänzend hierzu sind die Regelungen des Zerlegungsgesetzes zu beachten.

56 Seiler, in: Maunz/Düring, GG, Art. 107, Rn. 75.

57 Rechtliche Details des Bundesstaatlichen Finanzausgleichs sind im Maßstäbegesetz und Finanzausgleichsgesetz festgelegt. Im Übrigen wird – auch wegen der ab dem Jahr 2020 geltenden, umfassenden (Neu-)Regelung – auf die Ausführung unter 3.1 (»Bundesstaatlicher Finanzausgleich«) dieses Handbuches verwiesen.

sprechenden Kredite kassentechnisch abgewickelt werden, zeigt sich, dass die Tätigkeit der bremischen Finanzämter und der Landeshauptkasse – von ihrem finanziellen Volumen her – erheblich umfangreicher ist, als dies ein erster Blick auf die Steuereinnahmen des Stadtstaates erwarten lässt.

7.5.2 Arbeitskreis Steuerschätzung

Der Arbeitskreis Steuerschätzungen ist ein seit 1955 bestehender Beirat beim Bundesministerium der Finanzen. Ihm gehören neben dem Bundesfinanzministerium das Bundeswirtschaftsministerium, fünf Wirtschaftsforschungsinstitute, das Statistische Bundesamt, die Deutsche Bundesbank, der Sachverständigenrat zur Begutachtung der gesamtwirtschaftlichen Entwicklung, die Länderfinanzministerien und die Bundesvereinigung kommunaler Spitzenverbände an. Der Arbeitskreis tagt zweimal jährlich:

- Im Mai wird eine Prognose der zu erwartenden Steuereinnahmen für den mittelfristigen Zeitraum erstellt (Jahr der Schätzung und vier Folgejahre).
- Im Herbst (Oktober/November) werden neben dem Jahr der Schätzung fünf Folgejahre geschätzt.

Der Arbeitskreis berücksichtigt bei seiner Schätzung die gesamtwirtschaftlichen Eckdaten der Bundesregierung. Die Wirtschaftsforschungsinstitute, die Bundesbank, der Sachverständigenrat und das Bundesfinanzministerium erstellen unabhängig voneinander eigene Schätzvorschläge für jede Einzelsteuer. Konsensual wird bei jeder Steuer ein Schätzergebnis des Arbeitskreises Steuerschätzung verabredet. Dabei ist der Arbeitskreis frei in der Wahl seines Prognoseinstrumentariums, welches im Rahmen von Methodensitzungen verfeinert und angepasst wird. Der Arbeitskreis Steuerschätzung erstellt seine Prognosen auf Basis der geltenden Rechtslage des Steuerrechts und berücksichtigt dabei nur beschlossene Steuerrechtsänderungen.

Die Ergebnisse des Arbeitskreises werden im Rahmen der Regionalisierung, die für den Unterarbeitskreis Regionalisierung – bestehend aus dem Bundesfinanzministerium und den Ländervertretern – durch das Land Baden-Württemberg erstellt wird, auf die Bundesländer heruntergebrochen und bilden die Grundlage für die Einnahmeerwartungen im Steuerbereich in den Haushalten und Finanzplanungen des Landes Bremen. Ein Herunterbrechen der Ergebnisse auf die Ebene einzelner Gemeinden erfolgt durch den Arbeitskreis nicht. Der/Die SenatorIn für Finanzen berechnet auf Basis der Regionalisierung die auf die bremischen Einzelhaushalte entfallenden prognostizierten Steuereinnahmen für den Schätzzeitraum, die Grundlage für die Steuereinnahmeerwartungen in den Haushalten und den Finanzplanungen sind.

Die Ergebnisse der Regionalisierung der Mai-Steuerschätzung des jeweiligen Vorjahres werden – unabhängig von der Höhe der später tatsächlich erzielten Steuereinnahmen – als Höhe der zu berücksichtigenden Steuereinnahmen im jeweiligen Jahr des Konsolidierungspfades bis 2019 und für die Einhaltung der landesverfassungsrechtlichen Schuldenbremse ab 2020 für den Stadtstaat verbindlich festgeschrieben.

Im Anschluss an die Sitzungen des Arbeitskreises Steuerschätzung werden der Senat und der Haushalts- und Finanzausschuss der Bremischen Bürgerschaft von dem/der SenatorIn für Finanzen im Rahmen eines schriftlichen Berichts über die Ergebnisse für das Land Bremen und seine beiden Städte Bremen und Bremerhaven informiert.

7.5.3 Gebühren, Abgaben und Co.

Neben den Steuern werden Gebühren und Beiträge als Abgaben angesehen.

Das Bundesverwaltungsgericht hatte unter Bezugnahme auf die Rechtsprechung des Bundesverfassungsgerichts aus dem Jahre 1994 Folgendes zur Definition von Gebühren ausgeführt: Unter Gebühren werden allgemein öffentlich-rechtliche Geldleistungen verstanden, die aus Auslass individuell zurechenbarer öffentlicher Leistung dem Gebührenschuldner durch eine öffentlich-rechtliche Norm oder sonstige hoheitliche Maßnahme auferlegt werden und dazu bestimmt sind, in Anknüpfung an diese Leistung deren Kosten ganz oder teilweise zu decken.[58]

Das Grundgesetz lässt dem Gesetzgeber einen weiten Entscheidungs- und Gestaltungsspielraum, für welche öffentlichen Leistungen er eine Gebührenpflicht einführen und wie er die Gebührenpflicht ausgestalten will. Zwischen der Leistung der Verwaltung und dem Gebührenschuldner muss eine besondere Beziehung bestehen, die die individuelle Zurechenbarkeit rechtfertigt.[59] Gebühren und Beiträge folgen damit im Gegensatz zu Steuern dem **Gegenleistungsprinzip**.

Eine Erhebung von Gebühren zum Zweck der Generierung von allgemeinen Haushaltseinnahmen ist ausgeschlossen. Der Gesetzgeber darf als

58 BVerwG, Urteil vom 3. März 1994 – 4 C 1/93, NVwZ 1994, S. 1102 (1105).
59 BVerwG, Urteil vom 25. August 1999 – 8 C 12.98, BeckRS 1999 30071036.

Gebühr keine verdeckte Steuer oder eine verdeckte, die verfassungsrechtlichen Grenzen überschreitende Sonderabgabe einführen.

Unterschieden wird zwischen Verwaltungs-, Benutzungsgebühren sowie Beiträgen.

Bei der **Verwaltungsgebühr** besteht die Leistung gem. § 4 Bremisches Gebühren- und Beitragsgesetz (BremGebBeitrG) in einer Amtshandlung oder sonstigen Tätigkeit der Verwaltung (z. B. Erlaubnissen, Beglaubigungen, Anfertigung von Auszügen, Abschriften).

Benutzungsgebühren werden gem. § 13 BremGebBeitrG dagegen für die Inanspruchnahme öffentlicher Einrichtungen und Anlagen erhoben. Zu den wichtigsten Benutzungsgebühren in Bremen zählen die Abfallentsorgungsgebühren, die Entwässerungsgebühren, die Friedhofsgebühren.

Beiträge sind nach § 17 BremGebBeitrG satzungsmäßig (ortsgesetzlich) geregelte Geldleistungen, die dem Ersatz des Aufwandes für die Herstellung, Anschaffung, Erweiterung und Verbesserung öffentlicher Einrichtungen und Anlagen dienen (z. B. Beiträge für den Kanalbau, Erschließung).

Gebühren werden im Rahmen der dezentralen Ressourcenverantwortung von jedem Verwaltungszweig kalkuliert und erlassen. Ausschließlich einige zentrale Gebühren (insbesondere die Stundensätze für den Personalkosteneinsatz) werden in der Allgemeinen Kostenverordnung unmittelbar durch den/die SenatorIn für Finanzen festgelegt.

Das Haushaltsrecht schreibt eine rechtzeitige, vollständige und kostendeckende Gebührenerhebung vor. Nach § 7 Landeshaushaltsordnung (LHO) sind bei Aufstellung und Ausführung des Haushaltsplans die Grundsätze der Wirtschaftlichkeit und Sparsamkeit zu beachten und nach § 34 LHO die Einnahmen rechtzeitig und vollständig zu erheben.

Nach dem haushaltsrechtlichen Grundsatz der rechtzeitigen und vollständigen Erhebung von Einnahmen müssen die Ressorts bei Änderung wesentlicher Umstände die Fachkostenordnungen anpassen. Dies ist u. a. der Fall, wenn zentrale Gebühren wie die Stundensätze für den Personaleinsatz (Allgemeinen Kostenverordnung) durch den/die SenatorIn für Finanzen neu festgesetzt werden. Gem. der vom/von der SenatorIn für Finanzen am 18. April 2018 erlassenen Verfahrensrichtlinie zur Überprüfung von Gebühren auf ihre Kostendeckung (VR-Gebühren) sind die Ressorts aufgefordert, grundsätzlich mit der Aufstellung der Haushalte – d. h. zumindest alle zwei Jahre – sämtliche Gebühren auf ihre Kostendeckung zu überprüfen und grundsätzlich bis zur Erreichung einer vollständigen Kostendeckung zu erhöhen.

Bei der Kalkulation der Gebühr sind folgende **Kalkulationsgrundsätze** zu beachten:

- Das Kostendeckungsprinzip verlangt, dass die Kosten der öffentlichen Leistung nach betriebswirtschaftlichen Grundsätzen ermittelt und grundsätzlich durch die Gebühren gedeckt werden sollen. Kostenunterdeckungen sind zu vermeiden; sie sollen innerhalb von drei Jahren ausgeglichen werden (§ 12 Abs. 4 BremGebBeitrG). Entsprechend dem Kostendeckungsgebot ist die Gebührenkalkulation grundsätzlich als Vollkostenrechnung vorzunehmen, d. h. alle Kosten sollen berücksichtigt werden. Die Gebührenkalkulation sollte hierzu auf Basis einer funktionierenden Kosten- und Leistungsrechnung (KLR) erfolgen (vgl. insoweit § 7 Abs. 3 LHO).
- Soweit der individuell zurechenbaren öffentlichen Leistung ein in Geld berechenbarer wirtschaftlicher Wert oder ein in Geld berechenbarer wirtschaftlicher Nutzen für den von der Leistung Betroffenen zukommt, ist nach der Rechtsprechung des Bundesverfassungsgerichts eine kalkulierbare Kostenüberdeckung zulässig. Davon ausgenommen sind lediglich Leistungen im Anwendungsbereich der EU-Dienstleistungsrichtlinie.
- Nach dem Äquivalenzprinzip (§ 4 Abs. 2 BremGebBeitrG) sind Gebühren so zu bemessen, dass zwischen der den Verwaltungsaufwand berücksichtigenden Höhe der Gebühr einerseits und der Bedeutung, dem wirtschaftlichen Wert oder dem sonstigen Nutzen der Amtshandlung andererseits ein angemessenes Verhältnis besteht.

Es ist eine Abwägung vorzunehmen zwischen dem Gebührenzweck, der Kostendeckung für öffentliche Leistungen und ggf. auch Berücksichtigung des wirtschaftlichen Vorteils.

Die Kalkulationsgrundsätze – insbesondere die zu berücksichtigungsfähigen Kosten – werden durch die von der Senatorin für Finanzen am 18. April 2018 erlassene VR-Gebühren weitergehend konkretisiert.

7.6 Ausgaben

Im (jährlichen) Haushaltsgesetz sind neben den Einnahmen auch die Ausgaben des Haushaltsplans der Höhe nach festzusetzen (Art. 131 LV). Im Haushaltsplan sind alle voraussichtlich im Haushaltsjahr zu leistenden Ausgaben (Auszahlungen) einzustellen: Personalausgaben, sächliche Verwaltungsausgaben, Zinsausgaben, Zuweisungen an Gebietskörperschaften, Zuschüsse an Unternehmen, Schuldendiensthilfen, Tilgungsausgaben, Zuführungen an Rücklagen sowie Ausgaben für Investitionen (vgl. § 13 LHO).

Für Ausgaben gelten die folgenden Grundsätze:

- Ausgaben sind nur zu veranschlagen, soweit diese zur Erfüllung der Aufgaben der Freien Hansestadt Bremen notwendig sind (§ 6 LHO).
- Ausgaben dürfen nicht geleistet werden, wenn keine ordnungsgemäße Deckung vorhanden ist (Art. 119 LV).
- Ausgaben dürfen nur soweit und nicht eher geleistet werden, als sie zur wirtschaftlichen und sparsamen Verwaltung erforderlich sind (Art. 132 LV / § 34 LHO).
- Ausgaben sind so zu bewirtschaften, dass sie zur Deckung aller Auszahlungen ausreichen, die für den einzelnen Zweck eingeplant wurden (§ 34 LHO).

Ausgaben sind außerplanmäßig, wenn der Haushaltsplan hierfür keine Zweckbestimmung und keinen Anschlag enthält bzw. keine Ausgabereste aus Vorjahren hierfür vorhanden sind. Ausgaben, die den im Haushaltsplan beschlossenen Anschlag bzw. das zur Verfügung stehende Haushaltssoll überschreiten, sind überplanmäßig. In diesen Fällen ist eine Bewilligung – vor Leistung dieser Ausgaben – durch den Haushalts- und Finanzausschuss nach Maßgabe des jeweiligen Haushaltsgesetzes erforderlich (§ 37 LHO).

7.6.1 Konsumtiver Haushalt

Die konsumtiven Einnahmen bzw. Ausgaben stellen den überwiegenden Teil der »laufenden Rechnung« gem. gemeinsamem Schema des Stabilitätsrates zur Finanzplanung der Ausgaben und Einnahmen nach Arten dar. Es handelt sich konkret um die für den Konsum (Verbrauch) bestimmten Einnahmen bzw. Ausgaben öffentlicher Haushalte, die sich im Wesentlichen wie folgt darstellen.

Einnahmen

- laufende Zuweisungen und Zuschüsse vom Bund, von Ländern etc. (z. B. Erstattung des Bundes für die Kosten der Unterkunft, für die Durchführung des Zensus bzw. des BAföG, Zahlungen der EU)
- Schuldendiensthilfen und Erstattungen von Verwaltungsausgaben (z. B. Bereitstellung der Eigenkapitalverzinsungen der Eigenbetriebe)
- Gebühreneinnahmen
- Zinseinnahmen (z. B. aus der Gewährung von Darlehen)

Ausgaben

- sächliche Verwaltungsausgaben (z. B. Bewirtschaftungskosten der Grundstücke und Gebäude, Mieten und Pachten, Ausgaben für Büromaterial, Telekommunikationskosten, Ausgaben für Dienstreisen oder Sachverständige)
- laufende Zuweisungen und Zuschüsse an soziale und ähnliche Einrichtungen, an öffentliche Unternehmen sowie an den Bund, andere Länder oder Gemeinden (z. B. Zuwendungen für Zwecke, an denen Bremen ein erhebliches Interesse hat, Betriebskostenzuschüsse, Allgemeine Zuweisungen des Landes an die Städte Bremen und Bremerhaven)
- Renten und Unterstützungen (z. B. Transferzahlungen des Staats wie Wohngeld, Sozial- oder Jugendhilfeleistungen, Studienbeihilfen, Kriegsopfer-/Unfallrenten)
- Zuweisungen zur Erleichterung des Schuldendienstes für auf dem Kapitalmarkt aufgenommene Darlehen (Schuldendiensthilfen)
- Zinsausgaben [diese werden in Bremen allerdings i. d. R. getrennt von den sonstigen konsumtiven Ausgaben ausgewiesen]

In der nachfolgenden Übersicht werden die Ergebnisse der bremischen Haushalte (Land, Stadtgemeinden Bremen und Bremerhaven) dargestellt:

Konsumtiver Haushalt	**IST 2016**	**IST 2017**	**IST 2018**	**IST 2019**
	in Mio. Euro			
Einnahmen	943	1.125	1.064	1.215
Ausgaben (ohne Zinsausgaben)	2.628	2.654	2.700	2.818
Saldo	–1.685	–1.529	–1.636	–1.603

Der Anteil der konsumtiven Ausgaben (ohne Zinsausgaben) an den Gesamtausgaben beträgt rd. 50 %. Dies zeigt, dass diesem Bereich sowohl bei der Planung als auch im Haushaltsvollzug besondere Bedeutung beizumessen ist. Die konsumtiven Einnahmen und Ausgaben werden bspw. im Rahmen des Zentralen Finanzcontrollings und des Controllings des Produktgruppenhaushalts gesondert ausgewiesen und betrachtet.

Die konsumtiven Ausgaben unterlagen im Falle von im Vollzug aufgetretener Haushaltsrisiken oftmals erheblichen Kürzungen. Mit Einführung der Dezentralen Haushaltssteuerung hat der Senat aus Gründen der Planungssicherheit eingeräumt, dass 95 % der für den Gesamthaushalt veranschlagten konsumtiven Ausgaben für die Bewirtschaftung zur Verfügung stehen. Erst im Oktober eines Jahres wird über die verbleibenden 5 % entschieden[60]. Um Kürzungsbeträge in diesem oftmals gesetzlich oder vertraglich gebundenen Ausgabebereich möglichst gerecht zu ermitteln, hat der Senat sämtliche konsumtiven Haushaltsstellen nach dem Grad der Ausgabeverpflichtung gekennzeichnet und damit individuelle Kürzungsquoten entwickelt.

Im Übrigen gelten für die Veranschlagung und die Bewirtschaftung der konsumtiven Einnahmen und Ausgaben die in diesem Handbuch dargestellten (Haushalts-)Grundsätze.

7.6.2 Der Personalhaushalt

Der Personalhaushalt der Freien Hansestadt Bremen umfasst alle Ausgaben der Hauptgruppe 4. Hierzu gehören Ausgaben für das aktive Personal (BeamtInnen und ArbeitnehmerInnen), für VersorgungsempfängerInnen, aber auch Ausgaben für BeamtInnen- und Versorgungsbeihilfen, Trennungsgelder, Beiträge für Unfallkassen und weitere Ausgaben, die unter sonstige Personalausgaben geführt werden.

Insgesamt hatte der Personalhaushalt im Jahr 2018 ein Volumen von rd. 1,4 Mrd. Euro. Hierbei fielen rd. 571 Mio. Euro auf BeamtInnenbezüge, 321 Mio. Euro auf Entgelte für ArbeitnehmerInnen, 439 Mio. Euro auf VersorgungsempfängerInnen sowie rd. 86 Mio. Euro auf sonstige Personalausgaben.

60 Vgl. Regelung zur Planungssicherheit in den (jährlichen) Haushaltsgesetzen der Freien Hansestadt Bremen.

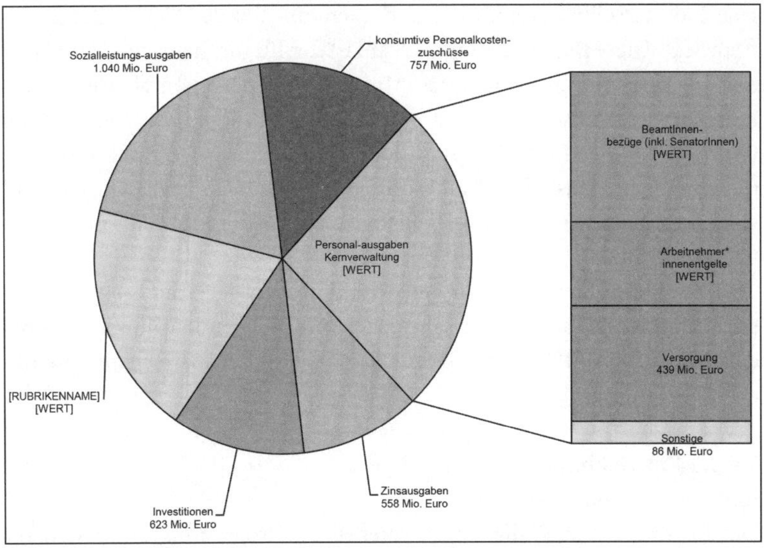

Anteile der Personalausgaben der Stadtgemeinde und des Landes Bremen am Gesamthaushalt in 2018.

Die Bezüge des aktiven Personals (BeamtInnen und ArbeitnehmerInnen) teilen sich auf in Bezüge des Budgetbereichs Kernbereich, refinanziertes Personal, temporäre Personalmittel und Flexibilisierungsmittel sowie Ausbildung. Während der Kernbereich die »klassischen Aufgaben« der Landes- und Kommunalverwaltung abbildet, werden mit temporären Mitteln und Flexibilisierungsmitteln Aufgaben finanziert, die nicht unbedingt dauerhaft auftreten (Projekte, wie z. B. im Haushaltsjahr 2018/2019 die sog. Handlungsfelder für Digitalisierung, Bürgerservice und sichere und saubere Stadt) oder für die kurzfristig Mittel bereitgestellt werden, wie z. B. temporäre Personalmittel für die Bewältigung der durch die Aufnahme und Integration von Geflüchteten gestiegenen Anforderungen der Verwaltung.

Der Großteil der Personalausgaben für aktives Personal (rd. 85 % in 2018) liegt dabei im Budgetbereich »Kernbereich«. Der Anteil von refinanziertem Personal liegt bei ca. 7 %. Rd. 4 % der Personalausgaben werden für temporäre Personalmittel oder Flexibilisierungsmittel ausgegeben und rd. 4 % werden durch Ausbildung verursacht.

Grundlage der Personalsteuerung im Kernhaushalt der Freien Hansestadt Bremen ist eine Orientierung an der Personalmenge: Die für eine Verwaltungseinheit vorgesehene Personalmenge, die sog. Beschäftigungszielzahl, wird in Vollzeiteinheiten gemessen und wird im Rahmen der

Haushaltsaufstellung durch das Parlament als Teil des Haushaltsgesetzes festgelegt. Diese Beschäftigungszielzahl ist der für die Steuerung der Personalhaushalte relevante Soll-Wert. Mithilfe einer personenscharfen Hochrechnung aller Beschäftigten in den einzelnen Produktgruppen wird auf Grundlage dieses Beschäftigungs-Solls das dazugehörige Budget-Soll für die jeweiligen Haushaltsstellen ermittelt, so dass beide Steuerungsdimensionen – Menge und Geld – als Plangrößen für die Haushaltsaufstellung übereinstimmen.

Mithilfe der Steuerung der Personalmenge wurde in der Freien Hansestadt Bremen seit den 1990er-Jahren des vergangenen Jahrhunderts durch das Programm PEP in hohem Maße Personal im Kernbereich der öffentlichen Verwaltung abgebaut.

7.6.2.1 Entwicklung der Beschäftigung und der Personalausgaben

Der Beginn, wie auch die lange Dauer dieses Programms, ergab sich aus der Tatsache, dass die bremischen Personalkosten in den 1990er-Jahren ein kaum steuerbares Risiko in der Gestaltung des öffentlichen Haushalts darstellten. Es gab erhebliche jährliche Kostensteigerungen, die im Rahmen einer festgestellten Haushaltsnotlage zu begrenzen waren. Durch die Einführung der bundesweiten Schuldenbremse und den mit dem Stabilitätsrat vereinbarten zehnjährigen weiteren Konsolidierungspfad mussten die Maßnahmen in unterschiedlicher Ausprägung seit 2010 fortgeführt werden, obwohl an ersten Stellen deutlich wurde, dass zusätzlicher Personalabbau nach damals über 15 Jahren immer schwieriger zu erreichen war und sektoral an Untergrenzen einer sachgerechten Aufgabenerfüllung stieß.

Auf den Personalhaushalt (das Programm PEP bezieht sich nur auf den Personalhaushalt, Ausgliederungen sind und waren davon ausgenommen) hat das Programm mit einer erheblichen Kostendämpfung gewirkt. Insgesamt arbeiten im Jahr 2018 (ausgliederungsbereinigt) durch den Personalabbau seit 1993 strukturell rd. 4.300 Vollzeitkräfte weniger in der bremischen Kernverwaltung. Bei einem Personalbestand in der Höhe von 1993 würden bei durchschnittlichen Personalkosten von 56.000 Euro pro Vollzeitkraft jährlich zusätzliche Kosten in Höhe von rd. 240 Mio. Euro für die bremischen Haushalte entstehen.

Mittlerweile sind insbesondere durch die Maßnahmen und Reaktionen auf die stark zunehmende fluchtbedingte Migration insbesondere in den Jahren 2015 bis 2017 und durch Nachsteuerung von Personalbedarfen vor allem im Bereich Bildung und Polizei wieder Kostensteigerungen durch einen sektoralen Beschäftigungszuwachs induziert worden.

Die Wirkungen des stetigen Personalabbaus auf den bremischen Personalhaushalt schlagen sich in der Entwicklung der Personalausgaben seit dem Jahr 2000 in einer deutlich geringeren Steigerungsrate im Vergleich zur allgemeinen Steigerung bei den Personalausgaben nieder.

Bereich	2000	2010	2015**	2016	2017	2018	Veränd. gegen. Vorjahr	Veränd. gegen. 2000
	Mio. €							
Summe Personalausgaben Stadtstaat Bremen**	**1.539**	**1.776**	**2.010**	**2.081**	**2.165**	**2.260**	**4,4 %**	**46,8 %**
Personalausgaben Land und Stadtgemeinde Bremen**	**1.332**	**1.545**	**1.738**	**1.797**	**1.872**	**1.952**	**4,3 %**	**46,6 %**
darunter Personalausgaben Kernverwaltung Bremen	**1.022**	**1.143**	**1.265**	**1.305**	**1.364**	**1.417**	**3,9 %**	**38,7 %**
davon Dienstbezüge und Entgelte	709	716	784	806	850	892	4,9 %	25,9 %
darunter Personalausgaben Sonderhaushalte	188	250	288	296	303	313	3,3 %	67,0 %
darunter Personalausgaben Betriebe/Stiftungen/Anstalten	122	152	185	197	205	221	7,9 %	81,5 %
Personalausgaben Bremerhaven	**208**	**232**	**272**	**284**	**294**	**309**	**5,1 %**	**48,6 %**
davon Dienstbezüge und Entgelte	150	169	195	204	210	223	6,0 %	48,2 %

** ab 2012 keine Ausgliederungsbereinigung.

Entwicklung der Personalausgaben in der Freien Hansestadt Bremen 2000–2018.

Die durch den Personalabbau gesteuerten Ausgaben für Dienstbezüge und Entgelte im Land und der Stadtgemeinde sind ausgliederungsbereinigt zwischen dem Jahr 2000 und dem Jahr 2010 nahezu konstant geblieben (2000: 709 Mio. Euro, 2010: 716 Mio. Euro). Effekte durch Kostensteigerungen (Tarif- und Besoldungserhöhungen) wurden somit in diesen zehn Jahren durch den Personalabbau nahezu vollständig kompensiert. Zwischen 2000 und 2018 sind die Personalausgaben für aktives Personal in der Kernverwaltung (Dienstbezüge und Entgelte) nur um rd. 26 % gestiegen und liegen damit unter der Kostenentwicklung im entsprechenden Zeitraum.

Trotz dieses Personalabbaus in der Kernverwaltung von Land und Stadtgemeinde Bremens stieg die Summe der Personalausgaben für den Stadtstaat Bremen insgesamt von rd. 1,5 Mrd. Euro in 2000 auf rd. 2,3 Mrd. Euro in 2018. Diese Steigerung resultiert vor allem aus zwei Faktoren. Einerseits sind in diesem Zeitraum die Ausgaben für Versorgungsleistungen durch eine steigende Zahl von VersorgungsempfängerInnen gestiegen. Andererseits wurde der Personalabbau nur in der Kernverwaltung des Landes und der Stadtgemeinde durchgeführt. Eigenbetriebe, Sonderhaushalte und Stiftungen des öffentlichen Rechts mussten dagegen keine Einsparvorgaben erfüllen. Hier hat es seit 2000 eine Steigerung der Beschäftigung im Wesentlichen durch den Ausbau der Hochschulen und später durch den Ausbau der Kinderbetreuung gegeben, die über den Gesamtzeitraum zu Steigerungsraten deutlich über denen der Kernverwaltung geführt haben.

Insgesamt sind in 2018 neben rd. 15.400 Vollzeitkräften in der Kernverwaltung rd. 7.800 Vollzeitkräfte in den Ausgliederungen beschäftigt. Ein Großteil der Beschäftigten der Kernverwaltung machen dabei die Bereiche Polizei, Justiz und Lehrer aus, insgesamt rd. 54 %. Die Ausgliederungen bestehen zu rd. 51 % aus Beschäftigten der Hochschulen bzw. aus den bremischen Forschungseinrichtungen.

Der Personalabbau in der Kernverwaltung ist in der Vergangenheit nicht für alle Aufgabenbereiche in derselben Höhe erfolgt. So wurden die Bereiche Polizei, Justiz, Feuerwehr sowie Lehrpersonal an Schulen gesondert gesteuert.

Veränderung des Beschäftigungsvolumens der Kernverwaltung und der Ausgliederungen (1993 - 2018)

Bereich	Volumen (= VZE)						
	1993*	2000	2010	2017	2018	Differenz 2000 zu 2018	
						absolut	in %
allgemeine PEP-Bereiche im Kernbereich	8.307	6.733	5.294	4.925	5.059	-1.674	-24,9%
gesondert gesteuerte Bereiche	10.310	8.873	8.348	8.306	8.616	-257	-2,9%
darunter:							
- Polizei (nur Vollzugspersonal)	2.496	2.416	2.303	2.244	2.260	-156	-6,5%
- Justiz	1.707	1.452	1.231	1.226	1.262	-190	-13,1%
- Feuerwehr	589	374	417	458	464	90	23,9%
- Lehrpersonal (nur unterrichtendes Personal)	5.195	4.527	4.307	4.293	4.539	12	0,3%
Kernbereich insgesamt	**18.617**	**15.606**	**13.642**	**13.231**	**13.675**	**-1.931**	**-12,4%**
Refinanzierte	125	486	782	967	1.062	576	118,5%
Flexibilisierungsmittel	0	0	0	19	75	75	
Temporäre Personalmittel (TPM)	0	0	432	713	557	557	
darunter:							
Temporäre Personalmittel "Allgemein"	0	0	432	121	220	220	
Temporäre Personalmittel "Flüchtlinge"	0	0	0	592	337	337	
Zwischensumme (Kernverwaltung)	**18.742**	**16.092**	**14.855**	**14.930**	**15.369**	**-723**	**-4,5%**
Ausgliederungen	6.429	6.200	6.877	**7.526	7.796	1.595	25,7%
darunter: - Hochschulen*	k.A.	2.999	3.533	3.684	3.701	702	23,4%
- KiTa Bremen	k.A.	962	1.196	1.596	1.732	770	80,1%
Insgesamt	**25.171**	**22.292**	**21.732**	**22.455**	**23.165**	**872**	**3,9%**

* ohne vollständige Rückbereinigung.
** ohne Beschäftigte der Landesmedienanstalt, die in vorhergehenden Veröffentlichungen inkludiert waren.

Entwicklung des Beschäftigungsvolumens seit 1993 in der Kernverwaltung und in Ausgliederungen (Steigerungsraten 2000 zu 2018).

7.6.2.2 Versorgung

Neben der Entwicklung der Beschäftigung sind Ausgaben für Versorgung ein zentraler Kostenfaktor im Personalhaushalt. Bremische BeamtInnen werden mit Eintritt in die Versorgung auf Haushaltsstellen im Produktplan 92 umgebucht. Eine dezentrale Budgetverantwortung für VersorgungsempfängerInnen besteht daher nicht. Anhand der differenzierten Haushaltsstellenstruktur im Produktplan 92 ist eine Zuordnung der VersorgungsempfängerInnen zu den Ressorts jedoch weiterhin möglich.

Zusätzlich werden im Produktplan 92 VersorgungsempfängerInnen aus ausgegliederten Einrichtungen gebucht. Voraussetzung für die Übernahme von VersorgungsempfängerInnen aus ausgegliederten Einrichtungen in den Kernhaushalt ist die Zahlung einer jährlichen Versorgungsumlage für die noch aktiven BeamtInnen und zusatzversorgungsberechtigten Beschäftigten. Der Umlagebetrag bemisst sich prozentual an den Bezügen und Gehältern. Der Umlageprozentsatz für BeamtInnen beträgt 35 % und für zusatzversorgungsberechtigte Beschäftigte 14,3 %. Die Umlagebeträge werden zunächst im Kernhaushalt vereinnahmt und dann der Anstalt für Versorgungsvorsorge zum Aufbau einer Versorgungsvorsorge zugeführt.

Die Ausgaben für Versorgungsbezüge und Versorgungsbeihilfen im Kernbereich betrugen 2018 rd. 484 Mio. Euro (Vorjahr 2017: rd. 472 Mio. Euro). Damit bilden die Versorgungsausgaben 34,14 % der gesamten Personalausgaben (Vorjahr 2017: 34,62 %). Für den Ausgabenanstieg waren, neben dem mengenbedingten Anstieg, maßgeblich die Versorgungserhöhungen 2017 und 2018 sowie gestiegene Beihilfeausgaben für VersorgungsempfängerInnen verantwortlich.

Während in anderen Bundesländern die höchsten Steigerungsraten bei den Versorgungsausgaben für zukünftige Haushalte gesehen werden, werden in Bremen abnehmende Steigerungsraten bei der Menge der VersorgungsempfängerInnen beobachtet. Mithilfe einer Versorgungsprognose wurde ein Höhepunkt der Anzahl von VersorgungsempfängerInnen für die Jahre 2020/2021 prognostiziert, so dass als Hauptsteigerungsfaktor bei der Versorgung zukünftig vor allem Kostensteigerungen aufgrund von Versorgungsanpassungen zu erwarten sind.

7.6.2.3 Herausforderungen für kommende Personalhaushalte

Der in den vergangenen Jahren durchgeführte Kurs der Personalreduzierung stellt aus finanzpolitischer Sicht einen wichtigen Beitrag als Ausgangslage für die zukünftige Steuerung der Personalhaushalte für die ab 2020 geltende Schuldenbremse dar. Aus personalpolitischer Sicht war dieser Kurs immer eine Herausforderung, da es nach dem Jahr 2010 zunehmend deutlich wurde, dass es Personalbereiche in der Freien Hansestadt Bremen gibt, bei denen weitere Einsparungen zu einer Gefährdung der Aufgabenerfüllung führen würden.

Mit den Personalhaushalten ab dem Jahr 2020 soll es keine weiteren Personaleinsparungen mehr geben. Die für die Erfüllung der Aufgaben erforderlichen Personalmengen sollen zukünftig nicht mehr pauschal durch eine Fortschreibung der Beschäftigungszielzahl ermittelt werden. Stattdessen ist geplant, eine transparente und methodisch nachvollziehbare Personalbemessung einzurichten. Mit der Fachstelle für Personalbedarfsermittlung und -planung soll diese Aufgabe bei dem/der SenatorIn für Finanzen verortet werden und als Steuerungsunterstützung für die politische Entscheidung über Schwerpunktsetzungen bei der Aufgabenerledigung dienen.

Schon bei gleichbleibender Beschäftigung wirken Kostensteigerungen in gleicher Höhe direkt auf den Personalhaushalt, da keine substantiellen Kostendämpfungen neben einer Verringerung der Personalmenge möglich sind. Da durch Aufgabenzuwachs eine Fortsetzung der sukzessiv steigenden Beschäftigung nicht auszuschließen ist, sind erhebliche Steigerungsraten im Personalhaushalt wahrscheinlich. Dabei wirkt eine sich verringernde Menge an VersorgungsempfängerInnen voraussichtlich nur leicht kostendämpfend.

Letztlich wird das Spannungsfeld zwischen hohen Erwartungen zur Aufgabenerfüllung und den knappen Mitteln des Personalhaushalts auch unter dem zukünftigen Regime der Schuldenbremse nicht gelöst werden. Um zukünftig nicht wieder zu Verringerungen der Beschäftigung als Maßnahme der Haushaltssteuerung zu gelangen, müssen bei der Finanzierung zusätzlicher Aufgaben in der Verwaltung daher weiterhin sämtliche Möglichkeiten einer effizienten und effektiven Aufgabenerledigung geprüft werden. Nachdem ein großer Teil der Personaleinsparung der vergangenen 25 Jahre mithilfe der ersten Welle der Einführung von Informationstechnik realisiert werden konnte, wird auch die Frage der Zukunftsfähigkeit der Personalhaushalte von den Wirkungen der Digitalisierung abhängig sein. Hierbei ist von zentraler Bedeutung, ob der durch die zunehmende Digitalisierung der Verwaltung zu erwartende weitere Rationalisierungsschub auch im Personalbereich zu abnehmenden Personalbedarfen führt oder nicht.

7.6.3 Investitionshaushalt

Unter einer Investition (lateinisch investire, »einkleiden«) versteht man in der Wirtschaft allgemein den Einsatz von Kapital für einen bestimmten Verwendungszweck durch eineN InvestorIn.

In öffentlichen Haushalten wird der Begriff Investition definiert durch gesetzliche Regelungen, in Bremen über § 13 Abs. 2 Nr. 2 der Landeshaushaltsordnung (LHO).

Demnach sind Ausgaben für Investitionen die Ausgaben für

a) Baumaßnahmen,
b) den Erwerb von beweglichen Sachen, soweit sie nicht als sächliche Verwaltungsausgaben veranschlagt werden,

c) den Erwerb von unbeweglichen Sachen,
d) den Erwerb von Beteiligungen und sonstigem Kapitalvermögen, von Forderungen und Anteilsrechten an Unternehmen, von Wertpapieren sowie für die Heraufsetzung des Kapitals von Unternehmen,
e) Darlehen,
f) die Inanspruchnahme aus Gewährleistungen,
g) Zuweisungen und Zuschüsse zur Finanzierung von Ausgaben für die in den Buchstaben a bis f genannten Zwecke.

Nach dem Gesetz zur Förderung der Stabilität und des Wachstums der Wirtschaft sind von den gesetzgebenden Körperschaften auf der Grundlage der Finanzplanung überarbeitete mehrjährige Investitionsprogramme (§ 10) und dabei Planungen für Investitionsvorhaben des dritten Planungsjahres »in ausreichendem Umfang so vorzubereiten, dass mit ihrer Durchführung kurzfristig begonnen werden kann« (§ 11 Satz 1).

Weiter ausgeführt werden diese Vorgaben bezogen auf die Veranschlagung von Investitionsmaßnahmen in § 24 der Landeshaushaltsordnung:

§ 24 Baumaßnahmen, größere Beschaffungen, größere Entwicklungsvorhaben
(1) Ausgaben und Verpflichtungsermächtigungen für Baumaßnahmen dürfen erst veranschlagt werden, wenn Pläne, Kostenermittlungen, Erläuterungen und Wirtschaftlichkeitsuntersuchungen vorliegen, aus denen die Art der Ausführung, die Kosten der Baumaßnahme, die Kosten des Grunderwerbs und die Kosten der Einrichtungen sowie die vorgesehene Finanzierung und ein Zeitplan ersichtlich sind. Den Unterlagen ist eine Schätzung der nach Fertigstellung der Maßnahme entstehenden jährlichen Haushaltsbelastungen beizufügen.

(2) Ausgaben und Verpflichtungsermächtigungen für größere Beschaffungen und größere Entwicklungsvorhaben dürfen erst veranschlagt werden, wenn Planungen und Schätzungen der Kosten und Kostenbeteiligungen vorliegen. Abs. 1 Satz 2 gilt entsprechend.

(3) Ausnahmen von den Absätzen1 und 2 sind nur zulässig, wenn es im Einzelfall nicht möglich ist, die Unterlagen rechtzeitig fertigzustellen, und aus einer späteren Veranschlagung der Freien Hansestadt Bremen ein Nachteil erwachsen würde.

(4) Auf einzeln veranschlagte Ausgaben und Verpflichtungsermächtigungen für Zuwendungen sind die Absätze 1 bis 3 entsprechend anzuwenden, wenn insgesamt mehr als 50 vom Hundert der Kosten durch Zuwendungen von Bund, Ländern und Gemeinden gedeckt werden.

Die Verwaltungsvorschrift zu § 24 LHO (Baumaßnahmen, größere Beschaffungen, größere Entwicklungsvorhaben) konkretisiert die Vorgaben dann wie folgt:

1. Baumaßnahmen, Bauunterlagen

1.1 Zu den Baumaßnahmen gehören alle Maßnahmen, die nach den Zuordnungsrichtlinien zum Gruppierungsplan der Hauptgruppe 7 zuzuordnen sind.

1.2 Form und Inhalt der Bauunterlagen werden durch die vom Senat der Freien Hansestadt Bremen erlassenen Richtlinien für die Planung und Durchführung von Bauaufgaben (RL Bau) in der jeweils gültigen Fassung bestimmt.

1.3 Ausgaben für Baumaßnahmen mit einem Mittelbedarf von mehr als 250.000 Euro im Einzelfall sind einzeln zu veranschlagen, es sei denn, der/die SenatorIn für Finanzen bestimmt etwas anderes.

2. Planungsunterlagen für größere Beschaffungen und größere Entwicklungsvorhaben

2.1 Größere Beschaffungen sind Anschaffungen von Sachen mit einem Mittelbedarf von mehr als 100.000 Euro im Einzelfall, für die Ausgaben und Verpflichtungsermächtigungen in der Hauptgruppe 8 des Gruppierungsplans im Haushaltsplan veranschlagt werden.

2.2 Größere Entwicklungsvorhaben sind Vorhaben mit einem Mittelbedarf von mehr als 100.000 Euro im Einzelfall, die der zweckgerichteten Auswertung und Anwendung von Forschungsergebnissen und Erfahrungen vor allem technischer oder wirtschaftlicher Art dienen, um zu neuen Systemen, Verfahren, Stoffen, Gegenständen und Geräten zu gelangen (Neuentwicklung) oder um vorhandene zu verbessern (Weiterentwicklung); hierzu zählen auch Forschungsvorhaben, die der Erreichung des Entwicklungszieles dienen, sowie die Erprobung.

2.3 Bei größeren Beschaffungen und größeren Entwicklungsvorhaben kann der/die SenatorIn für Finanzen in begründeten Fällen Ausnahmen von der Wertgrenze zulassen.

2.4 Die Unterlagen müssen eine Beschreibung des Gegenstands oder eine Erläuterung des Vorhabens (ggf. mit Plänen und Skizzen), einen Zeitplan, eine Darlegung der Notwendigkeit der Beschaffung oder Entwicklung, eine Schätzung der Kosten und Folgekosten und gegebenenfalls eine Darlegung der Finanzierung enthalten.

3. Einzeln veranschlagte Zuwendungen

3.1 Wegen der einzeln veranschlagten Ausgaben und Verpflichtungsermächtigungen für Zuwendungen vgl. Nr. 3.3 zu § 23.

3.2 Die vorstehenden Bestimmungen gelten sinngemäß auch für einzeln veranschlagte Ausgaben und Verpflichtungsermächtigungen für Zuwendungen zu Baumaßnahmen, größeren Beschaffungen und größeren Entwicklungsvorhaben, wenn diese 250.000 Euro im Einzelfall übersteigen.

4. Bereitstellung der Unterlagen

Die Unterlagen müssen rechtzeitig zur Aufstellung der Entwürfe der Einzelpläne oder Kapitel (§ 27) vorliegen.

Zur konkreten Umsetzung von Investitionsmaßnahmen gibt die Landeshaushaltsordnung in § 54 entsprechende Vorgaben:

§ 54 Baumaßnahmen, größere Beschaffungen, größere Entwicklungsvorhaben

(1) Baumaßnahmen dürfen nur begonnen werden, wenn ausführliche Entwurfszeichnungen und Kostenberechnungen vorliegen, es sei denn, dass es sich um kleine Maßnahmen handelt. In den Zeichnungen und Berechnungen darf von den in § 24 bezeichneten Unterlagen nur insoweit abgewichen werden, als die Änderung nicht erheblich ist; weitergehende Ausnahmen bedürfen der Einwilligung des Senators/der Senatorin für Finanzen.

(2) Größeren Beschaffungen und größeren Entwicklungsvorhaben sind ausreichende Unterlagen zugrunde zu legen. Abs. 1 Satz 2 gilt entsprechend.

Die Verwaltungsvorschrift zu § 54 LHO (Baumaßnahmen, größere Beschaffungen, größere Entwicklungsvorhaben) konkretisiert die Vorgaben dann wie folgt:

1. Baumaßnahmen

1.1 Kleine Baumaßnahmen im Sinne von § 54 Abs. 1 Satz 1 sind Maßnahmen nach Nr. 1.1 zu § 24 LHO mit einem Mittelbedarf bis zu 250.000 Euro im Einzelfall. Soweit Richtlinien für die Durchführung von Bauaufgaben der Freien Hansestadt Bremen ergangen sind, sind diese anzuwenden.

1.2 Eine Abweichung im Sinne von § 54 Abs. 1 Satz 2 ist erheblich, wenn sie zu einer wesentlichen Änderung der Baumaßnahme, zu einer Kostenüberschreitung um mehr als 10 v. H. oder zu zusätzlichen, über die Schätzung nach § 24 Abs. 1 Satz 2 hinausgehenden Folgekosten führt. Kostenüberschreitungen von mehr als 50.000 Euro sind stets erheblich. Führen Kostenüberschreitungen unabhängig von ihrer Höhe zu über- oder außerplanmäßigen Ausgaben oder Verpflichtungsermächtigungen, ist § 37, § 38 Abs. 1 Satz 2 oder § 38 Abs. 2 anzuwenden.

2. Größere Beschaffungen, größere Entwicklungsvorhaben
2.1 Unterlagen sind als ausreichend im Sinne von § 54 Abs. 2 Satz 1 anzusehen, wenn sie zumindest die Voraussetzungen der Nr. 2.4 zu § 24 LHO erfüllen.
2.2 Eine Abweichung von den der Veranschlagung zugrunde gelegten Unterlagen ist erheblich im Sinne von § 54 Abs. 2, wenn sie zu einer wesentlichen Änderung des Gegenstandes, zu einer Kostenüberschreitung um mehr als 10 v. H. oder zu zusätzlichen, über die Schätzungen nach § 24 Abs. 1 Satz 2 hinausgehenden Folgekosten führt. Kostenüberschreitungen von mehr als 50.000 Euro sind stets erheblich. Führen Kostenüberschreitungen unabhängig von ihrer Höhe zu über- oder außerplanmäßigen Ausgaben oder Verpflichtungsermächtigungen, ist § 37, § 38 Abs. 1 Satz 2 oder § 38 Abs. 2 anzuwenden.

Der/Die SenatorIn für Finanzen erlässt überdies jährlich Verwaltungsvorschriften zur Durchführung der Haushalte, in denen der unterjährige Umgang mit Investitionsausgaben weiter konkretisiert wird.

Aus den Vorgaben des Finanzrahmens (vgl. Punkt 6 Finanzplanung) werden – getrennt nach Gebietskörperschaften – die Rahmensetzungen der investiven Einnahmen und Ausgaben des Kernhaushalts (einschließlich der Zuweisungen und Zuschüsse an ausgegliederte Einheiten) abgeleitet und im Rahmen der Eckwertbeschlüsse den jeweiligen Produktplänen zugeordnet.

7.6.3.1 Maßnahmenbezogene Investitionsplanung

Die auf der Grundlage des Finanzrahmens erstellten maßnahmenbezogenen Investitionsplanungen für die Haushalte des Landes und der Stadtgemeinde Bremen (perspektivisch auch für die Stadtgemeinde Bremerhaven) wurden im Rahmen der zurückliegenden Haushaltsaufstellungsverfahren schrittweise fortentwickelt.

Aktuell werden die in den Haushalten vorgesehenen Investitionsvorhaben getrennt nach Gebietskörperschaften in Einnahme- und Ausgabepositionen dabei

- für den Gesamtzeitraum der Finanzplanperiode ausgewiesen und für die Gesamtlaufzeit der Maßnahme erfasst,
- um die in den Wirtschaftsplänen der Sondervermögen dargestellten Maßnahmen und die sich dabei ergebenden Bezüge zum Kernhaushalt ergänzt,

- nach Kategorien differenziert (Kleine Um- und Erweiterungsbauten; Zuführungen an Sondervermögen, Gesellschaften etc.; EU-, Bundes- und Landesprogramme) sowie mit weiteren Kennzeichnungen versehen, die bspw. eine Auswertung nach Funktionskennziffern u. ä. ermöglichen.

Die Schwerpunkte im Investitionshaushalt werden im Land einnahmeseitig geprägt durch Einnahmen (in Summe rd. 100 Mio. Euro p. a.) vom Bund und der EU zur Mitfinanzierung großer Programme (BAföG, EFRE, GRW etc.), in der Stadtgemeinde Bremen bildeten die Abführungen von Sondervermögen an den Kernhaushalt (in Summe rd. 70 Mio. Euro p. a.) bis einschließlich 2019 die größte Position. Ab 2020 werden die investiven Einnahmen in der Stadtgemeinde Bremen mit nur noch rd. 1,2 Mio. Euro eine untergeordnete Rolle spielen.

Ausgabeseitig liegen die Investitionsschwerpunkte des Landes – bedingt durch hohe Kofinanzierungsanteile des Bundes und der EU – im Wissenschafts-, Bau-, Wirtschafts- und Häfenbereich. In der Stadtgemeinde Bremen bilden die Bereiche Schulen und Kindertagesstätten sowie Infrastruktur die Schwerpunkte.

Die den Produktplänen zugeordneten investiven Einnahme- und Ausgabeeckwerte werden von den Verantwortlichen der Ressorts auf die geplanten Maßnahmen im Rahmen der Haushaltsaufstellung heruntergebrochen. Hierbei sind vorrangig bestehende Verpflichtungen

- aus gesetzlichen Bestimmungen,
- aus bereits laufenden Maßnahmen,
- aus gefassten Gremienbeschlüssen (Bürgerschaft, Senat, Haushalts- und Finanzausschuss),
- für notwendige Komplementärmittel aus EU- oder Bundesprogrammen,
- für notwendige Mittel zur Erhaltung der bestehenden (Bau-)Substanz und
- für politische Schwerpunktsetzungen

zu berücksichtigen.

Sofern im Anschluss an die Haushaltsaufstellung durch die Ressorts rechnerische Abweichungen zwischen Eckwert-Vorgaben und Planungsnotwendigkeiten im Investitionsbereich festgestellt werden, wird in Revisionsgesprächen versucht, mögliche Ausgleiche (Kürzungen an anderer Stelle, Aufstockung des Investitionsrahmens) herbeizuführen.

Die abgestimmte maßnahmenbezogene Investitionsplanung wird als Bestandteil der Haushaltspläne von den zuständigen Gremien beschlossen und bildet dann im Vollzug der Haushalte die Grundlage für das unterjährige Controlling im Investitionsbereich. Hierbei ist darauf hinzuweisen, dass die Bildung rechnerischer Planwerte in diesem Bereich eine besondere Herausforderung an die Ressorts stellt, da Investitionstätigkeit von diversen unterschiedlichen Einflüssen abhängig ist, wie z. B. der Verfügbarkeit von bauausführenden Unternehmen oder auch dem Wetter, Planungsverzögerungen durch verschiedene Zuständigkeiten oder aufgrund gesetzlicher Vorgaben bspw. aus dem Bau- oder Naturschutzrecht.

7.6.3.2 Investitionsatlas

Basierend auf der maßnahmenbezogenen Investitionsplanung wurde der Investitionsatlas konzipiert, um interessierten BürgerInnen die Möglichkeit zu bieten, sich über geplante Investitionen in Bremen zu informieren.

Dargestellt werden die im Rahmen der Haushalte 2018/2019 veranschlagten und für 2020/2021 geplanten Investitionsmaßnahmen.

Beim Aufruf des Investitionsatlas über den unten aufgeführten Link erhält man voreingestellt die Sicht auf alle hinterlegten Investitionsmaßnahmen des Jahres 2018.

Dann besteht die Möglichkeit, über den Einsatz verschiedener Filter die gewünschten Informationen auszuwählen. So können bspw. über den Filter »Stadtteil« sämtliche im Rahmen des Haushalts geplanten Investitionsmaßnahmen des jeweiligen Stadtteils angezeigt werden.

Über den Filter »Art der Investition« besteht die Möglichkeit, bspw. alle Schulbaumaßnahmen anzeigen zu lassen. Eine Kombination der Filter ist nicht möglich. Man deaktiviert die Filter durch erneuten Klick auf den Menüpunkt oder im Kartenmenü.

Mit der Schaltfläche »Legende an/aus« blendet man sich die jeweils aktiven Filter und die Bezeichnung der aktiven Maßnahmen (farbige Dreiecke) ein.

Über die Schaltfläche »Jahr wählen« kann zwischen den zur Verfügung stehenden Daten der Jahre 2018 bis 2021 ausgewählt werden.

Im Feld »Zeitreihe« werden nur Daten ausgewiesen, wenn vorher über die Karte oder über die Tabelle Maßnahmen ausgewählt wurden. Eine Mehrfachauswahl ist möglich, die Deaktivierung erfolgt durch erneuten Klick auf die Maßnahme.

Alternativ zur Zeitreihe können die ausgewählten Maßnahmen auch als Säulendiagramm dargestellt werden. Die Auswahl erfolgt über Schaltfläche »Säulendiagramm an/aus«.

Unterhalb der Karte werden die ausgewählten Investitionsmaßnahmen tabellarisch aufgeführt mit der jeweiligen Bezeichnung und dem Standort der Investitionsmaßnahme.

Bei einigen Maßnahmen sind bereits zusätzliche Informationen hinterlegt. Diese Zusatzinformationen öffnen sich durch Klick auf das Dateisymbol (hinter dem farbigen Maßnahmenpunkt in der Tabelle). Hier sind bspw. Erläuterungen von Abkürzungen oder auch Links auf weitere Seiten hinterlegt.

Zu finden ist der Investitionsatlas auf
https://www.finanzen.bremen.de/haushalt/digitaler_haushalt/investitionsatlas-64493

8

Die Haushaltsaufstellung

Die Phase der Aufstellung der Haushalte für das Land und die Stadtgemeinde Bremen stellt einen wesentlichen Schwerpunkt im Haushaltskreislauf dar. Im Rahmen des Aufstellungsprozesses werden sowohl die Haushaltsgesetze für das Land und die Stadtgemeinde Bremen verabschiedet, als auch die entsprechenden Haushaltspläne einschließlich aller Anlagen festgestellt. In den folgenden Kapiteln werden die Bedeutung bzw. die Inhalte der einzelnen Elemente der Haushaltsaufstellung und der Entwicklungsprozess bis zur Feststellung eines Haushalts dargestellt.

8.1 Das Haushaltsgesetz

Das (jährliche) Haushaltsgesetz stellt die Basis für den Haushaltsplan dar, welcher nach Art. 131 der Bremischen Landesverfassung (LV) mit dem Haushaltsgesetz festgestellt wird. Das Haushaltsgesetz enthält die Festsetzung

- der veranschlagten Einnahmen und Ausgaben im Haushaltsplan,
- der Steuersätze, soweit sie für jedes Rechnungsjahr festzusetzen sind,
- des Höchstbetrages der Kassenkredite[61].

Mit dem Haushaltsgesetz wird die Höhe der Einnahmen und Ausgaben sowie der Verpflichtungsermächtigungen, die im Haushaltsplan veranschlagt sind, festgestellt. Darüber hinaus werden Feststellungen zum Stellenvolumen und Stellenindex getroffen. Dem Haushaltsgesetz unmittelbar beizufügen ist lediglich der Gesamtplan (vgl. § 1 Landeshaushaltsordnung [LHO]), der gem. § 13 Abs. 4 LHO Folgendes beinhaltet:

- Übersicht zu den Einnahmen, Ausgaben und Verpflichtungsermächtigungen (Haushaltsübersicht),
- Gegenüberstellung der Einnahmen und der Ausgaben (jeweils ohne Kreditaufnahme/-tilgung, Rücklagenbewegungen und Überschüsse/Fehlbeträge) und dem sich dabei ergebenden Saldo (Finanzierungsübersicht),
- getrennte Gegenüberstellung der Kreditaufnahmen und Schuldentilgungen getrennt nach Kreditmarkt sowie öffentlichem Bereich (Kreditfinanzierungsplan).

Die jährlichen Haushaltsgesetze des Landes und der Stadtgemeinde Bremen enthalten seit dem Jahr 2000 in § 2 die Bestimmung, dass neben den

61 Vgl. Art. 131 Abs. 2 Satz 2 LV.

aufzustellenden kameralen Haushalten im Sinne von § 7a LHO ein leistungsbezogener Haushalt für das Land und die Stadtgemeinde Bremen aufzustellen ist, der den aufgabenbezogenen Budgets verbindliche Finanz-, Personal- und Leistungsziele in Art und Umfang zuordnet[62] (Produktgruppenhaushalt).

Neben dieser Bestimmung werden im Haushaltsgesetz insbesondere Ermächtigungen des parlamentarischen Haushalts- und Finanzausschusses, aber auch der Senatsverwaltung (im Besonderen für den/die SenatorIn für Finanzen) festgelegt. Mit dem Haushaltsgesetz werden auch Bürgschaften, Garantien und sonstige Gewährleistungen, deren Höhe nach § 39 LHO einer gesetzlichen Grundlage bedürfen, geregelt.

Mit dem Entwurf des Haushaltsgesetzes werden der Produktgruppenhaushalt, die kameralen Haushaltspläne, die Wirtschaftspläne der Eigenbetriebe und sonstigen Sondervermögen sowie die Stellenpläne und eine fünfjährige Finanzplanung in die Bremische Bürgerschaft eingebracht.

62 Vgl. Kapitel 7.5.

8.2 Der Haushaltsplan

Durch die Feststellung im jährlichen Haushaltsgesetz wird dem Haushaltsplan Rechtswirksamkeit verliehen[63]. Nach Art. 131 LV bzw. § 1 LHO wird der Haushaltsplan für ein oder zwei Rechnungsjahre, nach Jahren getrennt, vor Beginn des ersten Rechnungsjahres durch das Haushaltsgesetz festgestellt. In der bisherigen bremischen Haushaltspraxis wurden in der Regel sog. Doppelhaushalte verabschiedet, die der genannten Regelung entsprechend allerdings getrennt nach Jahren aufzustellen und zu vollziehen sind.

Der Haushaltsplan ist Grundlage für die Haushalts- und Wirtschaftsführung und dient der Feststellung und Deckung des Finanzbedarfs, der zur Erfüllung der Aufgaben im Bewilligungszeitraum voraussichtlich notwendig ist[64]. Er ermächtigt die Verwaltung, Ausgaben zu leisten und Verpflichtungen einzugehen[65].

Bestandteile des Haushaltsplans sind:

- Einzelpläne, in denen die Einnahmen, Ausgaben und Verpflichtungsermächtigungen nach Kapiteln und Titeln gegliedert dargestellt werden (Kapitel werden in der Regel der Organisationstruktur entsprechend gebildet).
- Übersichten nach § 14 LHO wie die Gruppierungsübersicht (Darstellung nach bestimmten Arten), die Funktionenübersicht (Darstellung nach bestimmten Aufgabengebieten), ein Haushaltsquerschnitt (Zusammenfassung von Gruppierungs- und Funktionenübersicht) sowie einer Übersicht durchlaufender Posten.
- Eine vollständige Dokumentation von Sonderabgaben ist lt. Beschluss des Bundesverfassungsgerichts vom 17. Juli 2003 Gebot wirksamer parlamentarischer Legitimation und Kontrolle von Planung und Entscheidung über die finanzielle Inanspruchnahme der Bürger für öffentliche Aufgaben. Daher ist dem Haushaltsplan zusätzlich eine Übersicht zu den Sonderabgaben beizufügen, die die Rechtsgrundlage und Höhe, den Abgabezweck sowie die Kreise der Verpflichteten bzw. Begünstigen ausweist.

---

63 Vgl. Wieland, in: Fischer-Lescano/Rinken u. a. (Hrsg.), Verfassung der Freien Hansestadt Bremen, 2016, Art. 131, Rn. 5.

64 Vgl. Art. 132 LV bzw. § 2 LHO.

65 Vgl. § 3 LHO.

Im Haushaltsplan werden die Einnahmen und Ausgaben haushaltsstellenbezogen veranschlagt. Die Numerik einer Haushaltsstelle weist darauf hin, welcher Haushalt (Land oder Stadtgemeinde Bremen) betroffen ist, in welchem Einzelplan und in welcher Dienststelle bzw. in welchem Aufgabenbereich die Veranschlagung vorgenommen wurde. Außerdem lässt sich durch die Numerik auf die Einnahme- bzw. Ausgabeart schließen. Diese Informationen werden ergänzt um die Angaben des sog. Dispositivs, in dem z. B. der konkrete Zweck einer Ausgabe und auch die bewirtschaftende Einheit festgelegt wird. In diesem Kontext wird auch die Verknüpfung zum Produktgruppenhaushalt verbindlich fixiert: Jede Haushaltsstelle wird einer Produktgruppe des Produktgruppenhaushalts zugeordnet und wird damit Budgetbestandteil dieser Produktgruppe. Schlussendlich können die Haushaltsstellen ergänzt werden um Haushaltsvermerke mit speziellen Bewirtschaftungsregelungen.

Im Haushaltsplan werden die IST-Beträge des Vor-Vorjahres, der Anschlag des Vorjahres sowie die Anschläge des Planungsjahres ausgewiesen. Im Falle eines Doppelhaushalts kommt der Anschlag des zweiten Aufstellungsjahres hinzu.

8.3 Der Haushaltsaufstellungsprozess

Nachdem das Ergebnis eines Aufstellungsprozesses bereits in den vorhergehenden Kapiteln beschrieben wurde, soll nunmehr das Verfahren beschrieben werden. Der Ablauf stellt sich grob skizziert wie folgt dar:

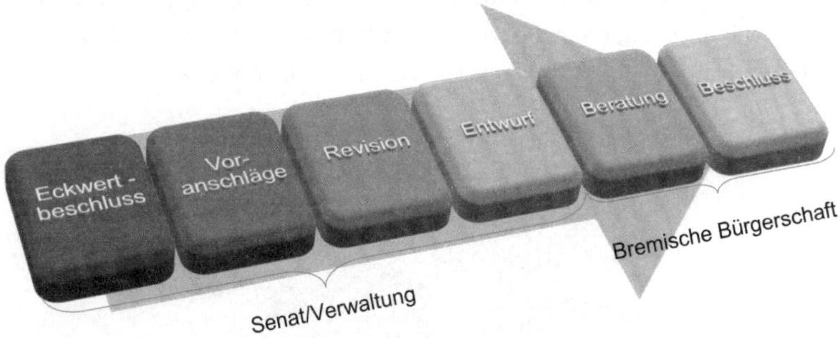

8.3.1 Der Eckwert als Ausgangspunkt

Entsprechend der verfassungsrechtlichen Vorgaben soll das Haushaltsgesetz und der damit festgestellte Haushaltsplan grundsätzlich vor Beginn des Planjahres von der Bremischen Bürgerschaft beschlossen werden. Um diese zeitliche Vorgabe einhalten zu können, ist es notwendig, bereits sehr frühzeitig mit der Planung des Aufstellungsprozesses zu beginnen. In der Regel ist in Bremen ab Eckwertbeschluss ein zeitlicher Rahmen von bis zu einem Dreivierteljahr einzuplanen. Im Vergleich: Der mit Übersendung des Haushaltsaufstellungsrundschreibens durch den Bundesminister der Finanzen gestartete Prozess (vergleichbar mit dem Eckwertbeschluss des Senats in Bremen) soll in der Regel 13 Monate andauern[66].

Zur Vorbereitung des Eckwertbeschlusses ermittelt der/die SenatorIn für Finanzen auf Basis der vorhandenen Finanzplanung, der maßnahmenbezogenen Investitionsplanung und unter Berücksichtigung der jeweils aktuellen Ergebnisse der Steuerschätzung den Rahmen für die Gesamteinnahmen und -ausgaben für die Planungsjahre. Die wesentlichen, zwischenzeitlich eingetretenen Rahmenveränderungen wie bspw. Besoldungs- und Tarifsteigerungen fließen ebenfalls in die Betrachtung ein. Von dem/der SenatorIn für Finanzen wird in der Regel vor einem Eckwertbeschluss ein

66 Wiesner/Leibing/Müller, Öffentliche Finanzwirtschaft, Reihe »Handbücher und Kommentare«, 2008, S.154.

Grundsatzpapier zur finanz- und personalwirtschaftlichen Ausgangslage in den Senat eingebracht. Neben den ressourcenbezogenen Aspekten sollen in dieser Ausgangslage – abgeleitet aus einer Gesamtstrategie (z. B. aus einer Koalitionsvereinbarung) – bereits Strategieziele sowie untergeordnete Oberziele einschl. erwünschter Wirkungen festgestellt werden, so dass im Verlauf des weiteren Aufstellungsprozesses eine integrierte Planung mit Finanz-, Personal- und Wirkungszielen festgelegt werden kann. Selbstverständlich können der Senat und die Bremische Bürgerschaft im Verlauf der weiteren Haushaltsberatungen noch Veränderungen vornehmen.

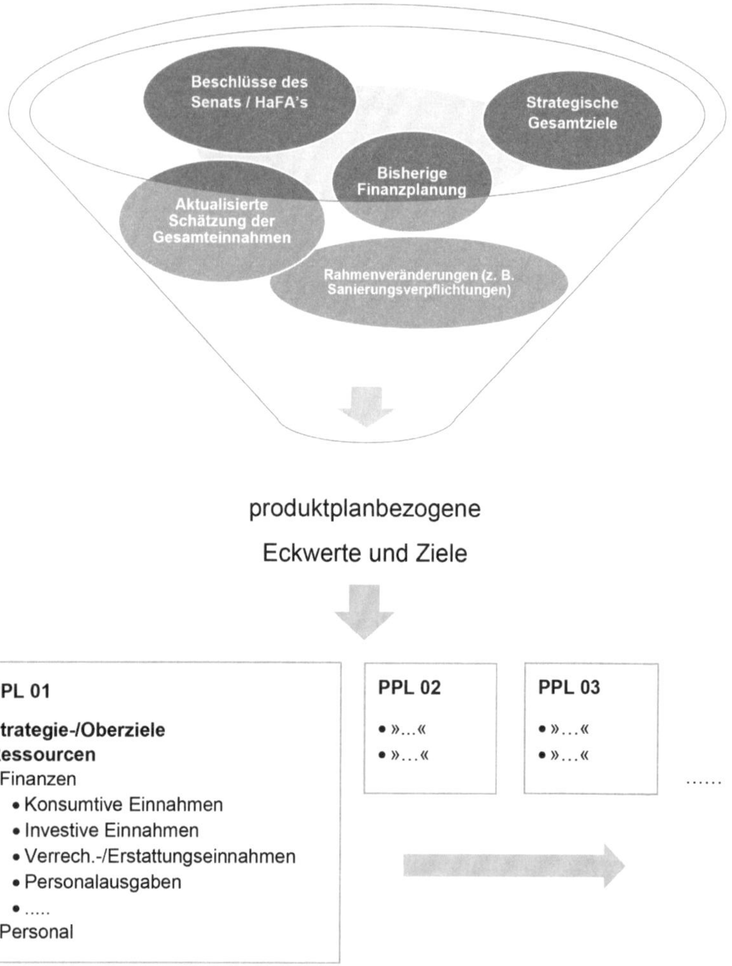

Produktplanbezogene Eckwerte und Ziele.

Auf dieser Grundlage bereitet der/die SenatorIn für Finanzen den sog. Eckwertbeschluss vor, welcher einerseits die Ressourcen (Finanzen und Personal) und andererseits die aus der Gesamtstrategie abgeleiteten Ziele[67] auf die Ebene der Produktpläne im Produktgruppenhaushalt herunterbricht.

Die Produktplaneckwerte werden aggregatsbezogen, d. h. nach Einnahme- oder Ausgabearten, beschlossen. Insofern handelt es sich um Globalbudgets jeweils für die konsumtiven, investiven und Verrechnungs-/Erstattungseinnahmen sowie für die Personal-, konsumtiven und Verrechnungs-/Erstattungsausgaben. Im Bereich der Investitionsausgaben werden die Ansätze der maßnahmenbezogenen Investitionsplanung, die Bestandteil der Finanzplanung sind, zugrunde gelegt. Diese Aggregats- bzw. Maßnahmenbudgets stellen die Obergrenze für den weiteren Planungsprozess dar. Lediglich im Bereich der Investitionsausgaben erfolgt eine Konkretisierung und ggf. Neujustierung der Budgets, sofern zentrale, noch nicht verteilte Mittel zur Verfügung stehen (Globalmittel).

Neben den Ressourcen- und Zielbeschlüssen enthält der Eckwertbeschluss die sog. »Richtlinien zur Aufstellung der Haushalte«, die von dem/der SenatorIn für Finanzen erlassen werden. Dieser Erlass enthält allgemeine Hinweise und Erläuterungen, die für das Aufstellungsverfahren relevant sind sowie spezifische Regelungsinhalte bspw. zu Haushaltsvermerken.

Der Beschluss des Senats über die produktplanbezogenen Oberziele/Eckwerte (top down) stellt den »Startschuss« für die nächste Phase »Verwaltung« (bottom up) dar.

8.3.2 Voranschläge

Mit dem Eckwertbeschluss verpflichtet der Senat die Ressorts, die zur Erreichung der Oberziele notwendigen Ziele bzw. Teilziele zu entwickeln sowie die hierfür notwendigen Ressourcen innerhalb des gesetzten Budgets festzustellen.

Die Planung soll sich dabei an den von der Kommunalen Gemeinschaftsstelle für Verwaltungsmanagement (KGSt) für den Zielfindungsprozess formulierten vier Leitfragen der Zielfelder »Ergebnisse/Wirkungen«, »Programme/Produkte«, »Prozesse/Strukturen« und »Ressourcen«[68] ori-

67 Die Gesamtstrategie wird derzeit noch zum Zeitpunkt des Eckwertbeschlusses vorgelegt. Die hier ansatzweise geschilderte Zielsystemhierarchie ist noch zu entwickeln.

68 KGSt-Bericht 10/200, Strategisches Management III: Zielbezogene Budgetierung, S. 10.

entieren. Näheres ist auch im Kapitel 7.4 »Der Produktgruppenhaushalt« beschrieben. Die Ressorts haben ca. einen Monat Zeit, um die Oberziele und die Eckwerte »auszufüllen«.

Die Ressorts stellen die erforderlichen Informationen und Datengrundlagen für den Produktgruppenhaushalt zusammen. Insbesondere werden die Ziele bzw. Teilziele im Produktgruppenhaushalt möglichst prägnant beschrieben und zwecks Messung der Zielerreichung mit Kennzahlen/Indikatoren versehen.

Für alle (wesentlichen[69]) finanzwirksamen Maßnahmen sind grundsätzlich Wirtschaftlichkeitsuntersuchungen im Sinne von § 7 LHO vorzulegen.

Die Beiräte haben das Recht, Anträge zur Haushaltsaufstellung, insbesondere zu selbst entwickelten Vorhaben und Projekten, bei der fachlich zuständigen senatorischen Behörde zu stellen[70]. Diese Beschlüsse (sog. Haushaltsanträge) sind von den Ortsämtern über die Aufsichtsbehörde (Senatskanzlei) der fachlich zuständigen Behörde zu übermitteln, so dass sie bzw. die Beiräte an der Aufstellung und Ausführung der Haushaltsvoranschläge mitwirken[71].

Die auf der Ebene der Produktpläne gebildeten Eckwerte sind auf die einzelnen Produktbereiche und Produktgruppen aufzuteilen. In den kameralen Haushalten sind bei den einzelnen Haushaltsstellen des Produktplans Einnahme- und Ausgabeanschläge zu bilden, Haushaltsvermerke und Erläuterungen zum Haushaltsplan anzubringen, neue Haushaltsstellen einzurichten und andere zu löschen. Zugleich werden bereits haushaltsstellenscharf Ansätze für die über den aktuellen Haushaltsaufstellungszeitraum hinausgehenden Finanzplanjahre gebildet.

Bei der Anschlagbildung sind die Haushaltsgrundsätze zu beachten: Bspw. das Fälligkeitsprinzip, nach dem nur im Falle erwarteter Einnahmen bzw. voraussichtlich zu leistender Ausgaben Anschläge einzustellen sind oder der Grundsatz der Haushaltswahrheit, der eine möglichst exakte und nachvollziehbar begründete Anschlagbildung fordert.

69 Gemäß Ziff. 7.4.1.2 der Richtlinien zur Aufstellung der Haushalte 2018/2019 wurde festgelegt, dass generell für neue Maßnahmen mit einem Kostenvolumen von mehr als 1 Mio. Euro die Ergebnisse der Wirtschaftlichkeitsuntersuchung dem/der SenatorIn für Finanzen vorzulegen sind. Sofern diese nicht vorgelegt werden konnte, sollten die Mittel gesperrt werden.

70 § 8 Abs. 4 des Ortsgesetzes über Beiräte und Ortsämter vom 2. Februar 2010 (Brem.GBl. 2010, 130), zuletzt geändert durch Ortsgesetz vom 5. März 2019 (Brem.GBl. S. 43).

71 § 32 Abs. 1 des Ortsgesetzes über Beiräte und Ortsämter, a. a. O.

Sofern die nach § 24 LHO erforderlichen Planungsunterlagen im Falle einer Veranschlagung von Bauinvestitionen nicht vorliegen, ist ein Anschlag nur einzuplanen, wenn durch eine spätere Veranschlagung ein Nachteil für Bremen entstehen würde[72].

Zuwendungen dürfen nur veranschlagt werden, wenn ein erhebliches Interesse Bremens an der Erfüllung der Aufgabe besteht[73]. Im Falle institutioneller Förderung ab 100.000 Euro ist von den Ressorts gesondert zu testieren, dass der Zuwendungsempfänger einen mit den geplanten Anschlägen übereinstimmenden Wirtschafts- oder Haushaltsplan vorgelegt hat und dieser auf Vollständigkeit und Richtigkeit geprüft wurde.

Der/die SenatorIn für Finanzen bestimmt, zu welchem Termin die Voranschläge von den zuständigen Verantwortlichen des Produktgruppenhaushalts datentechnisch erfasst sein müssen[74].

8.3.3 Revision

Die Budgetvorschläge der Ressorts werden zunächst in den sog. Spiegelreferaten dem/der SenatorIn für Finanzen hinsichtlich Systematik, Veranschlagungsreife, Wirkungsorientierung, Wirtschaftlichkeit, Folgekosten und Nachhaltigkeit geprüft[75]. Jeder Produktplan ist einem »Spiegelreferat« zugeordnet, in dem die inhaltlichen, organisatorischen und finanziellen Angelegenheiten dieses Produktplans begleitet werden. Im Anschluss an diese Prüfung werden die gebildeten Voranschläge mit den vom Senat für die einzelnen Einnahme- und Ausgabeaggregate beschlossenen Eckwerten (Eckwertanalyse) und inhaltlichen Rahmenvorgaben abgeglichen. Neben der sachlichen Richtigkeit prüfen die Spiegelreferate auch die Angemessenheit. Das Ergebnis der Prüfung der Haushaltsvorentwürfe wird anschließend den Ressorts übermittelt, die daraufhin gegebenenfalls ihre Einwendungen gegenüber dem/der SenatorIn für Finanzen vortragen (§ 28 LHO).

Über die Einwendungen der Ressorts wird zunächst auf der Ebene des/der HaushaltsdirektorIn in Ressortgesprächen versucht, eine Klärung herbeizuführen. Kommt diese nicht zustande, werden einzelne Chefgespräche auf der Staatsratsebene und/oder der SenatorInnenebene geführt. In

72 Vgl. § 24 Abs. 3 LHO.
73 Vgl. § 23 LHO.
74 Auf eine dem Wortlaut des § 27 LHO entsprechende Übersendung der Voranschläge wird aufgrund der datentechnischen Weiterverarbeitung verzichtet.
75 Vgl. § 28 LHO.

diesen Haushaltsgesprächen besteht Gelegenheit, auch über zwingende Ressortbedarfe zu diskutieren, die aus Ressortsicht innerhalb der Eckwerte nicht darstellbar sind. Kann ein Einvernehmen nicht erzielt werden, ist letztlich eine abschließende Einigung in der Staatsrätekonferenz bzw. im Senat erforderlich.

Dazu stellt der/die SenatorIn für Finanzen im Anschluss an die Haushaltsgespräche die von den Ressorts über den jeweiligen Eckwert hinaus geltend gemachten Forderungen zusammen und entwickelt einen Vorschlag, wie damit umzugehen ist. Der Senat muss dann über die zusätzlichen Ressourcenanforderungen angesichts seiner mit dem Eckwertbeschluss festgelegten politischen Prioritätensetzungen entscheiden. Damit beschließt er den Haushaltsvorentwurf.

In diesem Verfahrensschritt ist im Rahmen einer gleichstellungsorientierten Haushaltssteuerung zentral zu prüfen, ob die Ressorts bei den Festlegungen in den unterschiedlichen Produktgruppen, Produktbereichen und Produktplänen deren Auswirkungen auf die Geschlechter hinreichend berücksichtigt haben.

Abschließend leiten die Ressorts die Deputationsbeteiligung ein. Die Haushaltsvorentwürfe werden von den zuständigen Fachdeputationen beraten[76]. Um ein stringentes Beratungsverfahren zu gewährleisten, hat es sich in der Praxis durchgesetzt, zu diesem Zeitpunkt bereits die parlamentarischen Fachausschüsse zu beteiligen. Die Deputationen und Fachausschüsse haben so die Möglichkeit, die von der Fachverwaltung vorgelegten Haushaltsvorentwürfe zu erörtern. In diese Beratung fließen auch die mit einer Stellungnahme des zuständigen Ressorts versehenen Haushaltsanträge der Ortsämter (Beiräte) ein[77].

Empfehlungen der Deputationen bzw. der Fachausschüsse sind ggf. vom Ressort bei entsprechender Priorisierung in den vom Senat beschlossenen Haushaltsvorentwurf einzuplanen und für den/die SenatorIn für Finanzen »freizugeben«.

8.3.4 Entwurf

Im nächsten Schritt stellt der/die SenatorIn für Finanzen – unter Beachtung des § 29 Abs. 2 LHO – den Gesamthaushaltsplan auf. Sie legt dem Senat die Haushaltsentwürfe zusammen mit den Entwürfen der Haus-

76 § 2 Abs. 1 Satz 2 des Gesetzes über die Deputationen vom 30. Juni 2011 (Brem.GBl. 2011, 383), zuletzt geändert durch Gesetz vom 2. April 2019 (Brem.GBl. S. 164).

77 § 32 Abs. 2 des Ortsgesetzes über Beiräte und Ortsämter, a. a. O.

haltsgesetze zur Beschlussfassung und Weiterleitung an die Bremische Bürgerschaft vor. Die Bürgerschaft soll nach § 30 LHO in der Regel zu der auf den 1. September folgenden Plenarsitzung des dem Haushaltsjahr vorhergehenden Kalenderjahres erreicht werden.

8.3.5 Parlamentarische Haushaltsberatungen

Die erste Lesung der parlamentarischen Haushaltsberatungen beginnt in der Regel mit der Einbringungsrede des/der FinanzsenatorIn, gefolgt von einer haushaltspolitischen Grundsatzdebatte. Die gesamten parlamentarischen Haushaltsberatungen werden sowohl für den Haushalt des Landes als auch für den Haushalt der Stadtgemeinde Bremen in der Bürgerschaft (Landtag) geführt. Eine nochmalige Debatte über den Haushalt der Stadtgemeinde Bremen in der Stadtbürgerschaft findet in der Regel nicht statt. Hier erfolgt lediglich die formale Abstimmung.

Nach Abschluss der Beratungen beschließt die Bremische Bürgerschaft in erster Lesung die Haushaltsgesetze, die Haushaltspläne (Produktgruppenhaushalte, kamerale Haushalte einschl. der maßnahmenbezogenen Investitionsplanung, produktgruppenorientierte und kamerale Stellenpläne, Wirtschaftspläne der Sondervermögen und Anstalten öffentlichen Rechts sowie der Sonderhaushalte und Haushalte der unselbstständigen Stiftungen und Vermächtnisse) und überweist sie zur Beratung und Berichterstattung an die federführenden Haushalts- und Finanzausschüsse sowie an die übrigen Ausschüsse[78], deren Aufgabenbereiche betroffen sind. Der aktuell vorgelegte Finanzplan wird an den Haushalts- und Finanzausschuss überwiesen.

Relativ zeitnah nach der Überweisung durch die Bremische Bürgerschaft erfolgt die (gemeinsame) Eröffnungssitzung der Haushalts- und Finanzausschüsse, in der in der Regel das weitere Beratungsverfahren sowie die Beratungstermine vereinbart werden. Ferner werden die BerichterstatterInnen für die jeweiligen Einzelpläne benannt.

Die BerichterstatterInnen haben nun rund einen Monat Zeit für die Recherche und Erstellung ihrer Berichte an die Haushalts- und Finanzausschüsse. In dieser Zeit analysieren sie die Produkt- und Einzelpläne, führen Gespräche u. a. mit dem jeweiligen Fachressort, dem/der SenatorIn für Finanzen, den Ausschussvorsitzenden bzw. SprecherInnen der Deputationen und ggf. auch mit den SprecherInnen der Fraktionen, um die Schwerpunkte der vorliegenden Haushaltsentwürfe herauszuarbeiten.

78 Wie in Nr. 8.3.3 dargestellt, erfolgt in der Regel bereits im Vorfeld dieser formalen Zuweisung eine Beratung in den Fachausschüssen.

Das Ergebnis ihrer Recherchen fassen die BerichterstatterInnen in einem standardisierten Berichtsbogen zusammen. Der Bericht enthält eine zahlenmäßige Darstellung des entsprechenden Haushaltsentwurfs (aufgeteilt nach Einnahme- und Ausgabeaggregaten), Angaben zu Personal und Stellenplanung sowie weitere Personalstrukturdaten. Daneben werden größere Ausgabepositionen, einzelne größere neue Investitionsvorhaben sowie Besonderheiten zur Personal- und Stellenplanung gesondert erläutert. Gleiches gilt für Risiken, die sich aus der Sicht des/der BerichterstatterIn für den zu bewertenden Haushaltsentwurf ergeben können. Der Bericht endet mit einer Bewertung und einem konkreten Vorschlag für eine Beschlussfassung der Haushalts- und Finanzausschüsse.

In dieser Phase erfolgen auch die Beratungen in den einzelnen Fraktionen. Dort werden die Haushaltsentwürfe diskutiert, politisch bewertet und Änderungsanträge vorbereitet. Die Änderungsanträge werden zu einem im Terminplan benannten Zeitpunkt beim Plenardienst der Bremischen Bürgerschaft eingereicht und von dort an den Haushalts- und Finanzausschuss für die dann anstehenden Einzelberatungen im Ausschuss weitergeleitet.

In den sich anschließenden und zeitlich gestaffelten Einzelberatungen sind in der Regel auch die Haushaltsverantwortlichen der Ressorts, die jeweiligen StaatsrätInnen bzw. SenatorInnen, die Spiegelreferate des/der SenatorIn für Finanzen sowie die SprecherInnen der Ausschüsse und Deputationen vertreten, um für konkrete Nachfragen zur Verfügung zu stehen. Zu Beginn der jeweiligen Einzelberatung stellt der/die BerichterstatterIn die Ergebnisse seiner/ihrer Recherchen und – soweit schon vorliegend – die Stellungnahmen der beteiligten Ausschüsse kurz vor. Daran anschließend erfolgen die Erörterung der von den Fraktionen vorgelegten Änderungsanträge und eine Beschlussfassung hierüber. Auf der Basis der Einzelberatungen erfolgt die Erstellung des Berichts des Vorsitzenden des Haushalts- und Finanzausschusses für die abschließende Beratung im Plenum der Bremischen Bürgerschaft, die sog. 2. Lesung.

8.3.6 Beschluss

Die 2. Lesung über die Haushaltsentwürfe des Senats erfolgt auf der Grundlage der Beratungen des federführenden Haushalts- und Finanzausschusses unter Einbeziehung der Stellungnahmen der übrigen beteiligten Ausschüsse in der Regel im Dezember. Die Sitzung beginnt mit der Berichterstattung des Vorsitzenden des Haushalts- und Finanzausschusses über den Verlauf und das Ergebnis der Ausschussberatungen. Traditionell folgt eine Grundsatzdebatte mit dem Schwerpunkt Finanzen.

Anschließend haben je ein/eine RednerIn jeder Fraktion, dann ggf. die fraktionslosen Abgeordneten und anschließend der/die SenatorIn für Finanzen die Möglichkeit, sich zu den Haushaltsentwürfen und den vorliegenden Änderungsanträgen zu äußern. Danach werden die Haushaltsentwürfe der Ressorts aufgerufen und erörtert.

Die Haushaltsberatungen enden damit, dass einzeln oder »paketweise« über die vom Senat vorgelegten Entwürfe und die eingereichten Änderungsanträge sowie über die Haushaltsgesetze selbst abgestimmt wird. Diese Abstimmung erfolgt getrennt für den Haushalt des Landes durch die Bürgerschaft (Landtag) und in der Regel einen Tag später für den Haushalt der Stadtgemeinde Bremen durch die Stadtbürgerschaft. Darüber hinaus wird der vom Senat vorgelegte Finanzplan zur Kenntnis genommen.

Die von der Bürgerschaft beschlossenen Haushaltsgesetze werden dem Senat nach Art. 123 Abs. 2 LV zur Ausfertigung und Verkündung zugestellt. Der Senat hat die verfassungsgemäß zustande gekommenen Gesetze innerhalb eines Monats auszufertigen und im Bremischen Gesetzblatt zu verkünden. Den Haushaltsgesetzen des Landes und der Stadtgemeinde Bremen beigefügt ist jeweils der Gesamtplan, bestehend aus Haushaltsübersicht, Finanzierungsübersicht und Kreditfinanzierungsplan.

8.3.7 Ergänzung des Haushaltsentwurfs

Der Senat hat gem. § 32 LHO die Möglichkeit, im Laufe des parlamentarischen Beratungsverfahrens Änderungen der Entwürfe der Haushaltsgesetze und der Haushaltspläne vorzunehmen. Die Teile I und II der LHO sind sinngemäß anzuwenden, d. h. es gelten die für einen vorzulegenden Haushaltsentwurf maßgeblichen Verfahrensregelungen. Ergänzungen sind dementsprechend spätestens vor dem endgültigen Beschluss der Bürgerschaft (2. Lesung bzw. finaler Beschluss in der Stadtbürgerschaft) vom Senat über den/die PräsidentIn der Bremischen Bürgerschaft in die Beratung einzubringen.

8.4 Der Nachtragshaushalt

Sofern sich im Vollzug eines beschlossenen Haushaltsplans Entwicklungen ergeben, die eine Deckung eines nachträglichen Mehrbedarfs durch parlamentarische Bewilligung erfordern, besteht die Möglichkeit, einen Nachtrag zum Haushaltsgesetz und zum Haushaltsplan vorzulegen. Auf Nachträge zum Haushaltsgesetz und zum Haushaltsplan sind gem. § 33 LHO die Teile I und II sinngemäß anzuwenden, d. h. es gelten die Verfahrensregelungen wie bei einem regulären Haushaltsaufstellungsverfahren. Ein Nachtragshaushalt »... wird insbesondere den Haushaltsgrundsätzen der Ausgeglichenheit und Vollständigkeit Rechnung tragen«[79]. Ein Nachtragshaushalt ist unabwendbar, wenn die Deckung durch Aufnahme von Krediten gewährleistet werden muss. In einem solchen Fall muss die im Haushaltsgesetz der Höhe nach bestimmte Kreditermächtigung angepasst werden. Der Entwurf ist gem. § 33 LHO bis zum Ende des Haushaltsjahres einzubringen.

79 Wiesner/Leibing/Müller, Öffentliche Finanzwirtschaft, Reihe »Handbücher und Kommentare«, 2008, S. 164.

8.5 Die haushaltslose Zeit

Art. 132a LV beinhaltet Regelungen für den Fall, dass der Haushaltsplan für das Planungsjahr nicht rechtzeitig vor Beginn dieses Haushaltsjahres festgestellt worden ist. Dies ist z. B. dann der Fall, wenn die Bremische Bürgerschaft gewählt wird, da dann in der Regel die Haushaltsaufstellung für das Folgejahr nicht in dem Wahljahr abgeschlossen werden kann.

Diese Vorschrift ermächtigt den Senat, Ausgaben zu leisten, allerdings nur unter bestimmten (sehr restriktiv auszulegenden) Bedingungen. Die Regelung des Art. 132a Satz 1 LV zur vorläufigen Haushaltsführung lautet:

> *»Ist bis zum Schluss eines Rechnungsjahres der Haushaltsplan für das folgende Jahr nicht durch Gesetz festgestellt, so ist bis zu seinem Inkrafttreten der Senat ermächtigt, alle Ausgaben zu leisten, die nötig sind,*
> *a) um gesetzlich beschlossene Einrichtungen zu erhalten und gesetzlich beschlossene Maßnahmen durchzuführen,*
> *b) um rechtlich begründete Verpflichtungen der Freien Hansestadt Bremen zu erfüllen,*
> *c) um Bauten, Beschaffungen und sonstige Leistungen fortzusetzen oder Beihilfen für diese Zwecke weiter zu gewähren, sofern durch den Haushaltsplan eines Vorjahres bereits Beträge bewilligt worden sind.«*

Der/die SenatorIn für Finanzen erlässt zur Auslegung dieser Verfassungsregelung sowie zur Wahrung einer einheitlichen Handhabung allgemeine Verwaltungsvorschriften. Im Zweifel der Zulässigkeit einer Ausgabe ist diese bis zum Beschluss über den Haushaltsplan zurückzustellen. Ausgaben für neue Maßnahmen dürfen keinesfalls geleistet werden. Es ist einzelfallbezogen zu entscheiden, ob es sich um eine Fortsetzung oder um eine neue Maßnahme handelt. Hierzu können hilfsweise Haushaltsunterlagen, Zweckbestimmungen und Erläuterungen zur Haushaltsstelle, Beschlüsse und Beratungsergebnisse der Bremischen Bürgerschaft bzw. des Haushalts- und Finanzausschusses herangezogen werden. Der Begriff »sonstige Leistungen« umfasst insbesondere auch die Fälle der institutionellen oder in die »haushaltslose Zeit« reichenden (fortgesetzten) Projektförderungen. Dabei sind Ausgaben nur zulässig, soweit es sich dem Grunde nach um die Weitergewährung von Mitteln handelt.

Sinn und Zweck dieser Ermächtigung ist es, dem Senat Ausgaben zur Weiterführung wichtiger und dringlicher staatlicher Aufgaben, die unerlässlich sind, zu ermöglichen. Ausgaben, die nicht eindeutig den o. g. Kriterien entsprechen, sind grundsätzlich bis zur Beschlussfassung über den Haushalt zurückzustellen.

9

Ausgestaltung und Steuerung der Haushalte

9.1 Gleichstellungsorientierte Haushaltssteuerung

Staatliche Ausgabenpolitik kann ein machtvolles Instrument zur Verringerung von Ungleichheiten, zur Beseitigung von Diskriminierung und zur Herstellung tatsächlicher Gleichstellung der Geschlechter sein.

Geschlechterdifferenzierte Analysen zur Verwendung öffentlicher Gelder zeigen, dass es auch bei der Verteilung öffentlicher Mittel zu Diskriminierungen der Geschlechter kommt. Dieses kann erhebliche Auswirkungen auf die gesellschaftlichen Verhältnisse haben.

Zur Gleichberechtigung von Frauen und Männern steht in Art. 3 Abs. 2 des Grundgesetzes für die Bundesrepublik Deutschland:

> *»Männer und Frauen sind gleichberechtigt. Der Staat fördert die tatsächliche Durchsetzung der Gleichberechtigung von Frauen und Männern und wirkt auf die Beseitigung bestehender Nachteile hin.«*

Im Rahmen der Reform der Bremer Landesverfassung im Jahre 1997 wurde mit Art. 2 Abs. 4 auch die Förderung der Gleichberechtigung von Frauen und Männern in Land und Stadtgemeinden aufgenommen:

> *»Frauen und Männer sind gleichberechtigt. Das Land, die Stadtgemeinden und die anderen Träger der öffentlichen Verwaltung sind verpflichtet, für die gleichberechtigte Teilhabe der Geschlechter in Staat und Gesellschaft durch wirksame Maßnahmen zu sorgen.«*

Gleichstellungsorientierte Haushaltssteuerung ist das deutsche Äquivalent zum international verwendeten Begriff *Gender Budgeting*. Nach der Definition des Europarats ist Gender Budgeting eine Anwendung im Haushaltsprozess, die eine geschlechtsbezogene Analyse der Haushalte in den Mittelpunkt stellt, die auf allen Ebenen des Haushaltsprozesses eine Gleichstellungsperspektive integriert und die Ressourcen so umverteilt, dass die Gleichstellung von Frauen und Männern gefördert wird. Um die Zielsetzung der Geschlechtergerechtigkeit zu erreichen, ist es notwendig, öffentlich finanzierte Produkte, Leistungen und Fördermaßnahmen auf ihre geschlechtsspezifische Wirkung hin zu untersuchen und die Mittelvergabe entsprechend anzupassen.

Gleichstellungsorientierte Haushaltssteuerung ist ein Verfahren zur systematischen Analyse und Gestaltung der öffentlichen Haushalte, mit dem Ziel, dass Leistungen, Maßnahmen und Kennzahlen in den Haushaltsplänen auf ihre Auswirkungen auf die Geschlechter überprüft werden. Auf Grundlage dieser Analyseergebnisse sollen Haushaltsaufstellung und -vollzug durchgeführt werden, um eine gleichstellungsorientierte Ressourcenverwendung zu erreichen. Im Rahmen der gleichstellungsorientierten Haushaltssteuerung werden Wirkungsziele formuliert und zum Beschlussobjekt im Haushalt gemacht. Im Haushaltscontrolling und -abschluss ist die Zielerreichung und die Wirkung auf die Geschlechter zu bewerten.

Erfolgsfaktoren für gleichstellungsorientierte Haushalte sind:

- *Klassifizierung* von gleichstellungsrelevanten Leistungen und Produkten.
- *Zielbestimmung*, indem z. B. in den Produktgruppen Gleichstellungsziele formuliert und Kennzahlen zur Erfolgsmessung bestimmt werden.
- *Wirkungsbeurteilung*, ob die festgelegten Gleichstellungsziele im Rahmen des Haushaltsvollzugs auch erreicht wurden.

9.1.1 Einführung gleichstellungsorientierter Haushaltssteuerung

Der Senat der Freien Hansestadt Bremen hat im Jahre 2002 die Ressorts aufgefordert, gleichstellungsrelevante Aspekte in ihre jeweiligen Politik- und Tätigkeitsfelder sowie in ihr praktisches Verwaltungshandeln einzubeziehen. Daraufhin hat das Finanzressort im Jahre 2004 mit der Veröffentlichung »Gender Budgeting im Personalmanagement der Freien Hansestadt Bremen« ein Modell für eine strukturorientierte budgetbezogene Personalsteuerung vorgelegt. Zudem hatte der Senator für Arbeit, Frauen, Gesundheit, Jugend und Soziales bereits im Vorfeld der Aufstellung der Haushalte 2004 und 2005 im Leistungsteil des Produktgruppenhaushalts gleichstellungsrelevante Kennzahlen aufgenommen.

Die konkrete Grundlage für die Einführung und Umsetzung gleichstellungsorientierter Haushaltssteuerung in Bremen hat die Bremische Bürgerschaft im Jahre 2007 gelegt, indem sie u. a. beschlossen hat:

> *»Die Bürgerschaft (Landtag) ist davon überzeugt, dass bei Aufstellung und Vollzug der öffentlichen Haushalte die Strategie des Gender Budgeting verfolgt werden muss, um langfristig das Ziel einer geschlechtergerechten Gestaltung öffentlicher Einnahmen und Ausgaben zu erreichen.«*

Erstmals haben die Verwaltungsvorschriften zur Durchführung der Haushalte 2008 Ausführungen zur gleichstellungsorientierten Haushaltssteuerung enthalten:

»Aufgrund des zeitlich stark gestrafften Aufstellungsverfahrens konnten Finanzdaten noch nicht geschlechtersensibel erhoben und ausgewertet werden, so dass entsprechende Daten und Ziele noch nicht im bremischen Produktgruppenhaushalt 2008/2009 ausgewiesen werden. Dennoch sollen – auch ohne entsprechende parlamentarische Zielfestlegung – Projekte initiiert werden. Die Zielerreichung ist im Rahmen eines Controllings (Ziel- und Wirkungsanalyse/-bewertung) zu beobachten. Um zu gewährleisten, dass im Rahmen des nächsten Haushaltsaufstellungsverfahrens 2010/2011 aussagekräftige, qualitativ förderliche Ziele des Gender Budgeting vorliegen, müssen bereits im Vollzug des Haushalts 2008 Pilotprojekte benannt werden.«

Der Senat hat im Jahre 2009 ein Regelwerk zur Datenerhebung und Einführung von Gender Budgeting für institutionelle Zuwendungen beschlossen und 2010 auf Projektförderungen ausgedehnt. Der Leitfaden wurde im Jahr 2011 aktualisiert herausgegeben.

Auf eine Kleine Anfrage hat der Senat mit der Drucksache 18/920 der Bremischen Bürgerschaft im Jahre 2013 erklärt, dass die geschlechtergerechte Verwendung öffentlicher Mittel ein fester Bestandteil der bremischen Haushaltspolitik ist und ausgeführt:

»Die Ressorts werden darüber hinaus im Zusammenhang mit den Eckwertbeschlüssen des Senats aufgefordert, Gender Budgeting bereits bei der Haushaltsaufstellung einzuhalten. Zu diesem Zweck sollen die Ressorts analysieren, wie Budgetentscheidungen wirken und ob sie der Gleichstellung dienen oder diese behindern. Die Umsetzung der Gender Budgeting Vorgaben innerhalb der bremischen Verwaltung und bei der Gewährung von Zuwendungen obliegt den einzelnen Ressorts und kann nur dezentral erfolgen. Gender Budgeting ist ein stetiger Prozess. Die bei der Haushaltsaufstellung beteiligten Fachdeputationen und parlamentarischen Ausschüsse können im Rahmen ihrer Tätigkeiten diesen Prozess unterstützen.«

Der Beschluss zur Einsetzung eines ständigen Ausschusses für die Gleichstellung der Frau aus dem Jahre 2015 sieht als Aufgabe für den Ausschuss u. a. die parlamentarische Kontrolle, Begleitung und Förderung der Geschlechtergerechtigkeit (Gender Mainstreaming und Gender Budgeting) im Handeln der Regierung, Verwaltungen und Gesellschaften vor.

Mit der Vorlage zum Zuwendungsbericht 2015 hat der Senat im Jahre 2016 die Ressorts gebeten, Indikatoren für die Zielerreichung sowie die

Genderkennzahlen in der Zuwendungsdatenbank ZEBRA Bremen zu erfassen und über die Zielerreichung der Förderrichtlinien und der Genderkennzahlen erstmalig im Zuwendungsbericht 2016 zu berichten.

Mit dem Zuwendungsbericht 2016 wurden erstmalig die in der Zuwendungsdatenbank ZEBRA hinterlegten festen, geschlechtsspezifischen Indikatoren und festen Zielindikatoren auf Ebene der Förderrichtlinie ausgewertet.

9.1.2 Gender Budgeting in der Haushaltsaufstellung und im Haushaltsvollzug

Im Rahmen der Aufstellung des Haushaltsentwurfs soll auch die Klassifizierung nach Gleichstellungsrelevanz sowie die Bildung von Zielen und Indikatoren erfolgen. In den vom Senat beschlossenen Richtlinien der Haushaltsaufstellung ist zu Gender Budgeting ausgeführt:

> *»Die Zielsetzung und Folgen einer fachpolitischen und haushaltsfinanzierten Maßnahme sind daraufhin zu untersuchen, ob sie die unterschiedlichen Lebenswirklichkeiten von Frauen und Männern berücksichtigen. Dazu ist es erforderlich, Ziele und Wirkungen geschlechterdifferenziert und gleichstellungsorientiert darzustellen. Bei der Ermittlung der Haushaltsansätze sowie bei der Beschreibung von Zielen und der Bildung von Kennzahlen im Produktgruppenhaushalt sind im Rahmen des Gender Budgeting geschlechterspezifische Aspekte zu berücksichtigen.«*

Im Haushaltsaufstellungsprozess wird über die geschlechtergerechte Zuordnung der Finanzressourcen entschieden. Dabei müssen neben den im Produktgruppenhaushalt dargestellten fachlichen Zielen auch gleichstellungsrelevante Ziele entwickelt und dargestellt werden. Diese Darstellung erfolgt auf der Ebene der Produktpläne, -bereiche und -gruppen.

Bevor Gleichstellungsziele und -indikatoren bestimmt werden, sollten im ersten Schritt die Produktgruppen nach Gleichstellungsrelevanz klassifiziert werden. Zentrale Fragestellung ist hierbei, welche Aspekte des jeweiligen Aufgabenbereichs gleichstellungsrelevante Bedeutung haben. Die für diesen Bereich einzuplanenden Ausgabepositionen sollten dahingehend beurteilt werden, ob sie eine Gleichstellungswirkung haben oder erzielen können. Dabei ist eine Hinterlegung entsprechender Gleichstellungsziele im Produktgruppenhaushalt vorzusehen. Diese Ziele werden mit Kennzahlen hinterlegt, um den Grad der Zielerreichung messbar zu machen.

Im nächsten Schritt sind für die gleichstellungsrelevanten Produktgruppen Bestandsaufnahmen durchzuführen und hinsichtlich ihrer Geschlechtergerechtigkeit zu analysieren. Ziel der Bestandsaufnahme ist es, dass alle relevanten Informationen zu Zielen, Zielgruppen und Kennzahlen zusammengeführt sowie der Status quo, Trends und Einflussfaktoren analysiert und dokumentiert werden. Die Bestandsaufnahme verlangt eine Reflexion über die Produktgruppe im Hinblick auf Zielgruppen und Steuerungsansätze. Zunächst ist es sinnvoll, die Produktgruppenbeschreibungen zu konkretisieren. Dazu ist es erforderlich, den Zweck der Produktgruppe und den Bedarf der Zielgruppen, der mit dem Angebot gedeckt werden soll, zu benennen.

Neben der Berücksichtigung der geschlechterspezifischen Aspekte bei der Ermittlung der Haushaltssätze, bei der Beschreibung von Zielen und der Bildung von Kennzahlen, sollen Ressorts Ziele und Wirkungen geschlechterdifferenziert darstellen. Auch Informationen aus Statistiken sowie der Kosten- und Leistungsrechnung können je nach Einzelfall herangezogen werden.

Erfolgreiche öffentliche Leistungen setzen klare Ziele voraus. Ziele müssen auf das Wesentliche ausgerichtet sein und präzise formuliert werden.

Zudem sind die den Zielen zugehörigen Indikatoren ein hilfreiches Instrument, um die gleichstellungsbezogene Wirkung des Haushalts übersichtlich abzubilden. Diese gleichstellungsbezogenen Indikatoren müssen relevante Steuerungsinformationen verständlich abbilden. Sie haben die Funktion, aussagekräftige Informationen über die Gleichstellungswirkung der Ressourcenverteilung zu liefern. Dabei kann zwischen folgenden Gleichstellungskategorien unterschieden werden:

- Gleichstellung ist die Hauptwirkung.
- Gleichstellung ist eine Nebenwirkung.
- Keine Wirkung auf die Gleichstellung.
- Negative Wirkung auf die Gleichstellung.

Nach der Erstellung des Haushaltsvorentwurfs und Einleitung der Deputationsbeteiligungen von Ressorts haben die Deputationen die Möglichkeit, die von der Fachverwaltung vorgelegten Haushaltsvorentwürfe zu erörtern und auf Gleichstellungsrelevanz zu überprüfen. Das setzt voraus, dass zu den Einnahmen und Ausgaben in den Produktplänen Informationen über die wichtigsten Genderaspekte vorliegen.

Im nächsten Schritt werden die Haushaltsvorentwürfe von den Ressorts dem/der SenatorIn für Finanzen übersandt, der/die den Gesamthaushaltsplan aufstellt und den Haushaltsentwurf dem Senat zur Entscheidung und Weiterleitung an die Bürgerschaft zuleitet.

Eingebunden in die Abstimmung des Haushaltsentwurfs und die Haushaltsberatungen des Senats ist auch die Landesfrauenbeauftragte, die nach § 2 des Gesetzes über die Errichtung der Bremischen Zentralstelle für die Verwirklichung der Gleichberechtigung der Frau (ZGF) die Aufgabe hat, darauf hinzuwirken, dass das verfassungsrechtliche Gebot der Gleichberechtigung der Frau in Arbeitswelt, Bildung und Gesellschaft erfüllt wird. Nach dem Gesetz erfolgt dies durch die ZGF insbesondere im Wege von Anregungen und Vorschläge zu Entwürfen sowie Prüfung von Gesetzen, Verordnungen und Maßnahmen des Senats. Sie soll also grundsätzlich prüfen, ob die unterschiedlichen Auswirkungen der Produktgruppen auf die Geschlechter von den Ressorts und Produktbereichen berücksichtigt wurden.

Während des Haushaltsvollzugs muss sichergestellt werden, dass die gleichstellungsrelevanten Vorhaben umgesetzt werden, damit die entsprechenden Haushaltspositionen im geplanten Umfang abfließen und die geplanten Effekte auch erzeugt werden können.

Bei Vorhaben, die erst im Verlauf eines Haushaltsjahres geplant oder feingeplant werden, ist im Falle einer Senatsbefassung vorgesehen, dass im Rahmen der Senatsvorlage über die Ergebnisse einer erfolgten Genderprüfung berichtet wird. Damit kann der Senat frühzeitig die gleichstellungsrelevanten Ziele von Vorhaben beurteilen und Steuerungsmöglichkeiten zu einem geschlechtergerechteren Umgang mit Haushaltsmitteln ergreifen.

9.1.3 Umsetzung gleichstellungsorientierter Haushaltssteuerung

Bei der Haushaltsführung sind die Grundsätze der Wirkungsorientierung insbesondere auch unter Berücksichtigung des Ziels der tatsächlichen Gleichstellung von Frauen und Männern zu beachten.

Durch die Hinterlegung von Kennzahlen im Produktgruppenhaushalt wird im Rahmen des Produktgruppencontrollings bereits unterjährig eine wirksame Kontrolle über die Zielerreichung gefördert. Im Rahmen des Produktgruppencontrollings können frühzeitig Schwierigkeiten bei der Erreichung der auf Gleichstellung bezogenen Ziele erkannt und Gegensteuerungsmaßnahmen ergriffen werden. So können z. B. durch Umsteuerung von Ressourcen Vorhaben forciert und priorisiert werden. Es ist Aufgabe der Teilhaushaltsverantwortlichen, Abweichungen von den planerischen

Vorstellungen rechtzeitig wahrzunehmen und Lösungsvorschläge zu erarbeiten. In den vierteljährlichen Berichten zum Produktgruppencontrolling sollten die Fortschritte und Probleme im Hinblick auf die Gleichstellung der Geschlechter konkret und lösungsorientiert aufgegriffen und den Entscheidungsträgern dargestellt werden, so dass Lösungsvorschläge und Impulse für die Gleichstellung aufgenommen werden können.

Im Rahmen der Etablierung von Gender Budgeting hat der Senat im Jahre 2009 auch die Ausdehnung der gleichstellungsorientierten Haushaltssteuerung auf die Zuwendungen beschlossen. Im gleichen Jahr hat die Senatorin für Finanzen einen Leitfaden zur Umsetzung von Gender Budgeting im Zuwendungswesen herausgegeben. Der Leitfaden wurde 2011 überarbeitet und betrifft sowohl institutionelle Förderungen als auch Projektförderungen.

Insoweit sind auch Zuwendungsempfänger von den Ressorts zur Erhebung entsprechender Daten und Statistiken nach Geschlecht neben anderen sozialen Merkmalen explizit zu verpflichten. Das bedeutet einerseits, dass Gender Budgeting schon bei der Antragstellung von öffentlichen Mitteln zur Durchführung von Maßnahmen, Projekten und Programmen berücksichtigt und dann in das gesamte Zuwendungsverfahren integriert wird. Nur auf diese Weise kann sichergestellt werden, dass genderrelevante Ziele auch bei den geförderten Maßnahmen bzw. Projekten beachtet werden. Andererseits müssen die ProjektträgerInnen, die bereits unmittelbar aus den Haushalten Fördermittel erhalten, auf genderspezifische Anforderungen aufmerksam gemacht werden, um im Controlling das Ziel der geschlechtergerechten Mittelverteilung berücksichtigen zu können.

Über geschlechtsspezifische Nutzungsstrukturen bestimmter Programme, Angebote oder Fördermaßnahmen kann nur aussagekräftig im Haushalt berichtet werden, wenn auch die EmpfängerInnen öffentlicher Leistungen Gender Budgeting implementieren, konkret nach Geschlecht und anderen sozialen Merkmalen aufgeschlüsselte Daten erheben und diese im Verwendungsnachweis systematisch darstellen und analysieren.

Gem. Senatsbeschluss im Jahre 2010 sind bei institutionellen Zuwendungen und Projektförderungen als außerhalb des Kernhaushaltes wahrzunehmende Aufgaben geschlechterspezifische Analysen vorzunehmen. Insbesondere sind von den Trägern zu erheben:

- Anzahl der TeilnehmerInnen, BesucherInnen, BenutzerInnen usw.
  - davon weiblich
  - davon männlich
- Differenzierung nach Alter (aufgabengerechte Abgrenzung ist festzulegen)

Mit den Erhebungen ist im Rahmen der Vorbereitungen zur Zuwendungsgewährung zu beginnen. Anhand der später vorliegenden Erhebungsergebnisse sind dann konkrete Ziele zu formulieren und in die Zuwendungsbescheide aufzunehmen. Diese Ziele sind im Rahmen von Erfolgskontrollen, Controlling bzw. Verwendungsnachweisprüfungen auf Zieleinhaltung zu überprüfen.

Auf eine Kleine Anfrage hat der Senat mit der Drucksache 18/920 der Bremischen Bürgerschaft im Jahre 2013 u. a. erklärt:

> *»Die Zuwendungsnehmer werden bereits mit der Antragstellung auf die Beachtung von genderspezifischen Anforderungen aufmerksam gemacht und berücksichtigen diese im Rahmen ihrer Strukturen. Der Leitfaden schafft damit auf Zuwendungsnehmer und Zuwendungsgeberseite mehr Bewusstsein für einen geschlechtergerechten Mitteleinsatz. Die Erreichung der im Zuwendungsbescheid vorgegebenen Ziele wird im Rahmen der Verwendungsnachweisprüfungen bzw. Erfolgskontrolle geprüft. Für einzelne Bereiche werden zwar bereits Daten und Statistiken erhoben. Eine systematische Datenanalyse für den gesamten Zuwendungsbereich ist jedoch mangels flächendeckender Datenerhebung nicht möglich.«*

> *»Nach dem ›Leitfaden zur Umsetzung von Gender Budgeting im Zuwendungswesen (institutionelle Förderungen und Projektförderungen)‹ in Verbindung mit den Verwaltungsvorschriften zu § 44 Landeshaushaltsordnung ist die Erreichung der im Zuwendungsbescheid vorgegebenen Ziele im Rahmen der Verwendungsnachweisprüfungen bzw. Erfolgskontrolle zu prüfen.«*

Bei Förderprogrammen und Maßnahmen mit einem bedeutsamen Finanzvolumen ist im Rahmen einer Wirkungskontrolle zu prüfen, ob die Maßnahme geeignet und ursächlich für die Zielerreichung ist und ob die Maßnahme wirtschaftlich durchgeführt wurde. Die Ressorts sollen anhand des von der Senatorin für Finanzen im Jahre 2016 in Kraft gesetzten »Leitfadens für die Planung und Durchführung von Erfolgskontrollen« in dezentraler Verantwortung ein funktionierendes Fördercontrolling aufbauen. Dabei soll das systematische Prüfverfahren Informationen darüber gewinnen, ob und wieweit die vereinbarten Ziele erreicht werden (Zielerreichungskontrolle), inwieweit die Maßnahme geeignet und ursächlich für die Zielerreichung war (Wirkungskontrolle) und ob Maßnahmen oder Programme wirtschaftlich durchgeführt werden (Wirtschaftlichkeitsanalyse).

Auf Basis der Informationen sollen Entscheidungen über Fortführung, Korrektur oder Einstellung einer bestimmten Fördermaßnahme oder eines Programms getroffen werden können. Hierzu erlässt die Bewilligungsbehörde Förderrichtlinien bzw. interne Richtlinien und Handlungsanweisungen, die Evaluierung basiert auf Kennzahlen, die durch die Förderrichtlinien festgelegt werden. Dabei sind Ressourcenziele von Leistungszielen und Leistungsziele von Wirkungszielen zu trennen. Eine bestimmte Anzahl von Leistungen erbracht zu haben, bedeutet nicht automatisch, eine Wirkung erzielt zu haben.

Die Kennzahlen sollen im Zuwendungsbescheid als Vorgabe aufgenommen und im Rahmen der Antragsbearbeitung bzw. Verwendungsnachweisprüfung in der Datenbank ZEBRA erfasst werden. Zur Erhöhung der Transparenz hat der Senat im Jahre 2017 beschlossen, quartalsweise einen Bericht mit allen in dem jeweiligen Jahr bislang verausgabten Zuwendungen zu erstellen und im Transparenzportal zu veröffentlichen. Dazu erstellt der Senator für Finanzen unmittelbar nach Ablauf des Quartals aus dem Datenbankverfahren ZEBRA einen Quartalsbericht.

9.1.4 Gender Budgeting im Haushaltsabschluss

In der letzten Phase des Haushaltskreislaufs geht es um die Überprüfung der Ausgaben und die Evaluierung ihrer Wirkungen. Potentiell kann dabei auch die Frage untersucht werden, ob die Haushaltsmittel, die für die Gleichstellung der Geschlechter und der gleichstellungpolitischen Ziele vorgesehen waren, für diese Zwecke effektiv verwendet wurden.

Der Haushaltsabschluss gibt den Produktgruppenverantwortlichen die Gelegenheit, die Erreichung der gleichstellungsrelevanten Zielsetzungen zu überprüfen. Die daraus gewonnenen Erkenntnisse können im Rahmen der nächsten Haushaltsaufstellungsverfahren und in der Finanzplanung zu einer bedarfs- und geschlechtergerechten Veranschlagung und Planung der Ressourcen herangezogen werden.

9.2 IT-Haushalt

Ab dem Haushaltsjahr 2010 enthält der Produktplan 96 die investiven und konsumtiven Sachausgaben für Informationstechnologie, ab 2016 auch die Mittel für Telekommunikation (TK-Endgeräte und TK-Support) der einzelnen Dienststellen der Freien Hansestadt Bremen (FHB). Nicht enthalten sind derzeit die Bereiche Schulen und Eigenbetriebe und -gesellschaften, Anstalten des öffentlichen Rechts sowie Stiftungen und Sonderhaushalte (Ausnahme: Landesuntersuchungsamt). Für die Dienststellen sind Finanzpositionen in den Kapiteln 0950 und 3950 eingerichtet worden. Darin sind sowohl Ausgaben für IT-Querschnitt als auch für IT-Fachbedarf und IT-Fachverfahren enthalten. Je nach Art des Ressourcenverbrauches enthalten die Kapitel zentral und dezentral zu bewirtschaftende Finanzpositionen. Jeder dezentral zu bewirtschaftenden Finanzposition ist im SAP eine Fremdbewirtschaftungsziffer zugeordnet worden. Dies gewährleistet, dass diese Finanzpositionen weiterhin von den Dienststellen eigenständig verwaltet werden können.

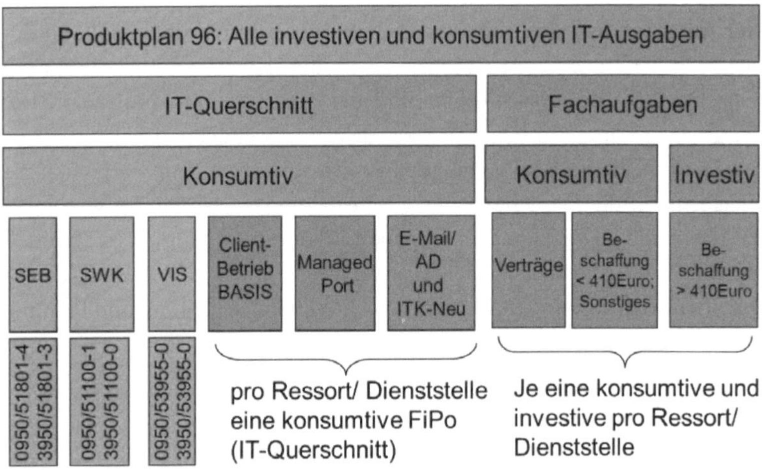

Konsumtive und investive IT-Ausgaben im Produktplan 96. IT-Budget der FHB.

Eine detaillierte Darstellung der IT-Finanzmittel wäre auf Ebene der Finanzpositionen möglich. Dies ist allerdings aufgrund des Haushaltsrechts mit Restriktionen belegt und wenig flexibel, so dass dieser Ansatz nicht sinnvoll ist.

Eine (dezentrale) Detailplanung und -bewirtschaftung der IT-Finanzmittel wird mit dem Controllingmodul der Software SAP realisiert. Mit den Funktionen des Controllingmoduls im SAP-System ist eine differenzierte Kostenplanung und Bewirtschaftung der einzelnen Fachverfahren, IT-Projekte, IT-Infrastrukturen, ganzer Programme wie dem Digitalisierungsprogramm 2018/2019 und sonstigen IT-Maßnahmen möglich.

Im Folgenden ist beschrieben, wie das IT-Controlling mithilfe der Funktionen des Controllingmoduls im SAP-System umgesetzt wird.

Damit die IT-Bedarfe der einzelnen Dienststellen im IT-Controlling berücksichtigt werden können, müssen diese einheitlich beschrieben und geplant werden. Daher ist ein Standard für die Planung und spätere Bewirtschaftung der IT-Mittel erforderlich. Das zentrale Controllingobjekt in SAP ist hierfür der Innenauftrag.

Mit dem Stammdatum Innenauftrag im Controllingmodul des SAP-Systems werden die IT-Strukturen abgebildet und die Kosten nachgewiesen. Der Innenauftrag bildet die Basis für die transparente Planung und Bewirtschaftung der Finanzmittel je IT-Objekt (bspw. ein Fachverfahren, eine Basiskomponente, ein Projekt zur Einführung oder Weiterentwicklung eines Fachverfahrens, die IT-Infrastruktur).

9.2.1 Innenauftrag

Mit dem Stammdatum Innenauftrag werden die Fachverfahren und weitere separat darzustellende IT-Positionen im SAP-System dokumentiert. Die Nummer des Innenauftrags besteht aus einem acht Zeichen langen alphanumerischen Code. Das Nummernintervall für das IT-Controlling beginnt mit »I«. Das »I« steht für Informations- und Kommunikationstechnologie. Die drei folgenden Ziffern leiten sich aus den in den Rahmenvorgaben zur KLR vergebenen Dienststellennummern ab. Die KLR-Dienststellennummer identifiziert die Dienststellen eindeutig. Die letzten vier Stellen der Innenauftragsnummer stehen zur freien Verfügung. Es sind innerhalb der letzten vier Stellen Intervalle festgelegt. Die Grafik zeigt die Struktur des Innenauftrags sowie die zu verwendenden Intervalle.

Das Intervall 8000 bis 8499 wird von der Koordinierungsstelle für IT-Standards (KoSIT) genutzt. Das Intervall 8500 bis 9999 bleibt vorerst frei.

Bei Bedarf können Anforderungen der Dienststellen auf den letzten drei Stellen (6 bis 8) berücksichtigt werden. Ist ein solches System nicht erforderlich, sind die Innenaufträge fortlaufend zu nummerieren.

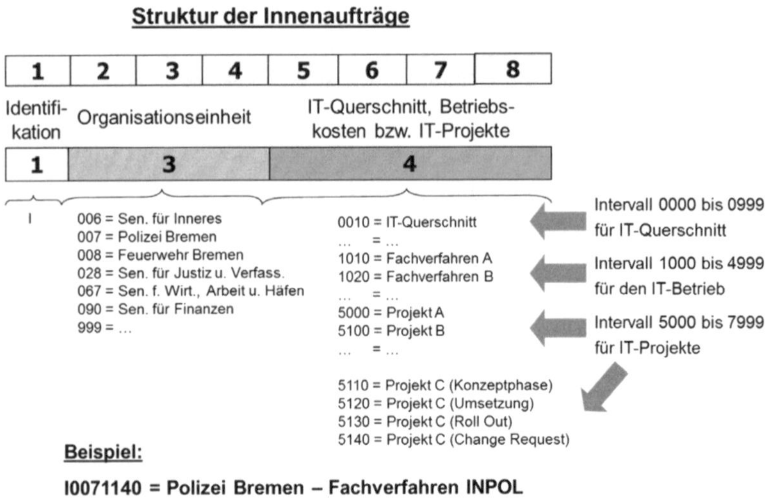

Auszug der Struktur für die Innenaufträge, um die IT-Objekte abzubilden.

Der Innenauftrag wird im Gegensatz zum statistischen Auftrag als »echter« Innenauftrag angelegt. Bei Angabe des Innenauftrags werden die Kosten echt auf dem Innenauftrag gebucht. Werden weitere Kontierungselemente mitgegeben, werden auf diesen die Kosten nur statistisch ausgewiesen. Weitere Kontierungselemente im SAP-System sind bspw. die Kostenstelle oder das PSP-Element.

Mit Wirkung vom 1. Januar 2016 wurde die Generalunternehmerschaft für die Leistungen für das bremische Verwaltungsnetz (BVN) sowie für das bremische Telefonnetz/-system an Dataport übertragen. Ab 2016 werden Rechnungen für E-Mail und Active Directory (AD) über Dataport mit den Dienststellen abgerechnet. Die Rechnungen werden entweder als Teil der BASIS.bremen-Betriebsabrechnung oder als eigene »E-Mail und AD-Rechnung« von Dataport erstellt und sind aus den fremdbewirtschafteten dezentralen konsumtiven IT-Querschnittsmitteln im Produktplan 96 IT-Budget [0950/532 xx-x (Land) oder 3950/532 xx-x (Stadt)] zu finanzieren. Bitte nehmen Sie hierbei mit dem Standard-Innenauftrag I###0017 und der Kostenart 68400000 IT-Dienstleistungen die Mitkontierung vor.

Diese Regelung löst die bis 2015 gültige zentrale Abrechnung der E-Mail/AD-Leistungen mit der Brekom ab.

9.2.2 Innenauftragsgruppe

Die Innenaufträge stehen zunächst unstrukturiert im SAP-System und können hierarchisch in Gruppen sowie Untergruppen zusammengefasst und gegliedert werden. Die Innenauftragsgruppen sind Grundlage für das Berichtswesen. Durch diese ist eine individuelle bedarfsorientierte Auswertung möglich. Es können unterschiedliche alternative Gruppen gebildet werden, um verschiedene Auswertungen durchzuführen (nach Organisationseinheiten, nach Soft- und Hardware, Eigenprogrammierungen etc.). Gruppen und Untergruppen können in unbegrenzter Zahl im System erzeugt werden. Dabei ist darauf zu achten, dass die Strukturen übersichtlich bleiben.

Für das IT-Controlling sind zwei Top-Auftragsgruppen angelegt worden, die alle Innenaufträge des IT-Controllings strukturiert darstellen und auf Dienststellen-, Ressort- und Gesamtsicht nach Kostenblöcken (IT-Querschnitt; IT-Betrieb und IT-Projekten) verdichten:

IT-AUSG (IT-Ausgaben der FHB nach Dienststellen strukturiert)
IT-AUSG_2 (IT-Ausgaben der FHB nach Kostenblöcken strukturiert)

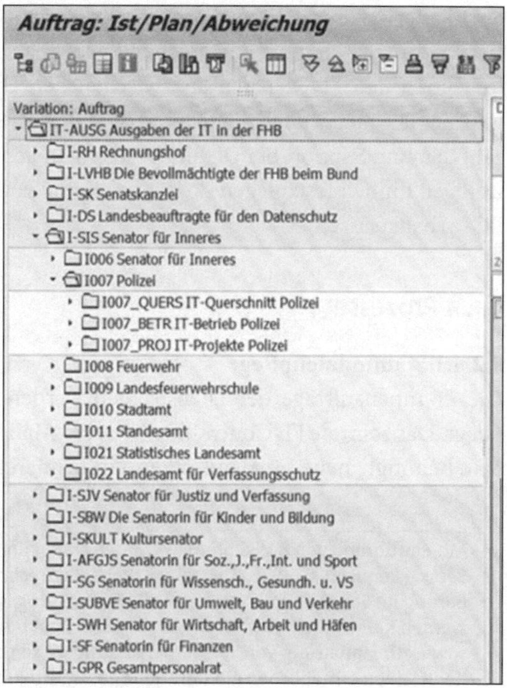

Innenauftragsgruppen am Beispiel des Senators für Inneres.

9.2.3 Clientbetrieb BASIS.bremen

Mit der Standardisierung des Supports durch Dataport (Projekt BASIS. bremen) wird die BASIS-Hardware von Dataport beschafft. Die Hardware wird im Anlagevermögen von Dataport aktiviert. Die jährliche Planung erfolgt abgestimmt zwischen den Ressorts, Dataport und der Senatorin für Finanzen. Dataport wird der Aufwand für die Hardwareersatzbeschaffung von der FHB zentral in Abschlägen quartalsweise und in Form einer Jahresabschlussrechnung erstattet. Hierzu werden monatlich Leistungsnachweise (SEB-Berichte) den Ressorts von Dataport auf dem Dataport-Kundenportal bereitgestellt. Die Leistungsnachweise gelten als anerkannt, wenn keine Rückmeldung innerhalb von drei Wochen nach der Bekanntgabe erfolgt ist. Eine Aktivierung des Anlagevermögens bei der FHB erfolgt nicht. Die Finanzierung des Standardersatzbedarfs erfolgt nach Abstimmung mit dem Rechnungshof der FHB aus konsumtiven Haushaltsmitteln.

Das unterjährige Kennzahlencontrolling des SLA zum laufenden Betrieb befindet sich derzeit im Aufbau[80].

Die im Rahmen der Migration zu BASIS.bremen übernommenen Geräte der FHB für den BASIS.bremen-Betrieb bleiben zunächst anlagenbuchhalterisch der FHB zugeordnet. Die Geräte wurden bei der Inventarisierung durch Dataport entsprechend gekennzeichnet. Die Geräte dürfen frei durch den IT-Dienstleister zwischen den Dienststellen ausgetauscht werden. Die Steuerungsmöglichkeit der Dienststelle besteht darin, die Anzahl der zum Support bei Dataport angemeldeten PC-Arbeitsplätze der jeweiligen Einheit festzulegen (z. B. Kündigung von zurzeit nicht benötigten PC-Arbeitsplätzen).

9.2.4 Prozesse

9.2.4.1 Stammdatenpflege

Die IT-Innenaufträge der Dienststellen werden vom Referat 43, SF, gepflegt. Das zentrale IT-Controlling ist per E-Mail über Änderungswünsche bzw. benötigte neue Innenaufträge zu informieren.

80 Mit Einführung von BASIS.bremen werden Daten über Incidents, Standard Service Requests (SSR) (z. B. Umzug Arbeitsplatzrechner) erfasst. Um die Vereinbarung im Service Level Agreement (SLA; »Leistungsschein«) zu überwachen, werden Kennzahlen über Erreichbarkeit und Reaktionszeiten im User-Help-Desk sowie zur Einhaltung von Wiederherstellungszeiten erfasst. Diese Daten und Kennzahlen ermöglichen ein unterjähriges Controlling der Leistungsseite.

9.2.4.2 Planungsversionen

Im Controlling können unterschiedliche Planversionen genutzt werden. Dies ermöglicht, alternative Planungsszenarien zu erstellen und diese miteinander zu vergleichen.

Parallel zur Aufstellung der Haushalte erfolgt in zeitlich festgelegten Abschnitten – vom Eckwertbeschluss des Senats bis zu den beschlossenen Haushalten – die Planung der Kostenarten auf den jeweiligen Innenaufträgen. Die Daten werden im CO-Modul von SAP bearbeitet. Die zeitlichen Abschnitte werden technisch als Versionen dargestellt.

9.2.4.3 Planen auf Innenaufträgen

Die Planwerte für die einzelnen Innenaufträge werden jährlich zentral als Vorschlag von SF, Referat 43, im SAP-System eingepflegt. Dabei werden die Anschläge im Verhältnis der Ist-Werte des Vorjahres auf die jeweiligen Innenaufträge, Kostenarten und Perioden verteilt. Mit Hilfe des Reports »IT-Planabgleich kameral CO« (ZHCO) kann die aktuelle kamerale Planversion mit den eingespielten CO-Plandaten bis auf die Ebene der fremdbewirtschaftenden Stelle abgeglichen werden. Orientiert am vorhandenen kameralen Plan der jeweiligen Version werden die Planwerte (Kostenarten der Innenaufträge nach Perioden) rechnerisch im CO angeglichen. Diese Daten sind über den Report »Periodischer Innenauftrags- und Kostenartenbericht« mit sowohl den Planungs- als auch den Ist-Daten als Version 1 abzufragen.

In der Version 2 werden die zentralen Planungen und die zentral geplanten dezentralen IT-Querschnittsplanungen durch das Zentrale IT-Controlling eingearbeitet. Diese Version wird den Ressorts zur Abstimmung vorgelegt. Änderungswünsche werden über standardisierte Excel-Tabellen von den Ressorts zurückgemeldet und zentral in die CO-Planversion 3 eingespielt.

Die abgestimmte Version 3 wird dann für das unterjährige Controlling zentral in die Version 0 eingespielt.

Werden in einer Planversion Planwerte geändert, können diese Änderungen mithilfe eines Berichts nachvollzogen werden, bspw. wenn ein Planwert eines Innenauftrags zugunsten eines anderen Innenauftrags verringert wird. Hierauf setzt dann das unterjährige IT-Controlling auf.

9.2.5 Perspektiven der IT-Steuerung

in folgendem Schaubild wird die IT-Steuerung aus der Perspektive des zentralen/dezentralen Auftraggebers gegenüber dem Auftragnehmer (z. B. AöR Dataport als IT-Dienstleister) über Verträge abgebildet:

Die Steuerung erfolgt über standardisierte Prozesse, Budget sowie die Kommunikation über Ziele und Aufgaben.

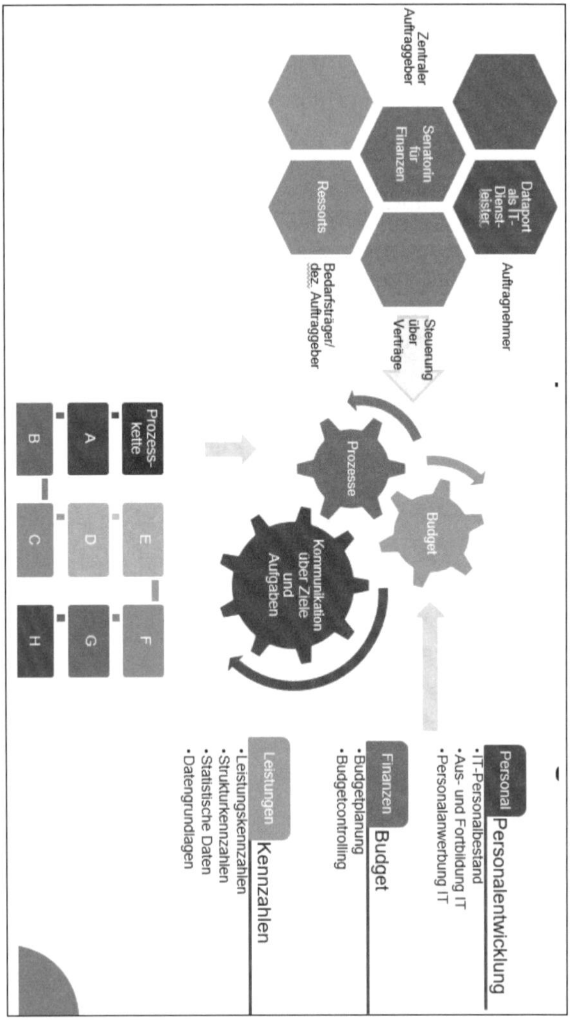

Perspektiven der IT-Steuerung.

9.3 Gebäudehaushalt

9.3.1 Richtlinie zur Planung und Durchführung von Bauaufgaben (RLBau)

Die Richtlinie für die Planung und Durchführung von Bauaufgaben (RLBau) gilt für die Planung und Durchführung von Baumaßnahmen des Landes Bremen, der Stadtgemeinde Bremen sowie Baumaßnahmen mit Zuwendungen aus den Haushalten des Landes Bremen und der Stadtgemeinde Bremen.

Bauaufgaben im Sinne dieser Richtlinie sind Baumaßnahmen, die nach den Zuordnungsrichtlinien der Haushaltsgruppe 7 sowie den Gruppen 519, 521 und 532 zuzuordnen sind, kleine und große Neu-, Um- und Erweiterungsbauten, Sanierungsmaßnahmen und Maßnahmen der Bauinstandsetzung, soweit sie durch Maßnahmenträger durchgeführt werden und in analoger Anwendung den o. g. Haushaltsgruppen zuzuordnen wären sowie Baumaßnahmen mit Zuwendungen, Baumaßnahmen mit Kapitaldienstzuschüssen und Baumaßnahmen bremischer öffentlicher Auftraggeber.

Die RLBau war in Ihrem Ursprung ein Handbuch für eine kameralistisch strukturierte Bauverwaltung. Sie lieferte exakte Handlungsanweisungen für eine streng hierarchisch strukturierte Verwaltung.

Die veränderten Verwaltungsstrukturen ab ca. 2010 stellen auf ein neues Steuerungsmodell ab, welches durch Zielvereinbarungen und ein entsprechendes Controlling agiert. Die Akteure sind nur noch in seltenen Fällen Ämter, in vielen Fällen Eigenbetriebe, Anstalten öffentlichen Rechts und Gesellschaften in privater Rechtsform. Bei Eigenbetrieben, Anstalten und Gesellschaften ist ein Ausarbeiten von exakten Handlungsanweisungen für die eigenen Mitarbeiter wesentlich Aufgabe der jeweiligen Geschäftsführungen. Die Handlungsmöglichkeiten sollen den jeweiligen Aufgaben flexibler als in Ämtern angepasst werden können und nicht verfahrens-, sondern ergebnisorientiert entwickelt werden.

Daher stellt der Entwurf einer neuen RLBau 2011 wesentlich auf Zieldefinitionen einschließlich der dazugehörigen Controllinginstrumente ab.

Eine erneute Wandelung in den organisatorischen Strukturen des staatlichen Hochbaus sowie die Ergebnisse aus dem Projekt »Neuordnung der Aufgabenwahrnehmung« der bremischen Verwaltung (2014–2015) führten wieder dazu, dass die Richtlinie für die Planung und Durchführung von Bauaufgaben (RLBau) zu überarbeiten war. Diese überarbeitete Fassung wurde Ende 2018 in der Freien Hansestadt Bremen eingeführt.

Wesentliche Punkte dieser Fassung sind:

- Für alle Eigentümervertreter wird ein Portfoliomanagement verbindlich. Dies wird den Prozess der Bedarfsdeckung im Bestand deutlich erleichtern. Die Ableitung von Kennzahlen und Flächenkosten ergibt in Verbindung mit den Ausgangsgrößen der inhaltlichen Fachplanung zu zukünftigen Flächenbedarfen die Grundlage der strategischen mittel- und langfristigen Investitionsplanungen. Da der Aufbau und die Feinjustierung des Portfoliomanagements für die unterschiedlichen Eigentümervertreter einige Zeit erfordert, erfolgt eine Evaluierung des Portfoliomanagements spätestens drei Jahre nach Inkrafttreten der RLBau 2018.
  Die Phase der Nutzungskonzeption und des Vorplanungskonzepts (Bedarfsplanung) wird neu definiert und für alle Baumaßnahmen in unterschiedlicher Tiefe verbindlich. Damit sollen Verbesserungen in der Planung und Durchführung von Baumaßnahmen erreicht werden.
- Neu eingeführt wird eine Wertgrenze von 3 Mio. EUR. Unterhalb dieser ist nur eine erweiterte Entscheidungsunterlage Bau zu erstellen, darüber eine Entscheidungsunterlage Bau sowie eine Entwurfsunterlage Bau. Das verkürzt Prüfungs- und Genehmigungsverfahren. Oberhalb der Wertgrenze von 3 Mio. EUR wird ein zunächst nachrichtlich zu führendes Risikomanagement verbindlich. Dies wird zu einer größeren Transparenz von Kostenentwicklung und Risiken führen.

9.3.2 Gebäudesanierungsprogramm/ Produktplan 97 Immobilienwirtschaft und -management

Mit der Überführung des bremischen Immobilieneigentums in die Rechtsform von Sonder-vermögen nach § 26 LHO unter Verantwortung des jeweiligen Fachressorts wurden zum 1. Januar 2002 auch die Sondervermögen Immobilien und Technik (nachfolgend SVIT) des Landes und der Stadtgemeinde Bremen gegründet und dem Senator für Finanzen als Fachressort zugeordnet. Mit der Geschäftsführung der den SVIT zugewiesenen Vermögen ist seit dem Jahr 2009 die Immobilien Bremen AöR (IB) per Geschäftsbesorgungsvertrag (01. Januar 2009) beauftragt. Dementsprechend nimmt die IB im Rahmen ihrer Geschäftsführung insbesondere für die Sondervermögen Immobilien und Technik des Landes und der Stadtgemeinde Bremen die Projektsteuerungstätigkeiten für Neu- und Sonderbauten sowie Sanierungen und technische Gebäudeausrüstung wahr.

Die Ausgestaltung und Mittelbereitstellung dieses Aufgabenspektrums wird im Wesentlichen über Finanzierungen aus den Bremischen Haushalten im Rahmen von Investitionszuweisungen sichergestellt. Zur Festlegung von prioritär durchzuführenden Investitionsmaßnahmen stellt der Senat dazu ein jährliches Gebäudesanierungsprogramm auf. Anhand von Schadensmeldungen, Begehungen und Zustandserfassungen in den Gebäuden sowie aus Abstimmungsprozessen mit den Ressorts werden die Bedarfe identifiziert. Die erforderlichen Mittel werden über investive Zuführungen des Kernhaushaltes den SVIT bereitgestellt, die diese wiederum für Maßnahmen zur Gebäudesanierung, aber auch für nutzerbedingte Baumaßnahmen verwendet und in das Gebäudesanierungsprogramm des aktuellen Jahres aufnimmt. Sie werden als Einzelmaßnahme in die maßnahmenbezogene Investitionsplanung übernommen.

Die Finanzierung der einzelnen Maßnahmen bedurfte entsprechender Beschlusslagen, die insbesondere bei mischfinanzierten Projekten (Finanzierung von Sanierungsanteilen aus dem Gebäudesanierungsprogramm und Nutzermitteln der Ressorts) auf unterschiedlichen Entscheidungsgrundlagen basierten. Dies führte zu Problemen, da die Haushaltsmittel für Nutzermaßnahmen häufig aufgrund eigener Einschätzungen der Ressorts bereitgestellt wurden, ohne dass der eigentlich erforderliche Planungsschritt nach der Richtlinie Bau (RL-Bau) schon vollzogen worden war. Dadurch traten sehr oft Verzögerungen bei der Umsetzung der Bauvorhaben auf.

Die Steuerung des öffentlichen Bauens zu verbessern, ergibt sich schon aus dem Grundsatz der Wirtschaftlichkeit und Sparsamkeit. In der Koalitionsvereinbarung für die Legislaturperiode von 2015 bis 2019 wurde bezüglich der haushaltsmäßigen Veranschlagung von Baumitteln Folgendes vereinbart[81] :

> *»Die haushaltsmäßige Veranschlagung aller Mittel für Neubau, Modernisierung, Sanierung und Bauunterhalt erfolgt künftig in einem gesonderten Produktplan. Die Einrichtung erfolgt zur Verbesserung der Transparenz, der mittelfristigen Liquiditätsplanung und der Sicherung der zweckgebundenen Verwendung.«*

81 S. 126, Ziffer 25 der Koalitionsvereinbarung vom 13.07.2015.

Die wesentliche, aus der Koalitionsvereinbarung erwachsene Neuerung bestand darin, dass die haushaltsmäßige Veranschlagung aller Baumittel (SVIT-Investitionen in Neubau, Modernisierung und Sanierung) in einem eigenen Produktplan erfolgen sollte.

9.3.3 Ausgestaltung und Weiterentwicklung des PPL 97

Mit der Entscheidung des Senats im Januar 2016 zur Einrichtung eines neuen Produktplanes 97 für zentrale Investitionsmittel, Gebäudemanagementmittel und sonstige Zuweisungen an die SVIT des Landes und der Stadtgemeinde Bremen hat die Senatorin für Finanzen zum Haushaltsaufstellungsverfahren 2016/2017 die haushaltsmäßige Umsetzung aller Mittel für Baumaßnahmen der SVIT in dem neu eingerichteten Produktplan 97 »Immobilienwirtschaft und -management« zusammengeführt und – wie in nachstehender Darstellung beschrieben – in zwei Produktbereiche und vier Produktgruppen gegliedert. Die Haushaltsstellen wurden den entsprechenden Produktgruppen der jeweiligen Gebietskörperschaft zugeordnet.

Produktgruppenhaushalt			Kameraler Haushalt		
Produktplan	97	Immobilienwirtschaft und -management			
Produktbereich	97.98	Eigengesellschaften, Sondervermögen, Stiftungen und AöR (L)	Einzelplan	09 (Land)	Finanzen
Produktgruppe	97.98.01	Sondervermögen Immobilien und Technik (L)	Kapitel	0988	Zuweisungen an SVIT (L)
	97.98.02	Immobilien Bremen, AöR (L)		0987	Zuweisungen / Honorare an IB (L)
Produktbereich	97.99	Eigengesellschaften, Sondervermögen, Stiftungen und AöR (S)	Einzelplan	39 (Stadt)	Finanzen
Produktgruppe	97.99.02	Sondervermögen Immobilien und Technik (S)	Kapitel	3988	Zuweisungen an SVIT (S)
	97.99.03	Immobilien Bremen, AöR (S)		3987	Zuweisungen / Honorare an IB (S)

Mittel der Nutzerprojekte verbleiben in der Bewirtschaftung der Ressorts (Fremdbewirtschaftung). Damit liegt auch die Zuständigkeit für Haushaltsanmeldungen und Nachbewilligungen dieser Mittel unverändert bei den Ressorts. Das bedeutet, dass nutzerbedingte bzw. der nutzerbedingte Anteil mischfinanzierter Baumaßnahmen im Rahmen der maßnahmenbezogenen Investitionsplanung von den betroffenen Ressorts in ihrem Produktplan einzuwerben sind. Die Mittel solcher Maßnahmen werden erst nach Beschluss der dafür maßgeblichen Gremien über die maßnahmenbezogene Investitionsplanung in den Produktplan 97 verlagert. Gegebenenfalls entstehende Mehr- oder Minderbedarfe aus den Nutzermaßnahmen sind in den Ressorthaushalten auszugleichen.

Aufgrund des sachlichen Zusammenhangs wurden neben der Zentralisierung der Investitionsmittel an die SVIT auch die Zuweisung an die IB AöR zur Finanzierung der Gebäudereinigung und die Zuweisung für Beschaffung dem Produktplan 97 zugeordnet. Die veranschlagten Einnahmen beruhen im Wesentlichen auf den eingeführten Echtmieten, die die Ressorts an die SVIT zahlen, um daraus die laufenden Bauunterhaltungsmaßnahmen zu finanzieren. Die übrigen Echtmieteinnahmen führt das SVIT als Eigenkapitalverzinsung an den Haushalt des Finanzressorts ab, um die Haushaltsneutralität bei der Umstellung auf Echtmieten zu gewährleisten. Die Mittel für die laufende Bauunterhaltung sind Bestandteil der Mietzahlungen der Ressorts und sind daher nicht Bestandteil der Zusammenführung. Nachfolgender Übersicht kann das veranschlagte Budget 2019 entnommen werden:

Veranschlagtes Haushaltsbudget des Produktplans 97 im Jahr 2019	
Aggregat (L + G)	Anschlag (Mio. €)
Konsumtive Einnahmen	**30,9**
Konsumtive Ausgaben	**24,6**
Investitionen	**38,4**
davon:	
An SVIT für das Gebäudesanierungsprogramm	26,0

Im Rahmen der Haushaltsaufstellung der jeweiligen Doppelhaushalte werden regelmäßig neue Maßnahmen benannt und mit entsprechenden Budgetansätzen in den PPL 97 überführt. Dadurch werden die beiden wesentlichen Schwerpunkte des Produktplans

- Zuweisungen an die SVIT für Gebäudesanierungen und die
- Zentralfinanzierung der Gebäudereinigung

weiter ausgebaut. Parallel dazu werden die Ziele und Kennzahlen des Produktgruppenhaushaltes regelmäßig überprüft und weiterentwickelt.

9.4 Steuerung der Flüchtlingskosten

Im Verlauf des Jahres 2015, insbesondere in der zweiten Jahreshälfte, hat der Zuzug von Flüchtlingen in die Bundesrepublik Deutschland ein so zuvor nicht erwartetes Ausmaß erreicht. Die Bundesrepublik Deutschland hat gem. dem System zur Erstverteilung der Asylbegehrenden auf die Bundesländer (EASY) im Jahr 2015 insgesamt rd. 1,1 Mio. Zugänge von Flüchtlingen deutschlandweit registriert (Bundesamt für Migration und Flüchtlinge, 2016, S. 10). Bereinigt um statistische Doppelerfassungen und Weiter- bzw. Rückreisende belief sich die tatsächliche, korrigierte Zahl der in Deutschland zunächst verbleibenden Zugänge für 2015 laut Bundesinnenministerium auf 890.000 Personen (Bundesministerium des Innern, 2016). Zum Zeitpunkt der Haushaltsaufstellung 2016/2017 lagen keine offiziellen Prognosen des Bundesinnenministeriums zum bundesweiten Zugang von Flüchtlingen in den Aufstellungsjahren vor. Bei der Aufstellung der Haushalte 2016 und 2017 orientierte sich die Freie Hansestadt Bremen daher an den technischen Annahmen des Bundes, der seinen Haushalten den Zugang von 800.000 Flüchtlingen 2016 und 600.000 Flüchtlingen 2017 zugrunde gelegt hatte. Entsprechend wurden in der Freien Hansestadt Bremen die Ausgaben für Sozialleistungen, Investitionen, Personal und Sachleistungen veranschlagt.

Im Zuge der Aufstellung der Haushalte 2016 und 2017 war damit zu erwarten, dass die besonderen flüchtlingsbezogenen finanziellen Herausforderungen den Stadtstaat in eine haushaltmäßige Notsituation versetzen würden. So waren für 2016 rund 362 Mio. Euro und für 2017 rund 327 Mio. Euro an flüchtlingsbedingten Netto-Mehrausgaben (gegenüber dem Anschlag 2015 als Basiswert) im Rahmen der Haushaltsbeschlüsse veranschlagt worden; eine Größenordnung, von der anzunehmen war, dass sie nicht mehr innerhalb des Konsolidierungspfades zu erbringen sein würde. Um die Obergrenze der Neuverschuldung unter Geltendmachung einer außergewöhnlichen Notsituation einhalten zu können, war es erforderlich gewesen, die flüchtlingsbezogenen Netto-Mehrbelastungen in den Haushalten 2016/2017 separiert darzustellen. Die Rechtmäßigkeit dieses Vorgehens wurde durch eine rechtsgutachtliche Stellungnahme von Herrn Prof. Dr. Korioth von der Ludwig-Maximilians-Universität München bestätigt, die mit der Drucksache 19/413 der Bremischen Bürgerschaft (Land) übersandt wurde (inhaltsgleich mit der Drs. 19/147 S für die Bremische Stadtbürgerschaft). Zu den Ergebnissen führt Herr Prof. Dr. Korioth u. a. aus:

»1. a) Die aus § 2 Abs. 2 S. 2 KonsHilfG folgenden Voraussetzungen für einen ›begründeten Ausnahmefall‹, der eine Abweichung von dem in der Konsolidierungsvereinbarung festgelegten zulässigen jährlichen Finanzierungsdefizit erlaubt, bestimmen die Begründung zum Konsolidierungshilfengesetz und übereinstimmend die juristische Literatur in Parallele zur besonderen Notsituation im Sinne des Art. 109 Abs. 3 S. 2 GG. Danach muss eine außergewöhnliche Notsituation vorliegen, die sich der Kontrolle des Staates entzieht und erhebliche Auswirkungen auf die staatliche Finanzlage hat. Dies ist angesichts der erheblichen Auswirkungen der gegenwärtigen Zuwanderung und ihrer Auswirkungen auf die öffentlichen Haushalte der Fall. Danach ist bei der Anwendung des unbestimmten Rechtsbegriffs durch den umfassend an das Recht gebundenen Stabilitätsrat zu erwarten, dass er bei seiner 2017 erfolgenden Kontrolle der Konsolidierung des Bremer Haushalts das Vorliegen dieses Ausnahmefalles annehmen wird.

b) Liegt ein begründeter Ausnahmefall dem Grunde nach vor, so wird – und muss – der Stabilitätsrat strenge Anforderungen an die Ermittlung des zulässigen Überschreitens des nach der Verwaltungsvereinbarung eigentlich zulässigen Finanzierungsdefizits anlegen. Der Maßstab ist – soweit praktikabel – die Kausalität: Es geht darum, ob ohne Flüchtlingsmehrkosten das 2011 festgelegte Finanzierungsdefizit für die Jahre 2016 und 2017 eingehalten worden wäre und ob allein identifizierbare und nachweisbare Flüchtlingsmehrkosten zu einer Überschreitung dieses summenmäßig bestimmten Finanzierungsdefizits geführt haben.

c) Daraus erwachsen der Freien Hansestadt Bremen Dokumentations- und Darlegungspflichten. Bereits bei der Haushaltsaufstellung sind Flüchtlingsmehrkosten in allen betroffenen Einzelplänen des Haushalts möglichst getrennt zu veranschlagen und im Haushaltsvollzug zu dokumentieren. Sinnvoll wäre es, in Absprache mit den anderen Ländern möglichst schnell einheitliche Dokumentationsformen zu ermitteln. Die Darlegungs- und Dokumentationspflichten dürfen aber auch nicht überspannt werden. Soweit aufgrund der Aufgabenwahrnehmung nicht immer ein dokumentierter Bezug zu Flüchtlingen möglich ist – etwa aufgrund von rechtlich vorgeschriebenen Anonymisierungen –, ist das zu berücksichtigen.«

Entsprechend hat der Haushaltsgesetzgeber in den Haushaltsgesetzen des Landes und der Stadtgemeinde Bremen für die Jahre 2016 und 2017 folgende Schlussbestimmungen aufgenommen (§ 21 Land, § 18 Stadtgemeinde Bremen):

»(1) Im Haushaltsjahr 2016 [Anm.: bzw. 2017] besteht wegen der außergewöhnlich und unvorhersehbar hohen Zahl von in den Jahren 2014 und vor allem 2015 aufgenommenen Asylbewerberinnen, Asylbewerbern und anderen geflüchteten ausländischen Menschen gem. Artikel 131a Absatz 3 Satz 1 zweite Alternative der Landesverfassung der Freien Hansestadt Bremen eine außergewöhnliche Notsituation, die sich der Kontrolle des Staates entzieht und die staatliche Finanzlage erheblich beeinträchtigt. Daher sind die Voraussetzungen gegeben, im Umfang des gem. § 1 Absatz 1 festgestellten Haushaltsplans und bei dessen Vollzug von den Vorgaben des Artikels 131a Absatz 1 und 2 der Landesverfassung der Freien Hansestadt Bremen abzuweichen. Die Anwendbarkeit des Artikels 131b der Landesverfassung der Freien Hansestadt Bremen bleibt unberührt.«

Die Notwendigkeit, die Verwendung flüchtlingsbezogener Mittel im Sinne von Haushaltsklarheit und -wahrheit transparent und nachvollziehbar darstellen zu können, bekam vor diesem Hintergrund eine zentrale Bedeutung für die Haushalte 2016/2017. Controlling- und Lageberichte wurden etabliert und wöchentlich, zum Teil täglich tagenden Krisenstäben vorgelegt. Da es galt, möglichst zügig und verlässlich zu statistischen Auswertungen über flüchtlingsbezogene Einnahmen und Ausgaben zu gelangen, wurden für die Aufstellung der Haushalte 2016/2017 sowohl im Land und der Stadtgemeinde Bremen als auch in Bremerhaven flüchtlingsbedingte Einnahme- und Ausgabehaushaltsstellen identifiziert und anschließend über eine stammdatenbezogene Kennung systematisiert. Dabei wurden ausnahmslos diejenigen Haushaltsstellen einbezogen, die eindeutig einen unmittelbaren und ausschließlichen Flüchtlingsbezug haben. Durch dieses Verfahren wurde gewährleistet, dass bei Bedarf tagesaktuell Daten zur Entwicklung der flüchtlingsbezogenen Einnahmen und Ausgaben ausgewertet werden konnten und können.

Zur Verteilung der Globalmittel für das sog. 3. Sofortprogramm und das Integrationsbudget (jeweils Programme, die der Senat zur Aufnahme und Integration von Flüchtlingen beschlossen hat) wurden neue Haushaltsstellen eingerichtet, die entsprechend der Systematik als flüchtlingsbezogene Haushaltsstellen gekennzeichnet wurden. Zur Einrichtung der Haushaltsstellen wurden u. a. folgende Vorgaben umgesetzt:

- Aufhebung der allgemeinen Deckungsfähigkeit für die flüchtlingsbezogenen Haushaltsstellen mittels Vermerk,
- Verhinderung, dass Einsparungen zu Gunsten anderer Zwecke zu Lasten der jeweiligen Haushaltsstelle vorgenommen werden,

- Löschung der Übertragbarkeit flüchtlingsbezogener Haushaltsstellen: Etwaige Reste sind im Jahresabschluss zu streichen.

Die haushaltsstellenscharfe Identifikation flüchtlingsbezogener Einnahmen und Ausgaben ermöglichte auch den Aufbau eines entsprechenden Monatscontrollings zur Entwicklung der flüchtlingsbedingten Einnahmen und Ausgaben. Neben den reinen Finanzdaten werden auch die im Produktgruppenhaushalt abgebildeten Kennzahlen bspw. zum Flüchtlingszugang sowie Angaben zum Mittelabruf und den Einstellungszahlen im Personalbereich dargestellt. Gemeinsam mit den vom Lagezentrum wöchentlich bzw. monatlich aktualisierten Informationen zu Flüchtlingszugängen und -unterbringungen etc. stehen dem Senat damit wirksame Controllinginstrumente zur Verfügung.

In Umsetzung des Erfordernisses einer transparenten Darlegung der Ausgaben für Flüchtlinge insbesondere gegenüber dem Stabilitätsrat hat der Senat für die Haushalte 2016/2017 halbjährlich zudem einen umfassenden »Dokumentations- und Darlegungsbericht über die Entwicklung der flüchtlingsbezogenen Einnahmen und Ausgaben« zur Kenntnis genommen (siehe u. a. Dokumentations- und Darlegungsbericht über die Entwicklung der flüchtlingsbezogenen Einnahmen und Ausgaben – Abschlussbericht 2017, Anlage 2 zur Drs. 19/1634 vom 24.04.2018). Diese Berichterstattung umfasste insbesondere

- differenzierte Informationen zur Ausgangslage zum Zeitpunkt der Haushaltsbeschlüsse 2016/2017 (flüchtlingsbezogene Annahmen und Berechnungen) sowie zu den flüchtlingsbezogenen Entlastungen aufgrund der Verständigungen zwischen Bund und Ländern,
- umfassende Darstellungen zu den unterjährigen Entwicklungen und Prognoseaktualisierungen hinsichtlich der Zugangszahlen sowie der erwarteten Mittelabflüsse und letztlich die tatsächlich erzielten flüchtlingsbezogenen Haushaltsergebnisse,
- eine detaillierte Betrachtung differenzierter Einnahme- und Ausgabepositionen
- und Maßnahmen, die die Freie Hansestadt Bremen zur Optimierung des Controllings und Forcierung der Ausgabensteuerung ergriffen hat.

Die Darstellung der differenzierten Einnahme- und Ausgabepositionen erfolgte dabei auf Ebene einer Gesamtbetrachtung des Stadtstaates (Land sowie Kommunen Bremen und Bremerhaven) – ohne interne Verrechnungen und Erstattungen.

Im Vollzug des Jahres 2016 blieb der Flüchtlingszugang deutlich hinter den Prognosen zurück. Statt der erwarteten 8.000 Zugänge im Stadtstaat Bremen waren 3.185 zu verzeichnen, statt der prognostizierten 2.500 unbegleiteten minderjährigen AusländerInnen (UMA) gab es 1.146 Zugänge, von denen 630 Umverteilungen vorgenommen wurden. Aufgrund von gesetzlichen Ausschlussgründen verblieben 45 UMA aus Gründen des Kindeswohls und der Gesundheit, 107 wegen Familienzusammenführung und nur zwei wegen nicht vermeidbaren Fristablaufs im Bremischen Jugendhilfesystem. Auch im Jahr 2017 setzte sich die moderatere Zugangsentwicklung fort: Statt der erwarteten 6.000 Zugänge im Stadtstaat Bremen waren 1.565 Zugänge zu verzeichnen; statt der prognostizierten 2.000 Zugänge von UMA gab es nur 714 in der Stadt Bremen, von denen 15,41 % (110 Personen) eine nachfolgende Leistung der Hilfen zur Erziehung in Bremen erhielten, sowie acht Zugänge in der Stadt Bremerhaven. In den ersten Wochen des Jahres 2018 wurden für die Stadtgemeinde Bremen fünf UMA-Zugänge für 2017 nachgemeldet.

Zudem unterstützte der Bund die Länder und Kommunen mit zusätzlichen Mitteln. Im Kern führten diese Veränderungen in geringerem Maße zu flüchtlingsbedingten Haushaltsbelastungen. So waren 2016 gegenüber den veranschlagten rd. 362 Mio. Euro im Ergebnis lediglich rd. 226 Mio. Euro an flüchtlingsbedingten Netto-Mehrausgaben im Stadtstaat zu verzeichnen. Für das Jahr 2017 ergaben sich statt der veranschlagten Netto-Mehrausgaben in Höhe von 327 Mio. Euro im Ist lediglich Netto-Mehrausgaben in Höhe von 156 Mio. Euro. Diese Summen konnten sowohl für 2016 als auch für 2017 aufgrund einer positiven Entwicklung der Rahmenbedingungen sowie der Konsolidierungsbemühungen der Freien Hansestadt Bremen innerhalb der Obergrenze für die Netto-Neuverschuldung dargestellt werden; der Konsolidierungspfad wurde damit auch inklusive der flüchtlingsbedingten Mehrausgaben eingehalten. Auch wenn dies gelungen ist, so bleiben die Auswirkungen der hohen Flüchtlingszugänge als haushaltsrelevanter Faktor mittelfristig bestehen: Zwar sind die Zugangszahlen von Flüchtlingen deutlich rückläufig, jedoch sind die Bestandszahlen weiterhin hoch.

Die bremischen Haushalte 2018/2019 sehen gem. Beschlussfassung des Haushaltsgesetzgebers die Einhaltung der Obergrenzen für die Netto-Neuverschuldung inklusive der flüchtlingsbedingten Netto-Mehrausgaben vor; ein Ausnahmetatbestand wird insofern nicht geltend gemacht. Aufgrund der Hilfeleistungsstruktur sowie des zeitlichen Ablaufs von Integrationsprozessen ist davon auszugehen, dass sich zwar Verlagerungen zwischen den verschiedenen Ausgabeblöcken ergeben werden (z. B. Übergang der Geflüchteten aus dem Bereich AsylbLG in den Bereich SGB II), jedoch werden selbst bei weiterhin niedrigen Zugangszahlen strukturelle und dauerhafte Belastungen in der Gesamtsumme aller Ausgabeblöcke eintreten. Die nachhaltige Integrationsaufgabe (u. a. auch in den Arbeitsmarkt) rückt in den Fokus. Dies umfasst neben der Grundsicherung für Arbeitssuchende nach dem SGB II auch Integrationsleistungen im weiteren Sinne, wie z. B. die Schaffung von Kindertagesplätzen, Vorklassen, Sprachkursen und Wohnraum. Diese Entwicklung spiegelt sich auch in den Haushaltsentwürfen für die Jahre 2020/21 wider:

Stadtstaat Bremen	Ist					Haushaltsentwürfe	
	2015	2016	2017	2018	2019	2020	2021
Steuereinnahmen	20.980	86.270	44.915	50.792	48.279	31.119	28.038
Sozialleistungs- und sonstige Einnahmen	10.110	27.278	99.523	36.607	64.268	34.662	33.227
Einnahmen	31.090	113.548	144.438	87.399	112.547	65.781	61.265
Personalausgaben	4.769	23.331	34.224	24.542	22.141	15.000	14.185
Sozialleistungsausgaben	138.400	288.111	240.913	208.315	188.105	177.265	171.656
Sonstige kons. Ausgaben	12.158	25.062	31.751	13.960	16.418	7.231	7.260
Investitionsausgaben	54.050	50.736	41.605	3.085	5.059	2.600	2.600
Globale Mehrausgaben	0		0	0	0	10.964	10.789
Ausgaben	209.377	387.240	348.493	249.902	231.723	213.061	206.490

Netto-Ausgaben	178.287	273.693	204.055	162.502	119.176	147.280	145.225
Einnahmen Anschlag 2015	1.793	1.793	1.793	1.793	1.793	1.793	1.793
Ausgaben Anschlag 2015	49.972	49.972	49.972	49.972	49.972	49.972	49.972
Netto-Mehrausgaben	130.108	225.513	155.876	114.323	70.997	99.100	97.046

Im Jahr 2018 lag der tatsächliche Zugang von erwachsenen Flüchtlingen/ Familien bei rd. 1.358 Personen, zusätzlich gab es einen Zugang von rd. 596

unbegleiteten minderjährigen Flüchtlingen in die vorläufige Inobhutnahme, von denen rd. 130 eine nachfolgende Leistung der Hilfen zur Erziehung in Bremen. 2019 wurde ein Zugang von rd. 1.191 erwachsenen Flüchtlingen/Familien und von 137 unbegleiteten minderjährigen Flüchtlingen mit nachfolgendem Leistungsbezug der Hilfen zur Erziehung verzeichnet.

Auch in den kommenden Jahren wird es zu anhaltenden Aufwendungen vor allem für dauerhafte Integrationsleistungen kommen, so dass Kostenbeteiligungen des Bundes weiter maßgeblich für die letztliche Netto-Belastung von Ländern und Kommunen sein werden. Die bisherige Beteiligung des Bundes (i. W. über die Umsatzsteuerverteilung) ist befristet bis einschließlich 2021. Für die Jahre 2022 ff. sind Vereinbarungen erst noch zu treffen, mit deren Hilfe die Gesamtbelastung für Länder und Kommunen in einem zu bewältigenden Rahmen bleibt. Die Unterbringung, Betreuung und Integration von Geflüchteten ist eine langfristige und gesamtdeutsche Aufgabe, die in gesamtstaatlicher Verantwortung von Bund, Ländern und Kommunen wahrzunehmen ist.

9.5 Zuwendungssteuerung

Das Land und die Stadtgemeinde Bremen zahlen jährlich erhebliche freiwillige staatliche Geldleistungen an Dritte außerhalb der bremischen Verwaltung, sog. Zuwendungen im Sinne der §§ 23, 44 LHO. Ausweislich des Rechenschaftsberichtes über die 2017 verausgabten Zuwendungen belief sich die Gesamtsumme auf 430 Millionen Euro.

Mit dem Projekt »Einführung der Fachanwendung ZEBRA[82]« und des im Rahmen des Programms Neuordnung der Aufgabenwahrnehmung realisierten Projekts »Verbesserung der Zuwendungssteuerung« sind unter Federführung der Senatorin für Finanzen in den Jahren 2014 ff. wesentliche Maßnahmen zu einer konzeptionellen Zuwendungssteuerung in dezentraler Verantwortung ergriffen worden. Dies belegt auch ein Abgleich mit dem KGSt-Bericht 2/2017 zum Fördercontrolling.

Hierzu im Einzelnen:

9.5.1 Produktivsetzung der Fachanwendung ZEBRA seit 1. Januar 2014

Seit dem 1. Januar 2014 sind sämtliche Zuwendungsfälle des Landes und der Stadtgemeinde Bremen in der Fachanwendung ZEBRA abzubilden.

Mit der Abwicklung von Anträgen auf Zuwendungen über eine Fachanwendung werden sämtliche Zuwendungen – sowohl Projekt- als auch institutionelle Förderungen – in einer einheitlichen Struktur nach einheitlichen Maßstäben und unter Berücksichtigung auf die Vorschriften der Landeshaushaltsordnung (LHO) bearbeitet. Dies gilt insbesondere für folgende Bereiche:

- Antragsprüfung, Prüfung der Verwendungsnachweise,
- Prüfungen bei Baumaßnahmen (baufachliche Zuwendungsprüfung),
- Abstimmungen zwischen beteiligten Ressorts.

Eine Ausgabeschnittstelle zum Verfahren für das Haushalts-, Kassen- und Rechnungswesen wird zurzeit geschaffen.

Die für die Arbeit mit ZEBRA vorgesehenen Mitarbeiterinnen und Mitarbeiter werden durch das bremische Aus- und Fortbildungszentrum (AFZ) in mehrtägigen Kursen in der Anwendung geschult.

82 **Z**uwendungen, **E**rheben, **B**earbeiten, **R**eporten, **A**rchivieren.

ZEBRA stellt ein Instrument zur Verfügung, mit dem die Zielvorgaben für den Zuwendungszweck mit Soll- und im Laufe oder zum Ende der Laufzeit mit Ist-Werten erfasst und abgeglichen werden können. Die Ziele und Soll-Vorgaben sollen im Zuwendungsbescheid aufgenommen und somit dem Zuwendungsempfänger zur Verpflichtung gemacht werden.

Aus ZEBRA können neben den Quartalsberichten und dem jährlichen Bericht über die verausgabten Zuwendungen, Berichte nach ressortspezifischen Vorgaben, Auswertungen sowie Daten in Excel und in PDF-Dokumenten zur Verfügung gestellt werden.

9.5.2 Novellierung der zuwendungsrechtlichen Vorgaben (u. a. stärkere Wirkungskontrolle)

Im Rahmen des Projekts »Verbesserung der Zuwendungssteuerung« wurden Eckpunkte zur Novellierung der Verwaltungsvorschriften zu §§ 23 und 44 LHO beschlossen, die zum 1. Januar 2016 erfolgte. Als wesentliche Punkte sind zu benennen: die Ausgestaltung der Verwendungsnachweisprüfung im Sinne eines zweistufigen Verfahrens mit festen Fristen, klare Vorgaben für die Durchführung einer vertieften Prüfung, einheitliche Grundsätze für Förderrichtlinien und grundsätzliche Befristung von Projektförderungen auf fünf Jahre (Unterbindung der »kalten« Ausweitung von institutionellen Förderungen durch wiederholte Projektförderungen). Darüber hinaus wurden die Regeln zur Wirkungs- und Wirtschaftlichkeitskontrolle präzisiert (Nr. 11a der VV zu § 44 LHO) und auf Basis dessen mit Wirkung zum 7. November 2016 der »Leitfaden zur Durchführung von Erfolgskontrollen« in Kraft gesetzt. Dieser gibt den zuwendungsgebenden Stellen anhand konkreter Beispiele einen Überblick, wozu Erfolgskontrollen dienen, wie sie vorbereitet und durchgeführt werden. Entsprechende Indikatoren können in ZEBRA eingegeben werden. Auszug aus dem Leitfaden:

> *»Die Erfolgskontrolle ist ein systematisches Prüfverfahren. Sie wird entsprechend der Verwaltungsvorschriften zu § 7 LHO durchgeführt, um Informationen darüber zu gewinnen,*
> - *ob und inwieweit die vereinbarten Ziele erreicht werden (Zielerreichungskontrolle),*
> - *inwieweit die Maßnahme geeignet und ursächlich für die Zielerreichung war (Wirkungskontrolle) und*
> - *ob Maßnahmen oder Programme wirtschaftlich durchgeführt werden (Wirtschaftlichkeitskontrolle).*

Die Erfolgskontrolle soll damit Informationen liefern, auf deren Basis Entscheidungen über Fortführung, Korrektur oder Einstellung einer bestimmten Fördermaßnahme oder eines Programms getroffen werden können.
Die Ergebnisse der Erfolgskontrolle können ferner bei der Planung ähnlicher Maßnahmen verwertet werden.
Für Zuwendungsprogramme werden die Ergebnisse von Erfolgskontrollen sinnvoll aggregierter Form auch den Deputationen vorzulegen sein.«

Im Rahmen seiner Möglichkeiten wirkt der/die SenatorIn für Finanzen nunmehr auf eine entsprechende Umsetzung der wirkungsorientierten Steuerung hin (s. insoweit Buchst. d)).

9.5.3 Optimierung der Zuwendungssachbearbeitung

Mit dem Ziel, eine nachhaltige Optimierung der dezentralen Zuwendungs-sachbearbeitung zu erreichen, das erforderliche Know-how aufzubauen und Personalengpässe in einzelnen Ressorts aufzufangen, werden seit März 2014 acht neu eingestellte Kräfte aus dem Nachwuchspool der Senatorin für Finanzen (Laufbahngruppe 2, 1. Einstiegsamt) unter der Überschrift »Zuwendungsbearbeitung« dezentral in den Ressorts eingesetzt (Inneres und Sport, Justiz und Verfassung, Kultur, Umwelt, Bau und Verkehr sowie Wirtschaft, Arbeit und Häfen jeweils eine Person und drei Personen im Ressort Soziales, Kinder, Jugend und Frauen).

Das für die Aus- und Fortbildung bei der Senatorin für Finanzen zuständige Referat hat für die Durchführung der Maßnahme ein Curriculum erstellt.

Die zusätzlichen MitarbeiterInnen werden vor Ort in dem gesamten Prozess der Zuwendungsbearbeitung, d. h. von der Antragstellung einschließlich Beratung der AntragstellerInnen über die Überwachung des Zahlungsverkehrs bis zur Verwendungsnachweisprüfung, eingesetzt. Sie sind gezielt eingearbeitet und durch ein eigenes Schulungskonzept weiterqualifiziert worden, so dass die für diese Tätigkeiten notwendigen »Spezialkenntnisse« vorhanden sind.

9.5.4 Erhöhung des Transparenz und Wirkungskontrolle

Mit Beschluss des Senats vom 10. Januar 2017 wurde eine quartalsweise zu erfolgende Berichterstattung über die verausgabten Zuwendungen sowie im Sinne einer verbesserten strategischen Gesamtsteuerung ab 2018 ein

Rechenschaftsbericht (Zuschuss-/Eigenmittel-/Drittmittelquote nach Ressort, Bericht der Ressorts zur Erfüllung der übergeordneten, strategischen Ziele, aktuellen Stand zur Überprüfung der Verwendungsnachweise) eingeführt.

Der für das Jahr 2017 verfasste Rechenschaftsbericht beinhaltet in diesem Sinne eine erste weitergehende Evaluation zu Erfolgskontrollen einschließlich der Zielerreichung der Genderkennzahlen auf Ebene der Förderprogramme in den einzelnen Produktplänen. Bei der Erfassung der Ziel- und Genderindikatoren zeichnet sich insgesamt eine positive Entwicklung ab, wenn auch die Daten weiterhin noch nicht flächendeckend in allen Ressorts gleichermaßen erfasst werden.

Neben einer zunehmenden bedarfsgerechten Differenzierung von Zielindikatoren in einzelnen Ressorts werden auch deren Auswertungsmöglichkeiten in ZEBRA kontinuierlich weiterentwickelt. Die Weiterentwicklung beinhaltet unter anderem die ZEBRA-gestützte automatisierte Berichtsauswertung von Indikatoren sowie die programmtechnisch in ZEBRA hinterlegte Verknüpfung zwischen Förderprogrammen, Zielen und Indikatoren.

10.

Sondervermögen

Das Sachvermögen bezeichnet die Gesamtheit der materiellen Vermögensgegenstände. Der Kern des Sachvermögens der Freien Hansestadt Bremen besteht aus den Grundstücken, Immobilien, Häfen und Verkehrsflächen, die entweder den sog. sonstigen Sondervermögen oder Beteiligungsgesellschaften oder Eigenbetrieben zugeordnet sind. Bei der Errichtung der sonstigen Sondervermögen hat man sich seinerzeit um die Jahrtausendwende gegen eine materielle Privatisierung entschieden, damit die privatförmlich handelnde Exekutive weiterhin der parlamentarischen Kontrolle unterworfen ist. In den zurückliegenden Jahren hat sich dieses Prinzip bewährt.

10.1 Rechtsgrundlagen

Die sonstigen acht Sondervermögen sind für die Liegenschaften und Teile der mobilen und stationären Technikausstattung des Landes durch Landesgesetz, der Stadtgemeinde durch Ortsgesetz zwischen 2001 und 2003 einzeln gebildet worden. Grundlage hierfür sind § 26 Abs. 2 und § 113 LHO.

Es besteht kein einheitlicher gesetzlicher Rahmen, sondern für jedes Sondervermögen jeweils eigene Orts- bzw. Landesgesetze, die innerhalb einer kurzen Zeitspanne verfasst worden sind. Die Bildung der acht sonstigen Sondervermögen und ihrer jeweiligen Teilsondervermögen sind ein wesentliches integrales Modul des damaligen Konzepts um die Jahrtausendwende zu einer **Neuordnung der Aufgabendurchführung und Investitionsfinanzierung der Liegenschaften und Immobilien.**

Sonstige Sondervermögen sind …

- personallose wirtschaftlich selbstständige Vermögensmassen
- nicht rechtsfähig und ohne Kreditermächtigung
- Extrahaushalte
- doppisch geführte Buchungskreise
- nach kaufmännischen Grundsätzen zu führen
- den § 26 Abs. 2 und § 113 der LHO unterworfen
- Teil der Stadtgemeinde oder Teil des Landes als Rechtsträger
- ca. 1/3 der Fläche Bremens – 105 km^2
- ca. 23.000 Flurstücke
- Grundstücke und Gebäude
- Schulen, Gewerbeflächen, Wasserflächen, Feuerwachen, Bibliotheken

- Straßen, Friedhöfe, Zierbrunnen, Schwimmbäder, Hafengelände, Sportplätze
- Wirtschaftsgüter und Vermögenswerte; Anlage- und Sachvermögen
- Beteiligungswerte und Betriebe gewerblicher Art
- Finanzanlagen in der Bilanz der Freien Hansestadt Bremen
- **Schwerpunkt der investiven Ausgaben des Haushalts**
- **Ressourcen für politische Strategien, Ziele und Konzepte**

Die Auflistung illustriert die möglichen heterogenen Blickrichtungen auf die sonstigen Sondervermögen und sie lässt das Spektrum der Perspektiven und Dimensionen auf den Themenkomplex erahnen.

10.2 Bestandsaufnahme

Das Konzept der dezentralen Haushaltssteuerung durch die jeweiligen Senatsressorts findet in der Konsequenz auch seinen Widerhall in der LHO. Die monetären Ressourcen für die Liegenschaften in den sonstigen Sondervermögen werden aggregiert bezüglich der Zuführungen und Ablieferungen abgebildet. Die Verantwortung für die Erstellung des Wirtschaftsplans ist durch die Orts-/Landesgesetze der Sondervermögen hoheitlich den jeweiligen Senatsressorts übertragen worden. Der Wirtschaftsplan bedingt im Ergebnis die planerischen Zuführungen aus dem Haushalt bzw. Abführungen an den Haushalt.

Die Liegenschaften sollen als Sondervermögen »einen Schritt« außerhalb des Haushalts bewirtschaftet werden. Für die formale Haushaltsperspektive lässt sich dies als Extrahaushalte bestätigen. Bei näherer strukturanalytischer Betrachtung sind es für die Bewirtschaftung jedoch, mit der Ausnahme des Sondervermögens Infrastruktur, »zwei Schritte« aus der generellen organisatorischen Verwaltungsperspektive. Als zweiter Schritt lässt sich das Trabantenfeld der Verwaltung für die Bewirtschaftung in Gestalt des Rechtsformats von überwiegend GmbHs klassifizieren. Unter Steuerungsgesichtspunkten bietet die strukturelle Trennung zwischen der Bewirtschaftung als Dienstleistung und den Vermögensgegenständen selbst, im Format der Sondervermögen, bestmögliche Voraussetzungen zur Transparenz. Mit der Kausalität von Ressourceneinsatz (Zeit, Geld, Personal und Sachmittel) und deren messbarer Wirkung auf die Vermögensgegenstände bieten sich alle erforderlichen Rationalitätskriterien für Entscheidungen, Risikobewertungen und Potentialanalysen. Diese Struktur als Grundpfeiler kann sich auch künftig immer wieder neu dann als richtig erweisen, wenn sich die Prozesse, Verfahren und das Rollenverständnis der Beteiligten hinsichtlich veränderter Rahmenbedingungen dynamisch als lernende Organisation entwickeln. Mit der organisatorischen Zuweisung einer Liegenschaft zu einem sonstigen Sondervermögen können die ressortübergreifenden z. B. städtebaulichen Wechselwirkungen und das gesamtheitliche öffentliche Interesse nicht gleichzeitig und vollumfänglich Berücksichtigung finden. Die dezentrale Haushaltssteuerung bedarf deshalb hinsichtlich des Liegenschaftsmanagements einer ergänzenden Steuerungslogik, mit der Partikularinteressen und das gesamtheitliche öffentliche Interesse abgewogen werden können, auch bei der Priorisierung von begrenzten Haushaltsmitteln zur Finanzierung von Investitionen.

Wirtschaftlichkeit und Wirksamkeit sind hierbei Maßstäbe, die sich aus § 7a LHO ableiten lassen.

Alles Handeln in einem nachhaltigen Liegenschaftsmanagement ist auf die Werterhaltung und die Wertentwicklung ausgerichtet, um auch für künftige Generationen Gestaltungsspielräume zu sichern.

10.3 Sonstige Sondervermögen in der Haushaltssteuerung

Nachdem es schon seit Jahren ein standardisiertes Verfahren zur Berichtserstattung der Quartalsergebnisse an den Senat und an die politischen Gremien im Hinblick auf ausgewählte Beteiligungsgesellschaften einerseits und Eigenbetriebe/Museumsstiftungen der FHB andererseits gab, konkretisierte sich immer stärker der Wunsch heraus, ein solches oder ähnliches Verfahren auch im Hinblick auf die sonstigen Sondervermögen der FHB zu konzipieren. Damit verbunden war und ist das Ziel, eine stärkere Transparenz hinsichtlich einer wertorientierten Bewirtschaftung dieser aus dem Kernhaushalt ausgegliederten Vermögen zu schaffen.

Nach Vorabstimmungen in der seinerzeit eingerichteten Senatskommission für öffentliche Unternehmen (Senko) sowie Vorarbeiten in einer ressortübergreifenden Arbeitsgruppe, an der VertreterInnen aus den Senatsressorts, denen sonstige Sondervermögen zugeordnet sind, sowie aus der Senatskanzlei vertreten waren, wurde dem Senat am 30. September 2008 die Konzeption für eine Berichterstattung über die sonstigen Sondervermögen zur Beschlussfassung vorgelegt. Parallel zu dieser Konzeption, die das Berichtsformat, die Periodizität, den Berichtsweg und die Fristen betraf, wurde dem Senat erstmals ein Controllingbericht über das 1. Halbjahr 2008 der sonstigen Sondervermögen zur Kenntnis gegeben. Nach Senatsbefassung wurde der Controllingbericht am 2. Oktober 2008 dem Haushalts- und Finanzausschuss der Bremischen Bürgerschaft zur Kenntnisnahme vorgelegt.

Herzstück des Controllingberichts sind standardisierte Datenblätter, die sog. Managementreports (MMR). Mit den MMR werden die Ansprüche aus dem unterjährigen Kontrollrecht des Parlaments erfüllt. In Analogie an die Regelungen für das Beteiligungs- und Eigenbetriebscontrolling erfolgt die Berichterstattung an die Gremien für das jeweils zweite, dritte und vierte Quartal eines Kalenderjahrs. Dabei wird das Controlling der einzelnen Sondervermögen im Rahmen der dezentralen Fach- und Ressourcenverantwortung durch das zuständige Fachressort durchgeführt. Die in den Datenblättern ggf. enthaltenen Kommentierungen der Abweichungen erfolgen durch die bewirtschaftende Einheit und das zuständige Fachressort.

Diese Definition verdeutlicht:

- Die MMR enthalten die Ergebnisse des operativen Controllings aus den Buchungskreisen der jeweiligen dezentralen Fach- und Ressourcenverantwortung
- Eine Verortung dieser Ergebnisse in einer Gesamtsicht der FHB (»Konzernperspektive«) ist nicht vorgesehen
- Die Darstellung von Wirkungen für die zentralen Ziele der FHB, die für und durch die Sachvermögenswerte unter Einsatz von monetären und personellen Ressourcen erreicht worden sind, ist nicht vorgesehen.

Wie oben bereits ausgeführt, umfasst die Berichtslegung als Berichtsperioden das zweite, dritte und vierte Quartal.

Das bedeutet, erstmalig ca. Mitte August eines Kalenderjahres liegen im Sondervermögenscontrolling des Finanzressorts Informationen zum finanzwirtschaftlichen Verlauf des ersten Halbjahrs vor. Im März des Folgejahres wird über den Zeitraum Januar bis Dezember (vor Jahresabschlussbuchungen) berichtet. Über das tatsächliche Jahresergebnis, also zu einem Zeitpunkt nach Aufstellung des Jahresabschlusses, erfolgt keine Berichtslegung im Rahmen des Sondervermögenscontrollings. Der Jahresabschluss wird jedoch vom jeweiligen Sondervermögensausschuss festgestellt, der auch über die Ergebnisverwendung beschließt.

Je sonstigem Sondervermögen (Trennung Stadtgemeinde und Land) wird ein MMR erstellt. Dieser ist eine Aggregation, enthalten ist jeweils eine unterschiedliche Anzahl von Teilsondervermögen oder Betrieben gewerblicher Art (BgAs).

Der MMR besteht aus folgenden Komponenten mit Daten zu einer Plan/Ist-Betrachtung:

- Gewinn und Verlustrechnung
- Prognose Kalenderjahr
- Vermögensrechnung
- Kennzahlen
- Saldo der AH-Konten (Stichtagsbetrachtung versus des 31.12./Vorjahr)

Eine Verpflichtung zur Kommentierung/Erläuterung besteht bei Abweichungen von Ist-Werten zum Plan ≥ 10 %.

Die Planwerte für das Kalenderjahr 2016 wurden im Herbst 2015 erstellt und durch die jeweiligen Gremien verabschiedet.

Die Jahresplanwerte werden in der überwiegenden Anzahl der Sondervermögen für die unterjährige Berichtslegung der MMR gleichmäßig auf die Quartale verteilt. Im Ergebnis sind es dann in den meisten Sondervermögen quartalsbezogene Jahresdurchschnittswerte.

In einer Vielzahl von Erläuterungen zu Planabweichungen werden diese begründet mit dem »unterjährigen Planungsverlauf auf die Quartale«.

Die Jahresdurchschnittswerte scheinen sich aus Sicht der Verantwortlichen als Messlatte nicht durchgängig zu eignen. Dieses Dilemma wäre durch die Betroffenen selbst veränderbar mittels einer differenzierten Planung der Quartale.

Die Controllingberichte basieren auf den Wirtschaftsplänen der sonstigen Sondervermögen. Diese sind im Rahmen des jeweiligen Haushaltsaufstellungsverfahrens über einen Zeitraum von insgesamt vier Planjahren aufzustellen (zwei Planjahre entsprechend der Wirtschaftsplanperiode (= Haushaltsperiode) sowie zwei Folgejahre (= Finanzplan). Bei den beiden »Finanzplanjahren« handelt es sich allerdings lediglich um Orientierungswerte der Fachressorts, deren Konkretisierung und Fixierung im Rahmen der zu einem späteren Zeitpunkt für diese Jahre stattfindenden Haushaltsberatungen zu erfolgen hat. Wesentlicher Bestandteil der Wirtschaftspläne ist 1. der Erfolgsplan, 2. der Vermögensplan sowie 3. der (maßnahmenbezogene) Investitionsplan. Die Wirtschaftspläne werden dem/der SenatorIn für Finanzen zu einer Plausibilitätskontrolle vorgelegt und vom jeweiligem Sondervermögensausschuss beschlossen, bevor sie dann durch den Senat der Bremischen Bürgerschaft vorgelegt werden.

Die Controllingberichte werden von dem/der SenatorIn für Finanzen kontinuierlich weiterentwickelt, um so neuen Fragestellungen Rechnung zu tragen. So wurde z. B. der MMR-Vordruck in den letzten Jahren um die Positionen »Salden der AH-Konten zum Stichtag« oder »… davon Geschäftsbesorgungsentgelte« erweitert, um Daten für speziellere Auswertungen zu generieren.

In den sonstigen Sondervermögen wird Liquidität auf sog. außerhaushaltsmäßigen Konten (AH-Konten) bereitgehalten. Bei diesen AH-Konten handelt es sich jedoch in der Regel um Sammelpositionen, auf denen der Tagessaldo des Bankkontos gespiegelt wird. Da der Saldo eines AH-Kontos stichtagsbezogen ausgewiesen wird und erheblichen Schwankungen unterliegt, liefert er somit allenfalls Anhaltspunkte für die Beurteilung der finanziellen Lage des sonstigen Sondervermögens.

Für die Klärung der Frage, inwieweit es im Sinne einer Liquiditätssteuerung möglich ist, aktuell nicht benötigte Liquidität aus den sonstigen Sondervermögen zu nutzen, um etwaig haushaltsrelevante Fragestellungen daraus zu finanzieren, bedarf es einer nachvollziehbaren und zugleich sehr transparenten Darstellung der hinter den Haushaltszuführungen bzw. der in den sonstigen Sondervermögen vorhandenen Liquidität stehenden Investitionsvorhaben. Da derzeit das Sondervermögenscontrolling noch keine verlässliche und fundierte Antwort auf eine derartige Fragestellung geben kann, sollte das Sondervermögenscontrolling um ein entsprechendes Instrumentarium ergänzt werden. So gibt es z. B. aktuell die Überlegung, die Wirtschaftspläne für sonstige Sondervermögen durch einen Liquiditätsplan zu ergänzen. In diesem Zusammenhang wäre auch zu prüfen, ob die Erweiterung des Quartalscontrollings unter Liquiditätsgesichtspunkten (bspw. durch Aufnahme entsprechender Liquiditätskennzahlen) zielführend erscheint.

11

Haushaltsvollzug und -kontrolle

11.1 Haushaltsvollzug

Der Haushaltsvollzug bzw. Haushaltsdurchführung umfasst die Bewirtschaftung der Haushaltsmittel nach dem beschlossenen Haushaltsplan sowie Haushaltsgesetz.[83]

Das Haushaltsgesetz bildet die Grundlage für die Verwaltung aller Einnahmen und Ausgaben (vgl. Art 132 BremLV). Der Senat hat die Verwaltung nach dem Haushaltsgesetz zu führen. Er darf die Haushaltsmittel nur insoweit und nicht eher in Anspruch nehmen, als es bei einer wirtschaftlichen und sparsamen Verwaltung erforderlich ist. Der dem Haushaltsgesetz als Anlage beigefügte Haushaltsplan ermächtigt die Verwaltung, konkret für die ausgewiesenen Zwecke Ausgaben zu leisten und Verpflichtungen zu Lasten künftiger Haushaltsjahre einzugehen. Dabei sind die Mittel so zu bewirtschaften, dass sie zur Deckung aller Ausgaben der jeweiligen Zweckbestimmung ausreichen.

Einnahmen sind rechtzeitig und vollständig zu erheben.

Konkrete Regelungen zum Haushaltsvollzug sind in Teil III der LHO enthalten.

Der Haushaltsvollzug ist der Exekutive vorbehalten, solange sich die Einnahmeentwicklung und insbesondere die Ausgaben innerhalb der veranschlagten Beträge bewegen. Dies ändert sich grundlegend, sofern die veranschlagten Mittel des Haushaltsjahres absehbar nicht zur Deckung der erwarteten Ausgaben (= überplanmäßige Ausgaben) ausreichen. Vor der Leistung von Ausgaben über den zur Verfügung stehenden Mittelrahmen (= Haushaltssoll) hinaus muss die Bremische Bürgerschaft den über- oder außerplanmäßigen Ausgaben, d. h. der sog. Nachbewilligung von Mitteln zustimmen (Art. 101 Abs. 1 Nr. 5 BremLV). Allerdings hat die Bürgerschaft diese Entscheidungskompetenz dem Haushalts- und Finanzausschuss nach Maßgabe der Bestimmungen des jeweiligen Haushaltsgesetzes übertragen (vgl. § 37 Abs. 1 LHO). Mit den jährlichen Haushaltsgesetzen werden die Haushalts- und Finanzausschüsse zu Nachbewilligungen im Rahmen von Deckungsmöglichkeiten ermächtigt.

Im Rahmen der dezentralen Haushaltssteuerung hat die Bremische Bürgerschaft Entscheidungsbefugnisse des Haushalts- und Finanzausschusses delegiert: Die Verantwortlichen im Produktgruppenhaushalt sind

83 Sämtliche nachstehende Ausführungen sind entnommen aus Die Senatorin für Finanzen (2015): »Finanzen und Haushalt in der Freien Hansestadt Bremen – Grundinformationen, ABC der Haushaltspraxis«.

ermächtigt, Nachbewilligungen bis zu einer Wertgrenze von 100.000 Euro im Einzelfall und in den in §§ 5 und 14 des Haushaltsgesetzes der Freien Hansestadt Bremen für das Haushaltsjahr 2019 genannten Fallgruppen vorzunehmen. Dies gilt auch für Nachbewilligungen, die durch Mehreinnahmen gedeckt werden. Darüber hinaus können sie bis zu einem Betrag von 500.000 Euro Sperren für Baumaßnahmen aufheben und veranschlagte Verpflichtungsermächtigungen erteilen.

Derzeit ist in der Freien Hansestadt Bremen der Haushaltsplan für das Haushaltsjahr 2020 durch Gesetz noch nicht festgestellt. Ein Beschluss der Haushaltsgesetze und Haushaltspläne 2020 durch die Bremische Bürgerschaft ist für Juli 2020 vorgesehen. Bis dahin richtet sich die Haushaltsführung nach Art. 132a BremLV. Die Verwaltungsvorschriften zur vorläufigen Wirtschafts- und Haushaltsführung nach Art. 132a BremLV ermächtigt den Senat, alle Ausgaben zu leisten, die nötig sind, um gesetzlich beschlossene Einrichtungen zu erhalten bzw. rechtliche Verpflichtungen zu erfüllen sowie begonnene Investitionsmaßnahmen fortzusetzen.

Zudem stellen derzeit die Auswirkungen der Corona-Pandemie die öffentlichen Haushalte von Bund und Ländern vor erhebliche finanzielle Herausforderungen.

Der wochen- oder ggf. sogar monatelange Ausfall von Veranstaltungen, rückläufiges Konsumverhalten in verschiedenen Branchen wie Gastronomie, Handwerk, Einzelhandel, Hotellerie aber auch Fern- und Flugverkehr sowie der drohende Verlust von Arbeitsplätzen, ziehen erhebliche Einbußen bei den Steuereinnahmen der Freien Hansestadt Bremen und anderer Länder nach sich, deren Größenordnung zum jetzigen Zeitpunkt sich nur sehr schwer prognostizieren lässt.

Zum anderen sind die zu leistenden Unterstützungsmaßnahmen mit hohen Ausgaben verbunden, die im Vorfeld nicht absehbar waren, insbesondere in Schlüssel-Bereichen wie der Gesundheitsversorgung, wirtschaftliche Hilfen bzw. Wirtschaftsförderung (hierunter auch Zuwendungen für bremische öffentliche Unternehmen) etc.

11.2 Die Rolle der »Spiegel« im Finanzressort

Die »Spiegel« im Finanzressort sind die ersten und zentralen Ansprechpartner der Ressorts bei allen finanzwirtschaftlichen Angelegenheiten. Sie beraten und unterstützen die Ressorts in allen finanzwirtschaftlich relevanten Fragen und begleiten die Ressorts bei der Erstellung von diesbezüglichen finanzwirtschaftlichen Gremienvorlagen für den Senat, die jeweilige Deputation bzw. Ausschuss sowie den Haushalts- und Finanzausschuss. Dabei koordinieren sie ebenfalls die damit verbundenen Abstimmungsprozesse innerhalb des Finanzressorts und stellen eine adressatengerechte Aufbereitung der Informationen für die Entscheidungsträger sicher.

Die zu »spiegelnden« Politik- bzw. Geschäftsbereiche ergeben sich aus den jeweiligen Ressortzuschnitten gem. der Geschäftsverteilung im Senat[84]. Diese bildet auch die Grundlage für die Definition der einzelnen Produktpläne im Produktgruppenhaushalt.

Derzeit betreuen 12 »Spiegel« im Finanzressort verteilt auf drei Referate innerhalb der Abteilung »Haushalt, Kredit und Vermögen« des Finanzressorts insgesamt zukünftig 26 Produktpläne.

Neben der allgemeinen ganzheitlichen Begleitung und Beratung der Ressorts bei finanzwirtschaftlichen Angelegenheiten nehmen die »Spiegel« eine zentrale Rolle bei der Finanzplanung, der Hausaufstellung, dem Haushaltsvollzug und dem Controlling ein.

Die Aufgaben der »Spiegel« lassen sich hierbei wie folgt zusammenfassen:

Bei der Finanzplanung und der Haushaltsaufstellung:

- Aufbereitung, Zusammenstellung und adressatengerechte Darlegung von finanziellen, personalwirtschaftlichen und leistungsbezogenen Ressourcen im Vorfeld der Haushaltsaufstellung gegliedert nach den einzelnen Produktplänen getrennt nach den Haushalten des Landes und der Stadtgemeinde;
- Beratung und Unterstützung der Ressorts bei der Definition von steuerungsrelevanten strategischen Zielen und der Bildung von den einzelnen dazugehörigen steuerungsrelevanten bzw. steuerbaren

84 Vgl. Geschäftsverteilung im Senat vom 11.11.2019 (zuletzt geändert am 11.02.2020) (Brem.ABl. S. 1257) unter <https://www.transparenz.bremen.de/sixcms/detail.php?gsid=bremen2014_tp.c.144897.de&asl=bremen02.c.732.de&template=20_gp_ifg_meta_detail_d>.

Kennzahlen zur Messung der Zielerreichung sowie der Entwicklung von möglichen Plan- bzw. Zielwerten (Mengengerüsten) auch vor dem Hintergrund des interkommunalen Vergleichs;
- Vertiefte Aufbereitung von politischen Schwerpunkt- Themenbereichen in den einzelnen Produktplänen für die bevorstehende Haushaltsaufstellung;
- Haushaltstechnische Begleitung der Finanzplanung und Haushaltsaufstellung.

Im Haushaltsvollzug und Controlling:
- Überprüfung der Einhaltung der beschlossenen Finanz-, Personal- und Leistungsziele anhand einheitlicher Standards mit den Schwerpunkten der Einhaltung des Budgets und des eckwertrelevanten Finanzierungssaldos;
- Überprüfung sämtlicher Gremienvorlagen der Ressorts bezüglich ihrer finanz-, personalwirtschaftlichen und leistungsbezogenen Folgewirkungen bzw. möglicher Vorbelastungen und ihrer Finanzierung für den laufenden Haushaltsvollzug und die kommenden Haushaltsjahre;
- Erstellung der Vorlagen für den Haushalts- und Finanzausschuss;
- Umsetzung von Vollzugsangelegenheiten wie Nachbewilligungen, Sperrenaufhebungen, Rücklagenentnahmen, Einrichtungen von neuen Haushaltsstellen, Erteilung von zusätzlichen oder veranschlagten Verpflichtungsermächtigungen etc. auf Grundlage der Vorgaben des Haushaltsgesetzes bzw. von Beschlüssen des Haushalts- und Finanzausschusses;
- Erstellung von Analysen und Bewertungen zur Einhaltung der Finanz-, Personal- und Leistungsziele in den einzelnen Produktplänen ausgehende von den Controllingkommentierungen und Prognosen der Ressorts einschließlich der Entwicklung von erforderlichen Steuerungsmaßnahmen bzw. -vorschlägen im Falle von Abweichungen für den Senat und Haushalts- und Finanzausschuss im Rahmen des Produktgruppencontrollings.

11.3 Maßnahmen zur unterjährigen Steuerung (Bewirtschaftung, Planungsreserve)[85]

Die Verantwortlichen im Produktgruppenhaushalt haben aufgrund der Budgetierung nicht nur Rechte, sondern auch Pflichten:

Erwartete bzw. festgestellte Mindereinnahmen sind innerhalb des Budgets (ggf. innerhalb des Produktplan-, SenatorInnenbudgets) auszugleichen.

Mehreinnahmen sind vorrangig zum Ausgleich evtl. Mindereinnahmen an anderer Stelle oder zum Liquiditätsausgleich einer Reste-/Rücklageninanspruchnahme oder eines bestehenden Verlustvortrags einzusetzen. Sollen Mehreinnahmen zur Finanzierung von Maßnahmen herangezogen werden, dürfen diese Maßnahmen künftige Haushalte strukturell nicht belasten.

Die Ausgaben sind so zu bewirtschaften, dass Bewirtschaftungsmaßnahmen des Senats (s. u.) realisiert werden können.

Finanzierungen aus Ausgaberesten oder Rücklagen dürfen nur erfolgen, sofern in gleicher Größenordnung ein Ausgleich erfolgt (vgl. Liquiditätssteuerung). Dieser Ausgleich kann durch nicht verwendete Mehreinnahmen oder Minderausgaben an anderer Stelle innerhalb des Budgets erfolgen.

Die im Produktgruppenhaushalt genannten Fachziele sind zu erreichen. Die damit (möglichst) in einem direkten Zusammenhang stehenden Kennzahlen geben den Leistungsmaßstab vor, mit dem die Zielerreichung gemessen werden soll. Über die Zielerreichung ist somit in objektiver und nachvollziehbarer Weise im Rahmen eines unterjährigen Controllings für das Parlament (Fachdeputationen sowie Haushalts- und Finanzausschüsse) sowie dem Senat zu berichten.

Bewirtschaftungsmaßnahmen

Für den Bereich der konsumtiven und investiven Ausgaben stehen aufgrund des § 6 des Haushaltsgesetzes der Freien Hansestadt Bremen für das Haushaltsjahr 2019 für den Gesamthaushalt jeweils 95 % der Anschläge zur Verfügung (sog. Planungssicherheit/-reserve). Die Eingriffsrechte des Senats nach § 41 LHO sind insoweit eingeschränkt worden. Sich im Haushaltsvollzug bis zum 15. Oktober ergebende allgemeine Haushaltsverschlechterungen sind grundsätzlich aus den im Gesamthaushalt verbleibenden 5 % (= Planungsreserve) zu finanzieren.

85 Sämtliche nachstehende Ausführungen sind entnommen aus Die Senatorin für Finanzen (2015):»Finanzen und Haushalt in der Freien Hansestadt Bremen – Grundinformationen, ABC der Haushaltspraxis«.

Zur Feststellung der Anteilssätze der Produktpläne hat der Senat auf der Grundlage von Verpflichtungsgraden ein Quotenmodell beschlossen, mit dessen Hilfe notwendige Kürzungen bzw. Umlagen individuell festgelegt werden können. Der Senat hat in den vergangenen Haushaltsjahren inhaltlich unterschiedliche Bewirtschaftungsbeschlüsse gefasst. Diese beinhalteten entweder Kürzungen auf Grundlage des Quotenmodells oder orientierten sich an den Ausgabeneinschränkungen gem. Art. 132a BremLV.

11.4 Controlling des Haushaltsvollzugs

Im Rahmen der dezentralen Haushaltssteuerung hat das Parlament in Teilen Budgetrechte an die Verwaltung übertragen. Im Gegenzug wurden Controllingverfahren entwickelt, um das Parlament in die Lage zu versetzen, steuernd in die Haushaltsentwicklung einzugreifen. Dies gilt umso mehr vor dem Hintergrund der zwingend erforderlichen Einhaltung des Sanierungspfades, die eine intensive und engmaschige Beobachtung der Haushaltsentwicklung und des Haushaltsvollzugs unabdingbar machen.

Der Senat ist gem. § 10 Abs. 2 (Stadt) bzw. § 11 Abs. 2 (Land) der Haushaltsgesetze 2019 dazu verpflichtet, »dem Haushalts- und Finanzausschuss auf den Ebenen des Gesamthaushalts, der Produktbereiche und Produktpläne sowie für die Betriebe, sonstigen Sondervermögen, Beteiligungen und Zuwendungsempfänger periodisch Berichte vorzulegen.«[86] Die Form, Inhalte und Periodizität der jeweiligen Berichterstattung werden vom Haushalts- und Finanzausschuss im Rahmen des Einsetzungsbeschlusses festgelegt.

Die Parallelität der kameralen Haushalte und des Produktgruppenhaushalts in der Freien Hansestadt Bremen spiegelt sich auch in den Controllinginstrumenten wider. Das Controlling des Haushaltsvollzugs erfolgt aus mehreren, sich ergänzenden Perspektiven. Im Folgenden werden das zentrale Finanzcontrolling und das Produktgruppencontrolling als zwei maßgebliche unterjährige Controllinginstrumente aufgegriffen.

Im Rahmen des Zentralen Finanzcontrollings werden die Entwicklungen der bremischen Haushalte auf Ebene des Landes und der Stadtgemeinde Bremens sowie auf Ebene des Stadtstaates einschließlich Bremerhaven vor dem Hintergrund der Einhaltung des Sanierungspfades bewertet. Die Bewertung erfolgt auf Grundlage eines Abgleichs der aktuellen Ist-Daten für Einnahmen und Ausgaben mit den rechnerischen Planwerten für den jeweiligen Berichtszeitraum. Im Fokus des Zentralen Finanzcontrollings steht die Einschätzung zur Einhaltung des Sanierungspfades getrennt nach den jeweiligen Gebietskörperschaften rekurrierend auf den strukturellen Finanzierungssaldo bzw. ab 2020 der strukturellen Nettokreditaufnahme (NKA) unter Berücksichtigung von steuerabhängigen Entwicklungen sowie finanziellen Transaktionen. Die Berichterstattung erfolgt innerhalb der Finanzbehörde monatlich und gegenüber den Gremien in der Regel halbjährlich.

86 Vgl. § 11 (2) Haushaltsgesetz 2019 (Land) bzw. § 10 (2) Haushaltsgesetz 2019 (Stadt).

Das Produktgruppencontrolling setzt bei einer kleinteiligeren Betrachtungsebene an und nimmt die einzelnen Produktpläne als die maßgebliche Steuerungs- bzw. Analyseeinheit. Hintergrund dieses Ansatzes bildet die dezentrale Fach-, Personal- und Ressourcenverantwortung der Produktplan-, Produktbereichs- und Produktgruppenverantwortlichen[87] sowie die Verknüpfung zwischen Budgets und Leistungen.

Ziel des Produktgruppencontrollings ist es, ausgehend vom Produktgruppenhaushalt frühzeitig »Entwicklungen zu erkennen und aufzugreifen, soweit diese von finanzieller, personalwirtschaftlicher oder leistungsbezogener Bedeutung sind, bei Abweichungen rechtzeitig Gegensteuerungsmaßnahmen einzuleiten und Vorschläge zur Einhaltung des Budgetrahmens, der Personalziele und der Leistungsziele aufzuzeigen«.[88] Im Vordergrund stehen damit Abweichungen von den parlamentarisch beschlossenen finanziellen, personalwirtschaftlichen und leistungsbezogenen Zielen. Dabei erfolgt die Bewertung zukunftsorientiert bezogen auf das voraussichtliche Jahresergebnis. Im Fokus steht dabei die Einhaltung des Budgets und des zulässigen Finanzierungssaldos in den einzelnen Produktplänen im voraussichtlichen Jahresergebnis. Das voraussichtliche Jahresergebnis zur Einhaltung des Budgets ergibt sich aus der Gegenüberstellung der Ressortprognosen zum voraussichtlichen Haushalts-Soll und zum voraussichtlichen Ist. Die Einhaltung des Finanzierungssaldos im voraussichtlichen Jahresergebnis ergibt sich aus dem Abgleich des voraussichtlichen Ist zum Anschlag unter Berücksichtigung der produktplanbezogenen Verlagerungen. Dabei wird besonderes Augenmerk auf die voraussichtliche Entwicklung der investiven Ausgaben sowie etwaiger Lösung von zentral veranschlagten globalen Minderausgaben bzw. zu erbringenden globalen Mehreinnahmen gelegt, die vertieft und in Teilen auch gesondert analysiert und bewertet werden. Die Bewertung erfolgt getrennt nach den Haushalten des Landes und der Stadtgemeinde unter Einbeziehung der je Ebene (Produktplan, -bereich oder -gruppe) entsprechenden Verrechnungen/Erstattungen sowie ab 2020 auch Rücklagenentnahmen und -zuführungen.

Bei sich unterjährig abzeichnenden Überschreitungen des Budgets und/oder des Finanzierungssaldos im voraussichtlichen Jahresergebnis oder anderweitigen Abweichungen zu den parlamentarisch beschlossenen finanziellen, personalwirtschaftlichen oder leistungsbezogenen Zielen sind umgehend Gegensteuerungsmaßnahmen zu ergreifen. Hierbei sind zunächst sämtliche produktplaninterne Lösungsansätze nachweislich zu

87 Vgl. hierzu § 3 Haushaltgesetz 2019 Land sowie § 9 LHO.
88 Vgl. § 11 (1) Haushaltsgesetz 2019 Land bzw. § 10 (1) Haushaltsgesetz 2019 Stadt.

prüfen und auszuschöpfen. Sollte sich nach intensiver Prüfung herausstellen, dass die Gefährdung der Ressourceneinhaltung produktplanintern nicht gelöst werden kann, sind Ausgleichsmöglichkeiten auf der nächsthöheren Ebene innerhalb des SenatorInnenbudgets zu prüfen.

Die Berichterstattung zum Produktgruppencontrolling gegenüber dem Senat (zentrales Controlling), den Deputationen bzw. Ausschüssen (dezentrales Controlling) sowie dem Haushalts- und Finanzausschuss erfolgt in der Regel quartalsweise. Die quartalsweise Berichterstattung wird bedarfsweise flankiert von monatlichen Controllings in der Regel für die Perioden Januar bis April sowie Januar bis August. Die zentrale Controllingberichterstattung gegenüber Senat und Haushalts- und Finanzausschuss umfasst die Ebenen der Produktpläne und der Produktbereiche sowie Querschnittsbetrachtungen zur Rücklagenentwicklung. Die Berichterstattung enthält zudem insbesondere bei Abweichungen zu den parlamentarisch beschlossenen finanziellen, personalwirtschaftlichen oder leistungsbezogenen Zielen Beschlussvorschläge für Steuerungsmaßnahmen.

Angesichts der zunehmenden Notwendigkeit zur Entwicklung zielführender und passgenauer Maßnahmen zur Steuerung der Haushalte resultierend u. a. aus den geänderten Vorgaben im Zusammenhang mit der Neuregelung der Schuldenbremse und des Sanierungshilfegesetzes ist es unabdingbar, die Steuerungsgenauigkeit und die Prognosevalidität bei den Ressorteinschätzungen zum voraussichtlichen Ist und zum voraussichtlichen Haushalts-Soll sowie die Umsetzung der Verknüpfung zwischen Budgets und strategischer Zielerreichung kontinuierlich zu erhöhen und zu optimieren. Der Senator für Finanzen setzt hier an mehreren Anknüpfungspunkten für die Optimierung und Weiterentwicklung von Controllinginstrumenten an. Einen Anknüpfungspunkt stellt die Entwicklung von budget- bzw. ressourcenbezogenen Anreizsystemen zur Erhöhung der Prognosesicherheit der Ressorteinschätzungen beim voraussichtlichen Ist und beim Haushalts-Soll sowie bei der Zielerreichung dar. Einen denkbaren Ansatz hierfür stellt die Entwicklung eines Bonus-Malus Systems dar, demnach diejenigen Ressorts, deren unterjährige Prognosen zum voraussichtlichen Jahresergebnis am genauesten das tatsächliche Jahresergebnis widerspiegeln, von bestimmten finanziellen Anreizsystemen profitieren.

Einen weiteren Anknüpfungspunkt stellt die Umsetzung einer stärkeren Verknüpfung zwischen Budgets und strategischer Zielerreichung dar. Diese könnte ebenfalls im Rahmen der Entwicklung eines Bonus-Malus Systems dargestellt werden, demnach bspw. ein bestimmter Prozentanteil des Budgets zunächst gesperrt und ausschließlich zielerreichungsbezogen in Anspruch genommen werden kann. Die technische Visualisierung der strategischen Zielerreichung in Verbindung mit Kennzahlen und Budgets erfolgt derzeit im eHaushalt. Parallel wurden im Rahmen der aktuellen Haushaltsaufstellung 2020/2021 die strategischen Ziele und Kennzahlen auf ihre Steuerungsrelevanz und Steuerbarkeit überprüft und nunmehr auch auf der Produktplanebene nach Land und Stadtgemeinde getrennt. Zudem wurde im Rahmen der Haushaltsaufstellung 2020/2021 zur Optimierung der Messbarkeit bei der Zielerreichung und Erhöhung der Steuerung eine eindeutige Verknüpfung zwischen den strategischen Zielen und Kennzahlen hergestellt und SAP-seitig hinterlegt.

12

Schulden-, Kredit- und Zinsmanagement

12.1 Schulden

12.1.1 Historische Entwicklung der Schulden in Bremen

Jeder kamerale Haushalt muss formal ausgeglichen sein, d. h. die Höhe der Einnahmen muss der Höhe der Ausgaben entsprechen (s. auch Kapitel 7). Sofern die Ausgaben höher sind als die Einnahmen, müssen zusätzliche Einnahmen aus der Aufnahme von Krediten zur Deckung einbezogen werden. Für die Kreditaufnahme muss es eine Kreditermächtigung im Haushaltsgesetz geben. Die Kreditaufnahme führt dann zu einer Erhöhung des Schuldenstandes.

Seit der ersten Schuldenstatistik des Statistischen Bundesamtes im Jahr 1950 werden die Schulden der Bundesländer erfasst (vgl. Statistisches Bundesamt, 2019a, S. 40–41). Für Bremen werden seit Anbeginn Schulden ausgewiesen. In der nachfolgenden Abbildung ist zu erkennen, dass es bis Anfang der 1970er-Jahre einen moderaten Anstieg der Schulden gab. In den 1970er- und 1980er-Jahren sind die Schulden sehr stark gestiegen, während in den 1990er-Jahren ein leichter Rückgang zu verzeichnen war. In den Nuller-Jahren kam es wieder zu einem starken Anstieg der Schulden, der im Jahr 2015 seinen Höchststand fand.

Um die Auswirkungen der Corona-Pandemie zu bewältigen, wird es mindestens im Haushaltsjahr 2020 zu einer Neuverschuldung und damit zu einem Anstieg des Schuldenstandes kommen. Aufgrund der Schulden-

Entwicklung der Schulden.

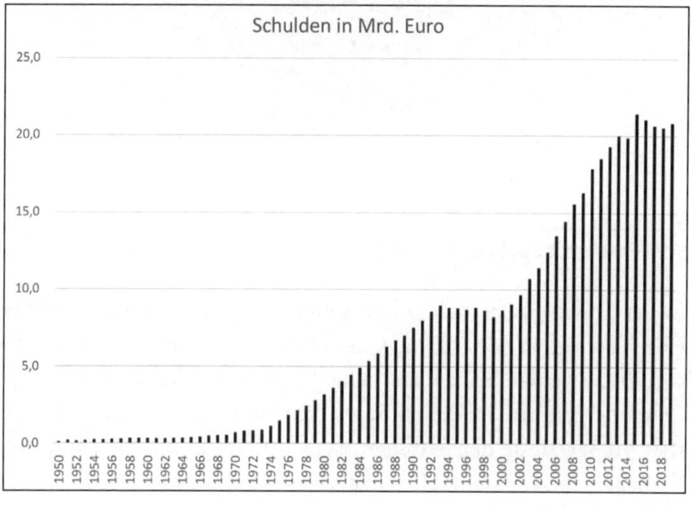

bremse und entsprechender Tilgungsverpflichtungen für die Corona-bedingte Kreditaufnahme sollte der Schuldenstand in den kommenden Jahren wieder leicht sinken.

12.1.2 Schuldenstatistiken

Schulden werden in den Schuldenstatistiken nach unterschiedlichen Kriterien differenziert. Üblicherweise folgen die Statistiken hierbei dem sog. Schalenkonzept des Statistischen Bundesamtes (vgl. Abbildung 2). Es werden Schulden für die Kernhaushalte, für die Extrahaushalte und für die sonstigen öffentlichen Fonds, Einrichtungen und Unternehmen ausgewiesen. Nachgewiesen werden alle Schulden, für welche die Berichtsstelle Schuldner ist. Dazu gehören auch die Schulden ihrer rechtlich unselbstständigen Stiftungen und Sondervermögen, deren Ausgaben und Einnahmen vollständig im Haushalt des öffentlichen Trägers enthalten sind (vgl. Statistisches Bundesamt, 2019a, S. 6 ff).

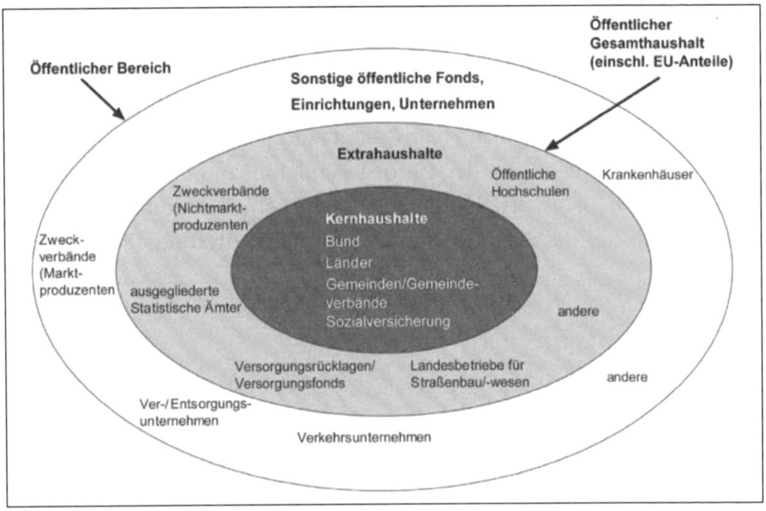

Schalenkonzept des Statistischen Bundesamtes.

In der Freien Hansestadt Bremen gibt es drei Kernhaushalte, nämlich die Haushalte des Landes Bremen, der Stadt Bremen und der Stadt Bremerhaven. Diese werden beim Statistischen Bundesamt allerdings alle unter »Land Bremen« geführt. In diesen Statistiken findet also keine Differenzierung statt. In der »Liste der Extrahaushalte 2019« sind für das Land Bremen 48 Einheiten verzeichnet (vgl. Statistisches Bundesamt, 2019b). Die »Liste der sonstigen Fonds, Einrichtungen und Unternehmen 2019« umfasst für Bremen 92 Einträge (vgl. Statistisches Bundesamt, 2019c). Diese Listen sind regelmäßigen Änderungen unterworfen, was Vergleiche über mehrere Jahre erschwert. So kam es bei den Extrahaushalten im Jahr 2019 zu drei Zugängen und keinen Abgängen, während bei den sonstigen Fonds, Einrichtungen und Unternehmen 15 Zugänge und ein Abgang zu verzeichnen waren.

Die Verschuldung lässt sich ferner nach der Art der Schulden unterteilen. In den Statistiken wird hierfür üblicherweise nach Wertpapierschulden, Krediten beim nicht-öffentlichen Bereich und Krediten beim öffentlichen Bereich differenziert. Ferner werden noch die Kassenkredite separat ausgewiesen. Die Schuldenarten werden in Kapitel 12.1.5 detailliert beschrieben.

Die Aufteilung nach der Art der Gläubiger (öffentlicher Bereich und nicht-öffentlicher Bereich) wird vor allem vorgenommen, damit auf gesamtstaatlicher Ebene die Verschuldung im Sinne der Maastricht-Kriterien ermittelt werden kann. Hier spielt die Verschuldung beim öffentlichen Bereich keine Rolle, da Kredite, die Bremen beim Bund aufgenommen hat, umgekehrt aus Sicht des Bundes eine Forderung darstellen und daher nicht die gesamtstaatliche Verschuldung erhöhen.

Basis für die Berechnung des Schuldenstands nach dem Maastricht-Vertrag bilden die Daten aus der Schuldenstatistik. Demnach ergibt sich der Schuldenstand nach dem Maastricht-Vertrag ausgehend von den in der Schuldenstatistik nachgewiesenen Schulden beim nicht-öffentlichen Bereich (dazu zählen die Kassenkredite beim nicht-öffentlichen Bereich, die Wertpapierschulden sowie die Kredite beim nicht-öffentlichen Bereich) und unter Berücksichtigung diverser Bereinigungen (vgl. Statistisches Bundesamt 2019, S. 12–13).

12.1.3 Verschuldung in Bremen

Es gibt nicht »den« Schuldenstand für Bremen. Neben dem Statistischen Bundesamt und dem Statistischen Landesamt erfolgt ein Ausweis der Schulden bspw. auch im Geschäftsbericht (Doppischer Jahresabschluss) und in der Haushaltsrechnung des Landes Bremen. Da jede Statistik einen anderen Verwendungszweck und Adressatenkreis hat, existieren diverse Schuldenstände für Bremen. Das liegt auch an den Besonderheiten des Stadtstaats mit seinen drei Kernhaushalten Land Bremen, Stadt Bremen und der Stadt Bremerhaven, die wiederum als Stadtstaat Bremen zusammengefasst werden können.

Aus der Kombination der diversen Kernhaushalte, Sondervermögen und Extrahaushalte auf der einen Seite und der Unterteilung in den öffentlichen und den nicht-öffentlichen Bereich sowie die Kassenkredite auf der anderen Seite ergeben sich vielfältige Kombinationsmöglichkeiten für den Ausweis von Schuldenständen. Es ist daher enorm wichtig, beim Vergleich von Schuldenständen (zwischen Bundesländern oder über verschiedene Jahre) die entsprechenden Datengrundlagen genau zu berücksichtigen, um nicht versehentlich »Äpfel mit Birnen« zu vergleichen.

Das Statistische Bundesamt differenziert nicht nach den drei Haushalten Land Bremen, Stadt Bremen und der Stadt Bremerhaven. Diese sind allerdings sehr wohl in unterschiedlicher Höhe Schuldner. Zum 31. Dezember 2019 teilen sich die Schulden wie folgt auf (vgl. Der Senator für Finanzen, 2020, S. 20):

Schuldner	**Höhe der Schulden in Mio. Euro**
Land Bremen	10.003
davon Kernhaushalt	10.000
davon Sondervermögen	3
Stadt Bremen	9.156
davon Kernhaushalt	8.470
davon Sondervermögen	686
Stadt Bremerhaven	1.694
davon Kernhaushalt	1.647
davon Sondervermögen	48
Stadtstaat Bremen	20.853

Aufteilung der Schulden auf die Haushalte in Bremen vor der Entschuldung durch die Gemeinden.

Im neuen Finanzzuweisungsgesetz (siehe auch Kapitel 19.3) ist in § 6 vorgesehen, dass das Land Bremen die Schulden seiner Gemeinden übernehmen kann. Diese Regelung wurde genutzt und die beiden Städte Bremen und Bremerhaven wurden durch das Land Bremen zum 1. Januar 2020 nahezu komplett entschuldet. Lediglich bei einem Sondervermögen konnte die Entschuldung noch nicht durchgeführt werden. Die obige Aufteilung der Schulden ändert sich daher grundlegend und für nahezu alle Schulden wird der Kernhaushalt des Landes Bremen Schuldner sein. Zum 1. Januar 2020 teilen sich die Schulden wie folgt auf:

Schuldner	Höhe der Schulden in Mio. Euro
Land Bremen	20.282
davon Kernhaushalt	20.282
davon Sondervermögen	0
Stadt Bremen	571
davon Kernhaushalt	0
davon Sondervermögen	571
Stadt Bremerhaven	0
davon Kernhaushalt	0
davon Sondervermögen	0
Stadtstaat Bremen	20.853

Aufteilung der Schulden auf die Haushalte in Bremen nach der Entschuldung durch die Gemeinden.

12.1.4 Verschuldung in den Bundesländern

Die Verschuldung in den Bundesländern unterscheidet sich zum Teil erheblich voneinander. Für einen Vergleich wird hier die Verschuldung in den Kernhaushalten der Bundesländer (d. h. die innerste Schale des Schalenkonzeptes) herangezogen. Die Schulden der Gemeinden sowie die Kassenkredite bleiben hierbei unberücksichtigt. Die Verschuldung stellt sich dann wie folgt dar (vgl. Statistisches Bundesamt, 2020, S. 62–63):

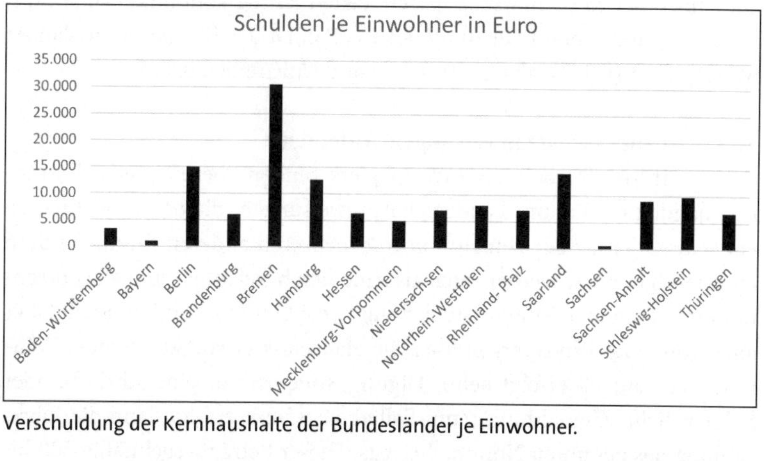

Verschuldung der Kernhaushalte der Bundesländer je Einwohner.

Man erkennt, dass die Spannbreite der Pro-Kopf-Verschuldung sehr groß ist und von knapp 1.000 Euro in Bayern und Sachsen bis 30.000 Euro in

Bremen reicht. Die Stadtstaaten weisen die höchste Pro-Kopf-Verschuldung auf. Das liegt u. a. daran, dass diese neben den Landesaufgaben auch das komplette Portfolio der kommunalen Aufgaben abdecken müssen. Bei einem Vergleich der Verschuldung der Bundesländer inklusive Gemeinden wäre die Spannbreite zwar etwas kleiner. Die Stadtstaaten würden aber auch hier an der Spitze der Pro-Kopf-Verschuldung liegen.

12.1.5 Schuldenarten

Die Bundesländer nehmen Schulden im Regelfall in Form von Wertpapieren (Landesschatzanweisungen) oder Krediten (Schuldscheindarlehen) auf. Herkömmliche Bankkredite spielen seit den neunziger Jahren keine Rolle mehr, da eine direkte Kreditgewährung die Banken bilanziell überfordern würde.

Die Art der Verschuldung (Wertpapiere oder Schuldscheindarlehen als Hauptformen in den Bundesländern) hängt von der Präferenz des Bundeslands ab. Im Durchschnitt der Bundesländer wurde die Landesverschuldung in 2019 zu knapp zwei Dritteln über Wertpapiere finanziert (mit steigendem Anteil in den letzten Jahren) und zu einem Drittel über Kredite. In Bremen lag das Verhältnis bei 63 % zu 37 %. Die Spannbreite des Wertpapieranteils reicht von ca. 75 % (Brandenburg, Hessen, Niedersachsen, Nordrhein-Westfalen und Rheinland-Pfalz) bis ca. 10 % (Bayern und Sachsen). Der Anteil der Wertpapiere an der Verschuldung über alle Bundesländer lag im Jahr 2001 noch bei 25 % und stieg in den letzten Jahren kontinuierlich an, was die stärker werdende Bedeutung des Kapitalmarktes für die Bundesländer widerspiegelt (vgl. Helaba, 2020, S. 8–9 und UniCredit, 2020, S. 14).

12.1.5.1 Landesschatzanweisungen/Anleihen

Bei den in der Statistik als »Wertpapierschulden« bezeichneten Positionen handelt es sich um Landesschatzanweisungen, die das Land Bremen entweder alleine oder gemeinsam mit mehreren anderen Bundesländern emittiert hat. Diese werden auch als Anleihen bezeichnet, sind alle börsennotiert, haben eine Mindeststückelung von 1.000 Euro und können daher auch von jeder Privatperson über die Hausbank erworben werden. Während der Laufzeit erfolgt keine Tilgung, sondern nur eine jährliche oder halbjährliche Zinszahlung. Zum Fälligkeitstermin erfolgt dann die Rückzahlung des gesamten Nominalbetrags. Dieser beträgt regelmäßig 500 bis 1.000 Mio. Euro, wobei in Sonderfällen auch Nominalbeträge ab 50 Mio. Euro möglich sind.

Der Bund emittiert entsprechende Bundesanleihen mit einer maximalen Laufzeit von 30 Jahren. Landesschatzanweisungen, also Anleihen der Bundesländer, hatten bislang üblicherweise eine Laufzeit von maximal zehn Jahren. Einige Länder sind aufgrund der Niedrigzinsphase dazu übergegangen, ebenfalls Anleihen mit einer Laufzeit von 20 oder 30 Jahren zu emittieren, so auch das Land Bremen. Das Land Nordrhein-Westfalen hat als einziges Bundesland das Laufzeitenspektrum seit 2018 extrem ausgeweitet und inzwischen Anleihen mit Laufzeiten von 50, 60 und 70 Jahren emittiert. Höhepunkt sind derzeit Emissionen über jeweils 100 Jahre, die am 21. März 2119 bzw. 15. Januar 2120 zur Rückzahlung anstehen. Auch in Bremen gibt es Überlegungen, bei weiter anhaltend niedrigen Zinsen das Laufzeitband zu erweitern, um diese Zinsen für einen möglichst langen Zeitraum sichern zu können.

Da es sich bei Landesschatzanweisungen um Inhaberschuldverschreibungen handelt, ist der Besitzer der Urkunde (d. h. der Gläubiger) dem Land Bremen nicht bekannt. Die Investoren einer Anleihe (d. h. die Gläubiger der Freien Hansestadt Bremen) sind nur zum Zeitpunkt der Emission bekannt. Danach kann die Anleihe bis zur Fälligkeit börslich oder außerbörslich verkauft werden, ohne dass der Emittent hierüber informiert werden muss. Aus der Zuteilung zum Zeitpunkt der Emission lässt sich allerdings ungefähr ableiten, wer in diese Papiere investiert. Banken stellen traditionell die größte Investorengruppe, gefolgt von Versicherungen, Pensionskassen und Zentralbanken.

Die Europäische Zentralbank (EZB) hat am 3. Dezember 2015 beschlossen, im Rahmen ihres Ankaufsprogramms auch Anleihen regionaler und lokaler Gebietskörperschaften mit Laufzeiten zwischen einem und 31 Jahren anzukaufen. Aus Veröffentlichungen der EZB geht hervor, dass sie auch Anleihen des Landes Bremen erwirbt und zum 11. Mai 2020 insgesamt 22 verschiedene Anleihen angekauft hat (vgl. UniCredit, 2020, S. 6). Das sind fünf Anleihen mehr als vor einem Jahr (vgl. NordLB, 2019, S. 13). Die Höhe der angekauften Papiere wird von der EZB nicht veröffentlicht. Allerdings gilt eine Obergrenze von 33 % des ausstehenden Nominalvolumens einer Anleihe. Die EZB hält die von ihr erworbenen Anleihen bis zur Fälligkeit. Im Zuge der Corona-Pandemie hat die EZB im März 2020 ein weiteres Ankaufprogramm gestartet. Hier sind auch Ankäufe von Anleihen ab einer Restlaufzeit von 70 Tagen möglich.

Für die Bundeswertpapiere hat die Deutsche Bundesbank anhand der Daten der europäischen Wertpapierhalterstatistik eine Untersuchung durchgeführt. Hiernach entfallen Ende 2017 34 % der Bundesanleihen auf Investoren aus Deutschland, 17 % kommen aus dem restlichen Euroraum, 45 % aus Drittländern und 4 % ließen sich nicht korrekt erfassen. Da Bundesanleihen in wesentlich größerem Umfang als strategische Investition (z. B. als Währungsreserve) genutzt werden, dürfte der ausländische Anteil höher sein als bei Anleihen von Bundesländern (vgl. Deutsche Bundesbank, 2018).

Für eine beispielhafte Darstellung der Investoren einer Anleihe kann die Emission einer Landesschatzanweisung des Landes Bremen vom 22.04.2020 mit einer Laufzeit von 10 Jahren und einem Volumen von 750 Mio. Euro herangezogen werden. Hier ergab sich folgende Aufteilung nach Investoren und nach Regionen:

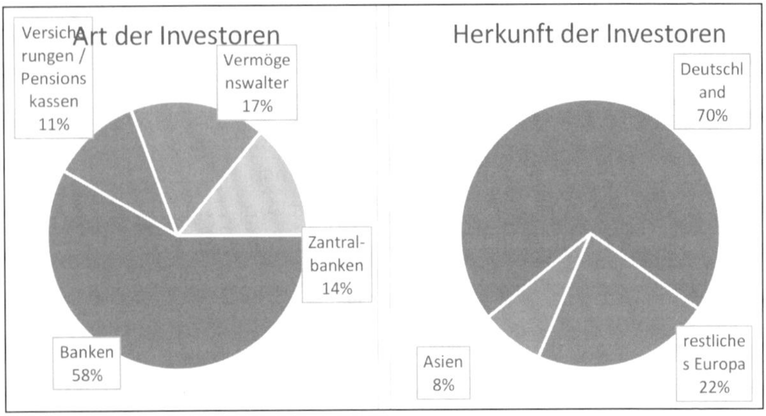

Verteilung bei einer Landesschatzanweisung nach der Art und Herkunft der Investoren.

12.1.5.2 Schuldscheindarlehen

Bei den Schulden, die in der Statistik als »Kredite beim nicht-öffentlichen Bereich« geführt werden, handelt es sich um Schuldscheindarlehen. Hier ist der Gläubiger namentlich bekannt. Bei den Investoren handelt es sich überwiegend um Versicherungen, Pensionskassen und Banken, die vornehmlich aus Deutschland stammen. Schuldscheindarlehen weisen in Bremen Laufzeiten von bis zu 50 Jahren auf. Das Volumen liegt zwischen 10 und 100 Mio. Euro. Sie sind nicht börsennotiert und können nur durch eine Abtretung weitergegeben werden. Hierüber wird der Emittent informiert. Abtretungen sind bei Schuldscheindarlehen im Ländersegment erst ab 1 Mio. Euro zulässig, sodass dieses Produkt für Privatpersonen nicht in Frage kommt. Wie bei Anleihen erfolgt auch hier während der Laufzeit keine Tilgung, sondern nur eine jährliche oder halbjährliche Zinszahlung. Zum Fälligkeitstermin erfolgt dann die Rückzahlung des gesamten Nominalbetrags.

Kredite und Schuldscheindarlehen sind eine Domäne der Banken, so dass Kreditinstitute im Durchschnitt der Landeshaushalte 47 % der Kreditmittel bereitstellen. Vom sonstigen inländischen Bereich (wie Versicherungen) erhalten die Landeshaushalte weitere 52 % ihrer Kredite/Kassenkredite. Kreditgeber aus dem sonstigen ausländischen Bereich treten mit 1 % bei den meisten Bundesländern so gut wie gar nicht in Erscheinung. Entsprechend gering ist auch die Verschuldung in einer Nicht-Euro-Währung. Nur Nordrhein-Westfalen hat einem nennenswerten Anteil von 15 % seiner Staatsschulden in Fremdwährungen aufgenommen (vgl. Helaba, 2020, S. 5 und S. 9 sowie DZ Bank, 2019, S. 9).

12.1.5.3 Förderkredite

In Bremen gibt es (wie in den anderen beiden Stadtstaaten) die Besonderheit, dass auch Förderkredite der Europäischen Investitionsbank (EIB) und der Kreditanstalt für Wiederaufbau (KfW) in Anspruch genommen werden können. Diese Institute stellen im Regelfall zinsgünstige Förderkredite für kommunale Investitionen zur Verfügung. In den Flächenbundesländern können diese Kredite nur von der kommunalen Ebene abgerufen werden. Bei diesen Förderkrediten kann es (abhängig von den jeweiligen Programmbedingungen) auch zu Tilgungen während der Laufzeit kommen. Die Konditionen eines Programms (Laufzeit, Zinsbindung, Tilgung) sind jedoch nicht individualisierbar.

12.1.5.4 Kassenverstärkungskredite

Neben den oben beschriebenen sog. fundierten Schulden gibt es auch noch Kassenverstärkungskredite (§ 10 Abs. 4 Haushaltsgesetz Land). Hierbei handelt es sich um kurzfristige Verbindlichkeiten, welche zur Deckung eines kurzfristigen Bedarfs an liquiden Mitteln eingegangen werden. Das Pendant zum Kassenverstärkungskredit ist bei privaten Haushalten und Unternehmen der Überziehungskredit (Dispokredit bzw. Kontokorrentkredit).

12.1.6 Fälligkeiten und Refinanzierungsbedarf

Sämtliche Schulden des Landes Bremen haben eine bestimmte Fälligkeit. Im Haushalt sind lediglich Tilgungsverpflichtungen aus der Verwaltungsvereinbarung zum Sanierungshilfengesetz in Höhe von 80 Mio. Euro pro Jahr sowie aus der Corona-bedingten Kreditaufnahme in Höhe von jährlich 30 Mio. Euro (ab dem Jahr 2024) vorgesehen. Bei einem Schuldenstand von 20 Mrd. Euro wird deutlich, dass für den Großteil der Schulden regelmäßig eine Refinanzierung notwendig ist, d.h. es kommt zu einer Bruttokreditaufnahme. Entsprechende gesetzliche Regelungen hierzu finden sich in § 10 Abs. 2 des Haushaltsgesetzes für das Land Bremen und in § 9 Abs. 2 des Haushaltsgesetzes für die Stadt Bremen.

Die Verteilung der Fälligkeiten der Schulden in den kommenden 20 Jahren ist der folgenden Abbildung zu entnehmen. Die spätesten Fälligkeiten liegen derzeit (Stand: 31. Dezember 2019) im Jahr 2069, auf deren Abbildung aus Übersichtlichkeitsgründen verzichtet wurde.

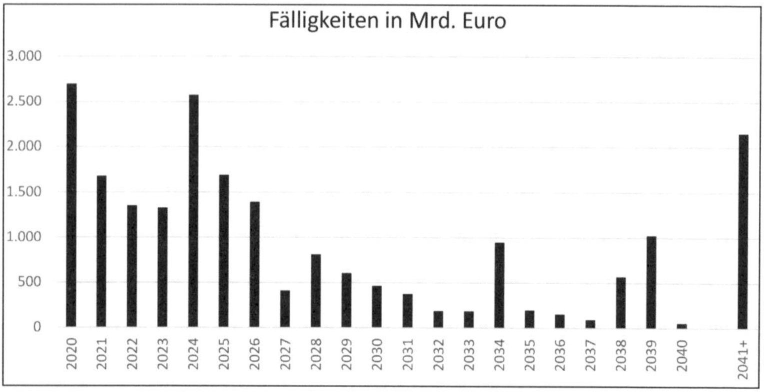

Fälligkeiten der Schulden.

Die Refinanzierung erfolgt nach aktueller Marktlage, d. h. es ist nicht notwendig, bspw. einen fälligen Kredit mit zehn Jahren Laufzeit wieder für zehn Jahre zu refinanzieren. Bei der Refinanzierung wird versucht, auf eine gleichmäßige Verteilung der Fälligkeiten zu achten, um jedes Jahr mit ähnlich großen Beträgen den Kapitalmarkt beanspruchen zu können. Dieses gelingt nicht immer, da die Laufzeiten der Schulden vom Land Bremen nicht frei gewählt werden können.

Bei den Landesschatzanweisungen und Schuldscheindarlehen ist jeder Emittent (also auch das Land Bremen) auf das Investoreninteresse angewiesen. Wenn der Emittent aufgrund der Zinserwartung lange Laufzeiten präferiert, wollen die Investoren ihr Geld häufig nur kurz- oder mittelfristig investieren und hoffen, bei der nächsten Reinvestition höhere Zinssätze erzielen zu können. Welche Seite (Emittent oder Investor) sich durchsetzt, hängt häufig davon ab, auf wessen Seite der Handlungsdruck größer ist. Wenn Investoren am Jahresanfang einen hohen Anlagebedarf haben (weil Versicherungen und Pensionskassen Prämien und Jahresbeiträge zufließen, die angelegt werden müssen), dann akzeptieren sie in einer Niedrigzinsphase häufig auch längere Laufzeiten. Umgekehrt kann auch der Fall eintreten, dass Bundesländer ihre Refinanzierungen tätigen müssen und sich dann nur für einen kurzen Zeitraum refinanzieren können.

12.1.7 Mittelaufnahme

Die Aufnahme der Schulden erfolgt nach der Kassenlage, den jeweiligen Kapitalmarktverhältnissen und den gesamtwirtschaftlichen Erfordernissen (§ 10 Abs. 2 Haushaltsgesetz Land). Die Kreditaufnahme ist explizit von vergaberechtlichen Vorgaben ausgenommen (§ 116 Abs. 1 Nr. 4 GWB). Daher sind nur allgemeine Regelungen wie z. B. die LHO sowie die interne Dienstanweisung zu beachten.

Wenn eine Anleihe emittiert werden soll, kann Bremen diese allein oder mit anderen Bundesländern ausgeben. Im letzteren Fall spricht man von Ländergemeinschaftsanleihen oder auch Länder-Jumbos. Die einzelnen Länder haften hierbei nur für ihren eigenen Anteil. Dieses Finanzierungsinstrument existiert seit 1996. Der Vorteil von Ländergemeinschaftsanleihen liegt darin, dass sie ein größeres Emissionsvolumen erreichen können, als es den einzelnen Ländern möglich wäre, weil der relativ geringe Refinanzierungsbedarf in gewissen Laufzeitbändern gebündelt wird. Damit können auch andere Investorengruppen angesprochen werden. Diese Anleihen verfügen über eine höhere Liquidität, verglichen mit kleineren Anleihen der beteiligten Emittenten, was sich in niedrigeren Zinsausgaben niederschlägt (vgl. DZ Bank, 2019, S. 63, HSBC, 2018, S. 10 und NordLB, 2018, S. 99–100).

Unabhängig davon, ob Bremen eine Anleihe allein oder mit anderen Bundesländern ausgibt, ist beim Emissionsprozess ein Bankenkonsortium beteiligt, welches regelmäßig aus fünf bis sechs deutschen und internationalen Instituten besteht. Dieses Konsortium hat die Aufgabe, die Anleihe zu vermarkten, d.h. potentielle Investoren (siehe 12.1.5.1) davon zu überzeugen, die Anleihe zu erwerben und damit dem Land Bremen einen Kredit zu geben.

Schuldscheindarlehen werden nur von jeweils einem Bundesland ausgeben. Die Transaktion findet direkt mit einer Bank statt, die im Regelfall bereits einen oder mehrere Investoren für das Schuldscheindarlehen hat, bei denen es platziert werden kann.

Bei Krediten von Förderbanken muss zunächst geprüft werden, ob die Programme der Förderkredite zu den geplanten Investitionen sachlich und betragsmäßig passen. In diesem Fall können für konkrete Projekte die zinsgünstigen Kredite beantragt werden. Im Nachgang ist die korrekte Verwendung der Mittel gegenüber der Förderbank nachzuweisen. Bei Anleihen und Schuldscheindarlehen ist kein Nachweis notwendig, da diese Kredite nicht zweckgebunden sind.

12.1.8 Europäische Plattform für Anleiheemissionen

Derzeit läuft ein Großteil der Prozesse bei der Ausgabe einer neuen Anleihe telefonisch ab. In der Kommunikation und Datenverarbeitung gibt es viele Systembrüche. Daher hat der Europäische Stabilitätsmechanismus (ESM) angekündigt, eine Plattform für Anleiheemissionen zu entwickeln. Diese soll den gesamten Prozess von der Ankündigung bis zur Abwicklung abdecken. Damit soll der Anleihemarkt in Europa transparenter, stabiler und liquider werden. Perspektivisch ist daher davon auszugehen, dass sich die Art der Mittelaufnahme und der Abwicklung ändern werden (vgl. Börsen-Zeitung, 2019a, S. 1 und S. 17).

Inzwischen hat die Europäische Zentralbank die Marktkonsultationen für diese Plattform abgeschlossen und ist derzeit dabei, eine Expertengruppe aufzubauen. Diese soll die bestehenden Prozesse untersuchen und verbessern. Der geplante Mechanismus (European Distribution of Debt Instruments – EDDI) wird voraussichtlich nicht vor 2022 starten. (vgl. Börsen-Zeitung, 2019b, S. 13).

12.1.9 Blockchain-Technologien

Neben möglichen neuen Plattformen für die Emission von Anleihen ist davon auszugehen, dass Teile der Mittelaufnahme bzw. der Abwicklung von anderen Schuldenarten zukünftig über Blockchain-Technologien durchgeführt werden. Jabkowski und Becker (2019, S. 79–82) haben bereits diverse Möglichkeiten für den Verwaltungseinsatz aufgezeigt (z. B. Grundbuchhandlungen). Schmalzl und Weigand (2019, S. 85–86) haben in einer Publikation der Bundesanstalt für Finanzdienstleistungsaufsicht (BaFin) aufgezeigt, welche Möglichkeiten sich im Finanzmanagement ergeben und welche sich davon bereits in der Nutzung befinden. Ein Beispiel ist der Aufbau einer Blockchain-basierten Plattform für Schuldschein-Emissionen durch die Landesbank Baden-Württemberg (LBBW) in den Jahren 2017 und 2018. Blockchain-basierte Schuldschein-Emissionen ermöglichen in Echtzeit unmittelbare, sichere und nachvollziehbare Finanztransaktionen, da die Aktualisierung von Datensätzen nur im Konsens erfolgt. Nach der Abwicklung dieser Schuldschein-Transaktionen über die Blockchain-Technologie haben LBBW und die Börse Stuttgart unter der Marke »Debtvision« einen Marktplatz zur vollständigen Digitalisierung des Schuldscheinprozesses gegründet. Zahlreiche institutionelle Investoren haben sich bereits an die Plattform angeschlossen. Nichtsdestotrotz befindet sich die Blockchain-Technologie technisch und wirtschaftlich immer noch am Anfang. Entsprechend weit sind sie noch vom kommerziellen Einsatz im Massen- und Mengengeschäft entfernt.

Allerdings zeigen die Beispiele auch die aktuellen rechtlichen Restriktionen auf, um Blockchain-Schuldschein-Transaktionen als wirkliche Option für die Unternehmensfinanzierung zu etablieren. Dafür muss die Möglichkeit der Verbriefung von Schuldverschreibungen mittels digitaler Urkunden rechtlich einwandfrei bestätigt sein. Bei den ersten Blockchain-basierten Schuldschein-Transaktionen wurde daher zur rechtskonformen Abbildung der Anleihebedingungen parallel der konventionelle Emissionsweg beschritten. Im März 2020 erfolgte erstmals eine komplett digitale Emission eines Schuldscheins via Blockchain und mittels elektronischer Signatur (vgl. LBBW, 2020).

In der am 18. September 2019 veröffentlichten Blockchain-Strategie der Bundesregierung (Bundesministerium für Wirtschaft und Energie und Bundesministerium der Finanzen, 2019) wird u. a. das Ziel verfolgt, dass neben Schuldscheinen auch elektronische Wertpapiere unter Wahrung der Erfordernisse des Anlegerschutzes begeben werden können und im Zivil- und Aufsichtsrecht die notwendige Rechts- und Anwendungssicherheit geschafft wird.

Es ist stark davon auszugehen, dass Blockchain-Technologien auch in der Freien Hansestadt Bremen in Zukunft eine wichtige Rolle spielen werden. Sobald die rechtlichen Probleme gelöst sind und sich digitale Marktplätze etabliert haben, muss auch das Land Bremen technisch in der Lage sein, diese Technologien nutzen zu können. Hierzu sind auf Seiten des Landes zusammen mit dem zentralen IT-Dienstleister Dataport die entsprechenden Voraussetzungen zu schaffen.

12.2 Zinsen

12.2.1 Art der Verzinsung

Auf die Schulden sind Zinsen zu zahlen. Hierbei wird unterschieden zwischen einer festen und einer variablen Verzinsung. Bei ersterer steht der Zinssatz am Beginn der Kreditaufnehme fest und ändert sich während der Laufzeit nicht. Hier ist eine entsprechend hohe Planungssicherheit gegeben. Bei einer variablen Verzinsung wird der Zinssatz regelmäßig angepasst. Üblicherweise passiert dieses alle drei oder sechs Monate. Bei dieser Art der Verzinsung ist die Planungssicherheit geringer. Dafür gibt es für das Land als Emittent die Chance, von fallenden Zinsen während der Laufzeit zu profitieren, während der Investor von steigenden Zinsen während der Laufzeit profitieren kann. In Bremen darf der Anteil an variabel verzinsten Schulden zwischen 0 % und 30 % betragen.

12.2.2 Höhe des durchschnittlichen Zinssatzes in Bremen

Das Zinsniveau ist in den letzten Jahren stark gesunken. Das macht sich bei der Höhe des durchschnittlichen Zinssatzes bemerkbar. Dieser ermittelt sich rechnerisch, indem die Zinsausgaben durch den Schuldenstand am Ende des Vorjahres geteilt werden (da nur auf diese Schulden Zinsen

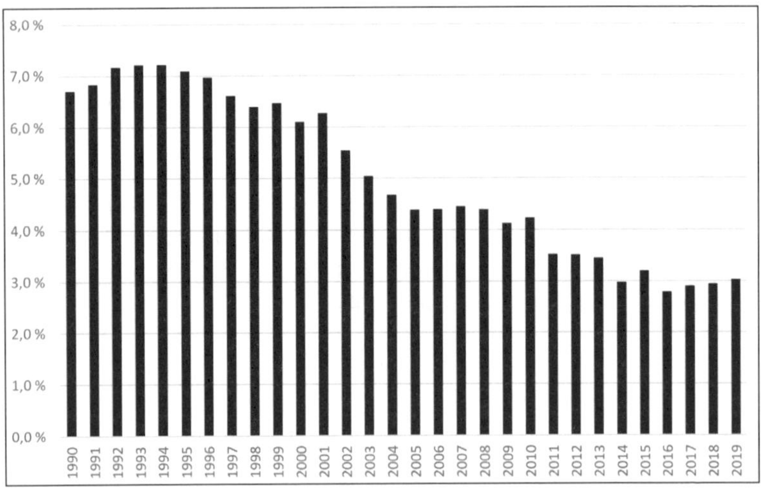

Durchschnittlicher Zinssatz in Bremen seit 1990.

zu zahlen sind). Im Stadtstaat Bremen lag dieser Durchschnittszinssatz Anfang der neunziger Jahre noch bei über 7 % und liegt aktuell bei 3 %, wie die folgende Grafik zeigt. Seit 1995 profitieren die bremischen Haushalte von dem rückläufigen Zinsniveau, sodass sich die Zinsausgaben von den weiter steigenden Schulden abgekoppelt haben.

12.2.3 Höhe des durchschnittlichen Zinssatzes im Ländervergleich

Der durchschnittlich zu zahlende Zinssatz lag bei den Bundesländern (Kernhaushalte der Länder, ohne Sondervermögen, ohne Gemeinden, ohne Kassenkredite) im Jahr 2019 im Bereich von 1,5 % bis 3,6 %. Dieses zeigt die nachfolgende Grafik auf Basis der (teilweise vorläufigen) Daten vom Bundesministerium der Finanzen (2019b, 2020). Für die rechnerische Ermittlung wurden die Zinsausgaben des Jahres 2019 durch den Schuldenstand am Ende des Jahres 2018 geteilt.

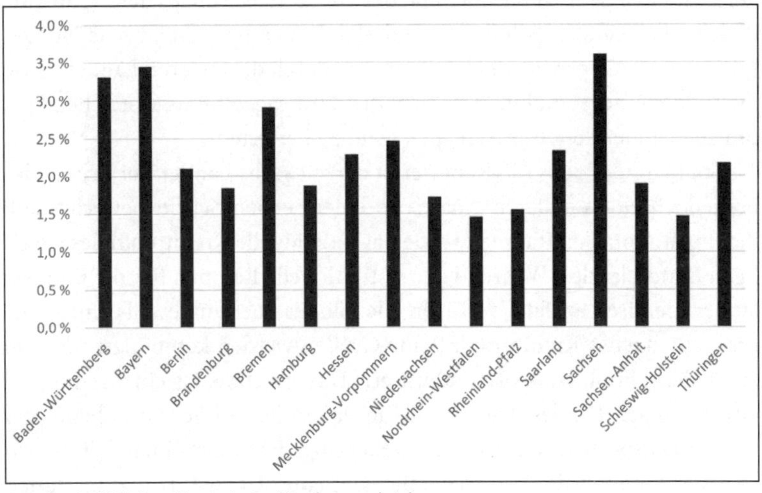

Durchschnittlicher Zinssatz im Ländervergleich.

Dieser Durchschnittszinssatz ist von verschiedenen Faktoren abhängig, wie z. B. dem Einsatz von Derivaten und den eingesetzten Kreditmarktinstrumenten (Schuldscheindarlehen, Landesschatzanweisungen, Gemeinsame Länderanleihen) sowie deren Struktur (Anteil von Schulden mit fixer und variabler Verzinsung, durchschnittliche Laufzeit und Zinsbindung). Darüber hinaus gibt es verzerrende Effekte wie z. B. die Erfassung von Agio und Disagio bei der Emission von Anleihen. Letzteres führt dazu, dass ein Agio oder ein Disagio im Jahr der Emission einer Anleihe in voller Höhe als positive oder negative Zinsausgaben verbucht wird. Es findet in der Kameralistik keine periodengerechte Verteilung statt (vgl. Deutsche Bundesbank, 2017, S. 46). Daher ist eine Bewertung der unterschiedlichen Zinssätze nicht ohne weitere Informationen möglich.

12.2.4 Rating

Die deutschen Bundesländer werden von den drei großen internationalen Ratingagenturen bewertet. Diese verwenden für die Bewertung regionaler und lokaler Regierungen sehr unterschiedliche Ansätze (vgl. BayernLB, 2019, S. 26, HSBC, 2018, S. 14–15 und UniCredit, 2020, S. 24).

Fitch bewertet derzeit elf der insgesamt 16 Bundesländer, darunter auch die Freie Hansestadt Bremen. Gem. ihrer Methodologie gleicht die Agentur die Ratings der einzelnen Länder demjenigen des Zentralstaats an. Laut Fitch bedingt die Stabilität des Solidaritätsprinzips die Kreditwürdigkeit aller Länder. Sollte ein Bundesland in extreme finanzielle Not geraten, hat es Anspruch auf Unterstützung durch die anderen Länder sowie durch die Bundesrepublik. Das sieht die Ratingagentur als ausreichend an, um alle Länder dem Bund entsprechend zu bewerten.

Standard & Poor's (S&P) bewertet derzeit sechs Länder, verwendet dabei jedoch einen anderen Ansatz. In einem ersten Schritt bewertet S&P den institutionellen Rahmen sowie das individuelle Kreditprofil des jeweiligen Bundeslandes. Während der institutionelle Rahmen für alle Bundesländer identisch ausfällt, verfügen alle Länder über ein jeweils einzigartiges individuelles Kreditprofil. Beide Größen werden kombiniert und um zusätzliche Einflussfaktoren adjustiert. Das Ergebnis ist ein Kreditprofil des jeweiligen Landes. Dieses wird in einem letzten Schritt anhand von zentralstaatspezifischen Faktoren weiter angepasst. Dabei handelt es sich in erster Line um die Wahrscheinlichkeit einer Unterstützung durch den Zentralstaat.

Moody's kombiniert bei seinem Ansatz ebenfalls die Kreditwürdigkeit des Bundeslandes und die Wahrscheinlichkeit einer externen Unterstützung. Regelmäßige Unterstützungszahlungen werden in die Bewertung einbezogen. Die Ansätze von Moody's und S&P weisen viele Gemeinsamkeiten auf.

Die verschiedenen Ansätze resultieren aktuell in Ratingdifferenzen von bis zu drei Abstufungen zwischen den einzelnen Agenturen, wie aus der folgenden Übersicht hervorgeht:

Bundesland	Fitch	S&P	Moody's
Baden-Württemberg		AAA	Aaa
Bayern		AAA	Aaa
Berlin	AAA		Aa1
Brandenburg			Aaa
Bremen	AAA		
Hamburg	AAA		
Hessen		AA+	
Mecklenburg-Vorpommern	AAA		
Niedersachsen	AAA		
Nordrhein-Westfalen	AAA	AA	Aa1
Rheinland-Pfalz	AAA		
Saarland	AAA		
Sachsen		AAA	
Sachsen-Anhalt	AAA	AA+	Aa1
Schleswig-Holstein	AAA		
Thüringen	AAA		
Bundesrepublik Deutschland	AAA	AAA	Aaa

Ratings der Bundesländer

Die ersten Ratingstufen (das Rating endet mit der Stufe D) bei den Agenturen sind wie folgt zu vergleichen und zu interpretieren:

Beschreibung	Fitch	S&P	Moody´s
Schuldner höchster Bonität	AAA	AAA	Aaa
Sichere Anlage, Ausfallrisiko so gut wie vernachlässigbar	AA+	AA+	Aa1
	AA	AA	Aa2
	AA-	AA-	Aa3

Ratingstufen der Agenturen

Bremen lässt sich, wie die meisten Bundesländer, nur von der Ratingagentur Fitch bewerten. Bei einigen Ländern ist erkennbar, dass sie aus politischen Gründen das bestmögliche Rating (AAA) nicht von Fitch, sondern von S&P oder Moody's zeigen wollen. Darüber hinaus sind Ratings von mehreren Agenturen regelmäßig notwendig, wenn ein Bundesland umfangreiche Kapitalmarktaktivitäten durchführt oder aber in anderen

Währungsräumen und Weltregionen aktiv um Investoren wirbt. Das ist in Bremen derzeit nicht gegeben. Perspektivisch ist allerdings nicht auszuschließen, dass sich Bremen auch von einer europäischen Agentur wie z. B. Scope raten lässt, um das amerikanische Oligopol der Ratingagenturen aufzubrechen.

12.2.5 Zinsunterschiede zwischen den Bundesländern

Während das Rating bei Fitch für alle Bundesländer bei AAA liegt, sind bei den übrigen Agenturen Differenzen zu erkennen. Auch am Kapitalmarkt wird im Hinblick auf die zu zahlenden Zinsen bei einer Anleihe zwischen den Bundesländern unterschieden. Hierfür werden nicht nur das Rating, sondern auch andere ökonomische Kriterien wie z. B. die Verschuldung eines Landes herangezogen.

Die unterschiedliche Höhe des zu zahlenden Zinssatzes wird dargestellt anhand des Auf- oder Abschlags des Zinssatzes auf den entsprechenden Marktzinssatz. In den folgenden Grafiken sind diese Zinsaufschläge und -abschläge für alle ausstehenden Anleihen aus den Stadtstaaten mit einer Restlaufzeit von ein bis 30 Jahren bzw. ein bis zehn Jahren und einem Volumen von mehr als 100 Mio. Euro dargestellt:

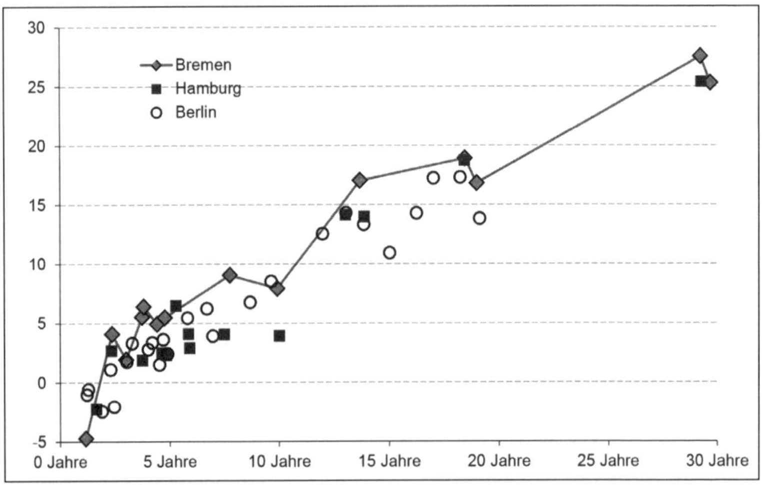

Zinsunterschiede in Basispunkten bei Anleihen der Stadtstaaten mit einer Restlaufzeit von 1 bis 30 Jahren, Stand: Mai 2020.

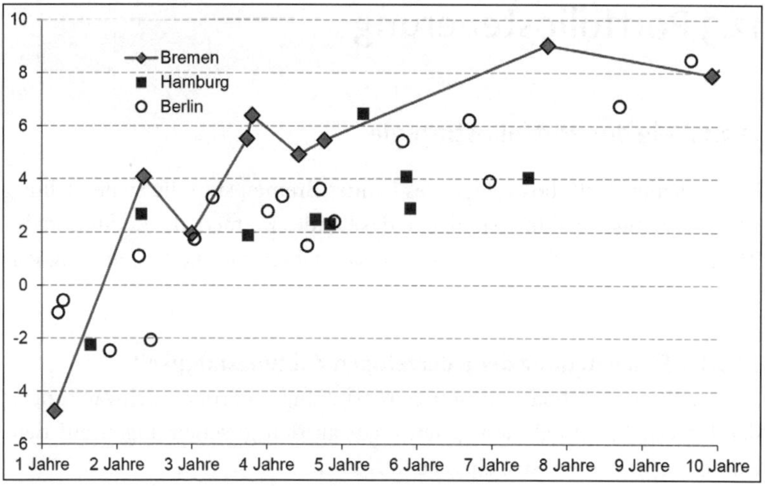

Zinsunterschiede in Basispunkten bei Anleihen der Stadtstaaten mit einer Restlaufzeit von 1 bis 10 Jahren, Stand: Mai 2020.

Es ist erkennbar, dass die Anleihen der Freien Hansestadt Bremen regelmäßig ca. fünf Basispunkte (also 0,05 %) über denen der anderen Stadtstaaten notieren und Bremen somit mehr Zinsen als Berlin und Hamburg zahlen muss. Bei kürzeren Laufzeiten ist der Unterschied etwas geringer. Bei einem Schuldenstand von 20 Mrd. Euro entstehen allein durch die hohe Verschuldung höhere Zinskosten von bis zu zehn Mio. Euro pro Jahr. Im Vergleich mit anderen Bundesländern ist diese Differenz noch größer. Durch geschicktes Ausnutzen von passenden Emissionsfenstern und Auswahl der Laufzeiten am Kapitalmarkt kann diese Differenz häufig um einige Basispunkte gesenkt werden.

12.3 Portfoliosteuerung

12.3.1 Ziele der Portfoliostrategie

Die Ziele der Portfoliostrategie des Landes Bremen sind die Sicherstellung der jederzeitigen Zahlungsfähigkeit des Landes Bremen, die Reduktion der Zinsausgaben, die Planbarkeit der Zinsausgaben und die Begrenzung von Risiken.

12.3.1.1 Sicherstellung der jederzeitigen Zahlungsfähigkeit

Innerhalb eines Monats kommt es regelmäßig zu großen Schwankungen der Liquidität. Einnahmen gehen nicht an den gleichen Tagen auf dem Konto ein, an denen Ausgaben zu tätigen sind.

Daher greift das Land Bremen zur Steuerung der täglichen Liquidität auf den Geldmarkt (Laufzeit von einem Tag bis zwei Jahren) zurück. Für kurzfristige Kreditaufnahmen enthält das Haushaltsgesetz entsprechende Kassenkreditermächtigungen (§ 10 Abs. 4 und § 10 Abs. 7 S. 4 Haushaltsgesetz Land).

Kurzfristige Geldanlagen können sowohl am unbesicherten Geldmarkt unter Wahrung hoher Bonitätsanforderungen als auch besichert über Wertpapierpensionsgeschäfte getätigt werden (§ 10 Abs. 4 S. 3 Haushaltsgesetz Land).

12.3.1.2 Reduktion der Zinsausgaben

Aus Sicht des Schuldners liegt es unter dem Aspekt der Zinskostenersparnis nahe, sich aufgrund der gewöhnlich vergleichsweise geringen Zinssätze im kurzen Laufzeitbereich mit möglichst kurzer Zinsbindung (= Ausgabe von Anleihen mit geringen Laufzeiten) zu finanzieren. Diese Strategie birgt für den Emittenten jedoch das beachtliche Risiko innerhalb kurzer Zeit stark steigender Zinsen und damit steigender Zinsbelastung. Die alten Anleihen werden nach wenigen Monaten fällig und neue müssen mit immer höheren Zinssätzen begeben werden. Umgekehrt beinhaltet die kurze Zinsbindung aber auch die Chance, bei gleichbleibenden oder sogar rückläufigen Zinsen die Finanzierungkosten zu senken. Höhere Planungssicherheit gewährleisten aus Sicht des Schuldners demgegenüber lange Zinsbindungen mit über Jahre oder Jahrzehnte relativ präzise kalkulierbaren Zinskosten. Die lange Zinsbindung geht jedoch bei einer ‚normalen' Zinsstruktur mit langen Laufzeiten der Anleihen und damit von vornherein höheren Zinssätzen und -kosten einher.

Da die künftige Zinsentwicklung nicht vorhersehbar ist, lässt sich die optimale Verschuldungsstrategie über einen bestimmten Zeitraum erst im Nachhinein bestimmen, also erst dann, wenn man die tatsächlichen Zinsverläufe kennt. Daher besteht die Aufgabe darin, im Vorhinein diejenige Schuldenstrategie herauszufinden, die bei begrenzten Risiken voraussichtlich die geringsten Kosten hervorruft. In diesem Zusammenhang spricht man von einem ausgewogenen Schuldenportfolio, bei dem die Zinsbindung der Schulden über kurze, mittlere und lange Laufzeiten optimal verteilt ist. So geht der Schuldner keine extremen Risiken ein und erreicht im Durchschnitt eine Zinskostenbelastung, die zwischen den niedrigen Zinsen am ganz kurzen Ende der Laufzeitstruktur und den relativ hohen Zinsen am langen Ende liegt (vgl. Bundesministerium der Finanzen, 2019a, S. 43–44).

12.3.1.3 Planbarkeit der Zinsausgaben

Die Zinsen unterliegen kontinuierlichen Schwankungen, sodass es bei den regelmäßig notwendigen Refinanzierungen Unsicherheiten im Hinblick auf die zukünftige Höhe der Zinsausgaben gibt. Es ist für den Gesamthaushalt allerdings wichtig, dass es bei diesem sehr großen Einzeltitel eine hohe Planungssicherheit gibt (z. B. für die Einhaltung des Konsolidierungspfades oder für die Einhaltung der Schuldenbremse). Vor diesem Hintergrund sind grundsätzlich Kredite mit festen Verzinsungen solchen mit variabler Verzinsung vorzuziehen. In Erwartung sinkender Zinsen kann allerdings zur Reduktion von Zinsausgaben eine variable Verzinsung vorteilhaft sein. Wenn die gewünschte Art der Verzinsung aufgrund fehlender Investorennachfrage nicht direkt erzielt werden kann, können mittels Derivaten auch feste in variable Zinsen getaucht werden (oder umgekehrt).

Das aktuell niedrige Zinsniveau kann durch Abschluss von Kreditverträgen mit langen Laufzeiten gesichert werden. Für Anschlussfinanzierungen, die erst in den kommenden Jahren anstehen, ist eine Zinssicherung nur durch den Einsatz von Derivaten möglich. Daher gibt es die gesetzliche Ermächtigung, dass das Land Bremen Vereinbarungen treffen darf, »die der Steuerung von Zinsänderungs-, Liquiditäts- und Währungsrisiken sowie der Erzielung günstiger Konditionen und ähnlichen Zwecken bei bestehenden Krediten, neuen Krediten sowie Anschlussfinanzierungen für fällig werdende Tilgungen dienen« (§ 10 Abs. 7 S. 1 Haushaltsgesetz Land).

Das Land Bremen schließt regelmäßig Zinssicherungsgeschäfte ab und nutzt hierfür Zinsswaps. Die Funktionsweise beschreibt das Bundesministerium der Finanzen (2019b, S. 44) wie folgt: Ein Zinsswap besteht aus einer vertraglichen Vereinbarung zwischen zwei Kontrahenten, die den Austausch (englisch: »Swap«) unterschiedlicher Zinszahlungsströme über eine bestimmte Laufzeit regelt. Diese Zinszahlungsströme werden auf Basis eines festgelegten Nominalbetrages berechnet. Letzterer selbst ist jedoch nicht Teil des Tauschgeschäftes – getauscht werden nur die laufenden Zinszahlungen, die sich in ihrer Höhe möglicherweise deutlich unterscheiden. Typisch für einen Zinsswap ist der Tausch eines Zahlungsstromes, der auf einem über die Laufzeit ausgehandelten festen Zinssatz (z. B. Zehn-Jahres-Satz) basiert, gegen einen Zahlungsstrom, der mit Hilfe eines regelmäßig neu festgestellten, variablen Zinssatzes (z. B. Sechs-Monats-EURIBOR) berechnet wird. Der Tausch der Zahlungsströme im Rahmen eines Zinsswaps stellt sich schematisch folgendermaßen dar:

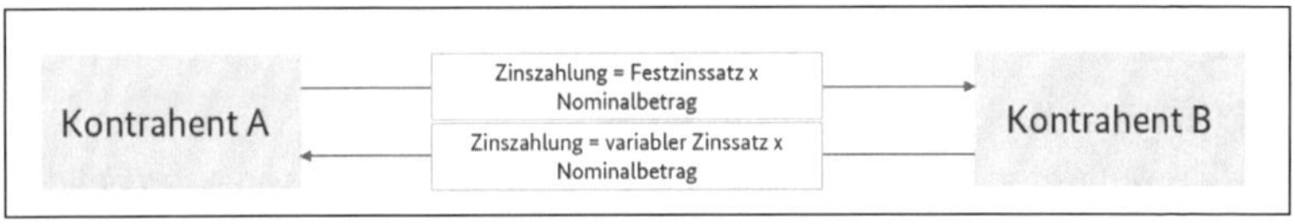

Tausch der Zahlungsströme im Rahmen eines Zinsswaps.

In den Jahren 2016 und 2017 hat das Land Bremen die Zinsen für ca. 50 % bis 70 % der in den Jahren 2018 bis 2028 anstehenden Refinanzierungen gesichert. Der durchschnittliche Zinssatz liegt bei 0,3% für eine durchschnittliche Zinsbindung von 12,4 Jahren.

12.3.1.4 Begrenzung von Risiken

Mit der Bewirtschaftung des Schulden- und Derivateportfolios gehen diverse Risiken einher, die gesteuert bzw. minimiert werden müssen. Die Risiken und deren Steuerungsansätze werden im Folgenden beschrieben.

Liquiditätsrisiko

Es existiert eine Liquiditätsplanung, welche die geplanten Einnahmen und Ausgaben auf täglicher Basis für die kommenden drei Monate berücksichtigt.

Im Rahmen der Kassenkreditaufnahme achtet das Land darauf, dass es bei unterschiedlichen Geschäftspartnern über ausreichend hohe Limite verfügt, um jederzeit am Geldmarkt die notwendigen Mittel aufnehmen zu können.

Adressenausfallrisiko (auch: Kontrahentenrisiko)

Der Abschluss von Derivaten ist nur mit Banken zulässig, die über ein bestimmtes Mindestrating verfügen. Die Ratings der Banken werden außerdem kontinuierlich beobachtet. Ferner existieren Obergrenzen für das Abschlussvolumen mit jedem Geschäftspartner.

Um bei den bestehenden Derivaten das Ausfallrisiko zu minimieren, werden diese Geschäfte besichert. Ein negativer Marktwert muss von dem Vertragspartner mit Barsicherheiten unterlegt werden. Es erfolgt eine tägliche Anpassung der Sicherheiten an den jeweils aktuellen Marktwert.

Zinsänderungsrisiko
Neben dem bereits beschriebenen Einsatz von Derivaten zur Sicherung des aktuellen Zinsniveaus finden regelmäßig Simulationen zu den Auswirkungen von Zinsänderungen auf die Marktwerte (und damit die zu stellenden bzw. zu empfangenden Barsicherheiten) sowie auf den ungesicherten Anteil der geplanten Refinanzierungen statt.

Operationelles Risiko
Das operationelle Risiko wird minimiert durch den Einsatz passender Software, die beim zentralen IT-Dienstleister Dataport betrieben wird. Das sorgt für hohe Datensicherheit und -verfügbarkeit. Die eingesetzte Software selbst wird regelmäßig an aktuelle Anforderungen und Marktentwicklungen angepasst. Daneben finden regelmäßige Schulungen zur Qualifikation der Mitarbeiter statt. Außerdem gibt es diverse Kontrollen (Vier-Augen-Prinzip, Freigabeverfahren, Prüfungen durch die interne Revision und den Landesrechnungshof).

12.3.2 Ausblick auf künftige Entwicklungen

Neben den bereits beschriebenen möglichen Veränderungen im Finanzmanagement bei der Begebung von Anleihen über eine europäische Plattform sowie der Nutzung von Blockchain-Technologien für die Kreditaufnahme können sich im Bereich der Portfoliosteuerung bei den nachfolgend genannten Themen Änderungen ergeben.

Kreditcontrolling
In einigen Bundesländern wurde bereits ein Kreditcontrolling etabliert. Dieses hat bspw. die Aufgabe, Abschlüsse von Krediten und Derivaten auf Marktgerechtigkeit zu prüfen, eine Übereinstimmung mit der Haushaltsplanung vorzunehmen oder Erfolgskontrollen durchzuführen. Die Etablierung eines Kreditcontrollings in Bremen würde den Einsatz von zusätzlichen finanziellen und personellen Ressourcen erfordern.

Simulation von Zinsänderungen
Durch den Einsatz einer entsprechenden Software können Zinsänderungen simuliert werden. Damit können diverse Zinsszenarien und deren Auswirkungen auf die Höhe der künftigen Zinsausgaben berechnet werden, z. B. ein Anstieg der gesamten Zinskurve über alle Laufzeiten hinweg, ein Anstieg nur von langfristigen Zinsen, Zinsschocks auf Basis historischer Kapitalmarktereignisse etc. Es kann dann auch angegeben werden, mit welcher Wahrscheinlichkeit eine bestimmte Ausgabenhöhe nicht überschritten wird.

Besicherte Geldanlagen
Bei kurzfristigen Geldanlagen ist geplant, dass das Land diese in Form eines sog. Tri-Party-Repo-Geschäfts durchführt. Die Geldanlage erfolgt nicht direkt mit einer Bank, sondern über eine zwischengeschaltete Drittpartei. Hierbei handelt es sich um einen Zentralverwahrer für Wertpapiere. Das Land handelt mit einer Bank die Konditionen für die Geldanlage aus und überweist das Geld an den Zentralverwahrer. Gleichzeitig stellt die Bank Wertpapiere als Sicherheit an den Zentralverwahrer. Diese müssen vorher definierten Ansprüchen genügen. Hintergrund für diese Überlegungen ist der Wegfall der freiwilligen Einlagensicherung bei privaten Banken für die öffentliche Hand.

Zentrale Gegenparteien für Derivatgeschäfte
Zur Minimierung des Adressenausfallrisikos findet derzeit eine bilaterale Besicherung der Derivatgeschäfte mit jedem einzelnen Kontrahenten statt. Vor dem Hintergrund der Finanzkrise hatte die EU-Kommission die »Verordnung über OTC-Derivate, zentrale Gegenparteien und Transaktionsregister« erlassen. Zentraler Punkt der Verordnung ist die Verpflichtung von Finanzkontrahenten, alle Derivatgeschäfte über zentrale Gegenparteien abzuwickeln. Als Kontrahent tritt in diesem Fall letztlich nicht mehr eine einzelne Bank in den Vertrag ein, sondern eine zentrale Abwicklungsstelle, die sehr hohe regulatorische Anforderungen erfüllen muss und gegenüber einer einzelnen Bank ein insgesamt deutlich geringeres Ausfallrisiko verkörpert. Staatliche Schuldenverwaltungen sind von dieser Verpflichtung zwar ausgenommen. Eine freiwillige Nutzung ist aber möglich und kann zur weiteren Risikoreduktion beitragen.

So hat sich der Bund entschieden, seine Derivatgeschäfte über einen zentralen Kontrahenten abzuwickeln und damit dem Marktstandard für Zinsswapgeschäfte zu folgen. Im Laufe des Jahres 2016 erfolgte die Anbindung an die zentrale deutsche Clearing-Stelle Eurex Clearing AG. Seitdem werden alle neuen Swap-Verträge des Bundes erfolgreich über diese Institution abgewickelt. Darüber hinaus konnte bereits ein Großteil des Bestandes an bilateralen Swapverträgen des Bundes mit einzelnen Banken auf den zentralen Kontrahenten übertragen werden, was die Risiko- und Kostensituation für den Bund noch einmal deutlich verbessert hat (vgl. Bundesministerium der Finanzen, 2019a, S. 48).

13

Das Personalmanagement in der Freien Hansestadt Bremen

13.1 Die Steuerung der Personalhaushalte

Die Grundlage für den Personalhaushalt in der Freien Hansestadt Bremen bildet eine Mengensteuerung nach Vollzeiteinheiten, auf Basis dessen das jeweilige Budget der einzelnen Ressorts und Dienststellen festgelegt wird. Im Rahmen der Haushaltsaufstellung werden Beschäftigungszielzahlen für die Ressorts auf Produktgruppenebene verhandelt, die dann bis auf die Produktplanebene hochaggregiert werden. Ausgehend von der für den Doppelhaushalt festgelegten Zielzahl erfolgt durch den/die SenatorIn für Finanzen die zentrale Budgetermittlung. Die Budgetierung folgt dem Prinzip Menge x Preis. Das bedeutet, dass die Zielzahl auf Basis der Personalkostenhochrechnung des jeweiligen Bereichs multipliziert wird, um so das Personalbudget unter gleichzeitiger Bildung von unterjährigen Planwerten für das Controlling zu ermitteln.

Das im Haushaltsaufstellungsverfahren beschlossene Personalbudget obliegt der dezentralen Ressourcenverantwortung. Dies ermöglicht den dezentralen Einheiten, die Bewirtschaftung des Personals im Haushaltsrahmen eigenständig vornehmen zu können und auf sich ändernde Rahmenbedingungen reagieren zu können.

Dieses Verfahren der Mengensteuerung gilt ausschließlich für die Senatsressorts bzw. für den Kernhaushaushalt der Freien Hansestadt Bremen, nicht für die Eigenbetriebe. Diese erhalten so genannte (konsumtive) Personalkostenzuschüsse, die auf Basis der Fortschreibung und unter Einbeziehung der jeweiligen Tarifeffekte ermittelt werden.

13.1.1 Personalkontensteuerung

Für die Steuerung der Personalmenge gibt es in Bremen verschiedene Bewirtschaftungskonten, die unterschiedlichen Budgetbereichen zugeordnet werden. Für jedes Konto werden im Controlling die monatlichen Mittelabflüsse, Hochrechnungen und Personalbestände als Gesamtüberblick und aufgegliedert für alle Unterkonten ausgewiesen.

Grundsätzlich wird in der FHB das Personalbudget auf Basis einer Sollstärke des Personals (Beschäftigungszielzahl) berechnet. Im Personalhaushalt werden die Budgets für aktives Personal, Versorgung und sonstige Personalausgaben (z. B. Beihilfe) zusammengefasst. Um strukturell wirkende Einsparungen zu erzielen, wird die Beschäftigungszielzahl verringert, wodurch die Personalausgaben für aktives Personal gesenkt werden.

Um den einzelnen Personalbereichen und Dienststellen mehr Flexibilität zur Personalsteuerung zu gewähren, wurde mit dem System der Personalkontensteuerung ein Gesamtkonto als Steuerungsgröße eingeführt, welches sich in Unterkonten gliedert. Die Steuerung über die Beschäftigungszielzahl ist ein Unterkonto, wenn auch in Bezug auf die Erwirtschaftung von Einsparvorgaben in den vergangenen Jahren das zentrale Konto.

Daneben existieren mit dem Konto für Flexible Bewirtschaftung sowie für Refinanziertes Personal und für Temporäres Personal weitere Bewirtschaftungsmöglichkeiten.

Weitere Bestandteile des Personalhaushaltes, wie z. B. die Versorgungskosten werden als nicht oder nur sehr bedingt steuerbar angesehen.

Das **Personalkernkonto**, ist das Konto, auf dem die Zielzahlen gebucht werden, die im Rahmen der Haushaltsaufstellung festgelegt wurden. Dieses beinhaltet ausschließlich das Kernpersonal des Kernhaushaltes der Freien Hansestadt Bremen.

Das Konto **Temporäre Personalmittel** dient dazu auf vorübergehende Personal(mehr)bedarfe reagieren zu können, ohne dadurch das Personalkernkonto und das hierfür veranschlagte Budget überschreiten zu müssen. Temporäre Personalbedarfe können unter anderem durch die Bewältigung von politischen Schwerpunktprojekten, Modernisierungs- oder qualitätsverbessernde Maßnahmen, die sich in überschaubarer Zeit amortisieren, entstehen.

Voraussetzung hierfür ist eine mit dem/der SenatorIn für Finanzen abgestimmte Wirtschaftlichkeitsberechnung. Als Beispiel sei hier die »Weiterentwicklung des Jugendamtes« genannt, für die nach nachgewiesenen wirtschaftlichen Effekten im Pilotprojekt übergangsweise Personal zur Verfügung gestellt wurde, um den Transfer auf die gesamte Stadt zu ermöglichen. Die Hochrechnung der Effekte im Pilotprojekt ergab eine Wirtschaftlichkeit des Vorhabens nach wenigen Jahren.

In den Haushaltsjahren 2015 und 2016 wurden aufgrund der verschärften Situation für die Aufnahme und Integration von Flüchtlingen erhebliche Mittel insbesondere auch im Personalbereich beschlossen. In diesem Zusammenhang erfolgte auch die Einrichtung eines zusätzlichen Budgetbereichs. Hierbei handelt es sich um das Personalkonto »**Temporäre Personalmittel zur Aufnahme und Integration von Flüchtlingen**«.

Hier erfolgt die Buchung der Vollzeiteinheiten (VZE), die Tätigkeiten im Zusammenhang mit flüchtlingsbedingten Aufgaben wahrnehmen. Insgesamt hat die FHB im Rahmen der Programme zur Aufnahme und Integration von Flüchtlingen rd. 1.000 zusätzliche VZE – in nahezu allen Bereichen – eingestellt.

Mittlerweile sind die monatlichen Zugänge von Migrantinnen und Migranten deutlich rückläufig, so dass das hierfür eingestellte Personal schrittweise abgebaut wird.

Der Senat hat deshalb in seinem Beschluss zu den Eckwerten 2018/2019 einen Abbaupfad des sonstigen flüchtlingsbezogenen Personals beschlossen, der in den Jahren 2018 bis 2021 den diesbezüglichen Personalbestand um jeweils ein Viertel verringern soll. Die entsprechenden Produktgruppen wurden in diesem Zusammenhang als Überhangbereiche definiert, die gem. einer Vereinbarung aus dem Jahre 1986 vorschreibt, dass Ausschreibungen und Stellenbesetzungen in diesen Bereichen zukünftig zentral begleitet werden müssen.

Dies bedeutet, dass bei Stellenausschreibungen der allgemeinen Verwaltung sowie bei fachspezifischem Personal vor Ausschreibung zu prüfen ist, ob diese Vakanzen durch Personal aus den Überhangsbereichen besetzt werden können. Diese Prüfung wird durch den/die SenatorIn für Finanzen vorgenommen.

Somit erfolgt der »Personalabbau« in dem Bereich des Personals zur Aufnahme und Integration von Flüchtlingen durch Umbesetzung sowie mittels des Ausgleichs durch Fluktuation.

Hiervon ausgenommen sind das zusätzliche Lehrpersonal sowie die Personalverstärkung bei der Polizei Bremen als politische Schwerpunktbereiche.

Das Flexibilisierungs-Konto ist ein Nebenkonto, welches es den Ressorts ermöglicht, Mittel aus anderen Aggregaten oder aus dem Kernkonto zu verlagern, um temporäre Arbeitsspitzen abzufedern. Hierfür wird unterstützend eine Vermittlungsstelle von kurzfristig einzusetzendem Personal für Unterstützungsleistungen (z. B. studentische Hilfskräfte) eingerichtet. Auch der kurzfristige Einsatz von Zeitarbeitskräften kann daraus finanziert werden. Für dieses Konto gelten besondere Regeln, um sicher zu stellen, dass die Transparenz der Haushaltsführung in jedem Fall gewährleistet wird.

- Es dürfen keine Maßnahmen in diesem Unterkonto gebucht werden, die nicht mit einer geplanten Gegenfinanzierung hinterlegt sind (korrespondierende Absenkung einer Ausgabehaushaltsstelle bzw. Steigerung einer Einnahmehaushaltsstelle).
- Alle geplanten Maßnahmen in diesem Unterkonto müssen in Bezug auf ihre Dauer und die Dauer der Finanzierungslösung wegen der strukturellen Wirkung von Einstellungen beschrieben und in Haushaltsvermerken abgebildet werden. Nach Beendigung der Maßnahme und

der Finanzierung wird das gegebenenfalls verbleibende Personal ins Kernkonto überführt. Hierfür ist eine mittelfristige Personalplanung, die die Entwicklung im Kernkonto, die erwartete Fluktuation sowie die Entwicklung im Flexibilisierungs-Konto einbezieht, erforderlich.

Die Nutzung des Flexibilisierungs-Kontos birgt die Gefahr, dass die langfristige Wirkung von Einstellungen und die ggf. zu hoch eingeschätzte Gegenfinanzierung dazu führen, dass ein nicht finanzierter Personalüberhang entsteht. Daher erfolgt für die betroffenen Ressorts präventiv eine enge Steuerung analog zum Kontraktwesen.

Als weitere Konten werden den Ressorts folgende Personalkonten zur Verfügung gestellt:

13.1.2 Das Refinanzierungs-Konto

Hier wird durch Wirtschaftlichkeitsprüfung nachgewiesene Refinanzierung durch externe Finanzierung dargestellt. Die Refinanzierung des eingesetzten Personals muss auf Vollkostenbasis erfolgen. Somit kann auch in der Zentralabteilung eingesetztes Personal anteilig refinanziert werden. So entsteht ein Anreiz für die Ressorts, über für eine Refinanzierung geeignete Projekte nachzudenken.

13.1.3 Das Konto für zentral bereitgestellte Poolkräfte

In diesem Konto werden die zentral gebuchten Poolkräfte des Nachwuchspools, Berufseinsteigerpools sowie des Schwerbehindertenpools dargestellt. Dieses Konto ist für die Ressorts nicht bebuchbar, stellt aber eine wichtige Kenngröße für die ressortinterne Aufgabenerfüllung und -planung in Bezug auf die zur Verfügung stehende Personalmenge dar.

13.1.4 Das Konto für Ausbildungspersonal

In diesem Konto wird das Ausbildungspersonal der Ressorts aufgeführt.

13.1.5 Der Stellenplan

Der Stellenplan der Freien Hansestadt Bremen weist die Planstellen für BeamtInnen sowie die Stellen für Beschäftigte unterteilt nach Produktgruppen beziehungsweise Kapiteln aus. Er ist Bestandteil des Haushaltsplans, hat jedoch aufgrund der genannten Personalmengensteuerung nur eine geringe bzw. eine indirekte Steuerungsrelevanz hinsichtlich der Personalbemessung. Dennoch wird der Stellenplan herangezogen, um die im Haushaltsaufstellungsverfahren festgelegte Beschäftigungszielzahl zu sanktionieren beziehungsweise zu honorieren.

Auf Basis der Stellenstruktur werden Stellenindizes gebildet, die die durchschnittliche Wertigkeit der besetzten Planstellen und Stellen einer Verwaltungseinheit darstellen. Abweichungen hiervon – also eine Strukturveränderung im Personalbereich – werden mittels des Bonus-Malus-Systems kostenneutral ausgeglichen. Entsteht z. B. in einer Produktgruppe durch Beförderungen eine Verteuerung der durchschnittlichen Personalkosten, wird für die kommende Haushaltsplanung die Beschäftigungszielzahl so weit abgesenkt, dass trotz Verteuerung ein konstantes Budget resultiert. Umgekehrt führt eine strukturelle Kostenabsenkung (z. B. durch eine Erhöhung des Anteils von Beschäftigung in der Laufbahngruppe 1) zu einer Erhöhung der Beschäftigungszielzahl.

Der Stellenindex ist somit ein wichtiges Instrument, um die durchschnittliche Wertigkeit der besetzten Stellen in Organisationseinheiten berechnen und vergleichen zu können. Außerdem kann mit dem Stellenindex die Entlohnungsstruktur der Geschlechter in den unterschiedlichen Bereichen dargestellt werden. Für die Berechnung des Stellenindex werden die verschiedenen Tarif- und Besoldungsgruppen zu insgesamt 23 Entlohnungsstufen zusammengefasst. Jeder Entlohnungsstufe ist ein Bewertungsfaktor zugeordnet, wobei Entlohnungsstufe 09 (z. B. A 9, TV-L 9) den Faktor 1,0 hat. Unter der Entlohnungsstufe 09 liegende Entlohnungsstufen sind mit einem niedrigeren, darüber liegende Entlohnungsstufen mit einem höheren Bewertungsfaktor versehen. Die Abstände zwischen den Bewertungsfaktoren spiegeln die strukturellen Entlohnungsunterschiede wider.

Der Stellenindex einer Gruppe wird berechnet, indem das Volumen der Beschäftigten in den jeweiligen Entlohnungsstufen mit den dazugehörigen Bewertungsfaktoren multipliziert (= bewertetes Volumen) wird. Die Summe dieses bewerteten Volumens wird durch das entsprechende Volumen dividiert. Auf diese Weise fließt der Beschäftigungsumfang in die Berechnung mit ein. Das Ergebnis ist der Stellenindex, aus dem sich eine durchschnittliche Entlohnungsstufe ableiten lässt.

Beispiel für die Ermittlung des Stellenindexes der Beschäftigten gesamt:
Eine Dienststelle hat 8 Beschäftigte in der Entlohnungsstufe 07, wovon 5 Beschäftigte Vollzeit und 3 Beschäftigte in Teilzeit (50 %) arbeiten. Außer-

dem arbeiten 2 Beschäftigte in der Entlohnungsstufe 14 in Vollzeit. Insgesamt ergibt sich ein Volumen von 8,5.

Berechnung des Stellenindexes:

			(5 x Faktor 0,8784 der Stufe 7) +				
	Bewertetes		((3 x 0,5) x Faktor 0,8784 der Stufe 7) +				
Stellenindex =	Volumen	=	(2 x Faktor 1,4974 der Stufe 14)	=	8,7044	=	1,0240
	Volumen		Volumen (5 x 1,0 + 3 x 0,5 + 2 x 1,0)		8,5		

Für die Dienststelle errechnet sich somit als Ergebnis für den Stellenindex ein Wert von = 1,0240. Dies entspricht somit einem durchschnittlichen Entlohnungsniveau knapp über der Entlohnungsstufe 09.

13.2 Personalcontrolling und -berichterstattung

Im Haushaltsvollzug erfolgt die Steuerung des Personalhaushaltes im Rahmen des Personalcontrollings, welches einerseits ein eigenständiges Controlling System für den Personalsektor und andererseits ein Bindeglied zwischen dem Finanz- und dem Leistungscontrolling in einem integrierten Controlling System der bremischen Verwaltung ist. Hierbei werden die Finanz-, Personal- und Leistungsaspekte sukzessive jeweils für sich weiterentwickelt und auf Konzernebene zusammengeführt. Dies gilt insbesondere für das Produktgruppen- und Produktbereichscontrolling.

Das Personalcontrolling hat im Wesentlichen zwei Adressatenkreise. Zum einen das Parlament und die Regierung, Produktplan- und Produktbereichsverantwortliche sowie Fachausschüsse hinsichtlich der Entwicklung von Ziel- und Rahmenvorgaben im Personalmanagement. Zum anderen Personalverantwortliche in den Produktgruppen bzw. Dienststellen zur Unterstützung im laufenden Personalgeschäft.

Hierbei verfolgt das Personalcontrolling insbesondere die Ziele Ressourcensteuerung im Einklang mit politischen und finanzpolitischen Zielen, die Optimierung der Personalkonfiguration bezogen auf Qualifikation und Personalstruktur, Effizienzsteigerung (u. a. durch Benchmarking) sowie eine Kundenorientierung durch ganzheitliche Sachbearbeitung.

Notwendige Voraussetzung für ein funktionierendes Personalcontrolling ist eine umfassende technische Unterstützung. In Bremen wurde hierzu das Datenbanksystem »Personal und Management« (»PuMaOnline«) entwickelt. Hiermit werden personalrelevante Daten aus verschiedenen Subsystemen (monatliche Gehaltsabrechnung) integriert und in steuerungsrelevante Informationen zu Beschäftigungsstand, Personalausgaben, Stellen und Personalstruktur überführt.

Das Controllingblatt (Abbildung auf der folgenden Seite) gibt Aufschluss über die IST und SOLL Personalbestände in den unterschiedlichen Aggregaten und Bewirtschaftungskonten sowie über das zur Verfügung stehende Personalbudget – sowohl kumuliert als auch für das voraussichtliche Jahresendergebnis. Nachrichtlich ausgewiesen werden in dem Controllingblatt die zentral finanzierten und gebuchten Personalien, die dezentralen Einsatz finden. Hierbei handelt es sich zum einen um den zentralen Beschäftigungspool der Nachwuchskräfte, zum anderen um zentral bereitgestellte Mittel im Rahmen der Aufnahme und Integration von Flüchtlingen.

Als zusätzliche Information werden im Controllingblatt Personalstrukturdaten hinsichtlich der Altersstruktur, Frauen-, Teilzeit-, sowie Schwerbehindertenquote ausgewiesen.

Personalcontrolling

Produktplan 91 - Finanzen / Personal — Stand: April 2019

Personaldaten	April 2019			Kumuliert Januar - April 2019			Voraussichtl. Jahresergebnis		
	Ist	Soll	Differenz	Ist	Soll	Differenz	Ist	Soll	Differenz
	Tsd. €								
Kernbereich	4.680	4.737	-57	18.769	18.948	-179	57.146	59.359	-2.213
Temporäre Personalmittel	107	179	-72	460	715	-255	1.361	2.246	-885
Temporäre Personalmittel - Flüchtlinge	0	0	0	0	0	0	0	0	0
Flexibilisierungsmittel	0	0	0	0	0	0	0	0	0
Zwischensumme	4.787	4.916	-129	19.229	19.663	-434	58.507	61.605	-3.098
Refinanzierte	523	559	-36	2.075	2.295	-220	6.248	7.004	-756
Ausbildung	1.194	1.217	-23	4.789	5.002	-213	14.918	13.900	1.018
Nebentitel	278	370	-92	1.147	1.342	-196	4.500	5.022	-521
Insgesamt	6.782	7.061	-280	27.239	28.302	-1.063	84.174	87.531	-3.357
dar.: Beihilfe / Nachvers.	168	215	-48	706	725	-19	2.956	3.116	-159
	Volumen (Teilzeit umgerechnet in Vollzeit)								
Kernbereich	1.101,4	1.141,4	-40,0	1.108,4	1.142,0	-33,6	1.103,8	1.140,5	-36,8
Temporäre Personalmittel	21,5	34,1	-12,6	22,0	34,1	-12,0	21,7	34,1	-12,4
Temporäre Personalmittel - Flüchtlinge	0,0	0,0	0,0	0,0	0,0	0,0	0,0	0,0	0,0
Flexibilisierungsmittel	0,0	0,0	0,0	0,0	0,0	0,0	0,0	0,0	0,0
Zwischensumme	1.122,9	1.175,5	-52,6	1.130,4	1.176,1	-45,6	1.125,4	1.174,6	-49,1
Refinanzierte	104,7	---	---	104,7	---	---	104,7	---	---
Ausbildung	885,1	895,0	-9,9	888,6	919,0	-30,4	886,3	826,1	60,2
Insgesamt	2.112,8	---	---	2.123,7	---	---	2.116,4	---	---
nachr.: Zentraler Beschäftigungspool	16,9	---	---	18,0	---	---	17,3	---	---
nachr.: Zentrale Poolmittel Flüchtlinge	3,5	---	---	3,6	---	---	3,5	---	---
Summe eingesetztes Personal	2.133,2	---	---	2.145,3	---	---	2.137,2	---	---
nachr.: Abwesende	65,0	---	---	64,7	---	---	64,9	---	---

Personalstruktur	April 2019 Ist	2019 Planwert	2018 Ist
Bezugsgröße: Kopfzahl der Beschäftigten	%		
Beschäftigte bis 35 Jahre	18,1	22,5	14,8
Beschäftigte über 55 Jahre	29,6	17,5	33,9
Frauenquote	58,0	50,0	57,2
Teilzeitquote	29,7	35,0	30,7
Schwerbehindertenquote	11,4	6,0	11,3

Altersteilzeit	2019 Ist
nicht im hochrechnungs-Ist	Tsd. €
Altersteilzeitrückstellungen	628
Ausgleich AH Konto	0
Insgesamt	628

Controllingblatt: Stand April 2019.

13.2.1 Personalplanung

Im Rahmen der Personalbedarfsplanung wird durch den/die SenatorIn für Finanzen jährlich eine Fluktuationsprognose erstellt. Neben den vorhersehbaren Abgängen wie z. B. Erreichen der Altersgrenze enthält die Prognose auch die so genannten nicht planbaren Abgänge wie z. B. Dienst- und Erwerbsunfähigkeit oder Tod. Die Fluktuationsprognose wird in Abhängigkeit von Alter und Personalgruppe auf Basis der Abgangswahrscheinlichkeiten der letzten fünf Jahre erstellt, wobei für die Zukunft nicht zwischen den jeweiligen Abgangsgründen differenziert wird.

13.2.2 Ermittlung der Produktgruppenmittelwerte für die Budgetierung

Die Basis für die Berechnung der Produktgruppenmittelwerte bildet die Personalkostenhochrechnung (PKH). Die PKH für die Budgetierung basiert auf einer monatlichen, standardisierten Hochrechnung, die unter anderem das Ergebnis der Monatsdaten aus der Personalmanagementsoftware »PuMa« ist.

Um die Daten entsprechend für die Budgetierung aufzubereiten, werden vom/von der SenatorIn für Finanzen folgende Anpassungen vorgenommen:

Bei den Altersteilzeitfällen, die sich im Blockmodell »aktiv« befinden, wird das Basisgehalt durch 0,7 dividiert. Aus dem Abrechnungssystem werden nur die Gehaltsdaten in Höhe von 70 % geliefert, dies ist der Anteil den der Beschäftigte erhält. Die Dienststellen zahlen an die Anstalt für Versorgungsvorsorge jedoch eine Altersteilzeitrückstellung von 30 %. In Summe werden somit pro Altersteilzeitfall insgesamt 100 % der ursprünglichen Besoldung gezahlt.

Durch das Hochsetzen des Basisgehaltes auf 100 %, gehen die entsprechenden Fälle mit ihrem vollen ursprünglichen Gehalt in die Personalkostenhochrechnung und später in den Mittelwert für die Budgetierung ein.

Bei MitarbeiterInnen, die im zu budgetierenden Haushaltszeitraum die gesetzliche Altersgrenze für den Ruhestand erreichen, wird ein Abschlag in die PKH eingerechnet. Dieser Abschlag wird ab dem Monat des Erreichens der Altersgrenze vom Basisgehalt abgezogen, für den aktuellen Haushalt 2018 / 2019 beträgt dieser Abschlag bspw. 20 %.

Zwischen dem ausscheidenden Personal und den Nachbesetzungen besteht ein erheblicher Unterschied bei der Höhe der Ausgaben. Dies liegt

u. a. an Beförderungen beziehungsweise Höhergruppierungen und ist darüber hinaus in dem Aufstieg in den Lebensalter- beziehungsweise Erfahrungsstufen begründet. In das Budget geht ein um diesen Effekt abgesenkter Betrag für Nachbesetzungen ein.

Die beschlossenen, aber noch nicht in der Gehaltsabrechnung vollzogenen, Tarifsteigerungen werden ebenfalls in der PKH berücksichtigt. Wird entschieden, diese Steigerungen global zu veranschlagen, sind zwei Durchläufe der PKH notwendig, einer mit und einer ohne Parameter zu den Tarifsteigerungen.

Bei großen, zum Zeitpunkt der PKH schon bekannten, organisatorischen Änderungen werden die Haushaltsbuchungen der betroffenen Personenkreise entsprechend angepasst. Somit ist gewährleistet, dass die aus der PKH ermittelten Mittelwerte bereits zu der neuen Organisationsstruktur passen.

Die Mittelwerte, die für die Budgetierung verwendet werden, ergeben sich somit aus der Personalkostenhochrechnung. Hierzu wird vom Budgetierungsmodul die Summe der PKH der anwesenden Personen innerhalb der Budgetierungsebene (bisher das Unterkapitel) durch die Summe des Beschäftigungsvolumens dividiert.

Dieser Mittelwert wird zur Ermittlung des Budgets herangezogen.

13.2.3 Personalbedarfsbemessung

Knapp für die Hälfte des bremischen Personalbedarfes im Kernhaushalt liegen bereits Methoden und Kennzahlensysteme zur Personalbemessung vor. So existieren z. B. im Justizbereich und in der Steuerverwaltung bundesweite Ausstattungsvergleiche. Im Bereich Schulen gibt es für die Ausstattung mit Lehrerinnen und Lehrern eine landeseinheitliche Zuweisungsrichtlinie, die die Personalbedarfe anhand der Anzahl von Klassenverbänden steuert. Eine Zuweisungsrichtlinie für das nichtunterrichtende Personal wird zurzeit unter Beteiligung des/der SenatorIn für Finanzen, des Bildungsressorts und der Senatskanzlei erarbeitet. Um jederzeit sicherstellen zu können, dass öffentliche Aufgaben ressourcenschonend und dennoch auskömmlich bemessen werden, ist eine Ausweitung der Personalbedarfsermittlung auf alle Verwaltungsbereiche erforderlich. Aus diesem Grund wird eine Fachstelle für Personalbedarfsermittlung beim/bei der SenatorIn für Finanzen eingerichtet, um so vorhandene Personalbedarfe in den Ressorts auf Basis fundierter Berechnungs- und Analysemethoden zu ermitteln. Zielsetzung hierbei ist es nicht, einen etwaigen

Personalabbau oder Personalaufbau herbeizuführen, sondern vielmehr die Ermittlung des realen Bedarfs, um im Ergebnis rationale Entscheidungen hinsichtlich der personellen Ausstattung treffen zu können.

13.2.4 Personalkostenzuschüsse

Einige staatliche Aufgaben werden durch Ausgliederungen wahrgenommen, die zur Erfüllung der Aufgaben Zuschüsse erhalten. Die Ausgliederungen finanzieren sich aber auch teilweise über Gebühren bzw. Einnahmen. Ausgliederungen haben im Unterschied zum Kernhaushalt mehr Möglichkeiten, aber auch mehr Verantwortung bei der Selbststeuerung.

Es gibt dabei unterschiedliche Formen der Ausgliederung: Sonderhaushalte, Eigenbetriebe, Anstalten öffentlichen Rechts, Stiftungen, Gesellschaften, Zuwendungsempfänger, etc. Im Haushalt sind diese Zuschüsse teilweise getrennt nach konsumtiv/Personal veranschlagt, teilweise gemeinsam. Die Ausgliederungen erhalten die Zuschüsse aus den jeweiligen Ressorthaushalten.

Die Steuerung erfolgt nicht – wie im Kernbereich – über die Beschäftigungszielzahl, da die Zuwendungsvergabe durch das zuständige Ressort (dezentral) ohne ein zentrales Personalcontrolling erfolgt, sind zentrale Steuerungsmöglichkeiten jährlich im Rahmen der Nachbewilligung der Mittel für Tarifsteigerungen realisierbar:

Zum Ausgleich von Tarifkosten wird eine zentrale Tarifvorsorge beim/bei der SenatorIn für Finanzen vorgehalten. Die Ausgliederungen sind zugleich angehalten, eine eigene Tarifvorsorge aufzubauen und vorzuhalten.

Bei den Ausgliederungen ist bei Zuteilung der Tarifausgleichsmittel zu bewerten, welcher Teil des Personals nicht über Einnahmen finanziert wird (analog zu refinanzierter Beschäftigung in der Kernverwaltung), wie hoch die Tarifkosten – auch unter Berücksichtigung ggf. eigener Tarifwerke – sind und welchen Anteil die Ausgliederung selbst erwirtschaften kann. Das Verfahren wird weiterentwickelt mit dem Ziel, dass die Zuschussanpassung bedarfsgerecht die Tarifentwicklung abbildet.

Exkurs: Versorgungsvorsorge

Um den Anstieg der Versorgungsausgaben für die öffentlichen Haushalte abfedern zu können, hat Bremen in den Jahren 1999 und 2005 zwei Versorgungsvorsorgen in Form des Sondervermögens Versorgungsrücklage und der Anstalt zur Bildung einer Rücklage für Versorgungsvorsorge eingerichtet. Ähnliche Vorsorgen haben mittlerweile nahezu alle Bundesländer aufgebaut.

Das Sondervermögen Versorgungsrücklage sollte ursprünglich zur gleichmäßigen Entlastung der Haushalte in den Jahren der höchsten Versorgungsausgaben herangezogen werden sollte (sog. Untertunnelung). Die zugeführten Mittel beruhten auf bundesgesetzlichen Vorgaben. Bei jeder Besoldungs- bzw.- Versorgungserhöhung wurde ein Teil der Erhöhung dem Sondervermögen Versorgungsrücklage zugeführt. Bereits seit 2006 werden die jährlich erwirtschafteten Kapitalerträge zur Gegenfinanzierung der Versorgungsanstiege an die Haushalte abgeführt (2019 rd. 2,3 Mio. Euro inkl. Stadtgemeinde Bremerhaven). Zuführungen vom Land und der Stadtgemeinde Bremen erfolgen seit 2013 nicht mehr, sondern werden direkt für originäre Versorgungsausgaben verwendet. Eine Regelung zur Auflösung des Kapitalstock wurde 2014 in das Gesetz des Sondervermögens Versorgungsrücklage des Landes Bremen aufgenommen. Bereits in 2018 wurde damit begonnen, die Rücklage aufzulösen. In 2018 und 2019 wurden pro Jahr rd. 9,2 Mio. Euro entnommen. Mit den Entwürfen zum Haushalt 2020/2021 wird das verbleibende Sondervermögen aufgelöst und an den Haushalt zurückgeführt.

Die Anstalt für Versorgungsvorsorge ergänzt die Finanzierungsaufgaben des 1999 gebildeten Sondervermögens Versorgungsrücklage. Im Rahmen haushaltsentlastender Effekte (Verbeamtung, Versorgungszuschläge) wird eine eigene Vorsorge getroffen. Mit einer Gesetzesänderung im Jahr 2014 wurde das BremBBVAnpG geändert und eine verminderte Übernahme der Besoldungsanpassung 2013/2014 von 0,4 Prozentpunkten auf Versorgungsempfänger beschlossen. Die eingesparten Beträge werden der Anstalt für Versorgungsvorsorge zugeführt, um eine Finanzierung zukünftiger Versorgungslasten sicherzustellen. Mit einer weiteren Gesetzesänderung im Jahr 2017 wurde die verminderte Übernahme der Besoldungsanpassung in 2013/2014 im BremBeamtVG verankert. Seit Gründung der Anstalt für Versorgungsvorsorge in 2005 werden jährlich Kapitalerträge an das Land und die Stadtgemeinde Bremen abgeführt, um den jährlichen Versorgungsanstieg mitzufinanzieren (2019 inkl. Kapitalerträgen aus Vorjahren rd. 28,0 Mio. Euro).

In die Planung zur Einhaltung des Sanierungspfades sind die o.g. Aspekte eingeflossen.

Zum Doppelhaushalt 2020/2021 wird die gesetzliche Grundlage für die Anstalt für Versorgungsvorsorge in Richtung einer auf Nachhaltigkeit ausgerichteten Anlagestrategie geändert. Damit wird einerseits der Anforderung der bremischen Bürgerschaft nachgekommen, klimafreundliche und ethische Kriterien bei der Anlage von öffentlichen Finanzmitteln zu berücksichtigen. Andererseits wird mit einer Erweiterung des Anlagespektrums in Richtung z. B. nachhaltiger Unternehmensbeteiligungen auf ein fundamental verändertes Zinsumfeld reagiert. Die bisherige Anlagestrategie mit Anlagen in festverzinsliche Anleihen kann auf absehbare Zeit Renditeerwartungen, die an eine Versorgungsvorsorge gestellt werden müssen nicht mehr erfüllen. Mit der Änderung des Anstaltsgesetzes wird somit eine in wirtschaftlicher, ethischer und klimapolitischer Hinsicht nachhaltige Strategie verfolgt, um die Versorgungsleistungen der Freien Hansestadt Bremen auch zukünftig durch Mittel aus der Anstalt unterstützen zu können.

13.3 Ausbildungsplanung und Ausbildung im öffentlichen Dienst

Primäre Aufgabe der Ausbildung im öffentlichen Dienst ist es, durch Nachwuchsgewinnung und -qualifizierung die Funktionsfähigkeit der Landes- und der Kommunalverwaltung zu gewährleisten. Als größter Arbeitgeber der Region haben das Land und die Stadtgemeinde Bremen darüber hinaus eine gesellschaftliche Verantwortung für eine aktive Ausbildungsplatzpolitik und eine Vorbildfunktion auch im Hinblick auf das Ausbildungsplatzangebot.

Der Senat beschließt im Rahmen der jährlichen Ausbildungsplanung die Einstellung von Auszubildenden in personalbedarfsbezogenen Ausbildungsgängen sowie weiteren Auszubildenden nach dem Berufsbildungsgesetz und PraktikantInnen im Anerkennungsjahr.

Die Berechnung des Personalersatzbedarfs, der über die Ausbildung abgedeckt werden soll, erfolgt zunächst zentral auf der Basis einer Fluktuationsberechnung, in der die voraussichtlichen Personalabgänge sowie andere Faktoren, z. B. eine steigende Fertilitätsrate aufgrund eines sich verjüngenden Personalkörpers und die sich daraus ergebenden Beurlaubungen oder evtl. zu erbringende Einsparungen, mit berücksichtigt werden. Der Prognosehorizont bezieht sich jeweils auf das Ausbildungsende. Dabei ist zu berücksichtigen, dass die Länge der jeweiligen Ausbildungsgänge zwischen 1½ Jahre und 3½ Jahren variiert. Diese Berechnungen werden mit denen von den Ressorts geltend gemachten Personalbedarfen für ihre Fachverwaltungen und Allgemeinen Dienste (Polizei, Justiz, Steuer, Feuerwehr u. a.) abgeglichen. Ein weiterer Bereich sind die Sonderhaushalte, Eigenbetriebe, Anstalten, Jobcenter u. a., die für ihre Bereiche auch einen Ausbildungsbedarf geltend machen können. Auf der Grundlage dieser Daten werden die über die Ausbildung abzudeckenden Personalersatzbedarfe ermittelt. Darüber hinaus fließen bei der Berechnung auch absehbare Personalmehr- oder Minderbedarfe, die sich aufgrund neuer Gesetze oder Gesetzesänderungen sowie politischer Entscheidungen, wie Personalzielzahlen für einzelne Verwaltungsbereiche – wie z. B. bei der Polizei – anzuheben, mit ein.

In diesem Kontext wird auch entschieden, ob zusätzliche personalbedarfsbezogene Ausbildungsgänge etabliert werden müssen, da die Personalgewinnung von Fachpersonal aufgrund der bestehenden Marktsituation in den unterschiedlichen Bedarfssegmenten schwierig ist. So sind neben den klassischen Ausbildungsgängen für die Allgemeinen Dienste, Polizei, Steuer z. B. duale Studiengänge für VerwaltungsinformatikerInnen und BauingenieurInnen hinzugekommen, die wie oben dargestellt entsprechend berücksichtigt werden.

Darüber hinaus werden neben der personalbedarfsbezogenen Ausbildung auch weitere Auszubildende in anderen Ausbildungsberufen (Fachangestellte für Büromanagement, FachinformatikerIn, Koch/Köchin u. a.) ausgebildet. Der Umfang orientiert sich in der Regel am Umfang der Einstellungen im personalbedarfsbezogenen Bereich. Hierbei werden auch Angebote vorgehalten für Menschen mit Lernbehinderungen oder Personengruppen, die schlechtere Perspektiven am Arbeitsmarkt haben.

Die Ausbildungsplanung und die Ausbildung im öffentlichen Dienst des Landes und der Stadtgemeinde Bremen wird auf der Grundlage der »Dienstvereinbarung Ausbildung« von einer eingesetzten Ausbildungskommission begleitet. Hierüber wird die Einbeziehung der Interessenvertretungen gewährleistet.

Bei der Ausbildungsplanung sind neben den reinen Bedarfsrechnungen auch die jeweils gesellschaftlichen bzw. arbeitsmarktbedingten Rahmenbedingungen mit zu berücksichtigen, da auch hieraus ableitend Entscheidungen des Senats erfolgen müssen. Die Nachwuchsgewinnung und Nachwuchsqualifizierung steht derzeit vor besonderen Herausforderungen. Die demografische Entwicklung hat zu einem harten Wettbewerb um geeignete BewerberInnen geführt. Der öffentliche Dienst steht dabei in Konkurrenz zu den ArbeitgeberInnen der Privatwirtschaft. Um diesen Wettbewerb zu bestehen, muss sich der öffentliche Dienst als attraktiver Arbeitgeber präsentieren. Für motivierte, leistungsorientierte BewerberInnen ist eine eigene Karriereplanung mit transparenten Aufstiegsmöglichkeiten ein wichtiger Grund, sich für bzw. gegen einen/eine ArbeitgeberIn zu entscheiden. Die Karrieren, die im öffentlichen Dienst möglich sind, müssen nach außen und nach innen transparent gemacht werden. Durchlässigkeit zwischen den Aufstiegsmöglichkeiten innerhalb der einzelnen Fachrichtungen, die Aufrechterhaltung von bestehenden bzw. die Entwicklung von neuen Aufstiegsregelungen und Fortbildungsgängen sind vor diesem Hintergrund nötiger denn je. Auch die Vereinbarkeit von Familie und Beruf, zu der die Möglichkeit einer Teilzeitausbildung oder einer Teilzeitbeschäftigung gehören, ist ein weiterer Faktor, der bei der Beurteilung der Attraktivität den Ausschlag geben kann.

Eine besondere Herausforderung, aber auch eine besondere Chance, stellt dabei die Heterogenität der Jugend dar. Dies ist bei den jeweiligen Rekrutierungsstrategien mit zu berücksichtigen. Die Struktur der für die Berufsbildung besonders relevanten Bevölkerungsgruppe der 15- bis 24-Jährigen in Bremen weist wichtige Faktoren auf, die die Ausbildungssituation maßgeblich beeinflussen. Dazu gehört ein Anteil von fast 40 % der 15- bis 24-jährigen Personen, die in Bremen einen Migrationshintergrund haben. Immer mehr junge Menschen schließen ihre schulische Ausbildung mit dem Abitur ab und fangen danach ein Studium an. Dieser »Akademisierungstrend« hat bereits dazu geführt, dass die Anzahl der Studienanfänger höher liegt als die Anzahl der neu abgeschlossenen Ausbildungsverträge.

Die Verwaltung der Freien Hansestadt Bremen steht angesichts der fortschreitenden Digitalisierung vor großen Herausforderungen. Die Digitalisierungsprozesse müssen systematisch eingeführt und fachlich begleitet werden. Für diese notwendigen Prozesse müssen geeignete Fachkräfte zur Verfügung stehen, die bei Digitalisierungsprojekten den Behörden beratend und begleitend zur Verfügung stehen bzw. die in der Lage sind, selbst Digitalisierungsprojekte zu leiten. Auf dem Arbeitsmarkt sind solche Fachkräfte kaum zu bekommen, so dass auch für diese Funktionen der Nachwuchs durch eigene Ausbildung generiert werden muss.

Neben der Herausforderung, Fachkräfte für die Einführung und Begleitung von Digitalisierungsprozessen durch eigene Ausbildung zu gewinnen, wird die zunehmende Digitalisierung generell eine qualitative Veränderung und Anpassung der Anforderungen an die Ausbildung notwendig machen. Es wird nötig sein, dass relativ kurzfristig Kompetenzen identifiziert werden, die für eine berufliche Handlungsfähigkeit in einer digitalen Arbeitsumgebung erforderlich sind. Dementsprechend muss die schulische, hochschulische und betriebliche Ausbildung der Nachwuchskräfte so ausgerichtet werden, dass die nötigen Kompetenzen erworben werden.

13.3.1 Nachwuchspools Laufbahngruppe 1, 2. Einstiegsamt sowie Laufbahngruppe 2, 1. Einstiegsamt im Bereich der Allgemeinen Dienste

Eine strategisch ausgerichtete Fachkräfterekrutierung beinhaltet eine tragfähige langfriste Personalplanung und gewährleistet auch eine tragfähige Fachkräftesicherung und -bindung. Nur so kann in Zeiten des demografischen Wandels und der Vollbeschäftigung gewährleistet werden, dass ausreichend MitarbeiterInnen gewonnen werden, um die Funktionsfähigkeit einer Organisation sicherzustellen.

Über die Ausbildungsplanung wird eine weitgehend ausreichende und zeitgenaue quantitative und qualitative Versorgung mit Personal sichergestellt. Da jedoch zum Zeitpunkt des Ausbildungsendes nicht immer zeitnah adäquate und finanzierte Stellen zur Verfügung stehen, werden die aus der Ausbildung kommenden MitarbeiterInnen für den Bereich der Allgemeinen Dienste aufgrund der hohen Diversität dieses Verwaltungszweiges zunächst zentral in einem Nachwuchspool beim/bei der SenatorIn für Finanzen eingestellt.

Durch die zentrale Weiterbeschäftigung und Zuweisung von Nachwuchskräften an die Dienststellen ist es möglich, diese sowohl vorübergehend punktuell als auch in einem größeren Rahmen gezielt mit einschlägig qualifiziertem Personal zu unterstützen.

Die Dienststellen geben ihre Bedarfe auf. Der/Die SenatorIn für Finanzen überprüft die Personalanforderungen und weist je nach den zur Verfügung stehenden Nachwuchskräften entsprechendes Personal zu. Dadurch können alle Bereiche gleichermaßen anforderungsgerecht Berücksichtigung finden. Hiervon profitieren insbesondere Bereiche, die ansonsten aufgrund ihres speziellen Aufgabenprofils erheblich mehr Ressourcen auf die Personalrekrutierung verwenden müssten.

Über die zentrale Einstellung, Betreuung und Begleitung wird auch der Übergang aus der Ausbildung in den regulären Berufsalltag bei Anpassungsschwierigkeiten strukturiert unterstützt, da z. B. im Einzelfall ein Wechsel der Aufgabenfelder ohne Probleme möglich ist, wenn sich herausstellt, dass die übertragene Funktion nicht passend ist.

Die Nachwuchskräfte verbleiben in dem Pool in der Regel mindestens ein Jahr, maximal zwei Jahre, bevor sie von den Dienststellen direkt übernommen bzw. mit Unterstützung des/der SenatorIn für Finanzen auf passende Funktionen vermittelt werden.

13.3.2 Laufbahngruppe 2, 2. Einstiegsamt

Der öffentliche Dienst steht ständig vor neuen wechselnden Herausforderungen, auf die Führungskräfte mit entsprechenden Kompetenzen vorbereitet sein müssen. Um dies sicherzustellen, haben sich das Land und die Stadtgemeinde Bremen als Arbeitgeber frühzeitig dazu entschieden, zentral akademische Nachwuchskräfte mit einem Masterabschluss bzw. mit dem 2. Juristischen Staatsexamen zu gewinnen, die das Potenzial haben, mittelfristig Leitungsaufgaben wahrzunehmen. Dies geschieht über einen Führungskräftenachwuchspool, der beim/bei der SenatorIn für Finanzen angesiedelt ist.

Den Nachwuchskräften wird eine interessante und unbefristete dauerhafte Tätigkeit geboten, mit der sie den anspruchsvollen Umstrukturierungsprozess der bremischen Verwaltung zu einem modernen Dienstleister aktiv, konstruktiv und kritisch in Projekt- und Arbeitsteams mitgestalten können, zugleich werden sie auf Leitungsaufgaben vorbereitet.

Der praktische Einsatz in einer zweijährigen Einführungsphase orientiert sich am aktuellen Personalbedarf, den spezifischen Fachkenntnissen und den Kompetenzen der BewerberInnen. Der praktische Einsatz wird ergänzt durch eine systematische Einführungsfortbildung, welche die angehenden Nachwuchskräfte befähigt, über die Organisationsgrenzen und Zuständigkeiten hinauszudenken, nationale und internationale Entwicklungen zu erkennen und interdisziplinär zusammenzuarbeiten.

Alle zwei Jahre erfolgt eine neue Besetzung des Nachwuchskräftepools. Es stehen jeweils 15 Plätze zur Verfügung. Die Besetzung erfolgt über eine Ausschreibung.

13.3.3 Zentrale Personalumsteuerung als Krisenmanagement am Beispiel der »COVID-19-Krise« 2020

Die »COVID-19-Krise« erfasste bereits in den ersten Monaten im Jahr 2020 alle Lebensbereiche der Bevölkerung. Der öffentliche Sektor ist daher gefordert gewesen, sowohl die Rahmenbedingungen der gesellschaftlichen Entwicklung durch politisch klare Vorgaben zu steuern als auch die Funktionsfähigkeit des politischen Systems und der Verwaltung im Einzelnen sicherzustellen. Die Umsetzung der erforderlichen Maßnahmen erforderte von einigen Dienststellen schnelles Handeln und besondere Anstrengungen sowie ggf. den Einsatz von qualifizierten und motivierten Beschäftigten über das Stammpersonal hinaus.

Zunächst wurden Prioritäten bei der Aufgabenerledigung (Sicherstellung kritischer Infrastrukturen, Gewährleistung der Daseinsvorsorge und Leistungsverwaltung, Funktionsfähigkeit des Finanzsystems auf der einen Seite und Schließung oder Reduzierung des Betriebs von Einrichtungen auf der anderen) gesetzt, wodurch es zwangsläufig zu erheblichen Personalengpässen und/oder Personalüberhängen gekommen ist.

Um den Ausgleich zwischen zusätzlichen personellen Anforderungen aufgrund der COVID-19-Pandemie und den Überhängen, die sich aufgrund der Einschränkung der öffentlichen Dienstleistungen ergeben haben, herbeizuführen, wurde eine zentrale Koordinierungsstelle bei dem/der SenatorIn für Finanzen eingerichtet.

Zunächst sind die Beschäftigten aufgerufen worden, ihre Bereitschaft zu signalisieren, wenn sie für einen freiwilligen Einsatz im Rahmen der COVID-19-Pandemie zur Verfügung stehen. Es hat sich eine Vielzahl von Interessenbekundungen ergeben, auf die zurückgegriffen werden konnte, um die sich an anderer Stelle ergebenen Anforderungen abzudecken. Auf alle Beschäftigten, die sich freiwillig gemeldet hatten, konnte jedoch nicht zurückgegriffen werden, da einige Beschäftigungsdienststellen selbst von einem erhöhten Arbeitsaufkommen betroffen waren, so dass sie zwingend auf ihre Bediensteten angewiesen gewesen sind bzw. das Anforderungsprofil nicht ansatzweise passend gewesen ist.

Darüber hinaus wurden die Ressorts zum einen aufgefordert, der Koordinierungsstelle Personalbedarfe zu melden, die im unmittelbaren Zusammenhang mit der »COVID-19-Krise« (vermehrte Anträge, Auskünfte, Umsetzung von Hilfspaketen o. ä.) bestehen, zum anderen aber auch Personal aus dem eigenen Geschäftsbereich aufzugeben, welches aktuell aufgrund der Schließung des Betriebs von Einrichtungen der öffentlichen Verwaltung (Kitas, Schulen, Hochschulen, Bibliotheken und weitere) nicht beschäftigt werden kann. Entsprechende Über- oder Unterhänge wurden der zentralen Koordinierungsstelle über Formblätter gemeldet.

Die Meldung von Personalüberhängen bzw. Bedarfen erfolgte jedoch nur, wenn eine Personalumsteuerung innerhalb der jeweiligen Dienststelle bzw. Ressorts nicht möglich gewesen ist.

In diesem Prozess ist zunächst in den Dienststellen und Ressorts die systemrelevante organisatorische und personelle Infrastruktur ermittelt worden. Auf dieser Grundlage sind in den jeweiligen Dienststellen und Ressorts Mobilitäts- und Notfallpläne erarbeitet und abgeleitete Personalbedarfe bzw. Überhänge ermittelt worden. Innerhalb dieses Prozesses haben die Ressorts zunächst dezentral die personelle ressortinterne Personalumsteuerung einschließlich unter Einbezug der zugeordneten Dienststellen vorgenommen.

Personalüberhänge und Personalbedarfe sind nach der ressortinternen Umsteuerung – außer, wenn diese u. a. nicht zielführend gewesen wären, z. B. wegen der Ressortgröße – der Koordinierungsstelle beim Senator für Finanzen gemeldet worden. Diese hat unter Einbeziehung der individuellen Interessenbekundungen einen Ausgleich zwischen dem bestehenden zusätzlichen Personalbedarf und dem Personalüberhang herbeigeführt.

In diesem personellen Umsteuerungsprozess sind auch Auszubildende und duale Studierende der Freien Hansestadt Bremen im großen Umfang mitberücksichtigt und in den Dienststellen und Ressorts eingesetzt worden.

Arbeitsrechtlich ist im Rahmen des Direktionsrechts und beamtenrechtlich im Rahmen der Weisungsbefugnis ein vorübergehender Einsatz in einer anderen Dienststelle oder auf einem anderen Dienstposten zulässig. Diese Maßnahme unterliegt der Mitbestimmung.

Weiterhin ist es der Koordinierungsstelle durch einen Beschluss des Senats ermöglicht worden, Studierende befristet für die Dauer von sechs Monaten einzustellen.

Die »COVID-19-Krise« und deren Folgen waren nicht vorherabsehbar. Die bremische Verwaltung war in vielen Bereichen mit den Folgen hochgradig belastet, und die dringend erforderlichen personellen Ressourcen standen letztendlich aufgrund der ressortinternen bzw. ressortübergreifenden Personalumsteuerung unter Einbeziehung der Auszubildenden und der befristeten Einstellung von Studierenden im ausreichenden Maße zur Verfügung. Auch für Tätigkeiten, die der Bewältigung der Folgen der Pandemie bzw. der Verhinderung von Neuinfektionen (z. B. Containment Scouts) dienten.

Es hat sich gezeigt, dass das frühzeitige Reagieren und Einbeziehen aller bremischen Dienststellen den Prozess der bedarfsgerechten Personalumsteuerung merklich positiv beeinflusst hat. Viele Bedarfe (z. B. im Gesundheitsressort, beim Bürgertelefon, in dem Sozialressort, im Landeskrisenstab Corona) konnten nach kurzer Zeit und unbürokratisch durch geeignetes Personal gedeckt werden. Dies führte teils zu einer erheblichen Belastungsreduzierung für die betroffenen Bereiche. Letztendlich hat die Koordinierungsstelle bei dem/der SenatorIn für Finanzen und die über sie erfolgte zentrale Personalumsteuerung sowie die kurzfristige zusätzliche Einstellung und Zuweisung von befristetem Personal den Prozess vereinheitlicht und beschleunigt sowie übersichtlich gestaltet.

13.4 Verbesserung der Arbeitgeberattraktivität – Personalmarketing in der FHB

13.4.1 Arbeitgeberattraktivität – Kontext und Ziele

Die Freie Hansestadt Bremen ist der größte Arbeitgeber im Land Bremen. Sie übernimmt staatliche und kommunale Aufgaben und bietet interessante und herausfordernde Tätigkeiten in vielfältigen Arbeitsbereichen.

Angesichts des demografischen Wandels, der Altersstruktur des bremischen öffentlichen Dienstes und des hieraus resultierenden Personalbedarfs gewinnen die Personalrekrutierung sowie die MitarbeiterInnenbindung von qualifizierten Fach- und Nachwuchskräften auch für die Freie Hansestadt Bremen immer mehr an Bedeutung.

Um die Vorzüge des bremischen öffentlichen Dienstes als Arbeitgeber moderner und authentisch herauszustellen, wurde beim/bei der SenatorIn für Finanzen die Leitstelle Arbeitgeberattraktivität neu eingerichtet. Ziel ist es, mittels professioneller einheitlicher Medienauftritte, der Ausweitung kommunikationspolitischer Maßnahmen sowie der Umsetzung personalpolitischer Maßnahmen die Freie Hansestadt Bremen noch deutlicher als glaubwürdigen, sympathischen und attraktiven Arbeitgeber nach innen und außen zu positionieren.

13.4.2 Was macht die FHB zu einem attraktiven Arbeitgeber? Entwicklung der Arbeitgebermarke

In einer umfassenden Primär- und Sekundäranalyse wurde zunächst untersucht, welche Faktoren die Freie Hansestadt Bremen zu einem attraktiven Arbeitgeber machen.

Wenn es darum geht, die Wünsche und positiven Eigenschaften zu erfragen, die einen Arbeitgeber attraktiv wirken lassen, werden in den Untersuchungen in aller Regel Studierende und AbsolventInnen befragt. Aus Sicht der Gewinnung von Nachwuchskräften ist es wichtig zu wissen, welche Treiber der Arbeitgeberattraktivität für BerufseinsteigerInnen der sog. Generation Y und Z relevant sind und wie sie den öffentlichen Dienst sehen. Dabei ist zu berücksichtigen, dass im bremischen öffentlichen Dienst nicht nur HochschulabsolventInnen eingestellt werden und die Interessen der Beschäftigten möglicherweise divergieren.

Stellvertretend für diverse Studien zu diesem Thema werden die Ergebnisse des Beratungsunternehmens next:public aus dem »Nachwuchsbarometer Öffentlicher Dienst 2019« dargestellt. In dieser Studie werden Studierende aller Fachrichtungen online explizit zum öffentlichen Dienst als Arbeitgeber befragt. Sehr wichtig bzw. wichtig sind den TeilnehmerInnen der Studie vor allem

- Arbeitsplatzsicherheit,
- eine gute leistungsgerechte Bezahlung,
- eine flexible Arbeitszeitgestaltung,
- Work-Life-Balance,
- individuelle Weiterbildungsmaßnahmen,
- die Aussicht auf eine Führungsposition bzw. -verantwortung,
- abwechslungsreiche Tätigkeiten mit hohen Freiheitsgraden sowie
- die Bereitstellung notwendiger Ressourcen insbesondere in Bezug auf die IT-Ausstattung.

Während der Erfüllungsgrad des öffentlichen Dienstes bei der Arbeitsplatzsicherheit, bei der flexiblen Arbeitszeitgestaltung und der Work-Life-Balance als recht hoch angenommen wird, fällt die Beurteilung der leistungsgerechten Bezahlung, abwechslungsreicher Tätigkeiten und der modernen IT-Ausstattung seitens der Studierenden negativer aus (vgl. next:Public, 2019).

Die meisten Online-Umfragen belegen, dass ein attraktives Arbeitsumfeld und ein ausgeglichenes Arbeits- und Privatleben einen hohen Stellenwert in der Generation Y genießen. Neben einer guten Arbeitsatmosphäre, die gekennzeichnet ist durch Kollegialität und eine positive Führungskultur, stellen Faktoren wie Work-Life-Balance, Arbeitsplatzsicherheit, vielfältige und interessante Aufgaben, persönliche Entwicklungsmöglichkeiten und Aufstiegschancen, die Vereinbarkeit von Beruf und Familie sowie ein gutes Einkommen die Treiber der Arbeitgeberattraktivität dar (vgl. Berufsstart, S. 39; vgl. universum, 2018, S. 4; vgl. auch universum Student Survey 2016 oder Lake, S., 201, S. 33; vgl. Ernst & Young, Juli 2018, S. 7).

Während sich die Umfragen unter Studierenden und Young Professionals zum einen auf eine sehr begrenzte Zielgruppe und zum anderen sehr stark auf das Arbeitgeberimage beziehen, ist es wichtig zu wissen, was sich Beschäftigte wünschen, die bereits im bremischen öffentlichen Dienst tätig sind. Dieses ist vor allem wichtig für die MitarbeiterInnenbindung, aber auch insofern von Bedeutung, dass die Beschäftigten ein bestimmtes Bild nach außen tragen.

Welche Werte und welche Motivationen haben die Beschäftigten des öffentlichen Dienstes in Bremen? Was macht den Arbeitgeber Freie Hansestadt Bremen (FHB) attraktiv? Wie zufrieden sind die Beschäftigten? Diese Fragen hat die FHB in einer großen Beschäftigtenbefragung 2014 mit dem Titel »Der öffentliche Dienst im Umbruch? Selbstverständnis öffentlich Beschäftigter und Arbeitgeberbild. Das Beispiel der Freien Hansestadt Bremen« (vgl. Universität Bremen, 2015) ihren Beschäftigten gestellt. Besonders wichtig sind den Beschäftigten ein **gutes Arbeitsklima/Kollegialität, Arbeitsplatzsicherheit, interessante Tätigkeiten, Chancengleichheit und die Vereinbarkeit von Beruf und Familie** (vgl. Universität Bremen, 2015, S. 75). Diese arbeitsorientierten Werte sind für die überwiegende Zahl der Beschäftigten vorhanden, so dass 85 % der Beschäftigten der Aussage eher/weitgehend bzw. vollkommen zustimmen, mit ihrer beruflichen Tätigkeit sehr zufrieden zu sein (vgl. Universität Bremen, 2015, S. 63). Außerdem zeichnen sich die Beschäftigten durch eine hohe Identifikation mit ihrer Arbeit aus (Universität Bremen, 2015, S. 29). Neben einem guten Arbeitsklima ist den Beschäftigten auch die **Wertschätzung und Anerkennung durch die Führung bzw. Vorgesetzte, ein hohes Qualitätsbewusstsein, die Einhaltung fachlicher Standards und eine professionelle Aufgabenerledigung, die Beteiligung und Förderung der Beschäftigten sowie eine gute Zusammenarbeit mit anderen Organisationseinheiten** von sehr hoher Bedeutung (Universität, 2015, S. 28).

- Die Ergebnisse verschiedener Umfragen und Workshops sowie die Literaturanalyse zeigen, dass die Stärken des bremischen öffentlichen Dienstes als Arbeitgeber vorrangig in den Feldern gesellschaftliche Relevanz und Gemeinwohlorientierung, Arbeitsplatzsicherheit, einer Reihe vielfältiger interessanter und herausfordernder Tätigkeiten sowie Work-Life-Balance/Familienfreundlichkeit liegen.
- Als ausbaufähig werden dagegen persönliche Entwicklungsmöglichkeiten und zum Teil auch die Einkommenshöhe gesehen. Außerdem werden zu langsame und starre Entscheidungswege und wenig kreative Lösungsfindungen kritisiert, andererseits aber die große Selbstständigkeit und die Freiheit bei der Ausübung der Tätigkeiten hervorgehoben. Verbesserungsmöglichkeiten werden darüber hinaus bei der technologischen Infrastruktur wie bspw. der Ausstattung mit Handys, Notebooks, Tablets etc. oder auch bei Gebäuden und der Büroausstattung genannt.

Wenngleich es von großer Bedeutung ist, für die Erarbeitung einer Arbeitgeberpositionierung die Stärken des bremischen öffentlichen Dienstes hervorzuheben und im Rahmen der Möglichkeiten an den Schwächen zu arbeiten, beeinflussen diese Attraktivitätsfaktoren im Wesentlichen rationale, nicht emotionale Entscheidungen für einen Arbeitgeber. Was einen Arbeitgeber erst einzigartig macht, ist die Organisationskultur, die sich in formellen und sichtbaren sowie informellen, unsichtbaren Merkmalen, Werten, Regeln, Ritualen, Vorbilder, Umgangsformen etc. manifestiert (vgl. auch Kriegler, W. R. 2015, S. 124, 127).

Die Organisationskultur ist der Schlüsselfaktor und die Ausarbeitung des Alleinstellungsmerkmals (Employer Value Proposition – EVP) ist das Herzstück der Strategie beim Aufbau einer Arbeitgebermarke. Was sind Identifikationsfaktoren? Was zeichnet die Freie Hansestadt Bremen als Arbeitgeber gegenüber anderen Arbeitgebern aus?

Im Rahmen diverser Gespräche mit Fokusgruppen, Diskussionsrunden und Workshops mit Beschäftigten, der Interessenvertretungen und des Innovationszirkels Junge Verwaltung und nicht zuletzt auf Basis der Ergebnisse der Beschäftigtenbefragung (vgl. Universität Bremen, 2015) wurde ein umfassendes Bild des Arbeitgebers Freie Hansestadt Bremen beschrieben.

Die Beschäftigten der bremischen Verwaltung – genauso wie die bremische Gesellschaft – zeichnen sich durch eine große Solidarität mit ihren Mitmenschen aus. Aus der Beschäftigtenbefragung wird deutlich, dass Gemeinwohlorientierung und soziales Mitgefühl Motivationsfaktoren sind, im bremischen öffentlichen Dienst für die BürgerInnen des Landes Bremen zu arbeiten. Themen wie Chancengleichheit, Vielfalt oder Inklusion genießen in Bremen einen sehr hohen Stellenwert.

Aus der bereits zitierten Beschäftigtenbefragung wird deutlich, dass sich die Beschäftigten des bremischen öffentlichen Dienstes größtenteils sehr stark mit ihrer Arbeit identifizieren und das kollegiale Miteinander ihnen sehr wichtig ist. Darüber hinaus sind sie sich ihrer guten Leistungen bewusst und treten diesbezüglich sehr selbstbewusst auf. Des Weiteren sind den Beschäftigten Werte wie Fairness, Leistungsgerechtigkeit und Verlässlichkeit den BürgerInnen gegenüber sehr wichtig (vgl. auch Universität Bremen, 2015, S. 103, 104).

Typisch ist weiterhin eine weltoffene, freundliche und bunte, vielfältige Gesellschaft in einem toleranten Umfeld. Aufgrund der jahrhundertealten Handelstradition, der Häfen und vieler internationaler Kontakte zeichnet sich Bremen als weltoffenes und international gut vernetztes Bundesland aus. Themen wie die interkulturelle Öffnung des öffentlichen Dienstes oder Diversity Management spielen insofern eine wichtige Rolle in der Bremer Verwaltung.

Vielfältig sind allerdings nicht nur die bremische Gesellschaft und die bremische Beschäftigtenstruktur, sondern auch die Ausbildungsmöglichkeiten, die abwechslungsreichen Tätigkeiten und Einsatzbereiche sowie die Möglichkeiten des Jobwechsels innerhalb der bremischen Landesverwaltung. Mittlerweile werden im bremischen öffentlichen Dienst rund 40 verschiedene Ausbildungsberufe und verschiedene Studiengänge angeboten. Seit einigen Jahren wird auch die Beschäftigtenstruktur der Nachwuchskräfte immer vielfältiger. So finden sich gerade auch unter den Nachwuchskräften nicht nur SchulabgängerInnen, sondern auch einige berufserfahrene Beschäftigte. Insbesondere für das Recruiting ist es von Bedeutung, dass diese unterschiedlichen Zielgruppen definiert und gezielt angesprochen werden.

Darüber hinaus ist Bremen das kleinste Bundesland der Bundesrepublik Deutschland, welches dabei sehr stolz und bedacht auf seine Eigenständigkeit ist. Bremen ist die grünste und laut Fahrradklimatest 2018 des ADFC die fahrradfreundlichste Großstadt und die Stadt bzw. das Bundesland mit den kurzen Wegen. Politik, Verwaltung, Wirtschaft und Bürgertum sind eng miteinander vernetzt. Zudem ist Bremen eine Hansestadt mit vielfältigen Kontakten sowohl nach Berlin als auch in den Rest der Welt. Aufgabe der Beschäftigten des bremischen öffentlichen Dienstes ist die praktische Umsetzung der Landes- und kommunalpolitischen Beschlüsse sowie der gesetzlichen Grundlagen und Regelungen in den verantwortlichen senatorischen Behörden und zugeordneten Dienststellen Bremens und Bremerhavens.

Die Beschäftigten der Freien Hansestadt Bremen arbeiten gemeinschaftlich für eine solidarische Gesellschaft in dem kleinen vielfältigen Bundesland Bremen. Interessierte und BewerberInnen werden auf dem Karriereportal des Landes Bremen insofern herzlich aufgefordert: »**Seien Sie der Schlüssel und leisten Sie gemeinsam mit uns einen Beitrag zum Zusammenleben in Bremen**!«

Während die Auszubildenden seit einigen Jahren im Rahmen der Kampagne »Du bist der Schlüssel« umworben werden, wurde im Rahmen des Aufbaus des Karriereportals für die Ansprache potenzieller Beschäftigter der Claim »Mach Bremen zu deinem Beruf« entwickelt.

Die Beschäftigten, die Bremen bereits zu ihrem Beruf gemacht haben, werden – in Anlehnung an die oben aufgeführten grundlegenden Werte des Arbeitgebers Freie Hansestadt Bremen – mit folgendem Claim angesprochen: »Wir für Bremen: vielfältig – stark – gemeinsam.«

13.4.3 Maßnahmenplanung – interne und externe Kommunikation

Nach der Analyse der Attraktivitätsfaktoren und der Entwicklung der Claims geht es im nächsten Schritt um die Entwicklung, Implementierung und operative Umsetzung der Arbeitgebermarke.

Die Kommunikation der Arbeitgebermarke muss Eingang in sämtliche Geschäftsprozesse der Organisation finden, d. h. vor allem bei der Personalgewinnung und -rekrutierung, der Personalentwicklung und bei Maßnahmen zur emotionalen Beschäftigtenbindung.

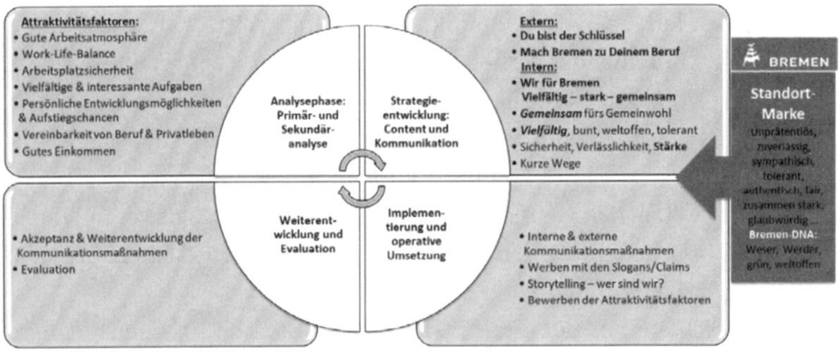

Prozessmodell – Entwicklung der Arbeitgebermarke.

Die Ansprache externer BewerberInnen und InteressentInnen erfolgt über das Karriereportal der FHB. Seit April 2019 werden über das Karriereportal www.karriere.bremen.de (*s. auch Kap. 13.5*) alle Stellenangebote, Ausbildungsmöglichkeiten, Studiengänge, Praktika und Werksstudententätigkeiten online publiziert. Zudem finden sich unter dem Menüpunkt »Meine Arbeitgeberin« diverse Teaser, die die Arbeitgeberpositionierung in Bezug auf Werte, Ziele und Kultur der FHB als Arbeitgeber verdeutlichen. Darüber hinaus gibt es die Möglichkeit, sich über das Leben in Bremen und die Bremen-DNA zu informieren.

In Verbindung mit dem Claim »Mach Bremen zu Deinem Beruf« wird das Karriereportal bspw. in Anzeigen verschiedener Tageszeitungen, auf Citylight- und Großflächenplakaten, Postkarten, auf Bannern anderer Onlineportale und mittels Straßenbahnwerbung erfolgreich beworben.

Auszubildende und Nachwuchskräfte werden über die Kampagne »Du bist der Schlüssel« angesprochen. Neben den gängigen Printmedien wie Plakaten, Flyern in verschiedenen Sprachen und bspw. Edgar Cards wird zeitweise auch auf Straßenbahnen, im Radio oder im Kino geworben. Darüber hinaus wird der direkte Kontakt zu interessierten Personen auf Job- und Ausbildungsmessen, auf Schulveranstaltungen und auf öffentlichen Veranstaltungen wie Stadtteilfesten etc. gesucht.

Neben der externen Kommunikation ist die Kommunikation der Arbeitgebermarke nach innen von großer Bedeutung. Damit das Arbeitgeberbild sich in der Organisation verankern kann, muss es eine (Arbeitgeber-)Identität beschreiben, welche von den Beschäftigten geteilt wird, auch wenn sie vielleicht bisher keine klaren Begriffe oder kein einheitliches Statement dafür hatten. Dabei ist von besonderer Bedeutung, dass das Bild authentisch ist, so dass es auch von den Beschäftigten glaubhaft nach außen getragen werden kann. Letztlich sind die eigenen Beschäftigten, die für ihren Arbeitgeber werben und diesen an FreundInnen, Familienmitglieder und Bekannte weiterempfehlen, die beste Werbung für den Arbeitgeber Freie Hansestadt Bremen. Eine weitere Zielsetzung liegt darin, dass sich die Beschäftigten mit dem Arbeitgeberbild auseinandersetzen und über diese Auseinandersetzung ein Wir-Gefühl innerhalb der Organisation erzeugt werden kann.

Dabei ist von großer Bedeutung, dass das Arbeitgeberbild nicht einfach den Beschäftigten und Führungskräften verkündet wird, sondern das Bild des vielfältigen, starken, solidarischen und verlässlichen Arbeitgebers Freie Hansestadt Bremen gezielt mit Sinn und Gefühlen aufgeladen wird. Hierzu eignen sich Bilder, kleine Filme über Beschäftigte, gemeinsame sportliche oder soziale Aktivitäten und konkrete Berichterstattung über die Arbeitswirklichkeit der KollegInnen. Eine der wesentlichen zukünftigen Aufgaben liegt in dem Storytelling.

Die neu formierte Leitstelle Arbeitgeberattraktivität soll dabei nach innen und außen Rekrutierungsmaßnahmen und Öffentlichkeitsarbeit vereinen, die strategische Positionierung der Arbeitgebermarke FHB zum Ziel haben und als zentrales Bindeglied der dezentralen Einheiten fungieren. Hier sollen Informationen und Bedarfe zusammenfließen, um die einzelnen Kanäle bespielen zu können.

Ein besonderes Augenmerk wird dabei auf dem zukünftigen Einsatz sozialer Medien liegen. Maßgeblich wird hierbei der Aufbau einer Redaktion sein, die die kontinuierliche Berichterstattung über Aktivitäten, Events und Storys sowie Pflege und Aktualisierung der medialen Auftritte übernimmt.

Während der Schwerpunkt der Leitstelle Arbeitgeberattraktivität auf der medialen Darstellung des Arbeitgebers FHB liegt, obliegt es weiterhin den verantwortlichen Beschäftigten in der Linienorganisation, personalpolitische Maßnahmen zur Verbesserung der Arbeitgeberattraktivität umzusetzen.

13.5 Karriereportal der FHB

Angesichts des demografischen Wandels, der Altersstruktur im öffentlichen Dienst und dem daraus folgenden Personalbedarf gewinnt die Rekrutierung von und der Wettbewerb um qualifizierte Fachkräfte für den bremischen öffentlichen Dienst immer mehr an Bedeutung. Im Gegensatz zu den 1990er-Jahren hat sich der Arbeitsmarkt von einem Arbeitgeber- zu einem Arbeitnehmermarkt gewandelt.

In diesem Zusammenhang stellen sich die potenziellen MitarbeiterInnen die Frage, welcher/welche ArbeitgeberIn passt zu mir und vermittelt den Eindruck von Weiterentwicklungs- und Entfaltungsmöglichkeiten? Um diese sowie weitere Fragestellungen beantworten zu können, hat sich die FHB Ende des Jahres 2017 dazu entschieden, ein Karriereportal zu entwickeln, welches die Vorzüge der öffentlichen Arbeitgeberin »FHB« zielgruppengerecht herausarbeitet und vakante Stellen mit der Möglichkeit der direkten Onlinebewerbung ausweist. Karriereportale gewinnen im Kontext der Arbeitgeberattraktivität immer mehr an Relevanz, denn wer eine Anstellung sucht, sucht diese heutzutage in der Regel online. Hierbei geht es nicht mehr ausschließlich um das Veröffentlichen von Stellenangeboten, sondern vielmehr um den ersten Eindruck des/der ArbeitgeberIn, der durch die Onlinepräsenz vermittelt wird.

Zum damaligen Zeitpunkt verfügte die FHB als ArbeitgeberIn über Onlineauftritte der jeweiligen Dienststellen sowie über die Portale stellen.bremen.de und ausbildung.bremen.de, nicht jedoch über ein Portal, auf welchem sich die FHB als am Gemeinwohl orientierter, öffentlicher Arbeitgeber zielgruppenadäquat präsentieren und Karriere- und Onlinebewerbungsmöglichkeiten gebündelt bieten konnte.

Gemeinsam mit einer bremischen Agentur erfolgte mit Kick-Off im April 2018 die konzeptionelle Entwicklung des Designs, der Inhalte sowie der Nutzerführung. Die Erstellung der Texte sowie die technische Umsetzung der Inhalte in dem Content Management System KoGIS erfolgte durch das Projektteam der FHB selbst. Parallel erfolgte die Vorbereitung der Marketingaktivitäten für das Karriereportal. Hierfür wie auch für die Homepage selbst wurde ein aufwändiges Fotoshooting für die Bereiche der allgemeinen Verwaltung, der KiTA, dem Aus- und Fortbildungszentrum sowie für Polizei und Feuerwehr organisiert. Alle entstandenen Bildmaterialien sind das Ergebnis der engagierten MitarbeiterInnen der FHB, die sich für dieses Shooting zur Verfügung gestellt haben. Ziel war es, die unterschiedlichen Bereiche möglichst authentisch darzustellen, weswegen nicht auf frei zugängliches oder am Markt verkäufliches Bildmaterial zurückgegriffen wurde.

Seit April 2019 ist das neue Karriereportal der Freien Hansestadt Bremen nun online. Unter karriere.bremen.de sind alle Stellenausschreibungen, Ausbildungsangebote, Praktika, duale Studiengänge und Werkstudententätigkeiten zu finden.

Unter dem Motto »Mach Bremen zu deinem Beruf« und »Du bist der Schlüssel« finden sich umfangreiche Informationen zu Ausbildungs- und Studiengängen sowie zu der Arbeitgeberin FHB. Hier wird über die Ressorts und die Tätigkeitsbereiche im öffentlichen Dienst Bremens mit all ihren Facetten, Werten und Angeboten aus den unterschiedlichsten Bereichen informiert.

Schließlich hat die FHB neben krisensicheren und sinnhaften Arbeitsplätzen deutlich mehr zu bieten. Angefangen bei Angeboten rund um das Gesundheitsmanagement, Work-Life-Balance, Projekt- und Veränderungsmanagement hin zu zahlreichen Fortbildungs- und Personalentwicklungsmöglichkeiten – der öffentliche Dienst in Bremen kann möglicherweise aus finanzieller Sicht nicht immer mit der Wirtschaft Schritt halten, punktet jedoch in anderen Bereichen. Besonders spezielle Fachkräfte wie ITlerInnen, ÄrztInnen und IngenieurInnen erhalten in der Wirtschaft höhere Gehälter, müssen aber gleichzeitig oftmals auf weiche Faktoren wie Teilzeitmöglichkeiten oder Sabbaticals verzichten.

Um keine interessante Ausschreibung mehr zu verpassen, haben BewerberInnen nun die Möglichkeit, mittels eines Konfigurators das optimale Jobangebot – zugeschnitten auf die persönlichen Präferenzen – zu finden und Stellenausschreibungen als PDF-Dokument herunterzuladen.

Ist das passende Angebot dabei, so können sich die BewerberInnen direkt online bewerben und neben Angaben zur Person, Abschlüssen oder dem frühestmöglichen Einstiegsdatum ihre Bewerbungsunterlagen hochladen. Der Versand erfolgt verschlüsselt – direkt in das Personalbüro der ausschreibenden Stelle.

Neben der Onlinebewerbungsfunktion bietet das Portal zusätzliche Funktionen, wie bspw. einen Jobcounter, Newsletter-Abonnements und einen Bereich für Menschen mit Schwerbehinderung.

Neu ist auch die Einbindung von Informationen über Bremen. Potenzielle BewerberInnen, insbesondere diejenigen, die Bremen noch nicht kennen, erhalten in dem Bereich »Leben in Bremen« einen Eindruck des hanseatischen Flairs und der DNA unserer Stadt. Neben vielen Sehenswürdigkeiten und Shoppingmöglichkeiten bietet Bremen eine jahrhundertalte Geschichte, die es in vielen Ecken der Stadt zu entdecken gilt. Hierdurch sollen Personalrecruiting-Maßnahmen mit einem Standortmarketing verbunden werden, denn: Bremen ist schön, vielfältig und weltoffen – genauso wie die »Arbeitgeberin FHB«.

In dem Jahr 2019 konnte das Karriereportal seit der Onlineschaltung im April über 1,7 Millionen Seitenaufrufe und rund 370.000 Besuche verzeichnen. Alleine in den ersten Monaten 2020 (Januar bis Mai) haben bereits 263.600 potenzielle BewerberInnen und Interessierte das Portal aufgerufen. Seitenansichten wurden in Höhe von über einer Million verzeichnet.

Dies liegt nicht zuletzt an den gewählten Marketingaktivitäten, durch die diverse Kanäle bespielt wurden, um so eine möglichst hohe Reichweite zu generieren.

Neben einer klassischen Anzeigenschaltung in der Tageszeitung waren in der Kampagnenplanung Citylight- und Großflächenplakate, Postkarten und Memosticks mit VR-Code, klickbare Banner auf anderen Onlineportalen sowie die Straßenbahnwerbung im Portfolio enthalten. Unter dem Claim »Mach Bremen zu Deinem Beruf – Steig ein – Klick Mein Start unter karriere.bremen.de« fährt eine Straßenbahn durch Bremen und wirbt für eine Ausbildung oder ein duales Studium im öffentlichen Dienst und das Karriereportal.

Eine weitere Besonderheit ist, dass sich hier nicht nur die Ausschreibungen der FHB finden lassen, sondern auch die der Umlandgemeinden. Durch eine Kooperation der Nord-West-Region sollen Synergien geschaffen werden, um dem voranschreitenden Fachkräftemangel im öffentlichen Dienst gemeinsam entgegenwirken zu können.

13.6 Diversity in der Bremer Verwaltung

Diversität bedeutet Verschiedenheit und ist gesellschaftliche Realität. Egal ob Lebensalter, Geschlecht oder geschlechtliche Identität, sexuelle Orientierung, geistige und körperliche Fähigkeiten oder Einschränkungen, ethnische Selbstbezeichnung, Religion, Weltanschauung sowie soziale Herkunft – die Gesellschaft ist vielfältig und bildet sich in all diesen Merkmalen sehr verschieden und individuell ab. Die Zugehörigkeiten zu den genannten Merkmalsgruppen sind relevant, weil mit ihnen häufig Wertungen verbunden sind und Menschen aufgrund von (zugeschriebenen) Eigenschaften und Zugehörigkeiten ausgeschlossen und/oder benachteiligt werden. Der öffentliche Dienst steht in besonderer Verantwortung, gegen ungerechtfertigte Benachteiligung von Menschen aufgrund bestimmter Merkmale vorzugehen. Es ist daher notwendig, Diversity-Management-Prozesse anzustoßen, ohne eine Stereotypisierung zu begünstigen. Es ergeben sich zudem konkrete Vorteile durch Diversity Management, sowohl in der eigenen Arbeit als auch in der Qualität von Dienstleistungen für die BürgerInnen.

Die Umsetzung des Diversity-Managements und damit auch die interkulturelle Öffnung der Verwaltung wird in der bremischen Verwaltung seit vielen Jahren erfolgreich verfolgt und kontinuierlich weiterentwickelt. Mit einem umfassenden Diversity-Management nimmt der bremische öffentliche Dienst nicht nur eine Vorbildfunktion wahr, sondern steigert gleichzeitig seine Attraktivität als Arbeitgeber nach außen, bei der Personalgewinnung, und nach innen, um das Personal zu binden.

Die Steigerung der Diversität der Beschäftigten war und ist ein zentrales Anliegen des Personalmanagements der FHB. Damit wird das Ziel verfolgt, die gesellschaftliche Vielfalt in allen Bereichen der öffentlichen Verwaltung widerzuspiegeln.

Mit dem Karriereportal, das im April 2019 freigeschaltet wurde, ist eine Möglichkeit geschaffen worden, Menschen mit diversen Merkmalen gezielt anzusprechen und sie zu ermutigen, sich auf eine Arbeitsstelle in der FHB zu bewerben.

Diversity-Management richtet seinen Fokus auch nach außen, auf die BürgerInnen. Ein Anfang 2020 neu eingerichtetes Kompetenzteam »BürgerInnenservice und Kommunikation« am Aus- und Fortbildungszentrum der Freien Hansestadt Bremen (AFZ) hat das Ziel, einen effizienten nutzerInnenorientierten und qualitativen BürgerInnenservice zu fördern.

Dabei werden die unterschiedlichsten Zielgruppen, insbesondere auch Menschen mit einer Migrationsbiografie, berücksichtigt

In dem strategischen Personalmanagement-Konzept »Personal 2025« des Senators für Finanzen wird die Erstellung eines Diversity-Konzepts für die Freie Hansestadt Bremen als ein zentraler Arbeitsschwerpunkt formuliert. Mit dem Konzept sollen ein gemeinsames Verständnis von Diversity entwickelt, Grundsätze formuliert und konkrete Maßnahmen beschrieben werden. Dieses Konzept wird im Laufe des Jahres 2020 fertig gestellt. Nach der Verabschiedung durch den Senat kann mit der konkreten Umsetzung der im Konzept beschriebenen Maßnahmen begonnen werden.

Auch zukünftig werden daher Strukturen, Maßnahmen und Angebote des Personalmanagements daraufhin überprüft, ob diese auf die Vielfalt und Chancengerechtigkeit des bestehenden (und neu zu gewinnenden) Personals ausgerichtet sind. Der Schutz vor Diskriminierung im Sinne des Allgemeinen Gleichbehandlungsgesetzes (AGG) ist dabei grundlegend.

13.7 Qualifizierung für die bremische Verwaltung

Ohne kompetente MitarbeiterInnen ist gute öffentliche Verwaltung nicht vorstellbar. Das gilt hinsichtlich fachlicher Qualität, Effektivität und Effizienz des Verwaltungshandelns, aber auch hinsichtlich BürgerInnen-freundlichem, demokratischem, nachhaltigem, sozial- und rechtstaatlichem Handeln. Die senatorischen Behörden sind auf sie ebenso angewiesen wie die Ämter, mit denen die BürgerInnen den meisten Kontakt haben, und auch die Eigenbetriebe, Gesellschaften und andere Einrichtungen, die zur bremischen Verwaltung gehören. – Gutes Personal fällt nicht vom Himmel, erst recht nicht, wenn der Arbeitsmarkt mehr und mehr vom Fachkräftemangel geprägt ist. Menschen müssen für den öffentlichen Dienst gewonnen, in der Regel ausgebildet, u. a. durch attraktive Aufstiegschancen gehalten und weiterqualifiziert werden. Die Leistungsfähigkeit der Verwaltung auch in Bremen hängt also in hohem Maße von Quantität, Qualität und Attraktivität der Aus- und Fortbildung ab.

Viele MitarbeiterInnen üben **spezialisierte Tätigkeiten** in besonderen Berufen aus – vom Gesundheitswesen über die soziale Arbeit, Schulen und Hochschulen, die Finanzämter bis zu Polizei, Feuerwehr und Justiz. Die Grundlagen für ihre Expertise eignen sie sich in der Regel über spezielle Ausbildungsgänge an – schulische und berufliche Ausbildungsgänge, Beamtenausbildungen, Studium, Referendariat … Z. T. sind das sog. *öffentliche* Ausbildungen, die im Prinzip allen offenstehen und nach deren erfolgreichem Abschluss Menschen sich um Ämter und Jobs in der Verwaltung bewerben können. Teilweise handelt es sich aber auch um sog. *interne* Ausbildungen, bei denen die Personalauswahl im Prinzip bereits vor der Ausbildung stattfindet und die erfolgreichen AbsolventInnen danach übernommen werden; das ist in der Regel dann der Fall, wenn Ausbildungen so speziell auf den öffentlichen Dienst ausgerichtet sind, dass im Anschluss Beschäftigungen bei anderen Arbeitgebern die Ausnahme sind, etwa bei der Polizei, der Feuerwehr, beim Justizvollzug.)

Daneben gibt es MitarbeiterInnen, deren Expertise zu Beginn ihrer Berufsbiografie nicht im Speziellen liegt, sondern die über eine generelle Verwaltungskompetenz verfügen, sog. **VerwaltungsgeneralistInnen**. Sie durchlaufen grundständige Verwaltungsausbildungen, die sie befähigen sollen, sowohl *nach außen* gegenüber BürgerInnen, Wirtschaft und Gesellschaft zu wirken, z. B. in der Sachbearbeitung und im BürgerInnenservice, als auch *nach innerhalb* tätig zu sein – z. B. im Finanzmanagement, im Organisations- und Personalmanagement oder bei der Digitalisierung der Verwaltung. – Auch für sie gibt es verschiedene Ausbildungswege: klassische Beamtenausbildungen, duale Berufsausbildungen, verwaltungsbezogene Bachelor- und Masterstudiengänge oder auch duale Ausbildungen, die entweder Studien- und Berufsbildungsabschluss oder Studienabschluss und (Beamten-) Laufbahnbefähigung kombinieren. Nicht zu vergessen nach wie vor die JuristInnenausbildung, die nach erstem und zweitem Staatsexamen zu höherem Verwaltungsdienst befähigt. – Neben diesen typischen *Erstausbildungen* gewinnen *berufliche Weiterbildungs- und Aufstiegsabschlüsse* zunehmend an Bedeutung: Berufsabschlüsse für QuereinsteigerInnen und UmschülerInnen, berufsbegleitender Aufstieg auf die FachwirtIn-/Bachelor Professional-Ebene oder berufsbegleitende Masterabschlüsse … Auf die Beamtenverhältnisse übertragen sind dies die Laufbahnaufstiege.

Die Situation ist somit etwas unübersichtlich. Bei der folgenden Darstellung wollen wir uns auf die Ausbildungen konzentrieren, für die die bremische Verwaltung eigene Ausbildungseinrichtungen vorhält.

13.7.1 Verwaltungsausbildung in Bremen

Beginnen wir bei der **GeneralistInnen-Ausbildung für die allgemeine Verwaltung**. Sie findet in Bremen auf zwei Ebenen statt:

- Auf der mittleren Funktionsebene (Niveau 4 des Deutschen Qualifikationsrahmens [DQR]) bildet Bremen in dem dreijährigen **dualen Ausbildungsberuf Verwaltungsfachangestellte (VFA)** aus. Im Gegensatz zu anderen Bundesländern verzichtet Bremen darauf, parallel BeamtInnen für den ehemaligen mittleren Dienst (Laufbahngruppe 1, 2. Einstiegsamt) auszubilden. Stattdessen werden die VFA so qualifiziert, dass ihre Ausbildung als Zusatzqualifikation die entsprechende Beamten-Laufbahnbefähigung beinhaltet und die AbsolventInnen nach der Ausbildung bei Bedarf verbeamtet werden können – ein »Bremer Modell«, das in der Bundesrepublik bisher einmalig ist, vom Bundesinstitut für Berufsbildung aber als vorbildlich empfohlen wird. Verwaltungsfachangestellte erwerben mit ihrem Abschluss zugleich eine je nach Bundesland eingeschränkte Hochschulzugangsberechtigung und können im Anschluss grundsätzlich über eine staatlich geprüfte Aufstiegsfortbildung **Verwaltungsfachwirte** werden (DQR 6,

anerkannt als Bachelor Professional und mit dem akademischen Bachelor-Abschluss gleichgestellt).
Die Bremer VFA-Ausbildung ist eine sog. Verbundausbildung, die im praktischen Teil nicht nur in einer einzigen Dienststelle stattfindet. Die Auszubildenden durchlaufen vielmehr verschiedene, idealtypisch einem standardisierten Ablaufmodell folgenden Ausbildungsstationen in der bremischen Verwaltung, im Einzelfall auch in einer niedersächsischen Nachbargemeinde oder in der Privatwirtschaft. Als Ausbildende fungiert dabei für den Senat das **Aus- und Fortbildungszentrum für den bremischen öffentlichen Dienst (AFZ)**, das somit auch verantwortlich ist für den *praktischen Teil* der dualen Ausbildung. Die *theoretische Ausbildung* findet an der **Verwaltungsschule der Freien Hansestadt Bremen** statt, die auch die Aufstiegslehrgänge (Verwaltungsfachwirte/Laufbahnaufstieg Gruppe 2, 1. Einstiegsamt) durchführt. Die Verwaltungsschule – auch das eine Sondersituation, die es außer in Bremen nur noch in Hamburg gibt – ist sowohl für den *Berufsschulunterricht* zuständig als auch für die sog. *dienstbegleitende Unterweisung*, eine in der Ausbildungsordnung verbindlich vorgesehene Art überbetrieblicher Ausbildung in Form von zusätzlichem Unterricht. Berufsschulunterricht und dienstbegleitende Unterweisung sind somit bestens aufeinander abgestimmt und unnötige Reibungsverluste zwischen zwei Standorten theoretischer Ausbildung – typischerweise in den Flächenländern neben den Berufsschulen Verwaltungsschulen oder Studieninstitute – können vermieden werden.
Nach dem Berufsbildungsgesetz **Zuständige Stelle** für Berufe der öffentlichen Verwaltung – dazu gehören sowohl die Verwaltungsfachangestellten wie auch die Verwaltungsfachwirte – ist in Bremen der für das ressortübergreifende Personalmanagement und damit u. a. auch die Ausbildung zuständige *Senator für Finanzen* (Referat 33). Er ist damit u. a. für die Prüfungen verantwortlich. Für diesen Bereich wurde, ebenfalls auf der Basis des Berufsbildungsgesetzes, auch ein **Berufsbildungsausschuss** gebildet, in dem paritätisch die Sozialpartner (Arbeitgeber, Arbeitnehmer) und als dritte Bank VertreterInnen der berufsbildenden Schulen vertreten sind und im rechtlich vorgegebenen Rahmen über Grundsatzangelegenheiten der Ausbildung beraten und beschließen.
Die **Stadtgemeinde Bremerhaven** bildet ihre Verwaltungsfachangestellten selbst aus. Sie besuchen die Kaufmännischen Lehranstalten, in Bremerhaven die berufsbildende Schule für Wirtschaft und Verwal-

tung. Der Magistrat organisiert die praktische Ausbildung und führt auch die dienstbegleitende Unterweisung durch.

- Für die gehobene Funktionsebene (DQR 6) bildet Bremen in dem sechssemestrigen **Dualen (Bachelor-) Studiengang »Public Administration« (DSPA)** BeamtenanwärterInnen (VerwaltungsinspektorInnen) aus. Die Dualität dieses Studiums machen zwei Aspekte aus: Die AbsolventInnen erlangen einen Doppelabschluss – einen akademischen Grad (Bachelor of Arts) und die beamtenrechtliche Laufbahnbefähigung (2. Laufbahngruppe, erstes Einstiegsamt) in der Fachrichtung Allgemeine Dienste. Und die Ausbildung hat neben vier theoretischen auch zwei berufspraktische Semester. – Mit dem Abschluss können die AbsolventInnen grundsätzlich ein weiterführendes Masterstudium (Abschluss DQR 7) beginnen.
  Das DSPA-Studium findet in dem gleichnamigen Studiengang in der Fakultät Wirtschaftswissenschaften an der **Hochschule Bremen** statt, die mit der Freien Hansestadt Bremen eine Ausbildungspartnerschaft für die Verwaltungen in Bremen und Bremerhaven eingeht. Die Bremer BewerberInnen, die auch hochschulzugangsberechtigt sein müssen, werden vom **AFZ** ausgewählt und eingestellt. Für Bremerhaven übernimmt dies der **Magistrat**. AFZ bzw. Magistrat organisieren auch die beiden berufspraktischen Semester in Dienststellen der bremischen bzw. der Bremerhavener Verwaltung.
  Die Studierenden stehen als VerwaltungsinspektorInnen-AnwärterInnen im Beamtenverhältnis auf Widerruf und erhalten während des Studiums Anwärterbezüge.
- Keine eigene Erstausbildung wird für die dritte, die ehemals »höhere« Funktionsebene der allgemeinen Verwaltung (Laufbahngruppe 2, 2. Einstiegsamt) vorgehalten. Vielmehr werden **HochschulabsolventInnen mit Masterabschluss (DQR Niveau 7) aus Fachrichtungen mit Verwaltungsbezug** eingestellt (Politik- und Verwaltungswissenschaften, Rechtswissenschaften, Wirtschaftswissenschaften oder auch Informatik) und in der Regel berufsbegleitend in einer einjährigen Einführungsfortbildung mit den Anforderungen der bremischen Verwaltung vertraut gemacht.
  Eine Sonderstellung nimmt dabei nach wie vor die **JuristInnen-Ausbildung** ein. Nach dem Abschluss des universitären Studiums mit dem ersten Staatsexamen findet ein zweijähriger Vorbereitungsdienst **(Rechtsreferendariat)** statt, zu dem obligatorisch auch eine Verwaltungsstation gehört. Das abschließende zweite Staatsexamen beinhal-

tet dann auch die Laufbahnbefähigung. Im Land Bremen ist dafür **der Präsident/die Präsidentin des Hanseatischen Oberlandesgerichtes** zuständig.
Im Weiterbildungsbereich allerdings macht die Freie Hansestadt Bremen ihren Beschäftigten ein Angebot für diese Funktionsebene: Der Senator für Finanzen kooperiert mit der Universität Bremen im **berufsbegleitenden Masterstudiengang »Entscheidungsmanagement« (EMMA)**. Gegenwärtig wird jährlich 15 Beschäftigten über ein Stipendium und anteilige Freistellungen die Teilnahme an diesem weiterbildenden Studium ermöglicht, dessen Abschluss den Zugang zur höheren Funktionsebene beinhaltet.

Neben der generalistischen Ausbildung für den Allgemeinen Verwaltungsdienst existieren zahlreiche **Spezialausbildungen für besondere Fachrichtungen der Verwaltung**, die ebenfalls in eigener Regie des Landes oder der Stadtgemeinden durchgeführt werden. Einige sollen hier besonders erwähnt werden:

- Die **Polizeibehörden Bremen und Bremerhaven** bilden ihre Polizeikommissar-AnwärterInnen im Studiengang Polizeivollzugsdienst an der **Hochschule für Öffentliche Verwaltung (HfÖV)** Bremen aus – ein sechssemestriges Bachelorstudium, in dem theoretische Studieninhalte mit berufspraktischen Ausbildungsinhalten kombiniert sind.
- Die **Feuerwehr Bremen** bildet BrandmeisteranwärterInnen in einer zweijährigen Ausbildung – RettungssanitäterIn-Qualifizierung inklusive – praktisch und theoretisch an der Bremer **Feuerwehrschule** aus.
- Für den allgemeinen **Justizvollzugsdienst** bildet die Bremer **Justizvollzugsanstalt** (JVA) in einem zweijährigen Ausbildungsgang JustizvollzugsobersekretärInnen aus. Die berufspraktische Ausbildung findet auf verschiedenen Stationen in der JVA statt, die theoretische Ausbildung führt die **Verwaltungsschule der Freien Hansestadt Bremen** durch.
- Das **Hanseatische Oberlandesgericht** bildet für die **Geschäftsstellen der Gerichte und der Staatsanwaltschaft Justizfachangestellte** aus. Wie bei den Verwaltungsfachangestellten handelt es sich um eine dreijährige duale Berufsausbildung, die zugleich zum mittleren Justizdienst befähigt. Die praktischen Teile finden an Bremer und Bremerhavener Gerichten statt, während die **Verwaltungsschule** für den Berufsschulunterricht und die dienstbegleitende Unterweisung zuständig ist.

- Für die **Bremer Steuerverwaltung** werden FinanzwirtInnen und Diplom-FinanzwirtInnen ausgebildet. **FinanzwirtIn** ist ein zweijähriger Ausbildungsberuf mit acht Monaten Theorie und 16 Monaten Praxis. **Diplom-FinanzwirtIn** ist ein dreijähriges duales Studium (21 Monate Theorie und 15 Monate Praxis). Für die Theorie ist die **Norddeutsche Akademie für Finanzen und Steuerrecht Hamburg** mit einem Standort in Bremen zuständig, die praktische Ausbildung erfolgt in den **Finanzämtern in Bremen und Bremerhaven**.
- Zunehmend wird Personalbedarf – insbesondere in »Mangelberufen« – über **weitere duale Studienangebote** abgedeckt; damit kann einerseits in gewissem Umfang Einfluss auf die Ausbildungsinhalte, besonders im berufspraktischen Teil, genommen werden und andererseits können Studierende frühzeitig wenigstens für den Beginn ihrer Berufsbiografie gebunden werden. Mit der **Hochschule Bremen** hat die bremische Verwaltung eine Ausbildungspartnerschaft »Soziale Arbeit dual« begonnen, aber auch mit anderen Hochschulen und in anderen Fachbereichen werden duale Studiengänge erprobt (**BauingenieurInnen, Facility-Management, Geo-Informatik, IT-Management** ...). In Kooperation mit den Fachbehörden und dem Senator für Finanzen übernimmt in der Regel das **AFZ** die Aufgaben des Praxis-Partners.
- **LehrerInnen für die Bremer Schulen** werden nach dem ersten Staatsexamen während ihres zweijährigen **Lehramtsreferendariats** am **Landesinstitut für Schule (LIS)** ausgebildet.
- Und nicht zuletzt: Nach dem Fachschul-/Fachhochschulabschluss absolvieren **ErzieherInnen** und **SozialpädagogInnen** ein einjähriges Berufspraktikum (**»Anerkennungsjahr**«), bevor sie die staatliche Anerkennung für ihren Beruf erhalten. Der bremische öffentliche Dienst stellt für diesen Personenkreis Praktikumsplätze überwiegend in Kindertagesstätten und Schulen zur Verfügung. Die Verträge werden mit dem AFZ abgeschlossen.

13.7.2 Ressortübergreifende Ausbildungseinrichtungen

Es gibt in Bremen somit eine Vielzahl von Ausbildungseinrichtungen für die Verwaltung; einige wurden schon genannt ... Viele Ausbildungen finden zudem länderübergreifend in anderen Bundesländern oder beim Bund statt. Neben Universität und Hochschule Bremen sind für die Verwaltung zwei Einrichtungen besonders bedeutsam, weil sie ressortübergreifend tätig sind. Beide sind im Geschäftsbereich des Senators für Finanzen ressortiert, weil er in der Nachfolge der früheren Senatskommission für das Personalwesen für das ressortübergreifende Personalmanagement in Bremen zuständig ist. Sie wurden bereits mehrfach erwähnt und sollen noch etwas näher vorgestellt werden. Es handelt sich um

- **die Verwaltungsschule der Freien Hansestadt Bremen**
- und das **Aus- und Fortbildungszentrum für den bremischen öffentlichen Dienst**.

An der **Hochschule für Öffentliche Verwaltung (HfÖV)**, die ursprünglich auch ressortübergreifend für Verwaltung, Finanzen und Polizei gegründet wurde, ruhen seit vielen Jahren die Studiengänge Allgemeiner Verwaltungsdienst und Steuerverwaltungsdienst, so dass sie im Kern auf die Polizeiausbildung konzentriert ist. Die beiden zusätzlichen HfÖV-Studiengänge »Steuern und Recht« (ein dualer Studiengang in Kooperation mit der Hanseatischen Steuerberaterkammer Bremen) und »Risiko- und Sicherheitsmanagement« (in Kooperation mit der Hochschule Bremerhaven) sind externe Studiengänge.

13.7.2.1 Die Verwaltungsschule

Die Verwaltungsschule ist in Bremen die Berufsschule für Berufe der öffentlichen Verwaltung und hat vier Kernaufgaben:

- Sie ist zuständig für die **schulisch-theoretische Ausbildung in Berufen der allgemeinen Verwaltung und der Justizverwaltung auf der mittleren Funktionsebene**. Für Verwaltungs- und Justizfachangestellte ist sie **Berufsschule** und erteilt die **dienstbegleitende Unterweisung**; Kaufleute für Büromanagement, die in der Verwaltung ausgebildet werden, werden ebenfalls dienstbegleitend unterwiesen, besuchen aber die öffentlichen Regel-Berufsschulen).
- Die Verwaltungsschule verantwortet schulische Teile der **Beamtenausbildung im mittleren Dienst** (zurzeit im Justizvollzug).
- Daneben ist sie an der Ausbildung für den gehobenen allgemeinen Verwaltungsdienst beteiligt, indem sie für die Studierenden die **Theorie-Praxis-Module** im Rahmen des **dualen Studiengangs Public Administration** an der Hochschule Bremen durchführt.
- Schließlich unterstützt die Verwaltungsschule den Senator für Finanzen bei der **Mitarbeiterfortbildung**. Insbesondere führt sie die dienstbegleitenden Fortbildungskurse zur Vorbereitung auf die **Berufsabschluss-**

oder Fortbildungsprüfungen zum/zur Verwaltungsfachangestellten (Laufbahngruppe 1, 2. Einstiegsamt) und zum Verwaltungsfachwirt/zur Verwaltungsfachwirtin (Laufbahngruppe 2, 1. Einstiegsamt) durch. Jüngstes Aufgabengebiet sind die **Einstiegsqualifizierungen für QuereinsteigerInnen in die bremische Verwaltung.**

Exkurs: Die Rechtstellung

Organisationsrechtlich ist die Verwaltungsschule der Freien Hansestadt Bremen eine Schule des Landes und wie alle Schulen eine nicht rechtsfähige Anstalt. Als *Schule der öffentlichen Verwaltung* ist sie gem. § 1 Abs. 1 Bremisches Schulgesetz eine *nicht öffentliche Schule.* Als eine Schule des Landes ist sie jedoch trotzdem Teil des öffentlichen Schulwesens im Sinne von § 2 Bremisches Schulverwaltungsgesetz. Daraus resultiert, dass, soweit nichts anderes bestimmt ist, das bremische Schulrecht, insbesondere die Bestimmungen des Bremischen Schulgesetzes und des Bremischen Schulverwaltungsgesetzes auf die Verwaltungsschule entsprechende Anwendung finden.

Für die verschiedenen Kernaufgaben gelten unterschiedliche Rechtsgrundlagen:

- Soweit fachtheoretische **Ausbildung in öffentlich-rechtlichen Ausbildungsverhältnissen** (Beamtenausbildung) erfolgt, ist die Verwaltungsschule Fach- und **Beamtenschule** und es gelten die einschlägigen beamtenrechtlichen Bestimmungen, insbesondere die jeweiligen Ausbildungs- und Prüfungsordnungen.
- Soweit an der Verwaltungsschule durch Beschluss des Senats **Bildungsgänge für privatrechtliche Ausbildungsberufe des öffentlichen Dienstes** eingerichtet wurden, die nach dem Berufsbildungsgesetz geregelt sind, ist sie **Berufsschule** und es gelten die Bestimmungen für öffentliche Berufsschulen entsprechend, also neben dem Berufsbildungsrecht auch bremisches Schulrecht.
- Außerdem kann die Verwaltungsschule, soweit die jeweiligen Ausbildungsordnungen für nach dem Berufsbildungsgesetz geregelte Ausbildungsberufe des öffentlichen Dienstes diese zur Ergänzung und Vertiefung der Berufsausbildung vorsehen, im Auftrag des für die praktische Ausbildung zuständigen Senators **dienstbegleitende Unterweisung** erteilen.

Die **Schulverwaltung**, insbesondere die **innere Schulverwaltung** (gem. § 2 Abs. 2 Bremisches Schulverwaltungsgesetz alle Maßnahmen, die sich auf die Organisation und die Inhalte des Lehrens und Lernens in der Schule und deren Qualitätssicherung beziehen) obliegt dem Land. Regelmäßig wird sie von der **Senatorin für Bildung** als oberster Landesbehörde wahrgenommen (Abs. 3), für Schulen der öffentlichen Verwaltung jedoch von dem jeweils fachlich zuständigen Senator (Abs. 4). Für die Verwaltungsschule ist das der für das ressortübergreifende Personalmanagement und damit auch für ressortübergreifende Aus- und Fortbildung zuständige **Senator für Finanzen**. Wird an einer Schule der öffentlichen Verwaltung jedoch Berufsschulunterricht für die nach dem Berufsbildungsgesetz geregelten Ausbildungsberufe des öffentlichen Dienstes erteilt, wird die innere Schulverwaltung gem. Satz 3 **gemeinsam** mit der Senatorin für Bildung wahrgenommen; soweit von der Senatorin für Bildung nach Abs. 3 Bestimmungen getroffen werden, die auch für öffentliche Schulen im Sinne des § 1 Abs. 1 des Bremischen Schulgesetzes gelten, nimmt sie die innere Schulverwaltung wiederum allein wahr.

Der Finanzsenator könnte – wohl unter Beteiligung der Bildungssenatorin – eine Verordnung über die Anwendung des Bremischen Schulverwaltungsgesetzes auf die Verwaltungsschule der Freien Hansestadt Bremen zu erlassen; bislang hat er davon jedoch keinen Gebrauch gemacht. Einstweilen hat die Verwaltungsschule ihre Möglichkeit genutzt, sich entsprechend § 23 Abs. 2 Bremisches Schulverwaltungsgesetz selbst eine Satzung zu geben. Sie wurde von der Konferenz der hauptamtlichen Lehrkräfte am 30. April 2002 und von der Schulkonferenz am 12. Juni 2002 jeweils einstimmig beschlossen. Die Satzung regelt in Übereinstimmung mit dem bremischen Schulrecht die (beschränkte) Selbstverwaltung der Schule. Denn als Schule und **nicht-rechtsfähige Anstalt des öffentlichen Rechts** kann und muss die Verwaltungsschule ihren NutzerInnen – SchülerInnen, Arbeitnehmer- und ArbeitgebervertreterInnen – sowie dem Kollegium der Lehrkräfte **Selbstverwaltungsrechte** gewährleisten, die durch Gremien, insbesondere die Konferenz der Lehrkräfte und durch die Schulkonferenz wahrgenommen werden. Während letztere »leben«, sind die durch die Satzung ermöglichten Beiräte als Interessensvertretungen für SchülerInnen, nicht hauptamtliche Lehrkräfte, nichtunterrichtendes Personal, Fortbildungslehrgänge, Ausbildende und Beschäftigtenvertretungen, ggf. auch für Eltern immer noch Vision und Anspruch ... vielleicht sind sie aber auch wegen der kurzen Wege, des »kollaborativen Milieus« an der Verwaltungsschule und der vertrauensvollen Zusammenarbeit mit dem örtlichen Personalrat, dem GPR und dem APR faktisch nicht unbedingt erforderlich …

Leitbild, Schule ohne Rassismus/Schule mit Courage, Qualitätsmanagement und Schulentwicklung
Genauso wichtig wie die rechtlichen Grundlagen sind Werte und Ziele, an denen sich die Verwaltungsschule orientiert. 2007 hat sie sich ein **Leitbild** gegeben.

Unter dem Motto »*wir bilden zukunft* – für unsere SchülerInnen und für Bremen«, sieht sie sich als Schule zunächst als Ort, an dem das Lernen im Mittelpunkt steht. »Das Lernen soll effektiv und effizient sein, Freude machen, die Bereitschaft zu lebenslanger Bildung wecken und die Fähigkeit und Bereitschaft fördern, das eigene und das gesellschaftliche Leben verantwortlich und selbstbewusst zu gestalten. Dazu fördern und fordern wir selbstverantwortliches, gemeinsames und soziales Lernen …«

Als **berufliche Schule** zielt sie »auf die Entwicklung der fachlichen, persönlichen und sozialen Kompetenzen, die in der modernen Arbeitswelt und in der Gesellschaft erforderlich sind. Wir wollen praxisnahen Unterricht und eine enge Verzahnung von schulischer und betrieblicher Ausbildung …«

Als **Schule für die öffentliche Verwaltung der Freien Hansestadt Bremen** will sie schließlich »für eine berufliche Tätigkeit in einer kompetenten, bürgerorientierten, wirtschaftlich handelnden und innovationsfähigen Verwaltung qualifizieren, die ihre Verantwortung für Demokratie, Rechtsstaatlichkeit, Sozialstaatlichkeit und Ökologie wahrnimmt und der Zukunftsfähigkeit unseres Stadtstaates verpflichtet ist.«

Die Werte, denen sich die Verwaltungsschule verpflichtet fühlt, werden auch daran sichtbar, dass sie sich 2013 – als erste Berufsschule in Bremen und einzige Verwaltungsschule bundesweit – das Prädikat **»Schule ohne Rassismus/Schule mit Courage«** verdiente und seitdem Jahr für Jahr neu erwarb.

Nach § 9 des Bremer Schulgesetzes sind die bremischen Schulen verpflichtet, im Rahmen der innerschulischen **Qualitätsentwicklung** ein Schulprogramm zu gestalten und fortzuschreiben. In diesem Zusammenhang hat die Verwaltungsschule mit dem Schuljahr 2004/2005 zunächst begonnen, in einer Jahresplanung ihre Ziele abrechenbar darzulegen. Weiter hat die Verwaltungsschule 2005 entschieden, ein Qualitätsmanagement-Modell zu implementieren, das die kontinuierliche Schulentwicklung und Qualitätsverbesserung befördert. Wie bei den anderen beruflichen Schulen Bremens wurde auch bei der Verwaltungsschule das Qualitätsmanagementmodell Q2E »Qualität durch Evaluation und Entwicklung« eingeführt. Es versteht sich als Lernsystem, das auf Selbstbewertung und Aufbau einer Feedbackkultur basiert. Kernelemente von Q2E sind das Qualitätsleitbild der Schule, die Selbstevaluation der Schule, die die institutionelle Entwicklung vorantreibt, und das Individualfeedback, das die persönliche Qualitätsentwicklung der Lehrkräfte unterstützt. Im Mittelpunkt des Modells steht das Lernen als zentraler Prozess der pädagogischen Arbeit.

Das **Qualitätsleitbild** ist vom Kollegium erarbeitet und den am Schulleben beteiligten Gremien, insbesondere der Schulkonferenz vorgestellt worden.

Auf der Grundlage des Qualitätsleitbildes werden seit dem Schuljahr 2010/2011 alle Schülerinnen und Schüler im Mai/Juni eines Jahres zu verschiedenen Qualitätsbereichen und Qualitätsdimensionen befragt. Die Auswertung wird mit den Klassen besprochen und der Schulkonferenz vorgestellt. Schlussfolgerungen aus der **Selbstevaluation** werden als Arbeitsaufträge in die Jahresplanung übernommen.

Die Lehrkräfte der Verwaltungsschule sollen zudem jährlich mindestens zwei **Individualfeedbacks** durchführen, wobei eines davon ein kollegiales Feedback sein soll.

Im Zentrum der **Schulentwicklung** stehen neben der ständigen Aktualisierung fachlicher Kompetenz die weitere pädagogische Professionalisierung, konsequente Kompetenzorientierung und ständige Innovation. Dafür stehen als Schlaglichter z. B. die nun schon seit 20 Jahren erfolgreich laufende Kooperation mit dem Museum für zeitgenössische Kunst Weserburg in dem Projekt »Offenheit, Kreativität und Wahrnehmungsfähigkeit«, in dem die Auseinandersetzung mit Gegenwartskunst zum Medium für neue (Ein-)Blicke auf und in die Verwaltung und die eigene Rolle wird, oder ganz aktuell agile Projektarbeit mit einem Innolab, das New Work in der Verwaltung thematisiert. Auch mit der festen Implementierung von Unterrichtseinheiten zu Diversity-Management und Antidiskriminierung war die Bremer Verwaltungsschule Vorreiter.

Seit einigen Jahren dominiert auch die Verwaltungsschule das Thema **Digitalisierung**, also die Digitalisierung von Gesellschaft und Verwaltung und die damit verbundenen Kompetenzanforderungen, die Optimierung des Lernens durch Digitalisierung und nicht zuletzt die Digitalisierung der Geschäftsprozesse an der Schule. Die Verwaltungsschule hat sich engagiert in dem bundesweiten Projekt »Führung in der digitalisierten Verwaltung« und arbeitet bei dem großen Vorhaben des IT-Planungsrates »Qualifica Digitalis« mit. Sie hat investiert in elektronische Ausstattung, erarbeitet digitale Lernkonzepte und -angebote und stellt sich von der digitalen Stundenplanung bis zum elektronischen Klassenbuch neu auf.

All das ist, zumal bei steigenden Ausbildungszahlen, ohne ausreichendes und gut qualifiziertes pädagogisches Personal nicht zu realisieren. Anders als viele Studieneinrichtungen in Flächenländern, die hauptsächlich mit nebenamtlich oder freiberuflich tätigen DozentInnen arbeiten, setzen Senat und Schulleitung in Bremen auf hauptamtliche Lehrkräfte und ein in sich vielfältiges Kollegium, in dem sich berufsbezogene Fachexpertise und pädagogische Kompetenzen vereinigen. Externe ExpertInnen, die dabei als Lehrbeauftragte unterstützen, bleiben unverzichtbar und können für die Lehre sehr wertvoll sein. Aber je anspruchsvoller die pädagogische Arbeit sowohl aufgrund äußerer Entwicklungen als auch eigener Zielsetzungen wird, desto unverzichtbarer ist die gute pädagogische Qualifizierung des Lehrpersonals. Unverzichtbar ist auch eine professionelle Schulleitung, die nicht nur aus dem/der DirektorIn besteht, sondern auch aus KondirektorIn, Didaktischer Leitung und Fachbereichsleitungen.

Die Bremer Verwaltungsschule spielt auch national im Bundesverband der Verwaltungsschulen und Studieninstitute eine anerkannte und impulsgebende Rolle. In wesentlichen Fragen wie der Neuordnung von Ausbildungen (dringend erforderlich bei den veralteten VFA- und JuFA-Ausbildungsordnungen!) und der Vereinheitlichung von Aufstiegsfortbildungen (Verwaltungsfachwirte) lassen sich Reformanstöße besser oder nur gemeinsam erarbeiten und umsetzen.

Um ihre Zukunftsfähigkeit zu sichern, muss sich auch die Verwaltungsschule räumlich, personell, technisch und lernkonzeptionell stetig weiter zu einer Schule entwickeln, die der Vision der Bildungsbehörde von einer »Berufsschule 2035« immer näher kommt.

13.7.2.2 Das Aus- und Fortbildungszentrum für den bremischen öffentlichen Dienst

Das AFZ, Mitte der 1980er-Jahre gegründet, um dem Bedarf nach mehr Fortbildung nachzukommen, hat heute zwei Hauptaufgaben: Ausbildungsaufträge des Senats umzusetzen und auf ausgewählten Feldern durch Qualifizierungs-, Beratungs- und Supportangebote MitarbeiterInnen und Dienststellen der bremischen Verwaltung sowie die Ausbildungseinrichtungen zu unterstützen.

Exkurs: Ein bisschen neuere Geschichte …

Um das AFZ richtig verstehen zu können, ist ein kurzer Blick in die Geschichte hilfreich. Am Anfang der Aus- und Fortbildung für den bremischen öffentlichen Dienst stand … die legendäre, bis ins Jahr 2000 existierende Senatskommission für das Personalwesen (SKP), auf deren Vorschlag hin der Senat vor fast 100 Jahren (1923) die »Pflichtschule für Bureau-Lehrlinge und -Angestellte« gründet, die Vorläuferin der heutigen Verwaltungsschule. 1933 wurde sie von den Nazis gleichgeschaltet und kaltgestellt. Nach der Befreiung wiedergegründet war sie zunächst jahrzehntelang eine reine Beamtenschule, bis sie Anfang der 1970er-Jahre hinsichtlich ihres Namens, ihrer Rechtsstellung und ihrer Aufgaben in etwa die heutige Gestalt annahm. Allerdings mit zwei entscheidenden Unterschieden: Sie war Ausbildungsstätte für die mittlere *und* die gehobene Funktionsebene; und sie war sehr eng mit der senatorischen Behörde, eben der SKP, verwoben. Der Verwaltungsschuldirektor war in Personalunion Ausbildungsreferent der SKP, sein Stellvertreter später Fortbildungsreferent. Wenn es Fortbildungsbedarfe in der Verwaltung gab – viel weniger als heute –, wurden sie hauptsächlich über die Verwaltungsschule abgewickelt.

Ende der 1970er-Jahre änderten sich dann die Bedarfe. Die Anforderungen an die gehobene Funktionsebene wurden, nicht nur in der Verwaltung und nicht nur in Bremen, wissenschaftlicher; aus dem *Verwaltungslehrgang II* wurde ein Fachhochschulstudium, aus der *einen* Verwaltungsschule wurden die HfÖV und eine Verwaltungsschule, die sich wegen der zunehmenden Umstellung von der Beamten- auf die Angestelltenausbildung nun viel stärker als Berufsschule profilierte. Beide Einrichtungen kooperierten aber eng, die meisten Verwaltungsschullehrkräfte hatten z. B. auch Lehraufträge an der HfÖV. Die *fachliche* Nähe ist allerdings mit der späteren Externalisierung des Verwaltungsstudiums von der HfÖV an die Hochschule Bremen weitgehend verloren gegangen. – Wenig später explodierte der Fortbildungsbedarf, maßgeblich getrieben – eine Parallele zur Gegenwart – von der ersten großen Welle der Digitalisierung der Verwaltung, dem Einzug der PCs, und den damit verbundenen Verwaltungsreformbestrebungen. Das wurde in Bremen zur Geburtsstunde einer »IuK-Lehreinheit« (Informations- und Kommunikationstechnologie), die anfangs zwischen SKP und Verwaltungsschule nomadisierte, schließlich aber zur Keimzelle des neu gegründeten Aus- und Fortbildungszentrums auf dem heutigen DoventorsCampus wurde. Daraus geworden ist das heutige AFZ-Referat »IT – Qualifizierung, Beratung und Support«.– Auch die enge Verwobenheit zwischen SKP und Verwaltungsschule hatte sich überlebt; es bestand Bedarf nach einem modernen strategischen Personalmanagement auf ministerieller Ebene; aus den beiden in Personalunion agierenden Aus- und Fortbildungsreferenten wurden zwei Referate (später zusammengelegt), die aber keineswegs nur strategische Aufgaben ausführten, sondern – ganz

SKP-typisch – in starkem Maße operativ wirkten, von der Ausbildungsbetreuung über alle Aufgaben einer »zuständigen Stelle« bis zur Umsetzung des Fortbildungsprogramms. Geblieben sind auch hier enge Kooperation und enge Nachbarschaft am selben Standort.

Zweite Gründungssäule des AFZ wurde neben der IuK-Lehreinheit die »Zentralverwaltung«, die, Synergieeffekte generierend, sowohl für das AFZ selbst als auch für Verwaltungsschule und HfÖV Organisations-, Haushalts-, Personal- und Hausverwaltung sowie IT-Administration war und Serviceeinrichtungen – Sekretariate, Bibliothek, Druckdienst – zur Verfügung stellte, teilweise auch für die SKP bzw. in deren Nachfolge für den Senator für Finanzen – ein Erfolgsmodell bis heute. Die Leitung des AFZ wurde, Indikator für die enge »Verstrickung« beider Organisationseinheiten, seit der Gründung in Personalunion von den Direktoren der Verwaltungsschule wahrgenommen.

Einschneidend für die Weiterentwicklung des AFZ wurden dann aus heutiger Sicht zwei Entscheidungen: In den neunziger Jahren wurde zur Forcierung von New Public Management und neuem Steuerungsmodell eine zusätzliche Lehreinheit gebildet, das »BWL-Team«, zunächst eine selbststeuernde Organisationseinheit, die sich aber relativ schnell wandelte und aus der das heutige AFZ-Referat »Verwaltungsmanagement und Diversity« hervorgegangen ist. – Und im Zuge der Auflösung der SKP im Jahre 2000 und des Übergangs einer Abteilung der SKP an den Finanzsenator und der damit verbundenen Zusammenlegung der beiden Referate für Ausbildung und Fortbildung wurde ein Sachgebiet an das AFZ verlagert, aus dem dann das heutige Referat »Berufliche Ausbildung und Praktika« entstand.

Diese ganzen Prozesse seit Gründung des AFZ sind natürlich mit Personen verbunden und zum Teil auch auf diese Personen fokussiert passgenau gestaltet worden – und vieles ist im Nachhinein letztlich auch nur aus diesen personellen Verknüpfungen heraus verständlich; aber das auszuführen ginge an dieser Stelle zu weit …

Das AFZ heute

Auf diesem historischen Fundament steht also das heutige AFZ – als Amt im Geschäftsbereich des Senators für Finanzen und bestehend aus zurzeit vier Referaten.

- Im Ausbildungsbereich managt das AFZ bedarfsorientiert die **Ausbildung von Verwaltungspersonal** – von Marketing (Kampagne »Du bist der Schlüssel«) und Auswahl über die Personalsachbearbeitung bis zur Ausbildungsbetreuung und Qualifizierung der AusbilderInnen.

Es nimmt in der dualen Berufsbildung die Aufgaben des Ausbildenden wahr und kooperiert mit Hochschulen im Rahmen dualer Studiengänge. Es setzt darüber hinaus **ausbildungspolitische Entscheidungen** des Senats um, indem es bei Bedarf Jugendlichen mit besonderen Zugangsbarrieren eine Ausbildung im öffentlichen Dienst ermöglicht. Einen besonderen Stellenwert hatte in den vergangenen Jahren die auf Berufsausbildungen vorbereitende **Einstiegsqualifizierung für junge Geflüchtete**.

- Im **Fortbildungsbereich** qualifiziert und berät das AFZ MitarbeiterInnen und Dienststellen der bremischen Verwaltung, leistet Support und begleitet Veränderungsprozesse und Teamentwicklungen. Schwerpunkte sind Verwaltungs-IT und Digitalisierung (»CC E-Gov«/Kompetenzzentrum für E-Government), Verwaltungsmanagement (»besser verändern«), Haushalts- und Finanzmanagement, Personalmanagement, Interkulturelle Öffnung und Diversity Management, Bürgerservice und Kommunikation. Die DozentInnen leisten auch einen wertvollen Beitrag zur Ausbildung, indem sie für die Verwaltungsschule und auch für die Hochschulen Unterrichtseinheiten gestalten.
- Mit seiner **Verwaltung** ist das AFZ Service-Einrichtung für die Verwaltungsschule, die Hochschule für öffentliche Verwaltung und das Personalentwicklungsreferat des Senators für Finanzen.

13.7.2.3 Kooperation mit dem Senator für Finanzen und vertrauensvolle Zusammenarbeit mit dem Gesamtpersonalrat

AFZ und Verwaltungsschule sind nicht nur eng miteinander verzahnt, sondern kooperieren eng mit der senatorischen Behörde, insbesondere mit den Referaten der Abteilung 3 »Verwaltungs- und Personalmanagement«, wobei das u. a. für Aus- und Fortbildung zuständige Referat eine besondere Rolle spielt. Es gestaltet das ressortübergreifende Fortbildungsprogramm, in dessen Rahmen ganz überwiegend auch die Fortbildungsaktivitäten des AFZ stattfinden. Und es steuert die Ausbildung – angefangen bei der jährlichen Ausbildungsvorlage für den Senat, in der beschlossen wird, was, wieviel und mit welchen Ressourcen ausgebildet wird, bis hin zur Wahrnehmung der Aufgaben eines Prüfungsamtes in der Beamtenausbildung bzw. der »Zuständigen Stelle« nach dem Berufsbildungsgesetz (s. o.).

In Jahrzehnten bewährt hat sich die vertrauensvolle, manchmal auch kritische und fordernde Zusammenarbeit mit dem Gesamtpersonalrat, dem Aus- und Fortbildung immer ein wichtiges Anliegen war und dem das Bremer Qualifizierungssystem manche Anregung zu verdanken hat.

13.7.2.4 »AFZukunft« – Ein Projekt zur Weiterentwicklung der Aus- und Fortbildung für den bremischen öffentlichen Dienst

Oft sind es Technologieschübe und die damit einhergehenden Veränderungen des Arbeitslebens, die einschneidende Veränderungen und Weiterentwicklungen im Bildungsbereich bewirken. So auch jetzt: Aus der Digitalisierung der bremischen Verwaltung resultieren komplexe Qualifizierungsanforderungen, die Aus- und Fortbildung vor neue Herausforderungen stellen. Grundlegende digitale Kompetenzen und konkrete Anwendungskompetenz müssen zusammengebracht werden, IT und New Work im Zusammenhang betrachtet und vermittelt und Veränderungsprozesse von der Planung bis zum Roll-out begleitet werden, wobei das Aus- und Fortbildungszentrum als *strategischer Partner* durchgängig unterstützen sollte.

Zum Zeitpunkt der Drucklegung dieses Beitrages startet das **Organisationsentwicklungsprojekt »AFZukunft«**, das den Status Quo kritisch überprüfen und gegebenenfalls Vorschläge entwickeln soll, wie der Aus- und Fortbildungsbereich neu aufgestellt werden kann. Ziel ist es, durch Optimierung von Qualifizierung, Beratung und Support die bremische Verwaltung besser dabei zu unterstützen, moderner, insbesondere bürgerInnen- und serviceorientierter, digitaler, diversitätsbewusster, nachhaltiger und agiler zu werden. Dazu müssen die Strukturen und Abläufe klar und steuerbar sein und das AFZ intern und an den Schnittstellen noch kooperativer und kollaborativer werden. Die Bereiche Digitalisierung, Diversität, Kommunikation, Bürgerservice, Projektmanagement, agiles Arbeiten und Nachhaltigkeit sollten ebenso konzeptionell weiterentwickelt werden wie das Angebot professioneller, nicht unbedingt steuernder Beratungs- und Unterstützungsangeboten für Organisationseinheiten bei Teamentwicklungen und Veränderungsprozessen »auf Augenhöhe«. Auch die systematische Kooperation mit der Wissenschaft, die deren gewachsener Rolle für Verwaltungsinnovation Rechnung trägt, ist ausbaufähig.

Dringend gelöst werden muss zudem die **Standortfrage**. Die auf dem DoventorsCampus zur Verfügung stehenden Gebäude reichen, solange sie zu einem großen Teil vom Bildungsressort genutzt werden, bei weitem nicht mehr aus. Aber es geht neben quantitativen auch um qualitative Fragen. Lassen sich vielleicht aus neuen Nachbarschaften – etwa mit der IT-Abteilung beim Finanzsenator oder dem Referat für Verwaltungsmanagement – auch neue, produktive Synergien entwickeln? Möglicherweise steht der Aus- und Fortbildungsbereich also nicht nur personell und organisational, sondern auch räumlich vor ähnlich gravierenden Weichenstellungen wie vor 35 Jahren bei der Gründung des AFZ …

14

Beteiligungsmanagement

14.1 Beteiligungsmanagement und -controlling

Die Freie Hansestadt Bremen (Land und Stadtgemeinde) (FHB) bildet mit ihren in Mehrheitsbesitz stehenden Unternehmen – unbeschadet deren rechtlicher Selbstständigkeit – eine wirtschaftliche Einheit. Hierzu gehören neben den Beteiligungsgesellschaften im engeren Sinne auch die Stiftungen, Körperschaften und Anstalten des öffentlichen Rechts in der Trägerschaft der FHB sowie die Eigenbetriebe und Sonstigen Sondervermögen, die als Teil des Haushalts der FHB geführt werden (bremische Unternehmen).

Die bremischen Beteiligungsgesellschaften sind trotz formaler Ausgründung in eigenständige privatrechtliche Unternehmen Instrumente zur Erfüllung öffentlicher Aufgaben.

Das Beteiligungsmanagement hat daher zur Aufgabe, die Beteiligungsgesellschaften in die politischen Ziele und Leitbilder der FHB einzubinden. Die Geschäftsfelder und Geschäftszwecke der bremischen Beteiligungsgesellschaften sind mit diesen Zielen abzustimmen und zu koordinieren, ohne in ihre Selbstständigkeit einzugreifen. Es stellt geeignete Instrumente zur Sicherstellung der Steuerungs- und Kontrollrechte wie -pflichten der FHB zur Verfügung. Schließlich sorgt das Beteiligungsmanagement für ausreichende, nach dem jeweiligen Bedarf strukturierte Informationen, die sich an dem Leitbild »Konzern Bremen« orientieren, um den Besonderheiten von öffentlichen Strukturen im Rahmen der Gesamtsteuerung Rechnung zu tragen.

Der dezentralen Ressourcenverantwortung in der FHB folgend liegt die fachliche Zuständigkeit auch für die Beteiligungsgesellschaften bei den jeweiligen Fachressorts; die Zuordnung der einzelnen Gesellschaften, öffentlich-rechtlich organisierten Unternehmen und Eigenbetriebe ergibt sich aus dem Geschäftsverteilungsplan des Senats.

Neben den Aufgaben der Fachressorts besteht auch eine übergeordnete Verantwortung der FHB insgesamt für alle von ihr gehaltenen Beteiligungen und Trägerschaften. Das Beteiligungsmanagement der FHB ist dementsprechend dreistufig aufgebaut und wird durch den Senat, die Fachressorts und die Beteiligungsgesellschaften wahrgenommen. Dabei werden der Senat durch das Zentrale Beteiligungsmanagement beim/bei der SenatorIn für Finanzen und die Fachressorts durch ihr jeweiliges Dezentrales Beteiligungsmanagement unterstützt.

Grundsätzlich ist der Senat für die Gesamtausrichtung und -aufstellung der bremischen Beteiligungsgesellschaften verantwortlich. Die Vorbereitung seiner Entscheidungen erfolgt durch das Zentrale Beteiligungsmanagement beim/bei der SenatorIn für Finanzen, welches folgende wesentlichen Aufgaben zu erfüllen hat:

- Unterstützung des Senats bei der Steuerung und Kontrolle der Beteiligungsgesellschaften;
- Grundsatzfragen der Beteiligungspolitik als Koordinationseinheit in Zusammenarbeit mit den Fachressorts;
- Federführung bei der Gestaltung von Richtlinien (Definition einheitlicher Verfahren, Festlegung der Kennzahlensystematik und des Berichtswesens etc.; Aktualisierung und Weiterentwicklung des Handbuchs Beteiligungsmanagement);
- Beteiligungscontrolling hinsichtlich ressortübergreifender Zielsetzungen, insbesondere mit finanzwirtschaftlichen Auswirkungen auf die bremischen Haushalte;
- Zusammenführung und Auswertung von Berichten, insbesondere der Management-Reports, im Hinblick auf Qualitätssicherung, Plausibilität und Verständlichkeit;
- Ressortübergreifende Analysen (inkl. Portfolioanalyse);
- turnusmäßige und Ad-hoc-Berichterstattung an Senat, Bürgerschaft und HaFA;
- Erstellen des Beteiligungsberichtes und der Beteiligungsübersicht;
- allgemeine Beratungsaufgaben zu Beteiligungsgesellschaften etc.;
- förmliche Mandatsbetreuung (Senatsbefassung, Entsendung, Abberufung etc.);
- Kontrolle des finanziellen Gesamtergebnisses der Beteiligungsgesellschaften und dessen Steuerung in Abstimmung mit den Fachressorts;
- Umsetzung der Grundsätze zur strategischen Steuerung der FHB, insbesondere durch Abstimmung der grundlegenden Zielsteuerung mit den Fachressorts;
- Wahrnehmung der Gesellschafterrechte in Abstimmung mit den Fachressorts;
- Wahrnehmung der formalen Gesellschafterfunktionen im Einvernehmen mit dem Dezentralen Beteiligungsmanagement der Fachressorts;
- Vertragswesen (z. B. Gesellschaftsverträge, Verträge mit der Geschäftsführung)

Zur Durchsetzung der Interessen der FHB, die ihren Niederschlag in konkreten, messbaren Zielen (z. B. Wirtschaftsplan) finden, ist ein Steuerungs- und Controllingsystem eingerichtet, das verbindliche Zielvorgaben zwischen den Fachressorts und dem Zentralen Beteiligungsmanagement beim/bei der SenatorIn für Finanzen festlegt. Dieses Steuerungs- und Controllingsystem gliedert sich in die Elemente Planung und Berichterstattung. Dabei dient das Steuerungs- und Controllingsystem insbesondere dazu, über eine zeitnahe Information der Fachressorts, des Zentralen Beteiligungsmanagements beim/bei der SenatorIn für Finanzen und ggf. des Senats sicherzustellen, dass sich abzeichnende Abweichungen von den Zielvorgaben rechtzeitig erkannt werden, um erforderliche Maßnahmen zur Gegensteuerung kurzfristig einleiten zu können. Die Steuerung auf Unternehmensebene selbst obliegt der Geschäftsführung der jeweiligen Beteiligungsgesellschaft. Die Beteiligungsgesellschaften haben unter Berücksichtigung der vereinbarten Ziele und Maßnahmen detaillierte Planungen zu erstellen und über diese Planungen sowie die Zielerreichung zeitnah an das zuständige Fachressort zu berichten. Als Mindestanforderung für die Berichterstattung an das Fachressort gilt der zu erstellende Management-Report. Aufgabe der Fachressorts ist es, das gelieferte Zahlenmaterial auszuwerten und ggf. erforderliche Gegensteuerungsmaßnahmen einzufordern. Die Management-Reports werden anschließend durch das Zentrale Beteiligungsmanagement beim/bei der SenatorIn für Finanzen für die Bremische Bürgerschaft als »Bericht über die Ergebnisse öffentlicher Unternehmen der Freien Hansestadt Bremen« adressatenorientiert zusammengefasst und ausgewertet.

Grundsätzlich erfolgt die Berichterstattung für die Beteiligungsgesellschaften über den Management-Report quartalsweise. Die Beteiligungsgesellschaften haben diesen für jedes Quartal im Geschäftsjahr an das Dezentrale Beteiligungsmanagement des zuständigen Fachressorts zu berichten. Das jeweilige Fachressort überprüft die Management-Reports auf Basis des beschlossenen Wirtschaftsplans auf Einhaltung des Budgets sowie der vereinbarten Leistungsziele und nimmt eine Auswertung und ggf. Überarbeitung vor. Die Fachressorts leiten die einzelnen Management-Reports danach an das Zentrale Beteiligungsmanagement beim/bei der SenatorIn für Finanzen weiter.

Das Zentrale Beteiligungsmanagement beim/bei der SenatorIn für Finanzen überprüft die Management-Reports im Hinblick auf ressortübergreifende Zielsetzungen, insbesondere finanzwirtschaftliche Auswirkungen auf die bremischen Haushalte, in Abstimmung mit den Spiegelreferaten beim/bei der SenatorIn für Finanzen. Erforderlichenfalls überarbeitet es die an den Senat und die Bürgerschaft (bzw. ihre Ausschüsse) weiterzuleitenden Management-Reports im Hinblick auf Qualität, Plausibilität und Verständlichkeit in Abstimmung mit dem zuständigen Fachressort.

Das Zentrale Beteiligungsmanagement beim/bei der SenatorIn für Finanzen fasst die Management-Reports der dem Berichtswesen an Senat und HaFA unterliegenden Beteiligungsgesellschaften zu drei gemeinsamen Controlling-Berichten zusammen:

- Beteiligungsgesellschaften;
- Eigenbetriebe, öffentlich-rechtliche Stiftungen und Anstalten öffentlichen Rechts;
- Sonstige Sondervermögen.

Die Controlling-Berichte umfassen neben den Management-Reports eine Aufsummierung von ausgewählten Daten (u. a. Jahresergebnisse, Umsatzerlöse, Zuführungen der FHB, Personaldaten). Zudem gibt das Zentrale Beteiligungsmanagement beim/bei der SenatorIn für Finanzen in den Controlling-Berichten eine Gesamtbewertung zum Stand der Beteiligungsgesellschaften, Eigenbetriebe und öffentlich-rechtlich organisierten Unternehmen der FHB sowie der Sonstigen Sondervermögen ab.

Die Berichtspflicht gegenüber dem Senat und der Bürgerschaft (bzw. ihren Ausschüssen) besteht jeweils zum zweiten, dritten und vierten Quartal eines Jahres und soll jeweils im letzten Monat des auf den Berichtszeitraum folgenden Quartals erfüllt werden. Der Bericht zum vierten Quartal eines Jahres ermöglicht einen Überblick über das gesamte Geschäftsjahr.

Die Management-Reports umfassen folgende Informationen:

- Plan-Ist-Vergleich ausgewählter Daten aus der Gewinn- und Verlustrechnung, des Beschäftigungsvolumens und der Leistungskennzahlen;
- jeweils aktualisierte Prognose für das Geschäftsjahr und Vergleich mit der Planung ausgewählter Daten aus der Gewinn- und Verlustrechnung, der Bilanz, des Beschäftigungsvolumens, der Finanz- und Leistungskennzahlen;
- Ist-Daten zur Liquidität;
- Kommentierung der Abweichungen zwischen der Planung und den Ist-Werten bzw. der Prognose;
- Bericht zu Sonderthemen (soweit erforderlich oder vom Fachressort angefordert);
- Vergleich der Prognose mit den Vorjahreswerten des entsprechenden Zeitraums.

Zusätzlich können Berichte zu Sonderthemen in die Berichterstattung aufgenommen werden. Durch einen solchen Bericht nimmt die Geschäftsführung unabhängig vom Geschäftsverlauf zu speziellen Sachverhalten Stellung, die für das zuständige Fachressort, das Zentrale Beteiligungsmanagement beim/bei der SenatorIn für Finanzen oder den Senat von Interesse sind, bspw. Berichte zur Liquiditäts- oder Eigenkapitalentwicklung. Die Initiative für einen solchen Bericht kann von der Geschäftsführung, vom zuständigen Fachressort, dem Zentralen Beteiligungsmanagement beim/bei der SenatorIn für Finanzen sowie vom Aufsichtsrat ausgehen.

Seit dem Haushalt 2016/17 werden die steuerungsrelevanten Kennzahlen der wesentlichen Beteiligungen der FHB zusätzlich im sog. Produktgruppencontrolling erfasst. Neben der Quartalsberichterstattung über den Management-Report bildet auch die Darstellung der steuerungsrelevanten Beteiligungen im Rahmen des Produktgruppenhaushalts einen weiteren Bestandteil des FHB-Controllings. Dabei werden die Kerninformationen mit Haushaltsrelevanz (wie etwa Zuwendungen) mit den operativen Kennzahlen der Beteiligungen zur Messung der Zielerreichung verbunden. Hierdurch entsteht die Möglichkeit, die FHB-weiten Ziele im Rahmen der wirkungsorientierten Steuerung des Produktgruppenhaushalts auf die Beteiligungen herunterzubrechen und so den Beitrag der Unternehmen zur Erfüllung der öffentlichen Aufgaben FHB-weit laufend zu überprüfen.

14.2 Dezentrales Beteiligungsmanagement

Das Dezentrale Beteiligungsmanagement nimmt die Fach- und Haushaltsverantwortung gegenüber den zugeordneten Beteiligungen war. Hierbei kann es sich um Gesellschaften, Körperschaften, Anstalten des öffentlichen Rechts, Eigenbetriebe, Stiftungen sowie sonstige Sondervermögen handeln. Aufgrund der dezentralen Fach- und Ressourcenverantwortung der Freien Hansestadt Bremen findet die Aufgabe der direkten und inhaltlichen Steuerung im Wesentlichen in den Fachressorts statt. Hier werden die strategischen und operativen Ziele für die Beteiligungen erarbeitet und festgehalten.

Das Dezentrale Beteiligungsmanagement beschafft steuerungsrelevante Daten zu den Beteiligungen, wertet diese aus und stellt sie für die politischen Mandatsträger und die Verwaltungsführung zur Verfügung. Die gesamte Betreuung und fachliche Unterstützung der Ressortmandate in Aufsichtsgremien, Senat und Bürgerschaft gehört in den Aufgabenbereich des Dezentralen Beteiligungsmanagements.

Grundsätzlich umfasst der Aufgabenbereich des Dezentralen Beteiligungsmanagements den Bereich des Beteiligungscontrollings, der Mandatsbetreuung sowie der Geschäftsführungsangelegenheiten. Darüber hinaus kann es jedoch auch Aufgaben der Fachaufsicht wahrnehmen. Dies ist abhängig von der jeweiligen inhaltlichen und organisatorischen Aufstellung der Ressorts.

Das Dezentrale Beteiligungsmanagement übernimmt die Koordinationsfunktion zwischen Verwaltung und der jeweiligen Beteiligung und fungiert im Allgemeinen als erste Anlaufstelle. So ist gewährleistet, dass jederzeit ein einheitlicher und kompetenter Ansprechpartner für die Beteiligungen zur Verfügung steht.

Es obliegt dem Dezentralen Beteiligungsmanagement, die zuständigen Stellen über die Anliegen, die seitens der Beteiligungen an die Verwaltung herangetragen werden, zu informieren und die Bearbeitung zu koordinieren.

Zur Zielsteuerung stehen dem Dezentralen Beteiligungsmanagement diverse Instrumentarien zur Verfügung. Neben den Instrumenten der Planung und des Berichtwesens sind dies unter anderem Kontrakte, Tantiemevereinbarungen, Geschäftsbesorgungsverträge und Zuwendungsverträge bzw. -bescheide. Mit diesen Steuerungsinstrumenten wird ein umfassender Überblick über die Steuerung der Gesellschaft erreicht.

Es werden strategische und mittelfristige Ziele zwischen dem Fachressort und der Beteiligung vereinbart. Diese geben die geschäftliche Grundausrichtung und Entwicklung der Beteiligung vor, stets mit der Orientierung an den strategischen Leitlinien der Freien Hansestadt Bremen.

Alle dazu verpflichteten Beteiligungen haben in diesem Zusammenhang eine Planungsrechnung in Form eines Finanz- bzw. Wirtschaftsplans zu erstellen, welche im Anschluss vom Dezentralen Beteiligungsmanagement in Abstimmung mit der Fachaufsicht auf Plausibilität überprüft wird. Durch regelmäßige Soll-Ist-Vergleiche, Ursachenanalysen bei Abweichungen und Erarbeitungen von Gegensteuerungsmaßnahmen wird die Prüfung und Kontrolle gesichert.

Die Zielkontrolle erfolgt mit Hilfe einer vierteljährigen Berichterstattung und kann bei Bedarf durch einen Bericht zu Sonderthemen ergänzt werden. Diese Sonderberichte können von der Geschäftsleitung, dem Fachressort oder vom Aufsichtsrat initiiert werden. Damit sollen besondere Sachlagen erwähnt und darlegt werden. Bei möglichen akuten Risiken für das Unternehmen oder erheblichen negativen Planabweichungen sind überdies, unabhängig vom Berichtszyklus, »Ad-Hoc Berichte« zu erstellen.

Durch diese Maßnahmen werden die mit der Beteiligung verbundenen Fach- und Finanzziele umgesetzt und Prozesse effektiv gesteuert.

Eine strategisch bedeutungsvolle Rolle bei der Ausrichtung und Entwicklung der Beteiligung kommt der Geschäftsführung zu. Daher werden sämtliche Angelegenheiten, die die Geschäftsführung betreffen, vom Dezentralen Beteiligungsmanagement betreut und verantwortet. Das Dezentrale Beteiligungsmanagement ist dabei vom Auswahlverfahren und der Bestellung bis hin zur anschließenden Vertragsgestaltung und -umsetzung involviert.

Bei einer Gewährung eines variablen Vergütungsanteils wird die entsprechende Ziel-/Tantiemevereinbarung vorbereitet und abgestimmt sowie nach Ablauf ausgewertet.

Im Rahmen der Mandatsbetreuung werden Informationen zu den bestimmten Themen fundiert aufbereitet, um die Entscheidungsträger bei der Entscheidungsfindung zu unterstützen. Dies können spezielle Sachverhalte für die Verwaltungsführung sein sowie die regelmäßige Vorbereitung von Gremiensitzungen. Die Vorbereitung umfasst hierbei die Sichtung und Zusammenfassung der Unterlagen sowie eine entsprechende Beurteilung und Kommentierung der Inhalte samt Abgabe einer Beschlussempfehlung. Es gilt hierbei zu unterscheiden, ob das Fachressort den Vorsitz in dem Gremium inne hat oder nur Mitglied ist. Im Falle des Vorsitzes des Gremiums werden die Unterlagen zuvor zwischen der Beteiligung und dem Dezentralen Beteiligungsmanagement unter Hinzuziehen der Fachaufsicht auf Arbeitsebene intensiv abgestimmt.

Das Dezentrale Beteiligungsmanagement achtet grundsätzlich darauf, dass getroffenen Beschlüsse eingehalten und die anzuwendenden Verfahrensregeln wie Form und Frist durch die Beteiligung eingehalten werden.

14.3 Controllingausschuss

Die Controllingausschüsse (Stadt und Land) der Freien Hansestadt Bremen wurden erstmalig mit Beschluss vom 15. Juni 2016 eingesetzt. Sie wurden als ständige parlamentarische Ausschüsse mit elf Mitgliedern und elf stellvertretenden Mitgliedern gegründet. Die Controllingausschüsse hatten in der 19. Legislaturperiode die Aufgabe der parlamentarischen Kontrolle der Beteiligungen, der Eigenbetriebe, Museumsstiftungen sowie Anstalten des öffentlichen Rechts der Freien Hansestadt Bremen. Ihnen wurden weiterhin die Aufgaben der Bürgerschaft nach §§ 17 Abs. 3 Satz 2, 18 Abs. 3, 20 Abs. 1 und 6, 25 Abs. 1 des Gesetzes für Eigenbetriebe und sonstige Sondervermögen des Landes und der Stadtgemeinden (BremSVG) übertragen, wonach Änderungen des Wirtschaftsplanes, erfolgsgefährdende Mehraufwendungen sowie Mehrausgaben für ein investives Einzelvorhaben und Betragsgrenzen für den Investitionsplan der Zustimmung der Controllingausschüsse bedurften. Die Zuständigkeit für die sonstigen Sondervermögen war von der Einsetzung unberührt und liegt weiterhin bei den Haushalts- und Finanzausschüssen. Mit den Einsetzungsbeschlüssen in der 20. Legislaturperiode sind auch die Aufgabenbereiche zu den Eigenbetrieben wieder zurück an die Haushalts- und Finanzausschüsse übertragen worden.

Einer der Gründe für die Gründung der Controllingausschüsse war die Reduzierung der Aufsichtsratsmandate der Abgeordneten. Zielsetzung der Controllingausschüsse ist daher die Verbesserung der Kontrollmöglichkeiten der Parlamentarier sowie eine Entlastung der Haushalts- und Finanzausschüsse, welche zuvor Vorlagen zu den öffentlichen Unternehmen beraten haben.

Neben der Befassung der Ausschüsse mit wiederkehrenden Berichten wie den Quartalsberichten als wesentliche Erkenntnisquelle der unterjährigen wirtschaftlichen Entwicklung der steuerungsrelevanten Beteiligungen sowie dem Beteiligungsbericht und der Beteiligungsübersicht gibt es laufende Berichtsbitten. Pro Jahr finden derzeit durchschnittlich acht Sitzungen statt, in welchen im Durchschnitt sieben Vorlagen beraten werden. Beschlussfassungen finden in den Controllingausschüssen nur vereinzelt statt. Während die Ausschüsse in der 19. Legislaturperiode noch die Beschlussfassungskompetenzen zu den Eigenbetrieben nach dem BremSVG besaßen, begrenzt sich dies in der 20. Legislaturperiode nun auf Beschlüsse zu den Museumsstiftungen und Anstalten öffentlichen Rechts. Auch die

Zustimmung zum Eingehen von Beteiligungen nach Art. 101 Nr. 3 der Landesverfassung der Freien Hansestadt Bremen erfolgt weiterhin über die Haushalts- und Finanzausschüsse. Die meisten Beschlussfassungen in den Controllingausschüssen beziehen sich daher auf Berichtsbitten und Akteneinsichtsersuche.

Die wesentlichen Themen der Controllingausschüsse umfassten bisher den Verkauf der Anteile an der Bremer Landesbank sowie laufende Berichtsbitten zu der Gesundheit Nord gGmbH.

14.4 Beteiligungsinformationssystem (BISy)

Das Controlling der Beteiligungen erfordert für alle Beteiligungsformen vielfältige Informationen für die unterschiedlichsten Anforderungen: Außer den verfassungsmäßigen Gremien (Bürgerschaft, Senat, Haushalts- und Finanzausschuss (HaFA), Deputationen etc.) benötigen der/die SenatorIn für Finanzen für übergeordnete Zwecke und die jeweiligen Ressorts für ihre individuelle Steuerung Daten mit unterschiedlichen Detaillierungsgraden und in verschiedenen Aufbereitungen. Insbesondere die mehrfache Datenhaltung von Kerninformationen wie z. B. Firma, Sitz, Unternehmenszweck, Geschäftsanteile, Geschäftsführung, Aufsichtsratsmitglieder etc. führt zu einem Doppelaufwand ohne sinnvollen Erkenntniswert, da diese Daten vom bearbeitenden Ressort unabhängig sind. Um die Anforderungen der verschiedenen Beteiligten möglichst aus einem System heraus bedienen zu können, beschloss die Senatskommission für öffentliche Unternehmen daher bereits im Jahr 2009 die Anschaffung einer Datenbank für die Beteiligungsverwaltung. Die aufgrund eines Senatsbeschlusses aus dem Jahr 2010 zunächst erwogene Anbindung dieser Beteiligungsdatenbank an das Zuwendungs-Programm ZEBRA erwies sich für die Beteiligungsverwaltung als zu zeit- und personalaufwändig, so dass Senat und HaFA im April 2018 beschlossen haben, die Verwaltung der beteiligungsbezogenen Daten mit dem Projekt eHaushalt zu verbinden und hierfür ein im ausgewählten Programm ePBN (elektronisch Planen, Budgetieren, Navigieren) vorhandenes Tool für das Beteiligungscontrolling zu verwenden.

Auf Vorschlag der ressort-übergreifenden AG Beteiligungsmanagement wurde zur Feinabstimmung des Programms eine Unter-AG Beteiligungsinformationssystem eingerichtet. In dieser Unter-AG haben VertreterInnen aus fünf Ressorts, die einen Großteil der von der FHB gehaltenen Beteiligungen fachlich verantworten, die Anforderungen an den Datenimport, die grundsätzlichen Strukturen und die prinzipiellen Funktionalitäten des Beteiligungsinformationssystems (BISy) abgestimmt.

Das Beteiligungsinformationssystem besteht aus verschiedenen Clients. Das Dashboard und das Navigationssystem sind dabei die relevanten Clients für UserInnen, die sich mit der Datenanzeige und -auswertung befassen. Das Navigationssystem wird in erster Linie als Management-Informationssystem eingesetzt. Es stellt den UserInnen insbesondere das interaktive Ad-Hoc-Berichtswesen, formatierte Standardberichte und interaktive Abweichungsanalysen zur Verfügung. Die grundsätzliche Struktur des Beteiligungsinformationssystems unterscheidet in der Gliederung in die Beteiligungstypen »Gesellschaften«, »Eigenbetriebe«, »öffentlich-rechtlich verfasste Unternehmen« und »sonstige Sondervermögen«. Unterhalb dieser Gliederung werden die Einheiten nach dem jeweiligen Fachressort strukturiert.

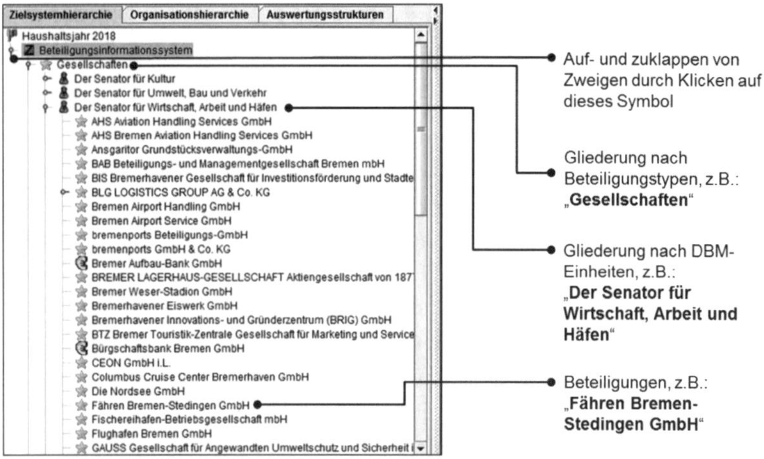

Gliederung der Beteiligungen in der Zielsystemhierarchie im Navigationssystem.

Je Beteiligung werden die Kerninformationen wie Firma, Rechtsform, Gesellschaftszweck, Stamm-/Grundkapital, gezeichnete Anteile, wesentliche Beteiligungen und zukünftig (nach datenschutzrechtlicher Abstimmung) auch Organdaten zu Geschäftsführung bzw. Vorstand, Aufsichts- bzw. Verwaltungsrat abgebildet. Darüber hinaus werden Erläuterungen zur Lage der Beteiligung und Quartalskommentare abgebildet. Diese Informationen werden auf dem Register »Allgemein« ausgewiesen.

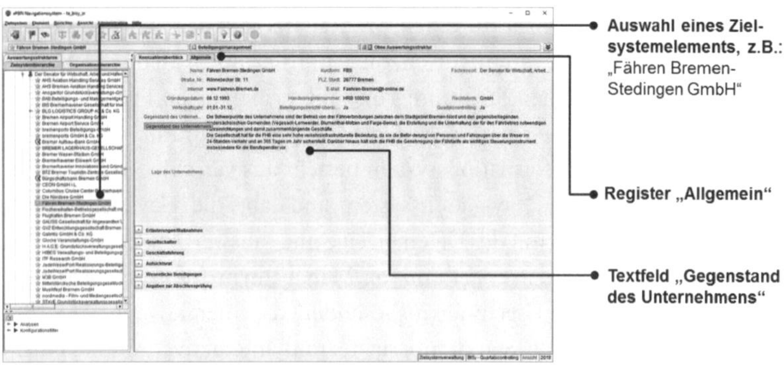

Registerkarte »Allgemein« im Navigationssystem.

Im Kennzahlenüberblick werden für jede Beteiligung alle Kennzahlen mit ihren Daten aus Management-Reports, Wirtschaftsplänen und Jahresabschlüssen im Beteiligungsinformationssystem angezeigt. Hierfür erfolgte initial die Übernahme der bereits vorliegenden Informationen unter anderem aus dem Beteiligungsbericht (Daten aus der Bilanz, der Gewinn- und Verlustrechnung sowie Personalkennzahlen). Auch die Kennzahlen sind in einer Baumstruktur hierarchisch dargestellt:

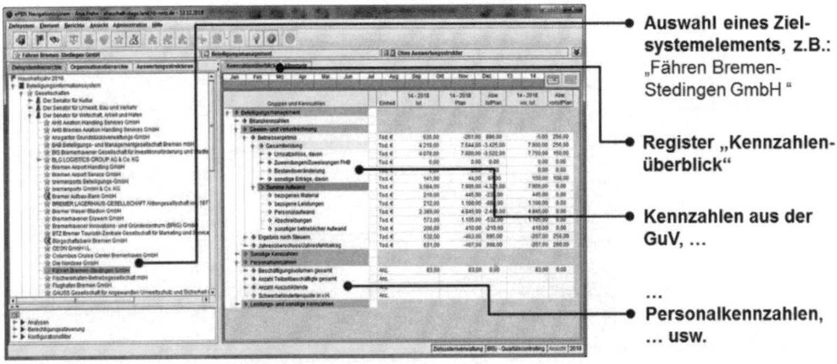

Kennzahlenüberblick im Navigationssystem.

Neben der Erfassung und Verwaltung von Kerninformationen, Organ- und Wirtschaftsdaten der bremischen Beteiligungen wurde bei der Festsetzung der Systemanforderungen ein besonderes Augenmerk auf die bedarfsgerechte Auswertung und Aufbereitung der Daten gelegt. Für die Erstellung von Berichten bietet das Beteiligungsinformationssystem zwei Möglichkeiten: die Ausführung von fest definierten Standardberichten und die Erstellung von Ad-Hoc-Berichten bezogen auf einen bestimmten Kontext wie eine einzelne Beteiligung oder ein Fachressort. Standardberichte sind dabei Berichte, bei denen Berichtsinhalt und Berichtslayout fest definiert sind. Die Standardberichte, die das Beteiligungsinformationssystem zunächst zur Verfügung stellt, sind die formatierten und jährlich zu veröffentlichenden Berichtsformen Beteiligungsbericht und Beteiligungsübersicht sowie die quartalsweise erstellten Gesamtübersichten zu den Managementreports der einzelnen Einheiten. Insbesondere Beteiligungsbericht und Beteiligungsübersicht werden demnach zukünftig nicht mehr händisch erstellt, sondern können direkt und formatiert aus dem Beteiligungsinformationssystem erzeugt werden. Hiermit wird eine weitere Anforderung an das System erfüllt: die Umsetzung der Berichtsstandards im Controlling- und Planungswesen gem. Handbuch Beteiligungsmanagement.

Neben den bereits initial zur Verfügung gestellten Standardberichten können weitere Standardberichte – entweder zentral, für einen bestimmten Personenkreis oder individuell von einzelnen UserInnen – nach den jeweiligen Anforderungen festgelegt werden. Dafür können alle im System vorhandenen Informationen verwendet werden, auf die die Person Zugriff hat, die den Bericht ausführt. Es ist den Usern darüber hinaus auch möglich, persönliche Standardberichte anzulegen.

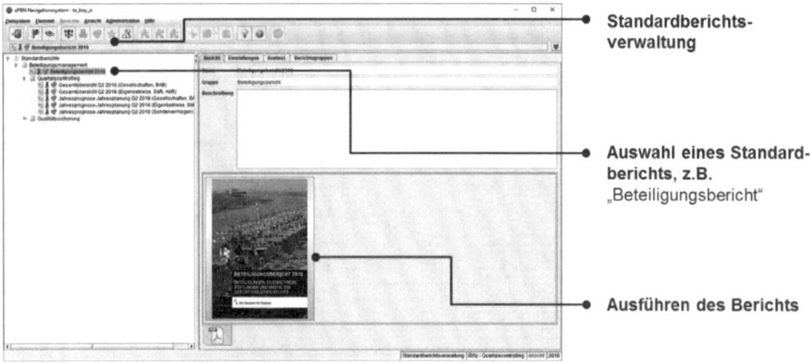

Standardberichtsverwaltung.

Für die Anzeige der Kennzahlen stehen neben der Erstellung von Berichten im Navigationssystem auch schnelle grafische Analysen zur Verfügung.

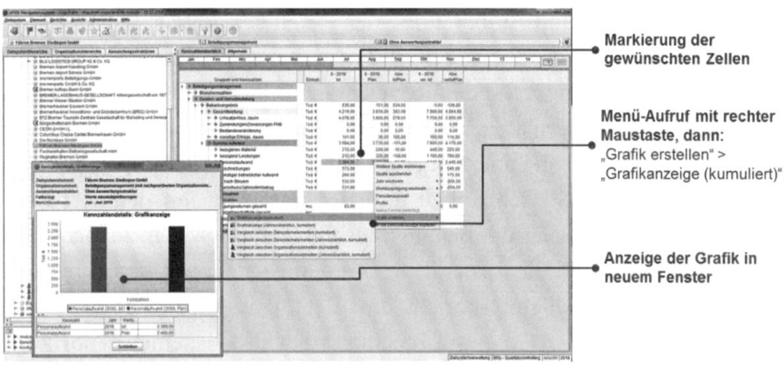

Erstellung von Grafiken im Navigationssystem.

Zudem existieren interaktive und individuelle Abweichungsanalysen, die alle Einheiten, auf die der jeweilige User Zugriff hat, auf vorher festgelegte Sachverhalte wie bspw. ein negatives prognostiziertes Jahresergebnis überprüft.

Neben dem Navigationssystem gibt es einen zweiten Client im Beteiligungsinformationssystem, der sich mit der Datenanzeige beschäftigt: das Dashboard. Mit dem Dashboard ist ein leichter und adressatengerechter Überblick über wesentliche Kennzahlen der Beteiligungen sowie die Aufbereitungen von fach- oder themenspezifischen Informationen mit Hilfe von Grafiken oder Tabellen möglich.

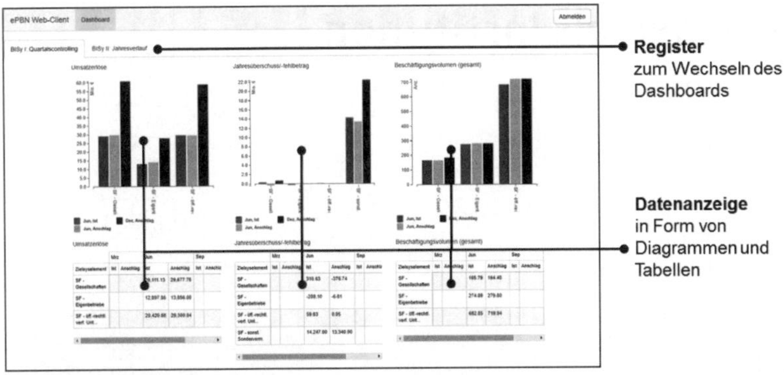

Benutzeroberfläche Dashboard.

Die Erfassung von Daten in das Beteiligungsinformationssystem ist auf zwei Wegen möglich: Neben dem Import von Daten in das Beteiligungsinformationssystem gibt es auch die Möglichkeit der Erfassung von Daten in der sog. Ziel-Mengen-Erfassung. In dieser werden alle Kennzahlen und Texte erfasst, die nicht bereits aus Vorsystemen automatisch importiert werden. Diese Bewegungsdaten können Texte, wie bspw. die Lage des Unternehmens, oder numerische Daten sein wie z. B. Jahresabschlussdaten oder Leistungskennzahlen.

Seit dem Haushalt 2016/17 werden die steuerungsrelevanten Kennzahlen der wesentlichen Beteiligungen der FHB zusätzlich im sog. Produktgruppencontrolling in SAP erfasst. Da diese Kennzahlen sich weitgehend mit den in den Quartals-Management-Reports der Beteiligungen zu berichtenden Kennzahlen decken, werden diese Daten bislang doppelt erfasst. Eine weitere Zielsetzung des Beteiligungsinformationssystems ist es, diese doppelte Datenpflege im Rahmen eines integrierten Systems abzustellen.

15. Der kommunale Arbeitgeberverband Bremen als Institution

15.1 Entstehungsgeschichte des Kommunalen Arbeitgeberverbandes Bremen

Erste Überlegungen über die Notwendigkeit der Gründung eines kommunalen Arbeitgeberverbandes in Bremen wurden Ende der 1980er-Jahre angestellt. In dieser Zeit wurden vielfältige kommunale Aufgaben auf privatrechtliche Einrichtungen und Betriebe verlagert. Im Zuge dieser Entwicklungen gestalteten sich die Arbeitsbedingungen in den bremischen Betrieben und Einrichtungen zunehmend unterschiedlich und entfernten sich durch Haustarifverträge oder individualarbeitsrechtliche Standards immer weiter von den im öffentlichen Dienst geltenden tariflichen Regelungen. Ein kommunaler Arbeitgeberverband Bremen sollte dieser Entwicklung entgegensteuern und zu einer Vereinheitlichung der Arbeitsbedingungen beitragen.

Ein weiterer Aspekt bei der Idee der Gründung eines kommunalen Arbeitgeberverbandes war der Umstand, dass die Freie Hansestadt Bremen als Bundesland ausschließlich Mitglied der Tarifgemeinschaft deutscher Länder (TdL) war. Eine direkte Mitgliedschaft in der Vereinigung der kommunalen Arbeitgeberverbände (VKA) war nicht möglich, da dies nur den kommunalen Arbeitgeberverbänden vorbehalten war. Damit hatte die Freie Hansestadt Bremen keine Einflussmöglichkeit auf kommunale tarifpolitische Themen wie z. B. spezielle Fragestellungen aus den Bereichen der kommunalen Krankenhäuser, Flughäfen oder Entsorgungsbetrieben.

Die vorstehenden Überlegungen mündeten schließlich in den Beschluss des Senats der Freien Hansestadt Bremen vom 4. Juni 1991, wonach die damalige Senatskommission für das Personalwesen beauftragt wurde, die Voraussetzungen für die Gründung des Kommunalen Arbeitgeberverbandes Bremen zu schaffen und die hierfür erforderlichen Schritte einzuleiten.

Der »Kommunale Arbeitgeberverband Bremen e. V.« (kurz: KAV Bremen) wurde dann am 19. Dezember 1991 in der Rechtsform eines eingetragenen Vereins gegründet. Er ist damit noch nach den kommunalen Arbeitgeberverbänden in den neuen Bundesländern der jüngste kommunale Arbeitgeberverband in der Bundesrepublik Deutschland. Neben der Freien Hansestadt Bremen (Land und Stadtgemeinde) sowie der Stadt Bremerhaven waren die Flughafen Bremen GmbH, die Bremer Heimstiftung, der Verkehrsverein Bremen e. V., die Reichsbund Berufsbildungswerk GmbH, die Gesellschaft für öffentliche Bäder mbH, die Ratskeller GmbH, der Bremische Deichverband am rechten Weserufer, Stadthalle Bremerhaven GmbH und die Flugplatz-Betriebsgesellschaft mbH Bremerhaven die Gründungsmitglieder.

15.2 Aufbau des KAV Bremen

Der satzungsmäßige Aufbau des KAV Bremen orientiert sich grundsätzlich am Aufbau der kommunalen Arbeitgeberverbände in den anderen Bundesländern. Die Organe des KAV Bremen sind die Mitgliederversammlung, der Vorstand und der Hauptausschuss.[89]

15.2.1 Mitgliederversammlung

Die Mitgliederversammlung wird regelmäßig mindestens einmal jährlich einberufen und setzt sich aus den bevollmächtigten Vertretern der Mitglieder zusammen. Zu den Aufgaben der Mitgliederversammlung gehören im Wesentlichen die Wahl der Vorstandsmitglieder (soweit nicht satzungsmäßig festgelegt) und der Mitglieder des Hauptausschusses, die Entscheidung über Satzungsfragen, die Festsetzung der Mitgliedsbeiträge sowie die Entlastung des Vorstandes.[90]

15.2.2 Vorstand

Der Vorstand setzt sich zusammen aus vier satzungsmäßig festgelegten VertreterInnen (Vorstandsvorsitz und Stellvertretung sowie Geschäftsführung und Stellvertretung) und weiteren vier MitgliedsvertreterInnen, die von der Mitgliederversammlung für die Dauer von vier Jahren gewählt werden. Für die vier gewählten MitgliedervertreterInnen werden darüber hinaus persönliche Stellvertretungen durch die Mitgliederversammlung gewählt. Die Hauptaufgaben des Vorstandes liegen in der Entscheidung über die Aufnahme von Mitgliedern, die Überwachung der Mitgliederpflichten sowie in der Schaffung von Regelungen des Kassen-, Rechnungs- und Prüfungswesens.[91]

15.2.3 Hauptausschuss

Der Hauptausschuss besteht aus 16 Mitgliedern und setzt sich aus den acht Mitgliedern des Vorstandes sowie acht weiteren VertreterInnen von Mitgliedern zusammen, die von der Mitgliederversammlung für die Dauer

89 Vgl. § 10 der Satzung des KAV Bremen.
90 Vgl. §§ 11 und 12 der Satzung des KAV Bremen.
91 Vgl. §§ 13 und 14 der Satzung des KAV Bremen.

von vier Jahren gewählt werden. Der Hauptausschuss entscheidet über den Abschluss und die Kündigung von Tarifverträgen und sonstigen Vereinbarungen und trifft tarifpolitische Entscheidungen.[92]

92 Vgl. § 15a der Satzung des KAV Bremen.

15.3 Stellung der bremischen Gebietskörperschaften im KAV Bremen

Die bremischen Gebietskörperschaften Freie Hansestadt Bremen (Land), Stadtgemeinde Bremen und Stadt Bremerhaven haben anders als in anderen kommunalen Arbeitgeberverbänden in den Bundesländern eine besondere Stellung im KAV Bremen. Diese besondere Stellung ergibt sich zum einen durch besondere personelle Verzahnungen bei bestimmten Amts- oder Funktionsträgern in den Gebietskörperschaften und zum anderen durch eine satzungsmäßige Festschreibung einer besonderen Stimmengewichtung für die bremischen Gebietskörperschaften.

15.3.1 Personelle Verzahnung

Der/die Vorsitzende des Vorstands des KAV Bremen ist der/die VertreterIn im Amt (Staatsrat/Staatsrätin) des/der für Personal und Haushalt zuständigen SenatorIn (SenatorIn für Finanzen) und der/die OberbürgermeisterIn der Stadt Bremerhaven ist dessen/deren StellvertreterIn. Des Weiteren übernimmt die Leitung des für das Land und die Stadtgemeinde Bremen zuständigen Tarifrechtsreferates kraft dieses Amtes in Personalunion die Geschäftsführung des KAV Bremen. Dessen/deren StellvertreterIn ist wiederum in Personalunion der/die MagistratsdirektorIn beim Magistrat der Stadt Bremerhaven.[93] Darüber hinaus ergeben sich personelle Überschneidungen durch eine Reihe von faktischen Personalunionen auf der Ebene der Sachbearbeitung beim Tarifreferat des/der SenatorIn für Finanzen und des KAV Bremen.

15.3.2 Stimmengewicht der bremischen Gebietskörperschaften

Neben den personellen Verflechtungen wird satzungsmäßig beim KAV Bremen sichergestellt, dass keine Entscheidungen oder Beschlüsse gegen die Interessen der bremischen Gebietskörperschaften (Land und Stadtgemeinde Bremen sowie die Stadt Bremerhaven) erfolgen können. Dies wird dadurch gewährleistet, dass die Freie Hansestadt Bremen (Land), die Stadtgemeinde Bremen und die Stadt Bremerhaven ihre Stimmen in der Mitgliederversammlung nur übereinstimmend abgeben können und die

93 Vgl. § 13 Abs. 1 und § 17 Abs. 2 der Satzung des KAV Bremen.

Gesamtzahl ihrer Stimmen immer der jeweiligen Stimmenzahl der übrigen Mitglieder zusammen entspricht.[94] Dieser Grundsatz beim Stimmrecht in der Mitgliederversammlung gilt gleichermaßen auch bei Beschlüssen des Hauptausschusses. Bei den Beschlüssen des Vorstandes des KAV Bremen wird die Stimmengleichheit mit sonstigen Mitgliedern durch die paritätische Besetzung mit vier VertreterInnen der bremischen Gebietskörperschaften erreicht.

94 Vgl. § 11 Abs. 2 der Satzung des KAV Bremen.

15.4 Tarifliche Sonderstellung des KAV Bremen

Der KAV Bremen hat innerhalb der kommunalen Arbeitgeberverbände in den anderen Bundesländern eine Sonderstellung, die insbesondere aus der späten Gründung des KAV Bremen und seiner speziellen Mitgliederstruktur zu erklären ist. In den anderen kommunalen Arbeitgeberbänden sind regelmäßig die Gemeinden, Gemeindeverbände und sonstige öffentlich-rechtliche Körperschaften, Anstalten und Stiftungen sowie kommunale Unternehmen, Organisationen und Einrichtungen Mitglied. Allein durch diese Mitgliedschaft sind diese Mitglieder an das von der VKA mit den Gewerkschaften vereinbarte Tarifrecht des öffentlichen Dienstes gebunden. Sonstige juristische Personen des öffentlichen oder privaten Rechts können eine sog. Gastmitgliedschaft eingehen. Diese Gastmitglieder sind dann nicht automatisch an das VKA-Tarifrecht gebunden und können auch keinen Einfluss auf die Fortentwicklung des kommunalen Tarifrechts bei der VKA nehmen.

Beim KAV Bremen können dagegen neben den bremischen Gebietskörperschaften alle Körperschaften, Anstalten und Stiftungen des öffentlichen Rechts sowie sonstige Unternehmen, Vereine und Stiftungen des privaten Rechts Mitglied werden, ohne dadurch eine Tarifbindung eingehen zu müssen. Die Mitgliedschaft im KAV Bremen entspricht somit de facto der Gastmitgliedschaft in einem der anderen kommunalen Arbeitgeberverbände, ohne dass es eine solche Mitgliedschaft im KAV Bremen überhaupt gibt.

15.4.1 Tarifbindung der Mitglieder im KAV Bremen

Der KAV Bremen wurde zum 1. Januar 1995 Mitglied bei der Vereinigung der kommunalen Arbeitgeberbände (VKA). Zu diesem Zeitpunkt fanden für die meisten damaligen Mitglieder des KAV Bremen entweder das Tarifrecht der Länder (regelmäßig direkt oder indirekt der Bundes-Angestelltentarifvertrag [BAT-Bund/Länder] und der Manteltarifvertrag für Arbeiterinnen und Arbeiter des Bundes und der Länder [MTArb]) oder aber individualrechtliche Vereinbarungen Anwendung. Es musste daher sichergestellt werden, dass durch den Beitritt des KAV Bremen zur VKA für dessen Mitglieder keine automatische Bindung an das Tarifrecht der VKA erfolgte (damals regelmäßig der Bundes-Angestelltentarifvertrag [BAT-VKA] und der Bundesmanteltarifvertrag für Arbeiter gemeindlicher Verwaltungen und Betriebe [BMT-G II]).

Die Frage der Geltung des VKA-Tarifrechts für die Beschäftigten der Mitglieder des KAV Bremen wurde deshalb in einem speziellen Tarifvertrag von der VKA und den Gewerkschaften vereinbart (sog. Berger-TV, benannt nach dem damaligen Geschäftsführer der VKA).[95] Danach ist das VKA-Tarifrecht für die Beschäftigten einzelner Mitglieder des KAV Bremen nur dann anzuwenden, wenn und soweit dies ausdrücklich – ggf. mit besonderen Maßgaben – durch einen entsprechenden Anwendungstarifvertrag bestimmt wird. Ohne solche Anwendungstarifverträge blieben die Mitglieder des KAV Bremen somit trotz ordentlicher Mitgliedschaft weiterhin tarifungebunden und mussten die bestehenden Arbeitsbedingungen für ihre Beschäftigten nicht anpassen.

15.4.2 Tarifgeltung bei den bremischen Gebietskörperschaften im KAV Bremen

Im vorgenannten »Berger-TV« über die Geltung des VKA-Tarifrechts für Mitglieder des KAV Bremen wurden im Geltungsbereich die Angestellten und angestelltenrentenversicherungspflichtigen Auszubildenden des Landes und der Stadtgemeinde Bremen sowie der Stadt Bremerhaven ausgenommen. Dies lag seinerzeit darin begründet, dass für diese Gruppe von Beschäftigten und Auszubildenden das Tarifrecht der Länder Anwendung fand und weiterhin finden sollte. Darüber hinaus blieb die Freie Hansestadt Bremen mit dieser Gruppe von Beschäftigten und Auszubildenden weiterhin Mitglied der Tarifgemeinschaft deutscher Länder (TdL).

Für die ArbeiterInnen und arbeiterrentenversicherungspflichtigen Auszubildenden des Landes und der Stadtgemeinde Bremen sowie der Stadt Bremen wurde dann aber mit Wirkung vom 1. April 1995 die grundsätzliche Geltung des VKA-Tarifrechts in dem sog. Überleitungs-TV Bremen vereinbart.[96] Dieser Überleitungstarifvertrag für die bremischen Gebietskörperschaften regelt neben der grundsätzlichen Anwendung des VKA-Tarifrechts vor allem die besonderen Maßgaben, die insbesondere daraus resultierten, dass wegen der früheren Anwendung des Tarifrechts der Länder zahlreiche Anpassungen notwendig waren.

95 Vgl. Tarifvertrag über die Geltung des VKA-Tarifrechts für die Beschäftigten der Mitglieder des KAV Bremen vom 17. Februar 1995.

96 Tarifvertrag über die Geltung des VKA-Tarifrechts für die Arbeiter und arbeiterrentenversicherungspflichtigen Auszubildenden des Landes und der Stadtgemeinde Bremen sowie der Stadt Bremerhaven (Überleitungs-TV Bremen) vom 17. Februar 1995.

Im Zuge der Aufgabe der rentenversicherungsrechtlichen Unterscheidung der Statusgruppen »Angestellte« und »ArbeiterInnnen« zum 1. Januar 2005 wurde die Differenzierung nach Statusgruppen mit der Tarifreform für den öffentlichen Dienst grundsätzlich aufgegeben. Die neuen Tarifverträge TVöD[97] und TV-L[98] lösten die bisherigen Tarifverträge BAT und BMT-G II bzw. MTArb ab und gelten für beide Statusgruppen, die nun allgemein Beschäftigte genannt werden.

Wegen des Wegfalls der Differenzierung nach Statusgruppen ergab sich die Notwendigkeit einer neuen Tarifzuordnung in den bremischen Gebietskörperschaften. Im Grundsatz finden für die Beschäftigten in den kommunalen Wirtschafts- und Eigenbetrieben der Stadtgemeinde Bremen der TVöD und für alle anderen Beschäftigten der Freien Hansestadt Bremen (Land und Stadtgemeinde) der TV-L Anwendung. Bei der Stadt Bremerhaven findet für alle Beschäftigten grundsätzlich der TVöD Anwendung, nur für die Lehrkräfte wird das Tarifrecht der Länder, also der TV-L angewendet.

15.4.3 Tarifgeltung bei den Mitgliedern des KAV Bremen

Bei den sonstigen Mitgliedern des KAV Bremen stellt sich die Situation der Tarifanwendung höchst unterschiedlich dar. Es gibt Mitglieder mit einer durch Anwendungstarifvertrag hergestellten Tarifbindung an den Tarifvertrag für den öffentlichen Dienst (TVöD) oder an den Tarifvertrag für den öffentlichen Dienst der Länder (TV-L). Darüber hinaus gibt es tarifungebundene Mitglieder, die ausschließlich individualvertragliche Abreden treffen oder individualvertraglich einen Tarifvertrag ganz oder teilweise vereinbaren. Im Weiteren haben einzelne Mitglieder auch Haustarifverträge mit mehr oder weniger starker Anlehnung an die Tarifverträge des öffentlichen Dienstes vereinbart.

97 Der Bund und die VKA vereinbarten den Tarifvertrag für den öffentlichen Dienst (TVöD) vom 13. September 2005.

98 Die TdL vereinbarte den Tarifvertrag für den öffentlichen Dienst der Länder (TV-L) vom 12. Oktober 2006.

15.5 Bedeutung des KAV Bremen

Der KAV Bremen hat mittlerweile etwa 90 Mitglieder mit insgesamt ca. 30.000 Beschäftigten. Die Mitglieder des KAV Bremen kommen aus den Bereichen Krankenhäuser, Entsorgung, Flughäfen, Pflege- und Betreuungseinrichtungen sowie Nahverkehr und Verwaltung, also allen Sparten des TVöD. Neben den drei bremischen Gebietskörperschaften handelt es sich um öffentlich-rechtliche und private Betriebe und Einrichtungen in Bremen und Bremerhaven. Viele der heutigen Mitglieder sind durch Aufgabenverlagerungen von kommunaler Trägerschaft auf privatrechtliche Betriebe und Einrichtungen entstanden. Zur Fortgeltung der bestehenden Standards bei den Arbeitsbedingungen der Beschäftigten wurden dann durch Mitgliedschaft im KAV Bremen entsprechende Tarifverträge vereinbart.

Eine Reihe dieser privatisierten bremischen Gesellschaften und Einrichtungen sind auch nicht ganz freiwillig Mitglied im KAV Bremen geworden. Das Land und die Stadtgemeinde Bremen hatte sie durch einen Tarifvertrag[99] verpflichtet, Mitglied im KAV Bremen zu werden, um dort dann eine Tarifbindung an das VKA-Tarifrecht einschließlich des ergänzend vereinbarten bezirklichen Tarifrechts des KAV Bremen herzustellen. Die Gewerkschaften wollten damit eine Tarifflucht der privatisierten Betriebe und Einrichtungen verhindern, aber auch arbeitgeberseitig bestand durchaus das Interesse, einheitliche Arbeitsbedingungen im »Konzern Bremen« zu wahren. Dem KAV Bremen kam insofern eine ordnende Funktion bei der Gestaltung der Arbeitsbedingungen für die Beschäftigten seiner Mitglieder zu.

15.5.1 Bedeutung des KAV Bremen für die Mitglieder

Der KAV Bremen wahrt die gemeinsamen Interessen seiner Mitglieder als ArbeitgeberInnen gegenüber ihren Beschäftigten und schließt zu diesem Zweck im Auftrag seiner Mitglieder Tarifverträge und andere Vereinbarungen, die der Ausgestaltung der Arbeitsverhältnisse zwischen den Mitgliedern und ihren Beschäftigten dienen. Er berät und unterstützt seine Mitglieder in allen arbeits- und sozialrechtlichen Fragen und vermittelt den Erfahrungsaustausch auf diesen Gebieten. In Einzelfällen übernimmt

99 Rahmentarifvertrag zur sozialen Absicherung im Falle von Privatisierungen vom 25. Januar 1999.

der KAV Bremen für seine Mitglieder auch die Prozessvertretung in arbeitsgerichtlichen Auseinandersetzungen. Für die öffentlich-rechtlichen Mitglieder berät und unterstützt der KAV Bremen darüber hinaus auch in dienstrechtlichen Fragen.[100]

Der KAV Bremen hat sich bei seinen Mitgliedern als Beratungsinstanz insbesondere in arbeits- und tarifrechtlichen Fragen etabliert. Durch die aktive Einflussnahme und Mitgestaltung bei der Fortentwicklung des Tarifrechtes des öffentlichen Dienstes sowohl im Bereich der VKA als auch der TdL (wegen der Personalunionen im KAV Bremen und dem Tarifreferat des Senators für Finanzen) kann der KAV Bremen die Interessen seiner Mitglieder direkt berücksichtigen. Des Weiteren können tarifvertragliche Reformen, wie z. B. die Ablösung des BAT durch den TVöD bzw. den TV-L oder die Neufassungen der Entgeltordnungen zu diesen Tarifverträgen, schnell und auf kurzem Wege bei den Mitgliedern durch gezielte Schulungen oder Inhouseseminare umgesetzt werden.

15.5.2 Bedeutung des KAV Bremen für die Freie Hansestadt Bremen

Für die Freie Hansestadt Bremen hat der KAV Bremen über die normale Beratungs- und Unterstützungsleistung für seine Mitglieder hinaus eine besondere Bedeutung. Diese besondere Bedeutung resultiert zum einen aus den bereits beschriebenen besonders engen personellen Verflechtungen zwischen dem KAV Bremen und dem/der SenatorIn für Finanzen, zum anderen aber auch daraus, dass die Freie Hansestadt Bremen das größte Mitglied und die mit Abstand größte Beitragszahlerin im KAV Bremen ist. Diese besondere Situation bringt es mit sich, dass der KAV Bremen oft auch die Arbeitgeberfunktion für die Freie Hansestadt Bremen ausfüllen muss, was sich im Zusammenhang mit der Auflösung der damaligen Senatskommission für das Personalwesen[101] und der damit verbundenen Verlagerung von Entscheidungsbefugnissen auf die senatorischen Dienststellen noch verstärkt hatte.

Eine besondere Rolle des KAV Bremen ist in diesem Zusammenhang die Mitwirkung bei der tarifrechtlichen und auch beamtenrechtlichen Be-

100 Vgl. § 4 der Satzung des KAV Bremen.

101 Die Senatskommission für das Personalwesen war die oberste Personalbehörde der Freien Hansestadt Bremen und wurde zum 1. Januar 2000 aufgelöst. Die ministeriellen Aufgaben wurde auf den Senator für Finanzen verlagert und operative Aufgaben (insbesondere Zahlbarmachung der Bezüge) auf den neu gegründeten Landeseigenbetrieb Performa Nord.

wertung von Arbeitsplätzen und Dienstposten. Die senatorischen und die ihnen gleichgestellten Dienststellen können hier den KAV Bremen mit der Erstellung eines Bewertungsgutachtens beauftragen. Auch wenn die Entscheidungshoheit beim Auftraggeber bleibt, ergibt sich dennoch eine gewisse Richtungsweisung durch die Stellungnahme des KAV Bremen. In bestimmten Verfahren, z. B. bei Qualifizierungsverfahren für Laufbahnwechsel im Beamtenbereich, wird die Stellungnahme des KAV Bremen sogar als Tatbestandsvoraussetzung vorgegeben. Der KAV Bremen nimmt somit erheblichen Einfluss auf das Eingruppierungs- und Bewertungsgefüge der bremischen Verwaltung.

Die zentrale Rolle der Freien Hansestadt Bremen als größtes Mitglied und größte Beitragszahlerin ist seit Gründung des KAV Bremen zwar unverändert, die Größenverhältnisse haben aber dennoch eine nennenswerte Verschiebung erfahren. Diese Verschiebungen haben sich insbesondere dadurch ergeben, dass sich die Beschäftigtenzahlen insgesamt bei den Mitgliedern des KAV Bremen etwa verdoppelt haben. Gleichzeitig ergaben sich durch Ausgliederungen (z. B. bei den bremischen kommunalen Kliniken mit knapp 9.000 Beschäftigten) auch Verschiebungen aus dem Kernbereich der Freien Hansestadt Bremen zu den sonstigen Mitgliedern des KAV Bremen.

Dennoch bleibt festzuhalten, dass die Freie Hansestadt Bremen neben der Stadt Bremerhaven das zentrale Mitglied des KAV Bremen ist und die Entwicklungen im KAV Bremen maßgeblich beeinflusst. Auf der anderen Seite bestimmt der KAV Bremen durch seine tarifpolitischen Einbindungen bei VKA und TdL maßgeblich die Interessen der Freien Hansestadt Bremen als Arbeitgeberin gegenüber ihren Beschäftigten.

16

Reformprojekte Haushalt

16.1 eHaushalt

Im Rahmen des Programms zur Neuordnung der Aufgabenwahrnehmung wurde im Jahr 2015 bei der Senatorin für Finanzen in einem Projekt zum Berichtswesen, das sich dem Umfang, Erstellungsaufwand und der Verwertbarkeit widmete, festgestellt, dass die wirkungsorientierte Steuerung des Haushalts durch mehr Transparenz und Interaktivität im Rahmen eines webbasierten Management-Informations-Systems deutlich gesteigert werden könnte.

Im Oktober 2017 haben der Senat und die Bürgerschaft der Freien Hansestadt Bremen den konkreten Auftrag zur Umsetzung des Projekts eHaushalt erteilt. Zielsetzung des Projekts ist der Aufbau eines zentralen elektronischen Management-Informations-Systems zur verbesserten Haushaltsdarstellung und -analytik. Durch einen ständig aktuellen Überblick über die im Haushalt festgelegten Ziele, Maßnahmen und Kennzahlen sollen Politik und Verwaltung verbesserte wirkungsorientierte Steuerungsinstrumente bereitgestellt werden.

In einer ersten Umsetzungsstufe wurden zunächst das Haushaltscontrolling, Pilotbereiche der wirkungsorientierten Steuerung sowie das Beteiligungsinformationssystem im eHaushalt eingerichtet. Das Projekt wurde gemeinsam mit der Firma hfp durchgeführt, die die Standardsoftware elektronisch Planen, Budgetieren und Navigieren (ePBN) entwickelt und an die erforderlichen bremischen Anforderungen angepasst hat.

Der ePBN stellt dabei für unterschiedliche Aufgabenbereiche und Anforderungen jeweils eigene ePBN-Clients (Clients) zur Verfügung.

Die drei für die AnwenderInnen relevanten Clients sind das Navigationssystem (NAS), die Ziel-Mengen-Erfassung (ZME) und das Dashboard.

Dabei dient der NAS als Anzeige- und Auswertungstool für die im eHaushalt hinterlegten Daten. In der ZME können Daten erfasst werden. Das Dashboard stellt Daten in hoch aggregiertem Zustand dar.

Während des Vergabeverfahrens zur Auswahl der auf ein BI-System basierenden Software war es den Entscheidungsträgern der Freien Hansestadt Bremen besonders wichtig, dass die IT-Lösung neben den typischen Funktionalitäten privatwirtschaftlicher BI-Verfahren auch über praxiserprobte Standardfunktionalitäten zur Abbildung von politischen Zielsetzungen und Leistungsindikatoren verfügt.

Mit dem eHaushalt konnte eine zentrale und einheitliche Datenbasis zur Steuerung der bremischen Haushalte geschaffen werden. In der ersten Umsetzungsstufe werden die steuerungsrelevanten Daten aus dem SAP-Finanzverfahren, dem Personalmanagementverfahren PuMa, den Fachverfahren OK-Jug und Prosoz sowie weitere sozioökonomische Rahmendaten der statistischen Ämter in das Datawarehouse des ePBN hineingeladen. Die Daten zu den bremischen Beteiligungen lagen bisher mehrheitlich dezentral in Excel vor und werden nun automatisiert in den eHaushalt übernommen.

Zusätzlich zu den automatisiert übernommenen Daten können über eine Web-Erfassung in der ZME weitere Informationen wie z. B. Kommentierungen zu Zielerreichungen erfasst werden.

Im bremischen Produktgruppenhaushalt wurden Zielsetzungen bislang als Freitext und Leistungsindikatoren ergänzend im Plan und Ist erfasst, ohne dass diese Indikatoren einer konkreten Zielsetzung zugeordnet waren.

Die Verbindung der Ziele und Indikatoren wird durch die Einführung des eHaushalts möglich und stellt für die Verwaltung einen erheblichen Mehrwert dar. Der eHaushalt wurde eingeführt, um Entscheidungsprozesse in der Verwaltungssteuerung auf allen Ebenen durch eine adressatengerechte und zeitnahe Bereitstellung von Steuerungsinformationen zu unterstützen. Er ermöglicht dabei die bedarfs- und adressatengerechte Analyse von Wirkungszusammenhängen zwischen Ressourceneinsatz und Zielerreichung auf Basis von Fach-, Personal- und Finanzzielen.

Für Auswertungen im eHaushalt stellt die eingesetzte Standard-Software ePBN zwei unterschiedliche Berichtssysteme zur Verfügung.

Für den mobilen Zugriff und primär für die Ebene der strategischen Gesamtsteuerung werden für die Verwaltungsführung und die politische Steuerung vorrangig aggregierte Datenlagen zum Gesamthaushalt und einzelnen Politikfeldern stärker grafisch aufrufbar durch Dashboards angeboten.

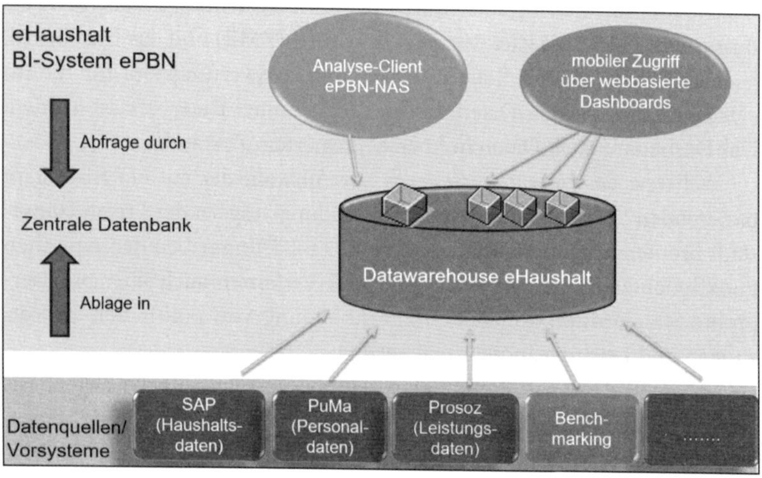

Für eine tiefergehende inhaltliche Betrachtung ermöglicht das Navigationssystem ePBN-NAS eine detaillierte Analyse der Finanz-, Personal- und Leistungsdaten. Technisch ist hier eine integrierte Analyse von Zielerreichung und Ressourceneinsatz möglich.

Zusätzlich zur Analysefunktion unterstützt der eHaushalt die Erstellung von Berichten im Sinne von formatierten Standardberichten sowie Ad-Hoc- und Persönlichen Berichten.

Standardberichte sind sehr einfach zu erzeugende Berichte, die häufig erstellt werden. Berichtsinhalt und Berichtslayout sind fest definiert, so dass der jeweilige Bericht lediglich ausgeführt und dadurch mit aktuellen Daten im definierten Format ausgegeben wird.

Ad-Hoc-Berichte werden im Excel-Format ausgegeben. Für die Erstellung des Berichtes steht ein Berichtsassistent zur Verfügung, der durch die relevanten Schritte führt. Ein Ad-Hoc-Bericht steht nach der Ausführung nicht weiter zur Verfügung. In diesem Fall besteht optional die Möglichkeit der Erstellung eines Persönlichen Standardberichts. Der Persönliche Standardbericht unterscheidet sich vom Ad-Hoc-Bericht im Wesentlichen dadurch, dass ein Berichtsname vergeben wird und dieser Bericht wiederholt ausgeführt werden kann.

Mit der Einführung des eHaushalts hat man sich das Ziel gesetzt, bestehende Redundanzen auf eine einheitliche Datenbasis zu stellen und gleichartige Darstellungsmengen des Berichtswesens zu reduzieren. Der eHaushalt gibt einen ständig aktuellen Überblick über die Zielerreichung der Produktpläne, -bereiche und -gruppen sowie deren Maßnahmen. Es stehen zeitnah Informationen zur Verfügung, ob die angestrebten Ziele erreicht werden oder gefährdet sind und über die Kommentierungsfunktion kann eine entsprechende Begründung direkt erfasst werden. Der eHaushalt wird damit das klassische papierbasierte Berichtswesen zu großen Teilen ersetzen.

Durch die Integration der Daten des Kernhaushalts und der Beteiligungen ermöglicht der eHaushalt technisch eine ganzheitliche Sicht auf den Ressourceneinsatz und die Leistungsindikatoren der einzelnen Politikfelder, unabhängig von der jeweiligen Rechtsform, in der die öffentliche Wahrnehmung durchgeführt wird.

Flexible Verknüpfungen der in den eHaushalt importierten Grunddaten zu weiteren Zielsystemen ermöglichen einen zusätzlichen Ansatzpunkt für wirkungsorientierte Analysen des Verwaltungshandelns. So wurde im eHaushalt eine Zuordnung der Produktgruppen mit ihren Finanz- und Leistungsdaten zu den 17 UN-Nachhaltigkeitszielen vorgenommen.

Für die politisch-administrative Steuerung ergeben sich durch die Verknüpfung bisher nur getrennt verfügbarer Daten und neuen technischen Möglichkeiten der Datenaufbereitung Wege zur Generierung von deutlich verbesserten Steuerungsinformationen.

Die Digitalisierung bietet Potenziale für eine Weiterentwicklung der bestehenden Instrumente der politisch-administrativen Steuerung. Die Hebung dieser digitalen Potentiale und die tatsächliche Nutzung der generierbaren Steuerungsinformationen werden entscheidend sein für eine verbesserte Erreichung von politischen und gesellschaftlichen Zielsetzungen sowie verbesserte Verwaltungsabläufe.

16.2 HKR 4.0 – die Digitalisierung des Haushalts-, Kassen- und Rechnungswesen

Das Haushalts-, Kassen- und Rechnungswesen der Öffentlichen Verwaltung bildet alle Prozesse des Haushaltsmanagements (Haushaltsplanung, -aufstellung und -vollzug), des Zahlungsverkehrs, des internen und externen Rechnungswesens (Buchhaltung, Controlling und Rechnungslegung) sowie der Statistik und der Vergleichsrechnung ab.

Für das Haushalts-, Kassen- und Rechnungswesen der Freien Hansestadt Bremen werden, nach der Ära der automatisierten Datenverarbeitung (ADV, aus heutiger Sicht die HKR 1.0 Systeme) mittels proprietärer und schwerfälliger Großrechnerverfahren, bereits seit Anfang der 2000er-Jahre marktführende, im Dialog arbeitende und miteinander über Schnittstellen verbundene, aktuelle EDV-Verfahren genutzt (somit das HKR 2.0). Dies gilt sowohl für das Land und die Stadt Bremen als auch für die Stadt Bremerhaven. Diese Systeme und Anwendungen wurden seit ihrer Produktivsetzung durch die Hersteller und z. T. unter Mitwirkung der Interessenvertretungen der jeweiligen AnwenderInnengemeinschaft gepflegt und durch sog. Release-Wechsel weiterentwickelt. Somit kann man die derzeitige Ausprägung dieser Fachverfahren auch in Zeiten der sich forcierenden Digitalisierung in der Öffentlichen Verwaltung durchaus noch als »State of the Art« bezeichnen (quasi das HKR 3.0).

Dieser Status trifft aber einerseits nur für die derzeitig praktizierte Software-Nutzung zu und ist andererseits, aufgrund der veröffentlichten Produktstrategien der Software-Anbieter, auch nicht mehr lange aufrechtzuerhalten. Außerdem sind die inzwischen formulierten und umzusetzenden

Anforderungen der Digitalisierungsstrategie der FHB, z. T. auch flankiert und gestützt durch EU-, Bundes- und Landesgesetzgebungen, mit den derzeit genutzten Produkten, wenn überhaupt, nur schwer zu realisieren. Dies würde auch höchstwahrscheinlich keinen Sinn ergeben, da die Software-Hersteller in absehbarer Zeit den Support für ihre »Oldtimer« einstellen werden. Es ist daher, und nicht nur aus den vorgenannten Gründen, angebracht, sich intensiv mit der Projektierung zum Umstieg in die Nutzung einer neuen Generation der HKR-Software zu beschäftigen (HKR 4.0). Dieser Beitrag bietet dazu einen Blick in die Werkstatt der Arbeiten und Planungen für den Umstieg in die nächste HKR-Software-Generation, die für die Land- und Stadtgemeinde Bremen angelaufen sind (Stand Anfang 2020).

16.2.1 Einordnung und Abgrenzung

Kernkomponente der für das Haushalts-, Kassen- und Rechnungswesen in der Land- und Stadtgemeinde Bremen und der Stadtgemeinde Bremerhaven genutzten EDV-Fachverfahren ist, ebenso wie in den meisten Gebietskörperschaften der Bundesrepublik, ein sog. ERP-System (Enterprise-Resource-Planning). Bremen bedient sich dazu der Software der Firma SAP, Bremerhaven nutzt das Anwendungspaket ProFiskal (ehemals Dogro, jetzt Unit4). ERP-Systeme sind in der Öffentlichen Verwaltung und der Wirtschaft von zentraler Bedeutung, da mittels ihrer für den jeweiligen Einsatzzweck anpassbaren und optimierbaren Funktionalität es ermöglicht wird, die komplexe organisatorische Aufgabe, Ressourcen wie Kapital, Personal, Betriebsmittel, Material und Informations- und Kommunikationstechnik im Sinne des Organisations- bzw. Unternehmenszwecks rechtzeitig und bedarfsgerecht zu planen, zu steuern und zu verwalten.[102]

Auf Grundlage dieser zentralen Funktionalität, mit der alle geschäftsrelevanten Bereiche im Zusammenhang betrachtet werden können, sollten die Überlegungen zur Gestaltung und Implementierung von HKR 4.0 immer beim ERP-System beginnen. Diese Fokussierung bedeutet nicht, dass bei den per Schnittstelle angebundenen über 30 Fachverfahren kein Handlungsbedarf besteht. Dieser ist aber in einem frühen Stadium nicht immer identifizierbar und auch stark abhängig von einer erwarteten, erweiterten Funktionalität, die mit HKR 4.0 erreicht werden soll.

Ebenso bedeutet die vorgenannte Fokussierung nicht, dass es in Bremerhaven keine Planungen für einen Umstieg in die Software-Generati-

102 Vgl. Wikipedia-Eintrag zu Enterprise-Resource-Planning, aufgerufen am 26. Mai 2020.

on HKR 4.0 gibt. Bremen und Bremerhaven befinden sich zusammen mit dem IT-Dienstleister Dataport im engen Austausch zum Thema HKR 4.0, um mögliche Synergieeffekte zu identifizieren und, wenn wirtschaftlich sinnvoll, gemeinsam nutzbar zu machen.

16.2.2 Ausgangssituation

Um bei einer Reise das »Wie« und »Wohin« planen zu können, ist es unerlässlich, den Ausgangspunkt zu kennen. Daher erfolgt vorab an dieser Stelle eine kurze Bestandsaufnahme der aktuell eingesetzten SAP-Landschaft und -Nutzung sowie eine Betrachtung des darin abgebildeten Rechnungswesens.

Bei dem in Bremen genutzten SAP-Systems handelt es sich um die derzeit noch aktuelle Version SAP ERP Central Component (ECC) 6.0, die eine klassische und bis zur Verbreitung von Web-Anwendungen dominante, dreigliedrige (three-tier) Client-Server-Architektur nutzt:

- Datenbank-Server,
- Applikationsserver,
- Arbeitsplatzrechner (Clients).

Das SAP-System der FHB wird, zusammen mit einer Vielzahl von SAP- und anderen Fachverfahren der Dataport-Trägerländer, in einem hochmodernen, energieeffizienten, BSI- und TÜV-zertifizierten Zwillingsrechenzentrum (Twin-RZ[2]) betrieben und ist in einer ebenso klassischen SAP-Systemlandschaft mit getrennten Systemen für Entwicklung, Qualitätssicherung/Test, Produktion und Schulung aufgebaut. Komplettiert werden die für die HKR-Funktionalität notwendigen SAP-Systeme durch zwei Service-Systeme (SAP Solution Manager) für das Systemmanagement und zur Unterstützung von Systemtests.

In der Kernverwaltung, den Eigenbetrieben und Gesellschaften sowie der Universität und den Hochschulen der FHB werden neben den unverzichtbaren Kernmodulen des Rechnungswesens FI und CO die für den öffentlichen Sektor entwickelte »Industrielösung« PSM sowie Module für die Materialwirtschaft (MM), den Vertrieb, das Finanzmanagement (TR) und die Immobilienwirtschaft (RE-FX und LUM) eingesetzt. Komplettiert werden die Software-Module durch die Middleware-Plattform SAP Process Orchestration (PO), die eine Verbindung zwischen dem SAP-System und Fremdsystemen, wie zukünftig dem elektronischen Katalogsystem BreKat, herstellt.

Die Kernverwaltung, die Eigenbetriebe und Gesellschaften sowie die Universität und die Hochschulen nutzen dabei unterschiedlich aufgebaute und ausgeprägte Rechnungswesen in zwei unabhängigen SAP-Mandanten und insgesamt 36 unabhängigen Buchungskreisen.

Die Kameralistik (SAP Modul PSM) ist in der Kernverwaltung Bremens das führende System. Außerdem wird das externe und interne Rechnungswesen genutzt, also die SAP-Module FI und CO. Die Werte dazu werden aus dem Modul PSM gezogen. Im SAP-Modul PSM ist die Finanzposition führend, aus der sich das Sachkonto für das FI herleitet, das als Erfolgskonto der Kostenart im CO gleich ist. Aus den Werten der Sachkonten wird die Bilanz erstellt (FI) sowie die Kosten- und Leistungsrechnung (CO). Um dies abbilden zu können, war es nötig, das kameral aufgebaute Haushaltsmanagement im Modul PSM mit der Finanzbuchhaltung und der Kosten- und Leistungsrechnung in den doppisch strukturierten Kernmodulen FI und CO mittels eines in der FHB selbst entwickelten Integrationsmodells zu verbinden. Die übrigen Einheiten im SAP-System der FHB bedienen sich der doppelten Buchführung (Doppik).

16.2.3 Bedingungsrahmen

Für ein Projekt zur Umstellung eines aktiven ERP-Systems gelten Bedingungen, die nachfolgend kurz und nicht abschließend dargestellt werden.

Rechtliche und andere Anforderungen
Die Implementierung und Ausprägung einer neuen HKR-Software-Landschaft muss EU-Recht, wie z. B. der Verordnung (EU) 2016/679 des Europäischen Parlaments und des Rates vom 27. April 2016 zum Schutz natürlicher Personen bei der Verarbeitung personenbezogener Daten und zum freien Datenverkehr (Datenschutzgrundverordnung, DSGVO) sowie dem deutschen Gesetz zur Verbesserung des Onlinezugangs zu Verwaltungsleistungen (OZG, vom 14. August 2017), gerecht werden. Außerdem soll die Projektumsetzung den Rahmenvorgaben der Digitalisierungsstrategie für die Verwaltung der Freien Hansestadt Bremen (Verwaltung 4.1)[103] folgen und sich damit im Einklang mit anderen Digitalisierungsprojekten befinden.

103 Vgl. Verwaltung 4.1 – eine E-Government- und Digitalisierungsstrategie für die Freie Hansestadt Bremen (2018).

Ressourcen

Für ein mehrjähriges Projekt, das einer Neueinführung eines ERP-Systems nahekommt, stellt sich in besonderem Umfang und mit besonderer Wichtigkeit die Ressourcenfrage. Wie üblich bei derartigen Projekten ist Knowhow die wichtigste Ressource, weshalb sich die Projektmannschaft aus verwaltungsinternen und externen Fachleuten zusammensetzen wird (vgl. Projekt Land-Stadt-Trennung). Diese stehen aber in der Verwaltung, aufgrund von Linien- und anderen Projekttätigkeiten, und bei Beratungsunternehmen, durch den steigenden Bedarf an SAP-Umstellungen, nur begrenzt zur Verfügung. Ebenso ist ausreichendes Projektbudget von entscheidender Bedeutung und muss über den Senat und die Haushaltsaufstellung eingeworben werden.

Fachliche Anforderungen

In Workshop-Veranstaltungen wurden FachkollegInnen durch Dataport und SAP mit den Veränderungen und Möglichkeiten der neuen ERP-Generation vertraut gemacht. Das lebhafte Interesse in den Workshops und die bereits bisher geäußerten, aber noch nicht umgesetzten fachlichen Anforderungen an das bestehende SAP-System lassen auf eine interessante Beratungs- und Implementierung-Phase schließen.

Projektumfeld

Ein produktives ERP-System ist projektseitig insbesondere zeitgleich nur begrenzt belastbar. Daher ist es bei der Projektplanung zum Umstieg in eine neue ERP-Version notwendig, Vorbereitungsprojekte und evtl. tangierende bzw. konkurrierende Projekte sorgfältig in einer Gesamtplanung zu integrieren.

Produktstrategie der Software-Hersteller

Für HKR-Software gilt, wie für andere Industrieprodukte, das Lebenszyklusmodell. Um nicht wie z. B. Volkswagen beim Produktwechsel vom Käfer zum Golf in wirtschaftliche Schwierigkeiten zu geraten (zu lange auf ein nicht mehr konkurrenzfähiges Produkt gesetzt und dann vom Erfolg des Nachfolgeproduktes auf Gedeih und Verderb abhängig sein), setzt heute die Einführung eines Nachfolgers z. T. lange vor der sog. Abkündigung des noch aktuellen Produktes ein. Allerdings sind bei diesem Vorgehen die ersten KundInnen oftmals auch sog. Beta-Tester, und die Reaktionen des Marktes fließen beständig in die noch nicht abgeschlossene Produktentwicklung ein. Daher sind viele Software-Kunden sehr zurückhaltend, wenn es darum geht,

z. B. die für das HKR essenzielle ERP-Software auf eine neue Produktversion umzustellen. Getreu dem Motto: never touch a running system. Allerdings ist das Festhalten am laufenden System nur möglich, solange es eine Wartungszusage für die Software seitens des Herstellers gibt.

Im Fall SAP galt die Zusage noch bis Februar 2020 für das Ende des Jahres 2025. SAP hatte den Kunden seit 2015 die Software-Wartung für die SAP-Lösung ERP ECC 6.0 bis mindestens Ende 2025 garantiert. Anfang Februar 2020 informierte SAP ihre Kunden, dass die Wartungszusage um zwei Jahre bis Ende 2027 verlängert wird und darüber hinaus, gegen zusätzliche Berechnung, drei weitere Jahre bis Ende 2030 möglich seien. Für das ERP-System Bremerhavens steht das Wartungsende auch in den nächsten Jahren bevor, ist aber vom Hersteller noch nicht konkret benannt worden.

16.2.4 Auf dem Weg zu HKR 4.0

Die Arbeiten zum Umstieg in eine neue ERP-Generation befinden sich, Stand Frühjahr 2020, zwar noch im Stadium der Sondierungen. Daher ist vieles noch unklar. Allerdings wird die Frage, ob jetzt der Zeitpunkt für den möglichen Umstieg zu einem ERP-Produkt eines anderen Herstellers möglich sei, in der FHB nicht ernsthaft diskutiert. Auch in der sog. SAP-Community der DACH-Region (Deutschland, Österreich, Schweiz), organisiert in der DSAG (Deutschprachige SAP-Anwendergruppe e. V. mit über 3.500 vertretenen Unternehmen und Einrichtungen), ist diese Diskussionsrichtung nicht wahrnehmbar.

Außerdem wird bei der Planung von einer Umstellung des ERP-Systems für die FHB innerhalb des Rechenzentrumsbetriebes von Dataport ausgegangen (SAP nennt das On-Premise). Eine von SAP intensiv propagierte S/4-Cloud-Lösung wird derzeit im Bereich der Öffentlichen Verwaltungen aus Datenschutz- und Datensicherheitsgründen mit starker Skepsis betrachtet. Interessant könnte aber eine sog. SAP-Private-Cloud werden, über die bei Dataport aktuell für die Verwaltung der Trägerländer nachgedacht wird.

In den Haushaltsjahren 2018/2019 wurden die Tätigkeiten aus den Verstärkungsmitteln »Digitale Verwaltung und Bürgerservice« finanziert und zusammen mit anderen HKR-Projekten im Projektpaket D11 gebündelt:

> *»Unter dem Projektdach D11 ›Auf dem Weg zu HKR 4.0‹ werden vier Schwerpunktvorhaben gebündelt, die gemeinsam die zukünftige Ausrichtung im Haushalts-, Kassen- und Rechnungswesen prägen. So*

> *wird dem übergeordneten Ziel Rechnung getragen, die Voraussetzungen für eine funktionierende und zukunftsfähige Systemlandschaft durch erste Umsetzungsprojekte zu schaffen und zu erhalten sowie eine effiziente, transparente und zeitnahe Bereitstellung von Steuerungsinformationen i. S. eines zentralen Managementinformationssystems zur verbesserten Haushaltsdarstellung und Haushaltsanalytik zu ermöglichen. Die in diesem Initialisierungsprojektrahmen durchgeführten vier Schwerpunktvorhaben sind (a.) E-Prozesse, (b.) eHaushalt, (c.) Modernisierung des SAP-Systems und (d.) Einheitliche Bilanzierungsrichtlinien.«*[104]

Für das Projekt HKR 4.0 – Umstieg auf SAP S/4HANA wurde von der Fachlichen Leitstelle SAP, wie für andere das SAP-System direkt betreffende oder tangierende Projekte, ein Projektsteckbrief angelegt.

16.2.4.1 Ansätze zur Umstellung des ERP-Systems

Zu Beginn der Markteinführung von SAP S/4HANA wurden von SAP zwei Ansätze zur Umstellung eines SAP ERP auf die neue Version S/4HANA präsentiert. Der erste Ansatz, die Neuinstallation, sieht vor, ein System von Grund auf (»der grünen Wiese« oder »Greenfield«) neu zu planen und sämtliche Geschäftsprozesse neu zu definieren. Erscheint es im konkreten Fall bei der Bewertung der Alternativen vorteilhaft, nicht auf der »Grünen Wiese« zu starten, empfiehlt SAP den Brownfield-Ansatz, der darauf basiert, bestehende Geschäftsprozesse durch Re-Evaluierung und Optimierung inkrementell im vorhandenen System zu verbessern.

Inzwischen haben sich verschiedene Mischformen von Umstellungsszenarien etabliert, da die beiden dargestellten »reinen« Ansätze nicht immer den Erfordernissen gerecht wurden. Einen allgemeingültigen Ansatz, der für alle Transformationsprojekte von SAP ERP ECC 6.0 zu SAP S/4HANA gleichermaßen geeignet ist, gibt es nicht. Welcher Ansatz am besten geeignet ist, lässt sich anhand verschiedener Faktoren ermitteln. Für einige SAP-Systemlandschaften und -installationen ist die Greenfield-Methode sinnvoll, während bei anderen der Brownfield- oder ein Hybrid-Ansatz am ehesten angewendet werden sollte.

Zwischen dem reinen Brownfield- und dem reinen Greenfield-Ansatz gibt es die Mischform in unterschiedlichen Ausprägungen mit z. B. mindestens 50 % Anteil des bestehenden Systems (sog. Shell Creation) oder deutlich unter 50 % »Altanteil« (Mix & Match).

104 Vgl. Der Senator für Finanzen, Jahresbericht Handlungsfelder 2019 zur Maßnahme D11.

Für das Projekt HKR 4.0 – Umstieg auf SAP S/4HANA wurde, Stand Frühjahr 2020, noch keine Entscheidung für einen Transformationsansatz getroffen, daher existiert bisher nur eine erste Arbeitsversion für eine Umsetzung eines Brownfield-Ansatzes.

16.2.4.2 Ausblick: Das ERP-System als eine Digitalisierungsplattform

Die machbaren und darüber hinaus denkbaren Anwendungsmöglichkeiten von digitalen Plattformen im Stand-Alone-Betrieb oder in der Vernetzung untereinander sind heute schon sehr vielfältig. So ist es z. B. möglich, Finanzdaten, Geo-Daten und Sensordaten in grafischer Darstellung für ein verbessertes Instandhaltungsmanagement zu nutzen. Auch die Unterstützung oder Teilweise-Automatisierung der Buschhaltung durch Künstliche Intelligenz (KI) bzw. Maschinelles Lernen (ML) wird in der Öffentlichen Verwaltung bereits angedacht.[105]

Auch SAP offeriert diesen Plattform-Ansatz durch die der ERP-Anwendung S/4 HANA zugrunde liegende HANA-Datenbank-Technologie unabhängig vom genutzten Endgerät und für Eigen- und Fremdanwendungen.

SAP HANA liefert als Lösungsplattform neben einer hybriden (d. h. spalten- und zeilenorientierten) In-Memory-Datenbank weitere funktionale Komponenten, deren Algorithmen eng an die Datenbank gekoppelt sind. Die SAP-Anwendungen nutzen diese Funktionen, um nicht nur bisherige Geschäftsprozesse zu beschleunigen und zu vereinfachen, sondern auch neue Ideen umzusetzen, die beispielsweise durch Ad-hoc-Planungs- und Simulationsläufe oder ein direktes Reporting auf operativen Daten möglich werden. Gerade diese neuen Prozessideen, die bisher durch Batch-Läufe ausgebremst bzw. in der bisherigen Informationsarchitektur schwer umsetzbar waren, machen SAP HANA als Digitalisierungsplattform interessant. (Vgl. https://entwickler.de/online/datenbanken/mehr-als-eine-datenbank-115887.html, aufgerufen am 12. Juni 2020.)

105 Vgl. Digitalstrategie für Hamburg, vom 21.01.2020, S. 37.

16.3 Elektronische Rechnung in Bremen, Deutschland und Europa – Modernisierung eines wesentlichen Finanzprozesses

16.3.1 Einleitung

Mit der Einführung von automatisierten Haushalts-, Kassen- und Rechnungswesenverfahren (HKR-Verfahren) bzw. Entreprise Resource Planning Systemen (ERP-Systemen) sind wichtige Finanzprozesse in der öffentlichen Verwaltung bereits vor vielen Jahren automatisiert worden. Die Buchung von Einnahmen und Ausgaben auf Haushaltsstellen (kameral) bzw. Sachkonten (doppisch) erfolgt im HKR-/ERP-System. Haushaltscontrolling, Kontosalden, Auswertung offener Posten etc. sind durch Datenbankabfragen effizient und ohne großen manuellen Aufwand möglich. Auch sind verschiedene Fachverfahren bereits an das HKR-/ERP-Verfahren über Import-/Export-Schnittstellen angebunden.

Dennoch endete die Digitalisierung der Prozessketten bisher zumeist an den Grenzen der eigenen Verwaltung. Lediglich der Zahlungsverkehr, also der Datenaustausch mit den Banken, wurde in der Vergangenheit bereits hinreichend standardisiert und automatisiert. Durchgängig digitalisierte »Order-to-Cash«- und »Purchase-to-Pay«-Prozesse suchte man in deutschen Verwaltungen hingegen vergebens. Und auch im Jahr 2020 sind sie in konsequenter Umsetzung nach wie vor die Ausnahme als die Regel, obwohl ein erhebliches Einsparpotenzial in medienbruchfreien, automatisierten Prozessen gesehen wird. Schätzungen für den öffentlichen Sektor Deutschlands gehen von Einsparpotenzialen zwischen zwei bis fünf Mrd. Euro, einer Prozessverkürzung um etwa 50 % und einer Reduktion des ökologischen Fußabdrucks von ebenfalls etwa 50 % aus (Bernius & Kreuzer 2014, S. 41). Dabei ist zu beachten, dass bei diesen Maßzahlen von »echten« elektronischen Rechnungen in einem strukturierten Format ausgegangen wird, dass automatisiert erstellt, übermittelt, empfangen und verarbeitet werden kann. Gemeint sind damit weder gescannte Papierrechnungen, die einem digitalen Bearbeitungsworkflow zugeführt werden, noch PDF-Dateien, bei denen die Daten über eine Zeichenerkennung (OCR) und Feldzuordnung für die weitere Verarbeitung aufbereitet und validiert werden müssen. Doch wie lässt sich dieses Potenzial heben? Im Folgenden erhalten Sie einen Einblick in die Ziele und den Umsetzungspfad der Einführung der elektronischen Rechnung in Bremen und die Querbezüge zu den Umsetzungen in Deutschland und Europa.

16.3.2 Zielsetzung und Vorgehen Bremens

Abgeleitet aus den politisch-strategischen Zielen des Senats wurden die Leitziele für die Einführung der elektronischen Rechnung in Bremen wie folgt definiert:

1. Die Effizienz des Verwaltungshandelns ist verbessert.
2. Die Effizienz der Kommunikation zwischen Unternehmen und Verwaltung (B2G) ist durch die Etablierung und Nutzung von Standards erhöht.
3. Die Gebietskörperschaften Bremens und ihre Beteiligungen agieren gemeinsam bei der Konsolidierung der Haushalte und werden nach außen hin als eine Einheit wahrgenommen.
4. Eine Kooperation auf Bund-Länder-Ebene unter Federführerschaft des Bundesinnenministeriums und der Freien Hansestadt Bremen, von der Deutschland profitiert, wird etabliert.

Zur Operationalisierung der Leitziele wurden diese auf Mittlerziele heruntergebrochen. Diese sind definiert als:

1. Der Rechtsrahmen für den Umgang mit elektronischen Rechnungen ist geschaffen.
2. Blaupausen für die Umsetzung der E-Rechnung für Deutschland sind erstellt und veröffentlicht.
3. Stadt und Land Bremen sowie bremische Beteiligungen nutzen gemeinsame IT-Komponenten.
4. Der Empfang elektronischer Rechnungen ist realisiert.
5. Der Rechnungsbearbeitungsprozess ist digitalisiert.

Anhand dieser fünf Mittlerziele konnten gezielte Maßnahmen geplant und umgesetzt werden, die zur Einführung der elektronischen Rechnung in Bremen führten.

Das entsprechende Umsetzungsprojekt wurde durch den Senat der Freien Hansestadt Bremen in der zentralen Haushaltsabteilung des/der SenatorIn für Finanzen angesiedelt, da es sich nicht um ein reines IT-Projekt handelte, sondern der Umsetzungserfolg ganz maßgeblich von der Integration in die Haushalts- und Kassenprozesse abhängig war. Zugleich war klar, dass es sich nicht um ein ausschließlich in der Verwaltungssphäre umzusetzendes Projekt handelt, weshalb auch die Geschäftsführungen der Handels- und Handwerkskammer als VertreterInnen der LieferantInnen bzw. RechnungsstellerInnen in die Lenkungsgruppe des Projekts berufen wurden.

16.3.3 Der rechtliche Lösungsplan

Verwaltungshandeln bedarf der rechtlichen Legitimation. Wesentliche Weichen der Verwaltungsdigitalisierung, die unmittelbare Außenwirkung entfalten, werden heute auf europäischer Ebene geschaffen. Beispiele finden sich im Bereich des/der einheitlichen AnsprechpartnerIn mit der Dienstleistungsrichtlinie (2006/123/EG), bei den Vergabeprozessen mit der Richtlinie zur E-Vergabe (2014/24/EU), bei den Vorgaben für Überweisungen und Lastschriften mit der Verordnung für das SEPA-Verfahren (260/2012), bei der Digitalisierung von Verwaltungsleistungen nach dem Once-Only-Prinzip mit der Verordnung zum Single-Digital-Gateway (2018/1724/EU) und eben auch bei der elektronischen Rechnung mit der Richtlinie zu ebendieser (2014/55/EU). Die Richtlinie zur E-Rechnung i. V. m. mit dem Durchführungsbeschluss 2017/1870 der Kommission vom 16. Oktober 2017 war spätestens bis zum 18. April 2019 für zentrale öffentliche AuftraggeberInnen bzw. bis zum 18. April 2020 durch subzentrale öffentliche AuftraggeberInnen umzusetzen. Im Gegensatz zu Verordnungen sind Richtlinien dabei durch eigene Rechtsvorschriften der Mitgliedsstaaten im nationalen Recht umzusetzen. Aufgrund der Berührung des Verfahrens- und materiellen Haushaltsrecht hatte die Umsetzung in Deutschland föderal getrennt auf Ebene des Bundes und der Länder zu erfolgen. In Bremen wurde die EU-Richtlinie in § 4 Abs. 2 des Gesetzes zur Förderung der elektronischen Verwaltung in Bremen (BremEGovG) vom 21. März 2018, i. V. m. der bremischen Verordnung über die elektronische Rechnung (E-Rechnungs-VO) umgesetzt.

Dort ist, der entsprechenden EU-Richtlinie folgend, eine elektronische Rechnung definiert als eine Rechnung, die in einem »strukturierten elektronischen Format ausgestellt, übermittelt und empfangen wird und das Format die automatische und elektronische Verarbeitung der Rechnung ermöglicht«. Die Rechtsverordnung konkretisiert dies auf das Format der Europäischen Norm EN16931 bzw. den Standard XRechnung (s. 16.3.4). Weitere wesentliche Regelungsinhalte adressieren die Mittlerziele 3 und 4. So verpflichtet die Verordnung die Dienststellen, Eigenbetriebe, Sonderhaushalte, Sondervermögen, Anstalten öffentlichen Rechts sowie die Gesellschaften mit Mehrheitsbeteiligung des Landes und der Stadtgemeinden Bremerhaven und Bremen eine einheitliche, zentral bereitgestellte Empfangsinfrastruktur zu nutzen (s. 16.3.5).

Die durch die EU-Richtlinie 2014/55/EU vorgegebene Annahmeverpflichtung für elektronische Rechnungen durch öffentliche AuftraggeberInnen entfaltet ihre Bindungswirkung nur für oberschwellige Vergaben. Um die oben beschriebenen Effizienzeffekte zu realisieren, ist jedoch eine entsprechende Durchdringung erforderlich. Daher hat die Freie Hansestadt Bremen – wie viele andere Bundesländer auch – entschieden, die Annahmeverpflichtung für elektronische Rechnungen durch öffentliche AuftraggeberInnen auch auf unterschwellige Vergaben anzuwenden und dies entsprechend im BremEGovG festgeschrieben.

Darüber hinaus hat das Beispiel anderer europäischer Staaten, wie Dänemark, in der Vergangenheit bereits gezeigt, dass eine Auslastung der IT-Systeme erst mit der Einführung einer Verpflichtung der Rechnungssteller zur Ausstellung und Übersendung von elektronischen Rechnungen erreicht wird. Daher hat Bremen – äquivalent zur Bundesverwaltung – eine LieferantInnenverpflichtung ab 28. November 2020 in der E-Rechnungs-VO angelegt.

16.3.4 Der Interoperabilitäts-Lösungsplan

16.3.4.1 Datenstandardisierung

Ein Informationsaustausch ist nur effizient, wenn sich beide Kommunikationsparteien auf eine einheitliche Sprache verständigen und so auf einen/eine DolmetscherIn verzichten können. Im Fall des elektronischen Datenaustauschs bedeutet dies, dass es einer Verständigung über die Semantik, die Syntax und das Dateiformat bedarf. Nur dann kann das Auslesen der Informationen fehlerfrei automatisiert stattfinden. Der Rechnungsaustausch ist nicht auf einen engen Kreis von AnwenderInnen beschränkt. Schätzungen zufolge sind etwa 45–65 % aller Unternehmen Lieferanten der öffentlichen Hand (Koch 2016, S. 22). Daher ist für die öffentliche Verwaltung als Rechnungsempfänger eine solche Verständigung auf eine einheitliche Semantik und Syntax sowie ein einheitliches Format schwierig und bedarf einer Vorgabe. Standardisierungsvorhaben der Vergangenheit aus verschiedenen Richtungen resultierten in unterschiedlichen, nicht interoperablen Lösungen. Daher hat sich die EU-Kommission entschieden, eine europäische Norm durch das europäische Normungsgremium CEN entwickeln zu lassen. Damit sollte einerseits Interoperabilität der elektronischen Rechnung im europäischen Binnenmarkt geschaffen werden sowie zugleich existierende Lösungen in Verwaltungen anderer europäischer Staaten möglichst weitgehend erhalten bleiben.

Die resultierende Norm EN16931 besteht daher aus einem semantischen Datenmodell für die sog. Kernrechnung. Dies bedeutet, dass mit diesem Datenmodell die wesentlichen Rechnungsprozesse abgebildet werden können – sozusagen der »Kern«, jedoch nicht zwingend alle. Dafür existiert die Möglichkeit, Erweiterungen zu definieren. Erweiterungen sind jedoch nicht mit den sog. Core Invoice Usage Specifications (CIUS) zu verwechseln. Eine CIUS ist eine Benutzungsrichtlinie für das Kerndatenmodell, in dessen Rahmen z. B. optionale Elemente verpflichtend gemacht und semantische Bedeutungen geschärft und weiter eingeschränkt werden können. Erweitert werden darf das Kerndatenmodell bei einer CIUS hingegen nicht. Das einheitliche semantische Datenmodell der europäischen Norm EN16931 ist auf verschiedene, bereits am Markt etablierte Syntaxen durch sog. Syntax Bindings abgebildet. Damit soll dem Investitionsschutz bestehender Lösungen in einigen europäischen Staaten Rechnung getragen werden. Zwei der Syntaxabbildungen sind dabei durch alle öffentlichen AuftraggeberInnen verpflichtend zu verarbeiten: Universal Business Language (UBL 2.1 bzw. ISO/IEC 19845:2015) sowie UN/CEFACT Core Industry Invoice XML (CII 16B).

Bund und Länder in Deutschland haben im Rahmen eines Steuerungsprojekts des IT-Planungsrates (Entscheidung 2015/34) eine gemeinsame CIUS entwickelt und als maßgeblich für die Umsetzung der EU-Richtlinie in Deutschland beschlossen (Entscheidung 2017/22). Diese CIUS spezifiziert die Anforderungen der deutschen Verwaltung an die Verarbeitungsfähigkeit der europäischen Norm einheitlich. Damit wird den LieferantInnen ein Maximum an Investitionssicherheit geboten, denn diese CIUS namens XRechnung wird gem. Beschluss des IT-Planungsrates von allen öffentlichen Verwaltungen Deutschlands akzeptiert. Da es sich nicht um eine Erweiterung, sondern eine CIUS zur Europäischen Norm handelt, besteht mit jeder Softwareimplementierung der Europäischen Norm die Möglichkeit, eine XRechnungs-konforme Rechnungsinstanz zu erzeugen. Dies zeichnet die Interoperabilität der geschaffenen Datenmodelllösung aus. Für eine CIUS und somit auch für XRechnung wird keine eigene Syntaxabbildung definiert, sondern es gilt unmittelbar die für die Europäische Norm definierte.

Was auf den ersten Blick häufig unterschätzt wird, ist die Komplexität eines Datenmodells für eine Rechnung. Eine Rechnung besteht nämlich nicht nur aus Adresse und Bankkonto des Rechnungsstellers, Liefergegenstand und Rechnungsbetrag. Man führe sich vor Augen, welche Komplexität allein die Beschreibung einer Rechnungsposition mit Zuschlägen, Nachlässen, Steuersätzen usw. annehmen kann. Steigt man hier gedanklich tiefer ein, verwundert es dann nicht mehr, dass mit der Europäischen

Norm und somit auch im Standard XRechnung über 160 unterschiedliche Informationselemente im semantischen Datenmodell spezifiziert sind, die dann zum Teil wiederholt in einer Rechnungsinstanz genutzt sein sowie Abhängigkeiten untereinander aufweisen können. Solche Abhängigkeiten sowie verschiedene Validitätsbedingungen sind in über 170 Geschäftsregeln der Europäischen Norm definiert, die von jeder validen Rechnungsinstanz erfüllt sein müssen. Über die CIUS XRechnung kommen lediglich 18 zusätzliche Geschäftsregeln hinzu, die die Benutzung der Europäischen Norm im Kontext der öffentlichen Verwaltung in Deutschland weiter konkretisieren.

Angesichts dieser Komplexität liegt es auf der Hand, dass der Erfolg der elektronischen Rechnung maßgeblich von der Durchdringung des spezifizierten Standards abhängt. Natürlich können auch Transformationsalgorithmen auf andere Standards eingesetzt werden, jedoch nur zu Lasten der Effizienz. Zugleich setzt sich ein Standard nur durch, wenn dessen Relevanz groß genug ist und sich die Investition für einen Rechnungssteller bzw. dessen Softwarehersteller lohnt. Nachdem zunächst eine gewisse Zurückhaltung unter den Softwareherstellern festzustellen war, zeigt sich inzwischen, dass die Durchdringung des Standards XRechnung mit Beginn des Jahres 2020 erheblich zugenommen hat. Dies ist sicherlich auch dem Umstand zu verdanken, dass in der öffentlichen Wahrnehmung die Klarheit und das Vertrauen darüber wächst, dass XRechnung durch die öffentlichen AuftraggeberInnen unterstützt wird und hinter dem Standard verlässliche und ausfinanzierte Betriebs- und Pflegestrukturen über den IT-Planungsrat stehen.

16.3.4.2 Transportstandardisierung

Die Verständigung auf einen Datenstandard ist der erste Schlüssel zur Interoperabilität. Sie löst aber noch nicht die Frage, über welchen Transportweg die Nachrichten zwischen den KommunikationspartnerInnen ausgetauscht werden. Hier sind verschiedene Transportwege möglich (s. 16.3.5.1). Die größte Effizienz ist mit automatisierbaren Transportwegen erreichbar, die nativ die Übertragung von strukturierten Nachrichten vornehmen und dabei ein Sicherheits- und Datenschutzniveau unterstützen, dass auch den Transport sensibler Rechnungsinhalte zulässt. Mit dem offenen und nicht-kommerziellen PEPPOL Transportnetzwerk existiert auf europäischer Ebene bereits eine etablierte Transportinfrastruktur. Im Sinne eines Mindeststandards haben die Mitglieder des IT-Planungsrates beschlossen, dass Bund und Länder, wenn sie einen Webservice für den

Empfang von elektronischen Rechnungen anbieten, auch mindestens PEPPOL anbieten müssen (Entscheidung 2018/46). Mit PEPPOL wird das sog. 4-Corner-Kommunikationsmodell realisiert, bei dem die Inhaltsebene und die Verantwortlichkeit für ebendiese von der Transportebene getrennt wird. Somit kann sich jede Kommunikationspartei um ihr spezifisches Aufgabengebiet kümmern und die nötige Qualität sicherstellen. Ähnliche Providermodell sind z. B. im Bereich der Telekommunikation (z. B. Mobilfunkbetreiber), aber auch in der Kommunikation zwischen Verwaltungen im Bereich der Innenverwaltung etabliert. Im Fall der Rechnung befindet sich der/die RechnungsstellerIn, der/die die Inhalte der Rechnung verantwortet, im Corner 1. Dieser übermittelt die Inhalte des/der RechnungsstellerIn an den Rechnungssender im Corner 2. Dieser ist für den sicheren und zuverlässigen Transport der Nachricht an den/die EmpfängerIn im Corner 3 verantwortlich. Dieser/Diese EmpfängerIn wiederum verantwortet den Empfang der Rechnung und dessen Weiterleitung an den/die RechnungsempfängerIn im Corner 4, der/die sich wiederum um die inhaltliche Prüfung und ggf. Auszahlung der Rechnung kümmert. PEPPOL reguliert durch ein organisatorisches, rechtliches und technisches Rahmenwerk den Transport zwischen Corner 2 und Corner 3. Als offenes, nicht-gewinnorientiertes Netzwerk steht es jeder interessierten Person bzw. Organisation offen, die die Regularien akzeptiert. Dabei funktioniert das Netzwerk nach dem Prinzip »Connect once – connect to all«, was bedeutet, dass, wenn man sich einmal dem Netzwerk angeschlossen hat, unmittelbar alle bereits im Netzwerk befindlichen KommunikationspartnerInnen für den Nachrichtenaustausch zur Verfügung stehen. Bremen hat das Potenzial in PEPPOL frühzeitig erkannt und daher mit dem EU-Projekt »PEPPOL eInvoice for Government in Germany« (PeGGy) einen Grundstein für die Etablierung des PEPPOL-Netzwerks in Deutschland gelegt. Dataport als Partner für den Betrieb des Access Points für Corner 2 und Governikus als Partner für die Softwareentwicklung und Koppelung mit dem Governikus MultiMessenger waren dabei maßgeblich beteiligt. Es wurde eine technische Infrastruktur geschaffen und pilotiert, die durch andere öffentliche Verwaltungen in Deutschland nachgenutzt werden kann. Des Weiteren wurde im Rahmen einer Roadshow über PEPPOL informiert und Hilfen für die Implementierung von PEPPOL und XRechnung für IT-DienstleisterInnen der LieferantInnen und öffentlichen AuftraggeberInnen bereitgestellt. Der Durchdringungserfolg hängt allerdings maßgeblich von der Bereitschaft der weiteren Bundesländer und Kommunen ab, ebenfalls dem PEPPOL-Netzwerk beizutreten. Es ist bereits ein deutlicher Trend in diese

Richtung zu erkennen, aber abgeschlossen ist dieser Prozess bisher nicht. Entsprechend reagieren auch einige Lieferanten bzw. deren Softwarehersteller teilweise noch zögerlich. Aber auch hier ist insbesondere seit Ende 2019 eine steigende Akzeptanz für PEPPOL u. a. im mittelständischen Bereich wahrzunehmen.

16.3.5 Der technisch-prozessuale Lösungsplan

Hinsichtlich der technischen und prozessualen Umsetzung wurde für die Gebietskörperschaften Bremens und seine Beteiligungen eine zweischichtige Architektur gewählt. Der Rechnungseingang ist dabei von der fachlichen Rechnungsbearbeitung getrennt.

16.3.5.1 Zentrale Empfangsplattform

Der Rechnungseingang wird über eine zentrale Empfangsplattform namens zERIKA realisiert, die vollautomatisiert ohne menschliche Interaktion auf Verwaltungsseite auskommt. Diese zentrale Empfangsplattform mit Portallösung und Servicekonto verfügt über die Anbindung verschiedener Transportkanäle für den Empfang elektronischer Rechnungen. Diese umfassen E-Mail, De-Mail, Weberfassung, Webupload und eben PEPPOL. Damit wird vor dem Hintergrund der unterschiedlichen Digitalisierungsreifegrade der LieferantInnen eine Multi-Kanal-Strategie realisiert. Insbesondere in der Anfangsphase sind einige Unternehmen, die nur in sehr geringem Umfang öffentliche Aufträge wahrnehmen, noch nicht in der Lage, XRechnungen mit ihrer eigenen ERP- bzw. Fakturierungssoftware zu erzeugen. Hierfür steht die Weberfassung bereit, mit deren Hilfe ein/eine LieferantIn über Eingaben in einem Webformular eine XRechnung generieren kann. Alle Empfangskanäle münden in einer zentralen virtuellen Poststelle. Von diesem Punkt an erfolgt eine weitgehend einheitliche Weiterverarbeitung innerhalb der Empfangsplattform zERIKA unabhängig vom Transportkanal. Der Nachrichteneingang wird protokolliert und die Nachricht auf Viren überprüft sowie ggf. eine Zertifikatsprüfung durchgeführt. Sind keine Viren enthalten, erfolgt die Weitergabe zu einer weiteren Komponente. Hier werden die Nachrichten hinsichtlich ihrer Konformität zum Standard XRechnung automatisiert validiert. Nur Rechnungen, die diese Prüfung ohne Fehler bestehen, verlassen die Empfangsplattform zERIKA auf dem Standardpfad zur zweiten Schicht der Architektur: der Workflowsoftware zur fachlichen Rechnungsbearbeitung. Gem. Mittlerziel 3 und der rechtlichen Umsetzung ist die Nutzung dieser Empfangsinfrastruktur zERIKA für die mit der Kernverwaltung verbundenen, ausgegliederten Organisationen ebenfalls verpflichtend. So wird ein einheitliches Auftreten nach außen mit identischen technischen Anbindungsmöglichkeiten für die LieferantInnen sichergestellt und zugleich den ausgegliederten Einheiten eine wirtschaftliche, da gemeinsam genutzte, Infrastruktur geboten. Damit ist eine europarechtskonforme Umsetzung der elektronischen Rechnung in Bremen für die Gebietskörperschaften und Beteiligungen gewährleistet und Mittlerziel 4 erfüllt. Sogar einige Institutionen, die nicht unter die Regelungen der E-Rechnungs-VO fallen und damit nicht zur Nutzung von zERIKA verpflichtet sind, haben sich für den Anschluss an die Plattform direkt über den bremischen IT-Dienstleister auf freiwilliger Basis entschieden. Dies zeigt die Relevanz und Notwendigkeit für solche zentralen Lösungsangebote.

16.3.5.2 Rechnungsbearbeitungsworkflow

Von der zentralen Empfangsplattform werden die elektronischen Rechnungen nebst Empfangs- und Prüfungsprotokollen den Zielsystemen für die fachliche Rechnungsbearbeitung automatisiert zugeleitet. Für das SAP-integrierte Workflowsystem in Bremen wurde zwar eine Landeslizenz beschafft, die auch Betriebe, Anstalten, Sonderhaushalte, Sondervermögen und Mehrheitsgesellschaften einschließt, jedoch ist die Nutzung freiwillig, da nicht alle Organisationen ein ERP-System der Firma SAP im Einsatz haben und so keinen unmittelbaren Gebrauch von der Landeslizenz machen können. Mit dem elektronischen Workflow werden die Rechnungsbearbeitungsprozesse abgebildet, in der ersten Phase noch mit einem klassischen manuellen Vier-Augen-Prinzip auf Basis der Rechnung. Die Einführung des Workflowsystems schließt auch ein Geschäftsprozessmanagement ein, das an einigen Stellen mit Prozessveränderungen einhergeht. Defizite in den bisherigen Prozessen traten dadurch unmittelbar zu Tage und bedurften eines Optimierungs- und Veränderungsprozesses. Durch die dezentrale Ressourcenverantwortung in Bremen oblag der Veränderungsprozess im Rahmen der zentralen Vorgaben den dezentralen Dienststellen. Mit der Einführung eines elektronischen Rechnungsbearbeitungsprozesses gehören Papierrechnungen, die unbemerkt im Stapel eines abwesenden Sachbearbeitenden unbearbeitet auf dem Schreibtisch liegen bleiben, der Vergangenheit an. Zu jedem Zeitpunkt ist im System sichtbar, wo sich eine Rechnung in welchem Bearbeitungsschritt in welcher BearbeiterInnengruppe befindet. Die Einführung dieses Workflowsystems adressiert damit das Mittlerziel 5.

Im Rahmen der manuellen Rechnungsbearbeitung wurde sichtbar, dass die elektronische Rechnung vor allem auf automatisierte Prozesse abzielt. Mit der XRechnung wird zwar durch die Betreiberin des Standards auch eine Visualisierungskomponente bereitgestellt, aber diese muss die gesamte Komplexität des Datenmodells darstellen können, so dass auch simple Rechnungen eine relativ umfangreiche Visualisierung aufweisen. Daher wird mit der Einführung der elektronischen Rechnung in der Endstufe eine automatisierte Rechnungsprüfung angestrebt. Dabei wird die Rechnungsbearbeitung als ein Teilprozess des gesamten Beschaffungsprozesses betrachtet, der spätestens mit der Bedarfsmeldung beginnt. Dies führt im Ergebnis zur automatisierten Herstellung von Bestellbezügen und der Prüfung von Rechnungen im Rahmen der sog. Direktverarbeitung gegen Bestell- und Wareneingangsinformationen. Dies geschieht auch vor dem Hintergrund, dass der wesentliche Entscheidungsprozess nicht im Rahmen der Rechnungsprüfung stattfinden sollte, sondern im Rahmen des Vergabe- bzw. Bestellprozesses. Dort wird die rechtliche Zahlungsverpflichtung, falls eine korrekte und vollständige Lieferung folgt, eingegangen, die am Ende haushaltswirksam wird. Insofern ist für eine solide Finanzplanung und -überwachung hier ein Obligo bzw. eine Mittelbindung zu bilden, idealerweise automatisiert. Der Rechnungsbearbeitungsprozess soll schließlich nur sicherstellen, dass der Rechnung eine begründete Forderung zugrunde liegt und die Auszahlung an den/die rechtmäßige/n ZahlungsempfängerIn erfolgt.

16.3.6 Kooperation – der Schlüssel zum Erfolg

Kooperationen sind an verschiedenen Stellen aus unterschiedlichen Gründen sinnvoll bis notwendig. Verwaltungsleistungen, die Unternehmen adressieren, sind danach zu differenzieren, ob unternehmensseitig Softwaresysteme für die Zusammenstellung der notwendigen Informationen eingesetzt werden oder nicht. Dort, wo keine Softwaresysteme im Einsatz sind, können formularbasierte Online-Dienste Mehrwerte schaffen. Hier kann es hilfreich sein, wenn zwischen den Gebietskörperschaften die Unterschiede in den Online-Diensten minimiert werden, jedoch ist dies für die Nutzung durch Unternehmen nicht zwingend erforderlich. Dort, wo aber in den Unternehmen bereits Softwaresysteme im Einsatz sind, um die notwendigen Informationen zusammenzustellen, ist ein formularbasierter Online-Dienst hinderlich, da der Datentransport nicht automatisiert werden kann. Gerade wenn es sich um Prozesse mit hoher Fallzahl handelt, sollten Maschinenschnittstellen für die Kommunikation geschaffen werden. Hier ist allerdings in einem föderalen Staat die Herausforderung, dass die Softwarehersteller der Unternehmen nicht bereit sein werden, unterschiedliche Schnittstellen zu bedienen. Dies ist aus ökonomischer Sicht nachvollziehbar. Daher bedarf es einer Einigung auf eine einheitliche Schnittstelle, damit sich die Investition durch die Softwarehersteller und letztlich der nutzenden Unternehmen tragfähig bleibt. Daher ist die Kooperation von Bund und Ländern im Rahmen des IT-Planungsrates essenziell, um für Einheitlichkeit in der Maschinenkommunikation mit Externen zu sorgen. Mit dem Standard XRechnung und dem Transportstandard PEPPOL ist dieses Ziel bei der elektronischen Rechnung erreicht worden.

Über eine Kooperation mit der Handelskammer und der Handwerkskammer Bremen wurde und wird die Unternehmerschaft im Land Bremen gezielt auf die Umstellung auf die elektronische Rechnung mit den veränderten Geschäftsprozessen vorbereitet. Dies reicht von gemeinsamen Informationsveranstaltungen für die Kammermitglieder über die Bereitstellung von Informationsmaterialen bis zu Usability Tests der Empfangsplattform und der Individualberatung sowie Lösungspilotierung auf LieferantInnenseite. Bei den LieferantInnen stellen sich diverse Fragen, z. B. nach der GoBD-konformen Gestaltung der digitalen Geschäftsprozesse auf Unternehmensseite, die nicht durch die Verwaltung selbst bedient werden können. Hier sind die Unterstützungs- und Beratungsangebote der Kammern essenziell. Zudem wurden durch die Kammern die Lösungsansätze der Verwaltung regelmäßig auf den Prüfstand hinsichtlich der Umsetzungsfolgen für die LieferantInnen gestellt und ggf. angepasst. Dies führt im Ergebnis zu verbesserten Lösungskonzepten, die die Interessen der Unternehmen ausreichend berücksichtigen.

Um darüber hinaus eine weitere Harmonisierung in der technischen Umsetzung zu unterstützen, wurden in einer Kooperation zwischen der Bundesverwaltung und der Freien Hansestadt Bremen, die später um Nordrhein-Westfalen und Rheinland-Pfalz erweitert wurde, gemeinsam konzeptionelle Blaupausen entwickelt, pilotiert und zur freien Verfügung und Nachnutzung bereitgestellt. Dies umfasste einerseits die Architektur und Prozessspezifikationen zur zentralen Empfangsplattform (s. 16.3.5.1) und andererseits Referenzprozesse für die Rechnungsbearbeitung inklusive der Spezifikation automatisierter Prozesse der Direktbuchung, wie unter 16.3.5.2 beschrieben. Im Rahmen des oben erwähnten EU-Projekts PeGGy für die Schaffung und Pilotierung einer PEPPOL-Infrastruktur in Deutschland wurde von Seiten der Freien Hansestadt Bremen neben den Konsortialpartnern der Governikus KG und Dataport AöR mit der KoSIT und Nordrhein-Westfalen kooperiert, um sicherzustellen, dass eine nachhaltige und nachnutzbare Lösung entsteht.

Über verschiedene weitere Kooperationsstrukturen, wie z. B. über die Virtuelle Region Nordwest, wurden Erfahrungsaustausche mit anderen Gebietskörperschaften gepflegt und die Erkenntnisse aus der Bremer Pilotierung geteilt. Über die aufgezeigten Kooperationsstrukturen konnte das Mittlerziel 2 erreicht werden.

16.3.7 Schlussfolgerungen und Ausblick

Mit dem skizzierten Vorgehen bei der Einführung der elektronischen Rechnungsannahme und -bearbeitung in Bremen sowie im nationalen und europäischen Kontext wurde ein Meilenstein in der post-award-Phase der Digitalisierung des Beschaffungsprozesses erreicht. Aus der Darstellung wurde aber auch deutlich, dass die Digitalisierung des Rechnungsprozesses als ein wesentlicher Finanzprozess mit externen Prozessbeteiligten komplex ist und verschiedene parallele Lösungsstrategien erfordert. Jedoch kann das dargestellte Vorgehen mit den Lösungsbereichen Recht, Daten- und Transportstandardisierung, Technik- & Prozessumsetzung sowie Kooperation als Blaupause für weitere Prozessdigitalisierungen dienen.

Mit dem Ende 2019 gestarteten Kooperationsprojekt »Digitalisierung der Beschaffung« des IT-Planungsrates werden diese Erkenntnisse aus der E-Rechnung genutzt, um auch die vorgelagerten Prozesse zur Rechnungsstellung zu digitalisieren (Entscheidung 2019/29 & 2019/52). Ziele dieses Folgeprojekts im Rahmen der Umsetzung des Onlinezugangsgesetzes sind:

1. Konzeptionierung einer verlässlichen, medienbruchfreien, IT-gestützten und einfach zu nutzenden Lösung für DienstleisterInnen der Verwaltung, wenn diese am Gesamtprozess des öffentlichen Einkaufs teilnehmen. Vorgaben und Konzepte auf europäischer und nationaler Ebene sowie die etablierten Organisationsstrukturen werden dabei berücksichtigt.
2. Ermöglichung eines vollständig automatisierten digitalen Einkaufs- und Beschaffungsprozesses auf Seiten der öffentlichen AuftraggeberInnen bis zur Ermöglichung der haushaltskonformen Direktbuchung.
3. Ermöglichung eines bedarfsgerechten strategischen Einkaufs.
4. Realisierung einer Vergabestatistik mit durchgängig elektronisch erhobenen Daten zu öffentlichen Beschaffungen.
5. Sicherung der Nachhaltigkeit und Übertragbarkeit der Ergebnisse.

Hierzu kooperieren die Bundesverwaltung, die KoSIT sowie die Länder Nordrhein-Westfalen, Sachsen und Rheinland-Pfalz unter der Federführung Bremens.

Mit diesen Arbeiten zur Digitalisierung des Beschaffungsprozesses werden am Ende wesentliche Optimierungen der Finanzprozesse durch die automatisierte Mittelbindung/Obligobildung, Überwachung und Direktbuchung ermöglicht.

Abschließend bleibt aller bisherigen Erfolge zum Trotz aktuell die Frage offen, ob die deutsche Wirtschaft in der Lage ist, mit der konsequenten Digitalisierung der öffentlichen Verwaltung Schritt zu halten. Zwar bewegt sich die öffentliche Verwaltung vor dem Hintergrund vergleichsweise langer Entscheidungswege, umfassenden Beteiligungsprozessen, haushaltsrechtlichen Vorgaben aus prä-digitaler Zeit sowie komplexer Anforderungen an Datenschutz, Datensicherheit und Barrierefreiheit in der Regel langsamer im Bereich der Digitalisierung als einzelne privatwirtschaftliche Unternehmen. Allerdings zeigt sich auch, dass die konsequente Digitalisierung auch in der deutschen Wirtschaft noch nicht in der Breite umgesetzt ist. Am Beispiel der E-Rechnung betrachtet gibt es zwar einige Branchen, die bereits seit vielen Jahren mit EDI-Lösungen auf Basis bilateraler Abkommen vollautomatisierten Datenaustausch betreiben, aber der größere Teil der Unternehmen ist maximal bis zu unstrukturierten PDF-Lösungen vorgedrungen. Die Antwort auf diese Frage wird sicherlich im Rahmen der LieferantInnenverpflichtung zur Nutzung der XRechnung ab Ende November 2020 in Bremen und auf Bundesebene gegeben werden.

Im Vergleich zu manchen anderen europäischen Staaten, in denen die elektronische Rechnungsstellung aus steuerlichen Erwägungsgründen für jede Rechnung verpflichtend ist und in einem sog. Clearance-Modell über eine staatliche Plattform versendet werden muss, ist der Reifegrad der Digitalisierung in Deutschland eher gering. Hier bleibt es spannend, welchen Aufwand die öffentliche Verwaltung unter Einsatz von öffentlichen Geldern mittelfristig betreiben wird und will, um diesen heterogenen Digitalisierungsreifegrad in deutschen Unternehmen weiterhin zu unterstützen. Dies wird letztlich einen erheblichen Ausstrahlungseffekt auf die verwaltungsinterne Prozessgestaltung und dessen Automatisierungsgrad haben.

16.4 Harmonisierung der doppischen Rechnungslegung auf europäischer Ebene

Rechtsgrundlage für die EU-weite Harmonisierung der Rechnungslegungsgrundsätze ist die Richtlinie 2011/85/EU des Rates der Europäischen Union. Diese wurde im Zuge der europäischen Staatsschuldenkrise im Jahr 2011 beschlossen. Die Mitglieder der EU werden darin aufgefordert, die öffentliche Rechnungslegung so zu gestalten, dass verlässliche, periodengerechte Daten für alle Teilsektoren des Staates geliefert werden können. Diese sollen demnach auf Grundlagen der doppelten Buchführung basieren, der Vergleichbarkeit der Mitgliedstaaten dienen und die zeitnahe Haushaltsüberwachung verbessern. Zudem wurde die Europäische Kommission in diesem Zuge damit beauftragt, zu prüfen, ob die International Public Sector Accounting Standards (IPSAS) als Grundlage für die öffentliche Rechnungslegung in der EU geeignet sind.[106] Die IPSAS beruhen auf dem doppischen System und stellen die internationale Regelsammlung für die Rechnungslegung öffentlicher Haushalte dar. Eine kamerale Lösung wird nicht berücksichtigt. Im März 2013 veröffentlichte die Europäische Kommission einen Bericht an den Europäischen Rat und das Parlament, mit dem Ergebnis, dass die IPSAS in Gänze in den Mitgliedstaaten nicht umsetzbar sind, aber eine Basis für mögliche europäische Rechnungslegungsnormen, die European Public Sector Accounting Standards (EPSAS), sein können.[107] Auch die Working Groups des EPSAS-Projekts arbeiten mit den IPSAS als Grundlage für verschiedene Studien.

Viele EU-Länder setzen bereits das doppische System (accural accounting) ein, während die Rechnungslegung in Deutschland auf Bundes- und auf Landesebene hauptsächlich auf dem kameralen System (cash-based) beruht. Die Gemeinden wiederum haben ihre Systeme bereits größtenteils auf Doppik umgestellt.[108]

Einen Überblick des öffentlichen Rechnungswesens in den EU-Mitgliedstaaten gibt die nachfolgende Abbildung. Diese zeigt die Systeme der

106 Vgl. Wüstemann, J., Wüstemann, S., Conrath-Hargreaves, A., Harmonisierung der öffentlichen Rechnungslegung in der Europäischen Union, Baden-Baden 2016, S.19.

107 Vgl. Eurostat, Die angestrebte Umsetzung Europäischer Rechnungsführungsgrundsätze für den öffentlichen Sektor (EPSAS) in den EU-Mitgliedstaaten - Öffentliche Konsultation über die künftigen EPSAS-Steuerungsgrundsätzen und -strukturen, online: https://ec.europa.eu/eurostat/de/about/opportunities/consultations/epsas (12.02.2019).

108 Vgl. Bundesrechnungshof, Bericht nach § 99 BHO über angestrebte Einführung harmonisierter Rechnungsgrundsätze für den öffentlichen Sektor (EPSAS) in den Mitgliedstaaten der Europäischen Union, Bonn 2017.

Rechnungslegung auf Bundes-, Landes- und kommunaler Ebene sowie bei den Sozialversicherungsträgern. Lediglich Deutschland, Irland, die Niederlande und Zypern üben auf zentralstaatlicher Ebene das kamerale System aus.

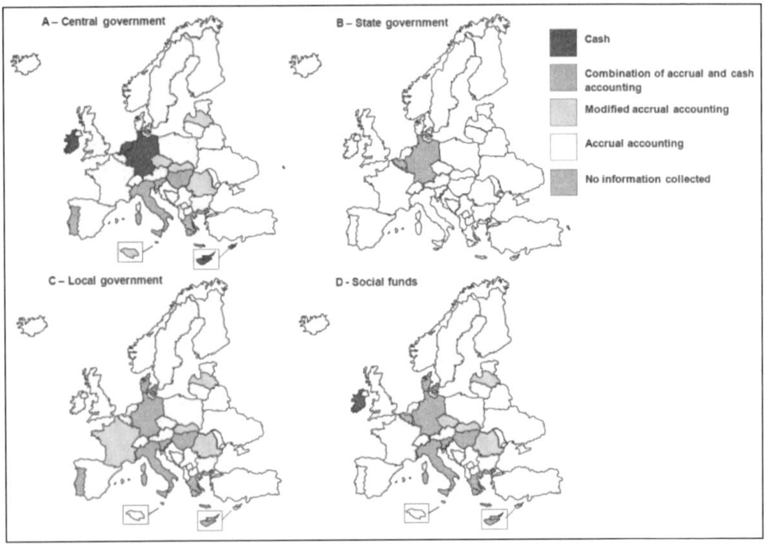

Überblick über das öffentliche Rechnungswesen in den EU-Mitgliedstaaten (Quelle: Studie von Ernst & Young »Overview and comparison of public accounting and auditing practices in the 27 EU Member States«, S. 21).

16.4.1 Positionen der Bundesrepublik Deutschland zu EPSAS

Die öffentliche Rechnungslegung in der Bundesrepublik Deutschland erfolgt auf Bundesebene kameral. Es besteht allerdings auf Bundes- und auf Länderebene ein Wahlrecht zwischen Kameralistik und staatlicher Doppik.[109] Auf Länderebene dominiert das kamerale System, so dass die Diskussion um die Harmonisierung durch die EU in der Bundesrepublik meist gleichzeitig eine Debatte über Doppik und Kameralistik zur Folge hat, wobei mögliche EPSAS lediglich die Standardisierung des doppischen Systems darstellen. Folglich würde eine verbindliche Einführung der EPSAS für die Bundesrepublik Deutschland mehr oder weniger eine Einführung des doppischen Systems auf allen staatlichen Ebenen bedeuten.

109 Vgl. Doppikvergleich.de, Überblick zur Anwendung der Periodenrechnung in der EU, online: http://www.doppikvergleich.de/ipsas/periodenrechnung-eu.html (22.02.2019).

Das Thema der Harmonisierung der europaweiten Rechnungslegung wird auch ohne bisherige konkrete Vorgaben in vielen Bereichen in der Bundesrepublik diskutiert, ob im Bundestag, Bundesrat oder beim deutschen Städtetag. Das Bundesministerium der Finanzen, das Hessische Finanzministerium und auch die Freie Hansestadt Hamburg haben bereits verschiedene Studien in Bezug auf das Thema der Harmonisierung erstellt oder erstellen lassen. Zudem gibt es an der Universität Rostock bereits einen Online-Kurs »European Public Sector Accounting«[110].

In einem Grundsatzpapier des »Bund/Länder-Arbeitskreises EPSAS« wurden gemeinsame deutsche Standpunkte von Bund und Ländern zur Implementierung der EPSAS veröffentlicht. Demnach soll zum einen die Entscheidungsmöglichkeit zwischen doppischem und kameralem System bestehen bleiben, und zum anderen dürfe eine Einführung der EPSAS nur auf freiwilliger Basis erfolgen.

Das grundsätzliche Interesse der Europäischen Kommission, die Qualität der Daten der EU-Mitgliedsstaaten zu verbessern, wird jedoch von Deutschland bejaht. Allerdings besteht aus deutscher Sicht große Skepsis, ob die Einführung von EPSAS wirklich zur Erfassung qualitativ höherwertigerer Daten führt, mit denen Finanzkrisen vermieden werden sollen.[111]

Auch der Bundesrechnungshof äußert sich in seinem »Bericht nach § 90 BHO« kritisch zu der Implementierung der EPSAS und ist der Meinung, die Einführung der EPSAS sollte durch die Bundesregierung gänzlich verhindert werden. Die Europäische Kommission habe keine Handlungsalternativen geprüft und würde die »europäischen Fiskalregeln nicht konsequent durchsetzen«. Zudem wird bemängelt, dass die IPSAS eher zukunftsorientiert sind, während der Jahresabschluss im öffentlichen Sektor die Verwendung öffentlicher Mittel vergangenheitsorientiert darstellen soll. Ferner wird ein angemessenes Kosten-Nutzen-Verhältnis der EPSAS in diesem Bericht in Frage gestellt. Das Bundesministerium der Finanzen hat den Kritikpunkten des Bundesrechnungshofes zugestimmt.[112]

110 Vgl. Universität Rostock, online course: European Public Sector Accounting, online: http://offene.uni-rostock.de/online-course-european-public-sector-accounting/ (20.02.2019).

111 Vgl. Bund/Länder-Arbeitskreis EPSAS, Grundsatzpapier: Bund/Länder-Arbeitskreis EPSAS, 2017, online: https://www.bundesfinanzministerium.de/Content/DE/Standardartikel/Themen/Oeffentliche_Finanzen/Bundeshaushalt/Haushaltsrecht_und_Haushaltssystematik/2017-01-05-EPSAS-Deutsch.pdf;jsessionid=81E2C85DD64615789B0DFE6391FCACE6?__blob=publicationFile&v=1 (22.02.2019).

112 Vgl. Bundesrechnungshof, Bericht nach § 99 BHO über angestrebte Einführung harmonisierter Rechnungsgrundsätze für den öffentlichen Sektor (EPSAS) in den Mitgliedstaaten der Europäischen Union, Bonn 2017.

Im Rahmen der Studie »Sind die EU-Staaten bereit für die EPSAS?« von der Wirtschaftsprüfungsgesellschaft KPMG und des Instituts für den öffentlichen Sektor e. V. aus dem Jahr 2017 wurden Führungskräfte auf zentralstaatlicher Ebene aus allen EU-Staaten zur Harmonisierung des öffentlichen Rechnungswesens durch die EPSAS befragt. Unter anderem wurden die Experten der jeweiligen Länder nach der Bereitschaft zur EPSAS-Einführung befragt (Abbildung 2). Hier bildet Deutschland neben Luxemburg das Schlusslicht. Dies könnte im Zusammenhang mit der skeptischen Position Deutschlands stehen. Luxemburg befindet sich in einer gesunden fiskalischen Situation, wodurch die vorhandenen Rechnungslegungssysteme möglicherweise auch hier als ausreichend erscheinen.[113]

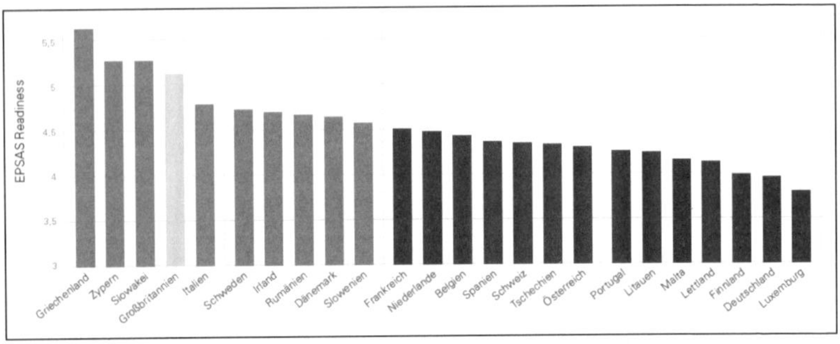

Bereitschaft zur EPSAS-Einführung im europäischen Vergleich (Quelle: Studie der KPMG & des Instituts für den öffentlichen Sektor »Sind die EU-Staaten bereit für die EPSAS?«, S.31).

Allerdings bestehen in Deutschland vereinzelt auch andere fachliche Meinungen zu einer EU-weiten Harmonisierung. Das Institut der Wirtschaftsprüfer in Deutschland e. V. (IDW) hat mit einem Antwortschreiben auf den Bericht des Bundesrechnungshofs reagiert und sich darin für eine Vereinheitlichung der Rechnungslegungsstandards ausgesprochen. Das IDW erläutert zum einen die Vorteile der doppelten Buchführung und zum anderen den großen Nutzen einer Harmonisierung.[114] Diese Meinungen zeigen, dass die herrschende negative Position zu den EPSAS in der Bundesrepublik nicht unumstößlich ist.

113 Vgl. Hilgers, D., Frintrup, M., Raffer, C., Sind die EU-Staaten bereit für die EPSAS?, 2018, S.30.

114 Vgl. Neumann, P., Eulner, D., Sonderbericht vom 15.11.2017 – Angestrebte Einführung harmonisierter Rechnungsführungsgrundsätze für den öffentlichen Sektor (EPSAS) in den Mitgliedstaaten der Europäischen Union, 2017, online: https://www.idw.de/blob/105542/ffedfb71b8a6ccc79c324ac58469fba8/down-brh-epsas-data.pdf (22.02.2019).

16.4.2 Rolle des Statistischen Amtes der Europäischen Union

Eurostat hat sich für eine Einführung eines harmonisierten, an der Doppik ausgelegten Rechnungslegungssystems für die EU-Länder ausgesprochen und treibt das EPSAS-Projekt voran.[115] Im September 2015 wurde im Zuge dessen die »EPSAS Working Group« gegründet. Diese besteht aus stimmberechtigten Mitgliedern aller EU-Mitgliedstaaten und nicht stimmberechtigten BeobachterInnen und hat die Entwicklung und nachfolgende Umsetzung der EPSAS als Aufgabe. Zwei VertreterInnen des Bundesministeriums der Finanzen sowie ein/eine VertreterIn des Bayerischen Staatsministeriums der Finanzen sind die stimmberechtigten Mitglieder aus Deutschland. Zudem stellen die Finanzbehörde Hamburg und der Hessische Rechnungshof jeweils einen/eine BeobachterIn. Die Vorarbeiten zu bestimmten Themen werden in kleineren Expertengruppen, sog. »Cells«, geleistet. Eurostat hat zusätzlich zwei Wirtschaftsprüfungsgesellschaften, den PricewaterhouseCoopers (PwC) Verbund und die Ernst & Young GmbH Wirtschaftsprüfungsgesellschaft, mit der Durchführung verschiedener Studien beauftragt. Rechnungslegungsreformen einiger EU-Länder werden derzeit technisch und zum Teil auch finanziell durch Eurostat unterstützt.[116]

Es wurde bereits ein Entwurf eines »EPSAS-Framework« veröffentlicht, welches sich an dem Konzept der IPSAS orientiert. Der Entwurf beinhaltet erste Eckpunkte des konzeptionellen Rahmens sowie Zwecke und Grundsätze des öffentlichen Rechnungswesens. Zudem wurden von Eurostat die ersten »EPSAS Issue Papers« (EPSAS-Thesenpapiere) präsentiert. Das Thesenpapier »Options in IPSAS« (Optionen innerhalb von IPSAS) bspw. zielt darauf ab, die Optionen, die die IPSAS vorgeben, möglichst einzuschränken, um die Vergleichbarkeit der Daten zu gewährleisten. Auch zum Thema »Social benefits« (Sozialleistungen) wurde ein Thesenpapier präsentiert. Im Hinblick auf dieses Thema wurde veröffentlicht, dass eine Bestandaufnahme der bisherigen Vorgehensweisen der Mitgliedstaaten sowie eine weitere Debatte über die weiteren Schritte bezüglich der Bilanzierung der Sozialleistungen erfolgen sollte.[117] Es wird also deutlich, dass weder

115 Vgl. Wüstemann, J., Wüstemann, S., Conrath-Hargreaves, A., Harmonisierung der öffentlichen Rechnungslegung in der Europäischen Union, Baden-Baden 2016, S.20.

116 Vgl. Eurostat, EPSAS-Arbeitsgruppe und andere Expertengruppen, online: https://ec.europa.eu/eurostat/web/epsas/expert-groups (18.02.2019).

117 Vgl. Doppikvergleich.de, EPSAS – European Public Sector Accounting Standards, online: http://doppikvergleich.de/_Resources/Persistent/1e02b73c1a633d38983b169870bcc15af38cf7ee/EPSAS-Issue-Papers.pdf (22.02.2019).

das bisher veröffentlichte »EPSAS-Framework« noch die »EPSAS Issue Papers« konkrete Richtlinien für die Rechnungslegung vorgeben.

Die Studien der Wirtschaftsprüfungsgesellschaften und auch die Arbeit in den Working Groups stützen sich auf die Annahme, dass die EPSAS auf Grundlage der IPSAS eingeführt werden.

16.4.3 Szenarien für die Umsetzung der EPSAS

Für die Einführung der EPSAS als mögliche europäische Rechnungslegungsnormen in der Bundesrepublik Deutschland sind zwei verschiedene Szenarien denkbar. Die nebenstehende Darstellung (Abbildung 3) bildet diese zwei Optionen ab. Möglich wäre das Wahlrecht über die Einführung der EPSAS in den EU-Mitgliedstaaten, welches im Grundsatzpapier des »Bund/Länder-Arbeitskreises EPSAS« gefordert wird, oder die verbindliche Einführung der europäischen Vorgaben. Bei einer verbindlichen Einführung stellt sich die Frage, ob die Doppik als führendes System oder als Parallelsystem neben der Kameralistik implementiert wird. Bei der freiwilligen Einführung würde aus heutiger Sicht auf Bundesebene mit großer Wahrscheinlichkeit ausschließlich das kamerale System geführt werden. Damit würden die Ziele der EPSAS nicht verwirklicht werden können, da diese sich nicht mit der Kameralistik vereinbaren lassen, sondern ausschließlich auf doppischen Strukturen basieren.

Eurostat hat in diesem Zusammenhang zuvor erklärt, dass die nationalen Systeme der Haushaltsplanung, -führung und -rechnung unabhängig davon weiter ausgeübt werden können.[118]

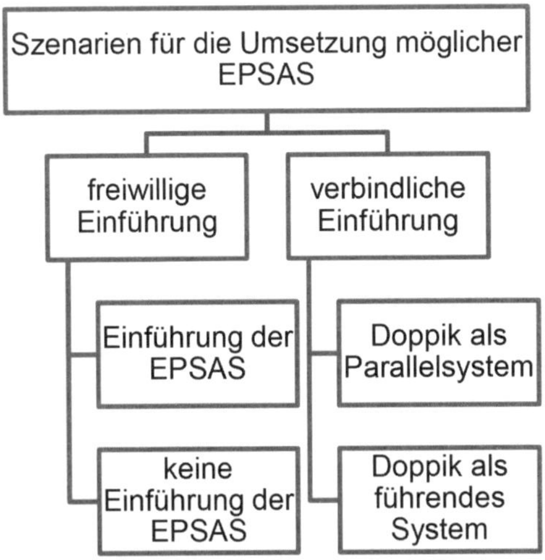

Szenarien für die Umsetzung der EPSAS.

118 Vgl. Bundesrechnungshof, Bericht nach § 99 BHO über angestrebte Einführung harmonisierter Rechnungsgrundsätze für den öffentlichen Sektor (EPSAS) in den Mitgliedstaaten der Europäischen Union, Bonn 2017, S. 20.

16.4.4 Freiwillige Einführung der EPSAS

Bei einem Wahlrecht über die Einführung von europäischen Rechnungslegungsnormen wäre Deutschland nicht gezwungen, die Doppik weiter »auszubauen«, sondern könnte, auf Bundes- und Landesebene, weiterhin mit dem kameralen System arbeiten. Da die herrschenden Meinungen von Bundestag und Bundesrat sowie vom Bundesrechnungshof gegen die EPSAS sind, ist die Bereitschaft zur Umsetzung auf freiwilliger Basis in der Bundesrepublik Deutschland als sehr gering einzuschätzen, wie auch die Studie »Sind die EU-Staaten bereit für die EPSAS?« von der Wirtschaftsprüfungsgesellschaft KPMG und des Instituts für den öffentlichen Sektor e. V. gezeigt hat.

Fraglich ist, ob das Land Bremen in diesem Szenario weiterhin den Vorschriften der SsD folgen oder den doppischen Jahresabschluss auf Grundlage möglicher EPSAS vornehmen würde. Denkbar wäre ein Kompromiss aus beiden Vorschriften. Diese müssten im Hinblick auf die derzeitige Bewertung einzelner Bilanzpositionen betrachtet werden, um dann die Anwendung der nationalen oder europäischen Vorschriften abzuwägen.

Bei einem Wahlrecht über die Einführung möglicher EPSAS stellt sich die Frage nach der Sinnhaftigkeit. Das Ziel der Einführung einheitlicher europäischer Rechnungslegungsvorschriften ist, die Haushaltsdaten der EU-Mitgliedstaaten miteinander vergleichen und damit auch besser überwachen zu können, um Wirtschafts- und Finanzkrisen vorzubeugen. Dieser Vergleich ist nicht sinnvoll, wenn sich nicht alle Mitgliedstaaten daran beteiligen und damit nur ein Teil der EU-Mitglieder tatsächlich vergleichbar wär.

16.4.5 Verbindliche Einführung der EPSAS

Bei der verbindlichen Einführung von EPSAS kommen auf Bundes- und Landesebene zwei Möglichkeiten für die Umsetzung in Frage.

Zum einen könnte die Doppik neben der Kameralistik als Parallelsystem eingeführt werden. Dies ist die wahrscheinlichere Variante, da nicht annehmbar ist, dass Deutschland sich, zumindest auf Bundesebene, gänzlich von der Kameralistik verabschiedet. Am Jahresende würde weiterhin die kamerale Haushaltsrechnung erstellt werden, und zusätzlich würden die Geschäftsvorfälle nach dem doppischen Prinzip gebucht. Dieses Vorgehen ist vergleichbar mit der derzeitigen Rechnungslegung der Freien Hansestadt Bremen. Hier wäre zu prüfen, ob das bremische System oder die Lösungen anderer »doppischer Länder« auch in den anderen Bundesländern und auf Bundesebene anwendbar wären.

Zum anderen wäre es theoretisch möglich, die Doppik als führendes System einzuführen. Jedoch werden vom Bundestag bisher kamerale Haushaltsinformationen gefordert, welche ungeachtet dessen geliefert werden müssen. Die kameralen Daten müssten dann aus dem doppischen System entnehmbar sein.[119] Zudem ist die Umsetzung dieser Variante, zumindest in den nächsten Jahren, sehr unwahrscheinlich.

Um europäische Vorschriften für die Rechnungslegung verbindlich durchzusetzen, bedarf es einer Rechtsgrundlage. An dieser Stelle stellt sich die Frage, ob die EU ermächtigt ist, bindende Vorgaben für die Rechnungslegung vorzugeben. Eine entsprechende Verordnung müsste mit dem ordentlichen Gesetzgebungsverfahren der EU auf den Weg gebracht werden. Die endgültige Entscheidung liegt dann beim EU-Parlament und dem Rat der EU. Die Abstimmung im Rat benötigt gem. § 16 Abs. 3 des Vertrags über die Europäische Union (EUV) die qualifizierte Mehrheit der Mitgliedstaaten. Wenn die qualifizierte Mehrheit im Sinne des § 16 Abs. 4 EUV[120] erreicht ist, kann ein Vorhaben nur durch eine Sperrminorität verhindert werden. Dieses erfordert mindestens vier Mitglieder des Rates.

119 Vgl. Bundesrechnungshof, Bericht nach § 99 BHO über angestrebte Einführung harmonisierter Rechnungsgrundsätze für den öffentlichen Sektor (EPSAS) in den Mitgliedstaaten der Europäischen Union, Bonn 2017, S. 20.

120 Die qualifizierte Mehrheit entspricht mindestens 55 % der Mitglieder, die mindestens aus 15 Staaten gebildet wird, sofern diese mindestens 65 % der Bevölkerung der EU ausmachen.

16.5 Land-Stadt-Trennung – das Projekt

Die Thematik Land-Stadt-Trennung ist ein bremenspezifisches Thema. Weshalb bekommt es einen Platz in diesem Buch? Das Projekt ist komplex, betroffen sind alle Ressorts bis auf die Ebene von Ämtern, betroffen sind jedoch auch BürgerInnen und Unternehmen. Die Schnittstellen zu verschiedenen Fachverfahren sind zu beachten. Mit der Umsatzbesteuerung entstehen neue Aufgaben, Prozesse und neue Verantwortungen. Bremen ist an vielen Stellen dezentral organisiert. Beiträge der Ressorts müssen eingeworben werden. Deshalb legen wir in diesem Beitrag den Schwerpunkt auf die Projektbeschreibung.

Das Projekt Land-Stadt-Trennung befindet sich in der technischen Umsetzungsphase. Im folgenden Kapitel werden das Projekt vorgestellt und der aktuelle Stand geschildert.

Bremen/Bremerhaven[121]

16.5.1 Anforderungen an das Rechnungswesen von Bremen

Im Jahr 2002 wurde für das Haushalts-, Kassen- und Rechnungswesen der Freien Hansestadt Bremen die Standard-Software SAP, ein integriertes betriebswirtschaftliches Standardsoftwarepaket, eingeführt. Nicht nur der

121 http://wiki-commons.genealogy.net/images/7/79/BREMENJO43JC_land.jpg

Kernhaushalt, sondern auch zahlreiche Bremische Eigenbetriebe, Beteiligungen und Gesellschaften nutzen seitdem die SAP-Funktionen, um ihr jeweiliges Rechnungswesen abzubilden[122].

Unter »Kernhaushalt« wurde bislang die gemeinsame Abbildung des Rechnungswesens der beiden Gebietskörperschaften Land Bremen und Stadtgemeinde Bremen in SAP verstanden. Der Kernhaushalt nutzt die Kameralistik in SAP als führendes Rechnungswesen und leitet daraus sowohl doppische Abschlüsse als auch das Controlling als internes Rechnungswesen ab.

In SAP-Strukturen ausgedrückt, bedeutet dies, dass das Land Bremen und die Stadtgemeinde Bremen seit Einführung des SAP-Systems einen gemeinsamen Finanz-, Buchungs- und Kostenrechnungskreis nutzen, um externes und internes Rechnungswesen abzubilden: den Finanzkreis für den Haushalt, den Buchungskreis für die Doppik und den Kostenrechnungskreis für das Controlling.

Nun ist die Freie Hansestadt Bremen einer von drei Stadtstaaten in Deutschland. Stadtstaaten sind Berlin, Hamburg und Bremen. Diese Stadtstaaten sind Bundesland und Kommune zugleich. Tatsächlich handelt es sich bei Bremen jedoch um den einzigen Zwei-Städte-Staat in Deutschland: Das Bundesland Bremen umfasst die Stadt Bremen und die Stadt Bremerhaven. Somit handelt es sich bei Bremen um einen Zwei-Städte-Staat, der in dieser Form in der Bundesrepublik Deutschland einmalig ist.

Bei der Einführung von SAP wurde dieser Verfassungslage u. a. dadurch entsprochen, dass Land und Stadtgemeinde Bremen wie oben geschildert mit denselben SAP-Organisationsstrukturen abgebildet wurden. Das entsprach der damaligen Anforderung an ein gemeinsames Rechnungswesen.

Über die Nutzungsjahre hinweg verschoben sich die Anforderungen an ein Rechnungswesen von Bremen. Der Anfangskonstruktion in SAP entsprechend, nämlich, dass die Kernhaushalte des Landes und der Stadtgemeinde Bremen einen gemeinsamen Buchungskreis nutzen, ergeben sich folgende Konsequenzen:

- Land und Stadtgemeinde Bremen können nicht getrennt bilanziert werden. Vermögens-, Finanz- und Ertragslage des Landes und der Stadtgemeinde Bremen werden zusammen dargestellt.

122 Der Vollständigkeit halber sei erwähnt, dass die Stadt Bremerhaven zum damaligen Zeitpunkt und bis heute ein unabhängiges Rechnungswesensystem verwendet hat, so dass sich die folgenden Ausführungen stets auf Land und Stadtgemeinde Bremen beziehen.

- Die Aussagefähigkeit des Jahresabschlusses ist somit eingeschränkt, weil der Geschäftsbericht sich nicht auf eine abgegrenzte Gebietskörperschaft bezieht.
- Eine Vergleichbarkeit mit anderen Ländern und Städten sowie ein aussagefähiger Konzernabschluss werden erschwert.

Ein eigener Buchungskreis jeweils für das Land und die Stadtgemeinde Bremen wurde deshalb nicht zuletzt durch den Rechnungshof, zuletzt im Jahresbericht 2018, gefordert.

16.5.2 Anforderung an die technische Umsetzung des neuen Umsatzsteuerrechts

Zeitgleich erfordert auch die Neuordnung der Umsatzsteuergesetzgebung nach § 2b UStG, dass die beiden Gebietskörperschaften Land Bremen und Stadtgemeinde Bremen in getrennten Buchungskreisen geführt werden.

Die Änderungen im UStG hebt die Sonderbehandlung von juristischen Personen des öffentlichen Rechts im Umsatzsteuerrecht auf.

Juristische Personen des öffentlichen Rechts sind damit grundsätzlich umsatzsteuerliche Unternehmer. Sie gelten nur insoweit nicht als umsatzsteuerliche Unternehmer, soweit sie Tätigkeiten ausüben, die ihnen im Rahmen der öffentlichen Gewalt obliegen. Dies gilt nicht, wenn eine Behandlung als Nichtunternehmer zu größeren Wettbewerbsverzerrungen führt.

Neben den Bereichen der BgA können somit umsatzsteuerbare und umsatzsteuerpflichtige Sachverhalte auch in den bisher steuerlich nicht relevanten Bereichen der hoheitlichen Tätigkeiten und der vermögensverwaltenden Tätigkeiten vorhanden sein. Deshalb sollen zukünftig Netto- und Umsatzsteuerbeträge direkt aus dem System ermittelbar und eine Umsatzsteuervoranmeldung zu erstellen sein.

Seit dem 1. Januar 2020 sind also bestehende Betriebe gewerblicher Art (BgA) getrennt umsatzzubesteuern. Dies erfolgt nach der Neuregelung des § 2b UStG. Für die Umsetzung des neuen § 2b wird für 2020 eine Übergangslösung angestrebt. Ab 1. Januar 2021 hat die Umsetzung der Neuregelung des § 2b UStG zu greifen und erfordert auch die systemische Trennung der Buchungskreise nach Land und Stadt.

Zu berücksichtigen ist, dass zum Zeitpunkt der Erstellung dieses Buches eine Verlängerung der Optionsfrist gem. **§ 27 Abs. 22 UStG im Raum steht.** Das Bundesministerium für Finanzen (BMF) hat angekündigt, dass die bisherigen Grundsätze der Besteuerung von juristischen Personen des öffentlichen Rechts über den 31. Dezember 2020 hinaus befristet bis zum 31. Dezember 2022 angewendet werden können. Bremen wird jedoch unverändert daran arbeiten, dass die IT-Prozesse zur Umstellung auf die neuen Besteuerungsgrundsätze für juristische Personen des öffentlichen Rechts – die eng mit der Land-Stadt-Trennung verknüpft sind – am 1. Januar 2021 in Betrieb gehen können. Damit kann die vom Finanzamt Bremen zum 1. Januar 2020 geforderte steuerliche Trennung von Land und Stadtgemeinde Bremen auch in der IT nachvollzogen werden.

16.5.3 Das Projekt Land-Stadt-Trennung

Das Projekt ist vom Senat beschlossen worden. Der/Die SenatorIn für Finanzen ist mit der Umsetzung beauftragt worden. Das Projekt wird zusammen mit dem Dienstleister Dataport (Mehrländeranstalt Öffentlichen Rechts) umgesetzt. Das Land Bremen gehört zu den Mitgliedsländern.

Beim/Bei der SenatorIn für Finanzen in der Abteilung 2 »Haushalt, Kredit und Vermögen« wurde deshalb im April 2019 das Projekt Land-Stadt Trennung aufgesetzt. Folgende Ziele stehen im Vordergrund:

- Trennung der Haushalte für Stadtgemeinde Bremen und Land Bremen und Möglichkeit für eine getrennte Bilanzierung des Vermögens von Land- und Stadt. Der heutige Buchungskreis 1100 für den Kernhaushalt wird in zwei SAP-Organisationseinheiten jeweils für Stadt und für Land getrennt.
- Die technischen Voraussetzung zur Führung getrennter Umsatzsteuerkonten und zur Umsetzung der umsatzsteuerlichen Behandlung von juristischen Personen öffentlichen Rechts § 2b UStG, d. h. Umsetzung der umsatzsteuerlichen Bestimmungen im SAP-System, wird geschaffen.

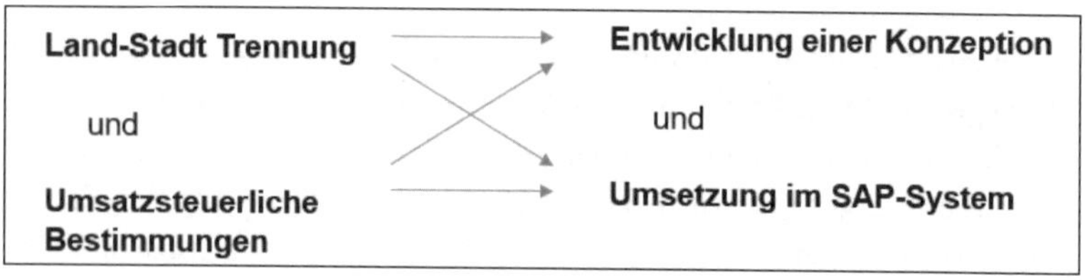

Projektziele.

16.5.3.1 Projektorganisation

Ein entsprechendes Projekt zur Umsetzung der Maßnahmen wird durch eine Stabsstelle in der Abteilung 2 »Haushalt, Kredit und Vermögen« koordiniert.

Da das Projekt nicht allein durch die Abteilung 2 umgesetzt werden kann, steht dem Projekt ein Lenkungsausschuss vor. Geleitet wird der Lenkungsausschuss durch die Leitung der Abteilung 2 »Haushalt, Kredit und Vermögen«. Vertreten sind die weiteren Abteilungen des/der SenatorIn für Finanzen sowie die Landeshauptkasse.

Es gibt eine Doppelspitze in der Projektleitung. Sie wird seitens des/der SenatorIn für Finanzen durch die Stabsstelle in der Abteilung 2 »Haushalt, Kredit und Vermögen« gestellt. Hinzu kommt die Projektleitung des externen Dienstleisters Dataport. Mit einbezogen sind auch der Gesamtpersonalrat, die Gesamtschwerbehindertenvertretung, der/die Landesbeauftragte für Datenschutz und Informationsfreiheit, die Innenrevision und der Rechnungshof.

Auf weitere Projektorganisationsstrukturen wie gesonderte Gremien zur Qualitätssicherung wird verzichtet. Die jeweils benötigten Fachkompetenzen aus der Verwaltung werden je nach Bedarf zu den Teilprojekten und Arbeitspaketen hinzugezogen. Auf der Verwaltungsseite gibt es keine gesonderte Projektplanung und damit auch keine Ressourcenplanung zur besseren Vereinbarkeit von Linienaufgaben und Projektarbeit.

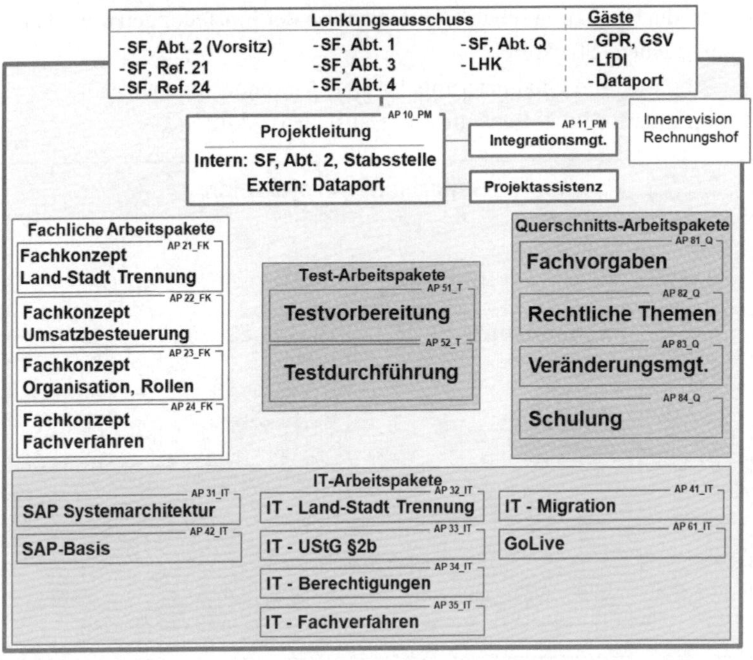

Projektorganisation.

16.5.3.2 Gesamtprojektplan

Die Umsetzung erfolgt in zwei Phasen: In Phase 1 wurden 2019 – mit intensiver Beteiligung der FachexpertInnen des/der SenatorIn für Finanzen – die Fachkonzeptionen erarbeitet und abgestimmt. In Phase 2 erfolgt 2020 die technische Umsetzung und der Abnahmetest. Die Produktivsetzung ist zum buchhalterischen Jahreswechsel 2020/2021 vorgesehen. Damit stehen dem Projekt insgesamt ungefähr eineinhalb Jahre Projektlaufzeit zur Verfügung.

Im Detail untergliedern sich die Phasen 1 und 2 wie folgt:

Phase 1 Fachkonzeption

- Erstellung der Fachkonzepte zu Land-Stadt Trennung, Umsatzsteuer, Organisation/Zuständigkeiten/Rollen und Fachverfahren
- Konzeption der SAP-Lösungs- und Systemarchitektur (technische Konzeption der Zielstruktur in SAP und des Umstellungsverfahrens)

Phase 2 Technische Umsetzung

- IT-technische Umsetzung
- Anpassung der Anbindung von Fachverfahren an die neue SAP-Struktur
- Fachtest und Abnahme
- Produktivsetzung sowie Transformation der Einstellungen und Daten in die neue Struktur
- Schulung und Qualifizierung der SAP-AnwenderInnen bzgl. veränderter Prozessabläufe und Haushaltsstrukturen

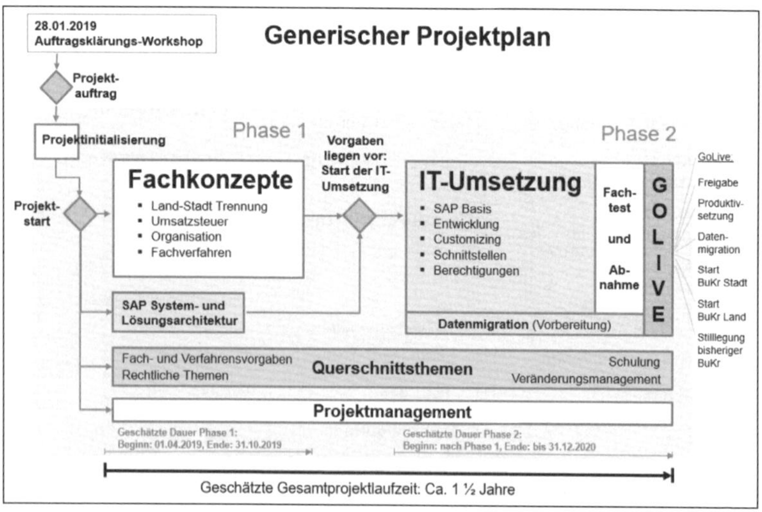

Gesamtprojektplan.

Projektmanagement und Querschnittsthemen finden durchgängig in beiden Phasen statt. Als Querschnittsthemen wurden Fach- und Verfahrensvorgaben, rechtliche Themen, Schulungsvorbereitung und Veränderungsmanagement initiiert.

16.5.3.3 Arbeitspakete

Folgende Arbeitsinhalte werden im Projekt Land-Stadt Trennung erarbeitet.

Projektmanagement

Die Projektleitung von Dataport und die Projektleitung des Auftraggebers tragen gemeinsam die Gesamtprojektverantwortung.

Integrationsmanagement

Das Integrationsmanagement stellt sicher, dass alle Arbeitspaket-übergreifenden Aufgaben und Tätigkeiten der Umsetzungsphase koordiniert und zwischen allen Beteiligten abgestimmt durchgeführt werden.

Fachkonzept Land-Stadt Trennung

Für alle heutigen Prozesse im gemeinsamen Buchungskreis Land-Stadt werden die fachlichen Trennungsvorgaben beschrieben und konkretisiert. Für jeden Prozess wird festgelegt, ob er künftig nur im Land, nur in der Stadt oder in Stadt und Land stattfindet. Des Weiteren wird identifiziert, anhand welcher Kennzeichen und Merkmale sich die Trennung im SAP-System ableiten lässt.

Es wird beschrieben, welche Daten aus dem jetzigen gemeinsamen Buchungskreis Stadt-Land in den Buchungskreis für Stadt und welche Daten in den Buchungskreis für Land zu migrieren sind.

Zur Reduzierung der Komplexität erfolgt die Unterteilung des Fachkonzept Land-Stadt-Trennung nach den folgenden Themengruppen

- Haushalt, Budgetierung, Produktgruppencontrolling
- Mittelbewirtschaftung, Anordnungswesen, Haushaltsrechnung
- Finanz- und Anlagenbuchhaltung, Kreditorenbuchhaltung, Controlling
- Debitorenbuchhaltung, Forderungsmanagement
- Kasse/Zahlungsprozesse
- elektronischer Rechnungsworkflow
- Bestellwesen und Materialwirtschaft
- SAP-Datenarchivierung

Fachkonzept Neuordnung der Umsatzbesteuerung
Umsetzung des neuen § 2b Umsatzsteuergesetz ab dem 1. Januar 2021 im SAP-System: Im Projekt Land-Stadt-Trennung werden im Zusammenhang mit der Land-Stadt-Trennung zeitgleich auch erforderliche Anpassungen zur ordnungsgemäßen Umsetzung des neuen Umsatzsteuerrechts ab 1. Januar 2021 bewertet und umgesetzt. Im Rahmen des Arbeitspakets wird das SAP-System derart ausgestaltet, dass umsatzsteuerrelevante Sachverhalte wie bisher in den Betrieben gewerblicher Art sowie zukünftig auch in hoheitlichen und vermögensverwaltenden Bereichen der FHB abgebildet werden können.

Fachkonzept Organisation, Rollen, Zuständigkeiten
Das Fachkonzept »Organisation, Rollen, Zuständigkeiten« liefert u. a. die fachlichen Vorgaben für das Arbeitspaket »Berechtigungen« zur Umsetzung der Zugriffsrechte in SAP.

Die Organisation für die künftige Trennung des Buchungsstoffes wird beschrieben. Unter Umständen fallen Aufgaben in den Ämtern und Ressorts künftig für Stadt und für Land an, z. B. Berichtswesen, Verrechnungen im Controlling, Abschlüsse etc. Dies wird analysiert. Auch für die internen SAP-Supporteinheiten werden Festlegungen getroffen. Daraus werden die Zuständigkeiten entwickelt.

Fachkonzept Angebundene Fachverfahren
Für die aktuell ca. 30 an den Buchungskreis des Kernhaushalts angebundenen Fachverfahren wird jeweils festgelegt, ob die Daten, die an das SAP-System geliefert werden, künftig in den Buchungskreis der Stadtgemeinde Bremen oder in den Buchungskreis des Landes Bremen oder in beide Buchungskreise übertragen werden sollen. Ziel ist es, die Daten möglichst in der Schnittstelle umzusteuern und Veränderungen in den Fachverfahren nur dann zu veranlassen, wenn es zwingend notwendig ist. Es wird festgelegt, ob sich die Buchungskreistrennung in der Schnittstelle und/oder im Dateinamen umsetzen lässt, oder ob die Trennung bereits im Fachverfahren stattfinden muss. Für aus dem SAP-System ausgehende Daten wird geklärt, ob das Fachverfahren ggf. nach Stadt und Land getrennte Daten empfangen und verarbeiten kann. Sollten Anpassungen innerhalb der Fachverfahren notwendig sein, werden diese identifiziert und durch die Fachverfahrensverantwortlichen veranlasst.

Konzept SAP System- und Lösungsarchitektur

In diesem Arbeitspaket werden in Phase 1 weichenstellende Entscheidungen zur SAP-Lösungs-/Systemarchitektur getroffen. Das Teilprojekt steht daher zu Beginn des Projektvorhabens. Zu den Aufgaben gehören:

- Festlegung der Organisationsstrukturen in SAP
- Durchführen einer Systemanalyse
- Betrachtung von kundeneigenen Entwicklungen
- System- und Lösungsarchitektur festlegen
- Transport- und Entwicklungs-Sstop für den Buchungskreis 1100 konzeptionieren
- Regeln für Transporte und Transportstop konzeptionieren
- Migrationsvorgehen festlegen, Entscheidung Tool vs. Eigenentwicklung treffen
- Konzept/Alternativen zur künftigen Synchronisierung der Buchungskreise erarbeiten

Technische Umsetzung Land-Stadt-Trennung

Technische Anforderungen und Vorgaben für die Buchungskreistrennung sind festzulegen. Falls notwendig, sind Datenvorbereitungen vorzubereiten, zu koordinieren bzw. durchzuführen. Als Vorgabe für die SAP-Umsetzung (Customizing, Entwicklung, Migration) ist ein technisches Konzept zu erstellen. Die Einstellungen am Customizing, den Programmen und den Reports sind in den SAP-Systemen vorzunehmen.

Zur Reduzierung der Komplexität erfolgt analog zur Fachkonzeption eine Untergliederung der Aufgaben nach den Themengruppen:

- Haushalt, Budgetierung, Produktgruppencontrolling
- Mittelbewirtschaftung, Anordnungswesen, Haushaltsrechnung
- Finanz- und Anlagenbuchhaltung, Kreditorenbuchhaltung, Controlling
- Debitorenbuchhaltung, Forderungsmanagement
- Kasse / Zahlungsprozesse
- Elektronischer Rechnungsworkflow
- Bestellwesen und Materialwirtschaft

Technische Umsetzung Neuordnung der Umsatzbesteuerung

Im Projekt Land-Stadt-Trennung sind erforderliche Anpassungen zur ordnungsgemäßen Umsetzung des neuen Umsatzsteuerrechts ab 1. Januar

2021 umzusetzen. Im Rahmen des Arbeitspakets ist das SAP-System derart auszugestalten, dass umsatzsteuerrelevante Sachverhalte wie bisher in den Betrieben gewerblicher Art sowie zukünftig auch in hoheitlichen und vermögensverwaltenden Bereichen der FHB abgebildet werden können. In der Struktur der künftigen Buchungsprozesse müssen die Vorgaben der bundeseinheitlichen Umsatzsteuervoranmeldungs- und Umsatzsteuererklärungsvordrucke berücksichtigt werden.

Die technischen Anforderungen und Vorgaben für die Umsetzung des UStG § 2b sind festzulegen. Als Vorgabe für die SAP-Umsetzung (Einstellungen der steuerlich relevanten Systemeinstellungen) ist ein technisches Konzept zu erstellen. Einstellungen am Customizing, den Programmen und den Reports sind in den SAP-Systemen vorzunehmen. Die vorhandene SAP-BgA-Lösung ist für die zukünftigen Umsatzsteuergruppen und deren Benennung und Gliederung einzurichten.

Technische Umsetzung Berechtigungen
Das Arbeitspaket beinhaltet die vollständige technische Konzeption, Erstellung und Umsetzung der Rollen und Berechtigungen des Quellbuchungskreises 1100 in die neuen Buchungskreise 1200 und 1300 für Land bzw. Stadt. Darüber hinaus sind die Berechtigungen des Buchungskreises 1100 anzupassen, so dass zeitgleich mit dem GoLive bzw. für bestimmte SAP-AnwenderInnengruppen nach Beendigung der Jahresabschlussarbeiten 2020 in diesem Buchungskreis nur noch Leseberechtigung besteht.

Ebenfalls zu konzipieren und umzusetzen sind die sich aus der Einführung der neuen Umsatzsteuererhebung nach § 2b UStG ergebenden neuen Berechtigungen. Die Rollen und Berechtigungen sind den SAP-AnwenderInnen zuzuordnen.

Technische Umsetzung Angebundene Fachverfahren
Für die an das SAP-System angebundenen Fachverfahren sind technische Anpassungen für die Land-Stadt-Trennung und für das neue Umsatzsteuerverfahren durchzuführen.

Die Fachverfahren sind unterschiedlich von diesen Umstellungsarbeiten betroffen. Das Arbeitspaket berücksichtigt die notwendigen Arbeiten unterschiedlichen Ausmaßes und Inhalts, die bei den einzelnen Fachverfahren anfallen, bei der technischen Konzeption und bei der Umsetzung.

Als Vorgabe für die SAP-Umsetzung (Anpassung der SAP-Schnittstellen, Entwicklung, Customizing, Vorgaben für die technische Umsetzung in den Fachverfahren) ist ein technisches Konzept zu erstellen.

Die nötigen Anpassungen der SAP-Schnittstellen sind umzusetzen, und die nötigen Anpassungen der Fachverfahren sind zusammen mit den Fachverfahrensverantwortlichen zu koordinieren.

Technische Umsetzung Migration
Das Arbeitspaket beinhaltet alle Aktivitäten, die zur Durchführung der Migration der Daten des Buchungskreises 1100 in die neuen Buchungskreise 1200 und 1300 Land und Stadt notwendig sind, und führt die Migrationen durch.

Technische Umsetzung SAP-Basis
In diesem Arbeitspaket werden SAP-systemtechnische Arbeiten durchgeführt. Dazu gehören der Aufbau der Systemarchitektur für die Land-Stadt-Trennung und die diversen, teilweise mehrfach im Projektverlauf durchzuführenden Systemarbeiten wie Mandantenkopien oder die Durchführung abgestimmter Transporte innerhalb der aufgebauten Systemlandschaft.

Testvorbereitung
Alle Testanforderungen werden in einem Testkonzept niedergeschrieben. In der Testvorbereitung werden bereits vorhandene Testfälle überarbeitet und neue Testfälle für verschiedene Bereiche erstellt. Die Testfälle beziehen sich auf Prozesse, Programme und Reports sowie auf Berechtigungen.

Die Testfälle müssen im SAP Solution Manager gepflegt sein.

Technische Testvorbereitungen wie die Prüfung und Anpassung von Testuseridentifikationen und Zugriffen werden getroffen.

Test- und Fehlermanagement
Die zu testenden Geschäftsvorfälle werden ausreichend getestet, um eine fachliche Abnahme und einen problemlosen Go-Live zu ermöglichen.

Durch das Testmanagement werden das Durchführen der Tests beaufsichtigt und das Fehlermanagement betrieben. Die Testdurchführung ist in drei Phasen mit unterschiedlichen Schwerpunkten unterteilt. In der ersten Phase findet der Funktionstest statt. Hier liegt der Fokus auf der Funktionsfähigkeit des Migrationstools und der technischen Umsetzung. In der zweiten Phase findet der Integrationstest statt. Hierbei ist eine Beteiligung der Fachlichkeit vorgesehen. In der dritten Phase findet der Abnahmetest durch die Fachlichkeit statt. Daher ist dies auch der letztmögliche Zeitpunkt, die Integration paralleler Projekte mit einzubeziehen.

Am Ende der Testphase werden ein Testabschlussbericht verfasst und eine Abnahme- und Freigabeempfehlung ausgesprochen. Eine erfolgreich abgeschlossene Testdurchführung ist ausschlaggebend für einen problemlosen Go-Live.

GoLive
Das Arbeitspaket plant und koordiniert alle Aktivitäten, die zur Durchführung des GoLive im Projekt Land-Stadt-Trennung notwendig sind, d. h. sowohl technische als auch organisatorische Aktivitäten. Es erfolgt eine Abstimmung mit der Jahresabschlussverfügung.

Querschnittsthema Fach- und Verfahrensvorgaben für AnwenderInnen
Es werden Fach- und Verfahrensvorgaben hinsichtlich Stadt-Land-Trennung und umsatzsteuerliche Behandlungen als verständliche und kommunizierbare Unterlagen für die SAP-AnwenderInnen erstellt.

Querschnittsthema Rechtliche Themen
Die Bremischen Rechtsvorschriften (z. B. haushaltsrechtliche Bestimmungen) werden daraufhin untersucht, an welchen Stellen aktuell von einer gemeinsamen Land- und Stadtbearbeitung ausgegangen wird und entsprechend für eine künftige Trennung anzupassen sind. Notwendige Anpassungen werden vorgenommen und zur Beschlussfassung gebracht bzw. die Beschlussfassung veranlasst.

Querschnittsthema Veränderungsmanagement
Die Land-Stadt-Trennung bedeutet eine Veränderung der langjährigen Buchungsgewohnheiten in allen Prozessen im SAP-System für den bisherigen Kernhaushalt. Die Vermittlung der Veränderungen wird ein entscheidender Erfolgsfaktor für eine reibungslose Einführung in den Organisationseinheiten. Durch geeignete Formate wird die Kommunikation in die Fachressorts gewährleistet. Weitere Maßnahmen zur Öffentlichkeitsarbeit werden entwickelt.

Querschnittsthema Schulungsvorbereitung und Übergabe an das AFZ
Es wird geprüft, welche Anpassungsbedarfe sich bei den bisherigen Schulungsformaten ergeben. Schulungsmaßnahmen werden umgesetzt. Es erfolgt die Übergabe von schulungsrelevanten Informationen an das Aus- und Fortbildungszentrum der Freien Hansestadt Bremen.

16.5.3.4 Neue SAP-Organisationsstrukturen

In der Konsequenz bedeutet das o. g. Projektziel, dass eine Trennung der Buchführung der beiden Gebietskörperschaften, unabhängig davon, ob die Sichtweise des kameralen Rechnungswesen, des doppischen Rechnungswesens oder des internen Rechnungswesens (Controlling) eingenommen wird, umgesetzt wird.

Für die Mitarbeitenden in der Verwaltung, die im SAP-System buchen, bedeutet dies eine Änderung langjähriger Gewohnheiten. Wichtig ist deshalb, dass mit der Lösung eine hohe Anwenderfreundlichkeit erreicht wird:

- **eindeutig zugeordnete Prozesse** im Haushaltswesen, doppischen Rechnungswesen und Controlling durch klare Trennung der Gebietskörperschaften,
- **geringere Komplexität** im Übergang durch Unabhängigkeit der bisherigen und künftigen Strukturen beim Jahresabschluss,
- **höhere Transparenz** durch Klarheit und Übersichtlichkeit der Buchführung und der kaufmännischen und kameralen Abschlüsse,
- **hohe AnwenderInnenfreundlichkeit** durch Eindeutigkeit der neuen SAP-Organisationsstrukturen Buchungskreis, Finanzkreis, Kostenrechnungskreis.

Als Ergebnis zur Umsetzung der Anforderungen lässt sich folgendes Zwischenergebnis festhalten:

Für die beiden Gebietskörperschaften Land und Stadtgemeinde Bremen werden die beiden neuen Buchungskreise 1200 »Land Bremen« und 1300 »Stadtgemeinde Bremen« eingerichtet. Ab 2021 wird der bisherige Buchungskreis 1100 nicht mehr für das aktive Buchungsgeschäft genutzt und ein lesender Zugriff eingerichtet. Als Begründung sind Klarheit und Übersichtlichkeit der Buchführung und der kaufmännischen und kameralen Abschlüsse ausschlaggebend. Die folgende Abbildung verdeutlicht die neue Buchungskreisstruktur:

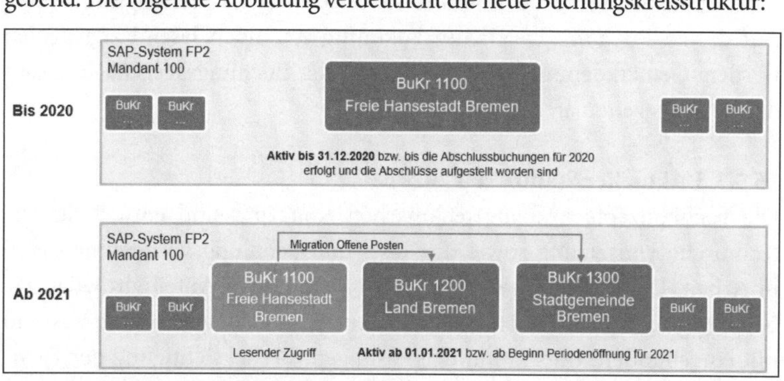

Trennung der Gebietskörperschaften in SAP.

Die beiden neuen Buchungskreise 1200 »Land Bremen« und 1300 »Stadtgemeinde Bremen« werden mit je einem eigenen Finanzkreis und je einem eigenem Kostenrechnungskreis eingerichtet. Dies entspricht dem Projektauftrag, die Buchführung der beiden Gebietskörperschaften zu trennen, unabhängig davon, ob die Sichtweise des kameralen Rechnungswesens, des doppischen Rechnungswesens oder des internen Rechnungswesens (Controlling) eingenommen wird. Die folgende Abbildung verdeutlicht die neue Struktur der SAP-Organisationseinheiten:

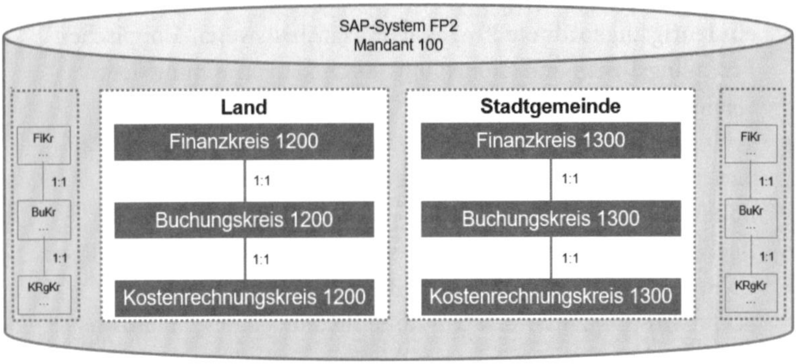

Durchgängige Trennung der drei Rechnungswesen Haushaltsrechnung, doppisches Rechnungswesen und Controlling.

Für die Übernahme der Altdaten in die neuen Buchungskreise gilt die Prämisse, es werden die »offenen Posten« migriert. Damit sind im SAP-System nicht regulierte Rechnungen und offene Salden (unter Berücksichtigung der aufgrund der SAP-Belegintegration abhängigen Belege) gemeint. Historische Daten, d. h. Daten abgeschlossener Geschäftsvorfälle, werden nicht in die neue Struktur migriert, sie verbleiben im Buchungskreis 1100. Auf diesen Buchungskreis kann zukünftig nur noch lesend zugegriffen werden. Gemäß dem Fristenkonzept wird der Buchungskreis nach Ablauf der Residenzzeiten archiviert.

16.5.3.5 Aktueller Stand (Mai 2020)

Die Fachkonzepte und die technischen Konzepte sind entwickelt. Die technische Umsetzung sowie die Test- und Schulungsvorbereitung sind in Arbeit. Die Projektarbeit geht trotz einem hohen Anteil virtueller Arbeit zügig voran. Die Fachlichkeit des Senators für Finanzen ist umfassend mit eingebunden. Integration der Lösungen, Berücksichtigung der Fachverfahren, Kommunikation und Migrationsvorgehen sind die kritischen

Erfolgsfaktoren, die entsprechend im Projekt berücksichtigt werden. Der Produktivsetzungstermin 1. Januar 2021 ist fest im Blick.

Neben der technischen Umsetzung nehmen organisatorische Themen einen immer größeren Raum ein. Diese Themen sind u. a. durch folgende Aspekte gekennzeichnet:

- Die Betroffenen sind auch BürgerInnen und Unternehmen/Institutionen.
- Nicht alle Aspekte/Fragen sind von Beginn an bekannt, sie müssen noch identifiziert werden.
- Es muss gemeinsame Prozesse mit den Ressorts geben.
- Die Expertise aus mehreren Referaten und zugeordneten Ämtern ist gefragt.
- Es gibt keine eindeutige Zuständigkeit.

Hier ist aus dem Projekt heraus umfangreiche Strukturierungs- und Koordinierungsleistung gefragt. Diese Aufgabe hat im Laufe des Projekts die Stabstelle in der Abteilung 2 übernommen.

16.5.3.6 Ausblick

Das Projekt Land-Stadt-Trennung stellt die Rechnungswesen von Land und Stadtgemeinde Bremen neu auf. Auf der Basis dieser Neustrukturierung des Rechnungswesens des Kernhaushalts können die Modernisierungen weiterer Prozesse stattfinden. In den Blick für die Zukunft gefasst sind u. a. die Themen Einheitspersonenkonto, Aktualisierung der Funktionen der Haushaltsbudgetierung im SAP-System und schließlich die bis 2025 stattzufindende Umstellung auf die neue SAP-Produktgeneration SAP S/4 HANA als Grundlage der digitalen Transformation. Die Land-Stadt-Trennung ist damit eine Weichenstellung, auf der künftige Projekte aufsetzen. Wir haben und machen weiterhin wichtige Erfahrungen, aus denen wir für die anstehenden nächsten Projekte lernen.

17

Neuordnung des Rechnungswesens, der Buchhaltung und des Forderungsmanagements

Der planvolle und zielorientierte Umgang mit Forderungen, auch »Forderungsmanagement« genannt, ist insbesondere für die Kommunen von hoher finanzieller Bedeutung. Der größte Teil kommunaler Forderungen wird zwar problemlos eingezogen, kommt es jedoch zu einem verzögerten Zahlungseingang oder gar zu Ausfall der Forderung, kann dies zu einem erheblichen wirtschaftlichen Schaden führen und die Liquiditätssteuerung nachhaltig beeinflussen. Das Forderungsmanagement spielt damit in der öffentlichen Finanzwirtschaft und damit auch in der FHB eine besondere Rolle, an der verschiedene Akteure beteiligt sind:

17.1 Was ist unter »Forderungsmanagement« zu verstehen?

Einnahmen der FHB sind rechtzeitig und vollständig zu erheben.[123] Unter einer Forderung ist die Geltendmachung eines Anspruchs zu verstehen, welche zu einer Einnahme der FHB führen soll. In der FHB werden diese Ansprüche durch die Dienststellen der Gebietskörperschaften Stadt oder Land verfolgt. Der/die DebitorIn ist dabei der/die Zahlungspflichtige (SchuldnerIn). Die BürgerInnen oder auch die in einer Kommune ansässigen juristischen Personen oder Gesellschaften haben im Vorfeld von den fachlich zuständigen Dienststellen Bescheide, Rechnungen oder vergleichbare Zahlungsaufforderungen erhalten. Auf diesen Schreiben sind die Forderungsdaten und die Ansprechpersonen der Dienststelle angegeben und die zu zahlende Geldsumme wird ausgewiesen.

Die Aufgaben der Kassen bei der Annahme und der Leistung von Zahlungen für die FHB und für die juristischen Personen des öffentlichen Rechts werden – soweit nichts anderes bestimmt ist – für alle Dienststellen innerhalb und außerhalb der bremischen Verwaltung von der Landeshauptkasse Bremen wahrgenommen[124]. Hierfür haben die Dienststellen im führenden Kassensystem (= SAP) sog. Annahmeanordnungen zu erteilen, sobald der Rechtsgrund, der Betrag und die Fälligkeit der Forderung feststehen. Annahmeanordnungen können auch über sog. Fachverfahren an SAP übermittelt werden. Diese Verfahren sind dem SAP-System vorgeschaltet, verfügen über eine Schnittstelle und erzeugen die jeweilige Forderung. Vor der Erstellung einer Rechnung muss damit erst eine erfasste

123 § 34 Abs. 1 Landeshaushaltsordnung Bremen.
124 § 79 Abs. 1 Landeshaushaltsordnung Bremen.

und freigegebene Sollstellung im Kassensystem vorhanden sein. Technisch ist der Forderung damit der **Mahnstufe »0«** zuzuordnen. Hierbei gilt der Grundsatz, dass Einnahmen rechtzeitig und vollständig zu erheben sind. Das heißt, **Sollstellungen sind im Kassensystem vor der Bezahlung der Forderung zu erzeugen**. Leistet der/die DebitorIn die vollständige Zahlung auf ein entsprechendes Bankkonto (insbesondere per Banküberweisung) und wird diese ordnungsgemäß im Kassensystem verbucht, ist der Vorgang erledigt.

In diesem Stadium können seitens des/der DebitorIn auch Anträge auf Stundung (Ratenzahlung) oder Erlass gestellt werden, welche die Forderung beeinflussen[125]. Auch haben eingelegte Rechtsbehelfe ggf. Einfluss auf die Durchsetzbarkeit von Forderungen (z. B. durch die Gewährung der Aussetzung der Vollziehung). Werden die Forderungen nicht bezahlt, so wird der **Beitreibungsprozess**[126] (»Forderungsverlauf«) angestoßen (vgl. Schaubild unten). Dieser Beitreibungsprozess darf nur im Einzelfall durch das Setzen von personellen »Mahnsperren[127]« verhindert bzw. unterbrochen werden.

Ist die Forderung fällig und wurde trotz Rechnung (etc.) durch die Kasse angemahnt, ist die Forderung der nächsten Mahnstufe zuzuordnen (sog. **Mahnstufe »1«**). Im Regelfall ergeht bei Nichtzahlung zum Fälligkeitstermin eine automatisierte Mahnung aus dem Kassensystem. Hierdurch sollen die BürgerInnen (oder anderweitige Zahlungspflichtige) an ihre Zahlungspflicht erinnert werden. Mahnläufe finden dabei zu festen Terminen statt.

Erfüllt der/die DebitorIn dennoch die Forderung nicht, wird die zwangsweise Einziehung der Forderung im Vollstreckungs- oder Beitreibungsverfahren eingeleitet (die Forderung wird in **Mahnstufe »2«** weitergeleitet; dies wird in SAP auch als Einziehungsersuchen an die Vollstreckungsbehörde bezeichnet). Hierbei ist zwischen der Verwaltungsvollstreckung durch Behörden und der Zwangsvollstreckung durch die ordentliche Gerichtsbarkeit zu unterscheiden. Vollstreckungsbehörden können z. B. sein: Finanzbehörden, Staatsanwaltschaft, Ordnungsbehörde, Gerichte. Folgende Vollstreckungsmaßnahmen können ergehen:

125 § 59 Landeshaushaltsordnung Bremen.

126 Synonyme von Beitreibung sind: Vollstreckung, Zwangsvollstreckung, zwangsweise Einziehung.

127 Bei einer Mahnsperre handelt es sich um eine personelle Unterbrechung des Beitreibungsprozesses in SAP, wenn bestimmte Vorgänge vorliegen, z. B. Insolvenzverfahren, unbekannt verzogen, Widerspruchs- und Gerichtsverfahren, Rückgabe durch die Vollstreckungsbehörde.

- Forderungspfändungen (z. B. Pfändungen des Girokontos, von Lohn und Gehalt, Sparbüchern oder auch Versicherungen)
- Beauftragung eines/einer VollziehungsbeamtIn oder GerichtsvollzieherIn zur Wohnungsdurchsuchung und Pfändung beweglicher Sachen (ggf. mit Durchsuchungsbeschluss und Türöffnung), sowie eine daran anschließende Versteigerung von Sachen
- Vollstreckung in das unbewegliche Vermögen (Sicherungshypothek, Zwangsversteigerung, Zwangsverwaltung)
- Abnahme der Vermögensauskunft durch ein Vermögensverzeichnis an Eides statt, sowie Eintragung im öffentlichen Schuldnerverzeichnis
- Anregung des Gewerbeuntersagungsverfahrens
- Beantragung der Eröffnung eines Insolvenzverfahrens

Das nachstehende Schaubild soll den Forderungsprozess bei Nichtzahlung einer Forderung zusammenfassen (das Beispiel orientiert sich an einem zweistufigen Mahnverfahren):

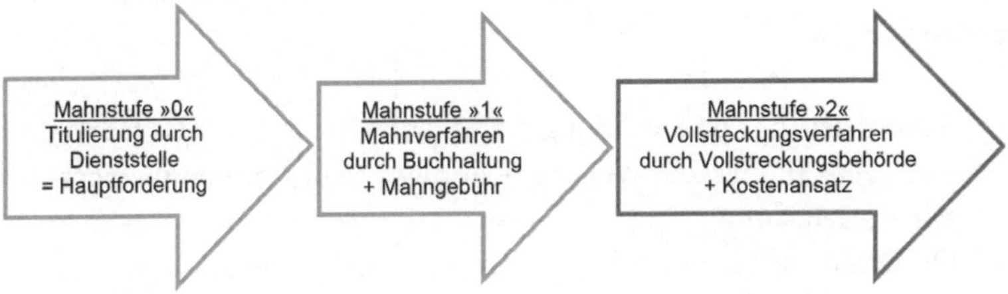

Von der Weiterverfolgung des Anspruchs kann vorläufig abgesehen werden, wenn die Einziehung wegen der wirtschaftlichen Verhältnisse des/der DebitorIn oder aus anderen Gründen vorübergehend/dauerhaft keinen Erfolg haben würde. Diese Art der »Forderungsabschreibung« in den Haushaltsbüchern wird als (befristete/unbefristete) **Niederschlagung** bezeichnet.

Der Forderungsprozess wird nur aufgrund folgender Vorgänge **beendet**:

- Änderung der Forderungshöhe (= Änderung der Sollstellung)
- freiwillige bzw. zwangsweise Zahlung
- Gewährung einer Stundung/Zahlungserleichterung/Ratenzahlung
- Gewährung eines Erlasses bzw. Zustimmung zur Schuldenbereinigung nach Maßgabe der Insolvenzordnung
- Niederschlagung
- (Zahlungsverjährung)

➔ Zusammenfassend lässt sich feststellen:
Unter Forderungsmanagement ist das Steuern des Forderungsprozesses von der Entstehung des Forderungsanspruchs bis zu seiner Erfüllung zu verstehen. Hierbei müssen die verschiedenen Forderungsarten beachtet werden. Durch eine Optimierung des Forderungsprozesses können Zahlungsausfälle gemindert oder vermieden und idealerweise ein frühzeitiger Zahlungseingang erreicht werden. Die Analyse und Strukturierung der Forderungen gibt Aufschluss über den Forderungsbestand und die Forderungsausfälle. Dies führt im Idealfall zu einer passgenauen Liquiditätssteuerung.

Die Vereinheitlichung des o. g. Forderungsprozesses in allen öffentlichen Dienststellen ermöglicht eine schnellere und gleichmäßige Forderungseinziehung und führt neben diverser Synergieeffekte im Einnahmesektor auch zu einem Liquiditätsvorteil. Damit soll eine durchgängig hohe Ergebnisqualität und wenige endgültige Forderungsausfälle erzielt werden.

Konkret werden im Forderungsmanagement folgende **Arbeitsschwerpunkte** gesetzt:

- Klassifizierung von Forderungsarten, damit der richtige Verfahrensweg (Verwaltungsvollstreckung oder Zwangsvollstreckung) eingehalten werden kann
- Optimierung der bereits bestehenden Forderungsprozesse von der Sollstellung über das Mahnverfahren bis zur Vollstreckung
- Zentralisierung des Mahn- und Vollstreckungsprozesses für die zeitnahe Vollstreckung, um durch Umstrukturierungsmaßnahmen und Schwerpunktsetzung in der Forderungsbearbeitung Synergieeffekte zukünftig verstärkt nutzen zu können
- Korrekte Bearbeitung von Forderungen nach den Regelungen der Insolvenzordnung
- Aufarbeitung des Altforderungsbestandes, insbesondere durch Überprüfung von Altfällen. Die Aufarbeitung des »Altforderungsbestands« muss durch die originär zuständigen Fachressorts vorgenommen werden, denn aus rein rechtlicher Sicht hat die Forderung durch Bescheid bzw. Titulierung eines Anspruchs grundsätzlich nach dem sog. Ressortprinzip durch die zuständige Dienststelle zu erfolgen.
- Wiederaufgreifen niedergeschlagener Forderungen falls auf Ebene des/der DebitorIn eine wirtschaftliche Erholung eingetreten ist.

- Ggf. Unterstützung der o. g. Arbeitsschwerpunkte im Wege der Amtshilfe durch eine »Task Force« (z. B. Unterbrechung von Forderungsverjährung)

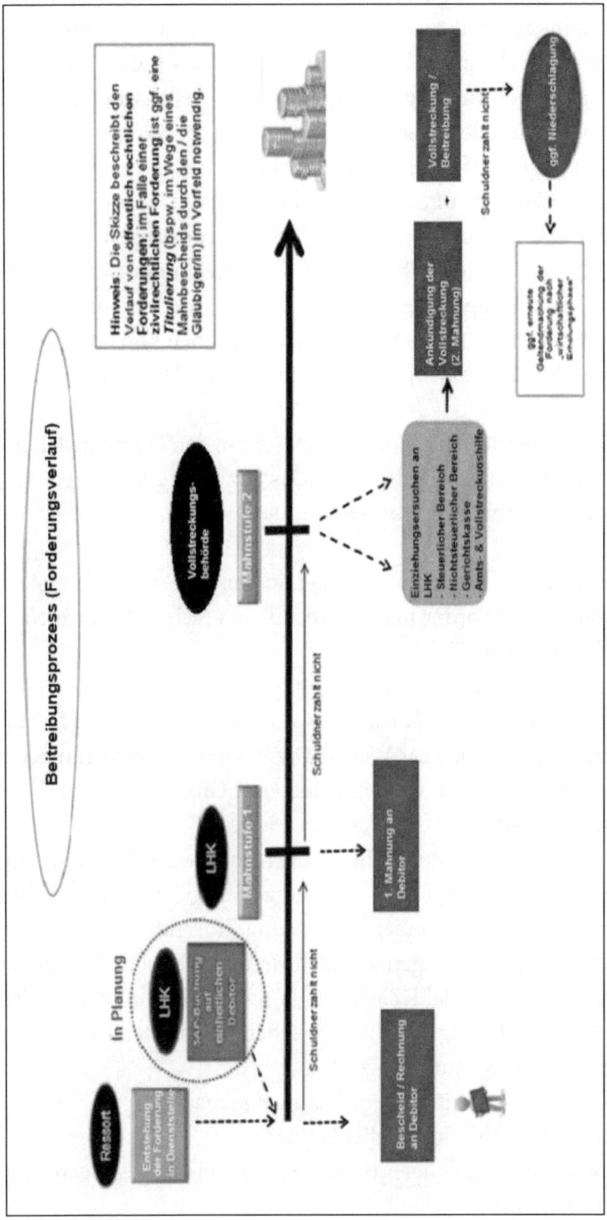

Forderungs-Beitreibungsprozess in der FHB (Sollkonzept).

17.2 Forderungsarten

Je nach Herkunft der Forderung sind im Rahmen des Forderungsprozesses unterschiedliche **Strukturen** zu beachten. So unterscheiden Forderungen sich in ihrer Rechtsgrundlage, der Fälligkeit sowie der Verjährungsfrist. Aus der jeweiligen Rechtsgrundlage kann abgeleitet werden, ob eine Forderung zivilrechtlicher oder öffentlich-rechtlicher Natur ist, was wiederum zu Auswirkungen auf den jeweiligen Beitreibungsprozess führt.

Durch Zeitablauf und das Erreichen weiterer Mahnstufen entstehen neben der Hauptforderung weitere **Nebenforderungen** wie Säumniszuschläge, Zinsen, Mahngebühren oder Vollstreckungskosten. Hierbei ist zu beachten, dass Hauptforderung und Nebenforderung unterschiedlichen Gebietskörperschaften (Stadt oder Land) zustehen können. Bspw. handelt es sich bei der Landeshauptkasse Bremen oder dem Finanzamt um Landesbehörden.

Um die Strukturen der Forderungsarten in den Dienststellen intensiver kennenzulernen, ist zunächst eine **Klassifizierung** von Forderungsarten erforderlich. Hierbei ist abzufragen:

- Welche Forderungsarten entstehen in der Dienststelle (Katalog)?
- Wie sind diese Forderungen in rechtlicher Sicht einzuordnen (Rechtsgrundlage)?
- Können SchuldnerInnengruppen typisiert werden?
- Wie gestaltet sich der Forderungsprozess (genauer Ablauf, z. B. Angabe der Mahnverfahren)? Welche Dienststellen sind hieran beteiligt?
- Welche IT-Verfahren werden eingesetzt? Gibt es Schnittstellen zum Kassensystem?
- Wie werden EinheitsdebitorInnen oder einzelne DebitorInnen angelegt?
- Wann und wie erfolgt die Sollstellung (Fälligkeit, Mahngebühren, Nebenleistungen, Kleinbetragsregelung, Korrekturmöglichkeiten)?
- Welche personenbezogenen Daten werden erhoben? Erfolgt ein Abgleich mit den Meldedaten vor Bescheid-/Rechnungserstellung?
- Welche Kontaktmöglichkeiten bestehen für die DebitorInnen?
- Liegt ein Überweisungsträger bei?
- Wird vom Lastschrifteinzug Gebrauch gemacht?
- Bestehen Barzahlungsmöglichkeiten?
- Wie wird mit nicht zugeordneten Zahlungen umgegangen (Verwahrung)?

- Wie wird mit Ratenzahlungen (Stundung, Zahlungserleichterung) umgegangen?
- Werden Mahnsperren gesetzt? Wenn ja, in welchen Fällen?
- Welche Rechtsbehelfsmöglichkeiten bestehen? Hemmt der Rechtsbehelf den Vollzug?
- Wie wird mit Insolvenzverfahren umgegangen (Anmeldung zur Tabelle, Niederschlagung, Ausnahmen bei der Restschuldbefreiung, Insolvenzanfechtungen)?
- Wie lauten die Verjährungsfristen? Werden Verjährungsfristen unterbrochen? Wie werden Verjährungen unterbrochen (z. B. durch Zahlungsaufforderung)?
- Wie wird mit Niederschlagungen umgegangen? Werden auch Nebenforderungen niedergeschlagen? Werden Niederschlagungen vor Verjährung erneut überprüft?
- Liegt bereits ein Controlling in der Dienststelle vor (z. B. Meldung an den Bund)?

Allgemein gehalten können die Forderungsarten wie folgt differenziert werden:

17.2.1 Öffentlich-rechtliche Forderungsarten

Der Anspruch aus dem Abgabenverhältnis wird durch Verwaltungsakt (Bescheid) konkretisiert. Öffentlich-rechtliche Forderungen werden grundsätzlich im Verwaltungsvollstreckungsverfahren beigetrieben. Diese Abgaben können sein:

a. Beispiele Steuerliche Forderungen (nach der Abgabenordnung):
Einkommensteuer, Körperschaftsteuer, Gewerbesteuer, Umsatzsteuer, Grundsteuer und Grundbesitzabgaben, Grunderwerbsteuer, Erbschaftsteuer, Schenkungsteuer, Rennwett- und Lotteriesteuer, Hundesteuer, Tourismusabgabe (Citytax), Vergnügungssteuer, Wettbürosteuer, Zweitwohnungsteuer, sowie die dazugehörigen Nebenleistungen wie Gebühren, Zwangsgelder, Zinsen oder Säumniszuschläge.

b. Beispiele Nichtsteuerliche Forderungen (nach den jeweiligen Kostengesetzen):
Gebühren, Beiträge, Bußgelder, Gerichtskosten, Rückforderungsbescheide z. B. von gewährten Zuwendungen. Auch Berufskammerbeiträge fallen hierunter.

17.2.2 Zivilrechtliche Forderungsarten

Zivilrechtliche Forderungen (z. B. Kaufpreis, Miete, Schadensersatz, Unterhaltsvorschuss) werden nach Maßgabe der Zivilprozessordnung im Zwangsvollstreckungsverfahren durch die ordentliche Gerichtsbarkeit beigetrieben. Die Vollstreckung kann dann nur aufgrund eines zivilgerichtlichen Titels durch die Organe der zivilrechtlichen Zwangsvollstreckung (Vollstreckungsgericht, Gerichtsvollzieher) vorgenommen werden. Die Voraussetzungen für eine zivilrechtliche Zwangsvollstreckung sind u. a. der Vollstreckungsantrag, der Titel, die Klausel und die Zustellung. Die weiteren Forderungsprozesse ergeben sich aus den Verfahren der ordentlichen Gerichtsbarkeit.

17.2.3 Öffentlich-rechtliche Verträge

Eine Besonderheit besteht bei öffentlich-rechtlichen Verträgen, da in diesen Fällen kein Verwaltungsakt (Bescheid) erlassen wurde.[128] Hier fungiert das Verwaltungsgericht nach der Verwaltungsgerichtsordnung als eigene Vollstreckungsbehörde. Vollstreckungsbehörde im Sinne des Verwaltungsvollstreckungsgesetzes ist der/die Vorsitzende des Gerichts des ersten Rechtszugs; er/sie kann für die Ausführung der Vollstreckung eine andere Vollstreckungsbehörde oder einen/eine GerichtsvollzieherIn in Anspruch nehmen. Die Vollstreckung richtet sich dann nach dem bundesgesetzlichen Verwaltungsvollstreckungsgesetz[129].

17.2.4 Forderungen im Insolvenzverfahren

Durch die Eröffnung des Insolvenzverfahrens tritt ein Vollstreckungsverbot ein (Gesamtvollstreckungsverfahren). Vereinfacht dargestellt können die Forderungsarten wie folgt den insolvenzrechtlichen Vermögensbereichen zugeordnet werden:

- Insolvenzforderungen sind die Forderungen, die bis zur Eröffnung des Insolvenzverfahrens entstanden sind. Sie sind zur Insolvenztabelle anzumelden und werden ggf. durch eine Quotenzahlung aus der freien Insolvenzmasse beglichen.
- Masseverbindlichkeiten werden nach Eröffnung des Insolvenzverfahrens durch den Insolvenzverwalter begründet und sind vorab aus der Insolvenzmasse zu begleichen.
- Forderungen aus dem insolvenzfreien Vermögen sind aus diesem zu entrichten.

128 § 54 ff. BremVwVfG.
129 § 169 Abs. 1 VwGO.

17.3 Forderungsmanagementprojekte in der Freien Hansestadt Bremen (FHB)

Die FHB widmet sich schon seit 2011 der Optimierung des Bremischen Forderungsmanagements. Zu diesem Zwecke wurden unterschiedliche – zum Teil ressortübergreifende – Projekte ins Leben gerufen, die sich zum Ziel gesetzt haben, Forderungsausfälle so gering wie möglich zu halten und die Liquiditätssituation der FHB nachhaltig zu verbessern. Im Folgenden werden die Forderungsmanagementprojekte in der FHB beschrieben:

17.3.1 Projekt »Forderungsmanagement in der Justiz«

Erste Erfahrungen konnte die Senatorin für Finanzen in Zusammenarbeit mit dem Senator für Justiz und Verfassung im Rahmen des Projektes »Forderungsmanagement in der Justiz« (**Justizinkasso**) sammeln. Dieses Projekt wurde als Pilotprojekt zur Optimierung des Forderungsmanagements im Justizbereich der Freien Hansestadt Bremen konzipiert und durchgeführt. Das Projekt orientierte sich an dem in 2010 mit dem Innovationspreis »Public Private Partnership« ausgezeichneten Projekt aus Baden-Württemberg »Forderungsmanagement für die Justiz«. Anders als der baden-württembergische Vorreiter setzte das bremische Projekt allerdings nicht auf ein privates Inkasso-Unternehmen, sondern realisierte das Projekt verwaltungsintern unter der Federführung des Senators für Justiz und Verfassung. Die Projektziele umfassten:

- die erneute Aufnahme und Geltendmachung bereits niedergeschlagener Justizforderungen sowie
- die Untersuchung verschiedener Möglichkeiten zur Optimierung von internen Prozessen zur Beitreibung dieser Forderungen.

In dem Projektzeitraum von November 2012 bis Dezember 2013 wurde ein Volumen von 1,02 Mio. Euro bearbeitet und Einnahmen i. H. v. 148.000 Euro erwirtschaftet. Zwei Monate nach Projektende wurden weitere Einnahmen i. H. v. rd. 10.000 Euro aufgrund vereinbarter Ratenzahlungen realisiert. Die Rückflussquote, bezogen auf das objektiv bearbeitete Volumen, betrug somit 15 %. Die Projektkosten betrugen 150.000 Euro. Bei einer weiteren konsequenten Ratenzahlungsüberwachung wurde prognostiziert, dass bis zum Ende von 2014 Einnahmeeffekte von insg. rd. 79.000 Euro aus dem Projekt erzielt werden würden.

Das Projekt bestätigte die Erfahrungen aus Baden-Württemberg, dass sich die **Lebensumstände eines/einer SchuldnerIn sich ändern und durch die erneute Aufnahme des Forderungseinzugs drei Jahre nach der Niederschlagung – sprich nach einer »wirtschaftlichen Erholungsphase« des/der SchuldnerIn – erhebliche Beträge realisiert werden können.** Darüber hinaus wurde mit der Neuaufnahme niedergeschlagener Justizforderungen ein »Signal« an säumige SchuldnerInnen gesendet, dass die FHB ihre offenen Forderungen konsequent einzieht. Dies führte zu einem relevanten »Erziehungseffekt«, der zu mehr Gerechtigkeit im Umgang des Staates mit seinen SchuldnerInnen beitrug. Die im Rahmen des Projektes gesammelten Erfahrungen und erzielten Ergebnisse zeigten, dass mit der konsequenten Bearbeitung niedergeschlagener Justizforderungen bei wirtschaftlich vertretbarem Aufwand die Möglichkeit zur Erzielung von Mehreinnahmen für den bremischen Landeshaushalt besteht. Diese positiven Erkenntnisse sind auf alle bremischen Forderungsbereiche übertragbar.

Seit dem 1. Juli 2016 wurde die Projekttätigkeit des Justizinkassos als Linienaufgabe in der Landeshauptkasse Bremen verortet. Dabei konnten die bisherigen Erfolge aufrechterhalten werden.

17.3.2 Projekt »Optimierung des Forderungsmanagements«

Mit dem Ziel, auch künftig mit einem leistungsfähigen öffentlichen Sektor die Attraktivität und Lebensqualität des Standorts zu sichern und zugleich dem anspruchsvollen Konsolidierungsweg der öffentlichen Finanzen unter den Bedingungen der Schuldenbremse ab dem Jahr 2020 angemessen nachzukommen, hatte der bremische Senat am 25. März.2014 das Programm »**Neuordnung der Aufgabenwahrnehmung**« (NdAW) beschlossen. Teil des Programms ist auch das gesamtbremische Projekt »Optimierung des Forderungsmanagements«. Das Projekt ist im Ressort des/der SenatorIn für Finanzen angesiedelt und verfolgt die nachfolgend dargestellten Ziele:

- Verringerung der Einnahme-Außenstände durch Aufbau und Verstetigung eines zentralen Forderungsmanagements mit professionalisierten Abläufen
- Reorganisation des Kassenwesens zur Ausschöpfung der Einnahmepotenziale

Das Projekt startete am 17. Juni 2014 nach der Auswahl einer ressortübergreifenden Projekt(arbeits)gruppe. Daneben wurde ein operatives Projektteam aus den Fachdisziplinen Kassenwesen, Vollstreckungs- und Insolvenzrecht eingesetzt.

Um die Forderungsstrukturen in der FHB vollumfänglich zu erfassen, wurde zunächst eine **sehr umfangreiche (inhaltliche) Bestandsaufnahme** eingeleitet. D. h. für den weiteren Projektablauf war es notwendig, zunächst die Forderungsprozesse der Fachbehörden per **Interview** zu analysieren, zu dokumentieren und bei Bedarf Handlungsempfehlungen auszusprechen. Um einen Überblick über das finanzielle Ausmaß zu erhalten, musste zudem eine **zahlenmäßige Bestandsaufnahme der offenen Forderungen** in der FHB durch das operative Projektteam in allen Fachressorts durchgeführt werden. Folgende Parameter wurden zu diesem Zwecke evaluiert:

- Anzahl und Höhe der Forderungen, die noch nicht durch das jeweils zuständige Fachressort *geltend gemacht (oder zum Soll gestellt)* worden sind.
- Anzahl und Höhe der Forderungen, die bereits durch das jeweils zuständige *Fachressort tituliert/beschieden* sind und damit in der weiteren Folge beigetrieben werden könnten
- Anzahl und Höhe der Forderungen, die bereits durch das jeweils zuständige Fachressort *angemahnt* worden sind.
- Anzahl und Höhe der Forderungen, die bereits durch das jeweils zuständige Ressort *beigetrieben* und dann *niedergeschlagen* worden sind

Die sich dadurch ergebenden (Folge-)Fragen wurden dann durch das operative Projektteam aufgearbeitet und geklärt. Dokumentiert wurden die Erkenntnisse durch das operative Projektteam in einem **Projektbericht**. Dieser Bericht wurde dem jeweiligen Fachressort zur Verfügung gestellt. Zusätzlich zu den Interviews wurden mit einigen Dienststellen **Arbeitsgruppen** eingerichtet, um fachliche Besonderheiten im Forderungsprozess zu optimieren.

Die **Aufarbeitung des Altforderungsbestands** muss(te) durch die originär zuständigen Dienststellen erfolgen (sog. Ressortprinzip[130]). Das Finanzressort hatte den Fachressorts hierbei im Wege der Amtshilfe (durch eine sog. »Task Force«) Unterstützung angeboten, von der Großteils Gebrauch gemacht wurde.

Das Programm NdAW wurde im Jahr 2016 durch das Programm »**Zukunftsorientierte Verwaltung**« (ZOV). abgelöst. Das Projekt »Optimierung des Forderungsmanagements« wurde unter einer erweiterten Zielsetzung beibehalten:

130 Art. 120 Bremische Landesverfassung.

1. Abbau von Forderungsbeständen durch Mitwirkung der Ressorts:

Die Projektleitung berichtet regelmäßig dem Senat über die Veränderung der Forderungsbestände in den Ressorts (**Qualitätskontrolle und Controlling**). Diese sind gehalten, die Forderungsbestände zu überwachen und den Beitreibungsprozess im Falle der Nicht-Zahlung zeitnah in Gang zu setzen.

2. Korrekte Abbildung von Forderungsarten im Haushalt:

Würde keine korrekte Sollstellung im Kassensystem durch die originär zuständige Dienststelle erfolgen, könnte der hieran anschließende Forderungsprozess nicht mehr durchgeführt werden. Nur richtig erfasste Forderungen können den richtigen Forderungsprozess auslösen und geben im Ergebnis den Forderungsbestand der FHB zutreffend wieder. Durch die Vorgaben betreffend die einheitliche Bebuchung des SAP-Systems haben sich mittlerweile weitere **Verzahnungen zu anderen Projekten** ergeben. So ist der Forderungsprozess davon abhängig, welches Kassen- oder Vollstreckungsfachverfahren eingesetzt wird. Werden dem SAP-Verfahren sog. Fachverfahren mit (bidirektionalen) Schnittstellen vorgeschaltet, müssen diese ebenfalls den Vorgaben des Forderungsprozesses entsprechen. Gleiches gilt für neue Zahlungsarten (z. B. ePayment) oder den eingerichteten Zahlstellen.

Hinsichtlich der Projekte Einpersonenkonto siehe 17.3.4.2 und zentrale Buchhaltung siehe 17.4.2.

3. Zentralisierung der Forderungsbearbeitung auf Ebene der Landeshauptkasse:

Zum Zwecke der Zentralisierung der Forderungsbearbeitung auf Ebene der Landeshauptkasse Bremen wurde ein Begleitprojekt mit dem Titel »Reorganisation des bremischen Kassenwesens« aufgelegt, siehe im Einzelnen 17.3.3.

Eine vollumfängliche Forderungsbearbeitung, die auch die Bearbeitung von Stundungen, Erlassen, Insolvenzen etc. beinhaltet, ist derzeit noch nicht auf Ebene der Landeshauptkasse möglich, allerdings bereits in Planung. Im Jahr 2019 sollen die Stundungs- und Erlassvorgänge des Finanzamts Bremen als nächster Schritt übertragen werden.

Die nachstehende Abbildung zeigt einen Überblick das **aktuelle Gesamtprojekt**:

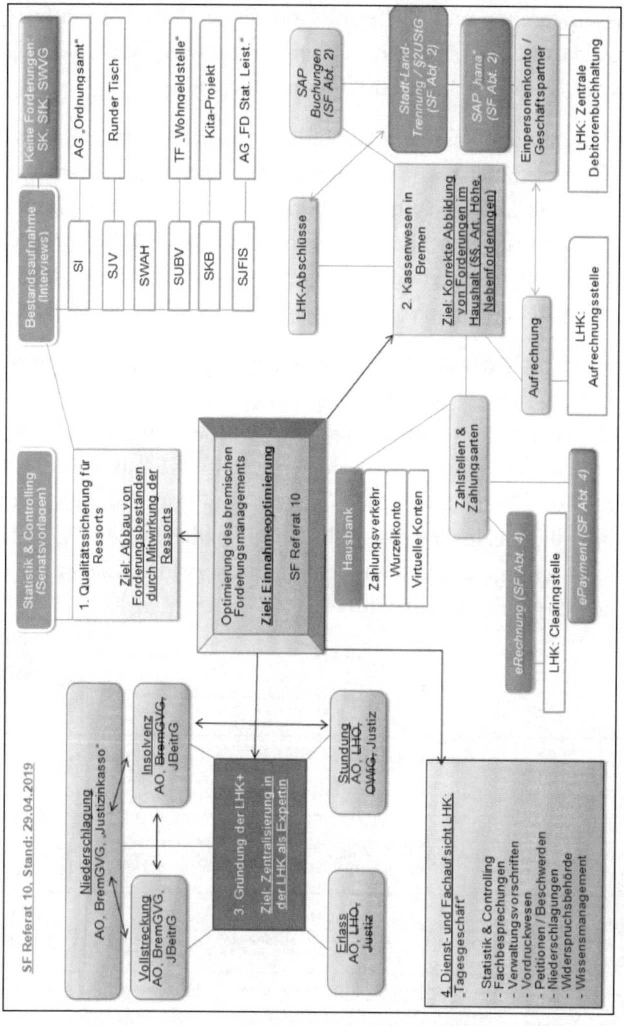

Aktuelles Gesamtprojekt.

17.3.3 Projekt »Reorganisation des bremischen Kassenwesens«

Im Zuge des Projektes »Optimierung des Forderungsmanagements« sollten sämtliche Synergiepotenziale durch eine noch engere Zusammenarbeit zwischen den Finanzbehörden, zu deren Aufgaben Kassen- und Erhebungstätigkeiten zählen, ausgeschöpft werden. Verfahrensabläufe sollten gestrafft und vereinheitlicht werden, um auf diesem Wege die Forderungsbeitreibung zu beschleunigen. Zu diesem Zweck wurde am 4. Dezember 2015 ein weiteres Projekt mit dem Titel »**Reorganisation des bremischen**

Kassenwesens« und Zieltermin auf den 1. Juni 2016 aufgelegt. Ziel des Projekts war ein organisatorischer Zusammenschluss der folgenden Kassen auf Ebene der **Landeshauptkasse Bremen**:

- Landeshauptkasse mit Sitz in Bremen-Mitte inkl. Gerichtskasse
- Zentrale Finanzkasse im Finanzamt Bremen-Mitte (später Bremen-Nord)
- Zentrale Vollstreckungsstelle im Finanzamt Bremen-Mitte (später Bremen-Nord), einschließlich des nichtsteuerlichen Vollstreckungsbereichs
- Einheitliche Erhebungsstelle im Finanzamt Bremen-Nord inkl. der nichtsteuerlichen Vollstreckung

Die rechtlichen Rahmenbedingungen ergaben sich aus dem Finanzverwaltungsgesetz[131] und der Abgabenordnung[132], welche durch Bremens Initiative auf Bundesebene geändert wurde. Aufgrund der Verpflichtung der Steuerverwaltung im Vorhaben KONSENS mussten dabei die in den Bereichen Finanzkasse und Vollstreckung vorhandenen Strukturen und Arbeitsabläufe, insbesondere die Schnittstellen zu den Festsetzungsfinanzämtern, zwingend erhalten bleiben. Hieraus folgte daher die nachstehende Organisationsstruktur:

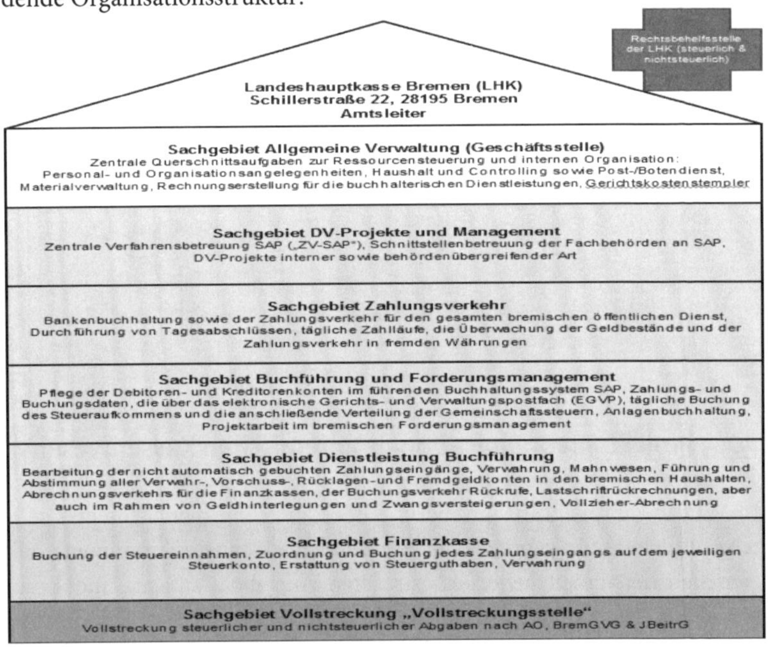

131 § 17 Abs. 2 Satz 3 Nr. 3 Finanzverwaltungsgesetz i. V. m.§ 3a Finanzämter-Zuständigkeitsverordnung Bremen.

132 §§ 6 Abs. 2 Nr. 3 AO i. V. m. 249 Abs. 1 Satz 3 Abgabenordnung.

Die Verlagerung der stadtbremischen **Vollstreckungsstellen** auf die Landeshauptkasse wurde zum 1. Juli 2016 umgesetzt. Seitdem werden die Forderungen der Bereiche Steuern, nichtsteuerliche Abgaben und Gerichtskosten in einem Vollstreckungsbezirk verortet (Grundsatz: **ein/e SchuldnerIn = ein Vollstreckungsbezirk**). Dies schafft Synergien bei der Fallbearbeitung. Darüber hinaus optimierten folgende neue Arbeitsabläufe das Verfahren:

- Ab dem 1. Januar 2017 werden alle in Betracht kommenden Vollstreckungsmaßnahmen nach AO, BremGVG und JBeitrG anhand einer **Checkliste** stringent ausgebracht. Die strikte Einhaltung der Checkliste führt dazu, dass sich der Zeitpunkt der Niederschlagung zwar nach hinten verlagert und die Vollstreckung folglich länger andauert, aber oftmals im Ergebnis auch (finanziell) erfolgreicher verläuft.
- Außerdem wurde ein Controlling über sog. **Großrückstände** installiert. Unter einem Großrückstandsfall ist ein steuerlicher oder nichtsteuerlicher Vollstreckungsfall zu verstehen, bei dem Rückstände von insgesamt mindestens 55.000 Euro seit mehr als 6 Monaten nicht beigetrieben werden konnten. Die Bearbeitung dieser Fälle wird durch den/die SenatorIn für Finanzen durch halbjährliche Bestandsmeldungen überwacht. Hierdurch hat sich die engmaschige Betreuung durch das Fachreferat der Senatorin für Finanzen zu einzelnen Großrückstandsfällen intensiviert und zu entsprechenden Beitreibungserfolgen geführt.
- **Niederschlagungen der Vollstreckungsstelle** werden ab einer bestimmten Forderungshöhe dem Fachreferat des/der SenatorIn für Finanzen zur Genehmigung vorgelegt.
- Der Umgang mit den steuerlichen Fachverfahren UNIFA (Festsetzungs- und Erhebungssystem) und dem VoSystem (Vollstreckungssystem nach der AO) sowie den nichtsteuerlichen Fachverfahren SAP (HKR-System) & avviso (Vollstreckungssystem nach dem BremGVG/JBeitrG) wurde optimiert. Das Vollstreckungssystem der Gerichtskasse »VOLLKOMM« wurde durch avviso ersetzt, um die Prozesse weiter zu vereinheitlichen.

Als weiterer Schritt wurden zum 1. Februar 2017 die **Kassengeschäfte** vom Finanzamt Bremen-Nord auf die Landeshauptkasse übertragen. Für die Anpassungen an die neue Organisationsform (»Landeshauptkasse« anstelle »Finanzamt«) waren umfangreiche EDV-Programmänderungen erforderlich.

Zum 1. Juni 2017 wurde zusätzlich die **Besteuerung der Kapitalgesellschaften** im Finanzamt Bremen zentralisiert. Hiermit war ein Zuständigkeitswechsel von der einheitlichen Erhebungsstelle des Finanzamts Bremerhaven zur Landeshauptkasse verbunden. Betroffen waren auch hier die Bereiche Finanzkasse und Vollstreckungsstelle.

Im Zuge der Kassenzusammenlegung wurden die Forderungsbestände in den Vollstreckungsstellen tiefergehend untersucht. Eine **Task Force** im Geschäftsbereich der Landeshauptkasse hatte Ressorts bei der Aufarbeitung von Altforderungen im November und Dezember 2017 unterstützt. Die Umsetzung der Aufarbeitung erfolgte durch das Konstrukt der Amtshilfe. Durch die Überprüfung der Altforderungen sollte der bremische Forderungsstand »bereinigt« werden und zukünftig besser zu controllen sein. Soweit angezeigt, veranlasste die Task Force – wie im Projekt Justizinkasso – die erneute Geltendmachung bzw. spätere Beitreibung durch die Verwendung des entsprechenden Mahnverfahrens oder bereinigte den Forderungsbestand durch eine Niederschlagung.

In Zusammenarbeit mit der Projektgruppe »Optimierung des Forderungsmanagements« wurde zum 1. Januar 2018 der **SAP-avviso Geschäftsablauf** zwischen Fachbehörde und Landeshauptkasse Bremen überarbeitet. Hierdurch ist die Landeshauptkasse Bremen nun berechtigt, ohne Voranfrage Niederschlagungen für die Dienststellen durchzuführen, was zu einer zeitlichen Verkürzung der Arbeitsabläufe geführt hat. Die Dienststelle kann die Aufhebung der Niederschlagung jederzeit bei der Vollstreckungsstelle geltend machen. Ferner wurden im Jahr 2018 die operativen Aufgaben des Kassenwesens der Landeshauptkasse im **Sachgebiet Buchführung** weiter ausgebaut. Das Sachgebiet Buchführung ist der Dienstleister für die bremischen Ressorts im Bereich der SAP-Buchung.

17.4 Ausblicke im Projekt »Optimierung des Forderungsmanagements«

Die zuvor aufgezeigten Veränderungen im Bereich des bremischen Forderungsmanagements sind als wesentlicher erster Schritt für ein geordnetes, zielorientiertes und effektives Beitreibungsverfahren anzusehen. Aufgrund der bestehenden »angespannten Haushaltslage« der FHB muss der eingeschlagene Weg nunmehr konsequent weiterverfolgt werden, damit Bremen auch hier einen eigenständigen Beitrag zur Haushaltskonsolidierung erbringen kann. Für die dauerhafte Erreichung dieses Ziels gibt es bereits Folgeprojekte, die sich aktuell noch in der Planungsphase befinden, aber im Rahmen eines »Ausblicks« nicht unerwähnt bleiben sollten:

17.4.1 Einpersonenkonto

Der DebitorInnen- bzw. KreditorInnenstammsatz im SAP enthält alle kundenspezifischen Informationen, die zur Abwicklung von Geschäftsvorfällen benötigt werden. Derzeit legt jede bewirtschaftende Einheit, die grundsätzlich durch die Behördenkennziffer (BKZ) definiert wird, für sich eigene DebitorInnen und KreditorInnen mit personenbezogenen Daten für die jeweilige bewirtschaftende Einheit an und pflegt diese im Kassensystem. Außerdem wird in diversen Vorverfahren zu jedem neu generierten Kassenzeichen ein/eine eigener/eigene (neuer/neue) DebitorIn angelegt, unabhängig davon, ob der/die DebitorIn schon anderweitig erfasst wurde.

Das gewählte Szenario hat u. a. den Nachteil, dass es keine zuverlässige **Konzernsicht** auf die mehrmals angelegten einzelnen DebitorInnen und KreditorInnen gibt, da ein gemeinsamer Ordnungsbegriff für die mehrmals im Kassensystem angelegten DebitorInnen und KreditorInnen fehlt. Das zuvor genannte Abrufen der Forderungsbestände ist folglich äußerst zeitaufwendig und entspricht nicht den Vorgaben eines professionellen Forderungsmanagements. Ferner können die durch den Senat beschlossenen »Controlling-Parameter[133]« derzeit nur mit erheblichem Zeitaufwand evaluiert werden. **Eine Umstellung auf EinheitsdebitorInnen und -kreditorInnen würde folglich zu einer stark verbesserten Transparenz führen und auch Bonitätsprüfungen auf Ebene des/der einzelnen DebitorIn ermöglichen.**

133 Vgl. Parameter unter 17.3.2.

Zur erfolgreichen Fortführung des Projektes »Optimierung des bremischen Forderungsmanagements« ist die Umstellung auf ein zentrales DebitorInnen-/KreditorInnenkonzept im SAP-System möglichst zeitnah notwendig.

17.4.2 Zentrale Buchhaltung »Servicestelle Buchhaltung in der Landeshauptkasse«

Das zuvor beschriebene Vorhaben des Einpersonenkontos soll auch zu einer zentralen **DebitorInnenbuchhaltung** in der Landeshauptkasse führen, die eine Erfassung und Verwaltung von Forderungen zum Gegenstand hat und sich die Realisierung offener Posten zum Ziel setzt. Im Projekt »Optimierung des Forderungsmanagements« wurden bislang nur die Forderungsprozesse ab Mahnstufe »1« und »2« zentralisiert. Zukünftig sollte auch die Erfassung der Forderungen im Kassensystem und ggf. auch der Rechnungsversand (»Mahnstufe 0«) zentralisiert werden, da Buchungen in SAP oft fehleranfällig sind und eine einheitliche Bebuchung des SAP-Systems »aus einer Hand« diese Fehler minimieren wird. Die Zentralisierung dieses Arbeitsschrittes in der LHK bietet folglich die größtmögliche Vereinheitlichung der Buchungsvorgänge im SAP-System und ermöglicht damit eine flächendeckende Kontrolle über das Setzen von Mahnsperren und die Verwendung von Allgemeinen Anordnungen (SAP-Begriff: »veranschlagten Einnahmen«). Forderungsbestände der Ressorts könnten erstmals engmaschig »controlled« bzw. überwacht werden und das gesamte bremische Forderungsmanagement würde gleichmäßig »aus einer Hand« erfolgen. Eine effektive Kreditoren- und Debitorenbuchhaltung in der Landeshauptkasse müsste folgende Voraussetzungen erfüllen:

- Die fachliche Bearbeitung des Vorgangs nebst Berechnung/Kalkulation der Forderungen bleibt in der Zuständigkeit und Verantwortung des jeweiligen Ressorts.
- Übermittelt werden lediglich die Daten, die für den Versand eines Bescheids/einer Rechnung bzw. einer Sollstellung, soweit die Zahlungsaufforderung im Fachbereich verbleiben soll, sowie für die jeweilige SAP-Erfassung benötigt werden.
- Das Verhältnis zwischen Dienststelle und der »Zentralen Servicestelle Buchhaltung« wird neu ausgestaltet: Die gesamte SAP-Erfassung einer Forderung würde auf die Landeshauptkasse übergehen und durch die entsprechende Wahl des Mahnverfahrens – im Falle einer anhalten-

den Säumigkeit des/der DebitorIn – die Mahnstufen 1 und 2 (ggf. bis zur Niederschlagung) durchlaufen. Im Ressort selbst verbliebe dann weiterhin ein lesender SAP-Zugriff, damit der Geschäftsablauf nachvollziehbar ist.
- Mahnsperren könnten zukünftig nur noch von der Landeshauptkasse gesetzt und aufgehoben werden (Rückstandsanzeigen sowie aufwendige Mahnsperren-Listen wären damit obsolet).

Durch die systematische und vollständige Verbuchung aller Rechnungen, Gutschriften, anderweitigen Forderungen (z. B. aus Schadenersatz) und Zahlungen finden alle laufenden Geschäftsvorfälle, welche die DebitorInnen betreffen, Berücksichtigung im Forderungsbestand. Darüber hinaus wäre die regelmäßige Kontrolle der offenen Posten im Hinblick auf deren Fälligkeit die Vorstufe zum Mahnwesen. Folglich würde eine Vereinheitlichung und Zentralisierung in der Landeshauptkasse als »Expertin« bzw. fachlich versierte Fachdienststelle zu einer starken Verbesserung des Forderungsprozesses führen.

Für die BürgerInnen wäre diese Neuausrichtung ebenfalls als positiv zu bewerten; die Landeshauptkasse wäre zukünftig als einheitlicher Ansprechpartner und Dienstleister für den gesamten Forderungsprozess zuständig. Im Zusammenspiel mit der zuvor dargestellten Umsetzung des Einpersonenkontos könnte damit ein rundum professionelles und zukunftsfähiges Forderungsmanagement im »Konzern Bremen« installiert werden.

17.5 Überlegungen zum Einheitspersonenkonto

Bei der Einführung des SAP-Systems in der Freien Hansestadt Bremen (FHB) im Jahr 2003 wurden konzeptionelle Vorgaben festgelegt, die bis zum heutigen Tage nahezu unverändert gültig sind. Im Bereich der Personenkonten wurde damals aus Gründen des Datenschutzes bestimmt, dass für jede bewirtschaftende Einheit im SAP-System der FHB für natürliche und juristische Personen eigene DebitorInnen und KreditorInnen mit personenbezogenen Daten anzulegen und zu pflegen sind, die dann nur von diesen Einheiten verwaltet und benutzt werden dürfen. Dies gilt für Stamm- und Bewegungsdaten gleichermaßen. Nach jahrelanger Praxis gibt es vielfach für eine/einen und dieselbe/denselben GeschäftspartnerIn der FHB eine Vielzahl von Stammdatensätzen, die sowohl kreditorisch als auch debitorisch sein können. Im Ergebnis haben viele Dienststellen unabhängig voneinander zu identischen GeschäftspartnerInnen unterschiedliche Kontonummern angelegt.

Die Anzahl der MehrfachkreditorInnen und -debitorInnen im System erhöht sich zusätzlich durch den Umstand, dass es keine Vorgabe innerhalb der Dienststellen gibt, Stammdaten für eine/einen GeschäftspartnerIn nur einmalig anzulegen. Es ist im Gegenteil vorgegeben, dass für jede Forderung ein neuer Debitorenstammdatensatz anzulegen ist, da Zinskennzeichen und Mahnverfahren im DebitorInnenstammsatz und nicht für die einzelne Forderung hinterlegt sind. Damit geht einher, dass angebundene Fachverfahren mit jedem übermittelten Einnahme- oder Ausgabebeleg einen neuen Stammdatensatz anlegen. Diese dezentrale Vergabe von DebitorInnen und KreditorInnen hat dazu geführt, dass es derzeit einen Bestand von weit über 5 Mio. DebitorInnen- und rund 1 Mio. KreditorInnenstammsätzen im bremischen SAP-System gibt. Angesichts der Einwohnerzahl der Stadtgemeinde Bremen von rund 568.000 ist dies eine bemerkenswert hohe Anzahl. Ein strukturiertes und aufschlussreiches Controlling aus Konzernsicht ist bei diesem Status quo nicht möglich. Im Rahmen des Projektes SAP-Datenarchivierung wurden erstmals nicht mehr aufbewahrungspflichtige Belege aus abgeschlossenen Jahren archiviert und gelöscht. Hierdurch ist mit einem signifikanten Rückgang der Anzahl der Datensätze zu rechnen, jedoch ohne dass die Grundproblematik behoben wird.

Der Senat hat im Rahmen des Projektes »Optimierung des Forderungsmanagements« beschlossen, ein zentrales Forderungsmanagement bei der

Senatorin/dem Senator für Finanzen (SF) zu installieren. Dabei soll die Umstellung auf Einheitspersonenkonten die Grundlage eines verbesserten Forderungsmanagements bilden (Senatsbeschluss vom 30. September 2014). Zu den an das SAP-System angebundenen Fachverfahren beschloss der Senat am 3. März 2015, dass diese immer dann auf ein Minimum zu reduzieren sind, wenn keine Bearbeitung direkt am SAP-System möglich ist.

Im Zuge der ersten Umsetzungsphase hat die Senatorin für Finanzen ein Konzept zur Einführung der Einheitspersonenkonten erstellt. Inhalt dieses Konzeptes sind eine Ist-Analyse, eine Schwachstellenanalyse, eine Soll-Konzeption sowie eine Bewertung möglicher Handlungsalternativen. In der Folge wurde unter anderem die Verordnung über das Einheitspersonenkonto erlassen.

17.5.1 Ergebnisse der Ist-Analyse

Mit dem Projekt CHIPSMOBIL wurde zum 1. Januar 2003 für die FHB (Land und Stadtgemeinde Bremen) die Software SAP als Ersatz der veralteten Software für das Haushalts-, Kassen- und Rechnungswesen produktiv gesetzt. Das SAP-Modul SAP PSM (Public Sector Management) steht im Vordergrund beim Erfassen der Geschäftsvorfälle. Technisch und konzeptionell gesehen werden die Geschäftsvorfälle im kameralen Rechnungswesen im Anordnungswesen gebucht und in das nachgelagerte doppische Rechnungswesen und die Kosten- und Leistungsrechnung (KLR) überführt. Neben der technischen Anbindung wurden das Haushaltsmanagement, die Finanzbuchhaltung und die KLR miteinander zur einem integrativen Rechnungswesen verknüpft. Nachfolgend werden die Historie der Einführung von SAP sowie der Ist-Zustand detailliert dargestellt.

Im Verlauf des Einführungsprojekts für SAP R/3 wurde die Software nicht nur für die Kernverwaltung der FHB, sondern auch für kameral und doppisch buchende Sonderhaushalte, doppisch buchende Eigenbetriebe und sonstige Sondervermögen sowie doppisch buchende Anstalten und Gesellschaften eingeführt. Der erste Eigenbetrieb wurde bereits mit Wirkung auf den 1. Januar 2000 produktiv gesetzt. Die übrigen Organisationseinheiten folgten sukzessive in den Folgejahren.

Mit der Einführung des SAP-Systems wurden die technischen SAP-Standardstrukturen (MandantInnen, Buchungskreise etc.) für die FHB übernommen. Der/die MandantIn ist die höchste Hierarchiestufe im SAP-System. Dabei kann das SAP-System mit mehreren MandantInnen eingesetzt werden. In der FHB wurden zwei MandantInnen ausgeprägt.

Der/die MandantIn 100 umfasst den Kernhaushalt sowie die Eigenbetriebe und sonstigen Sondervermögen sowie Eigengesellschaften. Der/die MandantIn 150 wurde zeitlich versetzt für die Universität Bremen, die Hochschulen und die Universitätsbibliothek eingerichtet. Insbesondere die spezifischen Geschäftsvorfälle im Zusammenhang mit den dort anfallenden Drittmittelgeschäften sowie die Einführung der doppischen Buchführung führten dazu, dass der/die MandantIn 150 zusätzlich eingerichtet wurde. Zuvor waren die hier erfassten Einrichtungen mit Ausnahme der Uni in dem/der Mandanten/Mandantin 100 integriert.

In SAP definiert sich aus Buchhaltungssicht eine Organisationseinheit (z. B. Eigenbetriebe) über den Buchungskreis und den Geschäftsbereich. Der Buchungskreis ist die bilanzierende Einheit der Finanzbuchhaltung, in der eine vollständige, in sich abgeschlossene und jeweils für sich testierfähige Buchhaltung abgebildet werden kann. Neben dem Buchungskreis 1100 wurden in dem/der MandantIn 100 für die Eigenbetriebe, sonstige Sondervermögen und Eigengesellschaften weitere Buchungskreise geschaffen. Die nachstehenden Ausführungen beziehen sich lediglich auf den Buchungskreis 1100, der die Kernverwaltung der FHB (Stadtgemeinde Bremen und Land) umfasst.

Im SAP-System werden DebitorInnen- und KreditorInnenstammdaten in zwei unterschiedlichen Segmenten erfasst. Im A-Segment werden buchungskreisübergreifende (also mandantInnenabhängige) Daten gespeichert. Diese umfassen allgemeine Daten wie z. B. den Namen und die Anschrift. Im B-Segment werden buchungskreisspezifische Daten wie z. B. die Zahlungsbedingungen und Mahnverfahren hinterlegt. Dies bedeutet, dass Daten des A-Segments innerhalb des/der MandantInnen 100 für alle Buchungskreise nutzbar wären. Aus datenschutzrechtlichen Gründen werden derzeit jedoch je bewirtschaftender Einheit eigene Stammdatensätze (A- und B-Segment) angelegt.

Im Zuge der Einführung des SAP-Systems in der FHB wurden im Projekt CHIPSMOBIL die Anforderungen für das Land und die Stadtgemeinde Bremen im sog. Business Blueprint niedergelegt. Blueprints enthalten die erforderlichen Geschäftsprozesse und deren Umsetzung im SAP-System, die nach einer Ist-Analyse festgestellt wurden. Dabei fanden die Anforderungen der Landesbeauftragten für Datenschutz und Informationsfreiheit und des Rechnungshofs der Freien Hansestadt Bremen ebenfalls Berücksichtigung[134]. Deshalb wurden aus den damals im Fachkonzept formulier-

134 Vgl. Rahmen-Datenschutzkonzept, Projekt Chipsmobil in der Fassung vom 4. Februar 2004.

ten datenschutzrechtlichen Gründen für jede »bewirtschaftende Einheit« je Kassenzeichen eigene DebitorInnen und KreditorInnen angelegt.

Im Business Blueprint der FHB[135] erfolgten folgende Festlegungen:

»Im Rahmen der Budgetverfügungen werden automatisch über die Mitkontierung ›Debitor‹ bzw. ›Kreditor‹ im FI-Bereich Forderungen gegenüber Zahlungspflichtigen bzw. Kunden bzw. Schuldnern = Debitoren sowie Verbindlichkeiten gegenüber Zahlungsempfängern bzw. Lieferanten bzw. Gläubigern = Kreditoren erzeugt. Diese Offenen Posten werden über nachfolgende Prozesse wie Kontenausgleich oder Zahlungen ausgeglichen.
Die Stammdaten der Geschäftspartner (Debitoren und Kreditoren) müssen also vor den Prozessen der Budgetverfügungen gepflegt sein. Aus ihnen werden für Bewegungsdaten Vorschläge, wie z. B. die Zahlungsbedingungen gezogen.
In Zukunft wird jede bewirtschaftende Einheit (grundsätzlich durch BKZ definiert) für natürliche und juristische Personen eigene Debitoren und Kreditoren mit personenbezogenen Daten anlegen und pflegen, die nur von diesen Einheiten angesehen (Stammdaten und ›Bewegungsdaten‹ im Konto) und benutzt werden können.
Darüber hinaus wird im System von zentraler Stelle aus allen bewirtschaftenden Einheiten eine Reihe von Kreditoren, die keine natürlichen Personen sind, zur Benutzung zur Verfügung gestellt. Dabei soll es sich im Wesentlichen um die Lieferanten der Beschaffungsliste handeln. Allerdings wird bei diesen Kreditoren die Sicht auf die Stammdaten begrenzt; die durch viele bewirtschaftende Einheiten erzeugten ›Bewegungsdaten‹ im Konto können nur von der zentralen Stelle eingesehen werden. Die Pflege wird ebenfalls von dieser zentralen Stelle wahrgenommen werden (diese Stelle zur zentralen Pflege aller möglichen Stammdaten und des Systems allgemein wird noch zu definieren sein). Ob die zentrale Bereitstellung von Kreditoren für alle bewirtschaftenden Einheiten (bei der die Sicht auf die Stammdaten begrenzt ist) praktikabel ist, muss geprüft werden.«

Eine genauere Untersuchung im SAP-System zeigt jedoch, dass im Bereich der zentralen KreditorInnen diese konzeptionellen Vorgaben im Buchungskreis der Kernverwaltung nicht umgesetzt wurden und im Laufe der Zeit auch »zentrale« LieferantInnen mehrfach angelegt wurden. Die Umsetzung scheiterte im Wesentlichen daran, dass eine zentrale Zuständigkeit für das KreditorInnenmanagement organisatorisch nicht geregelt wurde.

135 Vgl. Business Blueprint, Kernprozess »Haushaltsvollzug/Mittelbewirtschaftung«, Einführung SAP R/3 und IS-PS, Freie Hansestadt Bremen, 22.09.2000, S. 15.

Zusätzlich wurde für den Bereich der KreditorInnen die strikte Vorgabe zur Verwendung von Einmal-KreditorInnen dahingehend abgemildert, dass die mehrmalige Verwendung der KreditorInnen durch laufende Bebuchung innerhalb der bewirtschaftenden Einheit geduldet wurde.

Vorgaben für die Arbeit mit dem SAP-System sind in der Dienstanweisung SAP[136] formuliert. Laut dieser Dienstanweisung können Erläuterungen für den Umgang mit dem System den Schulungsunterlagen des Aus- und Fortbildungszentrums (AFZ) entnommen werden, die in der jeweils aktuellen Fassung Bestandteil der Dienstanweisung sind. So finden sich Anleitungen zum Anlegen der KreditorInnen- und DebitorInnen-Stammdaten in den Schulungsunterlagen für KreditorInnen[137]- und DebitorInnenbuchhaltung[138] sowie zur SAP-Mittelbewirtschaftung Ausgaben[139] bzw. Einnahmen[140].

Im Wesentlichen beruhen die Schulungsunterlagen auf dem SAP-Standard, der aber um die bremischen Besonderheiten erweitert wurde, wie z. B. der Eintrag der Berechtigungsgruppen (entsprechend der Behördenkennziffer [BKZ] mit einem vorangestellten »B« bei juristischen Personen). Für natürliche Personen wird zur Berechtigungssteuerung in der Tabelle »zcm_mahns« ein vierstelliger Schlüssel hinterlegt. Mithilfe dieser Berechtigungsgruppen wird der Zugriff auf ein Konto und die Bewegungsdaten auf den berechtigten AnwenderInnenkreis eingeschränkt.

17.5.2 Schwachstellenanalyse

Das bestehende KreditorInnen- und DebitorInnenkonzept steht seit Längerem in der Kritik. Der Rechnungshof der Freien Hansestadt Bremen hat bereits in seinen Jahresberichten 2012 bis 2015 jeweils darauf hingewiesen, dass bisher alle Forderungen über lediglich ein Forderungskonto (Hauptbuchkonto) gebucht werden. Somit sei keine Unterscheidung zwischen Forderungen aus Lieferungen und Leistungen einerseits sowie

136 Vgl. Dienstanweisung für die anordnenden Stellen über die Anordnung und Erhebung von Einnahmen und über die Anordnung von Ausgaben im SAP-System (DA-ASt-SAP).

137 Vgl. Kurs 3132 SAP Kreditorenbuchhaltung, Aus- und Fortbildungszentrum, Freie Hansestadt Bremen, 19. März 2015, S. 46 ff.

138 Vgl. Kurs 3133 SAP Debitorenbuchhaltung, Aus- und Fortbildungszentrum, Freie Hansestadt Bremen, 19. März 2015, S. 46 ff.

139 Vgl. Kurs 3122 SAP-Mittelbewirtschaftung Ausgaben, Aus- und Fortbildungszentrum, Freie Hansestadt Bremen, 30. März 2015, S. 21 ff.

140 Vgl. Kurs 3123 SAP-Mittelbewirtschaftung Einnahmen, Aus- und Fortbildungszentrum, Freie Hansestadt Bremen, 22. Mai 2015, S. 44 ff.

Innenumsätzen und Forderungen gegenüber verbundenen Unternehmen andererseits möglich. Insofern sei von den Standards staatlicher Doppik abgewichen worden. Der Rechnungshof empfiehlt, für diese Forderungen gegenüber verbundenen Unternehmen und für Innenumsätze gesonderte Konten einzurichten. Diese Anforderung des Rechnungshofes nach differenzierten Konten wurde zwar bereits bei der Einführung/Produktivsetzung des SAP-Systems erfüllt, da die erforderlichen Konten zur Gliederung der Forderungen/Verbindlichkeiten bereits im SAP-System als Abstimm- bzw. Mitbuchkonten eingerichtet wurden. Durch die derzeit fehlende Definition der Konzernbeziehungen (Konsolidierungskreise) ist jedoch bisher keine Zuordnung der zum Konzern FHB gehörenden Einheiten zu den korrekten Bilanzpositionen möglich. Eine Dienstanweisung mit verbindlichen Vorgaben konnte daher bisher nicht erlassen werden. Folglich werden diese Konten derzeit nicht in der vorgesehenen Weise bebucht. Das Gleiche gilt für die entsprechenden Verbindlichkeiten aus Lieferungen und Leistungen bzw. gegen verbundene Unternehmen und Einrichtungen.

Die GeschäftspartnerInnen der FHB können gleichzeitig je nach zugrundeliegendem Geschäftsvorfall sowohl DebitorInnen als auch KreditorInnen sein. Im jetzigen DebitorInnen- und KreditorInnenkonzept ist es nicht ausgeschlossen, dass die FHB Zahlungen an KreditorInnen leistet, obwohl noch Forderungen gegen diesen/diese GeschäftspartnerIn zur Zahlung offenstehen.

17.5.3 Sollkonzeption zum/zur EinheitsdebitorIn/-kreditorIn

Im Folgenden sollen auf Grundlage der Ist-Analyse und der anschließenden Schwachstellenanalyse die Festlegungen für das zukünftige DebitorInnen- und KreditorInnenmanagement erfolgen.

17.5.3.1 Rahmenbedingungen der Sollkonzeption

Aus dem Projekt Forderungsmanagement sind bereits wesentliche Rahmenbedingungen durch die erfolgten Beschlüsse des Senats festgelegt worden. In seiner Sitzung am 30. September 2014 hat der Senat konkrete Umsetzungsschritte beschlossen, wonach das Projekt »Optimierung des Forderungsmanagements« eine »Struktur für ein ›Zentrales Forderungsmanagement bei der SF‹ für alle bremischen Forderungen ausarbeiten soll«. Neben Verbesserungen im Beitreibungsprozess und hierdurch erzielbare Mehreinnahmen soll dementsprechend ein »umfassendes Controlling installiert werden, welches in ein strukturiertes und aufschlussreiches ›Kennzahlensystem‹ münden soll«. Eine »Umstellung auf Einheitsdebitoren und -kreditoren würde hier die Grundlage eines verbesserten Forderungsmanagements bilden«. Daher ist »für die Projektleitung ›Optimierung des Forderungsmanagements‹« die »Umstellung auf ein zentrales Debitoren-/Kreditorenkonzepts ein entscheidender Faktor, um die erfolgreiche Durchführung des Projektes zu gewährleisten«. Ferner heißt es hierzu: »Die konkrete Umsetzung der zentralen Vergabe von Debitoren und Kreditoren sollte im Rahmen einer Unterarbeitsgruppe konzipiert und umgesetzt werden, da die neuen Anforderungen in das Gesamtkonzept des Rechnungswesens eingebunden werden müssen.«

In einem weiteren Senatsbeschluss vom 3. März 2015 wurde als zusätzliche Sofortmaßnahme beschlossen, die in vielen Dienststellen eingesetzten Vor- bzw. Fachverfahren auf ein Minimum zu reduzieren und die Verfahren nur in den Dienststellen beizubehalten, in denen aus technischen und/oder fachlichen Gründen keine Forderungsbearbeitung direkt im SAP-System möglich ist (Hinweis auf Kapitel 3.2.3). Diese Reduzierung würde »auch zu positiven Nebeneffekten für das in Planung befindliche Projekt ›Dezentrale *[Anmerkung: gemeint ist hier Zentrale]* Vergabe von Debitoren und Kreditoren‹ führen«, da es »bei der Umstellung auf einen Einheitsdebitor/-kreditor in den meisten Fällen einer Anpassung der Vor- und Fachverfahren und der zugehörigen SAP-Schnittstelle bedarf«.

17.5.3.2 Ziele und Anforderungen an den/die EinheitsdebitorIn

Aufgrund der Komplexität der Geschäftsprozesse im Bereich der DebitorInnen sind die Anforderungen an den/die EinheitsdebitorIn wesentlich differenzierter als die an den/die EinheitskreditorIn. Aufgrund dessen wird im Folgenden wesentlich detaillierter auf die zu berücksichtigen Aspekte bei der Neugestaltung des DebitorInnenmanagements eingegangen. Sofern die definierten Festlegungen im Bereich der DebitorInnen auf die KreditorInnen übertragbar sind, so soll dieses im Sinne einer Einheitlichkeit erfolgen.

Im Einzelnen ergeben sich für den/die EinheitsdebitorIn folgende zu berücksichtigende Aspekte:

17.5.3.2.1 Definition »EinheitsdebitorIn«

Unter dem Begriff »EinheitsdebitorIn« wird im Sinne der o. g. Senatsbeschlüsse die Verbuchung aller Einnahmen eines Schuldners/einer Schuldnerin der Kernverwaltung FHB (Land und Stadtgemeinde, Buchungskreis 1100) unter demselben Stammdatensatz in SAP verstanden. Dies bedeutet, dass es für jeden Zahlungspflichtigen/jede Zahlungspflichtige gegenüber der FHB zukünftig nur noch einen DebitorInnenstammsatz im SAP-System (bezogen auf den Buchungskreis 1100) geben soll. Folgende Besonderheiten sind hierbei zu beachten:

- Steuerliche Forderungen
  Die Erfassung der personen- bzw. unternehmensbezogenen steuerlichen Daten erfolgt nicht im SAP-System. Lediglich für Zwecke der Bilanzierung werden die Forderungen aus Steuern komprimiert, d. h. als Summenwert eingebucht. Die Steuerschuldner müssen folglich weiterhin separat geführt werden.
- Forderungen mit Treuhand- und Kautionscharakter
  Dazu zählen u. a. Bürgschaften, Biet-Sicherheiten sowie Forderungen Dritter, die aufgrund von Amtshilfeersuchen (bremische Eigenbetriebe und Anstalten öffentlichen Rechts, die nicht Teil der Kernverwaltung sind sowie auswärtige Amtshilfen) beigetrieben werden sollen. Diese müssen auf gesonderten Hauptbuchkonten verbucht werden.
- Gerichtskostenvorschüsse
  Hierzu ist zu prüfen, ob gesonderte Konten beziehungsweise Merkposten erforderlich sind.
- Forderungen der FHB gegenüber ihren verbundenen Unternehmen
  Diese sind nach den Grundsätzen der staatlichen Doppik getrennt von den übrigen Forderungen auszuweisen.
- Innerbremische Verrechnungsansprüche
  Hier handelt es sich nicht um DebitorInnen im eigentlichen Sinn. Aufgrund der dezentralen Ressourcenverantwortung ist eine Abbildung der innerbremischen Verrechnungen innerhalb der Buchhaltung jedoch unverzichtbar.

Sofern eine Abbildung der oben beschriebenen Besonderheiten auf demselben DebitorInnenkonto nicht möglich ist, muss zur Gewährleistung einheitlicher Beitreibungsmaßnahmen im Rahmen des zentralen Forderungsmanagements über alle DebitorInnen hinweg eine technische Verbindung zwischen diesen hergestellt werden. Ferner sind auf alle DebitorInnen die gleichen im Folgenden beschriebenen Anforderungen anzuwenden. Dies gilt insbesondere für die zentrale Stammdatenverwaltung.

17.5.3.2.2 Zentrale Stammdatenverwaltung für die gesamte Kernverwaltung im Ressort SF

Nach dem o. g. Senatsbeschluss wird die Stammdatenverwaltung für die DebitorInnen zentralisiert.

Dieser zentralen Stammdatenverwaltung muss die Vergabe und Pflege der DebitorInnen und KreditorInnen obliegen. Daraus ergeben sich zusätzlich folgende Vorteile:

- Vermeidung von Dubletten
- Vermeidung von Schreibfehlern bei den Namen und Adressen und somit Verbesserungen im Verfahrensablauf bei der Vollstreckung.

Im Zuge des weiteren Projektverlaufs muss darüber befunden werden, ob es im Zusammenhang mit der Einführung einer zentralen Stammdatenverwaltung von EinheitsdebitorInnen sinnvoll ist, das derzeitig dezentral organisierte Anordnungswesen zu zentralisieren (vgl. Kapitel 4.2.7).

17.5.3.3 Verrechnungsmöglichkeiten

Ein entscheidender Aspekt bei der Einführung eines zentralen Forderungsmanagements ist die Nutzung von »Verrechnungsmöglichkeiten«. Unter Beachtung der rechtlichen Vorgaben sollen zukünftig Forderungen und Verbindlichkeiten desselben Schuldners/derselben Schuldnerin bzw. Gläubigers/Gläubigerin gegeneinander konsequent ausgeglichen werden. Dabei ist darauf zu achten, dass für die Durchführung einer Aufrechnung gem. §§ 387 ff. BGB – insbesondere aufgrund der fehlenden Gleichartigkeit der Forderungen – oftmals die rechtlichen Voraussetzungen nicht vorliegen. In solchen Konstellationen verbleibt die Möglichkeit einer Forderungspfändung. Aufgrund der Vielzahl der DebitorInnenkonten kann diese Möglichkeit bisher nicht konsequent genutzt werden, da dies in vielen Fällen eine manuelle Zusammenführung aller offenen Posten eines/einer SchuldnerIn erfordern würde. Die detaillierten Geschäftsprozesse und Arbeitsabläufe hierzu sollen im Projekt »Optimierung des Forderungsmanagements« näher definiert werden.

Bei der Pfändung von Steuererstattungsansprüchen ist hierbei folgende Besonderheit zu beachten: Die Erhebungsdaten der Steuerverwaltung werden derzeit nicht und können auch zukünftig nicht im SAP-System gebucht werden. Aufgrund der Aufteilung der Vollstreckungsbezirke (VO-Bezirke) in der Zentralen Vollstreckungsstelle nach Buchstabenbereichen (Verteilung richtet sich nach dem Nachnamen des Schuldners/der Schuldnerin) wird durch diese einheitliche und gemeinsame Bearbeitungsweise von Forderungen durch dieselbe Person bzw. innerhalb desselben Vollstreckungsbezirks der Informationsfluss zwischen dem nicht-steuerlichen und dem steuerlichen Bereich unter Wahrung des Steuergeheimnisses (§ 30 AO) gewährleistet.

17.5.3.4 Unterscheidung der Rechtsnatur von Forderungen

In der FHB werden Forderungen mit unterschiedlichem Rechtscharakter gebucht (öffentlich-rechtlich, zivilrechtlich). Im derzeitigen SAP-System können Forderungsarten teilweise anhand von unterschiedlichen nummerischen Schlüsseln des Kassenzeichens differenziert werden. Inwieweit zukünftig diese Unterscheidung noch erfolgen kann, wird sich aus dem Anpassungsbedarf bei den Vorverfahren und ggf. einer Änderung der Kassenzeichenvergabe (unter Umständen geänderte Nummernvergabe notwendig) im Zuge der Einführung des Einheitsdebitors/der Einheitsdebitorin ergeben. Bei diesen unterschiedlichen Forderungsarten sind die verschiedenen Arbeitsabläufe zu beachten, welche anhand von Prozessbeschreibungen erarbeitet werden müssen, z. B.:

- Zahlungsmodalitäten
- Mahnverfahren
- Verjährungsfristen
- Zinskennzeichen
- Beitreibungsmaßnahmen (durch Vollziehungsbeamte/Vollziehungsbeamtinnen des Finanzamts oder GerichtsvollzieherInnen)

Da zukünftig alle Forderungen auf einem/einer EinheitsdebitorIn gebucht werden, ist diese Unterscheidung nicht mehr in den Stammdaten anhand der dort hinterlegten Mahnverfahren, sondern bei Buchung der jeweiligen Annahmeanordnung in den Bewegungsdaten vorzunehmen. Hierzu müssen Einnahmearten dargestellt werden.

Die unterschiedlichen Prozesse werden im Rahmen des Projekts Forderungsmanagement aufgenommen und dokumentiert.

17.5.3.5 Unterscheidung zwischen Forderungen der FHB (Land) und der Stadtgemeinde Bremen

Eine Unterscheidung der Forderungen danach, ob der/die GläubigerIn jeweils das Land oder die Stadtgemeinde Bremen ist, ist im Buchungskreis 1100 derzeit lediglich anhand der entsprechenden Finanzposition möglich. Diese wird nicht an das in der Zentralen Vollstreckungsstelle eingesetzte Fachverfahren AVVISO übermittelt. Zur Prüfung der Aufrechnungsmöglichkeiten ist daher sicherzustellen, dass diese Information dort zugänglich ist.

17.5.3.6 Ziele und Anforderungen an den/die EinheitskreditorIn

Im Einzelnen ergeben sich für den/die EinheitskreditorIn folgende zu berücksichtigende Aspekte:

Bei dem zentralen digitalen Rechnungseingangsbuch handelt es sich um das elektronische »Postfach«, in dem künftig alle elektronischen Rechnungen verarbeitet werden sollen. Hier soll möglichst eine automatisierte Zuordnung zum richtigen Ressort und damit dem/der KreditorIn erfolgen. Der/die EinheitskreditorIn ist Grundlage für diese automatisierte Erkennung und Zuordnung der Daten, da die derzeit auf dem Markt existente Software diese Anforderung ansonsten nicht umsetzen kann. Das Rechnungseingangsbuch soll in SAP integriert werden.

Die Ressourcenverantwortung soll dagegen dezentral bleiben, d. h. die Eingangsrechnungen werden weiterhin dezentral geprüft. Ggf. müssen aber Geschäftsprozesse zukünftig angepasst werden.

17.5.4 Die Verordnung über das Einheitspersonenkonto

Die Datenschutzgrundverordnung (DSGVO)[141] stellt seit 28. Mai 2018 unmittelbar geltendes Recht dar (Art. 99 Abs. 2 DSGVO). Nach Art. 6 Abs. 4 DSGVO ist die Verwendung von Daten zu einem anderen Zweck als demjenigen bei der Erhebung unter anderem dann zulässig, wenn sie im nationalen Recht vorgesehen ist. Dies wird durch die bremische Verordnung über das Einheitspersonenkonto vom 18. Dezember 2018[142] bewirkt.

Darin wird zunächst in § 1 der Begriff des Einheitspersonenkontos definiert.

Dabei wird klargestellt, dass die Regelungen über die Trennung beihilferelevanter Daten unberührt bleiben, sodass der Zugriff auf diese durch das Einheitspersonenkonto nicht erweitert wird. Die Nutzung der Daten unterliegt dabei Begrenzungen in zweifacher Hinsicht, zum einen gegenständlich auf Zwecke der Buchführung, des Zahlungsverkehrs, der Rechnungslegung, des Mahnwesens und der Beitreibung von Forderungen, zum anderen dem Umfang nach im Rahmen der Erforderlichkeit auf Stammdaten und Bewegungsdaten. Nicht mit den vorgenannten Aufgabengebieten befasste MitarbeiterInnen können daher keinen Zugriff auf Einheitspersonenkonten erhalten.

Der Forderungseinzug und die Vollstreckung richten sich in erster Linie nach dem Bremischen Gesetz über die Vollstreckung von Geldforde-

141 Verordnung (EU) 2016/679 des Europäischen Parlaments und des Rates vom 27.04.2016 zum Schutz natürlicher Personen bei der Verarbeitung personenbezogener Daten, zum freien Datenverkehr und zur Aufhebung der Richtlinie 95/46/EG.

142 Brem.GBl. 2018, 658.

rungen im Verwaltungswege vom 29. September 2015, das wiederum auf Vollstreckungsvorschriften der Abgabenordnung verweist. Ferner kommt unter bestimmten Voraussetzungen die Aufrechnung in Betracht.

Bisher ist es möglich, dass eine Person zugleich sowohl SchuldnerIn als auch GläubigerIn der FHB ist, ohne dass dies unmittelbar festgestellt werden kann, da keine einheitliche Zusammenfassung aller Buchungsvorgänge betreffend eine Person erfolgt, sondern für jede Person eine theoretisch nach oben unbegrenzte Anzahl an DebitorInnen- und KreditorInnendatensätzen besteht. Es ist somit möglich, dass Zahlungen einer Dienststelle an eine Person erfolgen, während gleichzeitig noch offene Forderungen einer anderen Dienststelle gegen diese Person bestehen. Durch die Einführung des Einheitspersonenkontos wird dies verhindert.

Aus der Verarbeitung von Ordnungsmerkmalen ist keine Gefährdung schutzwürdiger Interessen des/der Betroffenen zu erwarten. Bei der Anlage eines Einheitspersonenkontos wird einmalig eine eindeutige Identifikationsnummer vergeben. Diese lässt nicht erkennen, durch welche Dienststelle die Einrichtung erfolgt ist. Anhand einer Rechnungsnummer oder der Behördenkennziffer ist lediglich die rechnungserstellende Dienststelle abzuleiten, was aber keine Rückschlüsse auf den Verwendungszweck erlaubt. Eine gezielte Suche nach MitarbeiterInnen der FHB oder SozialleistungsempfängerInnen wird technisch unterbunden. Soweit das Geburtsdatum als Identifikationsmerkmal Verwendung findet, ist darauf zu verweisen, dass dies auch in anderen Bereichen und in wesentlich weitergehendem Umfang verbreitet ist. Es handelt sich dabei etwa nach § 27 Abs. 2 Insolvenzordnung um einen Muss-Bestandteil des Beschlusses über die Eröffnung des Insolvenzverfahrens über das Vermögen einer natürlichen Person, dessen Bekanntmachung gem. § 30 Abs. 1 Insolvenzordnung auch im amtlichen Veröffentlichungsportal im Internet erfolgt.

Außerdem wird in § 1 klargestellt, dass die Bestimmung des Bremischen Beamtengesetzes hinsichtlich der Trennung beihilferelevanter Daten von anderen Daten hierdurch keine Änderung erfährt.

Nach § 2 besteht für MitarbeiterInnen in den dezentralen Dienststellen nur ein Lesezugriff auf die Stammdaten. Ein weitergehender Lese- und gegebenenfalls Schreibzugriff ist im Rahmen der Erforderlichkeit MitarbeiterInnen des Senators/der Senatorin für Finanzen und der Landeshauptkasse vorbehalten. Der Senat hatte am 1. November 2016 die Einführung einer Zentralen Servicestelle Buchhaltung beschlossen. Unberührt bleiben die Beihilfeabrechnung sowie die Befugnisse des Rechnungshofs und der Innenrevision.

Zur Sicherstellung der ausschließlich einzelfallbezogenen Nutzung ist in der Umsetzung durch entsprechende Anweisungen dafür Sorge zu tragen, dass auf Ausforschung gerichtete Massenabfragen ohne sachlichen Grund nicht durchgeführt werden dürfen.

Abs. 5 regelt die Übermittlung von Daten zwischen Dienststellen. Das betrifft z. B. die Weiterleitung von Daten an die Landeshauptkasse. Abs. 6 bezieht sich auf die Übermittlung von Daten aus den Fachverfahren an Einheitspersonenkonten.

In § 3 wird die organisatorische Zuständigkeit für datenschutzrechtliche Fragen im Zusammenhang mit dem Einheitspersonenkonto bestimmt. Da es sich um eine Erweiterung der bestehenden SAP-Softwareinfrastruktur handelt, kann insoweit auf das bereits vorhandene Berechtigungskonzept für den SAP-Einsatz Bezug genommen werden. Dieses ist den Änderungen anzupassen, die sich aus der Einführung des Einheitspersonenkontos ergeben.

Die datenschutzrechtliche Verantwortlichkeit ist Bestandteil des § 4. Soweit zum dienststellenübergreifenden Systembetrieb erforderliche Dateien betroffen sind, liegt diese bei dem/der SenatorIn für Finanzen, in den anderen Fällen bei der jeweils fachlich zuständigen Dienststelle.

Abs. 4 enthält die Löschungsfrist der Stammdaten für den Fall, dass seit der letzten Buchung keine neuen Bewegungsdaten angefallen sind.

Das Inkrafttreten der Verordnung über das Einheitspersonenkonto erfolgte gem. § 5 am 28. Dezember 2018.

18

Doppik ante portas

18.1 Doppik

18.1.1 Doppik versus Kameralistik

Im Verlaufe der Geschichte haben sich zwei verschiedene Buchführungsstile herausgebildet – die kaufmännische, doppelte Buchführung (auch Doppik = Doppelte Buchführung in Konten) und die Kameralistik als einfache bzw. Verwaltungsbuchführung. Die doppelte Buchführung geht auf die norditalienischen Kaufleute des 13. Jahrhunderts zurück. Ihre Aufgabe bestand darin, festzustellen, in welcher Höhe Einnahmen erzielt oder noch ausstehend waren und welche Ausgaben bereits erfolgt waren bzw. noch zu tätigen waren. Diese beiden Stromgrößen wurden in Verbindung gebracht mit dem aktuellen Vermögensstatus. Die Doppik hat sich später weltweit als Standard-Rechnungswesen von Kaufleuten durchgesetzt und zumindest einen Fürsprecher in Johann Wolfgang von Goethe gefunden, denn: »Welchen Überblick verschafft uns nicht die Ordnung, in der wir unsere Geschäfte führen! Sie lässt uns jederzeit das Ganze überschauen, ohne dass wir nötig hätten, uns durch das Einzelne verwirren zu lassen. Welche Vorteile gewährt die doppelte Buchhaltung dem Kaufmanne! Es ist eine der schönsten Erfindungen des menschlichen Geistes, und ein jeder gute Haushalter sollte sie in seiner Wirtschaft einführen.«[143]

Die Kameralistik hat ihren Ursprung in der Einnahmen- und Ausgabenrechnung der Fürstenhäuser. Die königliche Schatztruhe (lateinisch: camera) diente zur Finanzierung des Hofstaates und der Kriege. Als Weiterführung dieser reinen Aufzeichnung von Einnahmen und Ausgaben der Fürstenhäuser hat sich im Verlaufe der Zeit die Kameralistik zum Rechnungswesen des Staates weiterentwickelt.

Für die Entwicklung der Doppik und der Kameralistik standen folglich unterschiedliche Zwecke im Vordergrund. Auch in unserer Zeit bestehen noch grundlegende Unterschiede zwischen den Aufgabenstellungen der öffentlichen Haushalte und der privaten Unternehmen. Während öffentliche Haushalte eine Bedarfsdeckungsfunktion haben und damit auf die Erfüllung öffentlicher Aufgaben ausgerichtet sind, steht im Mittelpunkt der kaufmännischen Betriebe die Gewinnmaximierung. Dementsprechend ist das Hauptziel der kaufmännischen Buchführung die Ermittlung des Erfolgs, d. h. des Gewinns oder Verlustes aus der kaufmännischen Tätigkeit.

143 Johann Wolfgang von Goethe, 1795 in dem Roman »Wilhelm Meisters Lehrjahre«, Erstes Buch, 10. Kapitel.

Gleichzeitig erfolgt mit Hilfe der Bilanz eine Feststellung des Vermögens und der Schulden.

Die Aufgabe der Kameralistik besteht dementgegen primär darin, durch eine Gegenüberstellung von Einnahmen und Ausgaben bei einem gegebenen Budget den Nachweis über die ordnungsgemäße Verwendung öffentlicher Gelder zu führen. Damit ist die Kameralistik weitgehend eine Geld- bzw. Finanzrechnung und gleichzeitig eine Verlaufsrechnung. Dementsprechend liefert die Kameralistik lediglich Informationen darüber, aus welchem Grund und in welcher Höhe tatsächlich Einnahmen entstanden und für welche Zwecke und in welcher Höhe Ausgaben geleistet worden sind. Dadurch wird zwar ein exakter Nachweis der finanzwirtschaftlichen Ergebnisse (Einnahmen und Ausgaben) erreicht, und es kann eine exakte Kontrolle erfolgen, ob die Verwaltung den von den politischen Gremien beschlossenen Haushalt ausgeführt hat, eine Überwachung der Wirtschaftlichkeit der öffentlichen Haushaltswirtschaft bzw. ein Nachweis des leistungsbezogenen Ressourcenverbrauchs (Kosten) ist jedoch nicht allein auf der Grundlage der kameralistischen Buchführung möglich.

18.1.2 Aufbau und Einführung des IÖR in Bremen

Im Jahr 2003 beschloss der bremische Senat den Aufbau und die Einführung des »Integrierten öffentlichen Rechnungswesens«. Diese grundlegende Neuordnung der Aufgabenwahrnehmung bildet den organisatorischen Mittelpunkt aller Reformprozesse in Bremen. Das Integrierte öffentliche Rechnungswesen (IÖR) sollte betriebswirtschaftliche und kamerale Bestandteile des Rechnungswesens in ein Gesamtsystem mit einer Finanzrechnung, einer Ergebnisrechnung und einer Vermögensrechnung integrieren. Leitmotiv war der Umstieg von der Kameralistik auf das betriebswirtschaftliche Rechnungswesen als das führende Rechnungswesensystem der Kernverwaltung.

Ziel war es auch, für das Land Bremen, die Stadt Bremen und die Stadt Bremerhaven getrennte, nach einheitlichen Grundsätzen erstellte Jahresabschlüsse zu ermöglichen. Der für die Erstellung von doppischen Jahresabschlüssen relevante Aspekt des IÖR ist die Kombination der Erfordernisse des kameralen Rechnungswesens mit den im Hintergrund einer Buchung miterfassten betriebswirtschaftlichen Elementen für die Finanzbuchhaltung und die Kosten- und Leistungsrechnung. Hierdurch wurde die grundsätzliche Option geschaffen, die doppische Rechnungslegung mit den Kernbestandteilen der Vermögens- und Erfolgsrechnung durch Buchungen auf Sachkonten (Bestands- und Erfolgskonten) zu ermöglichen. Auch die kameralen Anforderungen erfüllt das IÖR durch die Verbindung der kameralen Haushaltsstellen (Finanzpositionen) mit den zugeordneten Sachkonten. Kosten- und leistungsrelevante Geschäftsvorfälle werden bei den Buchungen ebenfalls aufgegriffen.[144, 145]

Nachfolgende Abbildung verdeutlicht den Aufbau des IÖR:

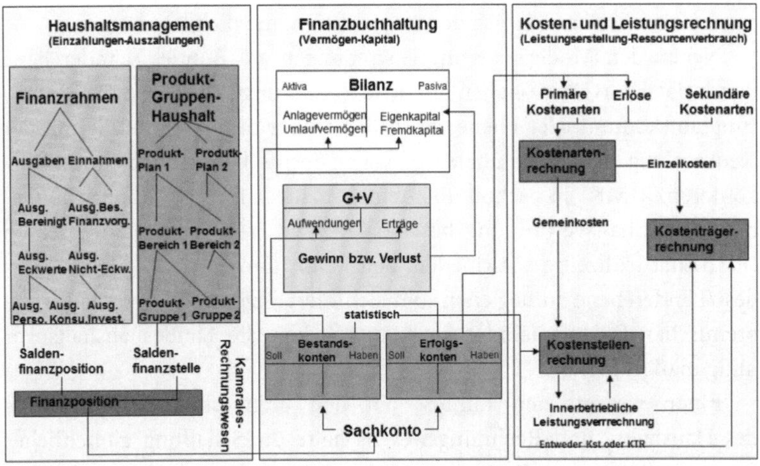

Die technische Umsetzung des IÖR wurde durch das Programm SAP ermöglicht, das eine Standard-Software mit verschiedenen Modulen zum Haushalts- und Finanzmanagement darstellt und seit Anfang 2003 in der bremischen Verwaltung im Einsatz ist.[146] Für die Zuordnung der Buchungen auf Sachkonten wurde der auf dem Industrie-Kontenrahmen und dem hessischen Verwaltungskontenrahmen basierende Bremische Kontenrahmen (BremKR) entwickelt. Bei der Gestaltung dieses Kontenrahmens wurden »sowohl die Anforderungen der bremischen Eigengesellschaften und -betriebe, Sonderhaushalte als auch die der bremischen Verwaltung« berücksichtigt.[147]

Mit Einführung des IÖR wurde das Ziel verfolgt, die Basis einer umfassenden Konzerndarstellung der gesamten Vermögens-, Finanz- und Ertragslage zu legen. Die Konzernbestandteile – namentlich die Kernverwaltung des Landes und der beiden Stadtgemeinden sowie die jeweiligen

144 Vgl. Der Senator für Finanzen, 2003a.
145 Vgl. Freie Hansestadt Bremen (Hrsg.), 2013.
146 Vgl. Der Senator für Finanzen, 2003a, S. 112.
147 Vgl. Aus- und Fortbildungszentrum der Freien Hansestadt Bremen, 2009, S. 5.

Ausgliederungen – sollen hierzu in eine Gesamtbetrachtung einbezogen werden.[148] Dazu sollen die jeweiligen Einzel-Rechnungswesenergebnisse (Abschlüsse) der Kernverwaltung und der anderen zum Konzern gehörenden Einheiten zu einem Konzernabschluss zusammengefasst werden. Für diese Gesamtbetrachtung ist die Einführung des doppischen Rechnungswesens in der Kernverwaltung die Basis: Eine Konzernbetrachtung ist mit einer Vermischung von kameralen Daten der Kernverwaltung und kaufmännischen Daten der Ausgliederungen nicht möglich.[149]

Neben den Modernisierungsbestrebungen auf Bundes-/Länderebene durch das HGrGMoG haben ähnliche Bemühungen zur Doppik-Einführung auf kommunaler Ebene wesentlich früher begonnen[150]. Die mit der Neuregelung des kommunalen Haushaltsrechts befasste Innenministerkonferenz (IMK) hat schon 2003 einen Leittext für eine doppische Gemeindehaushaltsverordnung beschlossen. Die Freie Hansestadt Bremen (FHB) hat frühzeitig entschieden, den Reformprozess lediglich auf Bundes-/Länderebene zu begleiten und sich hieran zu orientieren, da für die bremischen Stadtgemeinden im Wesentlichen die Landeshaushaltsordnung maßgeblich ist.

Einen wesentlichen Einfluss auf den bremischen Reformprozess des Haushalts- und Rechnungswesens hatte die Schaffung einheitlicher Rechtsgrundlagen auf Bund-/Länderebene für ein betriebswirtschaftliches Rechnungswesen. Durch das Gesetz zur Modernisierung des Haushaltsgrundsätzegesetzes (HGrGMoG) vom 31. Juli 2009 wurde erstmals zugelassen, dass die Haushaltswirtschaft des Bundes und der Länder in ihrem Rechnungswesen – alternativ zum bisherigen kameralen Rechnungswesen – nach den Grundsätzen der staatlichen doppelten Buchführung gestaltet werden kann. Auf dieser Grundlage können seit 2010 der Bund und die Länder ihr Rechnungswesen sowohl kameral als auch doppisch ausrichten. Nach § 49a HGrG (Haushaltsgrundsätzegesetz) richten Bund und Länder ein gemeinsames Gremium ein, das zur Gewährleistung einheitlicher Verfahrens- und Datengrundlagen gemeinsame Standards erarbeitet und diese einmal jährlich anpasst. Diese »Standards staatlicher Doppik« (SsD) gelten auf Bundes- und Länderebene und werden jeweils durch Verwaltungsvorschriften des Bundes und der Länder umgesetzt. In Bremen gelten die SsD als Sollvorgaben, da Bremen doppische Jahresabschlüsse ergänzend zur kameralen Haushaltsrechnung erstellt.

148 Vgl. Der Senator für Finanzen, 2003a, S. 117ff.
149 Vgl. Der Senator für Finanzen, 2003b, S. 7,
150 Vgl. Budäus, Behm, & Adam, 2005, S. 48.

Gem. § 7a HGrG folgt die staatliche Doppik den Bestimmungen des Handelsgesetzbuches (HGB) für große Kapitalgesellschaften sowie den Grundsätzen ordnungsgemäßer Buchführung und Bilanzierung. Dabei geben die Besonderheiten der öffentlichen Haushalte im Vergleich zu den Wirtschaftsunternehmen Anlass für einen Anpassungs- und Konkretisierungsbedarf, für die das HGB keine oder keine passenden Regelungen bietet. Deshalb werden handelsrechtliche Vorschriften konkretisiert (z. B. die Ausübung von Wahlrechten) oder eventuelle Abweichungen vom HGB festgelegt. Im Ergebnis legen die jährlich überarbeiteten SsD für die öffentlichen Haushalte einheitliche Ansatz-, Bewertungs- und Darstellungsregeln fest.

Bei den Bestrebungen zur Weiterentwicklung des Haushalts- und Rechnungswesens der FHB bleibt festzuhalten, dass nach wie vor der Buchungsstoff der Finanzbuchhaltung, die dem doppischen Jahresabschluss zugrunde liegt, überwiegend aus dem kameralen Rechnungswesen übergeleitet und dass »die Strategie bei der Reform des Haushalts- und Rechnungswesens der FHB auch zukünftig auf den Grundsatz ausgerichtet sein wird, dass ergänzend zum führenden kameralen Haushalt weitere Komponenten des Haushalts- und Rechnungswesens zur Verfügung gestellt werden«[151]. Die FHB setzt mit diesem Vorgehen nicht die Wahlmöglichkeit des HGrG um, vollständig auf die Doppik umzusteigen.[152] Dies spiegelt sich auch in § 71a der Haushaltsordnung der Freien Hansestadt Bremen (Landeshaushaltsordnung – BremLHO) wider, der die Doppik bis heute als Zusatzinstrument vorsieht. Der Anwendungsbereich der Doppik bleibt damit im Wesentlichen auf die Rechnungslegung beschränkt. Die Ergänzung der kameralen Rechnungslegung durch doppische Jahresabschlüsse stellt dennoch die Bemühungen der FHB im bundesweiten Reformprozess heraus, da Bremen neben Hessen und Hamburg das dritte Bundesland ist, das doppische Bilanzen auf Landesebene erstellt.[153]

18.1.3 Eröffnungsbilanz und doppische Jahresabschlüsse

Vor dem Hintergrund der geänderten Rahmenbedingungen des HGrMoG beschloss der bremische Senat die Aufstellung einer Eröffnungsbilanz des Landes und der Stadtgemeinde Bremen zum Januar 2010 in Ergänzung

151 Vgl. Freie Hansestadt Bremen (Hrsg.), 2013, S. 96 ff.
152 Vgl. Bremische Bürgerschaft (Landtag), 2012, Rn. 65.
153 Vgl. Freie Hansestadt Bremen (Hrsg.), 2011, S. 8.

der kameralen Haushaltsrechnung. Ende 2010 legte die Freie Hansestadt Bremen (FHB) erstmals für das Land und die Stadtgemeinde Bremen und als drittes Bundesland nach Hamburg und Hessen eine Eröffnungsbilanz zum 1. Januar 2010 vor und stellte Vermögen und Schulden nach den Bewertungs- und Bilanzierungsgrundsätzen der SsD gegenüber.[154]

Zur Erstellung der Eröffnungsbilanz wurde eine flächendeckende Inventur zur Erfassung aller Vermögens- und Schuldenwerte durchgeführt.[155] Hierbei wurden die Anfangsbestände der Bestandskonten zum Stichtag 1. Januar 2010 ermittelt und entsprechend der Systematik der doppelten Buchführung in die Eröffnungsbilanz übernommen. Es handelte sich hierbei um eine Bestandsaufnahme im Sinne eines Kassensturzes, die eine Momentaufnahme des Bestandes von Vermögen (Aktiva) und Schulden (Passiva) zu einem Stichtag abbildete. Die Wertansätze der verschiedenen Bilanzpositionen richten sich sowohl in der Eröffnungsbilanz als auch in den folgenden Jahresabschlüssen grundsätzlich nach den SsD.[156] Mit der Übernahme der SsD werden auch Begrifflichkeiten ersetzt. Demzufolge enthält der doppische Jahresabschluss der FHB eine Vermögens- und eine Erfolgsrechnung anstatt der in Wirtschaftsunternehmen üblichen Bezeichnung Bilanz bzw. Gewinn- und Verlustrechnung.

Die folgenden doppischen Jahresabschlüsse zum Stichtag des 31. Dezembers des jeweils abgeschlossenen Jahres bauen auf dieser ersten Vermögensrechnung auf und zeigen die Veränderung dieser Werte in den folgenden Jahren. Zusätzlich zur Vermögensrechnung wird eine Erfolgsrechnung erstellt. Die Erfolgsrechnung bietet eine detaillierte Darstellung der Aufwands- und Ertragsarten, so dass sich hieraus erkennen lässt, wo die Schwerpunkte beim Verbrauch, aber auch bei den Wertezugängen lagen. Zusätzlich enthält der doppische Jahresabschluss eine Finanzrechnung (Cashflow-Rechnung).

Der doppische Jahresabschluss ist wie auch die kamerale Haushaltsrechnung vergangenheitsbezogen ausgerichtet. Somit ist er kein Planungsinstrument, sondern dient der Analyse der vergangenen Perioden und zeigt damit auf, wie sich die politischen Entscheidungen einer Rechnungsperiode auf die Vermögens- und Schuldenlage des Landes und der Stadtgemeinde Bremen ausgewirkt haben. Mittlerweile ist die doppische Rechnungslegung ein verstetigter Bestandteil des bremischen Rechnungswesens. Der FHB steht im Haushalts- und Rechnungswesen ein Instru-

154 Vgl. Freie Hansestadt Bremen, Haushalts-ABC.
155 Vgl. Die Senatorin für Finanzen, 2011, S. 58.
156 Vgl. Freie Hansestadt Bremen (Hrsg.), 2013, S. 9.

menten-Werkzeugkoffer zur Verfügung, für jede Fragestellung die passende Antwort geben zu können.

Im Rahmen der Beschreibung des Modernisierungsprozesses ist es notwendig, auf die Besonderheit Bremens als Zwei-Städte-Staat einzugehen. Im Gegensatz zu dem Land und der Stadtgemeinde Bremen wird die Stadtgemeinde Bremerhaven nicht in den doppischen Jahresabschlüssen berücksichtigt.[157] Die Einbindung der Stadt Bremerhaven in eine gemeinsame Bilanz aller drei Gebietskörperschaften ist noch nicht möglich, weil wesentliche Voraussetzungen für die Erstellung und die buchhalterische Fortführung einer doppischen Bilanz nicht gegeben sind. Die einzelnen Vermögenswerte der bremischen Ausgliederungen werden ebenfalls nicht dargestellt, sondern es wird der Wert des bremischen Anteils am Eigenkapital dieser Ausgliederungen als Finanzanlage ausgewiesen.[158] Ferner ist zu berücksichtigen, dass die doppischen Daten des Landes und der Stadtgemeinde Bremen derzeit nicht getrennt im SAP-System darstellbar sind, »weil der Kernhaushalt in einem gemeinsamen Buchungskreis bucht.«[159]

18.1.4 Geldverbrauchskonzept mit Kameralistik

Die Anwendung des Geldverbrauchskonzepts in der Kameralistik bedeutet, dass im Haushaltsplan und in der Jahresrechnung lediglich die Einnahmen und Ausgaben eines jeweiligen Haushaltsjahres abgebildet werden. Berücksichtigt werden dabei nur solche Posten, die zahlungswirksam sind, also in derselben Periode zu Ein- oder Auszahlungen führen. Die Kameralistik dokumentiert zahlungswirksame Vorgänge innerhalb eines laufenden Haushaltsjahres und ermöglicht einen Soll-Ist-Vergleich zwischen der Planung und Ausführung des Bremischen Haushaltes. Sie gibt jedoch keine Auskunft über die tatsächliche Entwicklung des sachlichen und finanziellen Vermögens und liefert keine Informationen zum tatsächlichen Ressourcenverbrauch. Bspw. werden Pensionen für BeamtInnen, die ihre Ansprüche im Laufe ihrer aktiven Tätigkeit erlangen, im kameralen Haushalt erst zum Zeitpunkt der Auszahlung haushaltswirksam. Eine Berücksichtigung in den Jahren des Entstehens der Ansprüche erfolgt nicht.

157 Vgl. Bremische Bürgerschaft (Landtag), 2013a, Rn. 72.
158 Vgl. Freie Hansestadt Bremen (Hrsg.), 2013, S. 9.
159 Vgl. Bremische Bürgerschaft (Landtag), 2013a, Rn. 72.

18.1.5 Ressourcenverbrauchskonzept mit Doppik

Die Anwendung des Ressourcenverbrauchskonzepts ermöglicht eine periodengenaue Ausweisung des vollständigen Werteverzehrs. Dabei werden auch akut nicht zahlungswirksame Größen wie Pensionsrückstellungen oder Abschreibungen erfasst. Das sind Ausgaben, die heute verursacht werden, aber erst in der Zukunft anfallen. Diese sind demgemäß bereits in der laufenden Haushaltsperiode als Aufwand zu planen und auszuweisen. Die Doppik bildet durch die periodengenaue Gegenüberstellung von Ertrag und Aufwand den Ressourcenverbrauch ab. Sie weist sowohl Vermögen als auch Schulden in einer Bilanz aus. Die Doppik schafft somit Transparenz und trägt dem Ziel der Generationengerechtigkeit Rechnung. Die Ansprüche auf Pensionsleistungen werden dabei über die aufwandsrelevante Erhöhung der Pensionsrückstellungen in den Jahren dargestellt, in denen sie tatsächlich entstehen.

Geldverbraucherkonzept	**Ressourcenverbrauchskonzept**
Abbildung in Einnahmen und Ausgaben	Erträge und Aufwendungen
Soll-Ist-Vergleich	Vermögens- und Schuldenentwicklung wird deutlich
Pensionslasten sind erst im Jahr der Zahlung sichtbar	Pensionslasten werden bereits in den Jahren der Entstehung durch Rückstellungen erkennbar
Keine Abbildung des Werteverzehrs	Abbildung des vollständigen Werteverzehrs

18.1.6 Konzernrechnungslegung – Transparenz

Auch die FHB ist dazu übergegangen, bestimmte Teile des Haushalts aus dem Kernhaushalt auszulagern. Im Ergebnis wird ein Gesamtüberblick erschwert. Mit einer konsequenten und vollständigen Umsetzung der Doppik ist die Gesamtsicht, also eine konsolidierte »Konzernbilanz«, möglich! Voraussetzung ist, die ausgelagerten Einheiten wieder einzubeziehen. Mit der durchgehenden Einführung des doppischen Systems besteht also in Zukunft die Chance auf ein vollständiges und transparentes Bild für den »Konzern Bremen«.

Der Schritt zur konsolidierten Darstellung des Gesamtvermögens, der Gesamtertragslage und Gesamtfinanzlage des Konzerns Bremen, analog zu den Instrumenten der Konzernrechnungslegung in der Privatwirtschaft, wurde in Bremen noch nicht umgesetzt. Insbesondere fehlt eine umfassende finanzwirtschaftliche Übersicht zu den Verflechtungen zwischen Kernverwaltung und den doppisch buchenden Konzerneinheiten. Die mit der Gesamtbetrachtung einhergehenden potenziellen Steuerungsfunktionen lassen sich so noch nicht optimal erschließen, und es lassen sich folgende Risiken nicht ausschließen:

- Steuerungslücke durch Zersplitterung
- falsche Risikobewertung bei verbundenen Unternehmen
- Verfälschung der wirtschaftlichen Situation
- Vernachlässigung von Möglichkeiten zur Binnenfinanzierung
- unzureichende Nutzung organisatorischer Optimierungsmöglichkeiten

Deshalb wird nach der erfolgreichen Einführung der Doppik für den Kernhaushalt am strategischen Ziel des IÖR zur vollständigen Konsolidierung durch die Integration aller zum Konzern gehörenden Einheiten festgehalten.

18.1.7 Generationengerechtigkeit

Heute genutztes Vermögen verliert durch die Benutzung an Wert. Da die Kameralistik nur Einnahmen und Ausgaben kennt, wird der Werteverlust nicht abgebildet. Durch die doppelte Buchführung wird der Werteverzehr als Abschreibung verbucht und damit über die gesamte Nutzungsdauer verteilt. Damit verhindert die Doppik den Werteverzehr nicht, aber sie macht ihn – im Unterschied zur Kameralistik – sichtbar. Wenn der jährliche Haushalt (ohne Schulden) ausgeglichen werden soll, müssen diese Kosten auch in dem Jahr durch Erlöse gedeckt werden. Diesen grundlegenden Zusammenhang kennt die Kameralistik nicht, so dass die Gefahr besteht, dass künftige Generationen den Werteverzehr von heute in Form von Schulden für Investitionen von heute und dazu die erforderlichen Neuanschaffungen der Zukunft bewältigen müssen.

Die Veränderung des Vermögens im Vergleich zur Verschuldung zeigt in einem doppischen System von Periode zu Periode genau an, wie mit den vorhandenen Mitteln gewirtschaftet wurde. Es wird transparent gemacht, ob nachfolgenden Generationen Vermögen oder Schulden hinterlassen werden, denn so wird direkt sichtbar, ob die aktuellen Ausgaben selbst erwirtschaftet oder nur durch die Veräußerung vorhandenen Vermögens (das Tafelsilber) oder durch die Aufnahme von Krediten finanziert wurden. Gleichzeitig wird durch die Doppik die Notwendigkeit zum Vermögenserhalt durch Investitionen deutlich. Dieser Aspekt der nachhaltigen Haushaltsführung wird in Zukunft weiter an Bedeutung gewinnen.

18.2 Kosten- und Leistungsrechnung

18.2.1 Historie der Kosten- und Leistungsrechnung in Bremen

Seit Beginn der 1980er-Jahre wurde in fast allen westeuropäischen Ländern und in den USA die Reform der öffentlichen Verwaltung diskutiert. Ausgangspunkt war ein wachsender Konsolidierungsdruck aufgrund der vorherrschenden prekären finanziellen Situation der öffentlichen Haushalte. Die so in Gang gesetzte Kritik stellte vor allem die traditionellen Strukturen und Prozesse des Verwaltungsapparates infrage, die als inflexibel und ineffizient wahrgenommen wurden. Nicht zuletzt in den Augen der BürgerInnen drohte die öffentliche Verwaltung an Legitimation einzubüßen.[160]

Schlagworte wie »schlanker Staat« oder »New Public Management« (NPM) stehen für diese Denkansätze. In Deutschland setzte sich ab 1993 das von der Kommunalen Gemeinschaftsstelle für Verwaltungsmanagement (KGSt) entworfene »Neue Steuerungsmodell« (NSM) durch. Der Kerngedanke ist, das Verwaltungshandeln vor allem aus einer betriebswirtschaftlichen Perspektive zu interpretieren. Die Reformbemühungen umfassen ein ganzes Bündel an Maßnahmen – angefangen von Privatisierungen ehemals öffentlicher Aufgaben bis hin zur Umgestaltung der Behörden zu Dienstleistungsunternehmen. Es sind so gut wie alle Bereiche des Verwaltungshandelns betroffen. Im Zentrum des Reformprozesses steht der Ansatz, durch die Übertragung von Markt- bzw. Wettbewerbsbedingungen und durch den Einsatz bewährter betriebswirtschaftlicher Managementtechniken – also durch marktwirtschaftliches Handeln – den öffentlichen Sektor effizienter, flexibler und letztlich bürgerfreundlicher zu machen.

In Bremen wurden die Reformziele zur Steigerung der Leistungsfähigkeit und Wirtschaftlichkeit der Aufgabenerfüllung in der Verwaltung in den 1990er-Jahren aufgegriffen. Am 4. April 1995 berichteten der Senator für Finanzen und die Senatskommission für das Personalwesen (SKP) dem Senat über den Stand zur betriebswirtschaftlichen Neuorientierung der bremischen Verwaltung. Darin heißt es:

> *»Effizienzsteigerung erfordert die Verbesserung des Verhältnisses zwischen Leistungsoutput und Mitteleinsatz. […] Die öffentliche Verwaltung ist bei ihrer Aufgabenwahrnehmung zu wirtschaftlichem Handeln verpflichtet. Bei der Realisierung der politisch gesetzten Sachziele muss*

160 Vgl. Christian Sander, Das neue Steuerungsmodell.

deshalb als Steuerungskriterium neben das Formalziel ›Rechtmäßigkeit‹ das Formalziel ›Wirtschaftlichkeit‹ treten.«

Zur damaligen Qualität des Verwaltungshandelns wurde weiter ausgeführt:

> *»Es besteht eine geringe Kostentransparenz mit der Folge mangelnden Kostenbewusstseins, es besteht wenig Transparenz über Qualität und Quantität der erbrachten Leistungen, es gibt wenig Anreize für wirtschaftliches und leistungsorientiertes Verhalten.«*

Die Notwendigkeit zur Einführung eines dezentralen Steuerungssystems zur Herstellung der notwendigen Transparenz lag auf der Hand. Der Senat hat diesen Sachstandsbericht zur Kenntnis genommen und am 19. Dezember 1995 beschlossen, im Rahmen der »Dezentralen Haushaltssteuerung« (DHS) die konzeptionellen Grundlagen für die Einführung der Kosten- und Leistungsrechnung (KLR) zu schaffen. Nach ersten Vorarbeiten wurde 1997 über die weiteren Schritte zur flächendeckenden Einführung und die dazu erforderlichen Maßnahmen entschieden. Im selben Jahr verabschiedete der Senat die Rahmenvorgaben für die Kosten- und Leistungsrechnung. Der Senat bat die Ressorts unter Mithilfe der Senatorin für Finanzen um die Teilnahme in der Pilotphase, so dass zu diesem Zeitpunkt bereits sechs Pilotbereiche an der Projektarbeit teilnahmen. Zum 1. Januar 1999 wurden alle weiteren Dienststellen mit größeren Gebühren- und Entgelthaushalten und alle senatorischen Dienststellen auf die KLR umgestellt. Ein Durchbruch in dem Projekt war die flächendeckende Einführung des SAP-Systems zum 1. Januar 2003. Damit wurde die KLR integrierter Bestandteil des Rechnungswesens der FHB, und es standen nunmehr für alle Dienststellen der FHB die systematischen Voraussetzungen zur Einführung der KLR zur Verfügung. Gem. Senatsbschluss vom 21. Oktober 2003 ist die Berichterstattung zur KLR Teil des Projektes »Integriertes öffentliches Rechnungswesen IÖR«, dessen Kernkonzeption die Integration zwischen Haushaltswesen und dem betrieblichen Rechnungswesen unter Einbindung der KLR vorsieht.

Die Kosten- und Leistungsrechnung ist ein dezentrales Steuerungsinstrument, d. h. die Verantwortlichkeit zur Umsetzung liegt in den einzelnen Ressorts. Zur Unterstützung der KLR-Einführungsprojekte steht den Ressorts eine zentrale Einheit in der senatorischen Behörde für Finanzen zur Verfügung, deren Zuständigkeit in der Entwicklung einheitlicher konzeptioneller Vorgaben sowie in der Bereitstellung von betriebswirtschaftlichen Beratungsleistungen und SAP-AnwenderInnenschulungen liegt.

Um die KLR-Einführungsprojekte in den Dienststellen möglichst effizient und standardisiert durchzuführen, wurde ein Projektphasenmodell entwickelt.

Projektphasen der KLR-Einführung nach dem Standard-Vorgehensmodell der FHB

Phase 1:	Durchführung betriebswirtschaftlicher Schulungen
Phase 2 und 3:	Einrichtung des Projektes, Definition der Projektziele, Ressourcenplanung und Rollenverteilung, Konzepterstellung
Phase 4:	Grundlagenschulung in SAP
Phase 5:	Erstellen des Daten- und Fachkonzeptes (Business Blueprint), damit werden die technischen Voraussetzungen zur Umsetzung in SAP geschaffen
Phase 6, 7, 8, 9:	Umsetzung der Kostenarten,- Kostenstellen- und Kostenträger-rechnung inklusive der innerbetrieblichen Leistungsverrechnungen
Phase 10:	Schulung der End-AnwenderInnen
Phase 11:	Einführung des Berichtswesens

Für die Einführung der KLR in den Dienststellen bestehen keine rechtlich zwingenden Vorschriften. Sie ist aber als wesentliches Instrument für die Einhaltung der nach § 7 Abs. 2 LHO zu beachtenden Vorschrift der Wirtschaftlichkeit und Sparsamkeit des Verwaltungshandelns anzusehen. Weiter heißt es unter § 7 Abs. 3: »Die Kosten- und Leistungsrechnung soll in allen Organisationseinheiten eingeführt werden.« Mit dieser »Sollanforderung« ist die Einführung als Regelfall zwar definiert, wird aber von den jeweiligen Voraussetzungen in den Dienststellen abhängig gemacht. Während die Kosten- und Leistungsrechnung verpflichtend in den Eigenbetrieben, sonstigen Sondervermögen und Gesellschaften betrieben wird, zeigen die Erfahrungen bei der Unterstützung und Begleitung der Einführungsprojekte in der Kernverwaltung, dass der Erfolg hier von der Akzeptanz dieses Instrumentes abhängt. Die Kosten- und Leistungsrechnung unterliegt in ihrer Ausgestaltung nicht den gesetzlichen Vorgaben, wie es bei der doppischen Buchführung der Fall ist. Sie ist dem Wesen nach als internes Informations- und Steuerungsinstrument zu verstehen, das sich an den jeweiligen Informationsbedürfnissen der Führungsebene und eher nach innen ausrichtet. Dies hat seit den ersten Senatsbeschlüssen von Beginn an dazu beigetragen, dass die Kosten- und Leistungsrechnung in den bremischen Dienststellen mit sehr unterschiedlicher Ausrichtung und Gestaltungstiefe und nicht zuletzt unterschiedlichem Anforderungsniveau umgesetzt wurde.

18.2.2 Mehrgewinn durch die Kosten- und Leistungsrechnung

Die Notwendigkeit der Kosten- und Leistungsrechnung wurde bereits mit dem ersten Senatsbeschluss zur flächendeckenden Einführung aufgrund fehlender Transparenz und damit einhergehender mangelhafter Steuerungsfähigkeit des Verwaltungshandelns eingeräumt.

In diesem Zusammenhang stellt sich die Frage, warum das kamerale System allein als nicht ausreichend gesehen wird. Bei der Kameralistik handelt es sich um eine inputorientierte Einnahme-Ausgaben-Rechnung, die zwar Auskunft über die Zahlungsströme gibt und darüber, ob die veranschlagten Mittel gesetzeskonform abgerufen wurden, sie sagt aber wenig über die damit erbrachten Leistungen und die dafür eingesetzten Ressourcen aus. Die fehlende Verknüpfung von Kosten und Leistungen gibt nicht nur keine Auskunft über die Wirtschaftlichkeit, sie erschwert auch die Zuordnung der Verantwortung, so dass der Anreiz zu eigenverantwortlichem (wirtschaftlichem) Handeln im kameralen System systematisch nicht verankert ist. Um diese Informationslücke zu schließen, bietet sich der Einsatz der Kosten- und Leistungsrechnung als ein bewährtes betriebswirtschaftliches Instrument des Controllings an und stellt eine wertvolle Ergänzung zur Kameralistik dar. Gründe für die Einführung der KLR in der Verwaltung sind häufig:

Kostentransparenz, Abbildung des tatsächlichen Ressourcenverbrauchs, Ergebnisorientierung, Kostenbewusstsein und Eigenverantwortung, Vergleichbarkeit intern, aber auch mit anderen Verwaltungen, Ermittlung kostendeckender Entgelte und die Bereitstellung einer Vielzahl steuerungsrelevanter Informationen für die Führungsebene. [161]

Im Gegensatz zur zahlungsstromorientierten Betrachtung der Kameralistik orientiert sich die Kosten- und Leistungsrechnung eng am Leistungsprozess (Output). Ihre Hauptaufgabe ist die Erfassung, Verteilung und Zurechnung der Kosten, die bei der Erbringeng der Verwaltungsleistungen entstehen.

161 Vgl. Bundesministerium des Innern, für Bau und Heimat, www.verwaltung-innovativ.de/OHB/DE/Organisationshandbuch/7_Managementinstrumente/--ansätze 7.8 Kosten-/Leistungsrechnung (KLR).

Dieser Prozess gestaltet sich auf drei Ebenen: der Kostenartenrechnung, der Kostenstellenrechnung und der Kostenträgerrechnung.

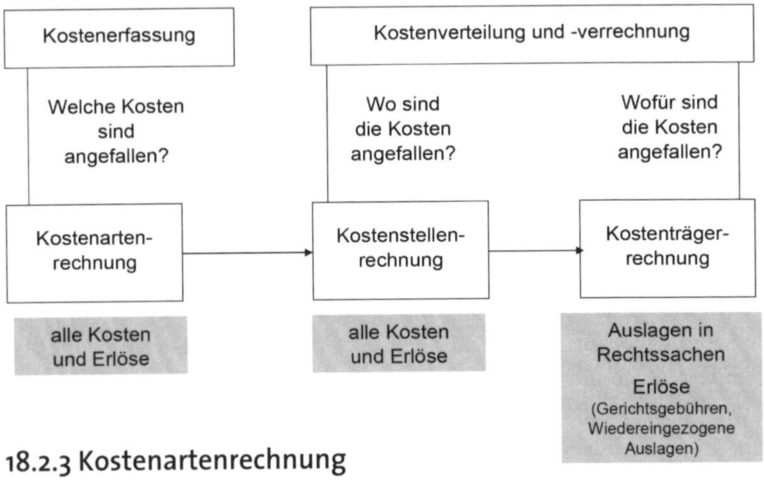

18.2.3 Kostenartenrechnung

In der Kosten- und Erlösartenrechnung werden die Kosten und Erlöse erfasst und abgegrenzt, denn zunächst muss die Frage – welche Kosten sind angefallen – beantwortet werden. Die Kostenarten (wie z. B. Personalkosten, Sachkosten, Abschreibungen etc.) geben ein differenziertes Bild sämtlicher Kosten und Erlöse einschließlich kalkulatorischer Kosten und damit des gesamten Ressourcenverbrauchs in einer Periode. Bereits an dieser Stelle wird der Unterschied zur Kameralistik deutlich. Während z. B. Gebäude und Anlagen nur im jeweiligen Haushaltsjahr als geleistete Investitionsausgaben anfallen, grenzt die KLR den Verbrauch in Form von Abschreibungen über die gesamte Nutzungsdauer ab und stellt so den Werteverzehr sowohl zeitlich als auch in seiner Höhe vollständig und korrekt abgegrenzt dar. Schon mit diesen Informationen lassen sich die Gesamtkosten- und Erlösstruktur darstellen und das Betriebsergebnis ermitteln. Die Verwaltungsführung erhält wertvolle Informationen über die Höhe und Entwicklung der Erlös- und Kostenpositionen und deren Anteil an den Gesamtkosten (Kostentreiber) sowie letztlich, wo das Einsparpotenzial im Sinne des wirtschaftlichen Haushaltens am größten ist.

18.2.4 Kostenstellenrechnung

In der Kostenstellenrechnung werden die angefallenen Kosten und Erlöse den Kostenstellen zugeordnet. Mit Kostenstellen sind die Orte der Kostenentstehung gemeint. In der Verwaltung sind dies in der Regel – direkt oder nach Verrechnung von sog. Hilfs- und Sammelkostenstellen – die Organisationseinheiten. Es wird die Frage beantwortet: Wo und in welcher Höhe sind während einer Abrechnungsperiode Kosten/Erlöse angefallen? Dabei liefert die Darstellung der Kostenstruktur bei unterschiedlicher Organisationstiefe (Sachgebiete, Referate, Dienststellen, Ressorts) steuerungsrelevante Informationen darüber, in welchen Organisationseinheiten der Schwerpunkt der Kostenentstehung liegt und wie die Kosten dort zusammengesetzt sind. Da die Erfassung der Kostenarten auf den Kostenstellen in einer Buchung erfolgt, greifen hier Kostenartenrechnung und Kostenstellenrechnung ineinander.

18.2.5 Kostenträgerrechnung

In der Kostenträgerrechnung findet die Kostenrechnung ihren Abschluss. Die Kosten werden nun verwendungsbezogen, zumeist im Wege der Verrechnungen von den Kostenstellen, auf die Kostenträger (Dienstleistungen = Innenaufträge) abgebildet. Die Kostenträgerrechnung beantwortet die Frage: Wofür bzw. für welche Leistungen sind Kosten angefallen? Im Ergebnis werden zum einen die Höhe und die Kostenstruktur je Verwaltungsleistung dargestellt und zum anderen diesen Leistungen die Erlöse zugeordnet. Damit liefert die KLR auch auf dieser Ebene eine Reihe steuerungsrelevanter Informationen. Die Kostenstruktur enthält die Informationen über die Herstellungs-, Selbst- und die Gesamtkosten je Leistung und schafft damit die Grundlage für die Berechnung der Entgelte und Gebühren. Es genügt aber nicht, die Kosten nur darzustellen, sie sollen vielmehr beeinflusst und im Idealfall gesenkt werden. Nur so kann die Wirtschaftlichkeit des Verwaltungshandelns gesteigert werden. Die Überwachung der Wirtschaftlichkeit zählt zu den wichtigsten Aufgaben der KLR. Weiterhin zeigt die Gegenüberstellung der Erlöse und Kosten je Leistung, mit welchem Ergebnis die Leistungen im Einzelnen abschneiden. Es ist direkt erkennbar, welche Leistungen zu einem positiven bzw. negativen Gesamtergebnis beitragen. Da den Leistungen weitere Kennzahlen wie z. B. Mengen zugeordnet werden, lassen sich Aussagen über die Schlagzahlen je Leistung und deren Kostenanteile treffen, die häufig beim Benchmarking mit anderen Verwaltungseinheiten eine große Rolle spielen.

Die festgestellten Ist-Werte werden nicht isoliert betrachtet. Sie bilden die Grundlage für Planungsprozesse (Aufstellung des Wirtschaftsplans), denn die Planung sollte nicht nur durch Fortschreibung der Planvorjahre entwickelt werden, sondern stets ihre Basis in den realen Ist-Daten haben. Wenn eine Planungsrechnung eingerichtet ist, geben Ist-Plan- Abweichungsanalysen auf allen drei Ebenen Aufschluss über den Stand der Planerfüllung und lässt damit unterjährige Entscheidungen zur Nachsteuerung zu.

Je nach Ausgestaltung der Kosten- und Leistungsrechnung lassen sich eine Vielzahl weiterer Informationen abbilden, wie z. B. die Deckungsbeitragsrechnung auf der Basis der Teilkostenrechnung oder die Feststellung der Verwaltungsquote. Die Kosten- und Leistungsrechnung sollte stets eng an den oft sehr unterschiedlichen Informationsbedürfnissen der Dienststellen ausgerichtet sein, was eine Vereinheitlichung über alle Dienststellen nicht nur erschwert, sondern auch nicht sinnvoll erscheinen lässt. Die Kosten- und Leistungsrechnung ist ein dezentrales Informations- und Steuerungsinstrument, dessen volle Ausschöpfung in der Verantwortung der Ressorts liegt. Grundsätzlich bietet die Kosten- und Leistungsrechnung für jede Verwaltung die Möglichkeit zur Kostenkontrolle, zur Effizienzsteigerung und letztlich zur Optimierung der Binnensteuerung. Mit dem Einsatz der Kosten- und Leistungsrechnung wird das Verwaltungshandeln nicht nur nach den Prinzipien der Rechtmäßigkeit, sondern zugleich nach der Wirtschaftlichkeit ausgerichtet und kann so dazu beitragen, die Wahrnehmung der Verwaltung in den Augen der BürgerInnen zum Positiven zu verändern.

18.3 Geschäftsbericht

Im Rahmen der Rechnungslegung erstellt die Freie Hansestadt Bremen jährlich den Geschäftsbericht zum doppischen Jahresabschluss und legt diesen dem Landtag und der Stadtbürgerschaft zur Kenntnisnahme vor. Die Standards staatlicher Doppik bilden die Vorgabe für die inhaltliche und strukturelle Ausgestaltung des Geschäftsberichtes. Der Geschäftsbericht der FHB gliedert sich demnach in folgende Abschnitte:

1. Lagebericht
2. Jahresabschluss
3. Anhang
4. Finanzrechnung

18.3.1 Der Lagebericht

Die Mindestanforderungen für die Erstellung eines Lageberichtes basieren auf dem Deutschen Rechnungslegungsstandard (DRS 20 »Konzernbericht«). Auch hier gilt, dass die dort genannten möglichen Angaben nicht vollumfänglich auf den öffentlichen Sektor anwendbar und daher zu modifizieren sind. Nach den SsD sind zunächst **allgemeine Angaben** über die bilanzierende Gebietskörperschaft zu machen. Dabei sollen deren charakteristische Merkmale und Besonderheiten hervorgehoben werden. Nachfolgend bildet der **Wirtschaftsbericht** über die Ertrags-, Finanz- und Vermögenslage den Hauptteil des Lageberichtes. Abschließend sind Einschätzungen zu den wesentlichen **Chancen und Risiken** und letztlich zur **Prognose** der wirtschaftlichen Entwicklung zu machen. Die allgemeinen Berichtsgrundsätze gelten für die Privatwirtschaft wie auch für den öffentlichen Sektor. Dazu gehören die Vollständigkeit, Verlässlichkeit und Ausgewogenheit in der Berichterstattung sowie die Klarheit, Übersichtlichkeit und Informationsabstufung. Der Bericht vermittelt dabei immer die Sicht der Geschäftsleitung bzw. des Senats.

Der bremische Geschäftsbericht beginnt zu den **allgemeinen Angaben** mit der Gegenüberstellung wesentlicher Kennzahlen im Vergleich zu einem Referenzjahr, wie z. B. dem Jahr 2010 – dem Beginn des Konsolidierungszeitraumes in Bremen. Neben allgemeinen Informationen über die Bevölkerung, die Beschäftigungslage sowie zu dem Bruttoinlandsprodukt je EinwohnerIn geben die Kennzahlen des doppischen Jahresabschlusses einen ersten aussagekräftigen Aufschluss über spezifische Themen zur bremischen Geschäftslage.

Im Geschäftsbericht 2018 wurden folgende Daten veröffentlicht.

Struktureller Finanzierungssaldo in Mio. Euro im Jahre 2010:	1.121
Struktureller Finanzierungssaldo in Mio. Euro im Jahre 2018:	171
Anzahl der Einwohner*innen im Jahre 2011[1]:	652.181
Anzahl der Einwohner*innen im Jahre 2018:	682.986
Bruttoinlandsprodukt je Einwohner*in in Euro im Jahre 2010:	42.046
Bruttoinlandsprodukt je Einwohner*in in Euro im Jahre 2018:	50.389
Anzahl der sozialversicherungspflichtig Beschäftigten im Jahre 2010:	284.553
Anzahl der sozialversicherungspflichtig Beschäftigten im Jahre 2018:	330.390
Anzahl der Beschäftigten (VZÄ) in der Kernverwaltung im Jahre 2010:	14.135
Anzahl der Beschäftigten (VZÄ) in der Kernverwaltung im Jahre 2018:	14.307
Nicht durch Eigenkapital gedeckter Fehlbetrag[2] in Mrd. Euro im Jahre 2010:	13,1
Nicht durch Eigenkapital gedeckter Fehlbetrag[2] in Mrd. Euro im Jahre 2018:	26,4
Rückstellungen für Pensionen und ähnliche Verpflichtungen in Mrd. Euro im Jahre 2010:	5,4
Rückstellungen für Pensionen und ähnliche Verpflichtungen in Mrd. Euro im Jahre 2018:	14,8
Aufwendungen für Zuweisungen und Zuschüsse in Mrd. Euro im Jahre 2010:	1,9
Aufwendungen für Zuweisungen und Zuschüsse in Mrd. Euro im Jahre 2018:	2,9

So verweisen beispielhaft die jährlichen Zuwächse bei dem nicht durch das Eigenkapital gedeckten Fehlbetrag, bei den Rückstellungen für Pensionen sowie den Aufwendungen für Zuweisungen und Zuschüsse auf die in den vergangenen Jahren eingegangenen Verpflichtungen und zugleich auf die finanz- und wirtschaftspolitischen Herausforderungen für die Zukunft.

Der **Wirtschaftsbericht** gliedert sich in gesamtwirtschaftliche Rahmenbedingungen, den Geschäftsverlauf und die Darstellung der Geschäftslage. Eine ausführliche Beschreibung der **finanz- und wirtschaftspolitischen Rahmenbedingungen** zeigt die Einflüsse auf, die von besonderer Bedeutung für die Ertrags-, Finanz- und Vermögenslage waren. Hierzu zählen positive und negative Einflüsse. Dazu können nennenswerte Belastungen oder Einsparanstrengungen des bremischen Haushaltes, die konjunkturelle Lage mit den damit einhergehenden Steuereinnahmen oder die Gestaltung des Finanzanlageportfolios unter Ausnutzung einer günstigen Zinsentwicklung gehören. Die Darstellung des **Geschäftsverlaufes** spiegelt die Arbeit der bremischen Ressorts in den einzelnen Politikbereichen wider, denn die Erreichung der politischen Ziele des Senats der Freien Hansestadt Bremen beeinflusst die bremische Wirtschafts- und Finanzlage und letztlich die Ergebnisse des Jahresabschlusses. Die Schwerpunkte entsprechen der politischen Agenda des jeweiligen Senats und befassen sich regelmäßig mit den aktuellen Herausforderungen, wie bspw. der Bekämpfung der Arbeitslosigkeit, der Verbesserung der Bildungschancen, der Wohnungsbaupolitik sowie Maßnahmen zur Steigerung der Wettbewerbsfähigkeit unserer Wirtschaft. Die Modernisierung der Verwaltung und Themen wie die Digitalisierung der Verwaltungsprozesse werden auch weiterhin im Vordergrund stehen. Kernstück des Lageberichtes ist die Darstellung und Interpretation der Ergebnisse des Jahresabschlusses (**Geschäftslage**), insbesondere die Ertragslage, die Finanzlage und die Vermögenslage. Zu diesem Zweck bildet daher der Lagebericht die Erfolgsrechnung und die Vermögensrechnung in verkürzter Form ab.

Für das Land- und die Stadtgemeinde Bremen wurden 2018 im Geschäftsbericht nachstehende Erfolgsrechnung veröffentlicht:

	2017 Euro	2018 Euro	Veränderung ggü. Vorjahr Euro	Veränderung ggü. Vorjahr %
Steuern und steuerähnliche Erträge	2.969.040.452,14	3.242.512.297,29	273.471.845,15	9,21
Erträge aus Finanzausgleichsbeziehungen	1.277.583.417,75	1.341.291.408,51	63.707.990,76	4,99
Erträge aus Zuweisungen und Zuschüssen	699.338.784,43	646.032.837,02	-53.305.947,41	-7,62
Erträge aus Verwaltungstätigkeit, Umsatzerlöse	182.599.104,21	175.403.404,40	-7.195.699,81	-3,94
Sonstige Erträge	133.685.519,96	84.835.753,78	-48.849.766,18	-36,54
Summe Erträge	**5.262.247.278,49**	**5.490.075.701,00**	**227.828.422,51**	**4,33**
Aufwendungen für Verwaltungstätigkeit	-431.944.710,20	-412.302.426,58	19.642.283,62	-4,55
Personalaufwand	-2.195.573.987,91	-5.365.468.172,20	-3.169.894.184,29	144,38
Abschreibungen	-135.736.625,82	-136.137.633,72	-401.007,90	0,30
Aufwendungen für Zuweisungen und Zuschüsse	-2.715.177.017,94	-2.861.791.667,19	-146.614.649,25	5,40
Sonstige Aufwendungen	-177.673.089,22	-175.331.805,15	2.341.284,07	-1,32
Summe Aufwendungen	**-5.656.105.431,09**	**-8.951.031.704,84**	**-3.294.926.273,75**	**58,25**
Verwaltungsergebnis	**-393.858.152,60**	**-3.460.956.003,84**	**-3.067.097.851,24**	**778,73**
Erträge aus Beteiligungen	11.620.569,62	17.153.740,06	5.533.170,44	47,62
Erträge aus anderen Wertpapieren und Ausleihungen	218.741.723,01	209.171.437,27	-9.570.285,74	-4,38
Zinsen und ähnliche Erträge	199.020.146,20	189.597.673,29	-9.422.472,91	-4,73
Abschreibung auf Finanzanlagen	-26.453.784,36	-79.727.253,59	-53.273.469,23	201,38
Zinsen und ähnliche Aufwendungen	-948.780.146,76	-851.459.955,62	97.320.191,14	-10,26
Finanzergebnis	**-545.851.492,29**	**-515.264.358,59**	**30.587.133,70**	**-5,60**
Ergebnis der gewöhnlichen Verwaltungstätigkeit	**-939.709.644,89**	**-3.976.220.362,43**	**-3.036.510.717,54**	**323,13**
Außerordentliche Aufwendungen	0,00	0,00	0,00	
Außerordentliches Ergebnis	**0,00**	**0,00**	**0,00**	
Steuern	-25.555,77	-81.179,87	-55.624,10	217,66
Jahresfehlbetrag	**-939.735.200,66**	**-3.976.301.542,30**	**-3.036.566.341,64**	**323,13**

In der Erfolgsrechnung erfolgt eine periodengerechte Zuordnung aller Aufwendungen und Erträge des Geschäftsjahres. Im Unterschied zur Haushaltsrechnung finden Aufwendungen und Erträge unabhängig vom Zahlungszeitpunkt Berücksichtigung. Hier werden die anteiligen zukünftigen Pensionslasten für das Geschäftsjahr durch eine Zuführung zur Pensionsrückstellung geltend gemacht. Bei Investitionen in Vermögensgegenstände erfolgt eine jährliche Abschreibung über den gesamten Nutzungszeitraum. Die Kameralistik erfasst Investitionen lediglich im Anschaffungsjahr im vollen Umfang. Durch die doppische Abgrenzungs- und Bewertungspraxis stellt die Erfolgsrechnung jederzeit ein zutreffendes Bild über den Ressourcenverbrauch dar. Die Erfolgsrechnung umfasst den gesamten Aufwand, d. h. den Werteverbrauch einer Periode, und den gesamten Ertrag, also den Wertezugang des abgeschlossenen Geschäftsjahres. Sowohl die Untergliederung der Positionen als auch der Zeitreihenvergleich zum Vorjahr ermöglichen eine differenzierte Interpretation des Jahresergebnisses. Es ist bspw. direkt erkennbar, wie stark der Einfluss hoher Zinslasten war, wie sich die Personalaufwendungen entwickelt haben und mit welchen Anteilen sich das Ergebnis der gewöhnlichen Geschäftstätigkeit aus den Teilergebnissen (Verwaltungsergebnis + Finanzergebnis) zusammensetzt. Das Jahresergebnis der Erfolgsrechnung geht als Veränderung des Eigenkapitals in die Vermögensrechnung ein.

Die Vermögensrechnung ist ein weiterer wichtiger Bestandteil des Jahresabschlusses. Sie stellt Vermögen und Schulden mit dem Stand des abgeschlossenen Geschäftsjahres gegenüber. Im Unterschied zur Erfolgsrechnung und auch zur Haushaltsrechnung der Kameralistik wird nicht nur das abgelaufene Geschäftsjahr dokumentiert. Die Vermögensrechnung zeigt die jährliche Veränderung der Vermögen und Schulden seit der ersten Eröffnungsbilanz bis zum abgeschlossenen aktuellen Geschäftsjahr.

Für das Geschäftsjahr 2018 wurden im Geschäftsbericht des Landes und der Stadtgemeinde Bremen folgende Ergebnisse veröffentlicht.

	Vermögensrechnung 31.12.2017 Euro	Vermögensrechnung 31.12.2018 Euro	Abweichung ggü. Vorjahr Euro	Abweichung ggü. Vorjahr %
Anlagevermögen	7.434.204.761,93	7.181.141.939,45	–253.062.822,48	–3,40
Umlaufvermögen	4.910.515.259,01	5.158.400.735,47	247.885.476,46	5,05
Aktive Rechnungsabgrenzung	64.525.744,45	115.655.709,31	51.129.964,86	79,24
Nicht durch Eigenkapital gedeckter Fehlbetrag	22.165.073.569,56	26.363.582.087,74	4.198.508.518,18	18,94
Summe Aktiva	**34.574.319.334,95**	**38.818.780.471,97**	**4.244.461.137,02**	**12,28**
Eigenkapital	0,00	0,00	0,00	
Sonderposten für Investitionen	444.019.378,34	430.930.800,32	–13.088.578,02	–2,95
Rückstellungen	10.961.998.526,67	14.918.279.008,35	3.956.280.481,68	36,09
Verbindlichkeiten	23.158.919.637,79	23.463.020.479,17	304.100.841,38	1,31
Passive Rechnungsabgrenzung	9.381.792,15	6.550.184,13	–2.831.608,02	–30,18
Summe Passiva	**34.574.319.334,95**	**38.818.780.471,97**	**4.244.461.137,02**	**12,28**

Auf der Aktivseite werden die Vermögensgegenstände nach Anlage- und Umlaufvermögen getrennt erfasst und nach der Bindungsdauer gegliedert, beginnend mit der langfristigsten Bindung. Auf der Passivseite wird das Kapital getrennt nach Eigen- und Fremdkapital ausgewiesen. Die Gliederung erfolgt nach der Verfügungsdauer (Fälligkeit), beginnend mit der langfristigsten Verfügbarkeit. Während im Rahmen der Haushaltsrechnung die Kameralistik nur langfristige Schulden ausweist, garantiert die Vermögensrechnung ein vollumfängliches Bild der vorhandenen Vermögen und Schulden.

Das Jahresergebnis der Erfolgsrechnung fließt als Vermögensverbrauch (Jahresfehlbetrag) oder Vermögenszugang (Jahresüberschuss) in die Position Eigenkapital ein. Ein Jahresfehlbetrag verringert das Eigenkapital. Ein negatives Eigenkapital entsteht, wenn das Kapital durch Ressourcenverbrauch mehr als vollständig aufgezehrt wurde. Während das positive Eigenkapital immer auf der Passivseite einer Bilanz auftaucht, wird das negative Eigenkapital als nicht durch Eigenkapital gedeckter Fehlbetrag auf der Aktivseite ausgewiesen.

Nach der Darstellung der Geschäftslage enthält der Lagebericht abschließend Aussagen über die **Risiken und Chancen**, die eine deutliche Verschlechterung oder Verbesserung der Geschäftslage erwarten lassen. Dabei werden Chancen und Risiken getrennt erläutert. Zusätzlich werden die voraussichtlichen Erwartungen der wichtigsten wirtschaftlichen Rahmenbedingungen in einem **Prognosebericht** dargelegt.

18.3.2 Der Jahresabschluss

Die Darstellung des Jahresabschlusses ist zunächst im HGB geregelt. Demnach wird die Bilanz nach § 266 Abs. 1–3 HGB in Kontenform und die Gewinn- und Verlustrechnung nach § 275 Abs. 1 und 2 HGB in Staffelform unter Anwendung des Gesamtkostenverfahrens gegliedert. Diese Vorgaben sind in die Standards staatlicher Doppik unter den allgemeinen Gliederungsgrundsätzen übernommen worden. Aus den Anlagen 1 und 2 der SsD ergeben sich die Gliederung und die Pflichtangaben im Detail.

18.3.3 Der Anhang

Die Aufstellung eines Anhangs ist Pflichtbestandteil des Jahresabschlusses. Die Pflicht zur Aufstellung resultiert aus dem § 264 HGB »Pflicht zur Aufstellung« (des Jahresabschlusses). Sein Inhalt bestimmt sich nach dem fünften Teil des HGB (§§ 284 ff. HGB) – für Gebietskörperschaften wieder unter Berücksichtigung der notwendigen Ergänzungen und Konkretisierungen in den SsD. Darin ist die Gliederung des Anhangs in Pflichtabschnitte vorgegeben. Die Anlage 3 der SsD führt hierzu die Pflichtangaben für Gebietskörperschaften detailliert aus. Mit seiner ausführlichen Stellungnahme zum Jahresabschluss ist der Anhang durchaus umfangreich und macht es daher den Berichtsempfängern sehr gut möglich, sich einen vertiefenden Einblick in die Datenlage der Gebietskörperschaft zu verschaffen.

Im Abschnitt zu den allgemeinen Angaben sollen unter anderem eventuell vorhandene Abweichungen von den SsD benannt werden. Weiterhin werden hier allgemeine Gliederungsgrundsätze der Darstellungsstetigkeit und der Vergleichbarkeit mit dem Vorjahr geregelt. Es sind in einem weiteren Abschnitt Angaben zu den angewandten Bilanzierungs- und Bewertungsmethoden zu machen und ggf. die Abweichungen davon. Den größten Anteil stellen der Abschnitt mit den ausführlichen Erläuterungen der Vermögensrechnung und die Erfolgsrechnung dar. Die ausführliche Darstellung unterliegt einer Vielzahl von Vorgaben. So ist bspw. nach den SsD die Entwicklung der einzelnen Posten des Anlagevermögens im Anhang darzustellen (§ 264 Abs. 3 HGB). Die spezifische Ausgestaltung dazu zeigt die Gliederung in Anlage 2 der SsD. Unter den Abschnitt sonstige Angaben fallen ebenfalls eine Vielzahl von Regelungen – unter anderem statistische und organisatorische Angaben, aber auch Vorgänge von besonderer Bedeutung, die nach Schluss des Geschäftsjahres eingetreten und die nicht im Jahresabschluss enthalten sind.

18.3.4 Die Finanzrechnung

Im doppischen Jahresabschluss des Landes und der Stadtgemeinde Bremen wird auch eine Finanzrechnung (Cashflow-Rechnung) erstellt. Der zu ermittelnde Cashflow definiert sich als Saldo der Einzahlungen und Auszahlungen der betrachteten Periode und stellt die Veränderung des Zahlungsmittelbestandes dar. Erträge und Aufwendungen, die in der Periode nicht zahlungswirksam sind, werden somit nicht berücksichtigt. Dies trifft insbesondere auf Abschreibungen und Zuführungen bzw. die Auflösung von Rückstellungen zu. Indem ausgehend vom doppischen Ergebnis alle nicht zahlungsrelevanten Bestandteile eliminiert werden, dient die Finanzrechnung zum einen als Überleitungsrechnung zum kameralen Ergebnis. Zum anderen wird der Cashflow als eine wichtige Kennzahl zur Liquidität des Landes und der Stadtgemeinde Bremen gebildet.

Die inhaltliche Gliederung der Finanzrechnung wird durch die SsD (Anlage 5) vorgeben und baut sich wie folgt auf:

- **Cashflow I (CF aus der laufenden Geschäftstätigkeit = operative CF)**
  Der Cashflow I gibt die zahlungswirksame Tätigkeit wieder, die nicht der Investitions- oder Finanzierungstätigkeit zuzuordnen ist. Bei der direkten Methode wird der CFI unmittelbar aus den Einzahlungen und Auszahlungen ermittelt. Bei der indirekten Methode wird das Jahresergebnis ohne Berücksichtigung des außerordentlichen Ergebnisses um nicht zahlungswirksame Aufwendungen und Erträge bereinigt. Nach den SsD besteht hier Wahlfreiheit. Die Freie Hansestadt Bremen hat sich für die Anwendung der indirekten Methode entschieden.
- **Cashflow II (CF aus Investitionstätigkeit)**
  Der Cashflow aus Investitionstätigkeit (direkte Methode) umfasst den Erwerb und die Veräußerung von Gegenständen des Anlagevermögens sowie von längerfristigen finanziellen Vermögenswerten, die nicht dem Finanzmittelfonds oder der Finanzierungstätigkeit zuzurechnen sind.
- **Cashflow III (CF aus Finanzierungstätigkeit)**
  Der Cashflow aus der Finanzierungstätigkeit (direkte Methode) umfasst alle zahlungswirksamen Aktivitäten, die sich auf den Umfang und die Zusammensetzung der Eigenkapitalposten und der Finanzschulden auswirken, vor allem die Aufnahme und Tilgung von Krediten. Hier können auch Maßnahmen der Binnenfinanzierung wie etwa die Finanzierung von Versorgungsleistungen abgebildet werden.

Die Bestände an Zahlungsmitteln (Barmitteln und täglich fälligen Sichteinlagen) und Zahlungsmitteläquivalenten (als Liquiditätsreserven gehaltenen, kurzfristigen, äußerst liquiden Finanzmitteln, die jederzeit in Zahlungsmittel umgewandelt werden können und nur unwesentlichen Wertschwankungen unterliegen) werden als Finanzmittelfonds bezeichnet.

Der Finanzmittelfonds zum Stichtag muss mit der Summe aus Cashflow I, II und III sowie dem Bestand des Finanzmittelfonds zu Beginn der Periode übereinstimmen.

19

Das Land Bremen und seine Stadtgemeinden

Bereits 1827 hatte Bremen dem Königreich Hannover 122 Hektar Land an der Nordseite der Geestemündung abgekauft. Dabei handelte es sich um Gelände und Deichvorland der ehemaligen, unvollendeten schwedischen Festungsstadt Carlsburg. Bürgermeister Johann Smidt unterzeichnete den Kaufvertrag am 11. Januar 1827. Grund für diesen Schritt war die zunehmende Versandung der Weser und die immer größer werdenden Schiffe, durch die sich selbst der Vorhafen in Vegesack als unzureichend erwies. Das Gelände wurde am 1. Mai 1827 übergeben und bekam den Namen Bremerhaven. Zwischen 1827 und 1830 wurde der Alte Hafen gebaut. 1851 bis 1852 entstand der Neue Hafen, weil die Schleuse zum Alten Hafen für die Raddampfer zu klein wurde.

1845 gründete das Königreich Hannover an der Geeste als Konkurrenz für den bremischen Hafen die Siedlung Geestemünde und legte dort ebenfalls einen Hafen an. 1924 wurde Geestemünde (rd. 30.000 Einwohner) mit der Stadt Lehe (ca. 40.000 Einwohner) zur Stadt Wesermünde vereinigt. Die Zuordnung der Bremer Häfen in Bremerhaven zur Stadt Bremen erfolgte durch § 4 Abs. 1 der Verordnung über die Einführung der Deutschen Gemeindeordnung in den Gemeinden des bremischen Landgebiets vom 30. März 1938. Am 1. November 1939 wurde die Stadt Bremerhaven (ohne stadtbremisches Hafengebiet) gem. § 1 Abs. 1 der Vierten Verordnung über den Neuaufbau des Reichs aus dem Lande Bremen aus- und in das Land Preußen (Provinz Hannover) sowie in die Stadt Wesermünde eingegliedert. In der gleichen Verordnung wurde ein Ausgleich geschaffen: Lesum, Grohn, Schönebeck, Aumund, Blumenthal, Farge, Hemelingen und Mahndorf wurden aus dem Land Preußen aus- und in Bremen eingegliedert. Außerdem wurde die Eingemeindung der Stadt Vegesack und der Gemeinden Büren, Grambkermoor und Lesumbrok, die bisher zum bremischen Landkreis gehörten, in die Stadt Bremen durchgeführt.

Ab 1945 diente Bremerhaven für die US-Truppen als »Port of Embarkation« und sicherte den Nachschub des US-Militärs. Das jetzige Land Bremen war eine amerikanische Enklave in der britischen Besatzungszone. Am 21. Januar 1947 wurde die Stadt Bremen, das Landgebiet Bremen und der Stadtkreis Wesermünde einschließlich Bremerhaven rückwirkend zum 1. Januar 1947 per Proklamation[162] durch den US-Militärgouverneur in das Land Bremen eingegliedert und das Land Bremen in die US-Zone eingegliedert. Des Weiteren wurde die gegenwärtige deutsche Regierung der Stadt Bremen als die Landesregierung des nun gebildeten Landes Bre-

162 Militärregierung – Deutschland. Amerikanisches Kontrollgebiet. Proklamation Nr. 3 vom 21. Januar 1947.

men anerkannt. Am 10. März 1947 wurde die Stadt Wesermünde durch den Bremer Senat in Bremerhaven umbenannt.

Bremens Bürgermeister Wilhelm Kaisen sah den Zusammenschluss Bremens und Wesermündes nüchtern: »Der jetzt erfolgte Zusammenschluss ist vor allem zunächst durch die Bedürfnisse der amerikanischen Besatzung gegeben. Für die Zukunft gesehen ist die Vereinigung im Wesentlichen eine Zweckmäßigkeitsfrage und wird auch als eine solche in Bremen wie in Wesermünde angesehen.«[163]

Am 27. Januar 1947 fand ein Gespräch zwischen Bürgermeister Wilhelm Kaisen und Wesermündes Oberbürgermeister Gerhard van Heukelum statt, in dem neben der Übernahme der Stadt im feierlichen Rahmen auch über eine »evtl. Regelung, wie sie zwischen den Städten getroffen werden soll«, gesprochen wurde. Konkrete Regelungen wurden jedoch nie getroffen. Man einigte sich darauf, dass »im Prinzip die Städte Bremen und Wesermünde sich selbst verwalten sollen«. Nicht viel mehr ergibt sich aus einem Gespräch zwischen Gerhard van Heukelum und Theodor Spitta am 4. Februar 1947: »Wir verwalten uns hier und Ihr Euch dort.«

Über das Gespräch vom 27. Januar 1947 mit Bürgermeister Kaisen gibt es einen Vermerk von van Heukelum. Daraus geht hervor, dass »die Verwaltung des Fischereihafens, der Polizei und der Schulen ebenfalls echte Selbstverwaltungsaufgaben der Stadt Wesermünde bleiben bzw. werden« sollten. Hierbei wurde die Grundlage u. a. für die bundesweit einzige Kommunalpolizei in Bremerhaven gelegt.

Die Bildung des Landes Bremen und der dazugehörigen Städte durch das Übereinkommen zwischen der amerikanischen und der britischen Militärregierung stellen die Grundlage für die bis heute geltende Struktur des Zwei-Städte-Staates Bremen dar.

163 Heinrich Brandt, Zwischen Besetzung und Verfassung. Die Eingliederung Wesermündes in das Bundesland Bremen, in: Verfassung, Verwaltung und Demokratie. Beiträge zum 50. Jahrestag der Verabschiedung der Bremerhavener Stadtverfassung, Bremerhaven 1997, S. 58.

19.1 Das Land und die Stadtgemeinden in der Bremer Landesverfassung

Die US-Militärregierung verfolgte – genauso wie in den anderen Teilen ihrer Besatzungszone – eine klare Linie bei der Verfassungsgebung für das Land Bremen: Eine gewählte verfassungsgebende Landesversammlung erarbeitet einen Entwurf einer Verfassung, die Militärregierung genehmigt diesen, und über den Weg einer Volksabstimmung wird er angenommen. Aufgrund der bereits am 13. Oktober 1947 stattgefundenen Wahlen zur Bürgerschaft wollten der Senat und auch die US-Militärregierung Bremen keine weitere Wahl für eine Verfassungsgebende Landesversammlung abhalten, und die Aufgabe der Erarbeitung einer Landesverfassung wurde auf einen als »Constitutional Committee« bezeichneten Ausschuss der Bürgerschaft übertragen, eine Deputation unter Leitung eines Senators und Mitgliedern der Bürgerschaft. Die Bremer Landesverfassung beruht auf einem Entwurf von 1946, der die Vorgaben der seinerzeit noch britischen Besatzungsmacht berücksichtigte, sowie auf Inhalten der Bremer Verfassung von 1920 fußte. In der Verfassungsdeputation wurde der Entwurf beraten und zahlreiche Meinungsunterschiede, insbesondere in den Bereichen Schule und Religionsunterricht sowie der Frage von Mitbestimmungsrechten, ausgeräumt. Der Entwurf der Landesverfassung wurde mit Schreiben vom 5. September 1947 durch die US-Militärregierung genehmigt, am 15. September 1947 durch die Bürgerschaft beschlossen und am 12. Oktober 1947 durch einen Volksentscheid – zeitgleich mit den Wahlen zur Bürgerschaft – angenommen. Sie trat am 22. Oktober 1947 in Kraft und berücksichtigte die bereits zuvor festgelegte Gebietsstruktur des Landes Bremen mit seinen beiden Gemeinden Bremen und Bremerhaven.

Die bremische Landesverfassung (BremLV) behandelt in ihrem 6. Abschnitt die Gemeinden. Art. 143 Abs. 1 BremLV legt fest, dass die Stadt Bremen und Bremerhaven jede für sich eine Gemeinde des bremischen Staates bilden. Gem. Art. 143 Abs. 2 BremLV bildet die Freie Hansestadt Bremen einen aus den Gemeinden Bremen und Bremerhaven zusammengesetzten Gemeindeverband höherer Ordnung.

Art. 144 Satz 1 BremLV stellt zunächst fest, dass die Gemeinden Gebietskörperschaften des öffentlichen Rechts sind. Art. 144 Satz 2 BremLV weist ihnen das Recht auf eine selbstständige Gemeindeverfassung sowie das Recht der Selbstverwaltung innerhalb der Schranken der Gesetze zu. Art. 145 BremLV gestaltet diese Rechte weiter aus.

Damit finden die bei der Gründung des Landes zwischen Vertretern Bremens und Wesermündes getroffenen Absprachen Eingang in die Landesverfassung. Das Recht der kommunalen Selbstverwaltung wurde den Gemeinden bei der später erfolgten Schaffung des Grundgesetzes zugesprochen, das Recht, eine selbstständige Gemeindeverfassung zu erstellen, ist jedoch bundesweit einmalig. Die Verfassungsautonomie geht somit über die auf Art. 28 Abs. 2 GG beruhende Satzungsautonomie hinaus, da durch Art. 145 Abs. 1 BremLV bestimmt wird, dass die Gemeindeverfassungen von den Gemeinden selbst festgelegt werden und in einem Gesetz nur die Grundsätze bestimmt werden dürfen. Die Verankerung eines Rechts auf eine selbstständige Gemeindeverfassung und das Faktum, dass durch Gesetz nur sehr wenige Grundsätze und auch nur zu Einzelfragen bestimmt worden sind[164], macht deutlich, dass sowohl auf der Seite von Bremen als auch auf der von Bremerhaven seinerzeit kein übergeordneter Regelungswille in Bezug auf für beide Gemeinden gleichgeltende Grundsätze bei der Gemeindeverfassungsgebung bestanden hat. Dieser Umstand könnte einerseits durch die vorrangigeren Probleme verursacht worden sein, die sich nach dem Zweiten Weltkrieg für die Akteure ergeben haben (Wiederaufbau, Versorgungslage). Andererseits könnte es aber auch daran gelegen haben, dass weder die Vertreter Bremens noch die Vertreter Wesermündes ein tatsächliches Interesse an dem Bundesland Bremen hatten und vielmehr die Belange der jeweils eigenen Gemeinde in den Mittelpunkt ihres Handelns rücken wollten.

Die ursprüngliche Stadtverfassung Bremerhavens aus dem November 1947 bot dem Landesgesetzgeber auch wenig zeitlichen Spielraum, um gesetzliche Grundsätze für die Gemeindeverfassungen zu schaffen, die bereits Berücksichtigung hätten finden können. Zwar wäre aufgrund der Normenhierarchie eine spätere landesrechtliche Regelung zu den Grundsätzen höherrangiges Recht und würde bei Konflikten die Gemeindeverfassung brechen, aber dies würde ein so hohes Konfliktpotenzial beinhalten, dass ein solches Vorgehen – auch aufgrund der Zusammensetzung der Bürgerschaft mit Abgeordneten aus Bremerhaven – unrealistisch erscheint.

Von dem Recht der Gemeinden nach Art. 145 Abs. 2 BremLV, für die Verwaltung örtlicher Angelegenheiten bestimmter Stadtteile, insbesondere der stadtbremischen Außenbezirke, durch Gemeindegesetz örtlich ge-

164 Vgl. Andreas Fischer Lescano, Alfred Rinken, Karen Buse, Ilsemarie Meyer, Matthias Stauch, Christian Weber, Verfassung der Freien Hansestadt Bremen, Handkommentar, Nomos Verlagsgesellschaft, Baden-Baden, 1. Auflage 2016, S. 1102.

wählte Bezirksvertretungen einzurichten, hat die Stadt Bremen durch das Ortsgesetz über Beiräte und Ortsämter Gebrauch gemacht.

Art. 146 Abs. 1 Satz 1 BremLV erklärt verschiedene Vorschriften der Landesverfassung zum Finanzwesen für die Gemeinden als entsprechend anwendbar, insbesondere auch die Regelungen zur sog. Schuldenbremse. Art. 146 Abs. 1 Satz 2 BremLV schreibt den Gemeinden vor, für die Erfüllung ihrer Verpflichtung aus der sog. Schuldenbremse im Rahmen ihrer Selbstverwaltung auf ihre aufgabengerechte Finanzausstattung hinzuwirken. Gem. Art. 146 Abs. 2 Satz 1 BremLV gewährleistet das Land der Stadtgemeinde Bremen und der Stadtgemeinde Bremerhaven zur Erfüllung ihrer Aufgaben im Rahmen seiner finanziellen Leistungsfähigkeit eine angemessene Finanzausstattung. Dieser Verpflichtung kommt das Land u. a. durch den kommunalen Finanzausgleich nach.

In Art. 146 Abs. 2 BremLV ist über den bereits dargestellten Inhalt hinaus das Konnexitätsprinzip verankert. Das Konnexitätsprinzip bedeutet in diesem Zusammenhang, dass das Land Aufgaben auf die beiden Gemeinden übertragen kann, die finanzielle Belastungen der Gemeinden auslösen. Daher hat das Land Bremen gem. Art. 146 Abs. 2 Satz 2 BremLV Bestimmungen über die Deckung der Kosten zu treffen, wenn es der Stadt Bremen und der Stadt Bremerhaven Aufgaben zuweist oder es besondere Anforderungen an die Erfüllung bestehender oder neuer Aufgaben stellt. Darüber hinaus wird in Art. 146 Abs. 2 Satz 3 BremLV klargestellt, dass das Land einen finanziellen Ausgleich für Mehrbelastungen der Gemeinden durch die Aufgabenwahrnehmung zu leisten hat. Die praktische Umsetzung dieser Regelung ist immer wieder Bestandteil politischer Auseinandersetzungen.

In Art. 148 Abs. 1 BremLV wird der Stadtstaatlichkeit Bremens Rechnung getragen, indem die Organe des Landes zugleich die der Stadtgemeinde Bremen sind. Dabei ist vorgesehen, dass die Stadtbürgerschaft – also gem. Art. 148 Abs. 1 Satz 3 BremLV die Bürgerschaft ohne die Abgeordneten aus Bremerhaven – und der Senat die gesetzlichen Organe der Stadtgemeinde Bremen sind, sofern nicht die Stadtgemeinde Bremen durch Gesetz nach Art. 145 BremLV etwas anderes bestimmt. Eine Gemeindeverfassung für die Stadtgemeinde Bremen wurde bisher nicht beschlossen, daher greifen die Regelungen zur Identität der Organe in kommunalen und staatlichen Angelegenheiten. Auf die Verwaltung der Stadtgemeinde Bremen sind gem. Art. 148 Abs. 1 BremLV die Bestimmungen der Landesverfassung über Volksentscheid, Bürgerschaft und Senat sowie Art. 42 Abs. 4 BremLV (Veräußerung von Unternehmen) entsprechend anzuwenden.

Art. 148 Abs. 2 BremLV regelt, dass der Bürgerschaftspräsident, sofern die Stadtbürgerschaft nichts anderes beschließt, zugleich Präsident der Stadtbürgerschaft ist. Seine Befugnisse, sofern er nicht von den stadtbremischen Wählern in die Bürgerschaft gewählt wurde, beschränken sich lediglich auf die Führung der Präsidialgeschäfte. Dasselbe gilt entsprechend bei den übrigen Mitgliedern des Vorstandes. Bisher waren alle Bürgerschaftspräsidenten auch Mitglieder der Stadtbürgerschaft, allerdings nicht alle übrigen Vorstandsmitglieder.

Eine entsprechende Vorschrift für die Senatsmitglieder existiert nicht. Dies liegt vor allem darin begründet, dass der Präsident des Senats und die Senatoren von der Bürgerschaft mit der Mehrheit der abgegebenen Stimmen gewählt werden und nicht von den Wahlberechtigten in dem jeweiligen Wahlbereich Bremen oder Bremerhaven. Die Mitglieder des Senats stehen gem. § 1 des Senatsgesetzes zum Land Bremen und zur Stadtgemeinde Bremen in einem öffentlich-rechtlichen Amtsverhältnis. So kommt es, dass auch SenatorInnen mit Wohnsitz in Bremerhaven die entsprechende Funktion im Organ Senat der Stadt Bremen wahrnehmen.

19.2 Kommunalaufsicht über die Stadtgemeinden Bremen und Bremerhaven

Gem. Art. 147 Abs. 1 BremLV hat der Senat die Aufsicht über die Gemeinden. In Selbstverwaltungsangelegenheiten der Gemeinden wird die Kontrolle gem. Art. 147 Abs. 2 BremLV auf die Kontrolle der Gesetzmäßigkeit der Verwaltung beschränkt. Eine Regelung über die Fachaufsicht in Angelegenheiten der Auftragsverwaltung erfolgt nicht über die Landesverfassung, sondern findet sich in einfachem Landesrecht.

Zwar erfolgt de jure eine Aufsicht über die Stadtgemeinden Bremen und Bremerhaven, im Falle der Stadtgemeinde Bremen aber kann aufgrund der Personenidentität des Senats als Regierung im Land und der Stadtgemeinde Bremen kaum eine tatsächliche Kommunalaufsicht erfolgen. Anders als in den anderen Ländern sieht die Bremische Verfassung die Übertragung der Aufsicht auf ein bestimmtes Organ – dem Senat als Kollegialorgan – vor. Um die Übertragung praktisch handhabbar auszugestalten, ist ausweislich der Geschäftsverteilung des Senats der/die SenatorIn für Finanzen für finanzwirtschaftliche Angelegenheiten Bremerhavens sowie als geschäftsführende Stelle für die Kommunalaufsicht in finanziellen Angelegenheiten und der/die SenatorIn für Inneres für das Kommunalverfassungsrecht und als geschäftsführende Stelle für die Kommunalaufsicht (soweit nicht der/die SenatorIn für Finanzen zuständig ist) zuständig.

19.2.1 Rechtsgrundlagen

Die Rechtsgrundlagen für die Rechtsaufsicht in Selbstverwaltungsangelegenheiten befinden sich in allen Ländern in den jeweiligen Landesverfassungen, die der Fachaufsicht in Auftragsangelegenheiten sind teilweise in den Landesverfassungen oder einfachgesetzlich normiert. Daneben gibt es in den Ländern – meist als Gemeindeordnung – Konkretisierungen für beide Bereiche der Kommunalaufsicht.

Eine zentrale einfachgesetzliche Rechtssetzung zur Kommunalaufsicht in Selbstverwaltungsangelegenheiten mit den entsprechenden Aufsichtsmitteln und Befugnissen gibt es in der Freien Hansestadt Bremen nicht. Zwar werden in der Bremerhavener Stadtverfassung (Art. 74–79) Befugnisse der bremischen Kommunalaufsicht geregelt, aber es fehlt der Stadtgemeinden Bremerhaven die Gesetzgebungskompetenz hierfür, so dass die verschiedenen Aufsichtsmittel (Information, Beanstandung, Anordnung, Ersatzvornahme, Bestellung eines Beauftragten) wohl unwirksam sind.[165] Würde der Senat seine Kommunalaufsicht über die Stadtgemeinde Bremerhaven nicht – wie üblich – im Verhandlungswege wahrnehmen, sondern konkrete Maßnahmen – ähnlich denen in der Stadtverfassung von Bremerhaven geregelten – ergreifen, müsste sich der Senat direkt auf Art. 147 LV stützen. Dabei würde jedoch die Maßgabe gelten, dass schwerwiegende Aufsichtsmittel mit Eingriffswirkung in die kommunalen Selbstverwaltungsangelegenheiten zuvor vom Landesgesetzgeber normiert werden müssten.

Im Rahmen der Fachaufsicht in Angelegenheiten der Auftragsverwaltung steht dem Land ein umfassendes Weisungsrecht zu, das regelmäßig der übergeordneten Fachbehörde des Landes zusteht.

Bei der Wahrnehmung der Kommunalaufsicht in finanziellen Angelegenheiten handelt es sich regelmäßig um Selbstverwaltungsangelegenheiten, die nur der Rechtsaufsicht unterliegen.

19.2.2 Rechtsrahmen der Kommunalaufsicht in finanziellen Angelegenheiten

Für die Kommunalaufsicht in finanziellen Selbstverwaltungsangelegenheiten bildet § 118 Landeshaushaltsordnung (LHO) die Grundlage. § 118 Abs. 1 und 2 LHO regeln die Geltung der LHO in den Stadtgemeinden Bremen und Bremerhaven. Für Bremerhaven gelten die Vorschriften der LHO mit Ausnahme der §§ 88 bis 94, 96 bis 104 (Rechnungsprüfung durch den Landesrechnungshof) und § 114 (Entlastung) entsprechend. Dabei spielt die Genehmigung der Haushaltssatzung Bremerhavens durch den Senat die zentrale Rolle.

Gem. § 118 Abs. 4 bedürfen für die Stadtgemeinde Bremerhaven

1. die Haushaltssatzung hinsichtlich
   a. des Gesamtbetrages der Verpflichtungsermächtigungen,
   b. des Gesamtbetrages der Kredite,
   c. des Höchstbetrages der Kassenverstärkungskredite,
   d. der Höhe der Steuersätze (Hebesätze),
2. die Aufnahme der einzelnen Kredite, sobald die Kreditaufnahmen nach § 19 des Gesetzes zur Förderung der Stabilität und des Wachstums der Wirtschaft beschränkt worden sind,

165 Vgl. Andreas Fischer Lescano, Alfred Rinken, Karen Buse, Ilsemarie Meyer, Matthias Stauch, Christian Weber, Verfassung der Freien Hansestadt Bremen, Handkommentar, Nomos Verlagsgesellschaft, Baden-Baden, 1. Auflage 2016, S. 1118.

3. Rechtsgeschäfte, die der Aufnahme von Krediten wirtschaftlich gleichkommen, soweit es sich nicht um Geschäfte der laufenden Verwaltung handelt,
4. die Veräußerung von Vermögensgegenständen unter ihrem Wert,
5. der Verkauf oder Tausch von Grundstücken oder grundstücksgleichen Rechten sowie Rechtsgeschäfte, die diesen wirtschaftlich gleichkommen,
6. die Veräußerung von Beteiligungen an wirtschaftlichen Unternehmen,
7. die Veräußerung oder wesentliche Veränderung von Sachen, die einen besonderen wissenschaftlichen, geschichtlichen oder künstlerischen Wert haben,

der Genehmigung der Aufsichtsbehörde.

Mit der Verordnung über die Freistellung von Rechtsgeschäften der Stadt Bremerhaven von der Genehmigungspflicht des Senats vom 28. Februar 1983 hat der Senat von der ihm in § 118 Abs. 5 LHO eingeräumten Möglichkeit Gebrauch gemacht, Rechtsgeschäfte nach Abs. 4 Nr. 4 bis 7 von der Genehmigungspflicht freizustellen, indem er Wertgrenzen festgelegt hat.

19.2.3 Die Genehmigung des Haushalts

Die Haushalte der Stadt Bremerhaven bedürfen gem. § 118 Abs. 4 Nummer 1 LHO der Genehmigung durch die Kommunalaufsicht, die gem. Art. 147 Abs. 1 BremLV durch den Senat wahrgenommen wird. Die Genehmigung betrifft die oben nach § 118 Abs. 4 Nummer 1 LHO genannten Aspekte. Darüber hinaus legt § 118 Abs. 4a LHO fest, dass die Genehmigungen der Aufsichtsbehörde in Bezug auf die Höhe der Kredite und Verpflichtungsermächtigungen unter dem Gesichtspunkt einer geordneten Haushaltswirtschaft erteilt oder versagt werden soll. Hierunter fällt neben der Einhaltung der Haushaltsgrundsätze und der Landeshaushaltsordnung auch die Einhaltung des Konsolidierungspfades bis 2019, zu der sich Bremerhaven in einer innerbremischen Sanierungsvereinbarung verpflichtet hat. Denn diese befugt Bremerhaven gem. Art. 131b BremLV, von der seit dem 30. Januar 2015 im Bremischen Landesverfassungsrecht verankerten sog. Schuldenbremse bis zum Ablauf des Haushaltsjahres 2019 abzuweichen. Ab 2020 sind die Regelungen der Landesverfassung bezüglich der sog. Schuldenbremse in den Art. 131a ff. BremLV uneingeschränkt und ohne die Abweichungsbefugnis im Rahmen des Konsolidierungspfades einzuhalten.

Auch ist in § 118 Abs. 4a LHO vorgesehen, dass die Genehmigungen unter Bedingungen und Auflagen erteilt werden können. In der Vergangenheit hat die Kommunalaufsicht von dieser Regelung u. a. durch Einforderung von Haushaltssicherungskonzepten Gebrauch gemacht. Eine weitere Regelung aus § 118 Abs. 4a LHO, die die Anforderungen eines bereits abgeschlossenen Haushaltssanierungszeitraum abbildet, sieht vor, dass die Aufsichtsbehörde den Gesamtbetrag der vorgesehenen Kredite ab dem Haushaltsjahr 1990 nur insoweit genehmigen soll, als die Steigerung der volkswirtschaftlichen Gesamtausgaben dem Zuwachs der volkswirtschaftlichen Gesamteinnahmen entspricht und der Haushaltsplan für das Antragsjahr sowie die Finanzplanung für das Folgejahr für die laufende Rechnung keinen Fehlbetrag ausweisen. In der Praxis wird die Einhaltung dieser Vorschrift durch einen Vergleich der Entwicklung der Anschläge der Bereinigten Einnahmen und Ausgaben der Haushaltssatzung geprüft. Im Falle einer Überprüfung und Neufassung der LHO wird diese Vorschrift wegfallen bzw. durch eine Regelung ersetzt, die die Einhaltung der sog. Schuldenbremse ab 2020 in den Fokus stellt.

19.3 Innerbremischer Finanzausgleich – das Finanzzuweisungsgesetz

Zur Erfüllung ihrer Aufgaben benötigen die Gemeinden im gesamten Bundesgebiet finanzielle Mittel. Die eigenen Einnahmemöglichkeiten der Gemeinden können diese im Rahmen ihrer Selbstverwaltung jedoch nur beschränkt selbst gestalten und somit ihre Finanzkraft nur bedingt eigenständig und vor allem in ausreichendem Maße generieren. Daher gibt es in den Flächenländern kommunale Finanzausgleiche in unterschiedlicher, länderspezifischer Ausgestaltung, die neben auf die Gemeinden fallenden Steuereinnahmen und sonstigen Einnahmen wichtige Säulen für die finanzielle Ausstattung der Gemeinden darstellen.

Neben der grundsätzlichen Bedeutung als Staatsziel von Art. 65 Abs. 3 BremLV, der das Land Bremen verpflichtet, auf gleichwertige Lebensverhältnisse in den beiden bremischen Gemeinden Bremen und Bremerhaven hinzuwirken, wird durch den kommunalen Finanzausgleich für die Gemeinden eine finanzielle Grundlage geschaffen, dieses Staatsziel zu erfüllen.

Art. 146 Abs. 2 Satz 1 der Bremischen Landesverfassung sieht vor, dass das Land der Stadt Bremen und der Stadt Bremerhaven zur Erfüllung ihrer Aufgaben im Rahmen seiner finanziellen Leistungsfähigkeit eine angemessene Finanzausstattung gewährleistet. Daraus folgt, dass bei der Ausgestaltung des kommunalen Finanzausgleichs das Gebot eines aufgabengerechten Finanzausgleichs gilt und die Aufgaben der Gemeinden den verfassungsrechtlichen Maßstab bilden, der den Umfang der angemessenen Finanzausstattung bestimmt.

Vor diesem Hintergrund regelt das Finanzzuweisungsgesetz den kommunalen Finanzausgleich im Lande Bremen.

Das erste bremische Finanzzuweisungsgesetz ist am 1. Januar 1958 in Kraft getreten. Seitdem wurde der kommunale Finanzausgleich immer wieder novelliert. Mit Jahresbeginn 2020 wurde das bisherige Modell, das neben festgesetzten Beträgen als Ergänzungszuweisungen und Strukturhilfen zur Einhaltung des im Rahmen des Konsolidierungspfades maximal zulässigen strukturellen Defizits sowie sog. Schlüsselzuweisungen besteht, die nach durch Bedarfsindikatoren gewichteten EinwohnerInnenzahlen verteilt wurden, durch ein neues Modell abgelöst.

In diesem neuen Modell entfallen die Ergänzungszuweisungen und Strukturhilfen. Aus den Einnahmen des Landes aus Gemeinschaftssteuern, Landessteuern und Bundesergänzungszuweisungen (mit Ausnahme der Bundesergänzungszuweisungen für die Kosten politischer Führung) wird die Schlüsselmasse gebildet, die 21,43 % dieser Einnahmen umfasst (bisher: 16,6 % unter Einbeziehung des noch bis Ende 2019 geltenden Länderfinanzausgleichs). In einem ersten Schritt wird durch eine Steuerkraftanhebung der Unterschied zwischen den Gemeindesteuern Bremens und Bremerhaven für die schwächere Gemeinde Bremerhaven zu 50 % ausgeglichen. Dadurch wird sichergestellt, dass die steuerkraftschwächere Gemeinde eine stark verbesserte Grundvoraussetzung für die Wahrnehmung ihrer Aufgaben erhält. Die verbleibende Schlüsselmasse wird im Verhältnis 65:35 aufgeteilt. Der größere Anteil entfällt auf die allgemeine Finanzkraftanhebung, die nach Einwohnerzahlen auf die beiden Städte aufgeteilt wird. Die übrigen Mittel werden als Bedarfszuweisungen nach durch Bedarfsindikatoren gewichteten EinwohnerInnenzahlen auf Bremen und Bremerhaven verteilt. Diese Bedarfsindikatoren, die mit unterschiedlicher Gewichtung in die Berechnung einfließen, sind die Anzahl der Bedarfsgemeinschaften nach SGB II (Gewichtung 0,6), das durchschnittlich verfügbare Haushaltseinkommen und die Anzahl der Schüler (Gewichtung jeweils 0,2).

Neben dem kommunalen Finanzausgleich regelt das Finanzzuweisungsgesetz aus historischen Gründen auch die Kostenerstattungen für das pädagogische Personal an Schulen sowie für Sach-, Investitions- und Personalkosten der kommunalen Polizei Bremerhavens. Im Bereich des pädagogischen Personals in Schulen erfolgt über das bisherige Finanzzuweisungsgesetz mit Geltung bis Ende 2019 hinaus im neuen Finanzzuweisungsgesetz im Bereich Bildung eine Übernahme der Kosten des nichtunterrichtenden pädagogisch tätigen Personals.

Ein weiterer Baustein der Neuordnung des kommunalen Finanzausgleichs ist die Entschuldung der beiden Gemeinden. Neben den allgemeinen Belastungen der beiden Gemeinden für die Ausgaben zur Wahrnehmung ihrer Aufgaben führte der Schuldenstand der beiden Gemeinden und die damit verbundene jährliche Zinslast zu einer deutlichen Verengung der Handlungsmöglichkeiten. Insgesamt entlastet das Land ab dem Jahr 2020 die Gemeinde Bremen durch Schuldübernahmen von Zinslasten in Höhe von rund 180 Mio. Euro p. a. und die Gemeinde Bremerhaven in Höhe von rund 49 Mio. Euro p. a. Eine solche annähernd vollständige Entschuldung der Gemeinden durch ein Land stellt ein Novum im föderalen System der Finanzverteilung und -verantwortung dar.

Für die Novellierung des Finanzzuweisungsgesetzes zum 1. Januar 2020 wurde die Aufgabenbelastung und Finanzkraft der beiden Gemeinden analysiert. Zielbetrachtend stand dabei auch im Vordergrund, den beiden Gemeinden gleiche Vorausetzungen zu ermöglichen, ihre eigenen und übertragenen Aufgaben mit hinreichender Finanzausstattung wahrzunehmen. Die Pflicht der aufgabengerechten Finanzausstattung bedeutet dabei nicht, dass durch den Finanzausgleich alle Ausgaben der Gemeinden ausgleichsrelevant sind. Die Gemeinden dürfen sich nicht lediglich als alimentationsbedürftig verstehen, sondern sie müssen vor allem den bei der Verwirklichung ihres Selbstverwaltungsrechts entstehenden Finanzbedarf zunächst aus eigenen Kräften decken und die Gewährträgerschaft des Landes nur dann und insoweit in Anspruch nehmen, wie sie nach Erschöpfung der gesetzlichen und organisatorischen Möglichkeiten die Aufgaben des eigenen Wirkungskreises mit eigenen Mitteln nicht bestreiten können.

Die konkreten Regelungen des Finanzzuweisungsgesetzes werden in den nachfolgenden Kapiteln dargestellt.

Die Bremische Bürgerschaft hat am 2. April 2019 das Gesetz über Finanzzuweisungen an die Gemeinden Bremen und Bremerhaven (Finanzzuweisungsgesetz) in erster und zweiter Lesung beschlossen (BremGBl. 2019 S. 147 ff., verkündet am 5. April 2019) und damit zum 1. Januar 2020 das bisherige Gesetz außer Kraft gesetzt. § 1 des Finanzzuweisungsgesetzes regelt, dass die Schlüsselzuweisungen der Deckung des allgemeinen Finanzbedarfs der Gemeinden zur Erfüllung ihrer Aufgaben dienen. Damit ist eine Zweckbestimmung der Schlüsselzuweisungen ausgeschlossen.

Die Schlüsselmasse wird aus 21,43 % der Einnahmen des Landes aus

1. dem dem Land nach Art. 106 Abs. 3 und Art. 107 Abs. 1 GG zustehenden Aufkommen aus der Einkommensteuer, der Körperschaftsteuer und der Umsatzsteuer,
2. den Einnahmen des Landes aus Landessteuern,
3. den Einnahmen des Landes aus den Ausgleichszuweisungen der Länder gem. Art. 107 Abs. 2 GG,
4. den Einnahmen des Landes aus vom Bund gewährten Ergänzungszuweisungen nach Art. 107 Abs. 2 GG mit Ausnahme der Beträge für die Kosten der politischen Führung

gebildet. Der bisherige § 1 wurde in Abs. 2 redaktionell so angepasst, dass die Verweise auf das Grundgesetz auch nach der im Zuge der Neuordnung der Bund-Länder-Finanzbeziehungen erfolgten grundgesetzlichen Änderungen des Länderfinanzausgleichs ab 2020 anwendbar sind.

Von der Schlüsselmasse erfolgt vorab der Steuerkraftausgleich (§ 1 Abs. 4 Satz 1 Finanzzuweisungsgesetz). Der verbleibende Betrag der Schlüsselmasse wird durch das Land zu 65 % zur Erhöhung der Finanzkraft (Finanzkraftanhebung) und zu 35 Prozent zum Ausgleich von besonderen Lasten der Gemeinden (Bedarfszuweisung) an die Gemeinden zugewiesen.

19.3.1 Steuerkraftausgleich

Die beiden Gemeinden weisen bei ihren eigenen Steuereinnahmen (Grundsteuer A und B, Gewerbesteuer sowie Gemeindeanteile an der Lohn- und Einkommensteuer und Umsatzsteuer) Unterschiede pro EinwohnerInnen auf. Im Jahr 2017 lag die Steuerkraft pro EinwohnerIn in der Stadtgemeinde Bremen über 500 Euro über der in Bremerhaven. Aufgrund der Ergebnisse des Arbeitskreises Steuerschätzung lässt sich auch für die zukünftigen Jahre prognostizieren, dass eine Angleichung oder Verkürzung dieses Wertes nicht erreicht werden wird. Um beide Gemeinden in eine vergleichbarere Ausgangssituation auf der Steuereinnahmeseite zu versetzen, erhält die steuerkraftschwächere Gemeinde einen Steuerkraftausgleich.

Eine Gemeinde erhält vom Land Mittel zur Angleichung ihrer geringeren Steuerkraft, wenn ihre Steuerkraft je Einwohner unterhalb der Steuerkraft je Einwohner der anderen Gemeinde liegt. Der Unterschiedsbetrag wird zu 50 % ausgeglichen.

Bei der Ermittlung der Steuerkraft werden die Steuerkraftmesszahlen der Gemeinden gegenübergestellt.

Für die Grundsteuer A, die Grundsteuer B und die Gewerbesteuer, für die die Gemeinden unterschiedliche Hebesätze festgelegt haben, findet eine Hebesatzbereinigung statt, indem ein durchschnittlicher Hebesatz bei der Berechnung berücksichtigt wird (§ 2 Abs. 2 Finanzzuweisungsgesetz).

Die Steuerkraftmesszahl der Lohn- und Einkommensteuer und der Umsatzsteuer entspricht gem. § 2 Abs. 3 Finanzzuweisungsgesetz dem Istaufkommen, das den Gemeinden im Zeitraum des vergangenen Haushaltsjahres zugeflossen ist.

19.3.2 Finanzkraftanhebung

Der für die Finanzkraftanhebung der beiden Gemeinden vorgesehene Anteil der Schlüsselmasse wird nach der Anzahl der Einwohner auf die Gemeinden verteilt. Herangezogen werden hierfür die Einwohnerzahlen vom 31. Dezember des dem Zuweisungsjahr vorangegangenen Jahres.

19.3.3 Bedarfszuweisungen

Der für die Bedarfszuweisungen vorgesehene Anteil der Schlüsselmasse wird nach durch Bedarfsindikatoren gewichteten EinwohnerInnenzahlen auf die Gemeinden verteilt. Die Bedarfsindikatoren und ihre Gewichtung sind im Abschnitt 19.3 dargestellt.

19.3.4 Sonstige Zuweisungen

§ 5 des Finanzzuweisungsgesetzes gibt dem Land die Möglichkeit, den Gemeinden weitere Zuweisungen nach Maßgabe des Landeshaushalts zukommen zu lassen. Dabei können solche Zuweisungen an Bedingungen und Auflagen geknüpft werden.

19.3.5 Entschuldung

Ab dem 1. Januar 2020 gilt die sog. Schuldenbremse aus der Landesverfassung ohne die Abweichungsbefugnis aus Art. 131b BremLV für die Gemeinden Bremen und Bremerhaven. Ein Haushaltsausgleich durch die Aufnahme von Krediten soll – mit Ausnahme von Naturkatastrophen und außergewöhnlichen Notsituationen sowie ggf. im Rahmen der Konjunkturbereinigung – ausgeschlossen werden. Gleichzeitig erhält das Land ab 2020 vom Bund Sanierungshilfen, die die bisher geleisteten Konsolidierungshilfen ablösen. Während die Konsolidierungshilfen noch nach einem in einer innerbremischen Sanierungsvereinbarung festgelegten Schlüssel (Anteil der Gemeinden am Finanzierungsdefizit des Stadtstaates) auf die Gemeinden verteilt wurden, ist für die Sanierungshilfen ab 2020 keine Verteilung auf die Städte vorgesehen. Anstelle einer Weiterleitung wurden beide Gemeinden jedoch um Zinsen entlastet, da das Land zum 1. Januar 2020 seine Gemeinden komplett entschuldet hat. Die Grundlage hierfür bildet § 6 Finanzzuweisungsgesetz.

19.3.6 Kostenerstattungen

Nicht zum kommunalen Finanzausgleich im engeren Sinne gehören die Kostenerstattungen des Landes für Polizei und das pädagogisch tätige Personal an Schulen, die jedoch traditionell im Finanzzuweisungsgesetz mit geregelt werden. Bremerhaven unterhält die bundesweit einzige Kommunalpolizei, während in der Stadt Bremen die Landespolizei sämtliche Polizeiaufgaben wahrnimmt. Bremerhaven erhält daher Erstattungen in Höhe von 100 % der Personal-, Sach- und Investitionskosten der kommunalen Polizei vom Land. Die Kosten des pädagogischen Personals erstattet das Land beiden Gemeinden. Für diese Erstattungen sind Budgetvereinbarungen die Voraussetzung, für die § 8 Finanzzuweisungsgesetz konkrete inhaltliche Vorgaben macht.

20

Rechnungslegung und Finanzkontrolle

20.1 Die Haushaltsrechnung

Gem. Art. 133 der Landesverfassung der Freien Hansestadt Bremen hat der Senat über die Einnahmen und Ausgaben des Rechnungsjahres der Bürgerschaft in dem folgenden Rechnungsjahr Rechnung zu legen. Die Haushaltsrechnung wird daher zusammen mit den Berichten des Rechnungshofs vorgelegt und stellt die Grundlage für die Entlastung des Bremer Senats durch die Bürgerschaft dar.

Die Haushaltrechnungen werden von dem Senator für Finanzen getrennt nach Gebietskörperschaften erstellt und in dem Geschäftsbericht, Haushaltsrechnungen und Abschlussbericht Produktgruppencontrolling des Landes und der Stadtgemeinde Bremen veröffentlicht.

Im Abschnitt I § 1 des Gesetzes über die Grundsätze des Haushaltsrechts des Bundes und der Länder (Haushaltsgrundsätzegesetz – HGrG) werden Bund und Länder verpflichtet, ihr Haushaltsrecht nach den Grundsätzen des HGrG zu regeln. In der Haushaltsordnung der Freien Hansestadt Bremen (Landeshaushaltsordnung – LHO) sind im Teil IV Regelungen zu Zahlungen, Buchführung und Rechnungslegung und im Teil V zur Prüfung und Entlastung enthalten.

Dabei wird im Teil IV § 80 LHO zur Rechnungslegung ausgeführt, dass die zuständigen Stellen für jedes Haushaltsjahr auf der Grundlage der abgeschlossenen Bücher Rechnung zu legen haben. Der Senator für Finanzen kann im Einvernehmen mit dem Rechnungshof der Freien Hansestadt Bremen bestimmen, dass für einen anderen Zeitraum Rechnung zu legen ist.

Auf der Grundlage der abgeschlossenen Bücher stellt der Senator für Finanzen für jedes Haushaltsjahr die Haushaltsrechnung auf.

In der Haushaltsrechnung werden im Gesamtrechnungsnachweis die nach Abschluss eines Haushaltsjahres festgestellten Jahresergebnisse dargestellt, die sich aus der Gegenüberstellung der Haushaltsreste, Ist-Einnahmen und Ist-Ausgaben mit den jeweiligen Ansätzen im Haushaltsplan (Soll-Einnahmen bzw. Soll-Ausgaben) auf Ebene der Kapitel und Einzelpläne ergeben. Die Gliederung der Gesamtrechnungsnachweisung richtet sich nach den Vorgaben des § 81 LHO und wird in der Haushaltsrechnung entsprechend erläutert. Darüber hinaus werden der kassenmäßige Abschluss nach § 82 LHO sowie der Haushaltsabschluss nach § 83 LHO nachgewiesen. Gem. § 82 LHO wird der strukturelle Finanzierungssaldo dargestellt.

Eine Übersicht über erhebliche Solländerungen und Abweichungen der Ist-Einnahmen und Ist-Ausgaben gegenüber dem Einnahme- bzw. dem Ausgabesoll über 2,5 Millionen Euro einschließlich der Begründungen zu den Abweichungen wird beigefügt. Hierbei unberücksichtigt bleiben die Steuereinnahmen.

Die festgestellten Haushaltsüberschreitungen sind in einer tabellarischen Übersicht nach den Strukturen des Produktgruppenhaushaltes zusammengefasst und erläutert. Auch die Personalausgaben werden detailliert nach Gruppierungen, nach Haushaltsanschlägen sowie nach Soll- und Ist-Beträgen ausgewiesen.

Ferner wird eine Übersicht über den Gesamtbetrag der bei den jeweiligen Einzelplänen aufgrund gesetzlicher oder mit gesetzlicher Ermächtigung niedergeschlagenen oder erlassenen Beträge beigefügt.

Ergänzend dazu wird ein Vermögensnachweis mit Übersichten zu Beteiligungen, Sachanlagen, Forderungen, Rücklagen, Treuhandvermögen, Eigenbetrieben und sonstigen Sondervermögen sowie Schulden und Bürgschaftsverpflichtungen erstellt. Hierin wird lediglich über wesentliche Vermögenspositionen und Verpflichtungen berichtet. Der vollständige Vermögensnachweis wird im doppischen Geschäftsbericht des Landes und der Stadtgemeinde Bremen in der Vermögensrechnung detailliert abgebildet.

Sowohl die Bilanzen als auch die Gewinn- und Verlustrechnungen der Wirtschafts-/Eigenbetriebe, der sonstigen Sondervermögen und der Hochschulen sowie die Einnahmen und Ausgaben der Sonderhaushalte werden der Haushaltsrechnung ebenfalls als Anlagen beigefügt.

Abschließend werden, sofern erforderlich, Angaben zur Liquiditätssteuerung und zur Anpassung der Tilgungspläne gem. der jährlichen Haushaltsgesetze aufgenommen.

20.2 Finanzkontrolle im Land Bremen

Unter einer Finanzkontrolle wird im Allgemeinen die Prüfung der öffentlichen Haushalte auf Richtigkeit, Wirtschaftlichkeit, Effektivität und Effizienz verstanden. In diesem Kapitel werden die Aufgaben einer Finanzkontrolle aus dem Fokus des Bundeslandes Bremen und seiner beiden Stadtgemeinden Bremen und Bremerhaven zum einen und aus der Sicht der Europäischen Union für den »Mitgliedstaat« Bremen hinsichtlich der EU-Förderprogramme zum anderen beschrieben.

20.2.1 Innenrevision

Die Innenrevision dient der Qualitätssicherung des Verwaltungshandelns der Freien Hansestadt Bremen und soll dazu beitragen, die Rechtmäßigkeit, Ordnungsmäßigkeit, Zweckmäßigkeit und Wirtschaftlichkeit der Aufgabenerledigung und des Einsatzes von personellen und finanziellen Ressourcen zu gewährleisten. Die Innenrevision ist mittlerweile sowohl in Wirtschaftsunternehmen als auch in der öffentlichen Verwaltung zu einem anerkannten und unverzichtbaren Führungsinstrument geworden.

Die Rechtsstellung und die Aufgaben der Innenrevision sind im § 104a der Landeshaushaltsordnung (LHO) und in der dazu ergangenen Verordnung zur Durchführung der Innenrevision (IR-VO) festgelegt. Im Rahmen dieser Gesetzesregelung sind alle Dienststellen und Betriebe nach § 26 Abs. 1 LHO verpflichtet, Innenrevisionen einzurichten. Sie ist entsprechend auf die Sondervermögen der Freien Hansestadt Bremen als auch auf die Beteiligungen im Sinne des § 65 LHO (z. B. Gesellschaften) anzuwenden.

Die Innenrevision ist unmittelbar der Dienststellen- bzw. Geschäftsleitung/Geschäftsführung unterstellt und wird nur in deren Auftrag tätig. Sie hat ein uneingeschränktes Prüfungs- und Informationsrecht und ein unmittelbares Vortragsrecht. Im Rahmen ihrer Aufgabenstellung wird sie selbstständig und unabhängig tätig. Jegliche Einflussnahme auf die Feststellungen, Bewertungen und Empfehlungen der Innenrevision ist unzulässig.

Ihre Tätigkeit ist nicht mit Fachaufgaben vereinbar, über Ausnahmen ist das Einvernehmen mit des/der SenatorIn für Finanzen herzustellen. Die Tätigkeit der Innenrevision umfasst das gesamte Verwaltungshandeln. Sie erbringt unabhängige und objektive Prüfungs- und Beratungsdienstleistungen, die darauf ausgerichtet sind, Vermögenswerte zu erhalten und die Geschäftsprozesse zu verbessern. Zu diesen Aufgaben (§ 104a Abs. 2 LHO) gehören insbesondere:

- Untersuchung der Rechts- und der Ordnungsmäßigkeit, der Zweckmäßigkeit und der Wirtschaftlichkeit des Verwaltungshandelns,
- Prüfung der Verwaltungs- und Arbeitsabläufe auf Qualität, Effizienz und Effektivität, einschließlich Verbesserungsvorschlägen (Prozessoptimierung),
- Prüfung der Wirksamkeit von Dienst- und Fachaufsicht und des Risikomanagements,
- Beitrag zur Korruptionsprävention und Korruptionsbekämpfung,
- Unterstützung der Dienststellenleitung bei der Wahrnehmung ihrer Gesamtverantwortung.

Die Innenrevision unterstützt die Dienststellenleitung bei der Erreichung ihrer Ziele, indem sie mit einem systematischen und zielgerichteten Ansatz die Effektivität des Risikomanagements, der Kontrollen und der Führungs- und Überwachungsprozesse bewertet und diese verbessern hilft. Die Prüfung erfolgt nach nationalen und internationalen Standards (ISA).

Erfolg und Nutzen einer Innenrevision hängen im Wesentlichen von der Auswahl der richtigen Prüfthemen ab. Diese Auswahl ist durch ein transparentes und standardisiertes Verfahren sicherzustellen. Eine diesbezügliche risikoorientierte Prüfungsplanung erfolgt dementsprechend auf der Grundlage eines Risikokatasters, erstellt unter Zugrundelegung *(zur Hilfenahme)* des von einer ressortübergreifenden Arbeitsgruppe entwickelten und von dem/der SenatorIn für Finanzen herausgegebenen »Leitfadens zur Aufstellung eines behördeninternen Risikokatasters«. Bei der Erstellung des Katasters, welches einen guten Überblick über die Risikolandschaft der Organisation bieten soll, soll die jeweilige Dienststellen- bzw. Betriebsleitung/Geschäftsführung von der Innenrevision unterstützt werden (§ 3 Abs. 10 IR-VO).

Die Prüfungen der Innenrevision selbst sollen auf einem hohen Qualitätsniveau basieren, was ein einheitliches Anforderungsprofil voraussetzt. § 9 der IR-VO legt aus diesem Grund Vorgaben zur Qualifizierung und zur Qualitätssicherung durch Mindestanforderungen an das Berufsbild für Revisionsprüfer/Innen fest. Diese sind:

- Qualifikation für das erste Einstiegsamt der Laufbahngruppe 2 nach § 14 Abs. 3 des Bremischen Beamtengesetzes (ehemals gehobener Dienst) oder eine vergleichbare Qualifikation,
- hinreichende Berufserfahrung,
- regelmäßige und aufgabenspezifische Fortbildung.

Die RevisionsprüferInnen müssen sowohl im allgemeinen, fachspezifischen und technischen Bereich als auch im persönlichen Umfeld über spezialisierte Kenntnisse verfügen. Zudem stellt das Wissen über unterschiedliche Themengebiete und anzuwendende Prüfungstechniken eine zentrale Ressource zur Leistungserfüllung dar.

Zur Gewährleistung dieser Anforderungen wurden im Rahmen einer ressortübergreifenden Sachverständigengruppe, in Anlehnung an nationale und internationale Revisionsstandards, zum einen die »Berufsstandards für Revisionsprüfer und Revisionsprüferinnen der Innenrevisionen der bremischen Verwaltung und der Mehrheitsgesellschaften«, die eine verbindliche Ergänzung zu § 9 LHO darstellen, erstellt und zum anderen eine »Handlungshilfe für Standardisierte Prüfungsprozesse«, welche wiederum möglichst einheitliche und qualitativ hochwertige Prüfungsprozesse gewährleisten soll.

20.2.2 EU-Finanzkontrolle

Mit ihrer Kohäsions- und Strukturpolitik trägt die Europäische Union (EU) zur Erreichung des in Art. 174 des Vertrages über die Arbeitsweise der Europäischen Union (AEUV) gesetzten Ziels, den wirtschaftlichen, sozialen und territorialen Zusammenhalt zu stärken, bei. Die Finanzierung der Kohäsionspolitik erfolgt über operationelle Programme, die auf jeweils sieben Jahre angelegt sind. Die fünf Investitions- und Strukturfonds (ESI-Fonds) sind im Einzelnen der Europäische Fonds für regionale Entwicklung (EFRE), der Europäische Sozialfonds (ESF), der Europäische Meeres- und Fischereifonds (EMFF), der Europäische Landwirtschaftsfonds für die Entwicklung des ländlichen Raumes (ELER) sowie der Kohäsionsfonds. Der Kohäsionsfonds wurde für EU-Staaten mit einem Bruttonationaleinkommen pro Einwohner unter 90 % des EU-Durchschnitts eingerichtet. Aus den übrigen vier ESI-Fonds erhält Deutschland in der derzeit laufenden Förderperiode 2014 bis 2020 insgesamt 27,9 Mrd. Euro (Europäische Kommission [2019]). Der EFRE- und ESF-Fonds werden in Deutschland durch operationelle Programme auf Ebene der Bundesländer, im ESF zusätzlich durch ein nationales Programm auf Bundesebene umgesetzt (Europäische Kommission [2019]). Zur Umsetzung des EMFF-Fonds gibt es ein nationales operationelles Programm. Bremen erhält in der Förderperiode 2014 bis 2020 insgesamt finanzielle Mittel in Höhe von 189 Mio. Euro (EFRE 103 Mio. Euro, ESF 76 Mio. Euro, EMFF 10 Mio. Euro). Für den ELER wurde für die Förderperiode 2014 bis 2020 auf Grundlage eines

Staatsvertrages zwischen den Bundesländern Niedersachsen und Bremen ein gemeinsames, länderübergreifendes Entwicklungsprogramm erarbeitet. Die Finanzmittel für Bremen sind daher in den Zahlen für Niedersachsen enthalten, die zur Umsetzung des Programms erforderliche Behördenstruktur wird vom Land Niedersachsen vorgehalten.

Die Ausgaben aus den ESI-Fonds unterliegen der geteilten Mittelverwaltung gem. Art. 62 Abs. 1 Buchst. b der EU-Haushaltsordnung[166]. Dies bedeutet, dass die Fonds zwar Bestandteil des EU-Haushalts sind, für die Verwendung der Mittel jedoch ein System geteilter Zuständigkeit zwischen der EU-Kommission (KOM) und den Mitgliedstaaten gilt: Die KOM betraut die Mitgliedstaaten mit der Durchführung der Programme auf nationaler bzw. subnationaler Ebene, die Mitgliedstaaten weisen diese Mittel den endgültigen Empfängern zu. Die Mitgliedstaaten sind gem. Art. 63 der EU-Haushaltsordnung verpflichtet, die korrekte und wirksame Umsetzung der finanzierten Maßnahmen sicherzustellen. Zu diesem Zweck sind für die Verwaltung und Kontrolle der Mittel verantwortliche Einrichtungen zu benennen sowie ein den Anforderungen der Verordnungen entsprechendes Verwaltungs- und Kontrollsystem (VKS) einzurichten. Das effektive Funktionieren dieses Systems ist zu überwachen. Ferner sind durch geeignete Kontrollen Unregelmäßigkeiten und Betrug zu verhindern und aufzudecken sowie einschlägige Korrekturmaßnahmen zu ergreifen. Die Mitgliedstaaten, in Deutschland meistens die Bundesländer, tragen somit selbst die Verantwortung für die Auswahl der EU-geförderten Projekte sowie für deren Kontrollen.

Zur Umsetzung der ESI-Fonds sind demzufolge auf Ebene des Mitgliedstaates für jedes operationelle Programm eine Verwaltungsbehörde, eine Bescheinigungsbehörde und eine Prüfbehörde einzurichten, wobei bestimmte Aufgaben der Verwaltungs- oder Bescheinigungsbehörde unter der Verantwortung dieser Behörde auf eine oder mehrere zwischengeschaltete Stellen übertragen werden kann.

Die Verwaltungsbehörde ist gem. Art. 125 Abs. 1 VO (EU) Nr. 1303/2013 für die Verwaltung des operationellen Programms zuständig. Sie stellt Informationen zu dem Programm bereit, wählt Projekte aus und überwacht die Umsetzung.

Die Bescheinigungsbehörde hat gem. Art. 126 VO (EU) Nr. 1303/2013 insbesondere die Aufgabe, Zahlungsanträge zu erstellen und der KOM vorzulegen und deren Richtigkeit zu bescheinigen. Sie ist somit dafür ver-

166 Verordnung (EU, Euratom) 2018/1046 vom 18. Juli 2018 über die Haushaltsordnung für den Gesamthaushaltsplan der Union.

antwortlich, die Richtigkeit von Ausgabenerklärungen und Auszahlungsanträgen sicherzustellen, bevor diese an die KOM weitergeleitet werden.

Die KOM überwacht die in den Mitgliedstaaten eingesetzten VKS und übt somit eine Aufsichtsfunktion aus. Hierzu sind der KOM jeweils spätestens zum 15. Februar des folgenden Haushaltsjahrs eine Rechnungslegung über die entstandenen Ausgaben sowie eine Übersicht über die endgültigen Prüfberichte und die durchgeführten Kontrollen vorzulegen (Art. 63 Abs. 5 EU-Haushaltsordnung). Die Rechnungslegung sowie die Übersicht über die Prüfberichte werden gem. Art. 63 Abs. 7 EU-Haushaltsordnung mit einem Bestätigungsvermerk einer unabhängigen Prüfstelle versehen, der unter Beachtung international anerkannter Prüfungsstandards erteilt wird. Zu diesem Zweck muss eine Prüfbehörde benannt werden, die der KOM eine Prüfstrategie, einen jährlichen Bestätigungsvermerk und einen jährlichen Kontrollbericht vorlegt. Im Gegensatz zu den Zielen der Innenrevision gehört eine Prüfung der eingesetzten Mittel auf Wirtschaftlichkeit nicht zu den Aufgaben der Prüfbehörde.

Die Prüfbehörde sorgt gem. Art. 127 VO (EU) Nr. 1303/2013 dafür, dass das ordnungsgemäße Funktionieren des VKS des jeweiligen operationellen Programms und die Vorhaben auf der Grundlage der an die KOM erklärten Ausgaben geprüft werden. Dabei überwacht sie auch, ob Projekte nationalen und europäischen Vorschriften entsprechen. Die gem. Art. 123 Abs. 4 erforderliche funktionelle Unabhängigkeit von der Verwaltungs- und Bescheinigungsbehörde wird in Bremen dadurch sichergestellt, dass die Behörden unterschiedlichen senatorischen Dienststellen angehören und somit unterschiedlichen Mitgliedern des Senats unterstehen. Während die Verwaltungs- und Bescheinigungsbehörden der drei im Land Bremen durchgeführten operationellen Programme beim/bei der SenatorIn für Wirtschaft, Arbeit und Europa bzw. beim/bei der SenatorIn für Wissenschaft und Häfen zugeordnet sind, wurden die Prüfbehörden auf Grundlage eines Senatsbeschlusses vom 1. Dezember 2015 mit Wirkung zum 1. Januar 2016 zu einer einheitlichen Prüfbehörde zusammengeführt (Der Senator für Wirtschaft, Arbeit und Häfen; Die Senatorin für Finanzen [2015]). Die Prüfbehörde ist im Referat 04 bei dem Senator für Finanzen angesiedelt.

Im Rahmen der Verwaltung und Kontrolle eines operationellen Programms unterliegen die an die Projektträger ausgezahlten Mittel somit folgendem mehrstufigen Prüfverfahren:

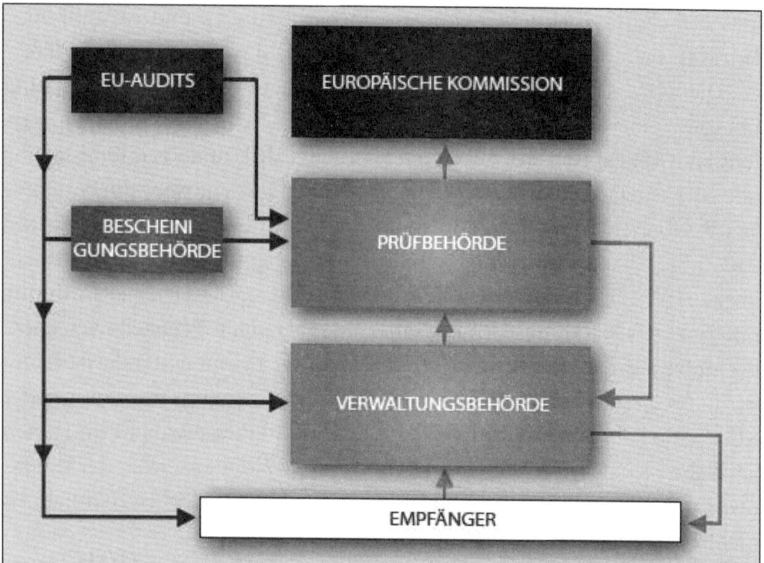

Anm.: Die blauen Pfeile zeigen den Verlauf der Prüfungen, während die orangefarbenen Pfeile für die in Rechnung gestellten Ausgaben stehen und die grünen Pfeile die operationellen Überprüfungen/Kontrollen verkörpern.

Kontrollsystem der ESI-Fonds. Quelle: Europäische Kommission [2009], Seite 8

Sofern das VKS einen gravierenden Mangel aufweist, kann die KOM die Zahlungen an die Mitgliedstaaten aussetzen[167]. Darüber hinaus kann sie finanzielle Berichtigungen vornehmen, indem sie den Unionsbeitrag ganz oder teilweise streicht[168]. Bei der Bewertung des wirksamen Funktionierens der Verwaltungs- und Kontrollsysteme stützt sich die KOM auf alle verfügbaren Systemprüfungen einschließlich Funktions- sowie auf Vorhabenprüfungen (Art. 30 Nr. 1 Del VO [EU] Nr. 480/2014). Neben eigenen Prüfungen auf Ebene der Mitgliedstaaten stützt die KOM sich hier insbesondere auf die Ergebnisse der durch die nationale Prüfbehörde durchgeführten Prüfungen.

Zu den Aufgaben der Prüfbehörde gehört es, auf Grundlage der jährlich zu aktualisierenden Prüfstrategie unter Beachtung internationaler Prüfungsstandards im Rahmen von Systemprüfungen das effektive Funktionieren der Verwaltungs- und Kontrollsysteme zu überprüfen sowie im Rahmen von Vorhabenprüfungen anhand einer Standardmethodik Überprüfungen der projektspezifischen Ausgaben durchzuführen. Ferner führt die Prüfbehörde die Rechnungsprüfung durch.

167 Art. 142 VO (EU) Nr. 1303/2013.
168 Art. 144 VO (EU) Nr. 1303/2013.

Die Systemprüfungen umfassen die Verwaltungsbehörden und die zwischengeschalteten Stellen sowie die Bescheinigungsbehörde, welche nach bestimmten Kriterien zu bewerten sind. Die KOM hat zur Bewertung eine Methodik vorgegeben, wonach bestimmte nach den jeweiligen Behörden unterteilte Kernanforderungen an das Verwaltungs- und Kontrollsystem auf Basis eines Kategorien-Systems klassifiziert werden[169]. Während eine Einstufung in eine Kategorie 1 oder 2 dem geprüften System eine gute bzw. vorhandene Funktionsweise bestätigt, sind ab einer Bewertung mit Kategorie 3 erhebliche Verbesserungen erforderlich. Eine Bewertung mit Kategorie 4 erfolgt im Ausnahmefall, sofern eine Funktionsfähigkeit im Wesentlichen nicht vorhanden ist. Sofern eine von der KOM als wesentlich eingestufte Kernanforderung mit Kategorie 3 oder 4 bewertet wurde, wird sie dies als gravierenden Mangel bewerten (Art. 30 Nr. 2 Del VO [EU] Nr. 480/2014), welcher wie oben ausgeführt eine Aussetzung von Zahlungen oder finanzielle Berichtigungen zur Folge haben kann.

Die Prüfbehörde ist außerdem für die Durchführung von Prüfungen auf Ebene des einzelnen Vorhabens zuständig, die sich speziell auf die gegenüber der KOM während des jeweiligen Geschäftsjahres (Zeitraum vom 1. Juli bis zum 30. Juni) geltend gemachten Ausgaben beziehen. Die Prüfung der erklärten Ausgaben beruht gem. Art. 127 Abs. 1 VO (EU) Nr. 1303/2013 auf einer repräsentativen Auswahl und generell auf statistischen Stichprobenverfahren. Im Rahmen dieses statistischen Stichprobenverfahrens werden bestimmte Parameter berücksichtigt, die sich auf die Anzahl der zu prüfenden Stichprobeneinheiten auswirkt. Neben der Fehlerquote aus vorherigen Vorhabenprüfungen wirkt sich insbesondere die Bewertung der Zuverlässigkeit des Systems auf den Umfang der Stichprobe aus. Während sich die Prüfbehörde bei zuverlässigen Verwaltungs- und Kontrollsystemen auf dessen Wirksamkeit stützen und den Umfang der Stichprobe für Vorhabenprüfungen reduzieren darf, führt eine Absenkung des Zuverlässigkeitsniveaus zu einem höheren Prüfaufwand. Dieses sog. »Modell der kombinierten Prüfungssicherheit« stellt sicher, dass mit einem angemessenen Aufwand insgesamt eine hohe Prüfungssicherheit erlangt wird. Im Rahmen von Vorhabenprüfungen festgestellte finanzielle Fehler fließen in die von der Prüfbehörde zu berechnende Gesamtfehlerquote ein, wobei durch Art. 28 Nr. 11 der Del. VO (EU) Nr. 480/2014 eine Signifikanzschwelle von 2 % festgelegt wurde.

Neben den System- und Vorhabenprüfungen führt die Prüfbehörde für jedes Geschäftsjahr eine Prüfung der Rechnungslegung durch. Die Rech-

169 Del VO (EU) Nr. 480/2014, Anhang IV.

nungslegung wird der KOM gem. Art. 137 der VO (EU) Nr. 1303/2013 für jedes operationelle Programm vorgelegt und umfasst den Gesamtbetrag der förderfähigen Ausgaben.

Auf der Grundlage der Ergebnisse aus den durchgeführten Prüfungen erstellt die Prüfbehörde einen Bestätigungsvermerk gem. Art. 63 Abs. 7 EU-Haushaltsordnung und einen Kontrollbericht mit den wichtigsten Ergebnissen der vorgenommenen Prüfungen. Der Kontrollbericht ist zusammen mit dem Bestätigungsvermerk jeweils spätestens zum 15. Februar des folgenden Haushaltsjahrs der KOM vorzulegen. Sofern der Bestätigungsvermerk aufgrund der Ergebnisse aus den System- und Vorhabenprüfungen eingeschränkt oder negativ erfolgt, wird die KOM dies als gravierenden Mangel mit den oben beschriebenen möglichen Folgen einer Aussetzung von Zahlungen bzw. finanziellen Korrekturen bewerten.

Neben der Durchführung dieser Prüfungen wurde die Prüfbehörde Bremen in der Förderperiode 2014 bis 2020 in allen drei Fonds zusätzlich als unabhängige Prüfstelle mit der Erstellung des der Benennung der Behörden gem. Art. 124 Abs. 2 VO (EU) Nr. 1303/2013 vorgeschalteten Berichts und Gutachtens beauftragt. Im Rahmen dieses Gutachtens ist zu bewerten, ob die benannten Behörden die Kriterien für das interne Kontrollwesen, das Risikomanagement, die Verwaltungs- und Kontrolltätigkeiten und deren Überwachung erfüllen.

Des Weiteren übernimmt das Referat 04 die Durchführung von First-Level-Controls für Projekte und deren Projektpartner für sonstige EU-Förderprogramme, insbesondere im Bereich von sog. Interreg-Programmen. Im Rahmen der Europäischen Territorialen Zusammenarbeit (ETZ) werden unter dem Titel »Interreg« grenzübergreifende, transnationale und interregionale Projekte gefördert. Die Finanzierung der Projekte erfolgt anteilig durch die beteiligten Projektpartner und aus dem EFRE-Fonds. Für die Förderperiode 2014 bis 2020 erhält Deutschland insgesamt 0,9 Mrd. Euro aus dem EFRE (Bundesministerium für Wirtschaft und Energie [2019]). Die von jedem Partner in einem Projekt halb- oder ganzjährlich dem jeweiligen Programmsekretariat vorzulegenden Finanzberichte müssen einer unabhängigen Prüfung, der sog. First-Level-Control (FLC), unterzogen werden. Diese Prüfung stellt sicher, dass nur gem. nationalen und europäischen Regelungen förderfähige Ausgaben eingereicht werden. Der First-Level-Controller wird hierbei durch den Projektpartner unter Beachtung vergaberechtlicher Vorgaben ausgewählt.

20.3 Der Stabilitätsrat

Der Stabilitätsrat wurde im Rahmen der Föderalismusreform II als ein gemeinsames Gremium des Bundes und der Länder zur Haushaltsüberwachung in Art. 109a GG verankert. Auf dieser Grundlage wurde das Gesetz zur Errichtung eines Stabilitätsrates und zur Vermeidung von Haushaltsnotlagen (StabiRatG) beschlossen. Gem. § 1 Abs. 5 StabiRatG hat sich der Stabilitätsrat eine Geschäftsordnung gegeben.

20.3.1 Organisation des Stabilitätsrates und der Gremien

Der Stabilitätsrat hat sich am 28. April 2010 in Berlin konstituiert.[170] Mitglieder sind gem. § 1 Abs. 1 StabiRatG die Bundesministerin oder der/die BundesministerIn der Finanzen (BMF), die für die Finanzen zuständigen MinisterInnen der Länder sowie der/die BundesministerIn für Wirtschaft und Energie. Das Gremium berät nach § 1 Abs. 3 StabiRatG mindestens zweimal jährlich. Den Vorsitz führen gem. § 1 Abs. 2 StabiRatG gemeinsam der/die BundesministerIn der Finanzen und der/die Vorsitzende der Finanzministerkonferenz (FMK) der Länder. Gem. § 2 Abs. 4 der Geschäftsordnung des Stabilitätsrates wechseln sich die beiden Vorsitzenden jährlich zur Jahresmitte in der Leitung der Sitzung ab.

Das Gremium wird gem. § 1 Abs. 6 StabiRatG durch ein Sekretariat unterstützt. Dieses besteht jeweils aus einem/einer VertreterIn des BMF sowie aus einem/einer von der FMK benannten VertreterIn.

§ 7 Abs. 1 StabiratG sieht vor, dass der Stabilitätsrat bei der gesamtstaatlichen Überwachung durch einen unabhängigen Beirat unterstützt wird. Gem. § 8 Abs. 1 der Geschäftsordnung des Stabilitätsrates bereitet auf Beamtenebene ein »Arbeitskreis Stabilitätsrat« (AK StabiRat) die Sitzungen des Stabilitätsrates vor.

Zur Prüfung von drohenden Haushaltsnotlagen nach § 4 StabiRatG sowie zur Vereinbarung von Sanierungsprogrammen nach § 5 StabiRatG sieht § 8 Abs. 2 der Geschäftsordnung des Stabilitätsrates einen Evaluationsausschuss vor. Dem Ausschuss auf Staatssekretärsebene gehören gem. § 10 der Geschäftsordnung des Stabilitätsrates ein/eine VertreterIn des BMF sowie vier VertreterInnen der Finanzministerien der Länder (derzeit Hamburg, Hessen, Rheinland-Pfalz und Sachsen) an.

170 Siehe 1. Sitzung 04/2010 Einladung und Tagesordnung (PDF, 718 KB) auf der Internetseite: http://www.stabilitaetsrat.de/DE/Beschluesse-und-Beratungsunterlagen/20100428_1.Sitzung/Sitzung20100428_node.html.

20.3.2 Beschlüsse und Beratungsunterlagen

§ 1 Abs. 4 StabiRatG sieht vor, dass Beschlüsse des Stabilitätsrates mit der Stimme des Bundes und der Mehrheit von zwei Dritteln der Länder gefasst werden. Bei Entscheidungen, die einzelne Länder betreffen, ist das betroffene Land nicht stimmberechtigt. Die Beschlüsse und Beratungsunterlagen werden auf der Homepage des Stabilitätsrates veröffentlicht.[171] Zu den Veröffentlichungen des Stabilitätsrates gehören u. a. Stabilitätsberichte, Konsolidierungsberichte und Sanierungsberichte.

§ 8 StabiRatG verpflichtet die Bundesregierung und die Landesregierungen dazu, die im Gesetz näher bestimmten Beschlüsse und Berichte den jeweiligen Parlamenten zuzuleiten. Die entsprechenden Beschlüsse und Beratungsunterlagen werden vom Sekretariat des Stabilitätsrates nach den jeweiligen Sitzungen des Stabilitätsrates zeitnah und in nachvollziehbarer Aufbereitung auf der Homepage des Stabilitätsrates veröffentlicht. Der/Die SenatorIn für Finanzen hat mit der Senatskanzlei und der Bürgerschaftsverwaltung ein entsprechendes Verfahren zur Weiterleitung an die Bürgerschaft vereinbart.

20.3.3 Aufgaben des Stabilitätsrates

Zentrale Aufgabe des Stabilitätsrates ist gem. § 2 StabiRatG die regelmäßige Überwachung der Haushalte des Bundes und der Länder. Dazu gehört die Überwachung der Einhaltung der europäischen Vorgaben zur Haushaltsdisziplin (20.3.3.1), die Feststellung drohender Haushaltsnotlagen (20.3.3.2), die Vereinbarung und Durchführung von Sanierungsverfahren (20.3.3.3), die Überwachung der Konsolidierungsverpflichtungen (20.3.3.4) und ab dem Jahr 2020 die Überwachung der grundgesetzlichen Schuldenbremse durch Bund und Länder (20.3.3.5). Für Bremen sind das Sanierungsverfahren und die Überwachung der Konsolidierungsverpflichtungen von besonderer Bedeutung.

20.3.3.1 Einhaltung der europäischen Vorgaben zur Haushaltsdisziplin

Zur Einhaltung der Vorgaben des Fiskalvertrags und des Europäischen Stabilitäts- und Wachstumspakts überwacht der Stabilitätsrat gem. § 6 StabiRatG die Einhaltung der Obergrenze des strukturellen gesamtstaatlichen Finanzierungsdefizits nach § 51 Abs. 2 Haushaltsgrundsätzegesetz.

171 http://www.stabilitaetsrat.de

Der Stabilitätsrat schätzt daher zweimal jährlich den gesamtstaatlichen Finanzierungssaldo des Bundes, der Sozialversicherungen, der Länder und der Kommunen für das laufende und die vier folgenden Jahre. Kommt der Stabilitätsrat zu dem Ergebnis, dass die Obergrenze (0,5 % des Bruttoinlandsproduktes) nicht eingehalten wird, empfiehlt er den Regierungen und Parlamenten des Bundes und der Länder Maßnahmen, die geeignet sind, das überhöhte Finanzierungsdefizit zu beseitigen. Die Ergebnisse einzelner Länder werden nicht betrachtet. Bei der Aufgabenwahrnehmung wird der Stabilitätsrat durch die Stellungnahme und die Empfehlungen des unabhängigen Beirates unterstützt.

20.3.3.2 Feststellung drohender Haushaltsnotlagen

Gem. § 3 Abs. 2 StabiRatG berät der Stabilitätsrat jährlich über die Haushaltslage des Bundes und jedes einzelnen Landes. Grundlage der Beratungen ist ein Bericht (Stabilitätsbericht) der jeweiligen Gebietskörperschaft, der die Darstellung bestimmter Kennziffern zur aktuellen Haushaltslage und zur Finanzplanung, die Einhaltung der verfassungsrechtlichen Kreditaufnahmegrenzen sowie eine Projektion der mittelfristigen Haushaltsentwicklung auf Basis einheitlicher Annahmen (Standardprojektion) enthalten soll.

Das für diese Analyse gesetzlich geforderte und vom Stabilitätsrat 2010 beschlossene Analysesystem basiert auf vier Kennziffern nebst Schwellenwerten sowie einer modellgestützten Projektion. Das Analysesystem wurde infolge einer Überprüfung durch Beschluss des Stabilitätsrates vom 13. Dezember 2019 in seiner grundsätzlichen Konzeption bestätigt.[172]

Die Kennziffern »Struktureller Finanzierungssaldo« und die »Kreditfinanzierungsquote« sollen Hinweise auf eine aktuelle Haushaltsproblematik liefern, während die Kennziffern »Zins-Steuer-Quote« und der »Schuldenstand je EinwohnerIn« Indikatoren für die Vorbelastungen sind. Für die einzelnen Kennziffern wurden gleichzeitig Schwellenwerte festgelegt. Dabei werden einerseits der Zeitraum der aktuellen Haushaltslage, der die Ist-Werte der zwei vergangenen Jahre und den Soll-Wert des laufenden Jahres beinhaltet, und der Zeitraum der Finanzplanung, der den Soll/Entwurfs-Wert des folgenden Jahres sowie die Ansätze der Finanzplanung beinhaltet, betrachtet. Eine Kennziffer gilt in einem Zeitraum als auffällig,

172 Siehe 20. Sitzung 12/2019 Haushaltsüberwachung Anpassung Kennziffernsystem Beschluss und Unterlagen (PDF, 98 KB) auf der Internetseite: https://www.stabilitaetsrat.de/DE/Beschluesse-und-Beratungsunterlagen/20191213_20.Sitzung/Sitzung20191213_node.html

wenn mindestens zwei Werte den Schwellenwert überschreiten. Ein Zeitraum wird insgesamt als auffällig gewertet, wenn mindestens drei von vier Kennziffern auffällig sind.

Die Standardprojektion ermittelt zudem für jedes Land, bei welcher Ausgabenzuwachsrate am Ende des Projektionszeitraums (sieben Jahre) eine Auffälligkeit im Sinne einer Überschreitung der Kennziffer (Schuldenstand je EinwohnerIn) gerade noch vermieden werden kann.[173]

Sowohl die Überschreitung einer bestimmten Anzahl der Schwellenwerte bei den Kennziffern als auch die Ergebnisse der Projektion können gem. § 4 Abs. 2 StabiRatG eine Prüfung auf Feststellung einer drohenden Haushaltsnotlage auslösen.

Das Verfahrensziel soll sein, drohende Haushaltsnotlagen bereits in einem frühen Stadium zu erkennen, um rechtzeitig Gegenmaßnahmen (Sanierungsprogramme) zu vereinbaren.

20.3.3.3 Vereinbarung und Durchführung von Sanierungsverfahren

Sofern der Evaluationsausschuss bei seiner Prüfung gem. § 4 Abs. 5 StabiRatG unter Einbezug der Ergebnisse der Kennzahlenanalyse, der Standardprojektion sowie aller relevanten Bereiche des betroffenen Haushaltes für eine Gebietskörperschaft eine drohende Haushaltsnotlage feststellt, ergibt sich gem. § 5 Abs. 1 StabiRatG daraus die Einleitung eines Sanierungsverfahrens.

Auf der Grundlage der Prüfergebnisse des Evaluationsausschusses stellte der Stabilitätsrat am 23. Mai 2011 eine drohende Haushaltsnotlage u. a. für das Land Bremen, welches sich seit Längerem in einer extremen Haushaltsnotlage befand, fest.[174] Bremen vereinbarte daraufhin mit dem Stabilitätsrat eine Sanierungsvereinbarung und das Sanierungsprogramm 2012–2016.[175] Nach Abschluss des Programms stellte der Stabilitätsrat fest, dass das Sanierungsverfahren insgesamt positiv verlaufen und dass die Obergrenze zur Nettokreditaufnahme im gesamten Sanierungszeitraum

173 Siehe 1. Sitzung 04/2010 Haushaltsüberwachung Mittelfristprojektion Beschluss und Unterlagen (PDF, 26 KB) auf der Internetseite: http://www.stabilitaetsrat.de/DE/Beschluesse-und-Beratungsunterlagen/20100428_1.Sitzung/Sitzung20100428_node.html.

174 Siehe 3. Sitzung 05/2011 Evaluationsverfahren Beschlüsse (PDF, 4 KB) auf der Internetseite: http://www.stabilitaetsrat.de/DE/Beschluesse-und-Beratungsunterlagen/20110523_3.Sitzung/Sitzung20110523_node.html.

175 Siehe 4. Sitzung 12/2011 Sanierungsverfahren Bremen Beschluss, Bewertung und Vereinbarung (PDF, 7 MB) auf der Internetseite http://www.stabilitaetsrat.de/DE/Beschluesse-und-Beratungsunterlagen/20111201_4.Sitzung/Sitzung20111201_node.html.

eingehalten worden sei. Dennoch bestehe die drohende Haushaltsnotlage in Bremen und im Saarland weiterhin fort.[176]

Beide Länder haben daher am 11. Dezember 2017 entsprechende Vereinbarungen zur Verlängerung ihrer Sanierungsprogramme (2017 bis 2020) mit dem Stabilitätsrat geschlossen.[177] Dabei orientieren sich die zu erbringenden Eigenbeiträge bis 2019 weiterhin an dem Ziel der Absenkung der strukturellen Nettokreditaufnahme (abgeleitet aus der Verwaltungsvereinbarung zum Gesetz zur Gewährung von Konsolidierungshilfen – KonsoVV). Seit dem Jahr 2020 ist in Anlehnung an das Sanierungshilfengesetz eine haushaltmäßige Pflichttilgung in Höhe von 50 Mio. Euro als Zielgröße vereinbart. Im Sanierungszeitraum sind die Länder zu einer halbjährlichen Sanierungsberichterstattung jeweils am 30. April und am 1. Oktober verpflichtet. Sie berichten über die Einhaltung der vereinbarten Abbauschritte der jährlichen Nettokreditaufnahme.

Die mit dem Stabilitätsrat geschlossene Sanierungsvereinbarung läuft im Jahr 2020 aus. Sofern der Stabilitätsrat unter Einbezug der Kennziffernanalyse, der Standardprojektion sowie aller relevanten Bereiche des betroffenen Haushaltes feststellt, dass in Bremen auch über das Jahr 2020 hinaus eine drohende Haushaltsnotlage besteht, ist ggf. ein neues Sanierungsverfahren abzuschließen.

20.3.3.4 Überwachung der Konsolidierungsverpflichtungen

Der Stabilitätsrat überwacht gem. § 2 Abs. 2 Konsolidierungshilfengesetz (KonsHilfG) die Einhaltung der Konsolidierungsverpflichtungen, die die Länder Berlin, Bremen, Saarland, Sachsen-Anhalt und Schleswig-Holstein erfüllen müssen, um bis zum Jahr 2019 Konsolidierungshilfen zu erhalten. Die Verpflichtungen wurden in jeweiligen Konso-VV konkretisiert. Bremen erhält gem. § 1 Abs. 2 KonsHilfG für den Zeitraum 2011–2019 jährlich 300 Mio. Euro Konsolidierungshilfen, die erst nach einem ausdrücklichen Feststellungsbeschluss des Stabilitätsrates zuerkannt werden, mit dem u. a. die Einhaltung der vereinbarten Obergrenzen des strukturellen

176 Siehe 15. Sitzung 06/2017 Sanierungsverfahren Bremen Beschluss, Bericht 04/2017 und Unterlagen (PDF, 1 MB) auf der Internetseite: http://www.stabilitaetsrat.de/DE/Beschluesse-und-Beratungsunterlagen/20170622_15.Sitzung/Sitzung20170622_node.html.

177 Siehe 16. Sitzung 12/2017 Sanierungsverfahren Bremen Beschluss, Bewertung und Vereinbarung (PDF, 10 MB) und 16. Sitzung 12/2017 Sanierungsverfahren Saarland Beschluss, Bewertung und Vereinbarung (PDF, 933 KB) auf der Internetseite: http://www.stabilitaetsrat.de/DE/Beschluesse-und-Beratungsunterlagen/20171211_16.Sitzung/Sitzung20171211_node.html.

Finanzierungsdefizits bestätigt wird. Der Beschluss wird auf der Grundlage eines dem Stabilitätsrat jährlich zu seiner Beratung im Juni vorzulegenden Konsolidierungsberichtes der Freien Hansestadt Bremen gefasst. Der Stabilitätsrat kann gem. § 6 Abs. 1 Konso-VV[178] in begründeten Ausnahmesituationen Überschreitungen der Obergrenze des Finanzierungssaldos für unbeachtlich erklären. Bis einschließlich 2018 hat Bremen die Vorgaben in jedem Jahr eingehalten und somit die Anspruchsvoraussetzungen für die Gewährung der Zahlungen erfüllt.

Bremen hat am 1. Juli 2019 letztmalig den vollständigen Jahresbetrag der Konsolidierungshilfen in Höhe von 300 Mio. Euro erhalten, da der Stabilitätsrat am 18. Juni 2019 auf der Grundlage des Konsolidierungsberichtes festgestellt hat, dass die Konsolidierungsverpflichtungen im Jahr 2018 eingehalten wurden.[179] Nachlaufend wird aufgrund der in der Konso-VV konkretisierten Auszahlungsmodalitäten im Jahr 2020 noch ein Drittel des Anspruches für das Jahr 2019 zahlungswirksam, sofern der Stabilitätsrat auf der Grundlage des Konsolidierungsberichtes feststellt, dass die Konsolidierungsverpflichtungen im Jahr 2019 eingehalten wurden.

Seit 2020 können Bremen und dem Saarland gem. Art. 143d Abs. 4 GG Sanierungshilfen in Höhe von jeweils 400 Mio. Euro jährlich gewährt werden. Eine explizite Überwachung durch den Stabilitätsrat sehen die entsprechenden gesetzlichen Regelungen nicht vor (s. 3.2).

20.3.3.5 Überwachung der grundgesetzlichen Schuldenbremse

Die durch Art. 143d GG für die Länder normierte Übergangsfrist für die Einhaltung der Vorgaben des Art. 109 Abs. 3 GG (sog. Schuldenbremse) läuft am 31. Dezember 2019 aus. Danach müssen alle Länder die grundgesetzliche Verschuldungsregel in Landesrecht umgesetzt haben und anwenden. Die Haushalte von Bund und Ländern sind dann grundsätzlich ohne Einnahmen aus Krediten auszugleichen (s. 4).

Durch die Änderung des Art. 109a Abs. 2 GG obliegt dem Stabilitätsrat ab dem Jahr 2020 als zusätzliche Aufgabe die Überwachung der Einhaltung der Schuldenbremse durch Bund und Länder. Diese Überprüfungsaufgabe wird durch § 5a StabiRatG konkretisiert. Danach überprüft der

178 Siehe Verwaltungsvereinbarung Konsolidierungshilfengesetz Bremen auf der Internetseite: http://www.stabilitaetsrat.de/DE/Dokumentation/Ueberwachung-Konsolidierungshilfen/Verwaltungsvereinbarungen/VV_node.html.

179 Siehe 19. Sitzung 06/2019 Konsolidierungshilfe Bremen Beschluss und Bericht 2018 (PDF, 747 KB) auf der Internetseite: http://www.stabilitaetsrat.de/DE/Beschluesse-und-Beratungsunterlagen/20190618_19.Sitzung/Sitzung20190618_node.html.

Stabilitätsrat regelmäßig im Herbst eines Jahres die Einhaltung der grundgesetzlichen Schuldenbremse durch den Bund und jedes einzelne Land für das jeweils abgelaufene, das aktuelle und das darauffolgende Jahr. Die Überwachung soll sich an europäischen Vorgaben und Verfahren orientieren und als Grundlage ein einheitliches Konjunkturbereinigungsverfahren anwenden.

Zur Umsetzung dieses gesetzlichen Auftrages hat der Stabilitätsrat am 6. Dezember 2018 ein entsprechendes in einem Kompendium zur Überwachung der Einhaltung der Schuldenbremse nach Art. 109a Abs. 2 GG niedergelegtes Verfahren beschlossen.[180] Es beruht auf zwei Komponenten:

20.3.3.5.1 Erste Komponente

Die Länder und der Bund melden die Einhaltung/Nichteinhaltung ihrer jeweiligen Schuldenbremsen im Rahmen der jährlich vorzulegenden Stabilitätsberichte gem. Art. 109a Abs. 1 GG i. V. m. § 3 und 4 StabiRatG. Der Stabilitätsrat nimmt die Ergebnisse (eingehalten/nicht eingehalten) im ersten Beschlussteil zur Kenntnis. Diese Feststellung im Beschlussteil ist verpflichtend. Die Überprüfung der Einhaltung der bundes- und jeweiligen landesrechtlichen Schuldenbremse obliegt weiterhin den jeweils zuständigen Parlamenten, Rechnungshöfen und Gerichten.

20.3.3.5.2 Zweite Komponente (harmonisiertes Analysesystem)

Da sich gem. Art. 109a Abs. 2 Satz 2 GG die Überwachung der Schuldenbremse durch den Stabilitätsrat an europäischen Vorgaben und Verfahren orientieren soll und § 5a Abs. 2 Satz 2 StabiRatG ein einheitliches Konjunkturbereinigungsverfahren vorgibt, berät der Stabilitätsrat auch die Ergebnisse des zwischen Bund und Ländern abgestimmten harmonisierten Analysesystems. Die Ergebnisse des harmonisierten Verfahrens können von den Ergebnissen und Verfahren der landesrechtlichen Schuldenbremsen, die ja explizit Unterschiede u. a. im Hinblick auf die Wahl und die Ausgestaltung eines Konjunkturbereinigungsverfahrens zulassen, abweichen. Jedes Land und der Bund können daher entscheiden, ob ihre jeweiligen Beschlussergebnisse veröffentlicht werden sollen.

Das im Stabilitätsrat vereinbarte harmonisierte Analysesystem basiert vereinfacht auf nachfolgenden Elementen:

---

180 Siehe 18. Sitzung 12/2018 Schuldenregelüberwachung Beschluss und Unterlagen (PDF, 607 KB) auf der Internetseite: http://www.stabilitaetsrat.de/DE/Beschluesse-und-Beratungsunterlagen/20181206_18.Sitzung/Sitzung20181206_node.html.

Ausgangspunkt für die Definition der Zielgröße ist die aus dem Finanzierungssaldo abgeleitete strukturelle Nettokreditaufnahme (NKA) der Kernhaushalte sowie der unselbstständigen Extrahaushalte (Sondervermögen, Landesbetriebe) mit Kreditermächtigung, die nach dem 31. Dezember 2010 geschaffen worden sind. Der Bund berücksichtigt darüber hinaus Einheiten ohne Kreditermächtigung, soweit sie Bestandteil der Schuldenbremse des Bundes sind. Der Referenzwert für die Zielgröße ist für die Länder null (strukturelle NKA ≤ 0) und für den Bund 0,35 % des Bruttoinlandsprodukts.

Zur Ermittlung dieser strukturellen NKA wird zunächst der Finanzierungssaldo auf der Grundlage der bereinigten Einnahmen und Ausgaben gebildet. Danach wird der auf diese Weise gebildete Finanzierungssaldo

- um besondere Finanzierungsvorgänge in Form von Rücklagenbewegungen,
- um die in den bereinigten Einnahmen und Ausgaben enthaltenen vermögensneutralen Positionen (finanzielle Transaktionen) sowie
- um konjunkturelle Effekte, wahlweise mit Hilfe des Bundesverfahrens oder mit Hilfe des Konsolidierungshilfeverfahrens (ein Verfahrenswechsel ist nach fünf Jahren möglich)

bereinigt. Im Ergebnis ergibt sich daraus die an das System der Finanzstatistik angelehnte strukturelle NKA als Zielgröße.

Optional kann diese Berechnung um die Mitführung eines sog. Kreditaufnahmekontos erweitert werden. Dadurch wird sichergestellt, dass sich die NKA nach Konjunkturbereinigung infolge der Konjunkturbereinigung nicht stärker verschlechtern kann, als seit Beginn der Schuldenbremse (2020) Kredite netto aufgenommen wurden.

Sofern kreditfinanzierte Ausgaben auf einer vom Landesparlament/Bundesparlament anerkannten Notsituation (wie derzeit von vielen Ländern und dem Bund aufgrund der COVID-19-Pandemie beschlossen wurde) beruhen, verringert sich der Wert der strukturellen NKA. Entsprechend erhöht sich in den Folgejahren der Wert der strukturellen NKA durch die in diesen Fällen zu vereinbarenden jährlichen Tilgungsverpflichtungen.

Mit einer pauschalisierten Ausgleichskomponente in Höhe von 0,15 % des bundesdeutschen Bruttoinlandproduktes für die Ländergesamtheit (verteilt nach EinwohnerInnenanteilen) soll bestimmten länderspezifischen Aspekten, insbesondere für Haushaltswirkungen im Rahmen des kommunalen Finanzausgleichs, die im harmonisierten Analyseverfahren systematisch nicht berücksichtigt werden können, Rechnung getragen werden.

Nach vorbestimmten Berechnungsverfahren wird diese Ausgleichskomponente für die Stadtstaaten erhöht,

- wenn die Bevölkerung des jeweiligen Stadtstaates im Vergleich zur Ländergesamtheit überdurchschnittlich zugenommen hat und
- wenn die Verschuldung der Kommunen in den Flächenländern im Durchschnitt der letzten drei Jahre gestiegen ist.

Zusätzlich zur auf diese Weise gebildeten Zielgröße (strukturelle NKA) werden nachrichtlich für den Bund und jedes einzelne Land der Finanzierungssaldo aller Extrahaushalte aus der amtlichen Statistik sowie der Schuldenstand (Veränderung zum Vorjahr) für Kern- und Extrahaushalte als Kontrollgrößen ausgewiesen.

Im Ergebnis stellt der Stabilitätsrat für die Länder (Bund), die sich für eine Veröffentlichung dieses Beschlussteils entschieden haben, fest, bei welchen dieser Länder (Bund) sich aus dem harmonisierten, an europäischen Vorgaben orientierten Analysesystem keine Beanstandungen ergeben bzw. bei welchen dieser Länder (Bund) die Ergebnisse auffällig sind. Zusätzlich weist der Beschluss das der Analyse zugrundeliegende Ableitungsschema aus.

Das Verfahren der Überwachung wird nach spätestens fünf Jahren evaluiert. Der Wert für die Ausgleichskomponente wird bereits drei Jahre nach Beginn der Überwachung evaluiert und ggf. angepasst.

20.3.3.5.3 Kritik an der Überwachung der Schuldenbremse durch den Stabilitätsrat

Der unabhängige Beirat kritisiert u. a., »[…] dass auf Basis dieses neuen Haushaltsüberwachungsrahmens die Gefahr eines Überschreitens der Defizitgrenze nicht besser abgeschätzt werden kann.«[181]

Nachvollziehbar ist, dass der unabhängige Beirat an einer optimierten Datenqualität für die Erfüllung seiner gesetzlichen Aufgabe, nämlich den Stabilitätsrat bei der Überwachung der Einhaltung der Obergrenze des strukturellen gesamtstaatlichen Defizits zu unterstützen, interessiert ist. Er verkennt jedoch dabei, dass bei der Überwachung der Einhaltung der Vorgaben des Art. 109 Abs. 3 GG (Schuldenbremse) durch den Stabilitätsrat eben nicht die Einhaltung europäischer Vorgaben im Vordergrund steht, sondern die Einhaltung der Bundes- bzw. der Landesschuldenbremsen, auch wenn sich die Überwachung durch den Stabilitätsrat gem. Art. 109a

181 11. Stellungnahme des Beirats 06/2019 (PDF, 670 KB), Seite 20, auf der Internetseite: http://www.stabilitaetsrat.de/DE/Beschluesse-und-Beratungsunterlagen/20190618_19.Sitzung/Sitzung20190618_node.html;jsessionid=8613C7443B45D6543415E132EB24045B.internet1.

Abs. 2 GG an Vorgaben und Verfahren aus Rechtsakten auf Grund der Europäischen Union orientieren soll.

Weiterhin weist der unabhängige Beirat darauf hin, dass Extrahaushalte weitgehend ausgenommen seien[182], und sieht in der vorgesehenen Ausgleichskomponente von 0,15 % des BIP für die Länder und in den Regelungen für die Stadtstaaten eine Lockerung des Haushaltsziels. Als problematisch wird auch eingestuft, dass eine Veröffentlichung der Ergebnisse nur bei Einwilligung des jeweiligen Landes erfolgt, da die Information von Parlamenten und Öffentlichkeit eine wichtige Voraussetzung für die Bindungswirkung der Haushaltsregeln und eine wirksame Haushaltsüberwachung durch den Stabilitätsrat sei.[183]

Die Bundesbank bemängelt u. a., dass keine unabhängige Instanz mit der Überwachung der Schuldenbremsen beauftragt ist, und halte es insgesamt für sachgerecht, die jeweiligen Gemeindeentwicklungen in die Länderüberwachung einzubeziehen. Bezüglich der zugrunde liegenden Daten wird kritisiert, dass die Regelungen nicht durchgehend den Klassifizierungsvorschriften für Transaktionen aus den VGR folgen, die für die europäischen Haushaltsregeln maßgeblich sind.[184]

182 Siehe 11. Stellungnahme des Beirats 06/2019 (PDF, 670 KB), Seite 19, auf der Internetseite: http://www.stabilitaetsrat.de/DE/Beschluesse-und-Beratungsunterlagen/20190618_19.Sitzung/Sitzung20190618_node.html;jsessionid=8613C7443B45D6543415E132EB24045B.internet1.

183 Siehe 11. Stellungnahme des Beirats 06/2019 (PDF, 670 KB), Seite 20, auf der Internetseite: http://www.stabilitaetsrat.de/DE/Beschluesse-und-Beratungsunterlagen/20190618_19.Sitzung/Sitzung20190618_node.html;jsessionid=8613C7443B45D6543415E132EB24045B.internet1.

184 Siehe Deutsche Bundesbank (2019) »Deutsche Schuldenbremse: zur Überwachung durch den Stabilitätsrat«, Monatsbericht April 2019, S. 101.

21

Der Rechnungshof und seine Rolle im Haushaltskreislauf

21.1 Vorbemerkung

Alle Geldmittel, die die Bremische Bürgerschaft im Haushalt der Exekutive zur Verfügung stellt und die die Exekutive ausgibt, sind Geld der Steuerzahler. Dazu gehören auch die Mittel, die vom Bund oder aus der EU nach Bremen fließen. Das verlangt, dass »bei Aufstellung und Ausführung des Haushaltsplans die Grundsätze der Wirtschaftlichkeit und Sparsamkeit zu beachten« sind (§ 7 Abs. 1 Haushaltsordnung der Freien Hansestadt Bremen [LHO]). Deshalb sind Legislative und Exekutive jeweils für sich für ihre Entscheidungen und ihren Umgang mit den zur Verfügung stehenden Mitteln der Öffentlichkeit rechenschaftspflichtig.

Neben der Legislative und der Exekutive sind auch die Rechnungshöfe zumindest mittelbar verantwortlich dafür, dass öffentliche Mittel wirtschaftlich ausgegeben werden und – nicht zu vergessen – alle Einnahmen vollständig erhoben werden. Das ist eine wesentliche Grundlage für die Arbeit aller Rechnungshöfe auf der Welt, also auch des Rechnungshofs der Freien Hansestadt Bremen.

Die Öffentlichkeit nimmt die Rechnungshöfe zumeist nur wahr, wenn sie über ihre Arbeit selbst oder die Medien über deren Arbeit berichten. Unwirtschaftliche Ausgaben oder Verstöße gegen das Haushaltsrecht interessieren die Öffentlichkeit, auch weil sie oftmals Vorurteile gegenüber staatlichem Handeln nach dem Motto bestätigen, »die Politik geht schlecht mit unserem Geld um.« Dabei ist die Arbeit der Rechnungshöfe neben ihren Berichten vielgestaltiger, als man gemeinhin denkt. Das zeigt sich für den bremischen Rechnungshof kurz und knapp bereits in Art. 133a der Landesverfassung der Freien Hansestadt Bremen (LV): »Der Rechnungshof prüft die Rechnung sowie die Ordnungsmäßigkeit und Wirtschaftlichkeit der Haushalts- und Wirtschaftsführung.« In §§ 88 bis 104 LHO wird das weiter differenziert.

21.2 Aufgaben des Rechnungshofs gemäß Verfassung und Landeshaushaltsordnung

Gem. § 88 Abs. 1 LHO prüft und überwacht der Rechnungshof die »gesamte Haushalts- und Wirtschaftsführung« des Landes Bremen und auch die der Stadtgemeinde Bremen (§ 88 Abs. 1 i. V. m. § 118 Abs. 1 LHO) einschließlich beider Sondervermögen und Betriebe wie z. B. des »Sondervermögens Immobilien und Technik der Stadtgemeinde Bremen«. Gem. § 91 Abs. 1 LHO ist er berechtigt, bei Stellen außerhalb der bremischen Verwaltung Prüfungen vorzunehmen, wenn sie z. B. Zuwendungen zur Erfüllung bestimmter Zwecke erhalten, an denen Bremen ein Interesse hat. Dazu zählen im Land etwa Zuwendungen an wissenschaftliche Einrichtungen wie das »Alfred-Wegener-Institut Helmholtz-Zentrum für Polar- und Meeresforschung« (AWI) und das »Deutsche Schifffahrtsmuseum«. In der Stadt Bremen gehören dazu vor allem soziale und kulturelle Einrichtungen wie private Kindertagesstätten, die bremischen Einrichtungen der Freien Wohlfahrtspflege und die Theater Bremen GmbH sowie bremische Museen.

Gem. § 92 LHO prüft und überwacht der Rechnungshof weiter die »Betätigung« Bremens der derzeit rund 40 Unternehmen, die in einer Rechtsform des privaten Rechts betrieben werden. Dazu zählen etwa die »WFB Wirtschaftsförderung Bremen GmbH« und die »Performa Nord GmbH«. Schließlich prüft der Rechnungshof gem. §104 LHO die Haushalts- und Wirtschaftsführung der juristischen Personen des privaten Rechts, wenn sie z. B. Haushaltsmittel auf gesetzlicher Grundlage erhalten oder durch von Bremen bestellte Personen allein oder überwiegend verwaltet werden.

Der Rechnungshof stellt für jedes Haushaltsjahr einen Arbeitsplan auf. Darin wird unter anderem festgelegt, was geprüft werden soll. Dabei strebt er an, durch einen angemessenen Prüfungsrhythmus prüfungsfreie Räume zu vermeiden und einen qualifizierten und kontinuierlichen Überblick über die Haushalts- und Wirtschaftsführung Bremens zu erlangen. Der Arbeitsplan ist nicht starr. Er wird insbesondere dann geändert, wenn aktuelle Geschehnisse oder etwa Prüfungsbitten der Bürgerschaft Anlass dazu bieten.

Wesentliche Richtschnur für die Prüfung und Überwachung der öffentlichen Finanzen sind die in Art. 131a Abs. 1 LV genannten Maßstäbe der Ordnungsmäßigkeit und Wirtschaftlichkeit. Idealerweise sollte es möglichst nur zu ordnungsgemäßem und zu keinem unwirtschaftlichen Verhalten der öffentlichen Hand kommen. Dass dem nicht so ist, zeigt die Arbeit des Rechnungshofs.

Bei der Prüfung der Ordnungsmäßigkeit achtet der Rechnungshof darauf, ob die Verwaltung die maßgeblichen Vorgaben der Verfassung, der Gesetze und Haushaltsbeschlüsse sowie der Verordnungen und Verwaltungsvorschriften beachtet hat. Dabei beschränkt sich der Rechnungshof nicht nur darauf zu prüfen, ob Rechnungen und Belege rechnerisch fehlerfrei sind, sondern auch die haushaltsmäßige Rechtmäßigkeit. Er achtet z. B. darauf, ob die Vorgaben des Haushaltsgesetzes und des Haushaltsplans eingehalten worden sind (§ 90 Nr. 1 und 2 LHO). Prüfungs- und Beratungsthema ist, seit Bremen eine doppischen Jahresabschluss vorlegt, auch dessen Verbesserung.

Bei der Prüfung der Wirtschaftlichkeit steht gem. § 90 Nr. 3 und 3 LHO das Kosten-Nutzen-Verhältnis bei der Haushalts- und Wirtschaftsführung im Vordergrund. Das Augenmerk der Prüfung liegt darauf, ob Sparsamkeit, Effizienz und Wirksamkeit bei der Aufgabenerledigung beachtet worden sind.

Neben seinen Prüfungsaufgaben kann der Rechnungshof gem. § 88 Abs. 2 LHO Bürgerschaft, Senat und einzelne Senatoren beraten, wenn er entsprechende Prüfungserfahrungen besitzt. Die Beratung spielt eine wichtige Rolle in der Arbeit des Rechnungshofs. Beratung kann erheblich dazu beitragen, dass das Haushaltshandeln möglichst wirtschaftlich betrieben wird und dadurch positive Wirkungen entfaltet werden können (s. auch 21.4.3).

21.3 Unabhängigkeit des Rechnungshofs

Der Rechnungshof ist von anderen Organen des Landes unabhängig. Er ist eine gegenüber dem Senat selbstständige, nur dem Gesetz unterworfene oberste Landesbehörde (§ 1 Gesetz über die Rechnungsprüfung in der Freien Hansestadt Bremen [RHG]). Diese Unabhängigkeit zeigt sich insbesondere in seiner Freiheit, über seine Arbeit selbst entscheiden zu können, was, wie, wann und wo er prüft und wie er sich organisiert.

Wenn von der Unabhängigkeit des Rechnungshofs die Rede ist, ist damit genauer die Unabhängigkeit der Leitungsebene gemeint: »Die Mitglieder des Rechnungshofs sind unabhängig und nur dem Gesetz unterworfen« (Art. 133a Abs. 2 LV). Diese persönliche und sachliche Unabhängigkeit (§ 5 Abs. 1 RHG) gilt also nicht für die gesamte Mitarbeiterschaft des Rechnungshofs. Zusammen gewährleisten Kollegium und Mitarbeiterschaft gute und erfolgreiche Arbeit.

Die Mitglieder der Leitungsebene, »der Präsident, der Vizepräsident und die« derzeit zwei »Direktoren als weitere Mitglieder des Rechnungshofs« (§ 4 Abs. 1 RHG) sind gleichberechtigt. Sie entscheiden z. B. über die Jahresberichte (s. 21.4.5) nach dem Kollegialprinzip (vergleiche § 8 RHG). Die Mitglieder des Rechnungshofs »werden von der Bürgerschaft gewählt und sind vom Senat zu ernennen« (Art. 133a Abs. 3 LV), das bedeutet, dass er eine Ernennung nicht ablehnen kann.

21.4 Der Rechnungshof im Haushaltskreislauf

Die breit gefächerten Aufgaben des Rechnungshofs lassen sich an seiner vielgestaltigen Mitwirkung am Haushaltsgeschehen ablesen. Deutlich wird das an seiner Beteiligung an allen Abschnitten des Haushaltskreislaufs. Dieser lässt sich grob in fünf Etappen untergliedern:

- Aufstellung eines Haushaltsplans durch die Exekutive (öffentliche Verwaltung und Regierung),
- Feststellung des Haushaltsplans durch die Legislative (Bürgerschaft),
- Ausführung des Haushaltsplans durch die Exekutive,
- Rechnungslegung durch den für die Finanzen zuständigen Senator für Finanzen,
- Entlastung der Regierung durch die Bürgerschaft.

Der Rechnungshof ist an allen Abschnitten beteiligt – zum Teil von Gesetzes wegen, teilweise aus eigener Initiative, allerdings auf gesetzlich erlaubter Grundlage.

§ 97 LHO bestimmt, dass der Rechnungshof über die Ergebnisse seiner Prüfungen der Bürgerschaft jährlich berichtet. Der Rechnungshof hat also laut LV und LHO zwei wesentliche Aufgaben: zu prüfen und zu berichten. Sie betreffen die Etappen 3, 4 und 5 des Haushaltskreislaufs.

Darüber hinaus ist in § 88 Abs. 2 LHO auch bestimmt, dass der Rechnungshof unter anderem die Bürgerschaft, den Senat und einzelne Senatoren beraten kann, wenn er entsprechende Prüfungserfahrungen besitzt. Zu den Pflichtaufgaben Prüfen und Berichten kommt also als dritte Aufgabe die Beratung hinzu. Sie spielt insbesondere in den Etappen 1 und 2 des Haushaltskreislaufs eine Rolle. Das geschieht häufig ungefragt, kann deshalb auch dazu beitragen, dass die Akteure des Haushaltsgeschehens von vornherein möglichst wirtschaftlich handeln und dadurch positive Wirkungen entfaltet werden können.

Vereinfacht sieht die Beteiligung des Rechnungshofs im Haushaltskreislauf wie folgt aus:

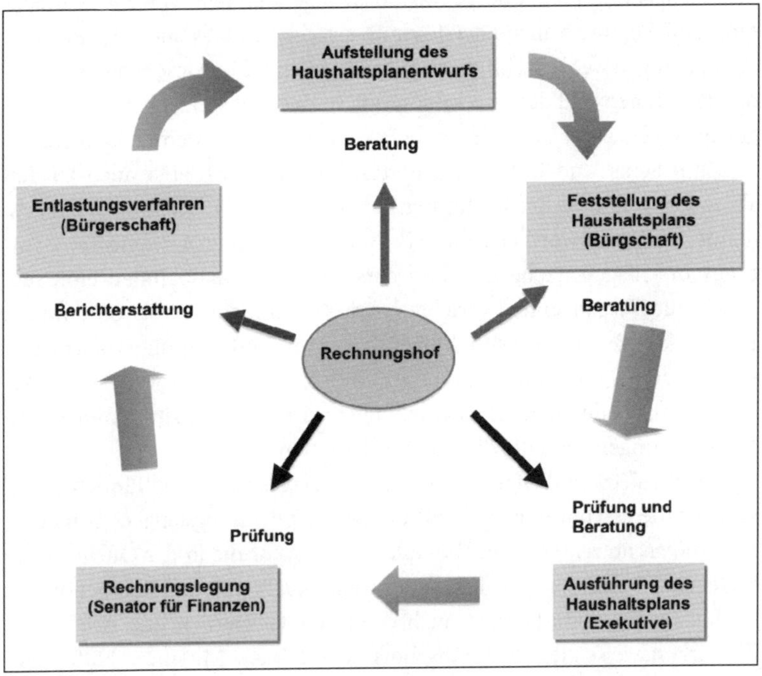

Beteiligung des Rechnungshofs am Haushaltskreislauf.

Der abgebildete Kreislauf wiederholt sich Jahr für Jahr. Der Übergangspfeil vom Entlastungsverfahren zum Verfahren der Aufstellung des Haushaltsplanentwurfs macht deutlich, dass die bei den Prüfungen des Rechnungshofs gewonnenen Erkenntnisse, die sich in den Rechnungshofberichten finden, nicht nur eine Grundlage für die Entscheidung über die Entlastung der Exekutive sind. Sie bieten ihr auch Hinweise und Anregungen für den nächsten Entwurf eines Haushaltsplans, die darüber hinaus auch dem Parlament bei den Beratungen über den Entwurf des Haushaltsplans und seiner Verabschiedung helfen können.

Die Aufgaben des Rechnungshofs sind damit zwar grob umschrieben. Die Wirksamkeit seiner Tätigkeit hängt über seine Prüfungs- und Beratungstätigkeit hinaus aber maßgeblich von funktionierenden Verbindungen zur Bürgerschaft, zur Regierung und zu anderen Institutionen wie auch der Öffentlichkeit ab.

Gute, von gegenseitigem Respekt getragene Beziehungen zur Bürgerschaft und ihren Ausschüssen sind nicht nur hilfreich, sondern unbedingt notwendig. Sie gewährleisten, dass die Legislative Berichte nicht nur zur Kenntnis nimmt, vielmehr sich mit ihren Ergebnissen auseinandersetzt, ihnen nachgeht und dafür Sorge trägt, dass angenommene Vorschläge umgesetzt und Verantwortliche der Exekutive gegebenenfalls auch zur Rechenschaft gezogen werden. Hilfreich sind auch regelmäßige Gespräche zwischen den Fraktionen und dem Rechnungshof, in denen losgelöst vom Prüfungsgeschehen einander interessierende Fragen besprochen werden können.

Zum Senat und insbesondere zum Finanzressort, aber auch zu den Verwaltungen muss der Rechnungshof konstruktive Beziehungen pflegen, damit die Verantwortlichen auf Prüfungsfeststellungen reagieren, Beratungsvorschlägen nachgehen und entsprechende Maßnahmen einleiten. Nur in die Vergangenheit gerichtete Kritik wird nicht gern angenommen. Konstruktiv geäußerte Kritik hingegen, die mit Verbesserungsvorschlägen verbunden ist, erhöht die Akzeptanz eines Rechnungshofs und seiner Arbeit. Sie macht deutlich, dass es nicht in erster Linie um Kritik, sondern um Verbesserungen geht, die die Zukunft betreffen.

Nicht zuletzt sind enge Kontakte zu zivilgesellschaftlichen Einrichtungen und den Medien hilfreich, die die Prüfungs- und Beratungstätigkeit von Rechnungshöfen nutzen können. Dies gilt vor allem für die in der Öffentlichkeit bestehende Besorgnis bezüglich Verschwendung, Betrug und Korruption.

Solche Kontakte können auch dazu genutzt werden, die Arbeit und die Arbeitsweise des Rechnungshofs zu erklären. Mit ihrer Hilfe kann der Rechnungshof ebenso die Grenzen seiner Handlungsmöglichkeiten beschreiben und verdeutlichen, dass er weder Weisungsbefugnisse noch Sanktionsmöglichkeiten hat. Zur Durchsetzung seiner Ratschläge ist er ausschließlich auf die Kraft seiner Argumente angewiesen.

21.4.1 Aufstellung eines Haushaltsplans durch die Exekutive

Die Initiative, einen Haushaltsplan zu erarbeiten, liegt beim Senat. Er stützt sich dabei auf die Vorarbeit seiner Verwaltungen. Dem Rechnungshof ist dabei von Gesetzes wegen keine konkrete Rolle zugewiesen. Er kann sie sich nehmen, wenn er nicht (was geschieht) aufgrund seiner breiten Prüfungserfahrungen gefragt wird. Er steht jedenfalls mit schriftlichem und mündlichem Rat bei der jährlichen Haushaltsaufstellung zur Verfügung.

21.4.2 Feststellung des Haushaltsplans durch die Legislative

In der Phase zwischen Aufstellung und Feststellung des Haushaltsplans des Landes und den der Stadt in der Bürgerschaft ist der Rechnungshof, wenn er an Ressortgesprächen teilnimmt, in der Lage, bei Vorgesprächen mit den parlamentarischen Berichterstattern darüber zu berichten und entsprechend zu beraten. Das gilt natürlich auch für die Beratungen des Haushaltsplans in den beiden Haushaltsausschüssen selbst.

21.4.3 Ausführung des Haushaltsplans

Der Rechnungshof begleitet die Umsetzung des beschlossenen Haushaltsplans durch die Exekutive. Seine Prüfungserkenntnisse können dabei zu Korrekturen noch während des laufenden Haushaltsjahres führen. Im besten Fall werden geplante, aber nicht wirtschaftliche Ausgaben angehalten oder sogar aufgegeben.

Insbesondere sog. begleitende Prüfungen können helfen, unwirtschaftliche Ausgaben zu vermeiden. Das betrifft z. B. Projekte, mit denen der Rechnungshof sich schon in deren Planungsphase beschäftigt und zu denen er sich bereits geäußert hat und die er nun während der Umsetzung dahingehend überprüft, inwieweit das Projekt plangemäß abgewickelt wird. Die Beratung kommt dabei nicht zu kurz, wenn es etwa darum geht, bei Abweichungen vom Plan, aus welchem Grund auch immer, konstruktive Vorschläge zu machen.

Anders als bei Prüfungen im Nachhinein, bei denen – wie es im Sprichwort heißt – »das Kind schon in den Brunnen gefallen sein kann«, können begleitende Prüfungen und Beratung als effektiv und effizient angenommen werden. Eine sofortige Reaktion ist möglich und nicht erst zukünftig bei vergleichbaren Sachverhalten.

Beratung ist allerdings in den Augen mancher Beobachter der Rechnungshofarbeit ein zweischneidiges Schwert. Einerseits ist sie – anders als jede nachgängige Prüfung – nach vorne gerichtet, kann also helfen, Schäden zu vermeiden. Sie kann dazu beitragen, eine Organisation und deren Aufgabenerfüllung zu verbessern, und sie kann helfen, dass Fehler nicht wiederholt und Fehlentwicklungen vermieden werden. Andererseits kann es für einen Rechnungshof von Nachteil sein, wenn eine Beratung nicht die erhoffte Wirkung erzielt. Jeder Rechnungshof ist sich dieses Problems bewusst. Deshalb darf es keine Beratung im luftleeren Raum geben. Sie muss stets fundiert sein und alle vorhersehbaren Aspekte berücksichtigen. Wenn das der Fall ist, können Risiken minimiert werden. Bei einer Abwägung zwischen Pro und Kontra spricht daher alles für Beratung.

21.4.4 Rechnungslegung

Die sog. Rechnungslegung ist Sache des Finanzressorts. Rechnung legt es zum einen über Einnahmen und Ausgaben des vergangenen Jahres, der Haushaltsrechnung, und zum anderen über das Vermögen und die Schulden per Jahresende. Beide Teile legt es unter anderem der Bürgerschaft vor.

Der Rechnungshof prüft diese jährliche Rechnung (§ 97 Abs. 2 Nr. 1 LHO). Dieser Teil seiner Arbeit ist ein wesentlicher Pflichtbestandteil seines jährlichen Berichts und ein Baustein im parlamentarischen Entlastungsverfahren.

21.4.5 Entlastungsverfahren

In seinen jährlichen, getrennten Jahresberichten für das Land und die Stadtgemeinde Bremen gem. § 97 RHG fasst der Rechnungshof das Ergebnis seiner Prüfungen zusammen, soweit es für die Entlastung des Senats von Bedeutung sein kann (s. näher 21.5). Die Berichte werden der Bürgerschaft und dem Senat zugeleitet.

Die beiden Jahresberichte des Rechnungshofs beruhen auf seinen Prüfungsergebnissen, die im Schwerpunkt nicht das abgelaufene Haushaltsjahr behandeln, weil sie in Bremen in den letzten Jahren so früh im Jahr veröffentlicht wurden, dass die Haushaltsrechnungen des Vorjahres noch nicht vorlagen.

Die Berichte werden ins Internet gestellt und auf einer Pressekonferenz der Öffentlichkeit vorgestellt. Die Medien haben teilweise allerdings oft nur Interesse an Berichten über besonders gravierendes Fehlverhalten und weniger an der Beschreibung der Haushaltslage und bestehenden Verschuldungsproblemen. Es kommt vereinzelt vor, dass Berichte des Rechnungshofs aufgebauscht wiedergegeben werden. Die im Bericht enthaltenen, in die Zukunft gerichteten Empfehlungen tauchen in der Berichterstattung oft gar nicht auf. Wenn es vereinzelt zu vertiefenden Pressebeiträgen kommt, hängt das vor allem mit einer aktiven Pressearbeit des Rechnungshofs zusammen. Je besser die aktive Öffentlichkeitsarbeit eines Rechnungshofs ist – auch über die Vorstellung des Jahresberichts hinaus –, desto größer ist auch der mögliche Erkenntnisgewinn für die Öffentlichkeit.

21.4.5.1 Inhalt der Jahresberichte des Rechnungshofs

In den beiden Jahresberichten für Land und Stadt wird gem. § 97 LHO zur jeweiligen Haushaltsführung im Wesentlichen mitgeteilt,

- ob die Beträge in der Haushaltsrechnung und der Vermögensrechnung mit den in den Büchern aufgeführten Beträgen übereinstimmen und die geprüften Einnahmen und Ausgaben ordnungsgemäß belegt sind,
- ob gegen Gesetze, Verordnungen und Verwaltungsvorschriften unter anderem über die Einnahme und Ausgaben verstoßen wurde,
- mit welchen wesentlichen Ergebnissen der Rechnungshof die staatliche Betätigung bei Unternehmen mit eigener Rechtspersönlichkeit geprüft hat und
- welche Maßnahmen er für die Zukunft empfiehlt, was für geplante Gesetzesvorhaben von Bedeutung sein kann.

Darüber hinaus können in den Jahresberichten unter anderem auch Feststellungen auftauchen, die etwa in begleitenden Prüfungen aus dem laufenden Haushaltsjahr gewonnen worden sind.

Für eine hohe Akzeptanz der beiden Jahresberichte ist es unerlässlich, dass ihre regelmäßig unangenehmen Nachrichten nicht auch noch schlecht überbracht werden. Verständliche Sprache, also kein Beamtendeutsch, keine häufigen Substantivierungen, keine zu langen Sätze helfen dabei.

Nicht in der Öffentlichkeit, aber von Senatsverantwortlichen und den die Regierung tragenden Parteien wird dem Rechnungshof manches Mal vorgeworfen, er mache Politik. Das gilt insbesondere bei Themen, die noch akut sind oder in die Zukunft weisen können. Richtig ist, dass der Rechnungshof politische Entscheidungen nicht beurteilt, wenn sie geltendem

Recht entsprechen. Anders kann es aussehen, wenn der Rechnungshof über Prüfungserkenntnisse berichtet, dass z. B. auf Grundlage falscher Voraussetzungen oder Auswirkungen wie fehlender Wirtschaftlichkeit oder unrichtiger Prognosen politisch entschieden worden ist. Gleiches gilt für Gesetze, die nicht zum erwarteten Ergebnis geführt haben. In solchen Fällen würde es dem Auftrag des Rechnungshofs, wie übrigens aller deutschen Rechnungshöfe, widersprechen, wenn er z. B. nicht über Fälle etwa von unwirtschaftlichen Entscheidungen berichtete.

21.5 Parlamentarische Behandlung der Jahresberichte

Die Bürgerschaft überweist die Berichte an den Rechnungsprüfungsausschuss des Landes bzw. der Stadt. Die Rechnungsprüfungsausschüsse, die wie alle Ausschüsse entsprechend der Sitzverteilung im Parlament besetzt sind, verhandeln in Anwesenheit von Vertretern des Finanzressorts und Vertretern der betroffenen Fachressorts sowie Kollegiumsmitgliedern des Rechnungshofs.

Vereinfacht läuft die Behandlung eines Jahresberichts des Rechnungshofs im Rechnungsprüfungsausschuss wie folgt ab:

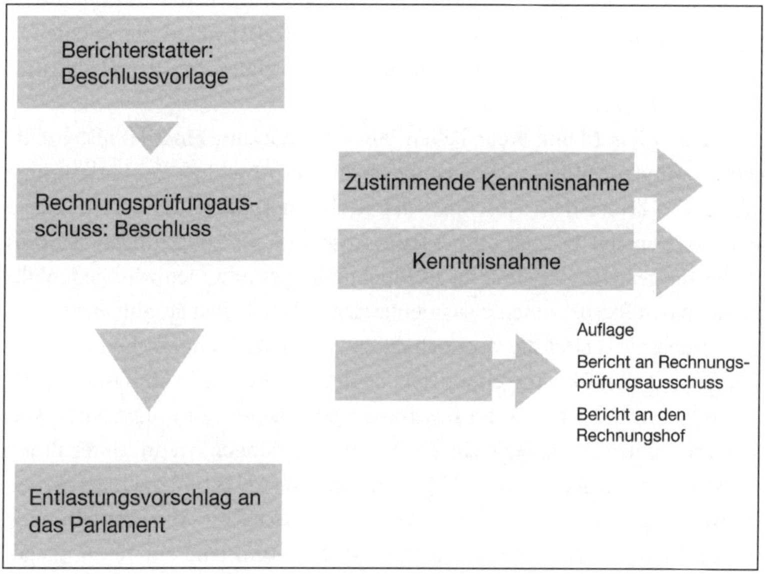

Behandlung der Jahresberichte im Rechnungsprüfungsausschuss.

Vorbereitet werden die Beratungen von Abgeordneten (sog. Berichterstattern), die regelmäßig auch Mitglieder der beiden Haushaltsausschüsse und für bestimmte senatorische Bereiche zuständig sind. Deren Berichte bilden die Grundlage für die Beratungen und die Beschlüsse. In den Beratungen nimmt der jeweilige Ausschuss am Ende die einzelnen Berichtsbeiträge entweder zustimmend zur Kenntnis oder einfach nur zur Kenntnis, erteilt Auflagen an die betroffenen Ressorts, fordert von diesen Berichte an oder bestimmt, dass sie dem Rechnungshof über getroffene Maßnahmen berichten.

Am Schluss ihrer Beratungen machen die beiden Ausschüsse einen Vorschlag an die Bürgerschaft Land und Stadt, ob die Regierung entlastet und inwieweit den Bemerkungen in den Berichten des Rechnungshofs beigetreten werden soll. Auf deren Anträge hin entscheidet die Bürgerschaft dann endgültig über die Entlastung des Senats und darüber, ob sie den Bemerkungen des Rechnungshofs beitritt.

Die Behandlung der Jahresberichte in den beiden Rechnungsprüfungsausschüssen ist von hoher Fachlichkeit bestimmt. Das Verfahren der Entlastung selbst wird allerdings auch kritisiert. Vor allem ist es die zeitliche Entfernung der Entlastung von den behandelten Vorgängen. Die Bremische Bürgerschaft entlastete bspw. den Senat gem. § 114 Abs. 1 Satz 2 LHO für das Haushaltsjahr 2015 des Landes am 20. Juni 2018 (Beschluss der Bremischen Bürgerschaft – Landtag – Nr. 19/1036, Ziffer 6). Bei Redaktionsschluss des Jahresberichts 2019 im Februar 2019 stand die Entlastung des Senats durch die Bürgerschaft für das Haushaltsjahr 2016 (Land und Stadt) noch aus.

Zwar will gut Ding Weile haben. Aber die Wirkung eines Jahresberichts nimmt mit der zeitlichen Entfernung ab, die der Abschluss des Entlastungsverfahrens hinter dem Abschluss des Rechnungsjahres hinterherhinkt. So wundert es nicht, dass das Interesse am Abschluss des Entlastungsverfahrens in der Bürgerschaft regelmäßig als Pflichtübung empfunden wird, jedenfalls nicht zu den Sternstunden parlamentarischer Tätigkeiten gezählt wird.

Andererseits sind die vorgeschalteten, von parlamentarischen Fachleuten getragenen Beratungen in den beiden Rechnungsprüfungsausschüssen intensiv. Oft werden die Beschlussvorschläge einstimmig gefasst. Das steigert nicht nur das Gewicht seiner Entscheidungen, wenn hinter ihnen die versammelte Kraft seiner Abgeordneten steht. Das hilft auch der Arbeit des Rechnungshofs, wenn – und das ist meist der Fall – die Feststellungen in den Berichten nach Beratung zumindest zustimmend zur Kenntnis genommen werden. Deshalb ist es für die Sache von hohem Wert, dass die Berichte des Landes und der Stadt nicht von einem größeren Ausschuss wie den Haushaltsausschüssen oder der Bürgerschaft, sondern von zwei vergleichsweise kleinen Gremien von Abgeordneten verhandelt werden, die oft vertieften Haushalts- und auch Rechnungshof-Sachverstand besitzen

Im Übrigen bleibt der Rechnungshof selbst nicht ungeprüft. Diese Prüfung seiner Rechnung übernimmt aufgrund eines Beschlusses der Bürgerschaft (Landtag) der Rechnungsprüfungsausschuss des Landes. Über seine Beratungsergebnisse berichtet er der Bürgerschaft (Landtag), die wiederum über die Entlastung des Rechnungshofs entscheidet.

21.6 Sonstige Tätigkeiten des Rechnungshofs

Mit der Schilderung der Beziehung zwischen Rechnungshof und Legislative sowie Exekutive im Haushaltskreislauf sind die Bezüge zwischen den Genannten nicht vollständig beschrieben.

Erwähnenswert sind insbesondere sog. Sonderberichte des Rechnungshofs, die er unabhängig vom Haushaltskreislauf der Bürgerschaft und dem Senat über Angelegenheiten von besonderer Bedeutung jederzeit vorlegen kann. Ein Thema von besonderer Bedeutung wäre z. B. die generelle Befassung mit öffentlichen Vergaben von Bauleistungen, aber auch der beispielhaften Beschreibung von Einzelfällen und der damit zusammenhängenden Vorbeugung der Korruption. Siehe zuletzt den Sonderbericht des Rechnungshofs und der überörtlichen Gemeindeprüfung (s. 21.7) in Form einer beratenden Äußerung gem. § 88 Abs. 2 LHO zu den »Finanzzuweisungen des Landes zu den Gemeinden Bremen und Bremerhaven für die Wahrnehmung von Landesaufgaben« (Bürgerschaftsdrucksachen 19/ 1188 und 19/558 S vom 18. August 2017).

Vom Beratungsrecht – auch im Zusammenhang mit Prüfungsberichten – macht der Rechnungshof zunehmend Gebrauch. Ziel solcher Beratungen ist es, finanzielle Nachteile für die öffentliche Hand zu vermeiden oder zu verringern und Leistungen zu verbessern. Solche Beratungen setzen oft schon ein, wenn Maßnahmen geplant sind, über sie aber noch nicht endgültig entschieden worden ist. Solche Beratungen können helfen, Mängel von vornherein zu vermeiden. Es ist auch schon vorgekommen, dass sie Anlass waren, Gesetze zu ändern oder zumindest darüber nachzudenken.

21.7 Überörtliche Gemeindeprüfung

Anders als für die Stadtgemeinde Bremen ist der Senat gem. § 15 RHG für die überörtliche Prüfung der Haushalts- und Wirtschaftsführung der Stadtgemeinde Bremerhaven zuständig. Diese Aufgabe hat er »dem Präsidenten des Rechnungshofs« übertragen. Die Regeln für die Prüfung entsprechen denen, die für den Rechnungshof gelten. Die Prüfungsergebnisse werden dem Magistrat der Stadtgemeinde Bremerhaven und dem Senat übermittelt.

21.8 Zusammenarbeit der Landesrechnungshöfe mit dem Bundesrechnungshof

Aufgrund der vom Grundgesetz bestimmten Haushaltsautonomie von Bund und Ländern stellen der Bund und die Länder jeweils eigene Haushalte auf und beschließen sie. Dem entspricht es weiter, dass Bund und Länder jeweils eigene Rechnungshöfe haben. Die Rechnungshöfe der Länder haben für ihren Bereich dieselben Aufgaben wie der Bundesrechnungshof. Kein Rechnungshof kann einem anderen Weisungen erteilen. D. h. aber nicht, dass es keine engen Verbindungen zwischen den Rechnungshöfen gibt. Sie stimmen sich in grundsätzlichen Fragen ab, weil sich das Haushaltsrecht im Bund und in den Ländern weitgehend gleicht und es so möglichst gleich ausgelegt und angewendet werden kann. Nicht zuletzt ist eine enge Zusammenarbeit notwendig, weil Bund und Länder finanziell stark verbunden sind. Darüber hinaus arbeiten die Rechnungshöfe z. B. in einer Reihe von Arbeitsgemeinschaften wie »Haushaltsrecht und Grundsatzfragen«, »Wirtschaft und Beteiligungen«, »Bau«, »Schulen und Hochschulen« eng zusammen. Bei gemeinsam interessierenden Fragen wie etwa der Verwendung von Mitteln der Europäischen Union haben sie ihre Prüfungsergebnisse bisher in zwei gemeinsamen Sonderberichten veröffentlicht.

22

Der Senator für Finanzen in der Freien Hansestadt Bremen – senatorische Dienststelle und Geschäftsbereich

Das Finanzressort der Freien Hansestadt Bremen ist Ministerium des Landes Bremen und gleichzeitig Kämmerei der Stadtgemeinde Bremen. Im Senat ist das Finanzressort ein sog. »Zentralressort«, es nimmt übergreifende Aufgaben in den Bereichen Steuern, Haushalt, Beteiligungen, Personal, Verwaltungsmanagement, Digitalisierung und öffentliches Bauen wahr.

Die Aufgaben nach der Geschäftsverteilung im Senat im Einzelnen:

Überregionale Finanzangelegenheiten, finanzpolitische EU-Angelegenheiten, Fiskalische Aspekte des Föderalismus; Finanzausgleiche; Finanzreform; überregionale Finanzbeziehungen einschließlich finanzpolitischer EU-Angelegenheiten.

Steuern, Steuerpolitik
Allgemeine Abgabenangelegenheiten; Bundes-, Landes-, Gemeindesteuern; Gemeinschaftssteuern; Kirchensteuer; Einheitsbewertung; Betriebsprüfung; Steuerfahndung; Steuerberatungswesen; Zölle; Verbrauchsteuern; Steuerharmonisierung innerhalb der EU; Koordinierung der Bekämpfung illegaler Beschäftigung; Finanzkassenwesen.

Ressortübergreifendes Haushaltswesen
Grundsätze der Finanzwirtschaft; Haushaltsrecht und -systematik; Haushaltsreformen (E-Rechnung, E-Haushalt); Finanzmanagement; Kassen-, Buchführungs- und Rechnungswesen einschließlich Datenverarbeitung; Steuerung der finanzpolitischen Gesamtkonzeption und mittelfristigen Finanzplanung; Haushaltsaufstellung, -durchführung und Controlling; Zentrales Berichtswesen; Umsetzung des Konsolidierungskurses; Sanierungsprogramme; integriertes öffentliches Rechnungswesen; Finanz- und Anlagenbuchhaltung; Kosten- und Leistungsrechnung; Zentrales Benchmarking; Stadtstaatenkooperation; Stiftungen; Zuwendungsbericht; Kompetenzzentrum Wirtschaftlichkeitsberechnungen; Verwaltungskosten und Kommunalabgaben (ausgenommen Steuern); finanzwirtschaftliche Angelegenheiten Bremerhavens sowie geschäftsführende Stelle für die Kommunalaufsicht in finanziellen Angelegenheiten, kommunaler Finanzausgleich.
Ressortübergreifendes Beteiligungs-, Eigenbetriebs- und Sondervermögensmanagement, Geld, Kredit und Zinsmanagement, Vermögen, Schulden Portfoliosteuerung, Vermögens- und Schuldenverwaltung, Bürgschaften, ressortübergreifendes Beteiligungsmanagement und -controlling, Finanz-Controlling einschließlich Eigenbetriebe, Sondervermögen; steuerliche Angelegenheiten der Freien Hansestadt Bremen (Betriebe gewerblicher Art),

Aufsicht über öffentlich-rechtliche Kreditinstitute sowie über die Öffentliche Versicherung Bremen; Kompetenzzentrum Beteiligungsrecht.
Immobilienwirtschaft und -management, Geschäftsbereich Bundesbau, Hochbau- und Liegenschaftscontrolling, Steuerung des kommunalen Facilitymanagement inkl. Innenreinigung, Bautechnische Zuwendungsprüfung, Auftragsangelegenheit Bundesbau.

Ressortübergreifendes Personalmanagement
Beamten-, Personalvertretungs-, Besoldungs- und Versorgungsrecht; dienstrechtliche Angelegenheiten der Gleichstellung von Frau und Mann; Personalvorträge für den Senat.
Tarifangelegenheiten; Arbeits-, Sozial-, Zusatzversorgungs- und Tarifrecht; Vertretung Bremens in den Arbeitgeberverbänden und bei der Versorgungsanstalt des Bundes und der Länder (VBL).
Personalcontrolling, Personalplanung; Personalkostenbudgetierung; Stellenpläne; Personalberichterstattung und -statistik; Personalstrukturanalysen.
Diversity Management; Personalentwicklung und Personalförderung; Frauenförderplan für den öffentlichen Dienst; berufliche Aus- und Fortbildung in der bremischen Verwaltung mit Ausnahme der Aufsicht über den Studiengang »gehobener Polizeivollzugsdienst« bei der Hochschule für öffentliche Verwaltung Bremen; Gewinnung, Einstellung und Personaleinsatz der Nachwuchskräfte; Personalausgleich und Personalberatung; zuständige Stelle für den öffentlichen Dienst nach dem Berufsbildungsgesetz; betriebliches Sozialwesen; Schwerbehindertenangelegenheiten gem. SGB IX für den öffentlichen Dienst; Arbeitsschutzausschuss; Gesundheitsmanagement; betriebliche Suchtkrankenhilfe.
Angelegenheiten der betriebsärztlichen und arbeitssicherheitstechnischen Betreuung der Bediensteten des Landes und der Stadtgemeinde Bremen (mit Ausnahme des Arbeitsschutzausschusses); Genehmigung von Unfallverhütungsvorschriften der Unfallkasse der Freien Hansestadt Bremen.

Ressortübergreifende Angelegenheiten des Verwaltungsmanagements, der Verwaltungsmodernisierung und -organisation
Verwaltungsmodernisierung, Koordinierung von Modernisierungsprozessen; Projekte zum Dienstleistungsmanagement und zur strukturellen Anpassung und Umgestaltung der Aufgabenwahrnehmung; Verwaltungsorganisation; Geschäftsprozessoptimierung; Entbürokratisierung; Grundsatzangelegenheiten der Beschaffung im VOL-Bereich.

IT-Management
Zentrales IT-Management und E-Government, Zentrales IT-Management und -Controlling, Informations- und Telekommunikationstechnologien, Festlegung/Auswahl von Normen und Standards sowie Basiskomponenten, Support-Strukturen; Zentrales Informationssicherheitsmanagement; Institut für IT-Standardisierung – Koordinierungsstelle für IT-Standards für den Bund und die Länder (KoSIT) –; Informations- und Wissensmanagement; Informationsfreiheit; Open Government; E-Government; Verbesserung der elektronisch unterstützenden Prozesse und Ausweitung der Online-Angebote. Querschnittsangelegenheiten der Innenrevision und Korruptionsregister
(Geschäftsverteilung im Senat, siehe jeweils die aktuelle Fassung im Transparenzportal: transparenz.bremen.de)

Die Aufgaben werden in fünf Abteilungen der senatorischen Dienststelle und nachgeordneten Einrichtungen wahrgenommen (siehe das nachfolgende Organigramm der Senatsbehörde).

Verknüpft mit dem Finanzressort ist über den/der Vorsitzenden (jeweils der/die für Personal zuständige Staatsrat/-rätin) der kommunale Arbeitgeberverband im Land Bremen (s. auch 15).

Es folgt eine kurze Übersicht über die nachgeordneten Einrichtungen im Geschäftsbereich.

Dem Ressort sind folgende Dienststellen zugeordnet:

- **Aus- und Fortbildungszentrum für den bremischen öffentlichen Dienst (AFZ)**
  (s. auch 13.8)
  Aufgaben des AFZ sind Ausbildung, Auswahl, Betreuung und Fortbildung (Schwerpunkt IT/Digitalisierung) für die Bremische Verwaltung und die Unterstützung der Modernisierung der Verwaltung. Das AFZ ist nachgeordnetes Amt des Senators für Finanzen, der für das ressortübergreifende Personal- und Verwaltungsmanagement zuständig ist.
- **Finanzämter Bremen, Bremerhaven und für Außenprüfung**
  Die Finanzämter Bremen und Bremerhaven sind örtlich zuständig für die Erhebung von Steuern. Das Finanzamt für Außenprüfung ist zuständig für die Betriebs- und Lohnsteueraußenprüfung im Land Bremen.
- **Landeshauptkasse (LHK)**
  Die Landeshauptkasse ist die zentrale Kasse und Vollstreckungsstelle für alle Verwaltungen im Land und in der Stadtgemeinde Bremen. Sie ist Finanzkasse für die Steuerverwaltung im Land Bremen.

Dem Ressort zugeordnete Einrichtungen:

- **Eigenbetrieb:**
  Performa Nord
  Aufgaben des Eigenbetriebs ist die Erbringung von Personal- (z. B. Gehaltsabrechnungen, Beihilfe und Freie Heilfürsorge) und Verwaltungsdienstleistungen für die Dienststellen, Eigenbetriebe etc. des Landes und der Stadtgemeinde Bremen.

- **Körperschaft des öffentlichen Rechts:**
  Hochschule für Öffentliche Verwaltung
  Die Hochschule für Öffentliche Verwaltung betreut die Studiengänge Polizeivollzugsdienst, Risiko- und Sicherheitsmanagement sowie Steuern und Recht. Sie ist Fortbildungsinstitut der Polizei im Lande Bremen und mit dem Institut für Polizei- und Sicherheitsforschung (IPoS) im Bereich Forschung aktiv.

- **Anstalten des öffentlichen Rechts:**
  Verwaltungsschule Bremen (s. auch 13.8)
  Die Verwaltungsschule ist eine nicht-selbstständige Anstalt des öffentlichen Rechts. Sie ist Berufsschule für Berufe der öffentlichen Verwaltung. Bei Bedarf ist sie auch Beamtenfachschule, z. B. für den Justizvollzug.
  Die Verwaltungsschule betreut die Praxisanteile im dualen Bachelor-Studium »Public Management« und führt Fortbildungsveranstaltungen, insbesondere in Aufstiegslehrgängen, durch.

  Anstalt öffentlichen Rechts zur Bildung einer Rücklage für Versorgungsvorsorge
  Aufgabe der Anstalt ist die Bildung und Bewirtschaftung einer Rücklage zur anteiligen Finanzierung der Versorgung von BeamtInnen, RichterInnen sowie ruhelohnberechtigten Beschäftigten des Landes Bremen und der Stadtgemeinde Bremen.

  Immobilien Bremen
  Die Anstalt leistet zentrale Verwaltungs- und Technikdienste für Liegenschaften und Gebäude des Landes und der Stadtgemeinde Bremen und nimmt die Aufgabe des zentralen Einkaufs wahr.

Dataport – AöR
Dataport ist eine Mehrländer-Anstalt, die durch Staatsvertrag gegründet worden ist. Sie unterstützt die öffentlichen Verwaltungen in den Ländern Schleswig-Holstein, einschließlich der Kommunalverwaltung, Sachsen-Anhalt, der Freien und Hansestadt Hamburg und der Freien Hansestadt Bremen durch Informations- und Kommunikationstechniken. Die Anstalt fungiert insbesondere als zentrale IT-Dienstleisterin des Landes Schleswig-Holstein, der Freien und Hansestadt Hamburg, der Freien Hansestadt Bremen und des Landes Sachsen-Anhalt. Für die Länder Mecklenburg-Vorpommern und Niedersachsen ist Dataport durch das Data Center Steuern im Bereich der IT-Unterstützung der Steuerverwaltung tätig.

Föderale IT-Kooperation (FITKO) – AöR
Aufgabe der Anstalt: Die FITKO ist der Verwaltungsunterbau des IT-Planungsrats, sie verwaltet das zentrale Digitalisierungsbudget und setzt die Projekte des Online-Zugangsgesetzes (OZG) um.

- **Gesellschaften (Mehrheitsbeteiligungen):**

Bremer Toto und Lotto GmbH
Gegenstand des Unternehmens:
Die Sicherstellung eines ausreichenden Glückspielangebots auf dem Hoheitsgebiet des Bundeslandes Bremen, insbesondere die Durchführung aller Geschäfte, welche den Totalisatorbetrieb für staatlich genehmigte Wetten und/oder die Veranstaltung erlaubter öffentlicher Lotterien und Ausspielungen zum Gegenstand haben.

Bremer Verkehrs- und Beteiligungs-GmbH
Gegenstand des Unternehmens / Erfüllung des öffentlichen Zwecks: Unternehmensaufgabe der Gesellschaft ist die Beteiligung an Verkehrs- und Versorgungsunternehmen sowie an öffentlich-rechtlichen Kreditinstituten, die Übernahme der Rechtsstellung einer geschäftsleitenden Holding über Verkehrsunternehmen sowie Tätigkeiten im öffentlichen Personennahverkehr der Stadtgemeinde Bremen und Umgebung durch die Tochtergesellschaft Bremer Straßenbahn AG.

Facility Management Bremen GmbH
Gegenstand des Unternehmens:

Gegenstand der Gesellschaft ist der Bau, der Betrieb und die Unterhaltung von Wärme- und Stromversorgungsanlagen für die Versorgung von Gebäuden und allen damit in Zusammenhang stehenden Tätigkeiten.

Governikus GmbH & Co. KG
Gegenstand des Unternehmens:
Die Gesellschaft beschäftigt sich mit der Entwicklung und dem Betreib von E-Government-Lösungen auf der Basis elektronischer Signaturen, kryptografischer Verfahren und dem Standard OSCI. Sie entwickelt und betreibt Signaturanwendungskomponenten, ein System zur technischen Anbindung des neuen Personalausweises (Governikus Autent), eine Lösung zur Bündelung der elektronischen Kommunikation inkl. De-Mail (Governikus Multimessenger), eine Lösung zur beweiswerterhaltenden Langzeitspeicherung (Governikus LZA), die mit der Technischen Richtlinie für die vertrauenswürdige elektronischen Langzeitaufbewahrung (TR-ESOR) konform ist. Des Weiteren realisiert die Gesellschaft Projekte im inhaltlichen Umfeld der zuvor genannten Punkte.

Governikus Bremen GmbH
Gegenstand des Unternehmens:
Die Gesellschaft ist die Geschäftsführung der Governikus GmbH & Co. KG (vormals Bremen Online Services Entwicklungs- und Betriebsgesellschaft mbH, kurz: bos KG)

Hanseatische Wohnungs- und Beteiligung-GmbH
Gegenstand des Unternehmens:
Halten der Beteiligung an der GEWOBA Aktiengesellschaft Wohnen und Bauen, Bremen (GEWOBA).

Performa Nord GmbH
Gegenstand des Unternehmens:
Im Zuge der bremischen Verwaltungsreform gründete der Senat aus wirtschaftlichen Überlegungen den Landeseigenbetrieb Performa Nord, um die Dienststellen des Landes und der Stadtgemeinde Bremen bei der Wahrnehmung ihrer Aufgaben durch ein Angebot kostengünstiger Dienstleistungen zu unterstützen. Die Performa Nord GmbH erschließt außerhalb der Rechtsperson Freie Hansestadt Bremen diesbezügliche Märkte.

Bei der Umsetzung dieser Vorgabe befindet sich die Gesellschaft mit ihren Schwerpunkten Bezüge- und Beihilfenabrechnung sowie Personalservice auch in Übereinstimmung mit der in der aktuellen Koalitionsvereinbarung enthaltenen Absicht, die Zusammenarbeit der norddeutschen Länder zu intensivieren, um Synergieeffekte zu erzielen.

900 Der Senator für Finanzen

Leitung des Senatorenbü

Persönlicher Referen

Vertreterin im Amt
Staatsrätin SV 1

Referat 01
Überregionale Finanzangelegenheiten, EU-Angelegenheiten

Referat 03
Geschäftsbereich Bundesbau

Abteilung 1
Steuern, Steuer- und Finanzpolitik

Referat 10
Außensteuerrecht, Europarecht, Betriebsprüfung, Umwandlungssteuerrecht, Vollstreckung, Insolvenzrecht, Forderungsmanagement, Kassenwesen für die LHK, Personalsteuerung für die Finanzämter und die LHK

Referat 11
Einkommensteuer, Lohnsteuer, Kirchensteuer, Steuerpolitik

Referat 12
Körperschaftsteuer, Gewerbesteuer, Umsatzsteuer, Zölle und Verbrauchsteuern

Referat 13
Abgabenordnung, Steuerstrafrecht, Steuerfahndung, Gemeinnützigkeitsrecht, Erbschaft- und Schenkungsteuer, Gemeindesteuern, Vermögensteuer, Bewertung, Verkehrssteuern

Referat 14
Aus- und Fortbildung, Organisations-, Automations-, Datenschutz- und Rechnungshofangelegenheiten der Steuerverwaltung, steuerliche Spielbankangelegenheiten, Personalbedarfsberechnung, Controlling, Kassenwesen und Innenprüfung für die Finanzämter, Steuerberatungswesen

Abteilung 2
Haushalt, Kredit und Vermögen

Referat 20
Finanzstrategien, Innerbremische Finanzbeziehungen, eHaushalt, Zentrale Finanzen, Haushalte Wirtschaft, Häfen und Immobilien

Referat 21
Grundsatzang. Haushalt, Kosten-/Kommunalabgabenrecht, Zuwendungen, Begleitung Haushalts-/Finanzausschüsse und Rechnungsprüfungsausschüsse, Haushalte Bürgerschaft, Rechnungshof, Senatskanzlei, Bundes-/Europaang., Datenschutz, Inneres, Kultur, Hochschulen/Forschung, Finanzen/Personal, Allgemeine Finanzen, IT-Ausgaben der FHB

Referat 22
Haushalte Gleichberechtigung der Frau, Staatsgerichtshof, Justiz, Sport, Kinder u. Bildung, Arbeit, Jugend u. Soziales, Gesundheit, Umwelt, Bau u. Verkehr

Referat 23
Kredit-, Vermögens- und Zinsmanagement, Bürgschaften, Bankwesen, Spielbank und Lotterien

Referat 24
Reformen im Haushalts-, Kassen- und Rechnungswesen

Referat 25
Zentrales Beteiligungsmanagement und -controlling, Versicherungsaufsicht

Stabsstelle 2-1
Projekt Land-Stadt-Trennung, Digitalisierung und Veränderungsmanagement im Finanzwesen

Personal-

Beamten-
F

Tarif-, Arbei
recht, Vertr
ve

Persona
IT

Personalent
Stellenaussc
Nachwuchskrä

Verwaltur

Dem Ressort zu

- Aus- und Fortbildu bremischen öffent
- Finanzämter Brem Bremerhaven und
- Landeshauptkass
- Verwaltungsschul

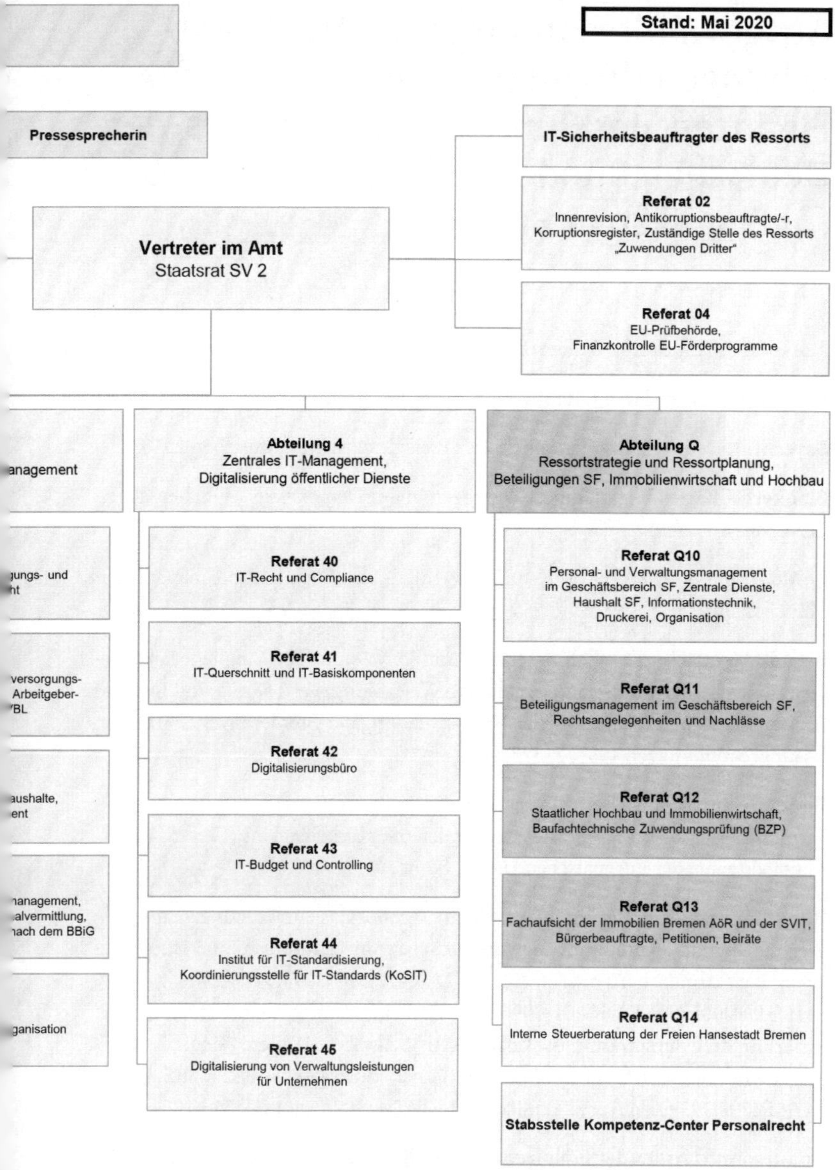

Dem Ressort zugeordnete Einrichtungen:

Eigenbetrieb
- Performa Nord

Körperschaft des öffentlichen Rechts
- Hochschule für Öffentliche Verwaltung

Anstalten des öffentlichen Rechts
- Anstalt öffentlichen Rechts zur Bildung einer Rücklage für Versorgungsvorsorge
- Dataport
- Föderale IT-Kooperation (FITKO)
- Immobilien Bremen

Gesellschaften (Mehrheitsbeteiligungen)
- Bremer Toto und Lotto GmbH
- Bremer Verkehrs- und Beteiligungs-GmbH
- Facility Management Bremen GmbH
- Governikus Bremen GmbH
- Governikus GmbH & Co. KG
- Hanse Vermögensverwaltungsgesellschaft mbH
- Hanseatische Wohngs.-Beteiligungs-GmbH
- Performa Nord GmbH

Ausgewählte Literatur und Veröffentlichungen des Bundesministeriums für Finanzen, des Bundesrechnungshofs, der Deutschen Bundesbank und des Senators für Finanzen in Bremen

Aus- und Fortbildungszentrum der Freien Hansestadt Bremen, Bremen, 2009.

Balcor, Jarmonir, (Hrsg.), Raub von Amts wegen, Bremen 2014.

BayernLB, Deutsche Bundesländer: Der Preis des Erfolges, München 2018.

Blankert, Charles B., Öffentliche Finanzen in der Demokratie, München 2017 (9.Auflage).

Böhle, Thomas (Hrsg.), Kommunales Personal- und Organisationsmanagement, München 2017.

Brandt, Heinrich, Zwischen Besetzung und Verfassung. Die Eingliederung Wesermündes in das Bundesland Bremen, in: Verfassung, Verwaltung und Demokratie. Beiträge zum 50. Jahrestag der Verabschiedung der Bremerhavener Stadtverfassung, Bremerhaven 1997, S. 5, 8 ff.

Bundesrechnungshof, Bericht nach § 99 BHO über angestrebte Einführung harmonisierter Rechnungsgrundsätze für den öffentlichen Sektor (EPSAS) in den Mitgliedstaaten der Europäischen Union, Bonn 2017, S. 20.

Bundesministerium der Finanzen (2019): Grundsätze zur ordnungsmäßigen Führung und Aufbewahrung von Büchern, Aufzeichnungen und Unterlagen in elektronischer Form sowie zum Datenzugriff (GoBD) GZIV A 4 - S 0316/19/10003 :001 DOK 2019/0962810, URL, https://www.bundesfinanzministerium.de/Content/DE/Downloads/BMF_Schreiben/Weitere_Steuerthemen/Abgabenordnung/2019-11-28-GoBD.pdf;jsessionid=74AF560FE2700FE5BAB1A6F2702D9393.delivery1-replication?__blob=publicationFile&v=12

Bundesministerium der Finanzen (2019a): Bericht des Bundesministeriums der Finanzen über die Kreditaufnahme des Bundes im Jahr 2016.
Bundesministerium der Finanzen (2019b): Entwicklung der Länderhaushalte (Kernhaushalte) im Jahr 2016, Endgültiges Ergebnis.

Bundesministerium der Finanzen (2019c): Eckpunkte für die regulatorische Behandlung von elektronischen Wertpapieren und Krypto-Token, https://www.

bundesfinanzministerium.de/Content/DE/Standardartikel/Themen/Internationales_Finanzmarkt/2019-03-08-eckpunkte-elektronische-wertpapiere.html, Abruf 24.04.2019.

Bundesministerium der Finanzen (2020): Entwicklung der Länderhaushalte (Kernhaushalte) im Jahr 2017, Endgültiges Ergebnis.

Bundesministerium für Finanzen, Der bundesstaatliche Finanzausgleich, https://www.bundesfinanzministerium.de/Content/DE/Standardartikel/Themen/Oeffentliche_Finanzen/Foederale_Finanzbeziehungen/Laenderfinanzausgleich/Der-Bundestaatliche-FAG.pdf?__blob=publicationFile&v=5

Bundeministerium für Finanzen, https://www.bundesfinanzministerium.de/Content/DE/Downloads/Broschueren_Bestellservice/2019-03-07-bund-laender-finanzbeziehungen-2018.pdf;jsessionid=E1D28F430E9EAD3FBA44FE-9D5A061D9D?__blob=publicationFile&v=4

Bundesministerium für Finanzen,
Bund/Länder-Arbeitskreis EPSAS, Grundsatzpapier: Bund/Länder-Arbeitskreis EPSAS, 2017, Online im Internet: https://www.bundesfinanzministerium.de/Content/DE/Standardartikel/Themen/Oeffentliche_Finanzen/Bundeshaushalt/Haushaltsrecht_und_Haushaltssystematik/2017-01-05-EPSAS-Deutsch.pdf;jsessionid=81E2C85DD64615789B0DFE6391FCACE6?__blob=publicationFile&v=1 (22. Februar 2019).

Bundesamt für Migration und Flüchtlinge (2016):
Das Bundesamt in Zahlen 2015. Asyl, Migration und Integration. Abgerufen am 22. April 2020 von http://www.bamf.de/SharedDocs/Anlagen/DE/Publikationen/Broschueren/bundesamt-in-zahlen 2015.pdf;jsessionid=8A58B0A9A-179DEC9484D2409D81E6553.1_cid294?__blob=publicationFile

Bundesministerium des Innern (30. September 2016): 890.000 Asylsuchende im Jahr 2015. Pressemitteilung. Abgerufen am 22.04.2019 von http://www.bmi.bund.de/SharedDocs/Pressemitteilungen/DE/2016/09/asylsuchende-2015.html
Bundesministerium des Innern, für Bau und Heimat, www.verwaltung-innovativ.de/OHB/DE/Organisationshandbuch/7_Managementinstrumente/--ansätze 7.8 Kosten-/Leistungsrechnung (KLR).

Bundesministerium für Wirtschaft und Energie (2019): Europäische Territoriale Zusammenarbeit (ETZ). Abrufbar unter: https://www.bmwi.de/Redaktion/DE/Textsammlungen/Europa/etz-verknuepfungen-kontakt-laender.html. Zuletzt abgerufen am 10. Mai 2019.

Bundesrechnungshof, Bericht nach § 99 BHO über angestrebte Einführung harmonisierter Rechnungsgrundsätze für den öffentlichen Sektor (EPSAS) in den Mitgliedstaaten der Europäischen Union, Bonn 2017.

Business Blueprint, Kernprozess »Haushaltsvollzug/Mittelbewirtschaftung«, Einführung SAP R/3 und IS-PS, Freie Hansestadt Bremen, 22. September 2000, S. 15.

Burth, Andreas, Gnädinger, Marc, Grieger, Thomas, Hilgers, Dennis, Lexikon der öffentlichen Haushalts- und Finanzwirtschaft, Taunusstein 2012.

Der Senator für Wirtschaft, Arbeit und Häfen, Die Senatorin für Finanzen (2015): Vorlage für die Sitzung des Senats am 1.12.2015. Zusammenführung der EU-Prüfbehörden des Landes Bremen (Transparenzportal.Bremen.de).

Deutsche Bundesbank (2017): Verzerrende Erfassung von (Dis-)Agien im Bundeshaushalt, in Deutsche Bundesbank, Monatsbericht, Juli 2017.

Deutsche Bundesbank (2018): Der Markt für Bundeswertpapiere: Halterstruktur und wesentliche Einflussfaktoren auf die Renditeentwicklung, in: Deutsche Bundesbank, Monatsbericht, Juli 2018.

Deutsche Bundesbank (2019): »Deutsche Schuldenbremse: zur Überwachung durch den Stabilitätsrat«, Monatsbericht April 2019, S. 101.

Dreier, Horst (Hrsg.), Grundgesetz-Kommentar, Bände 1–3, 3. Auflage, Tübingen 2018.

Durchführungsbeschluss (EU) 2017/1870 Der Kommission vom 16. Oktober 2017 über die Veröffentlichung der Fundstelle der europäischen Norm für die elektronische Rechnungsstellung und die Liste von Syntaxen gemäß der Richtlinie 2014/55/EU des Europäischen Parlaments und des Rates, Amtsblatt der Europäischen Union vom 17.10.2017, L 266/19 - 20, URL https://eur-lex.europa.eu/legal-content/DE/TXT/PDF/?uri=CELEX:32017D1870&from=DE (erfolgreicher Zugriff: 22. Mai 2020).

Ernst & Young, Studentenstudie 2018, Studenten in Deutschland: Werte, Ziele, Perspektiven, Mai 2018, https://www.ey.com/de/de/newsroom/news-releases/ey-20180812-familie-geht-vor-karriere-und-geld-werden-fuer-studenten-immer-unwichtiger.

Ernst & Young, Studentenstudie 2018, In welche Branchen zieht es Studenten in Deutschland, Juli 2018, https://www.ey.com/Publication/vwLUAssets/ey-studentenstudie-2018/$FILE/ey-studentenstudie-2018.pdf

Europäische Kommission (2009): Das Kontrollsystem für die Kohäsionspolitik. Funktionsweise im Haushaltszeitraum 2007–2013. Abrufbar unter: https://ec.europa.eu/regional_policy/sources/docgener/presenta/audit2009/audit2009_de.pdf. Zuletzt abgerufen am 10. Mai 2019.

Europäische Kommission (2019): EU-Förderung in Deutschland. Abrufbar unter: https://ec.europa.eu/germany/eu-funding/grants_de. Zuletzt abgerufen am 10. Mai 2019.

Eurostat, Die angestrebte Umsetzung Europäischer Rechnungsführungsgrundsätze für den öffentlichen Sektor (EPSAS) in den EU-Mitgliedstaaten – Öffentliche Konsultation über die künftigen EPSAS-Steuerungsgrundsätzen und -strukturen, Online im Internet: https://ec.europa.eu/eurostat/de/about/opportunities/consultations/epsas (12. Februar 2019).

Fisahn, Andreas (Hrsg.), Bremer Recht – Einführung in das Staats- und Verwaltungsrecht der Freien Hansestadt Bremen, 2002, Bremen.

Fischer-Lescano, Andreas, Sperlich, Peter (Hrsg.), Landesrecht Bremen, Studienbuch, 1. Auflage, Baden-Baden 2018.

Fischer-Lescano, Andreas, Rinken, Alfred, Buse, Karen, Meyer, Ilsemarie, Stauch, Matthias, Weber, Christian (Hrsg.), Verfassung der Freien Hansestadt Bremen – Handkommentar, 1. Auflage, Baden-Baden 2016.

Andreas Fischer Lescano, Alfred Rinken, Karen Buse, Ilsemarie Meyer, Matthias Stauch, Christian Weber, Verfassung der Freien Hansestadt Bremen, Handkommentar, Nomos Verlagsgesellschaft, 1. Aufl., Baden-Baden 2016, S. 1118.

Gesetz zur Förderung der elektronischen Verwaltung in Bremen vom 21. März 2018, Brem.GBl. 2018, 44, URL https://www.gesetzblatt.bremen.de/fastmedia/832/2018_03_21_GBl_Nr_0021_signed.pdf

Goethe, Johann Wolfgang, »Wilhelm Meisters Lehrjahre«, Roman, Erstveröffentlichung 1795, Neuauflage, Essen 1999.
Helaba (2017): Regionalfokus Verschuldung von Bund, Ländern und Gemeinden: Abwärts schon als Trend?

Henneke, Hans-Günther, Öffentliches Finanzwesen, Heidelberg 2000 (2. Auflage).

Henneke, Hans-Günther, in: Schmidt-Bleibtreu/Hofmann/Henneke, GG, Art. 105, Rn 4, Zum Einfluss des Rechts der europäischen Union
auf das deutsche Steuerrecht vgl. Frotscher, Internationales Steuerrecht, Rn. 55 ff.

Hilgers, Dennis, Frintrup, Markus, Sind die EU-Staaten bereit für die EPSAS?, Düsseldorf 2018.

Hoffmann, Reinhard, Haushaltsvollzug und Parlament, J.C.B. Mohr, Tübingen 1972

Heuer, Ernst, u. a., Kommentar zum Haushaltsrecht (Loseblattsammlung).

IT-Planungsrat (2015): Entscheidung 2015/34 – Steuerungsprojekt »E-Rechnung«, 18. Sitzung des IT-Planungsrats vom 1. Oktober 2015, URL https://www.it-planungsrat.de/SharedDocs/Sitzungen/DE/2015/Sitzung_18.html?pos=9 (erfolgreicher Zugriff: 22. Mai 2020).

IT-Planungsrat (2017): Entscheidung 2017/22 – Umsetzung der Richtlinie 2014/55/EU (elektronische Rechnungsstellung – eRechnung), 23. Sitzung des IT-Planungsrats vom 22. Juni 2017, URL https://www.it-planungsrat.de/SharedDocs/Sitzungen/DE/2017/Sitzung_23.html?pos=3 (erfolgreicher Zugriff: 22. Mai 2020).

IT-Planungsrat (2018): Entscheidung 2018/46 – Umsetzung der Richtlinie 2014/55/EU (elektronische Rechnungsstellung – E-Rechnung), 27. Sitzung des IT-Planungsrats vom 25. Oktober 2018, URL https://www.it-planungsrat.de/SharedDocs/Sitzungen/DE/2018/Sitzung_27.html?pos=10 (erfolgreicher Zugriff: 22. Mai 2020).

IT-Planungsrat (2019a): Entscheidung 2019/29 – Digitalisierung der Beschaffung, 29. Sitzung des IT-Planungsrats vom 27. Juni 2019, URL https://www.it-planungsrat.de/SharedDocs/Sitzungen/DE/2019/Sitzung_29.html?pos=11 (erfolgreicher Zugriff: 22. Mai 2020).

IT-Planungsrat (2019b): Entscheidung 2019/52 – Digitalisierung der Beschaffung, 30. Sitzung des IT-Planungsrats vom 23. Oktober 2019, URL https://www.it-planungsrat.de/SharedDocs/Sitzungen/DE/2019/Sitzung_30.html?pos=14 (erfolgreicher Zugriff: 22. Mai 2020).

Jabkowski, Roland, Becker, Harms, Die Entwicklungsdynamik und die Chancen durch Digitalisierung: Blockchain und was sonst noch kommt! – Ein Ausblick auf die neuesten Entwicklungen, in: Lühr, Jabkowski, Semtek, Handbuch Digitale Verwaltung, Wiesbaden 2019.

Junkernheinrich, Martin (Hrsg.), Korioth, Stefan (Hrsg.), Lenk, Thomas (Hrsg.), Scheller, Henrik (Hrsg.), Woisin, Matthias (Hrsg.), Jahrbuch für öffentliche Finanzen 1-2016, Verhandlungen zum Finanzausgleich, Band 233, Berlin 2016.

Junkernheinrich, Martin (Hrsg.), Korioth, Stefan (Hrsg.), Lenk, Thomas (Hrsg.), Scheller, Henrik (Hrsg.), Woisin, Matthias (Hrsg.), Jahrbuch für öffentliche Finanzen 2-2018, Staatsanpassung – Die neue Finanzverfassung als politische und rechtliche Gestaltungsaufgabe im Bundesstaat, Schriften zur öffentlichen Verwaltung und öffentlichen Wirtschaft, Band 241, Berlin 2018.

KGSt-Bericht, 2/2017 zum Förderungscontrolling, KGSt-Bericht 10/200, Strategisches Management III: Zielbezogene Budgetierung, S. 10.

Kirchhof, F., Finanztransfers aus Separathaushalten im Bundesstaat, in: H. Maurer, Festschrift für G. Düring S. 447.

Kitterer, Wolfgang, Finanzausgleich im vereinten Deutschland, Heidelberg 1994, S. 53.

Klusewitz, Stefan, Auswirkungen des bundesstaatlichen Finanzausgleichs, Finanzbericht Bremen, hrsg. vom Senator für Finanzen, Nr. 2/1997.

Koordinierungsstelle für IT-Standards (2020): XRechnung – der Standard zur elektronischen Rechnungsstellung bei öffentlichen Auftraggebern, URL https://www.xoev.de/xrechnung-16828#BestandteileXRechnung (erfolgreicher Zugriff: 22. Mai 2020).

Kriegler, Wolf Rainer, Praxishandbuch Employer Branding, Mit starker Marke zum attraktiven Arbeitgeber werden, 2. Auflage, Freiburg 2015.

Kröning, Volker, Pottschmidt, Günter, Preuß Ulrich K., Rinken, Alfred (Hrsg.), Handbuch der Bremischen Verfassung, 1. Auflage 1991 Baden-Baden.

Lake, Stefan, Karriereziele und Erwartungen an den Arbeitgeber von Studierenden und jungen Berufstätigen: Umfrageergebnisse 2008 bis 2013, in: Hartmann, M. (Hrsg.), Rekrutierung in einer zukunftsorientierten Arbeitswelt, Wiesbaden 2015.

Lühr, Henning, Jabkowski, Roland, Smentek, Sabine (Hrsg.), Handbuch Digitale Verwaltung, Wiesbaden 2019.

Maunz, Theodor (Begründer), Dürig, Günter (Begründer), Grundgesetz, Kommentar, Loseblatt, Werkstand: 90. EL Februar 2020.

US-Militärregierung – Deutschland. Amerikanisches Kontrollgebiet. Proklamation Nr. 3 vom 21. Januar 1947.

Next:Public, Nachwuchsbarometer Öffentlicher Dienst 2019, Gradmesser der Attraktivität des Öffentlichen Dienstes als Arbeitgeber bei Studierenden aller Fachrichtungen bundesweit, Berlin 2019.

NordLB (2018): Issuer Guide Deutsche Bundesländer 2018.

NordLB (2019): Covered Bond & SSA View, 10. April 2019.

Rechnungshof Bremen, Jahresbericht 2007 über die Prüfung der Haushalts- und Wirtschaftsführung und der Haushaltsrechnung 2005, Freie Hansestadt Bremen (Land).

Richtlinie 2006/123/EG des Europäischen Parlaments und des Rates vom 12. Dezember 2006 über Dienstleistungen im Binnenmarkt, Amtsblatt der Europäischen Union vom 27.12.2006, L 376/36, URL https://eur-lex.europa.eu/legal-content/DE/TXT/HTML/?uri=CELEX:32006L0123&from=DE (erfolgreicher Zugriff: 22. Mai 2020).

Richtlinie 2014/55/EU des Europäischen Parlaments und des Rates vom 16. April 2014 über die elektronische Rechnungsstellung bei öffentlichen Aufträgen, Amtsblatt der Europäischen Union vom 6. Mai 2014, L 133/1 – 11, URL https://eur-lex.europa.eu/legal-content/DE/TXT/HTML/?uri=CELEX:32014L0055&from=DE (erfolgreicher Zugriff: 22. Mai 2020).

Richtlinie 2014/24/EU des Europäischen Parlaments und des Rates vom 26. Februar 2014 über die öffentliche Auftragsvergabe und zur Aufhebung der Richtlinie 2004/18/EG, Amtsblatt der Europäischen Union vom 28.3.2014, L 94/65, URL https://eur-lex.europa.eu/legal-content/DE/TXT/HTML/?uri=CELEX:32014L0024&from=DE (erfolgreicher Zugriff: 22. Mai 2020).

Sachs, Michael (Hrsg.), GG – Grundgesetz, Kommentar, 9. Auflage, München 2020.

Sander, Ludger, Das neue Steuerungsmodell, in: Sander, Ludger u. a., New Public Management, Wiesbaden 2004.

Scherf, Wolfgang, Öffentliche Finanzen – Einführung in die Finanzwirtschaft –, Stuttgart 2009.

Schmalzl, Weigand (2019): Standortbestimmung Digitalisierung Sparkassen, in: BaFin Perspektiven 1/2019, Digitalisierung – Folgen für Finanzmarkt, Aufsicht und Regulierung – Teil II.

Schmidt-Bleibtreu, Bruno (Verfasser), Henneke, Hans-Günter (Hrsg.), Hofmann, Hans (Hrsg.), GG – Grundgesetz, Kommentar, 14. Auflage, Köln 2018.

Seibel, Wolfgang, Verwaltung verstehen – Eine theoriegeschichtliche Einführung, Berlin 2016, 2. Auflage.

Senat der FHB, Mitteilung des Senats vom 24. Mai 2019, Bremische Bürgerschaft (Landtag) Drs. 19/2197.

Senator für Finanzen, Zentrales Finanzcontrolling, Jahresbericht 2019 der bremischen Haushalte, Bremen, 2020.

Senator für Finanzen, Jahresbericht Handlungsfelder 2019 zur Maßnahme D11.

Senatorin für Finanzen, Zentrales Finanzcontrolling, Jahresbericht 2018 der bremischen Haushalte, Bremen, 2019.

Senatorin für Finanzen, Kursbuch Gleichstellungsorientierte Haushaltssteuerung Gender Budgeting, Bremen 2018.

Senator für Finanzen, Verwaltung 4.1 – eine E-Government- und Digitalisierungsstrategie für die Freie Hansestadt Bremen, Bremen, 2018.

Senatorin für Finanzen, Dokumentations- und Darlegungsbericht über die Entwicklung der flüchtlingsbezogenen Einnahmen und Ausgaben. Zwischenstand 2016. http://senatspressestelle.bremen.de/sixcms/media.php/13/20161020_FlueSanBericht.pdf

Senatorin für Finanzen, »Dokumentations- und Darlegungsbericht über die Entwicklung der flüchtlingsbezogenen Einnahmen und Ausgaben der Freien Hansestadt Bremen – Abschlussbericht 2016«, https://www.finanzen.bremen.de/sixcms/media.php/13/2017-05-

Senator für Finanzen, Gleichstellungsorientierte Haushaltssteuerung – Gender Budgeting, Bremen 2018.

Smaldone, William, Rudolf Hilferding, Bonn 2000.

Stabilitätsrat, Beschluss des Stabilitätsrates im Zusammenhang mit der Überwachung der Einhaltung der Schuldenbremse für die Zeit ab dem Jahr 2020 vom 6. Dezember 2018 sowie Kompendium des Stabilitätsrates zur Überwachung der Einhaltung der Schuldenbremse nach Art. 109a Abs. 2 GG, beides abrufbar unter http://www.stabilitaetsrat.de/DE/Dokumentation/Ueberwachung_Einhaltung_Schuldenbremse/Ueberwachung-Einhaltung-Schuldenbremse_node.html. http://www.stabilitaetsrat.de

Statistisches Bundesamt (2019a): Schulden des Öffentlichen Gesamthaushalts 2017, Fachserie 14 Reihe 5.

Statistisches Bundesamt (2019b): Liste der Extrahaushalte 2018, https://www.destatis.de/DE/Themen/Staat/Oeffentliche-Finanzen/Fonds-Einrichtungen-Unternehmen/Methoden/Downloads/liste-extrahaushalte-2018-pdf.html, Abruf 24.04.2019.

Statistisches Bundesamt (2019c): Liste der Fonds, Einrichtungen und Unternehmen 2018, https://www.destatis.de/DE/Themen/Staat/Oeffentliche-Finanzen/Fonds-Einrichtungen-Unternehmen/Methoden/Downloads/liste-sonstige-FEU-2018-xls.html, Abruf 24. April 2019.

Statistisches Bundesamt (2020): Vorläufiger Schuldenstand des Öffentlichen Gesamthaushalts 4. Vierteljahr 2018, Fachserie 14 Reihe 5.2.

Tappe, Henning, Wernsmann, Rainer, Öffentliches Finanzrecht, 2. Auflage, Heidelberg 2019.

Trapp, Georg, Veranlassungsprinzip in der Finanzverfassung, Berlin 1997.

Universität Bremen, Der öffentliche Dienst im Umbruch? Selbstverständnis öffentlich Beschäftigter und Arbeitgeberbild, Das Beispiel der Freien Hansestadt Bremen, 2015.

Universität Rostock, Online course: European Public Sector Accounting, Online im Internet: http://offene.uni-rostock.de/online-course-european-public-sector-accounting/ (20. Februar 2019).

Universum Communications, Student Survey 2016, https://www.saatkorn.com/alles-zum-universum-student-survey-2016/

Universum Communications, Student Survey 2018 Deutschland, The Most Attractive Employers in Germany, https://universumglobal.com/de/studentsurvey2018/

van der Lucke, Jörn, Open Budget – Gedanken zur Öffnung des Haushaltswesens im Zeitalter soziale Medien und vernetzter Communities INF Informatik 2011.

Wiesner, Herbert, Leibing, Heinz, Müller, Reinhard, Öffentliche Finanzwirtschaft, Reihe »Handbücher und Kommentare«, 2008.

Wigger, Berthold U., Grundzüge der Finanzwirtschaft, 2. Auflage, Berlin Heidelberg 2006.

Wüstemann, Jens, Wüstemann, Sonja, Conrath-Hargreaves, Annemarie Harmonisierung der öffentlichen Rechnungslegung in der Europäischen Union, Baden-Baden 2016.

Zimmermann, Horst, Henke, Klaus-Dirk, Finanzwirtschaft, 8. Auflage, München 2001.

Verzeichnis der AutorInnen

Alten, Petra, Referentin und Projektleiterin beim Senator für Finanzen
(16.5.)

Andrae, Volker, Referatsleiter beim Senator für Finanzen
(9.3.1)

Baumgarten, Alena, Der Senator für Finanzen
(7.5, 7.5.1)

Beeskow, Beate, Stellv. Referatsleiterin beim Senator für Finanzen
(13.1, 13.2, 13.5)

Dr. Buscher, Daniel, Finanzreferent/Referatsleiter beim Senator für Finanzen
(3.2, 3.3, 4.1, 4.2, 4.3, 4.4)

Demale, Kevin, Referent beim Senator für Finanzen
(9.4)

Diezelmüller, Olaf, Stellv. Referatsleiter beim Senator für Finanzen
(16.4, 17.3, 18.1, 18.2, 18.3, 20.1)

Duveneck, Holger, Haushaltsdirektor und Abteilungsleiter Haushalt, Kredit und Vermögen beim Senator für Finanzen
(7.5.2)

Fehren, Andreas, Referatsleiter beim Senator für Finanzen
(7.6, 7.6.1, 8.1, 8.2, 8.3, 8.4, 8.5)

Dr. Figura, Julia, Referatsleiterin beim Senator für Finanzen
(17.1, 17.2)

Frahn, Anja, Referentin beim Senator für Finanzen
(14.4.)

Hlawaty, Christoph, Referent beim Senator für Finanzen
(17.1, 17.2)

Dr. Hellmeyer, Monika, Stellv. Referatsleiterin beim Senator für Finanzen
(7.6, 11.1, 11.2, 11.3, 11.4)

Hentschel, Anja, Referentin beim Senator für Finanzen
(7.1, 7.2, 7.2.1, 7.2.2, 7.2.3, 7.2.4, 7.2.5., 7.2.6, 7.2.7, 7.2.8, 7.2.9, 7.2.10., 7.3, 7.5.3, 9.5)

Hipp, Andreas, Referent beim Senator für Finanzen
(7.5.2, 19.1, 19.2, 19.2.1, 19.2.2, 19.2.3, 19.3, 19.3.1, 19.3.1.1, 19.3.1.2, 19.1.3.1.3, 19.3.1.4, 19.3.1.5, 19.3.1.6)

Holzschneider, Marko, Stellv. Referatsleiter beim Senator für Finanzen
(5.1, 5.2, 6.1, 6.2)

Hömpler, Lars, Referatsleiter beim Senator für Finanzen
(5.1, 5.2, 6.1, 6.2, 19.1, 19.2, 19.2.1, 19.2.2, 19.2.3, 19.3, 19.3.1, 19.3.1.1, 19.3.1.2, 19.1.3.1.3, 19.3.1.4, 19.3.1.5, 19.3.1.6)

Janke, Helga, Stellv. Referatsleiterin beim Senator für Finanzen
(20.2.1)

Klusewitz, Stefan, Stellv. Referatsleiter beim Senator für Finanzen
(3.1)

Korte, Stephan, Bürgermeister der Gemeinde Stuhr,
bis 2020 stellv. Abteilungsleiter beim Senator für Finanzen
(14.2)

Dr. Krause-Nicolai, Doris, Referentin beim Senator für Finanzen
(13.4)

Linnert, Karoline, Bürgermeisterin und Senatorin für Finanzen von 2007 bis 2019
(1.1, 2.1)

Kurth, Axel, Der Senator für Finanzen
(10.3)

Lühr, Henning, Staatsrat beim Senator für Finanzen von 2003 bis 2020
(Einführung, 1.2, 7.2.11, 22)

Mahlmann, Heidemarie, Referentin beim Senator für Finanzen
(13.7)

Dr. Mourani, Ibrahim, Der Senator für Finanzen
(3.3)

Ninierza, Edwin, Referatsleiter beim Senator für Finanzen
(13.4, 13.4.1, 13.4.2)

Platow, Andreas, Referent beim Senator für Finanzen
(14.1)

Rietdorf, Swenja, Sachbearbeiterin beim Senator für Finanzen
(16.1)

Ritting, Sybille, Sachbearbeiterin beim Senator für Finanzen
(7.6.3)

Rolf, Christian, Stellv. Referatsleiter beim Senator für Finanzen
(16.2)

Schmitz, Imke, Der Senator für Finanzen
(7.5, 7.5.1)

Dr. Schwieger, Dirk, Abteilungsleiter Steuern, Steuer- und Finanzpolitik beim Senator für Finanzen
(7.5, 7.5.1)

Schüttrumpf, Ricarda, Referatsleiterin und stellv. Abteilungsleiterin beim Senator für Finanzen
(10.1, 10.2, 10.3, 14.1, 14.3)

Seeger, Johanna, Referentin beim Senator für Finanzen
(13.4, 13.4.3)

Skrzypczak, Nele, Der Senator für Finanzen
(14.3., 14.4)

Sommer, Jens-Thorsten, Referatsleiter beim Senator für Finanzen
(7.6.2, 13.1, 13.2)

Spielhoff, Lothar, Präsident des Rechnungshofes der Freien Hansestadt a. D.
(21.1, 21.2, 21.3, 21.4, 21.4.1, 21.4.2, 21.4.3, 21.4.4, 21.4.5, 21.4.5.1, 21.5, 21.6, 21.7, 21.8)

Strehl, Dietmar, Senator für Finanzen
(Vorwort)

Tiedemann, Michael, Vertreter des Kommunalen Arbeitsgeberverbandes e.V.
(15)

Dr. Dr. Jan C. Thiele, stellv. Referatsleiter beim Senator für Finanzen
(16.3)

Volkmann, Katja, Referentin beim Senator für Finanzen
(20.2.2)

Wagner, Falk, Der Senator für Finanzen
(5.1, 5.2, 6.1, 6.2)

Warnke, Marion, Der Senator für Finanzen
(9.3.2, 9.3.3)

Wendel, Holger-Andreas, Leiter des AFZ und der Verwaltungsschule
(13.8)

Wegner, Bettina, Referentin beim Senator für Finanzen
(10.1, 10.2, 10.3)

Wessels, Carsten, Referatsleiter beim Senator für Finanzen
(9.2)

Wieneke, Matthias, Stellv. Referatsleiter beim Senator für Finanzen
(12.1, 12.2.12.3)

Dr. Wild, Tobias, Der Senator für Finanzen
(3.2, 4.1, 4.2, 4.3, 4.4)

Wübbenhorst, Heinz, Der Senator für Finanzen
(20.3)

Zimmermann, Joachim, Referatsleiter beim Senator für Finanzen bis 2019
(17.1, 17.2)

Das ABC

der Haushaltspraxis

Abschreibung

stellt in der → Finanzbuchhaltung die planmäßige oder außerplanmäßige Wertminderung von Vermögensgegenständen des → Anlage- und → Umlaufvermögens dar. Ziel der Abschreibung ist die periodengerechte Verteilung der → Anschaffungs- und → Herstellungskosten auf die betriebsgewöhnliche Nutzungsdauer. Dieser Werteverzehr stellt → Aufwand der jeweiligen Rechnungsperiode dar. Die betriebsgewöhnliche Nutzungsdauer für die in der bremischen Verwaltung genutzten Vermögensgegenstände wird durch den/die SenatorIn für Finanzen festgelegt (vgl. Tabelle Abschreibungssätze für die bremische Verwaltung).

Absetzung für Abnutzung (AfA)

Steuerrechtlicher Begriff für → Abschreibung.

Altersteilzeit

ist ein → Teilzeitmodell, welches von Beschäftigten und BeamtInnen in der Phase vor dem Austritt aus dem Berufsleben gewählt werden kann. Bei ArbeitnehmerInnen im TVöD liegt die Antragsgrenze derzeit noch bei 55 Jahren, bei den ArbeitnehmerInnen im TV-L ist der Tarifvertrag zur Altersteilzeit derzeit ausgelaufen. Bei BeamtInnen liegt die Antragsgrenze bei 60 Jahren. Altersteilzeit kann im → Block- oder im → Teilzeitmodell beansprucht werden, wobei beim Blockmodell während einer Ansparphase in der Regel Vollzeit und in der Freistellungsphase nicht mehr gearbeitet wird. Während der gesamten Zeit werden die Bezüge entsprechend des jeweiligen Zeitanteils verringert ausgezahlt. Die Bezüge werden durch den Arbeitgeber aufgestockt, bei BeamtInnen derzeit auf rd. 80 % der Vollzeitbezüge.
Werden nachweislich durch Wiederbesetzungen nach der Aktivphase der Altersteilzeit von Arbeitnehmern Arbeitsplätze für Jüngere geschaffen, können Zuschüsse von der Agentur für Arbeit beantragt werden.

Altersteilzeit-Rückstellungen

Seit dem 1. Januar 2008 ist bei jeder neuen Gewährung von → Altersteilzeit im → Blockmodell aus dem entstehenden Budgetentlastungseffekt während der Aktivphase (volle Arbeitsleistung bei reduzierten Bezügen) eine Rückstellung zur anteiligen Finanzierung der Passivphase der Altersteilzeit bei der → Anstalt zur Bildung einer Rücklage für Versorgungsvorsorge zu bilden. Die gebildete Rückstellung wird nach dem Wechsel in die Passivphase gleichmäßig auf die Laufzeit der Passivphase verteilt und zur anteiligen Deckung der Ausgaben herangezogen.

Anhang

Im Anhang werden die für den → doppischen Jahresabschluss erforderlichen Grundlagen sowie die Zahlen der → Vermögens- und Erfolgsrechnung erläutert.

Anlagenbuchhaltung

ist eine Nebenbuchhaltung der Hauptbuchhaltung. In der Anlagenbuchhaltung werden entgeltlich erworbene immaterielle Vermögensgegenstände und Sachanlagen, die einer selbstständigen Nutzung fähig sind und langfristig (i. d. R über ein Jahr) genutzt werden, erfasst. Jeder Vermögensgegenstand wird einzeln mit den → Anschaffungs- und → Herstellungskosten erfasst und die Wertentwicklung über die gesamte Nutzungsdauer ausgewiesen. Die Anlagenbuchhaltung dient gleichfalls als Nachweis der Inventarisierung nach § 73 LHO.

Anlagevermögen
Als Anlagevermögen werden alle Vermögensgegenstände bezeichnet, die dazu dienen sollen, langfristig zur Aufgabenerfüllung der Verwaltung beizutragen. Der Einzelnachweis der Vermögensgegenstände erfolgt in der → Anlagenbuchhaltung.

Anreizprinzip
Das Anreizprinzip als ein wesentliches Element der → dezentralen Haushaltssteuerung soll es ermöglichen, Haushaltsverbesserungen durch Eigeninitiative zu erzielen. Die Verbesserungen verbleiben vollständig oder anteilig der jeweiligen → Produktgruppe, dem → Produktbereich bzw. dem → Produktplan.

Anschaffungskosten
sind alle Aufwendungen, die für den Erwerb eines Vermögensgegenstandes und dessen Versetzung in einen betriebsbereiten Zustand geleistet werden. Zu den Anschaffungskosten gehört auch die Umsatzsteuer, soweit diese nicht als Vorsteuer abziehbar ist. Aufwendungen für die Aufstellung und Montage oder Kosten für die Lieferung, wenn sie dem angeschafften Vermögensgegenstand einzeln (direkt) zugeordnet werden können, zählen beispielsweise ebenfalls zu den Anschaffungskosten.

Anschlag
ist das in einem Haushaltsplan für einen bestimmten Zweck vorgesehene Einnahme- bzw. Ausgabevolumen.

Anstalt zur Bildung einer Rücklage für Versorgungsvorsorge
wurde am 28. Juni 2005 per Gesetz gegründet, um die steigenden Versorgungsausgaben nicht mehr ausschließlich über die Reduzierung der Beschäftigten bzw. über das Sondervermögen Versorgungsrücklage abzufedern.
Der Versorgungsfonds bildet mit seinem Vermögen eine Rücklage zur Finanzierung
- der Versorgung der BeamtInnen,
- der Beihilfen für Versorgung sowie
- der ruhelohnberechtigten Beschäftigten des Landes und der Stadtgemeinde Bremen.

Aufwand
In der → Finanzbuchhaltung ist der Aufwand der bewertete Verbrauch aller Güter (Waren und Leistungen), die erforderlich sind, die Leistung der Gebietskörperschaft innerhalb einer Periode zu erbringen. Der Aufwand ist in

der Periode der Leistungsinanspruchnahme zu erfassen, unabhängig vom Zahlungszeitpunkt.

Ausbildung

umfasst die in einem Ausbildungsverhältnis zur Gebietskörperschaft stehenden Personen, wie kaufmännische oder gewerbliche Auszubildende, AnwärterInnen, ReferendarInnen, PraktikantInnen sowie die diesbezüglichen Ressourcen.

Ausgaben

Wertgröße, die die Verminderung des Geldvermögens durch Auszahlung, Abgang von Forderungen oder Zugang von Verbindlichkeiten angibt. Gegenteil der → Einnahmen.

Ausgaberest

Betrag, um den die Ist-Ausgaben bei übertragbaren Ausgabemitteln hinter dem → Haushaltssoll eines → Haushaltsjahres zurückgeblieben sind. Er steht im Folgenden → Haushaltsjahr neben den veranschlagten Haushaltsmitteln zur Verfügung; vgl. → Haushaltssoll, → Ist-Abschluss, → Liquiditätssteuerung, Steuerung des → Finanzierungssaldos.

Ausnahmetatbestand

Siehe »Schuldenbremse«. Unter bestimmten Umständen kann der Bundestag oder ein Landtag die Verwaltung ermächtigen, wegen einer Naturkatastrophe oder außergewöhnlichen Notsituationen, die sich der Kontrolle des Staates entzieht und die staatliche Finanzlage erheblich beeinträchtigt, mehr neue Kredite aufzunehmen als unter normalen Umständen zulässig. Für diese zusätzlich aufgenommenen Kredite muss das Parlament gleichzeitig einen Tilgungsplan beschließen, damit sichergestellt ist, dass die über das normalerweise zulässige Maß aufgenommenen Schulden in den Folgejahren kontrolliert zurückgeführt werden.

Ausschreibung

Dem Abschluss von Verträgen über Lieferungen und Leistungen muss eine öffentliche Ausschreibung vorausgehen, sofern nicht die Natur des Geschäfts oder besondere Umstände in begründeten Fällen eine Ausnahme rechtfertigen (Vergabe- und Vertragsordnung für Bauleistungen [VOB], Vergabe- und Vertragsordnung für Leistungen, ausgenommen Bauleistungen [VOL], Vergabeordnung für freiberufliche Leistungen [VOF] im Rahmen des Gesetzes gegen Wettbewerbsbeschränkungen [GWB], der Verordnung über die Vergabe öffentlicher Aufträge [VgV] und des Tariftreue- und Vergabegesetzes [TtVG]).

Außerhaushaltsmäßiges Konto

ist notwendig, um Buchungen, die aus verschiedenen Gründen nicht bzw. zweckmäßigerweise noch nicht unmittelbar im Haushalt abzubilden sind, dennoch vornehmen zu können. Basierend auf den VV-LHO Nr. 11 bis 14 zu § 71 LHO sind mit den Vorschriften zur Kontensystematik für das Haushalts-, Kassen- und Rechnungswesen – VV-HS (KS-HR) – zentrale Festlegungen zur Systematik und Einrichtung von AH-Konten getroffen worden.

AH-Konten werden z. B. benötigt, um bei der Landeshauptkasse eingezahlte Beträge, die aufgrund unvollständiger Angaben (z. B. fehlendes Kassenzeichen) nicht unmittelbar im Haushalt gebucht werden können, zu buchen.

Barsicherheiten

Bei Derivaten wird regelmäßig (täglich, wöchentlich oder monatlich) der aktuelle Marktwert berechnet. Dieser Marktwert ist aus Sicht des einen Vertragspartners positiv und aus Sicht des anderen Vertragspartners negativ. Damit der Vertragspartner mit dem positiven Marktwert gegen den Ausfall des anderen Vertragspartners abgesichert ist, hinterlegt letzterer eine Sicherheit in Höhe des Marktwertes. Wenn es zu einem Ausfall kommt, kann die Sicherheit verwendet werden, um mit einem neuen Vertragspartner ein identisches Derivat abzuschließen. Als Sicherheit ist in den Verträgen mit der Freien Hansestadt Bremen regelmäßig nur Bargeld in Euro zugelassen. Andere Sicherheiten sind beispielsweise Fremdwährungen oder Wertpapiere.

Baufachtechnische Zuwendungsprüfung

beinhaltet die baufachliche Prüfung des technisch zweckmäßigen und sparsamen Einsatzes gewährter Fördermittel. Die Bewilligung und Zahlung von Zuwendungen der FHB an Stellen außerhalb der bremischen Verwaltung für die Durchführung von Baumaßnahmen sowie der Nachweis der Verwendung der Mittel und die Prüfung ihrer Verwendung regeln sich nach den Verwaltungsvorschriften (VV-LHO) zu § 44 LHO sowie den Richtlinien für die Planung und Durchführung von Bauaufgaben (RLBau), Abschnitt 4. Die Bewilligungsbehörde ist zur rechtzeitigen Beteiligung und Beauftragung der zuständigen technischen bremischen Verwaltung verpflichtet, so dass diese die Aufgaben der Zuwendungsprüfung ordnungsgemäß durchführen kann.

Bauliche Unterhaltung

Mangelhafte bauliche Unterhaltung von Gebäuden und Grundstücken kann zu anlagentechnischen Mängeln und Bauschäden führen, deren Beseitigung die Kosten einer konsequenten Instandhaltung bei Weitem übersteigen. Neben der Wirtschaftlichkeit gehört die Einhaltung von Sicherheitsstandards zu den originären Aufgaben der baulichen Unterhaltung.

Baumaßnahme

ist eine Maßnahme, die nach den ZR-GPL der Hauptgruppe 7 zuzuordnen ist, vgl. → Haushaltsstelle.
Ausgaben für eine Baumaßnahme dürfen nach § 24 LHO erst veranschlagt werden, wenn Pläne, Kostenermittlungen (DIN 276), Erläuterungen und Wirtschaftlichkeitsuntersuchungen vorliegen. Die Planungsschritte erfolgen nach den Vorgaben der RLBau und dem zuständigen Ressort nach einem Kaskadenprinzip. Eine Baumaßnahme darf nach § 54 LHO erst begonnen werden, wenn die Gesamtfinanzierung gesichert ist, ausführliche Entwurfszeichnungen und eine aktualisierte Kostenberechnung vorliegen.

Beauftragter für den Haushalt
ist nach § 9 LHO bei jeder Dienststelle zu bestellen, soweit nicht der Leiter der Dienststelle diese Aufgabe selbst wahrnimmt. Dem/der Beauftragten für den Haushalt obliegen die Aufstellung der Unterlagen für die → Finanzplanung, für den Entwurf des → Haushaltsplans (→ Voranschläge) sowie die Ausführung des Haushaltsplans.
Der/die Beauftragte für den Haushalt ist bei allen Maßnahmen von finanzieller Bedeutung zu beteiligen. Aufgrund haushaltsgesetzlicher Regelung ist der/die → Verantwortliche im Produktgruppenhaushalt in der Regel zugleich der/die Beauftragte für den Haushalt.

Beihilfe
ist eine finanzielle Unterstützung in Krankheits-, Geburts-, Pflege- und Todesfällen für BeamtInnen, RichterInnen, PensionärInnen, deren Kinder sowie deren Ehepartner, soweit diese nicht selbst sozialversicherungspflichtig sind.

Beitrag
ist eine öffentlich-rechtliche Abgabe, die für die Bereitstellung einer Leistung – unabhängig von der tatsächlichen Inanspruchnahme – aufgrund einer Rechtsgrundlage erhoben wird. Sie dient dem Ersatz des Aufwandes für die Herstellung, Anschaffung, Erweiterung und Verbesserung öffentlicher Einrichtungen und Anlagen.

Benchmarking
ist der systematische und kontinuierliche Prozess, eigene Produkte, Dienstleistungen und Prozesse mit anderen Organisationen in qualitativer und/oder quantitativer Hinsicht zu vergleichen. Ziel ist es, aus dem Vergleich mit den Besten zu lernen und die Leistungsfähigkeit der eigenen Organisation zu steigern, um im Idealfall selbst die Spitzenposition zu erreichen. Benchmarking bezeichnet eine vergleichende Analyse mit einem Referenzwert. Beim Benchmarking wird die Aufgabenwahrnehmung des öffentlichen Bereichs in einheitlichen, vergleichbaren Systematiken für Städte oder Länder verglichen. Vgl. → Interkommunaler Leistungsvergleich.

Bereinigte Einnahmen/Ausgaben
Summe der haushaltsmäßigen Einnahmen/Ausgaben ohne → besondere Finanzierungsvorgänge.

Berichtswesen
Im Rahmen eines Berichtswesens werden Daten regelmäßig zu Informations- und Dokumentarzwecken systematisch und (möglichst) nach einheitlichen Kriterien aufbereitet. Das Berichtswesen ist wesentliche Grundlage für die Durchführung des → Controllings.

Beschäftigungsvolumen
bezeichnet die Summe der Vollbeschäftigten und der auf Vollzeit umgerechneten Teilzeitbeschäftigten.

Beschäftigungsvorgaben

setzen sich zusammen aus den → Personalbudgets, den → Beschäftigungszielzahlen, den Vorgaben der → Personalstruktur und dem → Stellenplan sowie weiteren personalrelevanten → Kennzahlen.

Beschäftigungszielzahl

Die Beschäftigungszielzahl drückt den finanzierten Beschäftigungsumfang einer Verwaltungseinheit in Vollzeiteinheiten (VZE) aus. Die Beschäftigungszielzahlen für die einzelnen Ressorts werden auf Basis eines Ausgangswertes (aktuell: Dezember 2015) unter Beachtung von politischen Schwerpunktsetzungen, der Bonus-Malus-Berechnung zur Ermittlung von Strukturverbesserungen bzw. -verschlechterungen sowie erforderlicher Personaleinsparungen fortgeschrieben. Sie dienen somit der Planung, Steuerung und der Kontrolle des → Personalbudgets.
Vollzeiteinheiten (VZE) vgl. → Vollzeitäquivalente (VZÄ).

Besondere Finanzierungsvorgänge

Zu den besonderen Finanzierungsvorgängen zählen die Entnahmen aus bzw. Zuführungen an → Rücklagen, die Aufnahme und die Tilgung von → Deckungskrediten sowie die Einnahmen und Ausgaben aus innerbremischen → Erstattungen/Verrechnungen.

Bestandskonten

Auf den Bestandskonten werden die Bestände der in der → Vermögensrechnung auszuweisenden Vermögenswerte (→ Anlagevermögen, → Umlaufvermögen) und der Finanzierung (→ Eigenkapital, Fremdkapital) sowie deren Veränderungen erfasst. Die Salden auf den Bestandskonten werden jahresübergreifend fortgeführt. Die Bestände zum Ende des → Wirtschaftsjahres entsprechen den Anfangsbeständen zum Beginn des neuen Wirtschaftsjahres.

Beteiligungen

- stellen den Anteil an privatrechtlich organisierten Unternehmen dar. Eine Beteiligung an der Gründung eines Unternehmens in privater Rechtsform oder an einem bestehenden Privatunternehmen soll nur erfolgen, wenn ein wichtiges Interesse vorliegt und sich der angestrebte Zweck auf andere Weise nicht besser und wirtschaftlicher erreichen lässt.
- werden in der → Vermögensrechnung in dem Posten Finanzanlagen mit dem Betrag, der dem Anteil Bremens am → Eigenkapital des Unternehmens oder einer ausgegliederten Einheit entspricht, ausgewiesen.

Beteiligungscontrolling

ist ein Instrument zur zeitnahen Steuerung, Koordination und Kontrolle der Beteiligungsgesellschaften, um vorgegebene Ziele bestmöglich zu erreichen. Es dient damit der ergebnisorientierten, funktionsübergreifenden Steuerung.

Beteiligungsmanagement

ist die Zusammenfassung aller operativen und verwaltenden Aufgaben, die ein Konzern im direkten Umfeld seiner Unternehmensbeteiligungen zu erfüllen hat.

Durch den Aufbau eines Beteiligungsmanagements soll die notwendige Steuerung und Kontrolle dieser Unternehmen durch den Senat bzw. die Bremische Bürgerschaft erfolgen.
Die im Mehrheitsbesitz Bremens stehenden Unternehmen bilden (unbeschadet ihrer rechtlichen Selbstständigkeit) eine wirtschaftliche Einheit (Konzern) mit der bremischen Verwaltung zur Erfüllung öffentlicher Aufgaben.
Zu den Aufgaben gehört es, die Gesellschaften, Betriebe und Beteiligungen im Sinne der zu erfüllenden öffentlichen Zwecke zu kontrollieren und die Inhalte der jeweiligen Unternehmenspolitik auf die Kompatibilität mit den Zielen der FHB abzustimmen.

Betrieb nach § 26 Abs. 1 LHO
ist ein rechtlich und wirtschaftlich unselbstständiger, abgesonderter Teil der Verwaltung zur Erfüllung öffentlicher Aufgaben. Er arbeitet auf der Grundlage eines → Wirtschaftsplans; vgl. im Gegensatz dazu → Eigenbetriebe nach § 26 Abs. 2 LHO bzw. → Sondervermögen nach § 26 Abs. 2 LHO.

Bewirtschaftungsmaßnahmen
sind im Vollzug des Haushalts getroffene Maßnahmen mit dem Ziel, die geplanten Einnahmen und Ausgaben einzuhalten. Bewirtschaftungsmaßnahmen sind beispielsweise die Inanspruchnahme der → Planungssicherheit (Planungsreserve) oder die sinngemäße Anwendung der Regelungen zur → vorläufigen Haushaltsführung.

Bilanz
Mit der Bilanz wird ein den tatsächlichen Verhältnissen entsprechendes vollumfängliches Bild der Vermögens- und Verschuldungslage stichtagsbezogen dargestellt. In der Bilanz werden auf der linken Seite das Vermögen (Aktiva) sowie auf der rechten Seite das Kapital (Passiva) vollständig ausgewiesen und gegenübergestellt. Der Saldo hieraus ist das Eigenkapital.
Die Bilanz ist Bestandteil des → doppischen Jahresabschlusses. Die von einer öffentlichen Gebietskörperschaft erstmals aufgestellte Bilanz wird als Eröffnungsbilanz bezeichnet. Bund und Länder haben sich darauf verständigt, statt des Begriffs Bilanz den Begriff → Vermögensrechnung zu verwenden.

Billigkeitsleistung
ist eine Leistung der öffentlichen Hand an Bedienstete. Ein Rechtsanspruch besteht nicht. Die Billigkeitsleistung darf nur erfolgen, wenn dafür im → Haushaltsplan Ausgabemittel besonders zur Verfügung gestellt sind.

Blockmodell
ist die am meisten verbreitete Variante von Altersteilzeitvereinbarungen. Dabei erfolgt eine gleichmäßige Verteilung der → Altersteilzeit in zwei Phasen, die Arbeits- und die Freistellungsphase. In der Arbeitsphase erbringt der Arbeitnehmer 100 % seiner Arbeitsleistung und erhält dafür 50 % seiner in der Vollzeit bezogenen Vergütung.

Bonus-Malus-System

Mit dem Bonus-Malus-System werden Strukturveränderungen im Personalbereich kostenneutral ausgeglichen. Entsteht z. B. in einer → Produktgruppe durch Beförderungen eine Verteuerung der durchschnittlichen Personalkosten, wird für die kommende Haushaltsplanung die → Beschäftigungszielzahl so weit abgesenkt, dass trotz Verteuerung ein konstantes → Budget resultiert. Umgekehrt führt eine strukturelle Kostenabsenkung (z. B. durch eine Erhöhung des Anteils von Beschäftigung in der Laufbahngruppe 1) zu einer Erhöhung der → Beschäftigungszielzahl.

Bottom-up

ist die »von unten nach oben« vorgenommene Ermittlung der Ressourcen für die Erreichung eines bestimmten Zieles.

Bremer Kapitaldienstfonds (BKF)

Kamerales → Sondervermögen nach § 26 Abs. 2 LHO, das gemäß Richtlinien größere → Investitionen vorfinanzieren konnte und damit eine werteverzehrorientierte Darstellung im Haushalt ermöglichte (Tilgung aus dem Haushalt in Höhe der → Abschreibung) bzw. vorzeitige Realisierungen von Maßnahmen innerhalb beschlossener Gesamtprogramme bei Nachweis der Vorteilhaftigkeit zuließ.
Neue Vorfinanzierungen sind ab 2011 vor dem Hintergrund der notwendigen Einhaltung des → Konsolidierungspfades nicht mehr vorgesehen.

Bruttodarstellung

Grundsatz, nach dem Einnahmen und Ausgaben in voller Höhe und getrennt voneinander zu veranschlagen (§ 15 LHO) und mit dem vollen Betrag bei der hierfür vorgesehenen → Haushaltsstelle zu buchen sind (§ 35 LHO).

Brutto-Kreditaufnahme

Die Summe der Einnahmen aus Krediten am Kreditmarkt und aus dem öffentlichen Bereich eines → Haushaltsjahres; vgl. → Netto-Kreditaufnahme/Neuverschuldung.

Budget

Ein Budget wird einer zu bestimmenden Organisationseinheit im Rahmen der Verwaltungsgliederung zur weitgehend eigenverantwortlichen Bewirtschaftung übertragen. Innerhalb eines Budgets sind Aufwendungen gegenseitig deckungsfähig und zeitlich übertragbar. Mit der Flexibilität in der Ausschöpfung des Budgets werden Berichtspflichten und Kontrollmechanismen verbunden; vgl. → Berichtswesen.

Budgetbereich

Im Haushalt und im → Controlling sind → Haushaltsstellen für Personalausgaben (Hauptgruppe 4) einem Budgetbereich zugeordnet, der eine inhaltliche Einordnung und unterschiedliche Steuerungsformen ermöglicht. Es wird dabei zwischen 12 Budgetbereichen unterschieden:

Budgetbereich	Zuordnung
10	Kernbereich
13	Temporäre Projektmittel
15	Ausbildung
17	Temporäre Mittel Flüchtlinge
18	Flexibilisierungsmittel
20	Refinanzierte
25	Refinanzierte Auszubildende
29	Übertragbare Nebentitel
30	Nicht übertragbare Nebentitel
31	Senatoren
33	Beihilfen, Nachversicherungen
90	Sachtitel

Budgetierung

Einführung oder Festlegung von → Budgets und damit eines Finanzrahmens zur weitgehend eigenverantwortlichen Bewirtschaftung im Rahmen der definierten Aufgaben. Unter dem Anspruch auf die Förderung der Zielerreichung hat der Ressourcenverantwortliche weitgehende Freiheit, wofür und wie die Mittel ausgegeben werden, um zeitnah und angemessen auf die aktuellen Rahmenbedingungen reagieren zu können. Die Budgetierung erfordert die Vereinbarung von Zielen sowie ein zeitnahes → Berichtswesen.

Bundesergänzungszuweisungen

Der Bund gewährt aus seinen Mitteln leistungsschwachen Ländern Zuweisungen zur ergänzenden Deckung ihrer allgemeinen Finanzbedarfe; vgl. → Finanzausgleich.

Bürgschaft

Durch die Bürgschaft wird die Verpflichtung begründet, für eine fremde Geldschuld gegenüber einem Dritten einzustehen. Eine Bürgschaft wird übernommen zur Finanzierung von volkswirtschaftlich erwünschten, im besonderen Interesse der öffentlichen Hand liegenden Vorhaben (z. B. zugunsten gewerblicher Unternehmen und des Wohnungsbaus), soweit ausreichende bankmäßige Absicherungsmöglichkeiten nicht bestehen; vgl. Richtlinien der Freien Hansestadt Bremen für die Übernahme von Bürgschaften, Garantien und sonstigen Gewährleistungen, BremABL. S. 702 vom 8. August 2013.

Cashflow

Finanzielle Größe, die im Rahmen der → Finanzrechnung ermittelt wird und den in einer Periode erfolgswirksam erwirtschafteten Zahlungsmittelüberschuss angibt. Der Cashflow wird abgeleitet aus den Daten des → doppischen Jahresabschlusses.

Der Cashflow stellt den aus der Geschäftstätigkeit erzielten Nettozufluss liquider Mittel während einer Periode dar. Mit dem Cashflow lässt sich die finanzielle Gesundheit eines Unternehmens beurteilen. Er zeigt an, inwiefern ein Unternehmen im Rahmen des Umsatzprozesses die erforderlichen Mittel für die Substanzerhaltung des in der → Bilanz abgebildeten Vermögens und für Erweiterungsinvestitionen selbst erwirtschaften kann.

Cashmanagement

Im Rahmen des Cashmanagements werden vorbehaltlich anderweitiger gesetzlicher Regelung alle Zahlungen (Annahme sowie Leistung von Zahlungen) für alle Stellen innerhalb und außerhalb der bremischen Verwaltung durch die Landeshauptkasse abgewickelt (vgl. § 79 LHO). Dies gilt neben dem → Kernhaushalt insbesondere für → Eigenbetriebe nach § 26 Abs. 2 LHO und → sonstige Sondervermögen nach § 26 Abs. 2 LHO. Im Übrigen werden Gesellschaften, die mittelbar oder unmittelbar öffentliche Aufgaben Bremens mit öffentlichen Mitteln wahrnehmen und konsumtive bzw. investive Zuschüsse aus dem Haushalt erhalten (beliehene Aufgaben, Treuhandaufgaben, Auftragsangelegenheiten) ebenfalls im Cashmanagement geführt. Ziel des Cashmanagements ist es, Zinsnachteile für Bremen auszugleichen und damit wirtschaftlicher zu arbeiten.

Controlling

ist ein unterstützendes Instrument zur Steuerung und Kontrolle der Haushalts- und Wirtschaftsführung, mit dem durch die Bereitstellung und Auswertung geeigneter Informationen, insbesondere aus dem Rechnungswesen, das Erreichen gesetzter Ziele gesichert werden soll. Der Prozess des Controllings umfasst die laufende Sammlung, Aufbereitung und Analyse von Informationen zu Planungs- und Steuerungszwecken. Bei Planabweichungen sind rechtzeitig Gegensteuerungsmaßnahmen einzuleiten bzw. Vorschläge zur Zielerreichung zu unterbreiten. Zu diesem Zweck ist ein → Berichtswesen eingerichtet.

Controllingausschuss

Die Bremische Bürgerschaft setzt gemäß Art. 105 Abs. 1 der Landesverfassung einen Controllingausschuss ein. Der Controllingausschuss nimmt die Aufgabe der parlamentarischen Kontrolle der Beteiligungen, Museumsstiftungen sowie Anstalten des öffentlichen Rechts der Freien Hansestadt Bremen wahr.

Darlegungspflicht

ist die vom Verfassungsgericht Berlin im Jahre 2003 dem Stadtstaat Berlin gegenüber auferlegte Verpflichtung, aufgrund der dortigen Überschreitung der zulässigen Kreditobergrenze die Erforderlichkeit von Ausgaben und die Ausschöpfung aller Einnahmequellen im Rahmen der parlamentarischen Beratung des Haushaltsentwurfs darzulegen.
Der Senat der FHB hat aufgrund der vergleichbaren Situation des Bremer Haushalts in seiner Sitzung am 12. Juli 2005 beschlossen, im Haushaltsaufstellungsverfahren darzulegen, dass sämtliche veranschlagten Ausgaben

bundesrechtlich oder landesverfassungsrechtlich veranlasst sind oder sonstige Bindungen vorliegen. Diese im Zusammenhang mit der Regelung des Art. 131a LV (alte Fassung) abzugebende Erklärung erfolgt seit der Haushaltsaufstellung 2006/2007 auf der Ebene der → Produktgruppen durch die Ressorts. Die Begründungen beziehen sich nicht nur auf die Notwendigkeit dem Grunde, sondern auch der Höhe nach. Ferner ist auch darzulegen, dass sämtliche Einnahmequellen ausgeschöpft werden.
Die Darlegungspflicht hat – auch wenn die bisherige Regelung zur Begrenzung der Kreditaufnahme nach Art. 131a LV nicht mehr gilt – hinsichtlich der Einhaltung einer strikten Ausgabendisziplin in allen Produktgruppen auch zukünftig die Funktion des laufenden Nachweises der Eigenanstrengungen der Freien Hansestadt Bremen. Daher werden diese Begründungen weiterhin zur parlamentarischen Beratung vorgelegt.
Vgl. → Haushaltsnotlage, → Kreditaufnahme/Kreditermächtigung, → Konsolidierungspfad, → Konsolidierungshilfen.

Deckungsfähigkeit

ermächtigt zu → Mehrausgaben aufgrund von → Minderausgaben bei einer anderen Ausgabehaushaltsstelle eines Deckungskreises. Sie wird durch Gesetz oder durch den → Haushaltsplan zugelassen. Die Deckungsfähigkeit kann gegenseitig und einseitig erklärt werden.

Deckungskredit

dient zur Finanzierung der Lücke zwischen Einnahmen und Ausgaben des Haushalts; vgl. → Haushaltsnotlage, → Kreditaufnahme/Kreditermächtigung.

Deckungsquote

stellt den Anteil der bereinigten Einnahmen an den bereinigten Ausgaben dar; vgl. → Bereinigte Einnahmen/Ausgaben.

Derivat

Als Derivat wird ein Finanzinstrument bezeichnet, dessen Preis von der Preisentwicklung einer zugrundeliegenden Bezugsgröße, dem sog. Basiswert, abhängt. Basiswerte sind zum Beispiel Aktien, Währungen, Rohstoffe oder Zinssätze. Mit Derivaten kann man finanzielle Risiken absichern, auf Preisänderungen spekulieren oder Preisunterschiede zwischen Märkten ausnutzen. Es gibt standardisierte Derivate, die an der Börse gehandelt werden und maßgeschneiderte Derivate, die direkt mit einer Bank gehandelt werden. In der Freien Hansestadt Bremen werden ausschließlich maßgeschneiderte Derivate zur Absicherung von Zinsrisiken eingesetzt.

Dezentrale Fach-, Personal- und Ressourcenverantwortung

Der Begriff kennzeichnet die Abkehr von öffentlicher Dienstleistungserbringung unter dem früheren Prinzip der zentralen Ressourcenverantwortung hin zu dezentral gesteuerten Produktionsprozessen. Die Führungskräfte in den dezentralen Einheiten verantworten Menge und Qualität von Personal und deren Zusammenarbeit (Organisation der Arbeit), Hilfsmitteleinsatz (z. B. IT) und Geldverbrauch (→ Budget) sowie die daraus entstandenen Ergebnisse.

Im Rahmen der dezentralen Fach-, Personal- und Ressourcenverantwortung wird die Entscheidungskompetenz über die Verwendung von → Budgets, über den Personaleinsatz und der personalrechtlichen Entscheidungsbefugnisse auf die für die Aufgabenerfüllung zuständigen Verwaltungseinheiten verlagert. Die Fachverantwortung umfasst auch die Verantwortung für die Erreichung der Leistungsziele.

Dezentrale Haushaltssteuerung

ist ein bedeutender Bestandteil der Verwaltungsreform.
Ziel der dezentralen Haushaltssteuerung ist die Flexibilisierung des Haushaltsvollzugs durch z. B. Ausweitung der → Deckungsfähigkeiten, überjährige Verfügbarkeit von Haushaltsmitteln, Schaffung von Anreizen (→ Anreizprinzip) und Herstellung von Transparenz durch → Controlling; vgl. → Liquiditätssteuerung.

Dispositiv

stellt die verpflichtenden Bestandteile des → Haushaltsplans dar:

- Nummerische Bezeichnung der → Haushaltsstelle,
- Zweckbestimmung,
- Anschlag/→ Verpflichtungsermächtigung,
- Haushaltsvermerke sowie
- (Fremd-)Bewirtschaftungskennzahl,
- Nummerische Zuordnung zur → Produktgruppe.

Doppelhaushalt

Ein Doppelhaushalt enthält einen → Haushaltsplan für zwei aufeinander folgende Kalenderjahre mit getrennten → Haushaltsgesetzen.

Doppelte Buchführung in Konten (Doppik)

ist die in der privaten Wirtschaft vorherrschende Art der → Finanzbuchhaltung, bei der jeder Geschäftsvorfall auf zwei → Konten erfasst wird. Dadurch wird dessen Auswirkung sowohl auf den Erfolg (auf den Ertrags- und Aufwandskonten) als auch auf das Vermögen (auf den Bestandskonten) aufgezeichnet. Die doppelte Buchführung in Konten wird auch kaufmännische Buchführung genannt.

Doppik

hierunter wird die doppelte Buchhaltung (auch doppelte Buchführung genannt) verstanden. Es ist das System der kaufmännischen Buchführung, welches die Ermittlung des Periodenerfolges zweifach ermöglicht: Zum einen durch die Bilanz (Vermögens- und Schuldenrechnung) und zum anderen durch die Gewinn- und Verlustrechnung (Erfolgsrechnung). Im technischen Sinn beinhaltet der Begriff »doppelt« die Erfassung eines Geschäftsvorfalls sowohl auf ein Konto als auch auf ein Gegenkonto.

Doppischer Jahresabschluss

Der Doppik umfasst die → Vermögens-, → Erfolgs- und → Finanzrechnung sowie den → Anhang und den → Lagebericht. Er informiert über die wirtschaftliche Lage in dem betrachteten Geschäftsjahr und vermittelt im Lagebericht zusätzlich einen Ausblick auf zukünftige Entwicklungen.

Drittmittel
sind Gelder, die in der Regel zusätzlich zum regulären Haushalt von öffentlichen oder privaten Stellen eingeworben und zur Finanzierung von Projekten und Maßnahmen eingesetzt werden. Drittmittel sind insbesondere für den Bereich der Hochschulen zur Förderung von Forschung und Entwicklung sowie des wissenschaftlichen Nachwuchses und der Lehre von Bedeutung. Drittmittel können der Hochschule selbst, einer ihrer Einrichtungen (z. B. Fachbereichen, Institute) oder einzelnen Wissenschaftlern im Hauptamt zur Verfügung gestellt werden. Vgl. → Zweckgebundene Einnahme.

Durchlaufender Posten
Betrag, der für einen anderen Empfänger vereinnahmt und in gleicher Höhe an diesen weitergeleitet wird, ohne dass die einnehmende Gebietskörperschaft an der Verwendung beteiligt ist bzw. bei der Verwendung der Mittel in irgendeiner Form mitwirkt.

Eckwertebeschluss
Das Haushaltsaufstellungsverfahren beginnt damit, dass zunächst die verfügbare Finanzmasse ermittelt und Eckwerte zur Verteilung festgelegt werden. Dies geschieht im Rahmen eines Eckwertebeschlusses des Senats, mit dem sowohl die Finanz- als auch die strategischen Ziele für die Haushaltsjahre festgelegt werden. Der Eckwertebeschluss stellt eine strategische Richtungsentscheidung dar, an der sich der Prozess der Haushaltsaufstellung orientiert.
Die vom Senat mit dem Eckwertebeschluss vorgegebenen Werte für konsumtive und investive Einnahmen sowie → konsumtive Ausgaben (einschl. Tilgungen an öffentliche Verwaltungen), Zinsausgaben sowie investive Ausgaben sind von den → Produktverantwortlichen für ihren Zuständigkeitsbereich einzuhalten.

E-Haushalt
Moderne Haushaltssysteme sehen integrierte Berichte aus Finanz- und Fachdaten vor und folgen der im Haushalt gewählten Struktur. Als Werkzeug wird ein Business-Intelligence-System genutzt, das im Sinne einer erhöhten Transparenz Finanz- und Fachdaten aus den unterschiedlichen Systemen zusammenführt und über moderne Darstellungs- und Auswertungsmethoden einen intuitiven Überblick über den Haushalt und dessen Vollzug zielgruppengerecht liefert. Kennzahlen können zum Zeitpunkt des Interesses abgerufen werden und sind nicht an starre Berichtszyklen gebunden. Mit Hilfe eines solchen Instruments kann die wirkungsorientierte Haushaltssteuerung über die Verknüpfung von Fach- und Finanzzielen ausgebaut werden und so zu einer effizienteren und effektiveren Ressourcenverteilung führen.

Eigenbetrieb nach § 26 Abs. 2 LHO

ist ein nicht rechtsfähiges → Sondervermögen nach § 26 Abs. 2 LHO des Landes oder der Stadtgemeinde Bremen bzw. Bremerhaven (Rechtsträger), das durch Gesetz oder aufgrund eines Gesetzes entstanden und zur Erfüllung einzelner Aufgaben bestimmt ist.
Die Betriebsleitung leitet den Eigenbetrieb nach § 26 Abs. 2 LHO selbstständig in eigener Verantwortung, soweit nicht durch das BremSVG oder andere gesetzliche Vorschriften etwas anderes bestimmt ist. Die Betriebsleitung ist insbesondere für die wirtschaftliche Führung des Eigenbetriebs verantwortlich.
Für einen Eigenbetrieb gelten die Vorschriften der LHO, soweit durch das BremSVG oder ein anderes Gesetz nichts anderes bestimmt ist, entsprechend. Er arbeitet auf der Grundlage von → Wirtschaftsplänen; vgl. → Betriebe nach § 26 Abs. 1 LHO; → Sondervermögen nach § 26 Abs. 2 LHO; → Sonstiges Sondervermögen nach § 26 Abs. 2 LHO.

Eigengesellschaft

ist eine juristische Person (i. d. R. eine Gesellschaft mit beschränkter Haftung), deren sämtliche Anteile im Besitz einer Gebietskörperschaft (also Kommune oder Land) sind. Beispielhaft sind Verkehrsbetriebe zu nennen. Bei einer Eigengesellschaft handelt es sich um ein rechtlich selbstständiges Unternehmen.

Eigenkapital

ergibt sich aus der Gegenüberstellung des Vermögens und der Schulden. In der → Vermögensrechnung wird das Eigenkapital untergliedert in Nettoposition, Kapitalrücklage, Gewinnrücklagen (Verwaltungsrücklagen), Gewinnvortrag/→ Verlustvortrag und Jahresüberschuss/Jahresfehlbetrag.

Einheit

Grundsatz, nach dem alle Einnahmen und Ausgaben einer Gebietskörperschaft in einem → Haushaltsplan zu erfassen sind. Die Zersplitterung des → Haushalts (durch Nebenhaushalte) soll dadurch vermieden werden.

Einnahmen

Wertgröße, die die Vergrößerung des Geldvermögens durch Einzahlung, Zugang von Forderungen oder Abgang von Verbindlichkeiten angibt. Gegenteil der → Ausgaben.

Einnahmeverantwortung

Die → Verantwortlichen im Produktgruppenhaushalt sind verpflichtet, nicht erzielte Einnahmen, die der Haushaltsdeckung dienen, durch entsprechende → Mehreinnahmen oder → Minderausgaben an anderer Stelle auszugleichen (vgl. § 15 bzw. 14 Abs. 5 Haushaltsgesetz 2015).

Einnahmeverfügungsmittel

Einnahmen, die aufgrund von → Haushaltsvermerken das → Haushaltssoll bei bestimmten Ausgabehaushaltsstellen verändern (z. B. Spenden, Zweckzuweisungen der EU/des Bundes).

Einsparung
Eine Einsparung ist eine Verringerung des → Haushaltssolls zur Deckung einer → Nachbewilligung bei einer anderen → Haushaltsstelle.

Einwohnerwertung
Mit der Einwohnerwertung wird den besonderen strukturellen Eigenarten der Stadtstaaten (hinterlandlose Stadtstaaten unterscheiden sich mit Blick auf Einnahmesituation und Aufgabenerfüllung erheblich von anderen Ländern) beim → Länderfinanzausgleich Rechnung getragen.

Einzelplan
ist Teil des → Haushaltsplans und enthält die Einnahmen, Ausgaben und → Verpflichtungsermächtigungen eines einzelnen Aufgabenbereiches.

Einzelveranschlagung
Grundsatz, nach dem die Einnahmen nach dem Entstehungsgrund, die Ausgaben und die → Verpflichtungsermächtigungen nach Zwecken getrennt zu veranschlagen und ggf. zu erläutern sind.

Entgelt
ist eine Zahlung für eine Leistung der öffentlichen Hand, die keine → Gebühr oder kein → Beitrag ist und aufgrund einer privatrechtlichen Vereinbarung entsteht.

E-Rechnung
Mit der EU-Richtlinie 2014/55/EU, in Kraft getreten am 26. Mai 2014, werden öffentliche Auftraggeber zur Annahme und Verarbeitung von elektronischen Rechnungen verpflichtet.
Die E-Rechnung (elektronische Rechnung) ist ein elektronisches Dokument, das die gleichen Inhalte und Rechtsfolgen wie eine Papierrechnung hat. In der FHB gehen etwa 250.000 Rechnungen im Land und der Stadt Bremen ein. Die FHB hat durch die frühzeitige Einführung der E-Rechnung (Eingangsrechnung) die EU-Richtlinie 2014/55/EU für öffentliche Auftraggeber vorzeitig umgesetzt und kann nun elektronische Rechnungen annehmen und weiterverarbeiten. Die Einführung der E-Rechnung war in der FHB ein Leuchtturmprojekt und ein wichtiger Schritt für Digitalisierung der bremischen Verwaltung.

Erfolgskonten
Auf den Erfolgskonten wird der in der → Erfolgsrechnung auszuweisende → Ertrag und → Aufwand des jeweiligen → Wirtschaftsjahres erfasst. Im Jahresabschluss werden die Salden der Erfolgskonten abgerechnet, so dass im Gegensatz zu den → Bestandskonten kein Anfangsbestand auf den Erfolgskonten vorgetragen wird.

Erfolgsplan
ist ein Bestandteil des → Wirtschaftsplans. Er enthält alle voraussehbaren → Erträge und → Aufwendungen eines → Wirtschaftsjahres und entspricht in der Gliederung einer → Gewinn- und Verlustrechnung (GuV).

Erfolgsrechnung

In der Erfolgsrechnung wird für die Rechnungsperiode der → Ertrag dem → Aufwand gegenübergestellt und das Ergebnis der Periode ermittelt. Übersteigt der Ertrag den Aufwand, ergibt sich ein (Jahres-) → Überschuss; übersteigt dagegen der Aufwand den Ertrag, wird ein (Jahres-) → Fehlbetrag ausgewiesen. Die Erfolgsrechnung wird auch als → Gewinn- und Verlustrechnung (GuV) bezeichnet.

Erlass

ist eine Maßnahme, mit der auf einen fälligen Anspruch dauerhaft verzichtet wird. Der Anspruch erlischt. Vgl. auch → Niederschlagung, → Stundung.

Erläuterungen (zum Haushaltsplan)

sollen (soweit erforderlich) den Verwendungszweck der → Anschläge mit ausreichender Bestimmtheit erkennen lassen und eine geeignete Unterlage für deren sachgemäße Nachprüfung bieten. Erläuterungen (zum Haushaltsplan) gehören nicht zum → Dispositiv.

Erlös

Begriff der → Kosten- und Leistungsrechnung; Erlös bezeichnet den Gegenwert, der durch die Erstellung einer verwaltungstypischen Dienstleistung erzielt wird (z. B. aus → Gebühren, Vermietung).

Erlösart

vgl. → Kostenarten.

Erstattungen/Verrechnungen (innerbremische)

Unter Erstattungen versteht man den Zahlungsverkehr innerhalb und zwischen den Haushalten der Gebietskörperschaften in der FHB. Die Erstattungen/Verrechungen (innerbremische) müssen sich in Einnahme und Ausgabe und grundsätzlich in einem → Haushaltsjahr ausgleichen.

Ertrag

In der → Finanzbuchhaltung ist der Ertrag der Wertezuwachs aus der Leistung der Gebietskörperschaft innerhalb der Rechnungsperiode. Der Ertrag ist in der Periode der Leistungserbringung zu erfassen, unabhängig vom Zahlungszeitpunkt.

Europäischer Stabilitäts- und Wachstumspakt

Art. 126 des Vertrages über die Arbeitsweise der Europäischen Union (AEUV) bestimmt die Regeln und das Verfahren zur Vermeidung übermäßiger öffentlicher Defizite in den EU-Mitgliedstaaten. Die Europäische Kommission wird mit der Überwachung der Einhaltung der Referenzwerte beauftragt. Dabei soll grundsätzlich das Verhältnis des öffentlichen Defizits zum Bruttoinlandsprodukt 3 % und das Verhältnis des öffentlichen Schuldenstands zum Bruttoinlandsprodukt 60 % nicht übersteigen.
Bund und Länder sind aufgrund des Art. 109 Abs. 5 GG für die Einhaltung dieser Verpflichtungen verantwortlich und tragen Sanktionsmaßnahmen nach festgelegten Anteilen gemeinschaftlich. Der Einhaltung der Haus-

haltsdisziplin ist im Rahmen der Beratungen des → Stabilitätsrates Rechnung zu tragen (§ 51 Abs. 1 HGrG).

Ex ante Konjunkturkomponente

bildet die Planungsgrundlage für die Aufstellung der Länderhaushalte. Der Anteil des einzelnen Landes an der ex ante Konjunkturkomponente der Ländergesamtheit entspricht dem Anteil der Steuereinnahmen des Landes an den Steuereinnahmen der Ländergesamtheit. Bei den Stadtstaaten ist zusätzlich die analog ermittelte ex ante Konjunkturkomponente für die Gemeindeebene zu berücksichtigen.

Ex post Konjunkturkomponente

Unmittelbare konjunkturelle Auswirkungen auf den Landeshaushalt, die zur Feststellung der Einhaltung der Defizitobergrenzen nach Ablauf des Haushaltsjahres maßgeblich sind. Sie setzen sich aus der zu Beginn der Haushaltsaufstellung zu ermittelnden Konjunkturkomponente (→ Ex ante Konjunkturkomponente) und einer Steuerabweichungskomponente zusammen.

Fälligkeitsprinzip

Grundsatz, nach dem in die → Haushaltspläne nur die Einnahmen und Ausgaben aufzunehmen sind, die in dem betreffenden → Haushaltsjahr voraussichtlich fällig und damit kassenwirksam werden.

Fehlbetrag

Der Begriff wird sowohl im kameralen als auch im doppischen Haushalt verwendet:

A In der → Haushaltsrechnung ist der Fehlbetrag der negative Unterschied zwischen den tatsächlich eingegangenen Gesamteinnahmen (Ist) und den tatsächlich geleisteten Gesamtausgaben (Ist). Ein Fehlbetrag ist spätestens in den → Haushaltsplan für das zweitnächste → Haushaltsjahr einzustellen.

B In der → Finanzbuchhaltung ist ein Fehlbetrag ein in der Periode (i. d. R. → Wirtschaftsjahr) den → Ertrag übersteigender → Aufwand.

Finanzausgleich

Das Gesetz über den Finanzausgleich zwischen Bund und Ländern setzt die Anteile dieser Gebietskörperschaften an der Umsatzsteuer fest, regelt den Finanzausgleich zwischen den Ländern (horizontaler Finanzausgleich) und lässt zu, dass der Bund aus seinen Mitteln den finanzschwachen Ländern Zuweisungen zur ergänzenden Deckung ihres allgemeinen Finanzbedarfs (Ergänzungszuweisungen) gewährt (vertikaler Finanzausgleich); vgl. → Finanzausgleich (innerbremischer).
Ziel ist ein angemessener Ausgleich der Finanzen der Länder unter Berücksichtigung der Finanzkraft und des Finanzbedarfs der Gemeinden.

Finanzausgleich (innerbremischer)

Finanzieller Ausgleich des Landes Bremen an die Stadtgemeinden Bremen und Bremerhaven. Rechtsgrundlage ist das Gesetz über die → Finanzzuweisungen an die Stadtgemeinden Bremen und Bremerhaven.

Finanzbuchhaltung

→ Doppelte Buchführung in Konten (Doppik)/Doppik.
Dabei unterscheidet man in → Hauptbuch(-haltung) und → Nebenbuch(-haltung). Im Haushalts-, Kassen- und Rechnungswesen-System der FHB werden die kameralen Buchungen automatisch auf die → Konten der im Hintergrund eingerichteten Finanzbuchhaltung übernommen.

Finanzielle Transaktionen

sind Ausgaben für den Erwerb von → Beteiligungen, für Tilgungen an den öffentlichen Bereich und für Darlehensvergabe sowie Einnahmen aus der Veräußerung von → Beteiligungen, die Schuldenaufnahme beim öffentlichen Bereich sowie Darlehensrückflüsse. (vgl. Versandtabelle des Statistischen Bundesamtes zur SFK-3, Tabellen 4.1 und 4.2, lfd. Nr. 23 bis 25).
Der → Finanzierungssaldo wird um die finanziellen Transaktionen bei Einnahmen und Ausgaben bereinigt, um den → strukturellen Finanzierungssaldo zu errechnen.

Finanzierungssaldo

Der Finanzierungssaldo ergibt sich aus der im → Haushaltsplan abgedruckten → Finanzierungsübersicht. Durch Einbeziehung der Salden aus → Rücklagen (Entnahmen/Zuführungen), → Erstattungen/Verrechnungen (Einnahmen/Ausgaben) sowie des Saldos aus → Überschüssen/→ Fehlbeträgen kann die → NettoKreditaufnahme/Neuverschuldung errechnet werden.
In der Abgrenzung der vierteljährlichen Kassenstatistik des Statistischen Bundesamtes im Rahmen der Finanzstatistik bezeichnet der Begriff Finanzierungssaldo den Saldo aus einer Gegenüberstellung der → bereinigten Einnahmen und der → bereinigten Ausgaben eines → Haushaltsjahres zuzüglich bzw. abzüglich des Saldos haushaltstechnischer Verrechnungen; vgl. Fachserie 14, Reihe 2 des Statistischen Bundesamtes, vierteljährliche Kassenergebnisse des öffentlichen Gesamthaushalts.
Zur Einhaltung des → Konsolidierungspfades gewinnt die Steuerung des Finanzierungssaldos an Bedeutung.

Finanzierungsübersicht

enthält die Ermittlung des → Finanzierungssaldos sowie seine Zusammensetzung aus → Netto-Kreditaufnahme/Neuverschuldung am Kreditmarkt, Veränderungen im Rücklagenbestand, Abwicklung kassenmäßiger Jahresergebnisse sowie Veränderungen im Saldo haushaltstechnischer Erstattungen.

Finanzplan-Schema

Das bundeseinheitliche Finanzplan-Schema basiert auf dem → Gruppierungsplan. Es zeigt u. a. für eine gesamtwirtschaftliche Beurteilung der Haushalts- und der → Finanzplanung, wie die einzelnen Gruppen der Staatsausgaben den Wirtschaftskreislauf beeinflussen.

Finanzplanung

Hier werden Umfang und Zusammensetzung der voraussichtlichen Ausgaben und die Deckungsmöglichkeiten (Einnahmen) in ihren Wechselbe-

ziehungen zu der mutmaßlichen Entwicklung des gesamtwirtschaftlichen Leistungsvermögens dargestellt. Der Haushaltswirtschaft des Bundes und der Länder ist eine fünfjährige Finanzplanung zugrunde zu legen. Dies gilt auch für die Stadtgemeinden Bremen und Bremerhaven.
Der Finanzplan wird vom Senat beschlossen und ist dem Parlament spätestens im Zusammenhang mit dem Entwurf des → Haushaltsgesetzes für das nächste → Haushaltsjahr zur Kenntnis vorzulegen.

Finanzrahmen
ist der finanzpolitisch bestimmte Handlungsrahmen für die Zukunft, der Einnahmen und Ausgaben nach → Finanzplan-Schema ausweist und Grundlage für die → Finanzplanung ist, durch die eine weitere Konkretisierung erfolgt.

Finanzrechnung
ermittelt als Bestandteil des → doppischen Jahresabschlusses in Bremen als Liquiditätsrechnung den Unterschiedsbetrag zwischen den Ein- und Auszahlungen. Die Finanzrechnung dient als Abgleichsrechnung zwischen kameralem und → doppischem Jahresabschluss.

Finanzwirtschaft
Die öffentliche Finanzwirtschaft umfasst alle Maßnahmen und Einrichtungen der öffentlich-rechtlichen Gemeinwesen, die auf die Beschaffung, Bereitstellung und Verwendung der zur Erfüllung der öffentlichen Aufgaben notwendigen Mittel gerichtet sind.

Finanzzuweisungen
sind Zuweisungen und Zuschüsse Dritter zum laufenden Haushalt. Auf Bund-/Länderebene handelt es sich insbesondere um Zuweisungen im Rahmen des gesetzlich geregelten → Finanzausgleichs zwischen den Gebietskörperschaften.

Föderalismuskommission (Föko)
Im Zusammenhang mit der Reform des Grundgesetzes wurden gemeinsame Gremien bzw. Kommissionen von Bundestag und Bundesrat eingerichtet.
Die »Kommission zur Modernisierung der bundesstaatlichen Ordnung« (Föderalismuskommission I) wurde in den Jahren 2003 bis 2004 eingesetzt mit dem Ziel, die Zuordnung von Gesetzgebungszuständigkeiten auf Bund und Länder, die Zuständigkeiten und Mitwirkungsrechte der Länder in der Bundesgesetzgebung und die Finanzbeziehungen (insbesondere Gemeinschaftsaufgaben und Mischfinanzierungen) zwischen Bund und Ländern zu überprüfen.
Die »Kommission zur Modernisierung der Bund-Länder-Finanzbeziehungen« (Föderalismuskommission II) wurde in den Jahren 2007 bis 2009 eingesetzt mit dem Ziel, die Bund-Länder-Finanzbeziehungen den veränderten Rahmenbedingungen inner- und außerhalb Deutschlands, insbesondere für Wachstums- und Beschäftigungspolitik, anzupassen. Die Kommission hat ein Reformpaket beschlossen, das Finanzthemen (Haushalt, Schuldenbrem-

se, Frühwarnsystem, Konsolidierungshilfen) und Verwaltungsthemen (öffentliche IT, Leistungsvergleiche, Steuerverwaltung, Krebsregister) umfasst.

Folgekosten

sind die mit einer Maßnahme verbundenen laufenden Kosten, die die Folgejahre belasten.

Fundierte Schulden

sind Staatsschulden, die langfristig bestehen. Damit sind Verbindlichkeiten der öffentlichen Hand gemeint, die über eine lange Laufzeit zurückgezahlt werden.

Funktionenplan

ist Teil der → Haushaltssystematik Durch den Funktionenplan wird die aufgabenorientierte Gliederung der Einnahmen und Ausgaben und des → Haushaltsplans dargestellt.

Garantie

verpflichtet Bremen, für den Eintritt eines bestimmten, durch einen Dritten herbeizuführenden Ereignisses (z. B. Erbringung einer (Sach-)Leistung) einzustehen. Die Übernahme einer Garantie bedarf ebenso wie die Übernahme einer → Bürgschaft oder sonstigen Gewährleistung, die zu Ausgaben in künftigen → Haushaltsjahren führen kann, einer der Höhe nach bestimmten Ermächtigung durch → Haushaltsgesetz.

Gebühr

Unterschieden wird zwischen Verwaltungsgebühr und Benutzungsgebühr. Eine Verwaltungsgebühr ist im Gegensatz zum → Entgelt eine durch öffentliches Recht geregelte Geldleistung, die für eine besondere Inanspruchnahme der Verwaltung erhoben wird. Die Leistung kann eine Amtshandlung oder eine sonstige Tätigkeit der Verwaltung sein, die den Gebührenpflichtigen unmittelbar begünstigt oder die er veranlasst hat.
Eine Benutzungsgebühr ist im Gegensatz zum → Entgelt eine durch öffentliches Recht geregelte Geldleistung, die von einem Gemeinwesen als Gegenleistung für die tatsächliche Inanspruchnahme einer öffentlichen Einrichtung oder Anlage erhoben wird.

Gender Budgeting

bezeichnet die Umsetzung des → Gender Mainstreaming in Haushaltsaufstellung und Haushaltsvollzug. Ziel ist es, Budgetanalysen nach Geschlecht durchzuführen, um sicherzustellen, dass Frauen und Männern sowie Mädchen und Jungen gleichberechtigt öffentliche Haushaltsmittel zugutekommen. Geschlechterspezifische Kennzahlen können im → Produktgruppenhaushalt dargestellt werden.

Gender Mainstreaming

Gender Mainstreaming ist ein langfristiger Entwicklungs- und Veränderungsprozess, der darauf zielt, bei allen Maßnahmen die unterschiedlichen Lebenssituationen von Frauen und Männern von vornherein einzubeziehen. Dabei soll geprüft werden, ob und wie sich eine Maßnahme auf die

Geschlechter auswirkt. So soll mehr Gerechtigkeit zwischen den Geschlechtern hergestellt werden.

Geringwertige Wirtschaftsgüter (GWG)

Als Geringwertige Wirtschaftsgüter (GWG) werden abnutzbare bewegliche Wirtschaftsgüter des → Anlagevermögens bezeichnet, die selbstständig genutzt werden können. Die → Anschaffungs- oder → Herstellungskosten ohne Umsatzsteuer betragen unter 410,- Euro. Die Erfassung der Geringwertigen Wirtschaftsgüter erfolgt nicht auf einem gesonderten Konto für Geringwertige Wirtschaftsgüter, sondern sachgerecht auf einem entsprechenden Aufwandskonto.

Gesamtdeckung

Grundsatz, nach dem alle Einnahmen als Deckungsmittel für alle Ausgaben des Haushalts dienen.

Gesamteinnahmen/-ausgaben

sind jeweils die Summen aller Einnahmen und Ausgaben des Haushalts. Sie setzen sich zusammen aus → bereinigten Einnahmen/Ausgaben zuzüglich der Einnahmen/Ausgaben aus → besonderen Finanzierungsvorgängen.

Gesamtplan

Teil des → Haushaltsplans. Er umfasst

- die Haushaltsübersicht, Zusammenfassung der Einnahmen, Ausgaben und → Verpflichtungsermächtigungen der → Einzelpläne,
- die → Finanzierungsübersicht,
- den → Kreditfinanzierungsplan.

Gesamtwirtschaftliches Gleichgewicht

verfolgt das Ziel, im Rahmen der marktwirtschaftlichen Ordnung gleichzeitig zur Stabilität des Preisniveaus, zu einem hohen Beschäftigungsgrad und außenwirtschaftlichem Gleichgewicht bei stetigem und angemessenem Wirtschaftswachstum beizutragen.
Bund und Länder haben nach § 1 des Gesetzes zur Förderung der Stabilität und des Wachstums der Wirtschaft (StabG) bei ihren wirtschafts- und finanzpolitischen Maßnahmen die Erfordernisse des gesamtwirtschaftlichen Gleichgewichts zu beachten.

Gewinn- und Verlustrechnung (GuV)

eines Geschäftsjahres gibt Auskunft über → Aufwand und → Ertrag eines Unternehmens. Aus ihr ist abzulesen, wie erfolgreich die kaufmännische Tätigkeit ausgeübt wurde. Abgeschlossen wird die GuV über das Eigenkapitalkonto der → Bilanz. Gemäß den Festlegungen in den Standards staatlicher → Doppik wird der Begriff Gewinn- und Verslustrechnung (GuV) bei Bund und Ländern durch den Begriff → Erfolgsrechnung ersetzt.

Globale Mehrausgaben

sind veranschlagte Beträge, die abweichend vom Grundsatz der → Einzelveranschlagung einen möglicherweise entstehenden, aber im Detail in der

Haushaltsplanung noch nicht zuzuordnenden Mehrbedarf abdecken sollen. Globale Mehrausgaben sind im Haushaltsvollzug im Wege der → Nachbewilligung für konkrete Ausgabezwecke bereitzustellen.

Globale Mehreinnahmen

sind zum Ausgleich des Haushalts veranschlagte Beträge, die im Detail in der Haushaltsplanung noch nicht zuzuordnen sind. Globale Mehreinnahmen sind im Haushaltsvollzug als Einnahme zu realisieren.

Globale Minderausgaben

sind zum Ausgleich des Haushalts veranschlagte negative Beträge, die abweichend vom Grundsatz der → Einzelveranschlagung im Haushaltsvollzug im Sinne von → Einsparungen zu erwirtschaften sind.

Globale Mindereinnahmen

sind veranschlagte negative Beträge, die abweichend vom Grundsatz der → Einzelveranschlagung möglicherweise entstehende, aber im Detail noch nicht zuzuordnende geringere Einnahmen ausgleichen sollen.

Grundsteuer

Die Grundsteuer ist eine Steuer auf das Eigentum an Grundstücken und deren Bebauung (Substanzsteuer). Die Grundsteuer gehört zu den Gemeindesteuern. Sie ist in Art. 106 Abs. 4 GG und im Grundsteuergesetz (GrStG) geregelt.

Gruppierungsplan

Durch den Gruppierungsplan werden die Einnahmen und Ausgaben (einschl. → Verpflichtungsermächtigungen) getrennt nach Arten (Gruppierungen) dargestellt.

Hauptbuch

Im Hauptbuch werden die Salden aller → Konten ausgewiesen, die in die → Vermögensrechnung und in die → Erfolgsrechnung übernommen werden.

Haushalt

Der Haushalt besteht im Wesentlichen aus dem Haushaltsgesetz, der Finanzplanung, den Haushaltsplänen, dem Produktgruppenhaushalt, der maßnahmenbezogenen Investitionsplanung, dem Stellenplan, dem Produktgruppen-Stellenplan sowie den Wirtschaftsplänen.

Haushalts- und Finanzausschuss

Die Bürgerschaft setzt gemäß Art. 105 Abs. 1 LV einen Haushalts- und Finanzauschuss ein, dem in der Regel die Aufgaben nach Art. 101 Abs. 1 Nrn. 3, 6 und 7 LV übertragen werden. Der Haushalts- und Finanzausschuss nimmt die Aufgabe der parlamentarischen Kontrolle der → Beteiligungen, der → Eigenbetriebe und → sonstiger Sondervermögen der Stadtgemeinde Bremen wahr. Er hat zudem die Aufgabe, das Personalmanagement und die Reform der Verwaltung des Landes parlamentarisch zu behandeln und zu kontrollieren.

Haushaltsgesetz
enthält im Wesentlichen die Daten zur Feststellung des jährlichen → Haushaltsplans (insbesondere Volumen der Einnahmen, Ausgaben und → Verpflichtungsermächtigungen) einschließlich des → Stellenplans sowie die Festsetzung der kommunalen Hebesätze (sofern nicht spezialgesetzlich geregelt), die erforderlichen Kredit- und Gewährleistungsermächtigungen. Ferner sind Regelungen für Verantwortlichkeiten und Flexibilitäten im → Produktgruppenhaushalt enthalten.

Haushaltsgrundsätze
Die folgenden Haushaltsgrundsätze sind bei Aufstellung und Vollzug der Haushalte zu beachten:
→ Wirtschaftlichkeit und → Sparsamkeit, → Jährlichkeit, → Gesamtdeckung, → Vollständigkeit und → Einheit, Klarheit, → Wahrheit, → Spezialisierung, → Bruttodarstellung.

Haushaltsgrundsätzegesetz
ist ein Bundesgesetz, das für Bund und Länder gemeinsam geltende Grundsätze für das Haushaltsrecht, für eine konjunkturgerechte Haushaltswirtschaft und für eine mehrjährige → Finanzplanung festlegt. Mit dem Gesetz zur Modernisierung des Haushaltsgrundsätzegesetzes wurde die Möglichkeit eröffnet, statt einer kameralen Haushaltswirtschaft die → Doppik einzuführen; vgl. § 1a HGrG.
Zur Gewährleistung einheitlicher Verfahrens- und Datengrundlagen in unterschiedlichen Haushaltssystemen bei Bund und Ländern wurde nach § 49a HGrG das Gremium zur Standardisierung des staatlichen Rechnungswesens eingerichtet.

Haushaltsjahr
ist das Kalenderjahr.

Haushaltsnotlage
Unter einer Haushaltsnotlage versteht man eine Situation eines öffentlichen Haushalts, in der durch eigene Maßnahmen auch langfristig der Haushalt nur durch steigende Staatsverschuldung zum Ausgleich zu bringen ist. Ursache hierfür sind regelmäßig Lasten aus der Vergangenheit, also hohe aufgelaufene Schulden und andere Verpflichtungen.

Haushaltsplan
Die durch das → Haushaltsgesetz festgestellte, für die Haushalts- und Wirtschaftsführung maßgebende Zusammenstellung der für ein → Haushaltsjahr veranschlagten Einnahmen und Ausgaben sowie der für das Haushaltsjahr voraussichtlich benötigten → Verpflichtungsermächtigungen.

Haushaltsrechnung
enthält die nach Abschluss eines Haushaltsjahres festgestellten Jahresergebnisse der → Kapitel und → Einzelpläne der nach der kameralen Ordnung aufgestellten → Haushaltspläne zuzüglich eines Vermögensnachweises mit

Übersichten zu → Beteiligungen, Sachanlagen, Forderungen, → Rücklagen, Treuhandvermögen, → Sondervermögen, → Eigenbetrieben, Schulden und Bürgschaftsverpflichtungen. Die → Bilanzen und → Gewinn- und Verlustrechnungen der Wirtschafts-/→ Eigenbetriebe, der → sonstigen Sondervermögen sowie der Hochschulen sind ebenfalls beizufügen.
Die Haushaltsrechung wird von dem/der SenatorIn für Finanzen erstellt und bildet zusammen mit den Berichten des Rechnungshofs die Grundlage für die Entlastung des Senats durch die Bremische Bürgerschaft.

Haushaltsrecht

Der Begriff Haushaltsrecht bezeichnet die Gesamtheit der Regelungen, die bei der Aufstellung und Durchführung der Haushalte zu beachten sind, z. B.:

- Grundgesetz,
- Haushaltsgrundsätzegesetz,
- Stabilitäts- und Wachstumsgesetz,
- Landesverfassung der Freien Hansestadt Bremen,
- → Landeshaushaltsordnung einschließlich der dazu erlassenen Verwaltungsvorschriften,
- Gesetz über die Rechnungsprüfung der Freien Hansestadt Bremen,
- Bremisches Gesetz für Eigenbetriebe und sonstige Sondervermögen des Landes und der Stadtgemeinden,
- Gesetz über die Finanzzuweisungen an die Stadtgemeinde Bremen und Bremerhaven,
- Verfassung der Stadt Bremerhaven,
- die jeweiligen jährlichen → Haushaltsgesetze.

Haushaltsrest

Vgl. → Ausgaberest.

Haushaltssoll

stellt das → Budget einer → Haushaltsstelle dar und setzt sich wie folgt zusammen:

- Ausgaben
  Haushaltsanschlag + → Ausgaberest + → Nachbewilligung + → Einnahmeverfügungsmittel – → Einsparung – Sondersperre + Veränderungen aus → Deckungsfähigkeiten.
- Einnahmen
  Haushaltsanschlag + → Einnahmeverfügungsmittel + → Mehreinnahmen, soweit sie zur Deckung von → Nachbewilligungen herangezogen werden.

Haushaltsstelle

besteht aus insgesamt 10 Stellen sowie einer → Zweckbestimmung. Aus der Numerik lässt sich folgendes erkennen:

Stelle	Inhalt	Beispiel	(0257.511 00-6)
1.	Betroffener Haushalt	0	Land
1.–2.	Einzelplan	02	Bildung, Wissenschaft, Kultur
1.–4.	Kapitel	0257	Landeszentrale für politische Bildung
5.–7.	Gruppe	511	Geschäftsbedarf etc.
5.–9.	konkreter Titel	51100	Geschäftsbedarf und Kommunikation
10.	Prüfziffer	6	

Haushaltssystematik

ist der Oberbegriff für Regeln über den Aufbau, die Form und die Gliederung des → Haushaltsplans und ist festgelegt im → Gruppierungs- und → Funktionenplan.

Haushaltsvermerke

Verbindliche ergänzende Festlegungen/Einschränkungen (z. B. Ermächtigungen für den Haushaltsvollzug) des Haushaltsgesetzgebers zu bestimmten → Haushaltsstellen im → Haushaltsplan; vgl. → Dispositiv.

Haushaltswirtschaftliche Sperre

Maßnahmen des Senats nach § 41 LHO (sog. Bewirtschaftungsmaßnahmen) um Risiken (→ Mehrausgaben/→ Mindereinnahmen) im laufenden Haushaltsjahr auszugleichen; vgl. → Planungssicherheit (Planungsreserve).

Herstellungskosten

sind die Aufwendungen, die durch den Verbrauch von Gütern und die Inanspruchnahme von Diensten für die Herstellung eines Vermögensgegenstands entstehen. Dazu gehören die Materialkosten, die Fertigungskosten und die Sonderkosten der Fertigung sowie angemessene Teile der Materialgemeinkosten und der Fertigungsgemeinkosten. Selbsterstelltes Sachanlage- und Umlaufvermögen wird mit den Herstellungskosten aktiviert.

Informationstechnik/-technologie (IT)

Gesamtheit und Interaktion von Hardware (PC, Monitor, Drucker usw.), Software (Betriebssystem und Standardprogramme wie MS Word, MS Excel usw.), Fachprogrammen (z. B. Sozialhilfeberechnungen, Personalabrechnungen, Wohngeldberechnungen), Kommunikationsträgern (Leitungen, Netze).

Integrierter Produktrahmen

Mit dem integrierten Produktrahmen wird eine einheitliche Systematik für eine Gliederung nach Produktstrukturen definiert und eine Aggregation der Daten auf verschiedenen Ebenen zum Zwecke der Vergleichbarkeit ermöglicht. Im integrierten Produktrahmen werden mittels einer 3-stelligen Zahl die unterschiedlichen Gliederungsebenen dargestellt: Fachebene (1. Ebene, 1-Steller). Aufgabenebene (2. Ebene, 2-Steller) und Produktebene (3. Ebene, 3-Steller). Der integrierte Produktrahmen ist verbindlich für die Kernhaushalte von Bund und Ländern, die Produkthaushalte führen (§ 1a HGrG).

Interkommunaler Leistungsvergleich

Vergleich von Produkten in den Dimensionen Leistungen/Ressourcen auf Länder- bzw. Kommunalebene; vgl. → Benchmarking.

Investitionen

Der Begriff wird sowohl im kameralen Haushalt als auch im → doppischen Jahresabschluss verwendet:

A im Sinne von § 13 LHO sind Investitionen Ausgaben für:
- a → Baumaßnahmen
- b den Erwerb von unbeweglichen und beweglichen Sachen (in Bremen zur Zeit ab 410 Euro (ohne Umsatzsteuer), von Beteiligungen und sonstigem Kapitalvermögen, von Forderungen und Anteilsrechten an Unternehmen, von Wertpapieren sowie für die Heraufsetzung des Kapitals von Unternehmen,
- c Darlehen sowie
- d Zuweisungen und Zuschüsse zur Finanzierung von Ausgaben für die in den Buchstaben a)–c) genannten Zwecke.

B im Sinne der → Finanzbuchhaltung sind Investitionen Anschaffungen langfristig nutzbarer Vermögensgegenstände, die im → Anlagevermögen ausgewiesen werden.

Investitionsprogramm

In dem Programm sind die in den nächsten Jahren durchzuführenden Investitionsvorhaben nach Dringlichkeiten, Jahresraten, Fortsetzungsmaßnahmen und neuen Maßnahmen gegliedert darzustellen. Das → Haushaltsgrundsätzegesetz verlangt als Unterlage für die → Finanzplanung die Aufstellung eines mehrjährigen Investitionsprogrammes.
Das Investitionsprogramm ist, wie beim Finanzplan, jährlich der Entwicklung anzupassen und fortzuführen.

Investitionsquote

Anteil der → Investitionen an den → bereinigten Ausgaben.

Ist-Abschluss

Beim Ist-Abschluss werden die tatsächlich eingegangenen Einnahmen und die tatsächlich geleisteten Ausgaben des gesamten → Haushaltsjahres gegenübergestellt.
→ Ausgabereste bzw. nicht realisierte Einnahmeforderungen bleiben im Ist-Abschluss unberücksichtigt; vgl. → Soll-Abschluss.

Jährlichkeit

Grundsatz, nach dem für jedes → Haushaltsjahr ein → Haushaltsplan aufzustellen ist.

Kalkulatorische Kosten
sind → Kosten, die anders oder zusätzlich zu den aufwandsgleichen → Kosten lediglich in der → Kosten- und Leistungsrechnung angesetzt werden (z. B. kalkulatorische → Abschreibungen, kalkulatorische Mieten, kalkulatorische Zinsen).

Kameralistik
ist ein noch in den meisten Bundesländern und in einigen Kommunen angewendetes Buchführungssystem, bei der Einnahmen und Ausgaben (Mittelzu- bzw. Mittelabflüsse) geführt werden und die geplanten Einnahmen und Ausgaben (Anschlag bzw. Soll) den tatsächlichen Einnahmen und Ausgaben (Ist) eines → Haushaltsjahres gegenübergestellt werden. Die Kameralistik ist im Wesentlichen eine Einnahme-/Ausgabe-Überschussrechnung, die Geldströme abbildet.

Kapitel
ist die Gliederungsebene im → Haushaltsplan unterhalb eines → Einzelplans, in der alle Einnahmen, Ausgaben und → Verpflichtungsermächtigungen in Form von → Haushaltsstellen zugeordnet sind.

Kassenverstärkungskredit
Kurzfristiger Kredit zur Bereitstellung von Zahlungsmitteln für die Kasse. Er ist im Gegensatz zum → Deckungskredit keine Haushaltseinnahme.

Kennzahlen
sind Indikatoren zur Messung der Zielerreichung. Die Kennzahlen stehen in einem direkten Zusammenhang mit den gesetzten Zielen und geben den Maßstab vor, mit dem die Zielerreichung im Rahmen des → Controllings gemessen werden soll.
Neben monetären Kennzahlen existieren auch rein mengenmäßige, also nicht bewertete Größen, wie z. B. Mitarbeiter, Quadratmeter, Anzahl belegter Plätze etc., die im → Produktgruppenhaushalt den → Produktgruppen zugeordnet sowie im Rahmen der → Kosten- und Leistungsrechnung auf → Kostenstellen oder → Kostenträgern erfasst werden. Darüber hinaus bestehen Verhältniskennzahlen (z. B. Kostendeckungsgrad).

Kernbereich
ist der Bereich des Personalhaushalts, der über → Beschäftigungszielzahlen gesteuert wird.

Kernhaushalt
ist derjenige Teil des Haushalts, der sich nicht auf die ausgegliederten Einheiten erstreckt. Er ist mit den Bruttoausgaben und -einnahmen für sämtliche Bereiche der unmittelbaren öffentlichen Verwaltung (senatorische und zugeordnete Dienststellen) wesentlicher Bestandteil des → Haushaltsplans. Ausgegliederte Einheiten (sog. Extrahaushalte) sind beispielsweise: öffentliche Hochschulen mit eigenem Rechnungswesen, → Eigenbetriebe, → sonstige Sondervermögen sowie → Eigengesellschaften, Beteiligungsgesellschaften.

Kernverwaltung
bildet den originären Kern staatlicher Aufgabenwahrnehmung ab, die unmittelbar über die bremischen Haushalte abgewickelt werden. Das Personal der Kernverwaltung wird bei dieser Betrachtung nach dem → Kernbereich, der → Ausbildung, refinanzierten Beschäftigten (→ Refinanzierung), → temporären Personalmitteln für Personal und sonstigem Personal differenziert.

KIDICAP
ist eine Software der Gesellschaft für Innovative Personalwirtschaftssysteme mbH, mit der die Abrechnung der Bezüge in der bremischen Verwaltung durchgeführt wird.

Kommunaler Finanzausgleich
Vgl. → Finanzausgleich (innerbremischer).

KInvFG – Kommunalinvestitionsförderungsgesetz
Über den 2015 errichteten Kommunalinvestitionsförderungsfonds stellt der Bund den Ländern Finanzhilfen zur Förderung von Investitionen finanzschwacher Kommunen zur Verfügung. Das Gesamtvolumen des Fonds beträgt 7 Mrd. Euro und verteilt sich auf zwei Förderprogramme, die in den beiden Kapiteln des Kommunalinvestitionsförderungsgesetzes (KInvFG) geregelt sind. Wegen Kapazitätsengpässen in den kommunalen Bauverwaltungen und insbesondere in der Bauwirtschaft, die die Umsetzung von kommunalen Investitionsprojekten verzögern, wurden die Förderzeiträume für beide Programme im April 2020 jeweils um ein Jahr verlängert.

KInvFG Kapitel 1 (»Infrastrukturprogramm«)
Mit insgesamt 3,5 Mrd. Euro fördert der Bund im Zeitraum von 2015 bis 2021 kommunale Investitionen in verschiedene Teilbereiche der Infrastruktur, so z. B.

- städtebauliche Maßnahmen,
- Maßnahmen zum Lärmschutz und den
- Ausbau von Breitbandverbindungen.
- Investitionen in die Bildungsinfrastruktur

im Rahmen der Gesetzgebungskompetenz des Bundes. Dies verlangt Art. 104b GG, auf dessen Grundlage der Bund diese Finanzhilfen gewähren darf. Die Fördermöglichkeiten beschränken sich hier daher im Wesentlichen auf

- Investitionen in die frühkindliche Infrastruktur und in die
- energetische Sanierung von Schulgebäuden.

KInvFG Kapitel 2 (»Schulsanierungsprogramm«)
Ebenfalls mit 3,5 Mrd. Euro unterstützt der Bund gezielt kommunale Investitionen zur Sanierung, zum Umbau und zur Erweiterung von Schulgebäuden. Verfassungsrechtliche Grundlage hierfür ist Art. 104c GG, der im Sommer 2017 im Rahmen der Neuordnung der Bund-Länder-Finanzbeziehungen angesichts des erheblichen Sanierungs- und Modernisierungsrückstands im Bereich der kommunalen Bildungsinfrastruktur neu geschaffen wurde. Dieser ermöglicht es dem Bund, Investitionen finanzschwacher Kommunen

in die Schulinfrastruktur unabhängig von der Gesetzgebungskompetenz zu fördern. Der Förderzeitraum des Schulsanierungsprogramms endet 2023. Die Finanzhilfen des Bundes kommen ausschließlich finanzschwachen Kommunen bzw. entsprechenden Gebieten in den drei Stadtstaaten zugute. Die Verteilung der Mittel auf die Länder erfolgt über einen Verteilungsschlüssel, der die Kriterien Einwohnerzahl, Kassenkreditbestand und Arbeitslosenzahl je zu einem Drittel berücksichtigt. Dadurch profitieren diejenigen Länder überproportional von den Förderprogrammen, in denen sich aufgrund von Strukturschwäche die finanzschwachen Kommunen konzentrieren, so insbesondere Nordrhein-Westfalen, Hessen, Rheinland-Pfalz, das Saarland und Bremen.

Einzelheiten der Durchführung der beiden Förderprogramme haben Bund und Ländern jeweils in Verwaltungsvereinbarungen geregelt. In diesem Rahmen obliegt die Umsetzung des KInvFG den Ländern. Diese entscheiden darüber, welche konkreten Investitionsmaßnahmen gefördert werden und reichen die Bundesmittel entsprechend an die jeweiligen Kommunen weiter. Die Förderquote des Bundes beträgt jeweils bis zu 90 %; der Eigenfinanzierungsanteil der Kommunen von mindestens 10 % kann auch vom jeweiligen Land übernommen werden.

Konjunkturbereinigung

Das Verfahren zur Ermittlung der unmittelbar konjunkturell bedingten Änderungen der Landeshaushalte knüpft an das Verfahren an, das auch im Rahmen der Haushaltsüberwachung auf europäischer Ebene Anwendung findet. Die unmittelbaren konjunkturellen Auswirkungen auf den Landeshaushalt, die zur Feststellung der Einhaltung der Defizitobergrenzen nach Ablauf des → Haushaltsjahres maßgeblich sind, setzen sich aus der zu Beginn der Haushaltsaufstellung zu ermittelnden → Konjunkturkomponente und einer Steuerabweichungskomponente zusammen.

Konjunkturkomponente

Vgl. → Ex ante Konjunkturkomponente; → Ex post Konjunkturkomponente.

Konsolidierungshilfen

Als Ergebnis der → Föderalismuskommission (Föko) II sind neben neuen Regeln zur Kreditbegrenzung und Haushaltsüberwachung (→ Stabilitätsrat) auch Übergangsregelungen zu Konsolidierungshilfen in das Grundgesetz aufgenommen worden. Die Länder Berlin, Bremen, Saarland, Sachsen-Anhalt und Schleswig-Holstein können für neun Jahre jährliche Konsolidierungshilfen von insgesamt 800 Mio. Euro erhalten, die hälftig von Bund und Ländern finanziert werden. Bremen erhielt, da der → Konsolidierungspfad eingehalten wurde, für die Jahre 2011 bis 2019 jährlich 300 Mio. Euro (insgesamt 2,7 Mrd. Euro).

Konsolidierungspfad

Mit Unterzeichnung der Verwaltungsvereinbarung zwischen Bremen und dem Bund über Schuldenbremse und → Konsolidierungshilfe hat sich Bremen auf Einhaltung des Konsolidierungspfades verpflichtet. Auf Basis des

im Jahr 2010 festgestellten strukturellen Defizits von 1,2 Mrd. Euro musste Bremen in 10 gleichen Abbauschritten das Finanzierungsdefizit bis 2020 beseitigen (Defizitabbau jährlich um 120 Mio. Euro).
Der → Stabilitätsrat überwacht die Einhaltung des Abbaupfades. Bei Nichteinhaltung entfällt die → Konsolidierungshilfe.

Konsumtive Ausgaben

Den Konsumtiven Ausgaben sind die sächlichen Verwaltungsausgaben (z. B. Geschäftsbedarf, Bewirtschaftungskosten, Mieten), die Tilgungsausgaben an Gebietskörperschaften, Sondervermögen und gebietskörperschaftliche Zusammenschlüsse (z. B. Tilgungen an den Bund für Wohnungsbaudarlehen), Ausgaben für laufende Zuweisungen und Zuschüsse (z. B. Schuldendiensthilfen, Zahlungen für den laufenden Aufwand von Sondervermögen, Sozialleistungen, Zuwendungszahlungen) sowie der Zahlungen für den laufenden Aufwand an die Stadtgemeinde Bremerhaven (z. B. Erstattungen des überörtlichen Sozialhilfeträgers) zuzuordnen. Nach der Systematik des → Gruppierungsplans handelt es sich um folgende Ausgaben: Obergruppen 51–54, 58 und Hauptgruppe 6 sowie je nach Kennzeichnung Gruppen 985 bzw. 988).

Konten

stellen die zentrale Datenstruktur in der Buchführung sowie im Zahlungsverkehr dar. Im → Kontenplan werden sie in → Bestandskonten und → Erfolgskonten unterschieden.

Kontenplan

Im Kontenplan werden alle → Konten auf der Basis des → Kontenrahmens und der Anforderungen, die durch die Abbildungen der Geschäftsprozesse des individuellen Geschäftsbetriebes entstehen, ausgewiesen.

Kontenrahmen

stellt die Systematik zur Gliederung der → Konten der → Finanzbuchhaltung dar.

Kontrakt

ist eine ein- oder mehrjährige Vereinbarung über Leistungsziele und Finanz-/Personalausstattung. Ein mehrjähriger Kontrakt bedarf einer haushaltsrechtlichen Absicherung (→ Verpflichtungsermächtigung).

Konzernsteuerung

Seit den 1990er-Jahren haben viele Kommunen und Länder ihre Aufgaben aus der Kernverwaltung in verselbstständigte Aufgabenträger übertragen. Auch in der FHB wurden Aufgabenbereiche in Sondervermögen, Eigenbetriebe, Anstalten und Gesellschaften ausgegliedert. Darüber hinaus verfügt die FHB über eine Vielzahl von Beteiligungen. Als Konzernsteuerung wird in der FHB die Steuerung der Kernverwaltung sowie der ausgegliederten Aufgabenträger und Beteiligungen als eine Gesamteinheit (Konzern) verstanden. Die Konzernsteuerung stellt sicher, dass eine einheitliche Steuerung im Hinblick auf die strategischen Ziele aufeinander abgestimmt erfolgt.

Kosten

umfassen im Rahmen der → Kosten- und Leistungsrechnung den Wert, der durch für die Erstellung einer betriebstypischen Leistung verbrauchten Güter und Dienstleistungen entsteht. Abweichungen zum → Aufwand ergeben sich unter anderem aus der Einbeziehung → kalkulatorischer Kosten.

Kosten- und Leistungsrechnung (KLR)

ist ein Verfahren, in dem → Kosten und Leistungen erfasst und nach → Kostenarten verursachungsgerecht zum Zweck von Auswertungen auf die → Kostenstellen verteilt und → Kostenträgern zugeordnet werden. Sie dient dazu, Leistungen kosten- und mengenmäßig zu bewerten, dadurch mehr Wirtschaftlichkeit zu erreichen und Vergleiche zu ermöglichen. Damit wird die KLR ein Instrument zur Entscheidungsunterstützung und Kontrolle. Die Kostenrechnung gliedert sich im Wesentlichen in die → Kostenartenrechnung, die → Kostenstellenrechnung und die → Kostenträgerrechnung. Ziel dieser drei Stationen ist es, die Kosten möglichst verursachungsgerecht den Produkten oder Leistungen zuzurechnen, um auf dieser Basis eine realistische Finanzmittelzuweisung zu erhalten.

Kostenarten

klassifizieren in der → Kosten- und Leistungsrechnung nach der Art der Kosten, z. B. → Personalkosten. Die primären Kosten- und → Erlösarten haben ihren Ursprung in den → Erfolgskonten der → Finanzbuchhaltung. Sekundäre Kosten- und Erlösarten werden ausschließlich in der → Kosten- und Leistungsrechnung genutzt (z. B. für die Durchführung der innerbehördlichen Leistungsverrechnung).

Kostenartenrechnung

In der → Kosten- und Leistungsrechnung wird dargestellt, welche → Kostenarten- und → Erlösarten in welcher Höhe angefallen sind.

Kostenstelle

gibt an, von welcher Organisationseinheit die Kosten verursacht wurden und kann einem/einer Verantwortlichen klar zugeordnet werden. Sie ist der Ort der Kostenentstehung innerhalb einer Organisation. Um alle Kosten zu erfassen, sollten folglich alle Organisationsbereiche in einer Kostenstellenzuordnung, dem Kostenstellenplan, erfasst werden.

Kostenstellenrechnung

In der Kostenstellenrechnung wird dargestellt, welche → Kosten- und → Erlösarten in welcher Höhe bei welcher → Kostenstelle zugeordnet sind. Die Aufgabe der Kostenstellenrechnung besteht darin, die den → Kostenträgern nicht direkt zurechenbaren → Kosten (Gemeinkosten) im Rahmen der innerbehördlichen Leistungsverrechnung sukzessive von den Vorkostenstellen auf die Endkostenstellen und letztlich auf die → Kostenträger zu verrechnen.

Kostenträger

gibt an, für welchen Zweck, also für welches Produkt bzw. Teilprodukt, die Kosten angefallen sind. Als Kostenträger sind einzelne Ausprägungen spezifischer Produkte definiert. Eine vollständige Übersicht aller Kostenträger mit einer meist numerischen Systematik findet sich im Kostenträgerplan wieder, der Bestandteil des Kontenplanes ist. Die Summe aller Produkte mit ihren möglichen Ausprägungen und Kennzahlen sowie etwaigen Qualitätsmerkmalen wird in einem Produktkatalog meist auf Ebene einer Organisationseinheit dargestellt. Der Kostenträger ist ein Objekt, auf dem im Rahmen der → Kosten- und Leistungsrechnung letztlich alle → Kosten und → Erlöse abgerechnet werden. Man spricht auch von → Produkt und Dienstleistung, vgl. → Output.

Kostenträgerrechnung

In der Kostenträgerrechnung wird dargestellt, welche → Erlös- und → Kostenarten in welcher Höhe für die Erstellung eines → Kostenträgers angefallen sind. Die → Kostenträger sind eine wesentliche Bemessungsgrundlage für die outputorientierte Steuerung.

Kreditaufnahme/Kreditermächtigung

Einnahmen und Ausgaben sind nach Art. 131a LV grundsätzlich ohne Einnahmen aus Krediten auszugleichen. Die landesverfassungsrechtliche Kreditgrenze ist vor folgendem Hintergrund einzuordnen:

- Aufgrund der Änderungen des Grundgesetzes zur »Schuldenbremse« sind die Haushalte von Bund und Ländern grundsätzlich ohne Einnahmen aus Krediten auszugleichen. Allerdings galt für die Länder-Haushalte bis einschließlich 2019 eine Übergangsregelung, wonach nach Maßgabe der geltenden landesrechtlichen Regelungen von diesen Vorgaben abgewichen werden durfte (vgl. Art. 143d GG). Bremen hat dies in Art. 131b LV geregelt. Um das Ziel im Jahr 2020 zu erreichen, erhält Bremen vor dem Hintergrund seiner im Vergleich zu anderen Ländern besonders schwierigen Haushaltssituation von der bundesstaatlichen Gemeinschaft → Konsolidierungshilfen.
- Zur Einhaltung der Konsolidierungsverpflichtungen für die Haushalte 2011 bis 2019 waren die in der Verwaltungsvereinbarung zwischen dem Bund und Bremen festgelegten Obergrenzen des → strukturellen Finanzierungssaldos einzuhalten. Diese Konsolidierungsverpflichtung wurde in geltendes → Haushaltsrecht (Einfügung des § 18 a LHO) übernommen. Das Land und die Stadtgemeinden Bremen und Bremerhaven erfüllten gemeinsam die sich hieraus ergebenden Verpflichtungen der FHB.

Die konkrete Höhe der Kredite zur Deckung von Ausgaben (→ Deckungskredit) und zur Aufrechterhaltung einer ordnungsmäßigen Kassenwirtschaft (→ Kassenverstärkungskredit) ist im jährlichen → Haushaltsgesetz festzulegen.

Kreditfinanzierungsplan

enthält eine vollständige Darstellung aller veranschlagten Einnahmen aus Krediten sowie aller veranschlagten Ausgaben zur Tilgung von Krediten. Hieraus lassen sich die → Brutto-Kreditaufnahme bzw. → Netto-Kreditaufnahme/Neuverschuldung feststellen.

Kreditfinanzierungsquote
ist der Anteil der → Netto-Kreditaufnahme/Neuverschuldung (= Kreditaufnahme minus Schuldentilgung) an den → bereinigten Ausgaben.

Ku-Vermerke (künftig umzuwandeln)
werden im Stellenplan angebracht, wenn → Planstellen und → Stellen für Arbeitnehmer ohne Bestimmung der Voraussetzungen künftig in → Planstellen bzw. → Stellen einer anderen Entgeltgruppe umgewandelt werden sollen.

Kw-Vermerke (künftig wegfallend)
Ist eine → Planstelle oder eine → Stelle für Arbeitnehmer ohne nähere Angabe als künftig wegfallend bezeichnet, gilt diese → Planstelle bzw. → Stelle nach ihrem Freiwerden als wegfallend.

Lagebericht
ist bei Kapitalgesellschaften neben dem Jahresabschluss mit Bilanz, Gewinn- und Verlustrechnung und Anhang Bestandteil der Berichtspflichten laut Handelsgesetzbuch (HGB). Der Bericht soll die derzeitige und zukünftige Situation des Unternehmens hinsichtlich der Chancen und Risiken darstellen. Es muss ein den tatsächlichen Verhältnissen entsprechendes Bild vermittelt werden (§ 289 HGB). Der Lagebericht soll auch eingehen auf Vorgänge von besonderer Bedeutung, die nach dem Schluss des Geschäftsjahres eingetreten sind oder die voraussichtliche Entwicklung der Kapitalgesellschaft.
Auch dient der Lagebericht zur Auslegung der Ergebnisse des → doppischen Jahresabschlusses und beschreibt die finanzpolitischen sowie wirtschaftlichen Rahmenbedingungen, zeigt Risiken und Chancen auf und wirft im Rahmen eines Prognoseberichtes einen Blick in die Zukunft. Durch den Lagebericht soll ein den tatsächlichen Verhältnissen entsprechendes Bild vermittelt werden.

Länderfinanzausgleich
vgl. → Finanzausgleich.

Landeshaushaltsordnung
Auf Basis des Art. 109 Abs. 3 GG wurden mit dem → Haushaltsgrundsätzegesetz gemeinsam geltende Grundsätze für das → Haushaltsrecht, für eine konjunkturgerechte Haushaltswirtschaft und für eine mehrjährige → Finanzplanung für Bund und Länder aufgestellt. Bund und Länder sind verpflichtet, ihr Haushaltsrecht entsprechend zu regeln. Daher sind die Haushaltsordnungen von Bund und den Ländern im Wesentlichen inhaltsgleich. In Bremen wird die Haushaltsordnung als Landeshaushaltsordnung bezeichnet.

Leistung
im Sinne der → Kosten- und Leistungsrechnung ist das Ergebnis des Verwaltungshandelns, beispielsweise die Erbringung von Dienstleistungen (mengenmäßiger → Output einer zähl-, mess-, wiegbaren Produktion).
Liquidität

Der Begriff resultiert aus der im Haushaltsvollzug notwendigen Einhaltung des veranschlagten → Finanzierungssaldos. Liquide sind veranschlagte Personalausgaben, konsumtive Ausgaben (einschl. Tilgung an öffentl. Verwaltungen), Zins- und investive Ausgaben. → Mehreinnahmen, die nicht zum Ausgleich von → Mindereinnahmen an anderer Stelle benötigt werden, erhöhen die vorhandene Liquidität.
Nicht liquide Mittel sind → Ausgabereste sowie Ausgaben, die mittels → Rücklagen finanziert werden. Vgl. → Liquiditätssteuerung.

Liquiditätssteuerung
Mit Hilfe der Liquiditätssteuerung soll das Ziel, im Haushaltsvollzug den veranschlagten → Finanzierungssaldo einzuhalten, erreicht werden. Im Rahmen der Liquiditätssteuerung sind die → bereinigten Einnahmen und Ausgaben im Ist auf der Ebene eines → Produktplans so zu steuern, dass der veranschlagte → Finanzierungssaldo eingehalten wird.

Managementreport
ist Teil der regelmäßigen Berichterstattung der öffentlichen Unternehmen an den Senat und die parlamentarischen Kontrollgremien. Der Managementreport ist für jedes Quartal zu erstellen und zeigt anhand ausgewählter Zahlen der Bilanz, der Gewinn- und Verlustrechnung und bestimmter Kennzahlen den aktuellen Geschäftsverlauf des Unternehmens.

Mehrausgaben
sind Ausgaben, die das zur Verfügung stehende → Haushaltssoll übersteigen.

Mehreinnahmen
sind Einnahmen, die das zur Verfügung stehende → Haushaltssoll übersteigen.

Minderausgaben
sind Ausgaben, die das zur Verfügung stehende → Haushaltssoll unterschreiten.

Mindereinnahmen
sind Einnahmen, die das zur Verfügung stehende Haushaltssoll unterschreiten.

Nachbewilligung
ist die Bewilligung → über- und außerplanmäßiger Ausgaben im Rahmen von Deckungsmöglichkeiten (→ Einsparung, Heranziehung von Mehreinnahmen) innerhalb des Haushalts.

Nachtragshaushalt
ist ein → Haushaltsgesetz und den → Haushaltsplan änderndes Gesetz. Der Entwurf ist bis zum Ende des → Haushaltsjahres bei der Bremischen Bürgerschaft einzubringen.

Nachversicherung

BeamtInnen, die ohne Anspruch auf eine beamtenrechtliche Versorgung aus dem Dienst ausscheiden, werden für die Zeit ihrer versicherungsfreien Dienstzeit nachversichert. Die Nachversicherung erfolgt durch eine Nachentrichtung von Versicherungsbeiträgen auf Kosten der FHB in der gesetzlichen Rentenversicherung oder einer berufsständischen Versorgungseinrichtung.

Nebenbuch

Im Nebenbuch werden Buchungsdaten einzeln ausgewiesen, die kumuliert in das → Hauptbuch übernommen werden. Dazu gehören insbesondere die Daten aus der → Anlagenbuchhaltung sowie die Forderungen (Debitoren) und Verbindlichkeiten (Kreditoren) aus Lieferungen und Leistungen.

Nebentitel

Als Nebentitel werden die sonstigen Personalausgaben definiert. Hierzu gehören insbesondere die Ausgaben für die Versorgung, für die Beihilfen, die Freie Heilfürsorge und Nachversicherungen für Abgeordnete, NebenamtlerInnen, NebenberuflerInnen und Ehrenamtliche sowie → globale Mehrausgaben im Personalhaushalt.

Netto-Kreditaufnahme/Neuverschuldung

Saldo aus neuer Kreditaufnahme und Tilgungsausgaben. Im Umfang der Netto-Kreditaufnahme/Neuverschuldung verändert sich der Schuldenstand; vgl. → Brutto-Kreditaufnahme.

Nettoveranschlagung

In der Nettoveranschlagung werden die Ausgaben mit den mit ihnen im Zusammenhang stehenden Einnahmen (und umgekehrt) im → Haushaltsplan saldiert ausgewiesen. Nettoveranschlagung ist die Ausnahme von der → Bruttodarstellung.

Niederschlagung

Bei der Niederschlagung wird verwaltungsseitig befristet oder unbefristet von der Weiterverfolgung eines fälligen Anspruchs abgesehen. Voraussetzung hierfür ist, dass die Einziehung keinen Erfolg haben wird oder dass die Kosten der Einziehung außer Verhältnis zur Höhe des Anspruchs stehen.

Nutzen-Kosten-Untersuchung

Bei einer Nutzen-Kosten-Untersuchung werden alle direkten oder indirekten Nutzen und → Kosten einer Maßnahme erfasst, soweit möglich monetär bewertet, nicht monetär bewertbare Faktoren werden im Rahmen einer Nutzwertanalyse berücksichtigt. Die Nutzen-Kosten-Untersuchung ist das umfassendste Verfahren zur Wirtschaftlichkeitsuntersuchung, die vorzunehmen ist, wenn für Maßnahmen mit erheblicher finanzieller Bedeutung (z. B. bei großen Verkehrsinfrastruktur- oder Wirtschaftsförderungsmaßnahmen) alle positiven wie negativen Wirkungen in Ansatz zu bringen sind, unabhängig davon, wo und bei wem sie anfallen (gesamtwirtschaftliche/volkswirtschaftliche Betrachtung).

Outcome

ist die Wirkung eines bestimmten festgelegten → Outputs einer Organisationseinheit, die über einen längeren Zeitraum angestrebt/erreicht werden soll. Outcome ist somit der politisch beabsichtigte Beitrag zum Gemeinwohl, für den der Output der Verwaltung nur Mittel ist.

Output

ist die erbrachte → Leistung einer Organisationseinheit.

Personalausgaben

sind die im Haushalt erfassten Ausgaben für das Personal der Hauptgruppe 4; vgl. → Gruppierungsplan (Dienst- und Versorgungsbezüge, Beihilfen und sonstige personalbezogene Ausgaben).

Personalausgabenbudgetierung

beschreibt das Verfahren zur Transformation der → Beschäftigungszielzahlen für eine Verwaltungseinheit auf der Basis einer Personalkostenhochrechnung für alle Beschäftigten in das → Personalbudget unter gleichzeitiger Bildung von unterjährigen Planwerten für das → Controlling.

Personalausgabenquote

Anteil der → Personalausgaben an den → bereinigten Ausgaben.

Personalbudget

Monetäre Dimension der einer Verwaltungseinheit zur Verfügung stehenden Personalressourcen. Das Personalbudget setzt sich zusammen aus den → zielzahl- und hochrechnungsbasierten Budgets für den → Kernbereich, sowie für die Bereiche temporäre Personalmittel, temporäre Personalmittel – Flüchtlinge und Flexibilisierungsmittel, dem Ausbildungsbudget, den refinanzierten Mittelrahmen (→ Refinanzierung) und den Ausgaberahmen für sonstige Personalausgaben (sog. → Nebentitel).

Personalkosten

sind die Kosten für Gehälter und Löhne (Lohnkosten), Kosten für soziale Aufwendungen sowie Personalnebenkosten wie zum Beispiel Entgeltfortzahlungen oder Fortbildungsmaßnahmen.
In der bremischen → Kosten- und Leistungsrechnung werden nicht die tatsächlich entstandenen Kosten, sondern die durchschnittlichen Personalkosten berücksichtigt. Vgl. → Kostenartenrechnung

Personalstruktur

Mit dem Begriff wird die Zusammensetzung des Personals in Hinsicht auf soziostrukturelle und organisatorische Merkmale beschrieben. Beispiele für diese Merkmale sind: Alter, Geschlecht, Teilzeit, Schwerbehinderung, Personalgruppe.
Im Rahmen des → Produktgruppenhaushaltscontrollings sowie der jährlichen Berichterstattung wird über die Entwicklung dieser Merkmale berichtet. Basis für die Darstellung dieser Merkmale ist die Anzahl aller anwesenden und abwesenden (beurlaubten) Beschäftigten.

Planstelle
ist eine im → Stellenplan (Teil des → Haushaltsplans) nach Besoldungsgruppe und Amtsbezeichnung für planmäßige BeamtInnen aufgeführte Stelle. Planstellen dürfen nur für Aufgaben eingerichtet werden, zu deren Wahrnehmung die Begründung eines Beamtenverhältnisses zulässig ist und die in der Regel Daueraufgaben sind.

Planungssicherheit (Planungsreserve)
ist eine Regelung im → Haushaltsgesetz, nach der für den Gesamthaushalt bei den Ausgaben lediglich 95 % der Anschläge zur Verfügung stehen. Soweit bis zum 15. Oktober des Jahres keine Haushaltsverschlechterungen vorliegen, werden die restlichen Mittel freigegeben; vgl. → Quotenmodell.

Primärausgaben
sind Personalausgaben, konsumtive Ausgaben, Tilgungsausgaben an Verwaltungen und Investitionsausgaben; vgl. auch → Primärsaldo.

Primäreinnahmen
sind alle Einnahmen, bereinigt um die Erlöse aus der Veräußerung von Vermögen, um die Kreditaufnahme, haushaltstechnische Einnahmen aus Erstattungen und Verrechnungen sowie um Rücklagenentnahmen; vgl. auch → Primärsaldo.

Primärsaldo
ist der Saldo aus → Primäreinnahmen und → Primärausgaben.

Produkt
Unter dem Begriff Produkt werden Leistungen, die von einer Organisationseinheit erbracht werden und Ressourcenverbrauch verursachen, zusammengefasst. Ein Produkt ist eine definierte und quantifizierte Leistung der → Kosten- und Leistungsrechnung, die für eine Output-orientierte Steuerung notwendig ist und der die für die Erbringung entstandenen → Kosten zugeordnet werden (vgl. auch → Kostenträgerrechnung) oder über deren Erstellung ein Vertrag abgeschlossen werden kann; vgl. auch → Kontrakt.

Produktbereich
In einem Produktbereich werden Produktgruppen nach sachlichen Gesichtspunkten zusammengefasst. Ein Produktbereich stellt eine strategische Informations-, Planungs- und Steuerungsebene für Senat und → Haushalts- und Finanzausschuss dar.

Produktgruppe
In einer Produktgruppe werden Produkte nach sachlichen Gesichtspunkten zusammengefasst.

Produktgruppenhaushalt
ist der im Sinne von § 7a LHO aufgestellte leistungsbezogene Haushalt der neben dem kameralen → Haushaltsplan vorgelegt wird. Er ordnet den aufgabenbezogenen → Budgets und Beschäftigungsvorgaben Leistungsziele in Art und Umfang zu und gliedert sich in → Produktpläne, → Produktbereiche und → Produktgruppen.

Produktgruppenhaushaltscontrolling

dient dem Ziel, auf Grundlage des → Produktgruppenhaushalts Entwicklungen zu erkennen und aufzugreifen, soweit diese von finanzieller, personalwirtschaftlicher oder leistungsbezogener Bedeutung sind. Im Falle von Abweichungen sind rechtzeitig Gegensteuerungsmaßnahmen einzuleiten und Vorschläge zur Einhaltung des Budgetrahmens, der Personalziele und der Leistungsziele aufzuzeigen. Dem Senat und dem → Haushalts- und Finanzausschuss werden periodisch Berichte vorgelegt.

Produktplan

ist die Steuerungs-, Aggregations- und Ausgleichsebene, auf der die Finanz- und Personaldaten der zugeordneten → Produktbereiche als oberste Gliederungsebene im → Produktgruppenhaushalt zusammengefasst dargestellt werden. Im Produktplan wird die fachpolitische Grundausrichtung bestimmt und die Koordination der Fach-, Personal- und Leistungsziele der zugeordneten → Produktbereiche vorgenommen.

Produktverantwortung

liegt in der Regel bei einer/einem Beschäftigten der zuständigen Organisationseinheit. Im Einzelnen bedeutet Produktverantwortung, Jahresziele vorzuschlagen, die Beschreibungen zu pflegen und die erforderlichen Daten für die Haushaltsplanung einzugeben, Controllingberichte zu erstellen und auszuwerten, Besonderheiten und übermäßige Abweichungen an die Leitung der Organisationseinheit zu melden.

Public Corporate Governance Codex

des Landes und der Stadtgemeinde Bremen basiert auf dem Deutschen Corporate Governance Kodex für Kapitalgesellschaften und soll dazu dienen,

- einen kontinuierlichen Prozess zur Verbesserung der Unternehmensführung in den bremischen Beteiligungen herbeizuführen;
- die Transparenz der Beteiligungsgesellschaften zu erhöhen und durch mehr Öffentlichkeit und Nachprüfbarkeit das Vertrauen in Entscheidungen aus Verwaltung und Politik zu erhöhen;
- einen Standard für das Zusammenwirken von Gesellschaftern, Aufsichtsrat und Geschäftsführung festzulegen und in einen kontinuierlichen Verbesserungsprozess einzutreten.

Public Private Partnership (PPP)

(auch Öffentlich-Private Partnerschaft ÖPP genannt) ist die vertragliche Zusammenarbeit zwischen öffentlicher Hand und privatrechtlich organisierten Unternehmen (Bauwirtschaft, Kreditinstitute usw.), für bestimmte Aufgaben die notwendige Ressourcen (Fachwissen, Kapital und Personal) in ein gemeinsames Projekt einzubringen und die Aufgaben entsprechend den besonderen Fähigkeiten der Partner zu verteilen. Bei PPP kommt es auf eine strenge Einzelfallprüfung und auf eine klare Vergleichsrechnung vor Beginn einer Maßnahme an. Die kurzfristige haushaltsmäßige Entlastung ist als alleiniges Kriterium nicht ausreichend.

PuMa
ist die Abkürzung für »Personalverwaltung und –management«. Es handelt sich um ein integriertes Datenbanksystem zur Unterstützung der Personalverantwortlichen und des Personalcontrollings. In PuMa werden die Daten der Gehaltsabrechnung, des Haushalts- und Rechnungswesens und der Stellenverwaltung zusammengeführt. Das Programm PuMaOnline bildet die Grundlage der Personalverwaltung in den dezentralen Personalbüros.

Quotenmodell
Instrument zur Feststellung der individuell je → Produktplan vorzuhaltenden → Planungssicherheit. Das bremische Quotenmodell differenziert nach → Verpflichtungsgraden mit insgesamt neun Kategorien, die mit unterschiedlicher Gewichtung in die Berechnung der dezentralen → Planungssicherheit eingehen.

Rechnungsabgrenzung
ist die periodengerechte Abgrenzung von Zahlungen. In Abweichung von den tatsächlichen Zahlungsströmen wird der → Ertrag bzw. der → Aufwand den verursachungsgerechten Perioden zugeordnet.

Rechnungsprüfungsausschuss
ist ein von der Bremischen Bürgerschaft eingesetzter Ausschuss, der die Haushaltsrechnungen unter Berücksichtigung der Berichte des Rechnungshofs sowie die Rechnungen des Rechnungshofs prüft. Der Rechnungsprüfungsausschuss erstattet gegenüber der Bürgerschaft Bericht und überwacht die Umsetzung seiner Beschlüsse.
Die Haushaltsrechnungen, die Berichte des Rechnungshofs und die Mitteilungen des Senats aufgrund der Berichte des Rechnungsprüfungsausschusses sind vom Präsidenten der Bremischen Bürgerschaft dem Rechnungsprüfungsauschuss nach Druck der Vorlage unmittelbar zuzuleiten.

Refinanzierung
drückt aus, dass einer Verwaltungseinheit zusätzliche, in der Regel zeitlich befristete Ressourcen zur Verfügung stehen.
Im Personalbereich kann durch Refinanzierung z. B. über die → Beschäftigungszielzahl hinaus Personal eingesetzt werden. Dies können → Drittmittel, Mittel aus → Rücklagen oder → Rückstellungen sowie aus zweckgebundenen allgemeinen → Einnahmen sein. Refinanzierungen aus zweckgebundenen Einnahmen bedürfen einer vorangegangenen Wirtschaftlichkeitsuntersuchung.

Ressourcenverantwortung
ist die Verantwortung für die Einhaltung des → Budgets (personelle und finanzielle Mittel, Personalverantwortung usw.).

Reste
vgl. → Ausgaberest bzw. → Haushaltsrest.

Risikobericht

Öffentliche Unternehmen haben einen Risikobericht vorzulegen, wenn erhebliche negative Abweichungen vom Wirtschaftsplan und damit akute Risiken für die Unternehmensentwicklung drohen.

Rücklagen

a sind außerhalb des Haushalts überjährig verfügbare Mittel, die für allgemeine oder konkret festgelegte Zwecke des Gesamthaushalts oder der → Produktpläne gebildet werden. Bei den Rücklagen handelt es sich nicht um angelegte Barbestände, so dass die Verwendung von Rücklagen nur unter Beachtung der → Liquiditätssteuerung möglich ist,

b sind in der → Vermögensrechnung ausgewiesener Bestandteil des → Eigenkapitals. Es wird zwischen Kapitalrücklagen und Gewinnrücklagen unterschieden: Kapitalrücklagen werden nicht aus erwirtschafteten Gewinnen, sondern aus Zuzahlungen/Sacheinlagen der Anteilseigner gebildet. Einstellungen in die Kapitalrücklage erfolgen ergebnisneutral. Gewinnrücklagen ergeben sich aus zurückbehaltenen Überschüssen in der → Erfolgsrechnung.

Rückstellung

ist in der → doppelten Buchführung eine Berücksichtigung von zukünftigem → Aufwand, dessen Eintreten dem Grunde oder der Höhe nach noch nicht sicher ist und der in der abzuschließenden Rechnungsperiode verursacht wurde.

Ruhelohn

ist eine zusätzliche Altersversorgung, auf den arbeiterrentenversicherungspflichtige ArbeitnehmerInnen (vorwiegend ArbeiterInnen), deren Beschäftigungsverhältnis vor dem 01. März 2007 begründet worden ist, einen gesetzlichen Anspruch besitzen.

Sanierungshilfen/-verwaltungsvereinbarung:

Auf der Grundlage des Art. 143d Abs. 4 GG des Sanierungshilfengesetzes und der hierzu mit Bremen und dem Saarland geschlossenen Verwaltungsvereinbarung gewährt der Bund diesen beiden Ländern jährlich jeweils 400 Millionen Euro als Zuschuss zu den haushaltsmäßigen Einnahmen. Die jährliche Zahlung dient anfangs dazu, die beiden Länder in die Lage zu versetzen, die Schuldenbremse einzuhalten. Langfristiges Ziel ist eine künftig eigenständige Einhaltung der Vorgaben, also ohne Hilfszahlungen. Um dieses Ziel zu erreichen, sind Bremen und das Saarland gesetzlich verpflichtet, Maßnahmen zum Abbau der übermäßigen Verschuldung sowie zur Stärkung der Wirtschafts- und Finanzkraft zu ergreifen. Vor allem muss der Haushalt im Schnitt jedes Jahr mindestens 80 Millionen Euro »haushaltsmäßige Tilgung« ausweisen (also eine Nettokreditaufnahme von minus 80 Millionen Euro oder mehr), so dass sich der Schuldenstand um diesen Betrag verringert. Leider berechnet sich die »haushaltsmäßigen Tilgung« nicht in Bezug auf genau dieselbe Zielgröße wie die strukturelle Nettokreditaufnahme gemäß den Vorgaben der Schuldenbremse. Ähnlich wie bei Schuldenbremse dürfen jedoch aus der »haushaltsmäßigen Tilgung« finanzielle Transaktionen herausgerechnet werden, ebenso wird bei den steuerabhängigen Einnahmen aus Gründen der Planungssicherheit die Steuerschätzung des Vorjahres zugrunde gelegt. In begründeten Ausnahmefällen, auch bei sehr starken Konjunktureinbrüchen, kann von den Tilgungsverpflichtungen abgewichen werden (siehe zum Vergleich auch: Schuldenbremse, Ausnahmetatbestand).

SAP

Die Firma SAP SE ist der größte europäische und weltweit drittgrößte börsennotierte Softwarekonzern mit Firmensitz in Walldorf in Baden-Württemberg. SAP SE entwickelt Software für alle Kern-Geschäftsprozesse wie kamerale und doppische Buchführung, Controlling, Vertrieb, Einkauf, Produktion, Lagerhaltung und Personalwesen. SAP steht synonym für Systeme, Anwendungen und Produkte in der Datenverarbeitung. In der FHB ist die SAP-Software seit 2002 im Einsatz und bildet die Grundlage für ein integriertes Rechnungswesen im Konzern FHB.

Schlüsselzuweisung

ist eine der im bremischen Finanzausgleichsgesetz genannten Zuweisungsarten im innerbremischen Finanzausgleich. Sie soll die Finanzkraft der Stadtgemeinden Bremen und Bremerhaven stärken und ist nicht zweckgebunden.

Schuldenbremse

Umgangssprachlicher Begriff für das grundsätzliche Verbot der strukturellen Nettokreditaufnahme gemäß Art. 109 Abs. 3 GG, das seit dem Haushaltsjahr 2016 für den Bund und seit dem Haushaltsjahr 2020 auch für Länder uneingeschränkt gilt. Für den Bund sehen Art. 115 GG und ein Ausführungsgesetz spezielle Vorschriften vor. In den Ländern findet sich die nähere Ausgestaltung der Schuldenbremse (siehe Art. 109 Abs. 3 Satz 5 GG) im Landesverfassungsrecht oder in Landesgesetzen wie der Landeshaushaltsordnung. In Bremen sind dies vor allem Art. 131a der Landesverfassung und §§ 18, 18a LHO. Grundsätzlich sind die Gemeinden nicht von der Schuldenbremse erfasst, außer in den drei Stadtstaaten Berlin, Bremen und Hamburg. Die Schuldenbremse sieht im Grundsatz vor, dass zur Finanzierung von Ausgaben keine netto neuen Schulden mehr aufgenommen werden dürfen (Haushaltsausgleich ohne »Einnahmen aus Krediten«). Die Bereinigung der Einnahmen und Ausgabe um finanzielle Transaktionen ist zulässig. Konjunkturell bedingte Schwankungen der steuerabhängigen Einnahmen dürfen durch ein vorher festgelegtes System aus fallweiser Kreditaufnahmeberechtigung bzw. Tilgungsverpflichtung symmetrisch ausgeglichen werden. Außerdem erlauben es Ausnahmevorschriften den Parlamenten, auf Naturkatastrophen oder bestimmte unvorhersehbare außergewöhnliche Notsituationen mit der Ermächtigung zu vorübergehend höherer Kreditaufnahme reagieren zu können. Neue Schulden, die aufgrund eines Ausnahmetatbestandes aufgenommen worden sind, müssen in den folgenden Jahren getilgt werden.

Soll-Abschluss
Im Soll-Abschluss werden die tatsächlich eingegangenen Einnahmen sowie die nicht realisierten Einnahmeforderungen (einschließlich der zur Deckung der → Ausgabereste erforderlichen Kreditermächtigungen) und die tatsächlich geleisteten Ausgaben sowie die Ausgabereste eines → Haushaltsjahres gegenübergestellt; vgl. → Ist-Abschluss.

Sonderhaushalt
ist ein aus dem Kernhaushalt ausgegliederter Teil. Die Mittel eines Sonderhaushalts werden im → Haushaltsplan im Saldo von Einnahmen und Ausgaben als Zuschuss/Überschuss ausgewiesen (Ausnahme von der → Bruttodarstellung). Der Sonderhaushalt bleibt als Erläuterung zur → Nettoveranschlagung weiter Bestandteil des → Haushaltsplans.

Sondervermögen nach § 26 Abs. 2 LHO
ist ein rechtlich unselbstständiger, abgesonderter Teil des Vermögens Bremens bzw. Bremerhavens. Es wird durch Gesetz oder aufgrund eines Gesetzes begründet und dient der Erfüllung einzelner Aufgaben der gründenden Gebietskörperschaft. Das BremSVG definiert zwei Arten von Sondervermögen:

- → Eigenbetriebe, die nicht rechtsfähige Unternehmen sind, sowie
- → sonstige Sondervermögen, die kein Personal führen.

Für Sondervermögen nach § 26 Abs. 2 LHO gelten die Vorschriften der LHO entsprechend, soweit nichts anderes bestimmt ist. Die Bewirtschaftung erfolgt auf der Grundlage von → Wirtschaftsplänen; vgl. → Betriebe nach § 26 Abs. 1 LHO, → Eigenbetriebe, → Sonstige Sondervermögen.

Sondervermögenscontrolling
verfolgt das Ziel, für den Bereich der → Sondervermögen Daten für Analyse und Steuerungszwecke aufzubereiten und damit Entscheidungsgrundlagen für die Verwaltung der im Eigentum des Landes und der Stadtgemeinde Bremen befindlichen → Sondervermögen zu liefern.

Sonstiges Sondervermögen nach § 26 Abs. 2 LHO
ist eine bewirtschaftete, rechtlich unselbstständige, abgesonderte Vermögensmasse des Bremens bzw. Bremerhavens ohne Personalkörper in Ausgestaltung eines Sondervermögens nach § 26 Abs. 2 LHO. Es wird durch Gesetz oder aufgrund eines Gesetzes begründet und dient der Erfüllung einzelner Aufgaben der begründeten Gebietskörperschaft. Es gilt das BremSVG. Die Vorschriften der LHO gelten entsprechend, soweit nichts anderes bestimmt ist. Die Bewirtschaftung erfolgt auf der Grundlage von → Wirtschaftsplan (Sondervermögen); vgl. → Betrieb nach § 26 Abs. 1 LHO, → Eigenbetrieb nach § 26 Abs. 2 LHO, → Sondervermögen nach § 26 Abs. 2 LHO.

Sparsamkeit
Grundsatz, nach dem bei allen Maßnahmen des Staates die aufzuwendenden Mittel auf den zur Erfüllung der jeweiligen Aufgabe notwendigen Umfang zu begrenzen sind; vgl. → Wirtschaftlichkeit.

Sperre
ist ein Instrument, mit dem die Verfügbarkeit von Mitteln eingeschränkt wird. Haushaltsrechtlich sind alle Ausgaben für → Baumaßnahmen gesperrt. Sinngemäß gilt dies für → Verpflichtungsermächtigungen. Die Sperre kann im Haushaltsvollzug ggf. mit Zustimmung des → Haushalts- und Finanzausschusses aufgehoben werden.

Spezialisierung
Grundsatz, nach dem die bewilligten Mittel nur zu dem im → Haushaltsplan (einschließlich dessen Anlagen) festgelegten Zweck und nur in der festgelegten Höhe verwendet werden dürfen (sachliche Bindung).

Splitting
Beim Splitting werden die → Personalausgaben eines/einer Beschäftigten auf unterschiedlichen → Haushaltsstellen gebucht, sofern das Beschäftigungsvolumen auf mehrere Aufgabenbereiche aufgeteilt ist.

Stabilitätsrat
ist ein Bund-Länder-Gremium auf Ministerebene, das den bisherigen Finanzplanungsrat ersetzt. Die Aufgaben des Stabilitätsrats sind: Haushaltsüberwachung, Feststellung von drohenden → Haushaltsnotlagen, gegebenenfalls Überwachung von Sanierungsprogrammen und der Verpflichtungen der Konsolidierungshilfenländer, Überprüfung der »Fortschrittsberichte Aufbau Ost« und Koordinierung der → Haushalts- und → Finanzplanungen. Der mindestens zweimal jährlich tagende Stabilitätsrat kann Mehrheitsbeschlüsse mit den Stimmen von zwei Dritteln der Länder und der Stimme des Bundes fassen.

Standards staatlicher Doppik
Durch das Gesetz zur Modernisierung des → Haushaltsgrundsätzegesetzes wird zugelassen, dass die Haushaltswirtschaft des Bundes und der Länder in ihrem Rechnungswesen alternativ zum bisherigen kameralen Rechnungswesen nach den Grundsätzen der staatlichen → doppelten Buchführung (staatliche Doppik) gestaltet werden kann. Als untergesetzliche Normierung zum HGrG werden in den »Standards staatlicher Doppik« für die öffentlichen Haushalte einheitliche Ansatz-, Bewertungs- und Darstellungsregeln festgelegt und die Abschlüsse auf staatlicher Ebene geregelt. Die Standards staatlicher Doppik werden jeweils durch Verwaltungsvorschriften des Bundes und der Länder umgesetzt.

Stelle
ist eine im → Stellenplan (Teil des → Haushaltsplans) nach Entlohnungsgruppe für Beschäftigte (nicht BeamtInnen) aufgeführte Stelle.

Stellenindex
drückt die durchschnittliche Wertigkeit der besetzten → Planstellen und → Stellen einer Verwaltungseinheit aus. Veränderungen im Stellenindex werden mittels Bonus bzw. Malus (→ Bonus-Malus-System) auf die → Beschäftigungszielzahl sanktioniert.

Stellenplan
weist die → Planstellen für Beamte und die → Stellen für Beschäftigte nach → Produktgruppen bzw. → Kapiteln unterteilt aus. Er ist Bestandteil des → Haushaltsplans.

Stellenübersicht
ist Bestandteil des → Wirtschaftsplans. Sie enthält die erforderlichen → Stellen für Beschäftigte sowie nachrichtlich die → Planstellen für BeamtInnen. Letztere sind bestimmend im → Stellenplan des Rechtsträgers zu führen.

Stellenvolumen
entspricht der Summe der vollen → Stellen und der auf volle Stellen umgerechneten Teilzeitstellen.

Steuern
sind Geldleistungen, die nicht eine Gegenleistung für eine besondere Leistung darstellen und von einem öffentlich-rechtlichen Gemeinwesen zur Erzielung von Einnahmen allen auferlegt werden, bei denen der Tatbestand zutrifft, an den das Gesetz die Leistungspflicht knüpft; die Erzielung von Einnahmen kann Nebenzweck sein (§ 3 Abgabenordnung).

Struktureller Finanzierungssaldo
ist der um konjunkturelle und sonstige temporäre, sog. Einmaleffekte bereinigte → Finanzierungssaldo.
Zur Berechnung wird der Finanzierungssaldo einschließlich Auslaufperiode in der Abgrenzung der vierteljährlichen Kassenstatistik des Statistischen Bundesamtes zugrunde gelegt. Dieser Wert wird um → finanzielle Transaktionen bei Einnahmen und Ausgaben bereinigt. Es sind → periodengerechte Zuordnungen bei Umsatzsteuer, die Einnahmen und Ausgaben im horizontalen Länderfinanzausgleich sowie die Einnahmen aus allgemeinen Bundesergänzungszuweisungen vorzunehmen. Hinzuzurechnen sind die → Finanzierungssalden aller Einrichtungen des Landes mit eigener Kreditermächtigung. Der Finanzierungssaldo ist um unmittelbare konjunkturbedingte Effekte (→ Konjunkturbereinigung) sowie Abweichungen, die sich aus Schätzabweichungen gegenüber der Mai-Steuerschätzung des Vorjahres ergeben, zu bereinigen.

Stundung
ist ein befristetes Hinausschieben der Geltendmachung einer fälligen Forderung. Sie ist nur zulässig, wenn die sofortige Einziehung mit erheblichen Härten für den Schuldner verbunden wäre und die Erfüllung des Anspruchs durch die Stundung nicht gefährdet wird. Die Stundung soll gegen angemessene Verzinsung und in der Regel nur gegen Sicherheitsleistung gewährt werden. Eine Stundung wird nur auf Antrag gewährt.

Teilzeitmodell
→ Altersteilzeit bzw. → Altersteilzeit-Rückstellungen.

Temporäre Personalmittel
sind Mittel, mit denen auf temporär auftretende Personal-Mehrbedarfe für einzelne Verwaltungsaufgaben reagiert wird. Ein Beispiel hierfür sind Mittel

für hohe Arbeitsspitzen bei Wahlen, Zensus oder ähnlichen temporären Aufgaben. Die temporären Personalmittel gehen somit über die auf der Basis der von → Beschäftigungszielzahlen gebildeten → Personalbudgets hinaus. Die Ausweisung dieser Mittel erfolgt in einem eigenen → Budgetbereich.

Überplanmäßige Einnahme/Ausgabe
ist eine zusätzliche, über das → Haushaltssoll hinausgehende Einnahme/Ausgabe; eine überplanmäßige Ausgabe bedarf der parlamentarischen Bewilligung.

Überschuss
Ist der positive Unterschied zwischen den tatsächlich eingegangenen Gesamteinnahmen (Ist) und den tatsächlich geleisteten Gesamtausgaben (Ist). Ein Überschuss ist in den nächsten festzustellenden → Haushaltsplan als Einnahme einzustellen.

Übertragbarkeit/Übertragbare Ausgaben
Ausnahme vom Grundsatz der → Jährlichkeit. Übertragbar sind nach der LHO alle Ausgaben für → Investitionen und Ausgaben aus → zweckgebundenen Einnahmen sowie andere Ausgaben, für die der → Haushaltsplan einen Übertragbarkeitsvermerk vorsieht. Im → Haushaltsgesetz werden weitere Übertragbarkeiten geregelt.

Umlaufvermögen
Als Umlaufvermögen werden alle Vermögensgegenstände bezeichnet, die dazu bestimmt sind, kurzfristig der Verwaltung zu dienen (z. B. Vorräte).

Verantwortliche im Produktgruppenhaushalt
Sind Personen, die im Sinne der Zusammenführung von Fach-(Leistungs-), Personal- und Finanzverantwortung für jeden → Produktplan, jeden → Produktbereich und jede → Produktgruppe im → Produktgruppenhaushalt als Verantwortliche benannt wurden. Diese Verantwortung schließt die bisherige Funktion des → Beauftragten für den Haushalt ein. Die Mindestanforderungen zu den Verantwortlichkeiten werden in den Verwaltungsvorschriften zur Durchführung der Haushalte konkretisiert.

Verjährung
bezeichnet den zeitlichen Ablauf der Durchsetzbarkeit eines Anspruchs: Ein verjährter Anspruch besteht weiterhin, er ist nur nicht mehr durchsetzbar und somit wirkungslos geworden.
Die Verjährungsfrist kann nur durch den Eintritt einer Hemmung oder den Neubeginn der Verjährung verändert werden. Bei → Gebühren, → Beiträgen und → Steuern erlischt der Anspruch mit Eintritt der Verjährung.

Verlustvortrag
a ist der im Rahmen der Abrechnung der Produktplanhaushalte auf das Folgejahr vorgetragene, aufgrund von nicht ausgeglichenen → Mindereinnahmen zum Ende des → Haushaltsjahres festgestellte Verlust. Ein Verlustvortrag bedarf der Zustimmung des → Haushalts- und Finanzausschusses und ist grundsätzlich im Folgejahr durch → Mehreinnahmen

oder → Einsparungen auszugleichen. Im Ausnahmefall wird ein Verlust auch für den Fall von → Mehrausgaben vorgetragen.

b wird in der → Vermögensrechnung in dem Posten Gewinnvortrag/Verlustvortrag in der Regel das kumulierte Jahresergebnis aus den Vorjahren ausgewiesen. (→ Finanzbuchhaltung).

Vermögensnachweis
ist die zusammengefasste Übersicht über das Vermögen und die Schulden zum Schluss des jeweiligen → Haushaltsjahres.

Vermögensplan
enthält alle voraussehbaren Einnahmen und Ausgaben des → Wirtschaftsjahres, die sich aus Änderungen des → Anlagevermögens (z. B. Ankauf oder Veräußerung) und aus der Kreditwirtschaft des Eigenbetriebes ergeben sowie die notwendigen → Verpflichtungsermächtigungen. Der Vermögensplan Ist Bestandteil des → Wirtschaftsplans.

Vermögensrechnung
ist die stichtagsbezogene Gegenüberstellung der Vermögenswerte (Aktiva) und der Finanzierung (Passiva). In privatwirtschaftlichen Unternehmen wird die Vermögensrechnung als → Bilanz bezeichnet.

Verpflichtungsermächtigung
ist die Ermächtigung zum Eingehen von rechtlichen Bindungen, die zu Ausgaben in künftigen → Haushaltsjahren führen. Eine Verpflichtungsermächtigung ist im → Haushaltsplan gesondert zu veranschlagen und darf im Haushaltsvollzug grundsätzlich erst nach Einwilligung durch die Senatorin für Finanzen in Anspruch genommen werden; vgl. § 16 und 38 LHO.

Verpflichtungsgrad
Nach dem → Quotenmodell werden die Ausgabe- → Haushaltsstellen jeweils mit einem Verpflichtungsgrad versehen, der nach Disponibilität der Ausgabe festgestellt wird.

Versorgungslastenteilung
ist ein Modell der laufenden Erstattung von Versorgungsbezügen durch ein pauschaliertes Abfindungsmodell zum Zeitpunkt des Dienstherrenwechsels.

Versorgungsumlage
wird durch → Haushaltsgesetz zum Zwecke der Versorgungsvorsorge durch Umlagen auf die Bezüge von BeamtInnen und ruhelohnanwartschaftsberechtigten Beschäftigten in ausgegliederten Verwaltungseinheiten festgelegt.

Versorgungsvorsorge
Zum Zwecke der Finanzierung künftiger Versorgungsausgaben werden → Versorgungszuschläge, → Versorgungsumlagen, Verbeamtungseffekte und Entlastungseffekte aus der Absenkung des Versorgungsniveaus kapitalbildend der Anstalt zur Bildung einer Rücklage für Versorgungsvorsorge zugeführt.

Versorgungszuschlag
Zuschläge auf die Bezüge bei refinanzierter Beschäftigung (vgl. → Refinanzierung) von BeamtInnen und ruhelohnanwartschaftsberechtigten Beschäftigten durch → Haushaltsgesetz (Vollkostendeckung).

Vollständigkeit
Grundsatz, nach dem alle Einnahmen und alle Ausgaben einer Gebietskörperschaft im → Haushaltsplan zu erfassen sind.

Vollzeitäquivalente (VZÄ)
ist der Beschäftigungsanteil im Verhältnis zu einer Vollzeitbeschäftigung. Die VZÄ ist die zentrale Messgröße beim → Beschäftigungsvolumen.

Voranschläge
sind die von den einzelnen Behörden unter Beteiligung der Ausschüsse/Fachdeputationen erstellten Vorentwürfe der Haushalte.

Vorgriffe
sind → Mehrausgaben bei → übertragbaren Ausgaben.

Vorläufige Haushaltsführung
Wenn bis zum Schluss eines → Haushaltsjahres der → Haushaltsplan für das folgende Jahr noch nicht festgestellt wurde, ist der Senat gemäß Art. 132a LV ermächtigt, alle Ausgaben zu leisten, die nötig sind,
- um gesetzlich bestehende Einrichtungen zu erhalten und gesetzlich beschlossene Maßnahmen weiterzuführen,
- um rechtlich begründete Verpflichtungen der FHB zu erfüllen, um bereits begonnene Bauten, Beschaffungen und sonstige Leistungen fortzusetzen oder Beihilfen für diese Zwecke weiter zu gewähren, sofern durch den → Haushaltsplan eines Vorjahres bereits Beträge bewilligt worden sind.

Die Bewirtschaftung des Haushalts in dieser Zeit wird als vorläufige Haushaltsführung bezeichnet.

Wahrheit
Grundsatz, nach dem die in einem → Haushaltsjahr voraussichtlich zu erwartenden Einnahmen sowie die zu leistenden Ausgaben mit größtmöglicher Genauigkeit zu errechnen oder zu schätzen sind.

Wirkung/Wirkungsorientierung
vgl. → Outcome.

Wirtschaftlichkeit
Grundsatz, nach dem die günstigste Relation zwischen dem verfolgten Zweck und den einzusetzenden Mitteln anzustreben ist. Die günstigste Zweck-Mittel-Relation besteht darin, dass entweder
- ein bestimmtes Ergebnis mit möglichst geringem Einsatz von Mitteln (Sparsamkeitsprinzip) oder
- mit einem bestimmten Einsatz von Mitteln das bestmögliche Ergebnis (Ergiebigkeitsprinzip) erzielt wird.

Unter Berücksichtigung von § 7 LHO steht der Grundsatz der Wirtschaftlichkeit in seiner Ausprägung als Sparsamkeitsprinzip im Vordergrund.
Vgl. → Sparsamkeit.

Wirtschaftlichkeitsuntersuchungen
liefern Entscheidungsgrundlagen zur Umsetzung der Grundsätze der → Wirtschaftlichkeit und → Sparsamkeit im Einzelfall. Die Grundsätze sind bei allen Maßnahmen zu beachten, die die Einnahmen und Ausgaben der Haushalte unmittelbar oder mittelbar beeinflussen. Dies betrifft sowohl Maßnahmen, die nach einzelwirtschaftlichen Kriterien als auch Maßnahmen, die nach gesamtwirtschaftlichen Kriterien zu beurteilen sind. Unter die Maßnahmen fallen auch Organisationsveränderungen und Gesetzgebungsvorhaben sowie sämtliche sonstigen Entscheidungen, die zu finanziellen Belastungen sowie Einnahmeverbesserungen Bremens bzw. Bremerhavens führen bzw. führen können. Methoden der Wirtschaftlichkeitsuntersuchungen sind in der »Anleitung für die Durchführung von Wirtschaftlichkeitsuntersuchungen für einzelwirtschaftliche Verfahren in der bremischen Verwaltung« sowie in der »Anleitung für die Bewertung gesamtwirtschaftlicher Auswirkungen« beschrieben.

Wirtschaftsjahr
entspricht in der Regel dem Kalenderjahr; vgl. → Haushaltsjahr.

Wirtschaftsplan (Sondervermögen)
ist von den → Eigenbetrieben vor Beginn eines jeden → Wirtschaftsjahres aufzustellen. Er besteht aus dem → Erfolgsplan, dem → Vermögensplan und ggf. der → Stellenübersicht. Bei der Aufstellung ist die Betriebsleitung verpflichtet, → Erlöse und Aufwendungen, die die Haushalte des Landes und der Stadtgemeinden betreffen, mit diesen in Übereinstimmung zu bringen. Der Wirtschaftsplan hat die gleiche Funktion wie der → Haushaltsplan und wird diesem beigefügt.

WU-Übersicht
Standardisiertes Formblatt für Wirtschaftlichkeitsuntersuchungen, das die Methoden-, Alternativen-Auswahl sowie Zeitpunkte und Kriterien für Erfolgskontrollen dokumentiert. Bedarf es vor der Planung und Durchführung einer Maßnahme mit finanzwirtschaftlichen Auswirkungen einer gesonderten Gremienbefassung (hierzu gehören insbesondere Befassungen von parlamentarischen Ausschüssen, Deputationen), ist der Vorlage eine WU-Übersicht in der Planungsphase beizufügen.

ZDL
Die Zentrale Datenstelle der Landesfinanzminister ist ein finanzstatistischer Partner der Länder auf Bundesebene, der insbesondere in Angelegenheiten, die für die Ländergesamtheit von Bedeutung sind, berät und unterstützt.

Zielzahl
vgl. → Beschäftigungszielzahl.

Zinsen
sind der Preis für die Überlassung von Kapital bzw. Geld.

Zinslastquote
ist der Anteil der Zinsausgaben für Kredite an den → bereinigten Ausgaben.

Zinssicherung
Unter Zinssicherung versteht man die Reduzierung oder Eliminierung des Zinsänderungsrisikos, um das aktuelle Zinsniveau für einen möglichst langen Zeitraum festschreiben zu können. Abhängig von dem zu sichernden Geschäft (heutiger Kreditabschluss oder zukünftiger Kreditabschluss) gibt es unterschiedliche Möglichkeiten der Zinssicherung. Das Risiko für die Freie Hansestadt Bremen besteht in steigenden Zinsen, da in diesem Fall in zukünftigen Jahren notwendige Refinanzierungen von fällig werdenden Schulden teurer werden und damit ohne eine Zinssicherung die Zinsausgaben steigen.

Zinssteuerquote
ist der Anteil der Zinsausgaben für Kredite an den Einnahmen aus → Steuern, → Finanzausgleich und → Bundesergänzungszuweisungen.

Zuwendungen
sind Leistungen nach § 23/44 LHO und den dazu ergangenen Verwaltungsvorschriften aus dem öffentlichen Haushalt an Stellen außerhalb der Verwaltung zur Erfüllung von Aufgaben, an denen die öffentliche Hand ein erhebliches Interesse hat. Es wird unterschieden nach institutionellen und Projektförderungen.

Zweckbestimmung
ist der im → Haushaltsplan bei jeder → Haushaltsstelle konkret genannte Entstehungsgrund einer Einnahme bzw. Verwendungszweck einer Ausgabe. Die Verwaltung ist im Rahmen des Haushaltsvollzugs an diese Zweckbestimmungen gebunden, d. h. dass Ausgabemittel lediglich für den jeweiligen Verwendungszweck eingesetzt werden dürfen.

Zweckgebundene Einnahme
ist eine Einnahme, deren Verwendung per Gesetz oder anderer Rechtsvorschriften bzw. durch den Geldgeber vorgegeben ist. Eine zweckgebundene Einnahme ist im → Haushaltsplan durch → Haushaltsvermerke gesondert auszuweisen.